Reisepraktisches
und Politik

Lissabon –
Stadtgeschichte
Reisepraktisches

Lissabon – Sehenswertes

Linha de Cascais

Linha de Sintra

Nördlich von Lissabon

Südlich von Lissabon

Text und Recherche: Johannes Beck
Co-Autoren: Michael Böhme, Sandra Feldmeier
Lektorat: Annegret Pannewitz, Peter Ritter
Redaktion und Layout: Dirk Thomsen
Cover: Karl Serwotka
Karten: Susanne Handtmann, Martina Brockes, Judit Ladik, Gábor Sztrecska, Günther Grill
Coverkarten: Carlos Borrell
Fotos: s. Fotonachweis auf S. 10

Zu den Autoren

Johannes Beck, geboren am 30.04.1972 in Meersburg. Aufgewachsen in Jllmensee unweit des Bodensees. Zivildienst von 1991-93 in Lissabon. Danach Studium der Regionalwissenschaften Lateinamerika an der Uni Köln sowie 1995-96 Studium der Volkswirtschaftslehre am ISEG (Instituto Superior de Economia e Gestão) in Lissabon. 1999 Volontariat bei der Deutschen Welle in Köln. Arbeitet dort seit 2001 als Wirtschaftsredakteur.

Michael Böhme, geboren am 14.07.1972 in Dresden. Aufgewachsen in Köln. Dort seit 1993 Studium der Regionalwissenschaften Lateinamerika. 1995 ein Auslandssemester in Lissabon, um Internationale Politik am Instituto Superior de Ciências Sociais e Políticas (ISCSP) und Volkswirtschaftslehre am ISEG zu studieren.

Sandra Feldmeier, geboren am 17.10.1971 in Herzebrock, Westfalen. Nach dem Abitur Studium der Regionalwissenschaften Lateinamerika (Uni Köln). 1995/96 Auslandssemester am ISEG in Lissabon.

Dieser Reiseführer wurde am 10. November 2002 vom Fremdenverkehrsverein und der Stadt Lissabon als bester deutschsprachiger Reiseführer zu Lissabon mit dem **"Lisboa – Best Travel Guide Award"** ausgezeichnet. Aus etwa 70 Reiseführern hatte die Jury fünf Handbücher zur Prämierung ausgewählt. Ein wichtiges Auswahlkriterium des Komitees war die Herausarbeitung eines realistischen Bildes der Stadt Lissabon.

Die in diesem Reisebuch enthaltenen Informationen wurden von den Autoren nach bestem Wissen erstellt und von ihnen und dem Verlag mit größtmöglicher Sorgfalt überprüft. Dennoch sind, wie wir im Sinne des Produkthaftungsrechts betonen müssen, inhaltliche Fehler nicht mit letzter Gewissheit auszuschließen. Daher erfolgen die Angaben ohne jegliche Verpflichtung oder Garantie der Autoren bzw. des Verlags. Beide übernehmen keinerlei Verantwortung bzw. Haftung für mögliche Unstimmigkeiten. Wir bitten um Verständnis und sind jederzeit für Anregungen und Verbesserungsvorschläge dankbar.

ISBN 3-89953-118-3

© Copyright 2003, Verlag Michael Müller GmbH, Erlangen. Alle Rechte vorbehalten. Alle Angaben ohne Gewähr. Printed in Germany.

Aktuelle Infos online: www.lissabon-umgebung.de
www.michael-mueller-verlag.de

3. vollständig überarbeitete und aktualisierte Auflage 2003

Lissabon und Umgebung

Johannes Beck

EÇA DE QUEIROZ

INHALT

Die weiße Stadt am Tejo 12

Anreise 18
Mit der Bahn 18
Mit dem Flugzeug 20
Mit dem Bus 22
Mit dem eigenen Fahrzeug 23
Mit dem Schiff 24

Die Geschichte Portugals 25
Die "Vorportugiesen" 25
Lusitanier gegen Römer 26
Die Germanen fallen ein 26
Die Araber 27
Portucale 28
Die Dynastie Burgund 28
Blütezeit unter dem Dichterkönig
Dinis 29
Die Dynastie Aviz 30
Das Zeitalter der
Entdeckungen (1415–1560) 30
Die Expansion nach Afrika,
Asien und Amerika 31
Der Niedergang 32
Die spanische Herrschaft 33
Die Dynastie Bragança 34
Die napoleonische Invasion 35
Die liberale Verfassung von 1821 36
Liberalismus gegen
Absolutismus 37
Der Niedergang der Monarchie 38
Die Republik 39
Der Militärputsch
vom 28. Mai 1926 41
Salazars Weg aus dem Chaos 41
Estado Novo – Der Neue Staat 42
Die Wirtschaft unter Salazars 44
Widerstand gegen die Diktatur 45
Kolonialkriege 46
Kurzer Frühling unter Caetano 46
Die Nelkenrevolution 47
Kommunismus gegen liberale
Demokratie 49
Die Demokratie 51
Der EG-Beitritt 52
Die Ära des Cavaquismo 52
Nova Maioria –
Die Neue Mehrheit 53
Die Rückkehr des Cavaquismo 54

Politik und Gesellschaft 55
Parteien 56
Regionaler Aufbau 59
Küste versus Landesinneres 59
Kirche 60
Menschliche Entwicklung 61
Umwelt 62

Wirtschaft 63
Dahin darbende Landwirtschaft 64
Mit Kork an der Weltspitze 65
Fehlende Markenprodukte 65
Lange Arbeitszeiten – geringe
Produktivität 67
Die EU als Entwicklungshelfer 68
Ein Land im Konsumrausch 69

Wissenswertes von A bis Z 70
Adressen 70
Aufenthaltsgenehmigung 71
Behinderte 71
Botschaften 72
Cartão Jovem (Jugendkarte) 73
Deutsche in Lissabon 73
Drogen 74
Einreisebestimmungen 75
Elektrizität 75
Feiertage 75
Fernsehen 76
Frauen 76
Friseure 76
Geld 77
Gesundheit 78
Haustiere 81
Informationen 81
Internet 82

Karten	82	Reklamationen	89
Kinder	82	Sprachkenntnisse	89
Kleidung	83	Studierende	90
Klima	84	Telefonieren	91
Kriminalität	85	Toiletten	92
Leitungswasser	86	Trinkgeld	93
Lesben und Schwule	86	Verhaltensknigge	93
Öffnungszeiten	86	Versicherungen	93
Photo	86	Wohnen	93
Polizei	86	Zeit	95
Post	87	Zeitungen	95
Radio	87		

Lissabon ... 96

Stadtgeschichte ... 98

Das antike Lissabon	99	Chaos und Zerstörung	105
Blütezeit unter den Mauren	99	Wiederaufbau im Stil der Aufklärung	106
Christliche Reconquista	100	Liberale Dynamik im 19. Jahrhundert	107
Aufschwung im gotischen Lissabon	101	Elend der Arbeiter, Pracht des Bürgertums	108
Lissabon im Zeitalter der Eroberungen	102	Unter der Diktatur des Estado Novo	109
Manuelinik – prachtvoller Baustil der Verschwendung	103	Fluchtweg Lissabon	110
Humanismus versus Gegenreformation	103	Die moderne Stadt nach der Nelkenrevolution	111
Unter Spanien in die Krise	104	Bevölkerungsschwund	112
Im brasilianischen Goldrausch – die barocke Stadt	105	Stadtgeschichte im Überblick	114

Unterwegs im Großraum Lissabon ... 116

Metro	118	Vorortbusse	128
Carris (Stadtbusse, Straßenbahnen, Aufzüge)	119	Organisierte Stadtrundfahrten	129
		Taxi	129
Züge	124	Auto	130
Fähren	127	Fahrrad	133

Informationen und Adressen ... 136

Übernachten ... 139

Hotels	140	Jugendherbergen	142
Pensionen	140	Camping	143
Unterkünfte auf dem Land	141	Hotels und Pensionen in Lissabon	144
Privatzimmer und Appartements	141		

Essen & Trinken ... 153

Wo isst man?	153	Getränke	159
Wann isst man?	154	Restaurants in Lissabon	162
Was isst man?	155		

Cafés ... 173

Einkaufen 180

Einkaufszentren	180	Kunsthandwerk und Antiquitäten	186
Lebensmittel und Wein	182	Mode	188
Märkte	184	Bücher	189
Flohmärkte	185	Musik	191

Unterhaltung und Kultur 192

Feste	193	Literatur	200
Fußball	196	Musik	201
Galerien	197	Fado	203
Kino	198	Theater und Oper	206

Nachtleben 208

Bars und Kneipen	209	Nächtlicher Hunger	218
Diskotheken	215		

Sport 219

Baden im Meer	219	Segeln	225
Bowling	223	Tauchen und Schnorcheln	225
Golfen	223	Tennis und Squash	226
Joggen	224	Wellenreiten und Bodyboarden	227
Reiten	224	Windsurfen	229

Sehenswertes in Lissabon 230

Baixa 230

Praça do Comércio	231	Praça da Figueira	236
Câmara Municipal (Rathaus)	234	Igreja do Convento de São Domingos	237
Igreja da Conceição Velha	234		
Römische Galerien	234	Coliseu dos Recreios	238
Rossio	236		

Chiado 238

Igreja do Convento do Carmo	240	Hauptgebäude der Staatssicherheit PIDE	242
Largo do Chiado	241		

Alfama 242

Casa dos Bicos	243	Teatro Romano	248
Chafariz d'El Rei	246	Miradouro Santa Luzia	249
Sé Catedral (Kathedrale)	246	Castelo São Jorge (Burg)	250
Igreja de Santo António	248		

Mouraria/Graça 252

Miradouro Nossa Senhora do Monte	253	Igreja e Mosteiro São Vicente de Fora	256
Igreja da Graça	254	Panteão Nacional	257

Santana/Avenida da Liberdade 258

Avenidas Novas 263

Parque Eduardo VII/Estufa Fria	265	Feira Popular	271
Campo Pequeno (Stierkampfarena)	268	Metrostationen	271
		Penha de França	273
Moderne Architektur	270		

Bairro Alto 274
Miradouro São
Pedro de Alcântara 275
Igreja de São Roque 275
Praça do Príncipe Real 278
Jardim Botânico 279
Convento dos Cardais 279
Miradouro Santa Catarina 280

Lapa/Madragoa/São Bento 281
Basílica da Estrela/
Jardim da Estrela 284
Assembleia da República 286
Convento das Bernardas 287

Campo de Ourique/Amoreiras 288
Cemitério dos Prazeres 288
Casa Fernando Pessoa 289
Aqueduto das Águas Livres 292
Mãe d'Água 293

Alcântara 295
Ermida de Santo Amaro 298
Ponte 25 de Abril 298
Palácio das Necessidades 299
Instituto Superior de Agronomia 300
Porto de Lisboa (Hafen) 300

Belém 301
Cordoaria Nacional 301
Palácio de Belém 301
Jardim do Ultramar 302
Igreja da Memória 302
Mosteiro dos Jerónimos 304
Planetário Calouste Gulbenkian 308
Centro Cultural de Belém 308
Padrão dos Descobrimentos 309
Torre de Belém 309
Ermida de Belém 310

Ajuda 310
Palácio Nacional da Ajuda 310
Jardim Botânico da Ajuda 312
Cemitério da Ajuda 312
Parque Urbano dos
Moinhos de Santana 313

Benfica 313
Jardim Zoológico (Zoo) 315
Palácio dos Marqueses
de Fronteira 315
Igreja do Convento de São
Domingos de Benfica 317
Miradouro do Calhau 317
Parque Florestal de Monsanto 317
Espaço Monsanto 318
Palácio do Beau Séjour 318
Estádio da Luz 318
Quinta Granja 319

Carnide/Lumiar 320
Igreja da Nossa Senhora da Luz 320
Parque do Monteiro-Mor 321
Estádio de Alvalade 322

Alto de São João/Xabregas/Olivais . 322
Cemitério Alto de São João
(Ostfriedhof) 324
Igreja Madre de Deus 324
Parque das Nações 325
Ponte Vasco da Gama 328

Museen 329

Linha de Cascais 346
Algés 347
Caxias 349
Paço de Arcos 350
Oeiras 352

Carcavelos	356	Guincho	379
Estoril	358	Malveira da Serra	381
Cascais	367		

Linha de Sintra … 382

Queluz	383	Praia da Adraga	416
Sintra	388	Praia Grande	417
Serra de Sintra	401	Praia das Maçãs	419
Colares	412	Azenhas do Mar	419
Cabo da Roca	414	Magoito	420

Nördlich von Lissabon … 421

Bucelas	422	Torres Vedras	433
Mafra	423	Arruda dos Vinhos	437
Ericeira	428	Vila Franca de Xira	439

Südlich von Lissabon … 444

Alcochete	445	Sesimbra	465
Montijo	449	Azeitão	470
Almada	453	Serra da Arrábida	473
Costa da Caparica	458	Palmela	484
Lagoa de Albufeira/		Setúbal	487
Aldeia do Meco	462	Tróia	493
Cabo Espichel	464		

Sprachführer … 496

Sach- und Personenregister … 520

Verzeichnis der Kirchen … 525

Verzeichnis der Museen … 526

Verzeichnis der Strände … 526

Geografisches Register … 527

Zeichenerklärung für die Karten und Pläne

══ mehrsp. Straße	▲ Berggipfel	🛈 Information	*Höhe ü. NN*
── Asphaltstraße	✝ Kirche/Kapelle	🅿 Parkplatz	500 und höher
── Piste	✚ Kloster	✉ Post	400-500 m
------ Wanderweg	♜ Schloss/Festung	🚌 Bushaltestelle	300-400 m
━━━━ Bahnlinie	▮ Turm	✚ Krankenhaus	200-300 m
Strand	✈ Flughafen/-platz	Ⓜ Museum	100-200 m
Gewässer	Δ Campingplatz	Aussicht	0-100 m
Grünanlage	⚑ Leuchtturm	★ Sehenswürdigkeit	
	Badestrand		

Kartenverzeichnis

Lissabon Übersicht	vorderer Umschlag
Lissabon und Umgebung Übersicht	hinterer Umschlag
Metroplan Lissabon	hinterer Umschlag

Alcântara	296/297	Nördlich von Lissabon	422
Alcochete	447	Oeiras	353
Alfama	244/245	Palmela	485
Almada	455	Parque da Pena	403
Avenidas Novas	266/267	Parque de Nações	326/327
Bairro Alto	276/277	Santana/	
Baixa und Chiado	232/233	Avenida Liberdade	260/261
Belém/Ajuda	302/303	Serra de Arrábida –	
Benfica	316	Wanderungen 1, 2 und 3	476/477
Campo de Ourique/		Serra de Arrábida –	
Amoreiras	290/291	Wanderungen 4 und 5	482/483
Carnide/Lumiar	321	Serra de Sintra –	
Cascais	372/373	Wanderungen 1 und 2	407
Costa da Caparica	459	Serra de Sintra –	
Ericeira	429	Wanderung 3	408/409
Estoril	360/361	Serra de Sintra –	
Lapa/Madragoa/		Wanderung 4	410
São Bento	282/283	Serra de Sintra –	
Linha de Cascais	350/351	Wanderung 5	412
Linha de Sintra	384/385	Sesimbra	467
Lissabon Innenstadt	134/135	Setúbal	488/489
Lissabon Stadtentwicklung	101	Sintra	390/391
Lissabon Straßenbahnlinien	121	Stadtteile im Osten	
Mafra	425	Lissabons	323
Montijo	451	Südlich von Lissabon	445
Mosteiro dos Jerónimos	307	Torres Vedras	434
Mouraria/Graça	254/255	Vila Franca de Xira	442/443

Verzeichnis der Wanderungen — NEU! GPS kartiert!

Wanderungen in der Serra de Sintra 406

- Wanderung 1: Parque da Pena – Monserrate – Sintra 407
- Wanderung 2: Parque da Pena – Capuchos – Sintra 408
- Wanderung 3: Parque da Pena – Peninha – Cabo da Roca 409
- Wanderung 4: Malveira da Serra – Capuchos – Colares 410
- Wanderung 5: Cabo da Roca – Praia Grande – Azenhas do Mar 411

Wanderungen in der Serra da Arrábida 475

- Wanderung 1: Setúbal – Palmela 475
- Wanderung 2: Setúbal – Azeitão 478
- Wanderung 3: Palmela – Azeitão 479
- Wanderung 4: Azeitão – Picheleiros – Azeitão 480
- Wanderung 5: Azeitão – Sesimbra 482

Liebe Leserinnen und Leser,

Lissabon ist eine Stadt der Kontraste: alt und neu, arm und reich, ländlich und städtisch, hektisch und ruhig, hässlich und wunderschön ... Diese dritte, völlig überarbeitete und aktualisierte Auflage des Reiseführers **Lissabon und Umgebung** zeigt Ihnen die Hauptstadt Portugals in ihrer ganzen Vielfalt. Sie finden in diesem Buch neben den klassischen Sehenswürdigkeiten auch solche, die sich dem Besucher erst auf den zweiten Blick erschließen. Aber nicht nur die Stadt Lissabon zieht den Besucher in ihren Bann, auch die Umgebung der Metropole ist äußerst reizvoll: Sintra mit seinen Königsschlössern, die noblen Badeorte Cascais und Estoril, die Fischerdörfer an der Atlantikküste, die beschauliche Altstadt von Alcochete ...

Alle **praktischen Tipps** haben wir für Sie vor Ort getestet. So haben wir uns in über 200 Hotels, Pensionen, Campingplätzen und Jugendherbergen umgesehen, in über 150 Restaurants Probe gegessen und in Dutzenden Bars und Diskotheken auf ein Bier oder eine Coca-Cola vorbeigeschaut.

Auch bei der **Aktualisierung** des Textes dieser dritten Auflage haben wir uns die Zeit genommen, die Tipps grundlegend zu überarbeiten. Dabei haben wir beispielsweise alle Restaurants, Cafés und Bars erneut direkt aufgesucht, um Speisekarten, Preise und Öffnungszeiten auf den neuesten Stand zu bringen.

Die Stadt und der Fremdenverkehrsverband Lissabon, die *Associação de Turismo de Lisboa*, haben dieses Buch als besten Reiseführer zu Lissabon mit dem **Best Travel Guide Award** ausgezeichnet: "Dafür, dass sie die portugiesische Hauptstadt den internationalen Reisenden in besonders genauer, informativer und aktueller Weise beschrieben haben."

Änderungen nach dem Erscheinen dieses Reiseführers stellen wir übrigens im Internet für Sie zusammen. Dazu finden Sie auch zahlreiche Links zu den im Buch erwähnten Hotels, Museen und Sportmöglichkeiten. Schauen Sie rein: **www.lissabon-umgebung.de**

Ich wünsche Ihnen einen erholsamen Urlaub in Europas Hauptstadt am Atlantik!

Johannes Beck

Fotonachweis

Johannes Beck (JB): 18, 25, 27 ,31, 41, 42 , 42, 55, 63, 69, 72, 74, 77, 80, 83, 91, 96, 100, 103, 106, 108, 112, 120, 123, 125, 127, 136, 139, 145, 147, 149, 150, 151, 153, 161, 166, 171, 172, 173, 177, 179, 180, 192, 193, 205, 207, 208, 213, 215, 219, 220, 222, 223, 225, 227, 229, 230, 246, 249, 250, 252, 253, 259, 263, 264, 265, 272, 274, 278, 279, 281, 284, 293, 294, 298, 305, 306, 310, 312, 315, 320, 329, 331, 332, 336, 338, 342, 345, 347, 349, 355, 356, 359, 364, 369, 371, 375, 376, 378, 379, 380, 387, 389, 417, 418, 426, 427, 431, 432, 436, ´438, 439, 448, 449, 453, 457, 462, 464, 466, 469, 479, 493, 512, 517, 520, 523, 525, 527
Michael Böhme: 3, 12, 13, 14, 183, 184, 239, 286, 289, 295, 346, 382, 386, 393, 396, 401, 402, 415, 421, 433, 444, 473, 486, 491, 494
Michael Müller: 17, 60, 84, 130
Martin Heiden: 48, 57, 235
Fremdenverkehrsamt der Stadt Lissabon (FVL): 15, 117, 188, 194, 268

Ein Dankeschön ganz besonders an: David Soares für die wiederholte Gastfreundschaft und viele wertvolle Hinweise, Boris Planer, Jutta Wasserrab, Martin Heiden und Teresa Bomba Correia für sprachliche und sachliche Anregungen, Michael Ferreira für nächtliche Ausflüge ins afrikanische Lissabon, Frithjof Gauss und Silke Giesecke für viele Surftipps. Außerdem an: Angelina Ribeiro, Bernhard Beck, Carlos Martins, Daniel Beck, Doris Beck, Ellen Heinemann, Filipe Esparteiro, Frédéric Herrmann, Helena Marques, Helge Müller, Horst Wirtz, Inga Seifert, Juliana de Fátima Carreira, Otília Ramos, Pamela Schätzle, Philipp Hartmann, Rita Rocha, Sandra Bernardino, Sofia Sousa, Teresa Cardoso, Tobias Kuhlmann, Torsten Ehlert und Vivian Bach für ihre Tipps. Sowie an António Quaresma (Carris), Jorge Cosme (GuideSpy), Rosário Gomes und alle MitarbeiterInnen der Turismos für ihre tatkräftige Hilfe.

Herzlichen Dank auch an folgende **LeserInnen** für Tipps: Aila Korhonen (Therwil), Annelie Johannemann (Köln), Birgit Brade (Erlangen), Brigitte Biesinger (Berlin), Christian Herrmann (Moosburg), Christian Ott, Christoph Halves (Eichstätt), Claudia Maurer (Meisenheim), Claudia Milhan (Frankfurt), Daniel Eschle (Zürich), Doris Schollmeyer (Berlin), Erwin Wrba (München), Florian Aue (Hildesheim), Gerhard Schwyrz (Gröbenzell), Gert & Sabine Ziebarth (Neustadt a.d. Weinstraße), Hannelore Quade, Helena Pekalis (Köln), Helma Witt (Marl), Holger Melzow, Inge Mattiat (Roetgen), Irene Brade (Erlangen), Jens Goldbeck (Frankfurt), Jörg Riedel (Düsseldorf), Judit Goldstein (Osnabrück), Julia Homeyer (Bonn), Karin Füssel (Paço de Arcos), Katrin Blumenbach (Düsseldorf), Klauspeter Wühr (Unterhaching), Knud Böhle, Konrad Klöckner (Sankt Augustin), Kristina Drews (Berlin), Marcus Lohse (Berlin), Marli Brück (Hamburg), Matthias Heinrich (Münster), Michael Neutzler (Ennigerloh), Nicole Hagen, Peter Graf (Therwil), Peter Jurenda (Wien), Petra Pawlik (Renningen), Pia Michitsch (Wien), Rainer Briem (Wesel), Ralph Schäffner (Renningen), Peter Kottulinsky (Friedberg), Ralf Harms, Rudolf Seehaus (Weinheim), Rudolf Walter, Stefan Jockers, Susanne Prünte (Buchholz), Sylvie Gellesch, Ulrich Hörning (Tübingen), Ute Schultewolter (Bocholt) und Werner Lugschitz (Felixdorf).

Besonderer Dank gebührt auch der Fluglinie Portugália und ihrer Vertretung in Deutschland für das Sponsoring eines Fluges nach Lissabon.

Was haben Sie entdeckt?

Wenn Sie Tipps, Kritik oder Verbesserungsvorschläge haben, schreiben Sie uns – wir freuen uns über Ihre Anregungen!

Johannes Beck

Stichwort Lissabon und Umgebung

Michael Müller Verlag

Gerberei 19

91054 Erlangen

E-Mail: johannes.beck@michael-mueller-verlag.de

Das Dächermeer der Baixa

Die weiße Stadt am Tejo

"Agora, que lembro as horas ao longo do tempo; desejo voltar, voltar a ti, desejo-te encontrar." (Jetzt, wo ich mich an die vergangenen Stunden erinnere, möchte ich zurückkehren, zu Dir zurückkehren, Dich wieder treffen.)

Ihrer Sehnsucht nach Lissabon hat die portugiesische Gruppe Madredeus mit diesem Lied *Alfama* Ausdruck gegeben. Viele, die Portugals Hauptstadt am Tejo besucht haben, empfinden Ähnliches, wenn sie an ihre Zeit in Lissabon zurückdenken. Es gibt nur wenige, die sich nicht vom Charme der Stadt in den Bann ziehen lassen. Wer einmal vom Aussichtspunkt Miradouro Santa Luzia über die Dächer des Stadtteils Alfama und die Tejobucht geschaut hat, wird den Blick wahrscheinlich nie wieder vergessen und verstehen, warum der Schweizer Regisseur Alain Tanner seinen Film über Lissabon *Dans la ville blanche* ("In der weißen Stadt") genannt hat.

Nehmen Sie sich für Ihren Aufenthalt in Lissabon Zeit, es gibt in der Stadt viel zu entdecken und zu genießen. Schlendern Sie von der Praça do Comércio am Tejo die Rua Augusta, Lissabons Einkaufsstraße, hinauf, und betrachten Sie die rechtwinklig angelegten Straßenzüge der Lissabonner Unterstadt Baixa. Setzen Sie sich am Rossio, dem Hauptplatz der Stadt, oder an der benachbarten Praça da Figueira in eines der klassischen Caféhäuser, um das hektische Kommen und Gehen der Passanten zu betrachten. Nutzen Sie die Gelegenheit, um die köstlichen portugiesischen Gebäckstücke wie Cremetörtchen (*pastel de nata*) oder Reisküchlein (*bolo de arroz*) zu probieren. Selbstverständlich bei einem guten portugiesischen Espresso, einer *bica*.

Beliebter Treffpunkt am Rossio – das traditionelle Caféhaus Suiça

Miradouros – "goldene" Ausblicke von den Hügeln der Stadt

Um einen ersten Überblick zu bekommen, empfiehlt es sich, auf einen der vielen Hügel Lissabons zu fahren. Wer die teilweise recht steilen Straßen nicht hinaufsteigen will, dem stehen die so genannten *elevadores* zur Verfügung. Das sind Aufzüge und Standseilbahnen, die ihre Benutzer bequem den Berg hinauffahren. Oben auf den Hügeln der Stadt erschließen *Miradouro* ("goldener Blick") genannte Aussichtspunkte immer wieder neue Perspektiven: Der Miradouro Santa Luzia öffnet den Blick auf die Alfama, der Miradouro Santa Catarina auf den Lissabonner Hafen, der Miradouro São Pedro de Alcântara auf die Unterstadt Baixa. Einen Rundblick über das gesamte Stadtgebiet genießt man allerdings nur von den Zinnen des Castelo São Jorge, der Lissabonner Burg.

Mit der Straßenbahn 28 zum "Markt der Diebin"

Ein unvergessliches Erlebnis ist die Fahrt mit der Straßenbahnlinie 28. Außerdem ist das die beste Gelegenheit, die Stadt kennen zu lernen. Vom Platz Martim Moniz in der Nähe des Rossio starten die alten Wagen und quälen sich die Hügel der Stadt hinauf. Manche Gassen in der Alfama sind so eng, dass die Bahnen nur noch eingleisig fahren können. Die Fußgänger müssen sich in die Hauseingänge drücken, um nicht erfasst zu werden. Die Linie 28 führt an den schönsten Kirchen Lissabons vorbei, für die man die Straßenbahnfahrt kurz unterbrechen könnte. Beispielsweise an der wuchtigen, im romanischen Stil erbauten Kathedrale Sé oder an der luftig wirkenden, neoklassizistischen Basílica da Estrela mit ihrem weitläufigen Park.

Keine Museumsfahrt, sondern Alltagsrealität – in Lissabon mit der Straßenbahn unterwegs

Nicht entgehen lassen sollte man sich auch die Kirche São Vicente de Fora samt angeschlossenem Kloster sowie das nicht weit davon entfernte Nationalpantheon. Dienstags und samstags wird hier der berühmte Flohmarkt Feira da Ladra auf dem Campo de Santa Clara zwischen der Kirche São Vicente de Fora und dem Pantheon abgehalten. Der "Markt der Diebin" hat seinen Namen nicht ganz von ungefähr erhalten, aber heute ist die Mehrheit der hier gehandelten Waren legal.

Durch grüne Alleen im "Friedhof der Vergnügungen"

Endstation der Linie 28 ist der Westfriedhof der Stadt, der Cemitério dos Prazeres. Hier im "Friedhof der Vergnügungen" können Sie durch grüne Alleen wandern und herrliche Familienmausoleen in weißem Marmor betrachten. Wem der Prazeres-Friedhof gefallen hat, der sollte auch den Ostfriedhof Cemitério Alto São João besuchen. Er beeindruckt durch noch opulentere Grabkapellen.

Nahe der Tejomündung im Westen der Stadt liegt Belém. Früher war dieser Stadtteil der Ausgangspunkt der Schiffe, die zur Entdeckungsreise nach Übersee ablegten. Noch heute ist das Kloster Mosteiro dos Jerónimos Zeugnis der Reichtümer, welche die portugiesischen Flotten aus Afrika, Indien und Brasilien nach Europa brachten.

Wochenende mit Cremetörtchen

Die Lissabonner lieben es, hier im grünen Belém ihre Wochenend-Nachmittage zu verbringen. Kinder spielen auf der Wiese vor dem Kloster Fußball, Liebespaare schmusen am Tejoufer, und Mountainbiker radeln die Uferpromenade entlang. Fast alle treffen sich jedoch im Café Fábrica dos Pastéis de Belém

Bei den Marchas Populares de Santo António wird geprunkt

neben dem Mosteiro dos Jerónimos. In großen, labyrinthartigen Sälen verzehren sie gut riechende, frisch aus dem Ofen kommende Cremetörtchen, die hier *Pastéis de Belém* genannt werden.

Auch dem Staatspräsidenten Portugals gefällt es in Belém: Er residiert hier im ehemaligen Königspalast Palácio de Belém. Ein weiterer Königspalast, der neoklassizistische Palácio Nacional de Ajuda, kann im Nachbarstadtteil Ajuda besichtigt werden.

Konzerte und Museen

Kulturinteressierte sollten sich das Centro Cultural de Belém nicht entgehen lassen. In diesem modernen Kulturzentrum finden regelmäßig Konzerte und Kunstausstellungen statt. Überhaupt ist an interessanten Museen in Belém kein Mangel: In den Seitenflügeln des Mosteiro dos Jerónimos sind das Marinemuseum und das Archäologiemuseum untergebracht. Ebenfalls lohnenswert sind das Museu Nacional dos Coches mit seiner großen Kutschen-Sammlung und das Elektrizitätsmuseum in einem stillgelegten Kohlekraftwerk am Tejoufer.

Aber auch in anderen Stadtteilen Lissabons finden sich sehenswerte Museen. Portugals bedeutendste Kunstsammlung ist in der Lapa im Museu Nacional de Arte Antiga zu bewundern. Weltruhm genießt auch das Museu Calouste Gulbenkian in der Neustadt, in dem die private Kunstsammlung des armenischen Ölmilliardärs Calouste Gulbenkian ausgestellt ist. Ein Museum ganz besonderer Art ist das Azulejomuseum im ehemaligen Madredeus-Konvent im Ostteil der Stadt. Hier werden nicht nur besonders gelungene Kunstwerke, sondern auch die Herstellung dieser für Portugal so typischen Fliesen gezeigt.

15.000 Meerestiere

Vom Azulejomuseum ist es nicht mehr weit bis zum Parque das Nações, dem ehemaligen Gelände der EXPO '98, das heute Lissabons modernsten Stadtteil beherbergt. Nicht alles wurde nach dem Ende der Weltausstellung abgebaut, sodass sich ein Besuch weiter lohnt. Zu den größten Sehenswürdigkeiten Lissabons gehört das faszinierende Ozeanarium mit seinen 15.000 Meerestieren. Nebenan lädt die Tejopromenade zu einem Spaziergang ein.

Badespaß an den Stränden in Lissabons Umgebung

Doch selbst wenn Sie von der Fülle an Sehenswertem in der Stadt überwältigt sind, vergessen Sie die Umgebung Lissabons nicht! Lissabon ist inzwischen weit über seine Stadtgrenzen hinausgewachsen, und so fahren täglich hunderttausende Pendler aus der Umgebung mit dem Zug, dem Bus, dem Auto oder den Tejofähren in die Stadt. Tun Sie es Ihnen gleich, und steigen Sie in den Zug nach Cascais! Neben einer wunderschönen Fahrt entlang der Küste können Sie hier kleine Felsenstrände, mondäne Seebäder und das Kasino von Estoril kennen lernen. Ein weiterer Tipp ist es, den Tejo Richtung Süden mit einer der vielen Fährlinien zu überqueren. Jede bietet Ihnen einen ganz besonderen Blick auf Lissabon.

Romantische Königspaläste in Sintra

Ein Muss ist der Besuch Sintras, der Stadt der Königspaläste. Sie begeistert ihre Besucher mit romantischen Palästen und einer schönen Altstadt. Wer genug Zeit mitbringt, sollte auch den Museen der Stadt seine Aufmerksamkeit schenken – so dem liebevoll aufgebauten Spielzeugmuseum, das längst vergessene Raritäten aus unserer Kindheit bereithält, oder der exzellenten Sammlung moderner Kunst im Museu de Arte Moderna. Nicht weit von Sintra entfernt findet das europäische Festland am Cabo da Roca sein westliches Ende. Hier fällt das Gebirge der Serra de Sintra mit hohen Felsenklippen steil ins Meer hinab.

Ländlicher Charme

Im Norden Lissabons erwarten Sie herrliche Strände um den Fischerort Ericeira und Dörfer, die noch viel ländlichen Charme bewahrt haben. Inmitten der dörflichen geprägten Landschaft erhebt sich weithin sichtbar der riesige Klosterpalast von Mafra, Zeichen barocker Verschwendungssucht.

Die Südseite des Tejo sollten sie sich ebenfalls nicht entgehen lassen. Hier liegen die beliebtesten Strände der Lissabonner: Von Costa da Caparica bis Tróia stehen kilometerlange Sandstrände und kleine Felsbuchten zur Auswahl. Zahlreiche Wanderrouten führen zu immer neuen Aussichtspunkten. Aber auch die Städte auf der Tejosüdseite verdienen es, besucht zu werden. So die Fischerstadt Sesimbra, die Kleinstadt Alcochete oder das Hafen- und Industriezentrum Setúbal.

Der beliebte stumme Losverkäufer – eine Bronzefigur im Bairro Alto

Meerestiere und leichte Weißweine

Für Ihr leibliches Wohl ist in Lissabon und Umgebung bestens gesorgt. Besonders Liebhaber deftiger Küche sowie von Fisch und Meeresfrüchten kommen in Portugal auf ihre Kosten. Probieren Sie die leckere *açorda de mariscos* (Brotbrei mit Meeresfrüchten). Warum nicht in den großen Speiseräumen der Cervejaria da Trindade im Bairro Alto, der Oberstadt Lissabons? Oder lassen Sie sich einen *peixe espada grelhado* (gegrillten Degenfisch) servieren. Am besten schmeckt er in den Restaurants von Setúbal. Wenn Sie einen Tisch auf dem Bürgersteig wählen, können Sie zusehen, wie der Fisch auf dem Holzkohlegrill zubereitet wird. Dazu empfiehlt es sich, einen der leichten Weißweine der Region, z. B. aus Azeitão, Bucelas oder Colares zu trinken. Wer lieber Fleisch statt Fisch isst, der sollte in den Portugália-Restaurants das *bife à Portugália* (Steak auf Portugália-Art) mit seiner schmackhaften Soße probieren.

Die pulsierende "Movida" Lissabons

Die koloniale Vergangenheit hat auch in der Lissabonner Gastronomie ihre Spuren hinterlassen: japanische, chinesische, indische, angolanische oder brasilianische Restaurants erweitern das kulinarische Spektrum der Stadt. Bis spät in die Nacht kann man zu Abend essen und sich anschließend in das pulsierende Lissabonner Nachtleben stürzen. Auch hier ist die Auswahl groß: Von kleinen, gemütlichen Jazzkneipen über stilvolle Fado-Lokale bis hin zu großen Diskotheken in alten Lagerhäusern am Hafen ist alles vorhanden. Wo im Moment gerade der Puls der Lissabonner *Movida* schlägt, weiß so ganz genau keiner zu sagen, aber eines ist immer sicher: Lissabon schläft nie.

Tor Lissabons – der neue Hauptbahnhof Gare do Oriente

Anreise

Ob das Abenteuer einer über 2.000 Kilometer langen Bahnfahrt oder ein drei Stunden kurzer Direktflug, für die Reise nach Lissabon bieten sich zahlreiche Möglichkeiten. Das Angebot ist groß, es gilt zu vergleichen!

In Zeiten des Internets ist es überhaupt kein Problem mehr, sich An- und Abreise selbst zusammenzustellen. Wer dennoch lieber ein komplettes Paket "geschnürt" bekommen möchte, dem empfehlen sich folgende auf Portugal spezialisierte **Reiseveranstalter**:

Olimar, Unter Goldschmied 6, 50667 Köln, ✆ 0221/205900, ℻ 251591, Info-Telefon 0180/5237474. Der Portugalreiseveranstalter mit dem umfangreichsten Programm. Großes Sortiment an Individualreisen. Sehr viele Häuser des Landtourismus Turismo de Habitação und des Turismo no Espaço Rural im Programm. Internet: www.olimar.de.

Check-In, Dieffenbachstraße 1, 61169 Friedberg, ✆ 06031/62062, ℻ 63110. Ein sehr großes Angebot für Reisen auf die Azoren und Madeira, daneben auch für das portugiesische Festland. Es werden auch kombinierte Touren Lissabon, Azoren und Madeira angeboten. Internet: www.check-in-reisen.de.

Mit der Bahn

Die zeitraubende Anreise mit der Bahn empfiehlt sich hauptsächlich für "Langzeiturlauber", die nur eine Strecke fahren wollen und schweres Gepäck haben. Ein Vorteil ist auch, Zwischenstopps einlegen zu können. Die Bahn ist außerdem das mit Abstand umweltfreundlichste Verkehrsmittel.

Eine Hin- und Rückfahrt in der 2. Klasse von Frankfurt/M. nach Lissabon kostet ca. 400 € (inkl. aller Zuschläge). Besitzer einer BahnCard können für 15 € den Zusatzausweis Railplus kaufen. Damit erhält man bei Reisen ins Ausland

Mit der Bahn 19

auch auf dem ausländischen Streckenteil Ermäßigungen von 25 %. Beteiligt sind unter anderem die portugiesischen und die spanischen Eisenbahnen. Reisende unter 26 oder ab 60 Jahren sowie Familien mit Kindern bekommen mit Railplus auch in Frankreich 25 % Ermäßigung (auch im Thalys). Fahrkarten mit Railplus-Ermäßigung können übrigens nur in Deutschland, nicht aber in Portugal gekauft werden.

Information: Bei der Deutschen Bahn unter der kostenlosen ✆ 0800/1507090, mit persönlicher Beratung kostenpflichtig unter ✆ 11861, im Internet unter www.bahn.de.
In der Schweiz bei der SBB unter ✆ 0900 300300 und www.sbb.ch.
In Österreich bei der ÖBB unter ✆ 05/1717 und www.oebb.at.
Die französische Bahn SNCF findet man im Internet unter www.sncf.fr, die spanische RENFE unter www.renfe.es und die portugiesischen CP unter www.cp.pt.
Angebote: Alle europäischen Bahnangebote übersichtlich präsentiert das Spezialheft "Zügig durch Europa" der Zeitschrift Fairkehr. Kostenlos im Internet unter www.vcd.org oder gegen 5 € bei: VCD, Postfach 17 01 60, 50027 Bonn, ✆ 0228/985850, ✆ 9858510.
InterRail: Dieses Ticket ermöglicht eine unbegrenzte Zahl von Reisen in Europa während eines Monats. Man kann zwischen mehreren Zonen wählen, für eine Fahrt nach Portugal bieten sich die Zonen E (Frankreich, Belgien, Niederlande, Luxemburg) und F (Spanien, Portugal und Marokko) an. Für Fahrten im eigenen Wohnsitzland und in weiteren Transitländern erhält man 50 % Ermäßigung. Das Zwei-Zonen-Ticket kostet unter 26 Jahren 274 € bzw. über 26 Jahre 386 €. Dazu kommen jedoch noch die Schnellzug-Zuschläge und Reservierungsgebühren. Diese können vor allem bei Thalys, TGV und Talgo bis zu 15 € betragen.
TwenTickets: In Deutschland sind diese ermäßigten Tickets für Jugendliche unter 26 J. zwar abgeschafft, in Portugal werden sie für den internationalen Verkehr aber weiter unter dem Namen BIJ (*Bilhete Internacional Jovem*) verkauft.

Atlantikroute

Eine Verbindung täglich. Durch die abgestimmten Anschlüsse und den TGV-Atlantique die schnellste Variante: Fahrtdauer Köln–Lissabon ca. 26 Std.
Route: Über Paris, Bordeaux, Hendaye/Irun, San Sebastián, Salamanca, Fuentes de Oñoro/Vilar Formoso, Pampilhosa, Coimbra. Die Züge aus Norddeutschland kommen in Paris am Gare du Nord an, die aus Süddeutschland am Gare de l'Est. Zur Weiterfahrt geht es mit der Metrolinie 4 Porte de Clignancourt/Porte d'Orléans quer durch die Stadt zum Gare de Montparnasse. Dafür sollte man 45 Min. einkalkulieren. Infos der Pariser Metro unter www.ratp.fr.
Ab Gare de Montparnasse weiter mit dem TGV-Atlantique bis Irun an der französisch-spanischen Grenze. In Irun steigt man auf den Süd-Express um, der Lissabon am nächsten Tag erreicht. In Pampilhosa teilt sich der Süd-Express: Einige Waggons fahren nach Porto und einige nach Lissabon, also aufpassen, dass man sich im richtigen Wagen befindet!
Achtung: In Richtung Frankreich–Spanien wird in Irun, in Richtung Spanien–Frankreich in Hendaye umgestiegen – d. h. man fährt immer erst über die Grenze!
Reservierung: Der Thalys, die TGV-Züge und der Süd-Express sind alle reservierungspflichtig. Besonders um Ostern, im Sommer und zur Weihnachtszeit empfiehlt sich eine frühzeitige Reservierung. Wer über Köln fährt, sollte zu allen Jahreszeiten möglichst früh buchen, damit die Thalys-Sondertarife in Anspruch genommen werden können (auch Interrailer). Information im Internet: www.thalys.com.

Mittelmeerroute

Besonders attraktiv für Zwischenstopps, da die beiden größten Städte Spaniens an der Route liegen. Die Fahrtzeit ist allerdings aufgrund der nicht abgestimmten Anschlüsse länger als über Paris. Fahrtdauer Zürich–Lissabon ca. 37 Std.
Route: über Lyon, Cerbère/Portbou, Barcelona, Madrid, Valencia de Alcántara/Marvão, Entroncamento. Von Genf fährt tägl. ein Nachtzug bis Portbou; dort Anschluss

mit Nahverkehrszügen (*Cercanias*) nach Barcelona/Sants. Die teurere und schnellere Alternative ist der Hotel-Talgo Pau Casals, der viermal in der Woche im Nachtsprung Zürich über Genf mit Barcelona verbindet. Und dies ohne Umsteigen an der französischen Grenze, da sich der Zug automatisch an die unterschiedlichen Spurbreiten anpasst. Von Barcelona/Sants kommt man mit Talgos und Intercities weiter nach Madrid/Chamartín. Dort hat man Anschluss an den Nachtzug Hotel-Talgo Lusitânia nach Lissabon.

Achtung: In Richtung Spanien–Frankreich wird in Cerbère umgestiegen, in Richtung Frankreich–Spanien in Portbou, d. h. auch hier fährt man immer erst über die Grenze!

Reservierung: In Spanien sind alle Fernzüge reservierungspflichtig.

Weitere Bahnverbindungen aus Spanien

Aus Galizien: Von Vigo fahren über den Grenzübergang Valença/Tui tägl. drei Züge nach Porto (nicht reservierungspflichtig). Schöne Strecke, teilweise am Meer entlang. In Porto/Campanhã (nicht an der Endstation Porto/São Bento!) Anschluss nach Lissabon (die Alfa-Züge und Intercidades sind reservierungspflichtig). Fahrtdauer ca. 7 Std.

Aus Südspanien: Von Badajoz fahren tägl. zwei Züge nach Entroncamento (evtl. Umsteigen in Elvas erforderlich), dort Anschluss nach Lissabon. Die Züge sind nicht reservierungspflichtig. Fahrtzeit für die Strecke Badajoz–Lissabon (276 km) ca. 5½ Std.

Ankunft in Lissabon

Die Züge aus dem Ausland enden alle im Bahnhof Santa Apolónia, in Kursbüchern meist mit S.A. abgekürzt (Stadtteil Alfama, Karte s. S. 244/245). Dort befindet sich in der südlichen Seitenhalle der internationale Kartenverkauf mit Information. Busverbindungen siehe Seite 126 (Unterwegs/Züge). Außerdem halten alle internationalen Züge auch am neuen Hauptbahnhof im Osten Lissabons, der Gare do Oriente (Karte s. S. 323). Hier besteht auch Anschluss an die Metro.

Mit dem Flugzeug

Zahlreiche Gesellschaften fliegen Lissabon direkt an. Wer Sondertarife nützt und entsprechend früh bucht, fliegt in der Regel etwa für 300 €. Die Linienflüge nach Lissabon sollte man möglichst mehrere Wochen vor dem Abflug buchen. Lediglich in der Nebensaison kann man mit günstigen Last-Minute-Tickets rechnen. Oft sind bei den günstigen Tarifen allerdings Umbuchungen vor und nach Reiseantritt recht teuer oder teilweise gar nicht mehr möglich. Generell lohnt es die Preise verschiedener Reisebüros zu vergleichen, da manche über spezielle Kontingente (die so genannten Graumarkt-Tickets) verfügen oder besondere Angebote für Studenten machen können. Direktflüge ab Österreich gab es im Jahr 2003 keine.

Auf Grund der großen Konkurrenz auf dieser Strecke sind die Charterflüge an die südportugiesische Algarve am billigsten. Besonders in der Nebensaison gibt es kurzfristige Sonderangebote, wenn der Veranstalter erkennt, dass eine Chartermaschine nicht voll wird. Von Faro kann man mit Zug oder Bus in ca. 4–5 Stunden nach Lissabon gelangen. Bahnhof und Busbahnhof liegen direkt nebeneinander im Stadtzentrum von Faro und sind vom Flughafen per Stadtbus zu erreichen.

Portugália: Die portugiesische Privatfluggesellschaft Portugália bietet zahlreiche Verbindungen nach Lissabon: tägl. ab Köln-Bonn und dem Euroflughafen Basel-Mülhausen-Freiburg. Dazu 5- bis 6-mal pro Woche ab Berlin-Tegel und Stuttgart. Geflogen wird mit Fokker100-Maschinen, die Platz für 94 Passagiere bieten, und kleineren Embraer145-Jets aus Brasilien. Internet: www.pga.pt.

Mit dem Flugzeug

Köln: An Gross St. Martin 6-D, 50667 Köln, ✆ 0221/9201070, ℻ 9201079, Reservationen unter ✆ 01805/742742.
Schweiz: ✆ 080006850685.

TAP – Air Portugal: Die portugiesische Staats-Fluggesellschaft TAP bietet ebenfalls zahlreiche direkte Verbindungen nach Lissabon: 3-mal tägl. von Frankfurt und 1-mal pro Tag ab München. Weitere Flüge werden im Codesharing mit Portugália angeboten. Von Zürich fliegen 2 TAP-Maschinen tägl. nach Lissabon, von Genf 1-mal tägl. Infos in Deutschland unter ✆ 01803/000341, ℻ 01803/000440.
Internet: www.tap-airportugal.de.
Frankfurt: Baseler Str. 48, 60329 Frankfurt, ✆ 069/99999250, ℻ 99999280.
Zürich: Hirschengraben 84, 8001 Zürich, ✆ 01/2620800, ℻ 2620830.

Lufthansa: Direktflüge nach Lissabon 2- bis 3-mal tägl. ab Frankfurt und 2-mal tägl. ab München. www.lufthansa.de.

Germanwings: Der Billigflieger bedient im Sommer Lissabon 4-mal die Woche ab Köln. Die Preise für Hin- und Rückflug beginnen bei 38 €, meistens muss aber deutlich mehr bezahlt werden. Infos: www.germanwings.com.

LTU: Düsseldorf-Lissabon 2-mal pro Woche. Keine Flüge im Winter. www.ltu.de.

Swiss: Zürich-Lissabon 2-mal tägl. direkt. www.swiss.com.

Flugtickets im Internet: *L'Tur*: www.ltur.de.
STA Travel: www.statravel.de.
5 vor Flug: www.5vorflug.de.
Travel Overland: www.travel-overland.de.

Flug überbucht?

Wenn Sie durch Überbuchung der Fluggesellschaft Ihre Maschine verpassen sollten, garantiert Ihnen die Europäische Union bei Linienflügen innerhalb der EU mehrere Rechte: Sie können sich entscheiden, entweder den Flugpreis zurückerstattet zu bekommen, schnellstmöglich oder erst zu einem von Ihnen gewünschten, späteren Datum weiterzufliegen. Außerdem muss Ihnen die Fluggesellschaft einen kostenlosen Anruf oder Fax an Ihr Ziel ermöglichen, der Wartezeit angemessen Getränke und Speisen anbieten und – falls nötig – Übernachtungen bezahlen. Zusätzlich stehen Ihnen 150 € Entschädigung zu (bei Verspätungen unter 2 Std. nur 75 €). Fliegen Sie mehr als 3.500 km verdoppeln sich die Beträge.

Ankunft am Flughafen Lissabon

Im Gegensatz zu den meisten anderen europäischen Hauptstadtflughäfen liegt der *Aeroporto de Lisboa* mit nur 7 km Entfernung zur Stadtmitte relativ zentrumsnah. In den letzten Jahren wurde er gründlich umgebaut und renoviert. Mietautos können bei den großen Autoverleihern gemietet, Geld an zahlreichen Automaten abgehoben, und Gepäck bei der Gepäckaufbewahrung abgegeben werden.

Busse: Von 7.45 bis 20.45 Uhr fährt der Flughafenbus Aero-Bus 91 alle 20 Min. ins Stadtzentrum (s. S. 120, "Unterwegs/Stadtbusse"). Man kann aber auch auf die günstigeren Stadtlinienbusse zurückgreifen (eine Übersicht finden sie auf S. 126), die Linie 45 fährt beispielsweise bis 24 Uhr. Nach Mitternacht fährt der Nachtbus 208 (Estação Oriente-Cais do Sodré) der *Rede da Madrugada*. Abfahrt des Aero-Bus 91 ist direkt vor der Ankunftshalle, die anderen Linien halten an der Straßenecke schräg gegenüber. Außerdem gibt es Direktbusse nach Estoril und Cascais (s. unter den Orten).

Taxi: Ein Taxi zum Zentrum kostet ca. 10 €. Wer sicher gehen will, von den Lissaboner Taxifahrern nicht übers Ohr gehauen zu werden, der kann Taxi-Gutscheine (*Táxi Voucher*) für den Transport vom Flughafen in die Stadt und die Umgebung erwerben. Sie werden vom Turismo de Lisboa in der Ankunftshalle des Flughafens verkauft. Eine Fahrt in den näheren Bereich des Flughafens (bis Campo Grande bzw. Alameda) kostet 11 €. Ins restliche Stadtgebiet einheitlich 14 €. Für die Vororte deutlich mehr: Costa da Caparica und Oeiras 26,50 €; Estoril, Cascais und Sintra 33 € sowie Ericeira, Sesimbra und Setúbal 46 €. Nachts von 22 bis 6 Uhr sowie am Wochenende und an Feiertagen ganztags jeweils 20 % mehr.

Information: Auskunft zu den Flugzeiten ✆ 218413700 sowie www.ana-aeroportos.pt

Reisepraktisches

22   Anreise

> **Fahrradmitnahme**
>
> Das eigene Fahrrad kann ohne große Probleme von zu Hause mitgebracht werden. Fluggäste können ihr Fahrrad als Fluggepäck abgeben (allerdings nur bis maximal 20 kg). Lenker und Pedale müssen dafür abgebaut werden, die Luft muss wegen des Überdrucks während des Fluges aus den Reifen gelassen werden. Vorher sollte man sich aber sicherheitshalber erkundigen, ob das Radel auch wirklich mitgenommen wird! Auch per Europabus geht das Rad als Gepäck mit, wenn es vor der Reise angemeldet wird. Die Bahn befördert dagegen keine Räder mehr nach Portugal.
>
> Weitere Informationen für Fahrradtouristen erteilt gerne der Allgemeine Deutsche Fahrrad-Club/ADFC, der eine Kontaktbörse mit speziellen Informationen zu einzelnen Reiseländern unterhält: Allgemeiner Deutscher Fahrrad-Club/ADFC, Grünenstr. 8–9, 28199 Bremen, (Postanschrift: Postfach 107747, 28077 Bremen), ✆ 0421/346290, ✉ 3462950. Internet: www.adfc.de.

Mit dem Bus

Von Deutschland nach Portugal fahren mehrmals wöchentlich Reisebusse der portugiesischen Busgesellschaft Intercentro in Zusammenarbeit mit der Deutschen Touring. Vor allem portugiesische Gastarbeiter nutzen die Busse als preiswerte Verbindung in die Heimat.

• *Ab Deutschland* Die Busgesellschaft Intercentro fährt von Deutschland pro Woche 2-mal nach Lissabon und Setúbal. Abfahrtsorte sind u. a. Aachen, Berlin, Bielefeld, Bremen, Dortmund, Duisburg, Düsseldorf, Erfurt, Gießen, Hamburg, Hannover, Jena, Köln, Leipzig, Münster, Osnabrück und Siegen.

Die Fahrt dauert bis Lissabon ab Berlin ca. 41 Std. und ab Köln ca. 31 Std. Die Fahrpreise bis Lissabon betragen ab Berlin einfach 152 € (hin- und zurück 250 €) und ab Köln einfach 119 € (hin- und zurück 200 €).

Buchung: über die Reisezentren der Deutschen Bahn oder bei der Deutschen Touring:

Frankfurt (Service Center), Am Römerhof 17, 60486 Frankfurt/Main, ✆ 069/790350, ✉ 069/7903219.

Dortmund, Königswall 15 (am Hbf.), ✆ 0231/160004.

Düsseldorf, Konrad-Adenauer-Platz 19 (im Hbf.), ✆ 0211/6499764.

Hamburg, Adenauerallee 74, Omnibusbahnhof, ✆ 040/20909997.

Hannover, Hamburger Allee 19 (ZOB), ✆ 0511/329419.

Köln, Omnibusbahnhof Breslauer Platz, Bahnsteig 5, ✆ 0221/135252.

Leipzig, Am Brühl 76, ✆ 0341/4634787.

München, Starnberger Bahnhof, Arnulfstr. 3, ✆ 089/5458700.

Stuttgart, Hauptbahnhof, Arnulf-Klett-Platz 2, ✆ 0711/224700.

Internet: www.deutsche-touring.com.

• *Ab Spanien* Von Sevilla (Busbahnhof Plaza de Armas) fahren die beiden Gesellschaften Agobe und Alsa Nacional jeweils 3-mal pro Woche direkt nach Lissabon. Fahrtzeit ca. 8 Std.; Preis etwa 30 € pro Strecke. In Lissabon kommt Agobe am Busbahnhof Gare do Oriente (Metro Oriente, Osten) sowie an der Ecke Av. do Brasil/Av. de Roma (Metro Alvalade, Av. Novas) an. Hier auch Fahrkarten und Information bei Viagens Samar, Av. de Roma, 114-B, ✆ 217966148, www.agobe.es. Alsa Nacional fährt dagegen zum Busbahnhof Arco do Cego (s. u.)

Ankunft in Lissabon

In Lissabon kommen die Busse im Busbahnhof Arco do Cego in der Avenida Duque de Ávila, Ecke Avenida dos Defensores de Chaves an (Metro Saldanha, s. Karte Avenidas Novas S. 266/267). Karten für die Busse nach Deutschland werden am Intercentro-Schalter verkauft. Mit dem *Cartão Jovem* (s. "Wissenswertes" S. 73) erhält man beim Kauf einer Hin- und Rückfahrkarte 10 % Ermäßigung.

Informationen und Reservierungen: *Intercentro*, Rua Actor Taborda 55–1°, ✆ 213301500 und Rua Engenheiro Vieira da Silva, 8, ✆ 213570039.

Mit dem eigenen Fahrzeug

Die Tour hat ihre eigenen Reize, drei Tage "on the road". Aber gerade die Spaniendurchquerung hat sich durch den Ausbau der *Autovías* Anfang der 90er-Jahre wesentlich verkürzt. Diese Anreiseroute dürfte sich dennoch nur für längere Aufenthalte oder mit Wohnmobil lohnen.

Die reine Fahrtzeit ab der Grenze bei Freiburg im Breisgau beträgt ca. 30 Std. Wer stramm durchfährt, könnte also gar in zwei Tagen in Portugal ankommen. Dennoch sollte man genügend Pausen einrechnen, da die Autobahnen in Spanien weit kurvenreicher sind als in Deutschland und schon zu viele Reisende den Drang, möglichst schnell anzukommen, mit ihrem Leben bezahlt haben. Die Gesamtstrecke von der deutsch-französischen Grenze bei Freiburg bis Lissabon beträgt immerhin ca. 2.200 km.

Nicht nur auf Grund der hohen Rückholkosten bei einem Unfall empfiehlt sich dringend der Abschluss eines Euroschutzbriefs, erhältlich z. B. bei Automobilclubs wie dem umweltfreundlich orientierten Verkehrsclub Deutschland VCD (www.vcd.org). Bei den Fahrten lohnt es sich, "strategisch" zu tanken, d. h. in billigen Ländern vor der Grenze den Tank noch einmal aufzufüllen und in teuren den Tank nicht voller als nötig zu machen.

Atlantikroute

Vor allem aus Nord- und Mitteldeutschland ist diese Strecke über Paris und dann über Nordspanien zu empfehlen.

Route: Über Paris geht es bis Bordeaux auf durchgehend gebührenpflichtigen Autobahnen. Dann folgen autobahnähnliche Straßen (drei- oder vierspurig) bis zur spanischen Grenze. Gebührenpflichtige *Autopista* von San Sebastián bis Burgos; ab Burgos gebührenfreie, vierspurige *Autovía* durch das spanische Hochland bis zur Grenze bei Vilar Formoso/Fuentes de Oñoro. Weiter geht es in Portugal auf der gut ausgebauten, kostenlosen Schnellstraße IP 5 bis Viseu. Ab dort über die ebenfalls kostenlose IP 3 bis Coimbra, dann weiter auf der gebührenpflichtigen Autobahn A 1.

Autobahngebühren: Lille–Bordeaux 52 €, San Sebastián–Burgos 40 €, Coimbra-Lissabon 7 €. Die Preise gelten für Pkw; Motorradfahrer zahlen weniger, Fahrer von Wohnmobilen sowie von Kraftfahrzeugen mit Anhängern mehr. Kreditkarten werden angenommen.

Autoreisezüge Paris–Madrid: Ab Paris fahren Autoreisezüge nach Madrid. Informationen und Reservierungen über Französische Eisenbahnen SNCF: Rail Europe, Lindenstr. 5, 60325 Frankfurt, ✆ 069/74386076.

Mittelmeerroute

Für Autofahrer aus Süddeutschland, Österreich und besonders für alle Schweizer die bessere Alternative.

Route: Zuerst geht es bis Lyon. Dazu kann man entweder auf der französischen Seite über das Rheintal und Mühlhausen fahren oder die Schweizer Autobahn Zürich–Bern–Genf–Grenoble verwenden. Von Lyon geht es über Valence, Montpellier durch Südfrankreich an den Grenzübergang Le Perthus. In Spanien weiter via Zaragoza nach Madrid. Die Umfahrung der spanischen Hauptstadt ist etwas kompliziert: Aus Zaragoza kommend auf die M 30 Norte einbiegen und dann bis Abzweigung Talavera N IV. Auf der vierspurigen, wenig befahrenen Autovía de Extremadura (N IV) geht es dann bis zur spanisch-portugiesischen Grenze bei Badajoz/Elvas. Von dort gebührenpflichtige Autobahn bis Lissabon.

Autobahngebühren: Pkw zahlen für Mühlhausen–La Jonquera (span. Grenze) 52 €, La Jonquera–Zaragoza 27 € und Elvas-Lissabon 14 €. Kreditkarten werden akzeptiert. Für die Schweizer Streckenalternative nach Lyon benötigt man eine Autobahnvignette für 27 €.

Verkehrstipps Frankreich

Verkehrsregeln: In Ortschaften darf maximal 50 km/h gefahren werden; auf Landstraßen 90 km/h, bei Nässe 80 km/h; vierspurige Landstraßen mit Mittelstreifen 110 km/h, bei Nässe 100 km/h; Autobahnen 130 km/h, bei Nässe 110 km/h. Wer den Führerschein seit weniger als einem Jahr hat, darf generell nur 90 km/h fahren. Maximal 0,5 Promille Alkohol im Blut sind erlaubt. Bei Unfällen sollte man sich die Versicherungsnummer der Beteiligten von der Plakette an der Windschutzscheibe abschreiben.

Treibstoff: Bleifreies Benzin (*sans plomb*) ist ebenso wie Diesel leicht günstiger als in Deutschland. Diesel heißt auch *Gasoil*.

Panne: Pannendienst an Autobahnen nur über die Notrufsäulen, sonst ADAC-Notrufdienst (auch für Nichtmitglieder): Lyon ✆ 04/72171222 und Paris 01/45004295.

Verkehrstipps Spanien

Verkehrsregeln: Innerorts gilt eine Höchstgeschwindigkeit von 50 km/h, außerorts 90 km/h, auf Autobahnen 120 km/h. Mit Anhänger auf Landstraßen 70 km/h, auf autobahnähnlichen Straßen und Autobahnen 80 km/h. Ein Überholverbot gilt 100 m vor Kuppen und auf Straßen, die nicht mindestens auf 200 m zu überblicken sind. Das Halten auf der Fahrbahn außerorts ist streng verboten. Die Strafen für Verkehrsvergehen liegen in Spanien weit höher als in Deutschland. Radarkontrollen auf den Autobahnen sind recht häufig und mit der spanischen *Guardia Civil* ist nicht gut Kirschen essen. Die Alkoholgrenze liegt bei 0,5 Promille.

Treibstoff: Im Vergleich zu Frankreich sind sowohl Diesel als auch Benzin billiger. Im Vergleich zu Portugal ist Diesel in Spanien teurer, das Benzin dagegen günstiger. Diesel heißt auf Spanisch übrigens *Gasóleo* und bleifrei *sin plomo*.

Panne: Abschleppen durch Privatfahrzeuge ist verboten! Den Abschleppdienst des spanischen Automobilclubs erreicht man unter ✆ 91/5933333 (24-Stunden-Service).

Verkehrstipps Portugal

Verkehrsregeln: Innerorts ist bei 50 km/h Schluss, auf Landstraßen bei 90 km/h. Auf Autobahnen ist das erlaubte Maximum 120 km/h. Wer seinen Führerschein erst ein Jahr besitzt, darf maximal 90 km/h fahren. Das Telefonieren am Steuer ist generell verboten! Die Promillegrenze liegt bei 0,5 Promille. Darüber sind drastische Strafen fällig: 240 bis 1.800 € Geldbuße und ein bis 24 Monate Führerscheinentzug. Ab 1,2 Promille gilt Trunkenheit am Steuer als Straftat und wird mit bis zu einem Jahr Gefängnis geahndet!

Panne: Pannenhilfe leistet der *Automóvel Clube de Portugal – ACP*, der Partnerschaftsabkommen mit zahlreichen deutschen Automobilclubs geschlossen hat. 24 Stunden Pannenhilfe für den Großraum Lissabon: ✆ 219429103.

Trampen: Lohnt sich bis zur spanischen Grenze, aber kaum weiter, da die Spanier nur ungern Fremde in ihren Wagen steigen lassen. In Spanien steigt man also am besten in den Zug, der hier auch schon wesentlich billiger ist als in Frankreich. In Portugal kann man wieder besser trampen. Es ist allerdings mehr als fraglich, ob sich das lohnt, da auch hier Busse und Bahn preiswert sind. Eine besser planbare Alternative sind Mitfahrzentralen.

Mit dem Schiff

Die Ankunft in Lissabon per Schiff ist sicherlich die schönste Art, die Stadt zu erreichen. Auf der Fahrt von Nordeuropa ins Mittelmeer oder auch in die Karibik machen Kreuzfahrtschiffe hier gerne Zwischenstation. Lissabon ist inzwischen der beliebteste europäische Kreuzfahrthafen am Atlantik.

Terminals für Passagierschiffe: *Gare Marítima de Alcântara* im Stadtteil Alcântara, die benachbarte *Rocha do Conde de Óbidos* im Stadtteil Madragoa sowie *Santa Apolónia* neben dem gleichnamigen Bahnhof im Stadtteil Alfama.

Portugiesische Entdecker und Seefahrer am Padrão dos Descobrimentos in Belém

Die Geschichte Portugals

Die "Vorportugiesen"

Es wäre etwas verfehlt, bereits die Frühgeschichte Portugals aus heutiger Sicht als "portugiesische" Geschichte zu betrachten, denn bis zum 12. Jh. existierte Portugal nicht. Die eigentliche Landesgeschichte Portugals beginnt erst im Mittelalter, als 1143 die Grafschaft Portucale von den umliegenden Herrschern als selbständiges Königreich anerkannt wurde. Doch die ersten menschlichen Spuren reichen natürlich weiter zurück: So wurden bei dem Dorf Muge im Flusstal des Tejo (ca. 30 km nordwestlich von Vila Franca de Xira) Skelette einer mittelsteinzeitlichen Siedlung aus der Zeit 8000–5000 v. Chr. gefunden.

Die Phönizier, besser unter dem Namen ihrer nordtunesischen Kolonie Karthago als Karthager bekannt, vertrieben die Griechen ab 540 v. Chr. schrittweise aus dem westlichen Mittelmeer. Anfangs arrangierten sich die Karthager noch mit der aufsteigenden Macht Rom. Später brach der Konflikt aber im Streit um Sizilien offen aus und führte zum Ersten Punischen Krieg (264–241 v.Chr.), in dem die Römer die Karthager aus Sizilien und Sardinien vertrieben. Zum Ausgleich dafür begannen die Karthager ab 237 v.Chr., ihre Macht auf der Iberischen Halbinsel auszubauen. 226 v.Chr. legte der iberische Oberbefehlshaber Karthagos, Hasdrubal, im Ebrovertrag mit Rom die Grenze beider Interessensphären auf den nordspanischen Fluss fest.

Der Nachfolger Hasdrubals als Oberbefehlshaber, Hannibal, verletzte jedoch die Ebrogrenze, was den Zweiten Punischen Krieg (218–201 v.Chr.) auslöste.

In dessen Verlauf eroberten die Römer alle überseeischen Besitzungen der Karthager, einschließlich ihrer Gebiete auf der Iberischen Halbinsel. Der Westen und Norden der Halbinsel blieb aber zunächst von der römischen Okkupation verschont. Erst im Jahr 25 v.Chr., bereits unter der Herrschaft des Kaisers Augustus, wurde die Eroberung der gesamten Iberischen Halbinsel abgeschlossen.

Lusitanier gegen Römer

Die lange Dauer der Eroberung hatte ihre Gründe. So erwiesen sich die iberischen "Ureinwohner" als recht widerspenstig. Im Gebiet des heutigen Portugal wurden die Lusitanier aktiv. Viriatus, einer der lusitanischen Häuptlinge, konnte gleich fünf römische Feldherren besiegen. Er schaffte es, die vereinzelt lebenden lusitanischen Stämme gegen die Römer zu vereinen und erbitterten Widerstand gegen die Weltmacht zu leisten.

Erst 139 v. Chr. konnte Viriatus aus dem Hinterhalt ermordet werden, als er sich zu Friedensverhandlungen bereit erklärt hatte. Auch wenn die Kleinkriege mit den Lusitaniern noch jahrelang weitergingen, war damit der Hauptwiderstand gebrochen, und die Römer konnten Portugal bis in den Norden besetzen. In der portugiesischen Überlieferung wurde Viriatus zu einem Volkshelden und einer Art "Urvater" der Nation, ähnlich Hermann dem Cherusker bei den Deutschen. Doch obgleich Viriatus und seine Anhänger sicher keine Portugiesen waren, zeigte sich schon damals eine gewisse Eigenständigkeit des Gebiets im Westen der Iberischen Halbinsel. Damit hatte zwischen 61 und 60 v. Chr. auch Julius Cäsar als Statthalter der römischen Provinz *Hispania Ulterior* – zu ihr gehörte damals die westliche Hälfte der Iberischen Halbinsel – zu kämpfen.

Wie in jedem eroberten Gebiet bauten die Römer auch hier sofort ihr Verwaltungs- und Wirtschaftssystem auf. Sie änderten die Besitzverhältnisse und errichteten ein Straßensystem, das in seiner Linienführung z. T. noch heute benutzt wird. Die Römer teilten 7 v. Chr. unter Kaiser Augustus ihre bisherigen Provinzen auf der Iberischen Halbinsel neu ein. Das heutige Gebiet Portugals südlich des Douro gehörte nun zur Provinz *Lusitania* mit der Hauptstadt Emerita Augusta, dem heutigen Mérida (Spanien). 212 n. Chr. erhielten schließlich unter Kaiser Caracalla alle frei geborenen Bewohner der Iberischen Halbinsel durch die *Constitutio Antoniniana* das volle römische Bürgerrecht.

Die Germanen fallen ein

Der römische "Frieden" hatte ein halbes Jahrtausend Bestand – doch nichts währt ewig! Für die landhungrigen Germanenheere, die seit Ende des 4. Jh. über die römischen Befestigungswälle (Limes) in Mitteleuropa stürmten, stellten auch die Pyrenäen kein Hindernis dar. Ab 409 n. Chr. begannen sie, in Spanien einzudringen.

All die Germanenstämme fein säuberlich zu trennen, ist nicht ganz einfach, denn meistens hatten sie sich bereits auf ihren Wanderungen stark miteinander vermischt. Man kann jedoch in etwa festhalten, dass sich im Norden des heutigen Portugal die Sueben festsetzten, im Süden dagegen Alanen und Vandalen. Gegen diese Eindringlinge wurden von den Römern bald die Westgoten, die sich in Südfrankreich niedergelassen hatten, zu Hilfe gerufen, mit denen

Nur selten stößt man auf islamische Symbolik in Lissabon – Fenster im Kreuzgang der Kathedrale

Kaiser Honorius 411 einen Föderationsvertrag schloss. Dies hatte aber zur Folge, dass sich die Westgoten schließlich über die ganze Halbinsel ausbreiteten und 474 endgültig vom römischen Reich abspalteten. Von den Römern sind bis heute die romanische Sprache und die katholische Religion erhalten. Von den Westgoten blieb dagegen wenig übrig, da ihre Herrschaftsschicht viel zu klein war. Sie gingen kulturell fast völlig in der "Urbevölkerung" auf und nahmen auch deren Sprache, eine regionale Form des Vulgärlateins, an.

Die Araber

711 kam dann das Ende des westgotischen Reiches, das durch ständige Reibereien zwischen den Adligen und durch soziale Unruhen stark geschwächt war. In Windeseile fielen die Mauren (Araber und Berber) über die Meerenge von Gibraltar in das morbide Reich ein und eroberten innerhalb von fünf Jahren praktisch die ganze Iberische Halbinsel; sie waren von oppositionellen Westgotengruppen zu Hilfe gerufen worden. Kulturell waren die Araber den Westgoten weit überlegen, und auch landwirtschaftlich waren sie mit ihren ausgeklügelten Bewässerungssystemen wesentlich innovativer.

Nur nördlich des Douro konnten sie sich nicht definitiv in den bergigen Gebieten am Nordrand der Iberischen Halbinsel festsetzen, wohin sich die Westgoten zurückgezogen hatten. Vom heutigen Asturien aus begann im Jahr 722 mit der Schlacht von Covadonga die *Reconquista*, die Rückeroberung der von Mauren besetzten Gebiete. Neue christliche Königreiche entstanden, die sich nach Süden ausdehnten. Wichtigster dieser neuen Herrschaftsbereiche wurde das Königreich León; später kam Kastilien dazu, und es entstand das vereinigte Königreich Kastilien-León.

Die verschiedenen arabischen Gruppen und Königreiche (*Taifas*) erleichterten die Wiedereroberung durch ihre Streitigkeiten. Zwar konnten sich die Mauren nach Beginn der *Reconquista* noch mehrere Jahrhunderte lang in Spanien und Portugal halten, doch die Grenze zwischen dem christlichen und dem arabischen Gebiet verschob sich kontinuierlich nach Süden.

Portucale

Ende des 9. Jh. erlangte das Gebiet südlich des nordportugiesischen Flusses Lima eine gewisse Selbständigkeit innerhalb des Königreiches León. Seit 938 wurde es *Portucale* ("Hafen von Cálem" – Cálem ist das heutige Porto) genannt. Rechtlich war der Landstrich zwischen Minho und Douro jedoch weiter vom Königreich León abhängig, ebenso die weiter südlich gelegene Grafschaft Coimbra. 1094 übertrug König Afonso VI. von Kastilien-León seinem Schwiegersohn Heinrich von Burgund als Entschädigung für dessen militärischen Dienste in der *Reconquista* die Grafschaften Portucale und Coimbra.

Deren Unabhängigkeit konnte allerdings erst der Sohn Heinrichs erringen, Dom Afonso Henriques. Zwischen 1128 und dem Frieden von Tui 1137 befand er sich fast permanent im Kampf gegen seinen Cousin König Afonso VII. von Kastilien-León. Jedoch kann man kaum von einer Unabhängigkeitsbewegung im heutigen Sinn sprechen, da es Dom Afonso Henriques weniger um den kompletten Bruch der feudalen Bande mit seinen kastilischen Verwandten, sondern eher um den Titel König (*Rex*) und die Ausweitung seines Herrschaftsgebietes ging. Bei der Schlacht von Ourique (bei Beja im Alentejo) besiegte er im Jahr 1139 die Mauren und ließ sich zum König ausrufen. 1140 war der Friede von Tui schon wieder Makulatur, die Portugiesen fielen in Galizien ein, die Kastilier ihrerseits in Portugal. 1143 schlossen beide Seiten einen Friedensvertrag, in dem Dom Afonso Henriques von Afonso VII. der Titel König (*Rei*) zugestanden wurde. Dieses Ereignis wird heute als die Geburtsstunde Portugals betrachtet, dessen erste Hauptstadt Guimarães werden sollte.

Für die vollständige staatliche Autonomie fehlte allerdings noch die Anerkennung des Papstes. Um diese einzuholen, musste Dom Afonso Henriques über 35 Jahre warten und erhebliche Tributzahlungen leisten, bis Papst Alexander III. das Königreich Portugal im Jahr 1179 anerkannte.

Die Dynastie Burgund

Von 1134–1385 stellte die Dynastie der Burgunder die Herrscher im neuen Staat Portugal. Oberstes Ziel war die Vertreibung der Mauren: 1147 eroberte Dom Afonso Henriques Lissabon; sein Sohn Sancho I. (1185–1211) nahm 1189 zum ersten Mal den Alentejo und die Algarve von den Mauren ein, verlor sie aber wieder 1190/91 nach einer Gegenoffensive unter dem almohadischen Kalifen Abu Al-Mansur. 1249 konnte dann Afonso III. die Mauren vom gesamten Gebiet des heutigen Portugal vertreiben. Mit der maurisch-christlichen Grenze verlagerte sich auch das Zentrum Portugals vom Norden nach Lissabon in den Süden.

Unter Afonso II., der aufgrund von Fettleibigkeit (er wird auch "der Fette" genannt) und Lepraerkrankung nur von 1211 bis zu seinem frühen Tod 1223 regieren konnte, brach ein innenpolitisches Chaos aus. Verschiedene Fraktionen des Adels und des Klerus bekämpften einander, auch städtische Gruppen mischten zum ersten Mal mit. Auch Sancho II. (1223–1248) gelang es nicht, die Lage zu stabilisieren. Er machte den zur Befreiung von den Mauren gegründeten Ritterorden von *Santiago de Espada* und *Calatrava* sowie den Tempelrittern große Zugeständnisse und trat ihnen fast den ganzen Alentejo und Teile der Algarve ab. Nachdem er sich durch Attacken auf die Kirche den Papst zum Feind gemacht hatte, ernannte dieser 1245 seinen Bruder, den späteren Afonso III. (1248–1279), zum Verteidiger des Reiches. Nach einem Bürgerkrieg zwischen den beiden Brüdern musste Sancho ins Exil nach Kastilien fliehen, wo er kurze Zeit später starb. Afonso III. vollendete die *Reconquista* und brach die Macht des Klerus und des Adels, die er energisch bekämpfte.

Blütezeit unter dem Dichterkönig Dinis

Nach einem Krieg mit Kastilien wurde 1297 im Vertrag von Alcañices die Grenze zwischen Portugal und Kastilien festgeschrieben, die seither bis auf einige kleinere Änderungen besteht. Damit hat Portugal heute die am längsten bestehende Staatsgrenze der Welt. König Dinis (1279–1325) konnte sich daher endlich wieder dem Aufbau Portugals widmen, das eine Blütezeit erlebte. Portugiesisch wurde offizielle Landessprache und verdrängte damit auch im Schriftbereich zunehmend das Lateinische – der König betätigte sich selbst als Dichter. In der Ständeversammlung, den *Cortes*, war nun mit dem Besitzbürgertum auch der dritte Stand vertreten; der Landbesitz der Kirche wurde drastisch eingeschränkt. König Dinis erreichte auch, dass die Güter des vom Papst 1312 aufgelösten Tempelritterordens nicht konfisziert, sondern in einen neuen Orden, den Christusritterorden, überführt werden konnten, der später einer der wichtigsten Machtinstrumente der portugiesischen Krone werden sollte.

Unter König Dinis' Sohn Afonso IV. (1325–57) brach 1348/49 in Portugal die Pest aus – ein harter Rückschlag, da nach Schätzungen bis zu einem Drittel der Bevölkerung an der Seuche starb. Auch danach kam das Land nicht zur Ruhe, da Prinz Pedro und sein Vater einen blutigen Bürgerkrieg ausfochten, nachdem König Afonso die Geliebte Pedros, die Kastilierin Inês de Castro, hatte ermorden lassen. Nach Afonsos Tod wurde Pedro aber dennoch als Pedro I. (1357–67) zum König gekrönt.

Sein Nachfolger Fernando I. (1367–83) erhob im Verlaufe interner kastilischer Konflikte Anspruch auf den kastilischen Thron und verbündete sich mit dem Königreich Aragón und dem islamischen Granada. Die Kämpfe von 1369–71 führten jedoch zur Niederlage der portugiesischen Seite. Im Rahmen des Hundertjährigen Krieges zwischen Frankreich und England führte Fernando I. 1372/73 und 1381/82 zwei weitere verlustreiche Kriege mit Kastilien, während derer große Teile Portugals verwüstet wurden. Im Verlauf dieser Kämpfe wurde 1373 ein geheimer Bündnisvertrag mit England geschlossen (ein erster war bereits 1308 unterzeichnet worden). Dieses Bündnis sollte bis heute gültig bleiben und somit zur längsten Staaten-Allianz der Neuzeit werden.

Die Dynastie Aviz

Fernando I. starb 1383, ohne einen Sohn hinterlassen zu haben. Als seine Tochter Beatriz, verheiratet mit dem spanischen König Juan I. von Kastilien, Erbansprüche auf Portugal stellte, war höchste Alarmbereitschaft geboten. Um nach dem Aussterben der Dynastie Burgund die nationale Unabhängigkeit zu sichern, wählten der untere Adel und das Bürgertum schließlich João I. (1385–1433) zum neuen König. João, der Großmeister des Ordens von *Aviz* war, entstammte einem illegitimen Verhältnis von Pedro I. Die darauf folgenden heftigen Angriffe der Spanier wurden zurückgeschlagen. Eine vernichtende Niederlage erlitten die Spanier am 14. August 1385 in der Schlacht von Aljubarrota. Trotz großer zahlenmäßiger Überlegenheit wurden die Spanier mit Hilfe englischer Truppen besiegt. In der Schlacht tat sich besonders der Feldherr Nuno Álvares Pereira hervor, der später zum Nationalhelden avancieren sollte.

Das Zeitalter der Entdeckungen (1415–1560)

Das Meer hatte die Portugiesen schon immer gelockt. Nebenan das feindliche Spanien, ringsherum der riesige Atlantik – was lag da näher, als die Expansion über das Meer zu suchen, um dem Druck des übermächtigen Nachbarn gewachsen zu bleiben. So wurden die Portugiesen im Zeitalter der Entdeckungen zum Vorreiter.

Einer der Söhne Joãos I., O Infante Dom Henrique (Prinz Heinrich der Seefahrer), organisierte Anfang des 15. Jh. die ersten Entdeckungsfahrten. 1415 eroberten die Portugiesen von den Mauren das an der Meerenge von Gibraltar gelegene Ceuta (heute eine spanische Enklave in Marokko); auf diese Weise hatte man sich die erste Kolonie sowie ein Standbein in Afrika gesichert. Portugal war damit zur ersten Kolonialmacht des neuzeitlichen Europas geworden.

Aber schon unter dem Nachfolger von João I., Duarte (1433–38), erlitten die Portugiesen 1437 bei einem Angriff auf Tanger die erste schwere Niederlage. Prinz Fernando geriet dabei in Gefangenschaft und musste das Abenteuer mit dem Leben bezahlen. Doch dies sollte nur der Auftakt einiger verheerender portugiesischer Niederlagen in Nordafrika werden.

Beim Tod von Duarte war sein Sohn, der spätere Afonso V. (1438–81), gerade einmal sechs Jahre alt. Der König hatte die Regentschaft deshalb an die Königin-Witwe Leonor de Aragão übergeben. Gegen diese erhob sich aber der jüngere Bruder Duartes, Pedro. Es folgte ein Bürgerkrieg, in dem die unteren städtischen Schichten und der Santiago-Ritterorden Pedro zum Sieg verhalfen. Der Triumph währte allerdings nur kurz, denn Afonso V. setzte mit seiner Volljährigkeit seinen Onkel Pedro als Regenten ab. Dieser griff aufgrund hofinterner Intrigen erneut zu den Waffen. Mit fast all seinen Anhängern wurde er 1449 in der Schlacht von Alfarrobeira getötet.

Außenpolitisch blieb Afonso V. recht glücklos. Als der kastilische König Enrique IV. 1474 starb, wollte Afonso seine Ansprüche auf die kastilische Krone durch eine Invasion unterstreichen, wurde aber in der Schlacht von Toro geschlagen und musste sich zurückziehen. Sein Sohn João II. (1481–1495) brach

Unterwerfung der Mauren durch die Portugiesen: Azulejos in Vila Franca de Xira

dagegen die Macht sämtlicher bedeutender Adelsfamilien: Den Herzog von Bragança ließ er ermorden und den Herzog von Viseu, seinen Cousin und Schwager, erdolchte er eigenhändig. Nachfolger von João II. wurde mit Manuel I. (1495–1521) der jüngere Bruder der Königin, da der einzige Sohn des Königspaares bei einem Reitunfall ums Leben gekommen war.

Die Expansion nach Afrika, Asien und Amerika

Einerseits wollte man den Seeweg nach Indien finden, um dort den einträglichen Gewürzhandel betreiben zu können, andererseits wollte man die "Ungläubigen" bekehren; so konnte man sich außerdem auch die Hilfe der Kirche sichern. Schließlich waren die Seefahrer auf der Suche nach dem sagenumwobenen christlichen Priesterkönig Johann, dessen riesiges Reich in Äthiopien vermutet wurde.

Nach dem Auftakt in Ceuta 1415 begann die eigentliche Expansion nach Übersee mit der Besetzung Madeiras in den Jahren 1419/20 unter Tristão Vaz Teixeira. 1427 entdeckte Diogo de Silves die Azoren, wobei es sich hier um eine wirkliche Entdeckung im eigentlichen Sinne handelte, da die Inseln allesamt unbewohnt waren. Allmählich tasteten sich die Portugiesen entlang der Westküste Afrikas nach Süden vor. 1434 umrundete Gil Eanes das Kap Bojador, 1441 erreichte Nuno Tristão Gambia und den Senegal, später stieß Diogo Gomes bis Sierra Leone vor. Zwischen 1450 und 1460 nahm man die Kapverdischen Inseln in Besitz, und 1455 erhielt Portugal durch die päpstliche Bulle *Romanus Pontifex* das Monopol für weitere Entdeckungen und Eroberungen in Afrika. Allerdings musste es 1479 im Vertrag von Alcáçovas die Oberhoheit über die Kanarischen Inseln an Spanien abgeben, das sie bis dahin schon faktisch besessen hatte.

Geschichte

Mit dem Vertrag von Tordesillas wurde 1494 die Grenze zwischen den Einflussgebieten Portugals und Spaniens, für das inzwischen Christoph Kolumbus Amerika "entdeckt" hatte, neu abgesteckt. Die Kanaren blieben ebenso bei Spanien wie zusätzlich die Zone jenseits einer Linie 370 Seemeilen westlich der Kapverden. Damals war noch nicht bekannt, dass Portugal damit Ansprüche auf Brasilien erwarb.

1482–84 erreichte Diogo Cão den Kongo, und 1488 umrundete Bartolomeu Dias endlich die Südspitze Afrikas, das Kap der Guten Hoffnung. Kurz vor der Jahrhundertwende konnten die Portugiesen schließlich bis nach Indien vorstoßen, als Vasco da Gama 1498 Calicut erreichte. Auf seinen Fahrten zeichnete sich Vasco da Gama dabei durch große Brutalität aus. So versenkte er ein Schiff mit 380 islamischen Pilgern, die auf dem Weg nach Mekka waren.

1500 entdeckte Pedro Álvares Cabral auf dem Weg nach Indien mehr oder weniger zufällig Brasilien, das später Portugals größte Kolonie werden sollte. 1511 erreichten die portugiesischen Schiffe Timor und 1555 übergab der chinesische Kaiser Jiajing den Portugiesen die Halbinsel Macau zu ihrer Verwaltung, da China die Portugiesen als Zwischenhändler für den Silberimport aus Japan benötigte. Diese Kolonie blieb bis zu ihrer Rückgabe 1999 an die Volksrepublik China unter der Verwaltung Portugals.

Nun kamen über die auf der ganzen Welt verteilten portugiesischen Handelsstützpunkte die Schätze ins Land: Gold aus Afrika, Gewürze aus Asien und Brasilholz aus dem danach benannten Brasilien. Unter König Manuel I. (1495–1521) erreichte Portugal den Höhepunkt seiner Macht: Portugiesische Bauleute schufen die größten Kunstwerke des Landes; sie kreierten einen eigenständigen Baustil, die Manuelinik.

Die Kolonien ihrerseits zahlten für den portugiesischen Expansionismus einen hohen Preis: 1441 erreichte das erste Sklavenschiff aus Mauretanien Portugal. Das Land wurde bald zum größten Sklavenumschlagplatz Europas und kann sich der traurigen Tatsache rühmen, die Sklaverei in Europa "hoffähig" gemacht zu haben...

Portugal hatte Anfang des 16. Jh. nur etwas über eine Million Einwohner. Trotz eines gewissen Bevölkerungswachstums reichte dies zu einer wirklichen Besiedlung der Kolonien nicht aus, daher blieb es hauptsächlich bei kleinen Handelsniederlassungen, den so genannten Faktoreien. Nur Brasilien wurde flächenmäßig kolonisiert, da man befürchtete, das Land an die Spanier zu verlieren, die ihre Besitzungen in Amerika systematisch besiedelten. Neben Portugiesen, denen teilweise riesige Ländereien zugeteilt wurden, siedelte man in Brasilien hauptsächlich Sklaven aus Schwarzafrika an (besonders aus der portugiesischen Kolonie Angola).

Der Niedergang

Die Reichtümer aber, die aus den Kolonien kamen, flossen zum Großteil weiter ins Ausland (besonders nach England, Deutschland und in die Niederlande), da die portugiesische Wirtschaft inzwischen ganz auf Import eingestellt war. Über den großen Investitionen für die Entdeckungs- und Handelsunter-

Die spanische Herrschaft 33

nehmungen war der Ausbau des eigenen Landes sträflich vernachlässigt worden. Die Landwirtschaft war nicht produktiv genug, und so musste Getreide eingeführt werden, was einen Teil der Kolonialgewinne auffraß.

Schon unter João III. (1521–57) begann der Niedergang Portugals als Weltmacht. Am verheerendsten wirkte sich jedoch die Niederlage des portugiesischen Heers gegen die Araber in Marokko unter dem jungen König Sebastião (1557–78) aus. Im Sommer 1578 wurde in der Wüste bei Alcácer-Quibir ein Heer aus 18.000 schlecht organisierten portugiesischen Soldaten niedergemetzelt, das durch deutsche, spanische und italienische Söldner, die sich auf einem Kreuzzug nach Jerusalem befanden, ergänzt worden war. Der König selbst und ein Großteil des Aristokratie Portugals kamen ums Leben, nur etwa 100 Personen überlebten die Schlacht. Für Portugal bedeutete dies die größte Niederlage aller Zeiten sowie das faktische Ende der Dynastie Aviz, unter der das Land seine glanzvollsten Zeiten erlebt hatte. Lediglich der Onkel Sebastiãos, Kardinal Henrique von Lissabon, regierte noch für kurze Zeit (1578–1580), mit seinem Tod war die Dynastie aber endgültig ausgestorben.

> **Sebastianismo**
>
> Sebastião, der damalige König, verschwand während der Schlacht von Alcácer-Quibir spurlos, sein Leichnam wurde nie gefunden. Bald darauf hieß es, er werde wiederkommen und die Niederlage rächen. Dieser Glaube fasste starke Wurzeln im portugiesischen Volk: Seitdem tauchten immer wieder falsche Sebastians auf, die Macht an sich reißen wollten. Aber der echte kehrte nicht mehr zurück ...
>
> Dieses Trauma der portugiesischen Geschichte hat den Begriff *Sebastianismus* geprägt. Unter diesen Namen organisierten sich später politische Bewegungen, die den ehemaligen Glanz Portugals wiederherstellen wollten, so während der spanischen Herrschaft von 1580–1640.

Die spanische Herrschaft

Spaniens König Felipe II. ("Philipp II.", 1558–98) fasste die Gelegenheit beim Schopf und annektierte 1580 das Land des ungeliebten Nachbarn. Durch seine Abstammung von einer Tochter Manuels I. hatte er Anspruch auf die portugiesische Krone. Den nach Portugal eingefallenen Truppen des spanischen Generals Duque de Alba konnten die beiden portugiesischen Thronprätendenten António, Prior von Crato und uneheliches Kind eines Sohnes von Manuel I., und die Herzogin Catarina de Bragança, eine Enkelin von Manuel I., keinen nennenswerten Widerstand entgegensetzen. Fortan wurden Spanien und Portugal von den spanischen Königen in Personalunion regiert. Damit war die Katastrophe für Portugal perfekt. Etliche Portugiesen flohen auf die Azoren und konnten sich dort noch drei Jahre lang verteidigen.

Die "Sechzig Jahre" unter der Herrschaft Spaniens sind den Portugiesen als Zeit der nationalen Schmach in Erinnerung geblieben. Zwar blieb die Verwaltung des Landes und seiner Kolonien nach einem Abkommen von Felipe II.

mit den Generalständen von Tomar, den *Cortes de Tomar*, weitgehend in portugiesischer Hand, die portugiesische Marine aber musste mit den Spaniern in den großen Krieg gegen England ziehen, in dem 1588 mit der Spanischen Armada auch ein Teil der portugiesischen Flotte vernichtet wurde.

Unter Felipe III. (1598–1621), der sich im Gegensatz zu seinem Vater kaum für die Regierungsgeschäfte interessierte, kam es zu ersten Beschneidungen der Verwaltungsautonomie und zu Steuererhöhungen. Letztlich wurde das autoritäre Verhalten den Besatzern jedoch zum Verhängnis. Unter Führung des reichsten Großgrundbesitzers des Landes, des Herzogs von Bragança, vereinbarten die Portugiesen den Aufstand gegen die Spanier. 1640 brach er los, und da die spanische Krone unter Felipe IV. gerade mit Unruhen im eigenen Land zu kämpfen hatte (auch Katalonien hatte sich für unabhängig erklärt), gelang es ihr nicht, die Revolte zu beenden. Nach langen Kämpfen wurden 1665 schließlich die letzten Gebiete des Landes von den Spaniern befreit. Mit der *Restauração* (Wiederherstellung) war damit die schmachvolle Zeit der Besatzung beendet. 1668 musste Spanien im Frieden von Lissabon die portugiesische Unabhängigkeit anerkennen, nur Ceuta blieb spanisch.

Die Dynastie Bragança

Während des erfolgreichen Aufstands gegen die Spanier wurde der Herzog von Bragança als João IV. (1640–56) zum neuen König von Portugal gewählt. Damit gelangte die neue Dynastie Bragança an die Macht. Nach dem Frieden von Lissabon mit Spanien folgte unter Afonso VI. (1656–83), Pedro II. (1683–1706) und João V. (1706–50) eine Zeit relativer politischer Stabilität, nur unterbrochen durch die Teilnahme Portugals am spanischen Erbfolgekrieg. Hier kämpfte es ab 1703 auf der Seite des habsburgischen Kandidaten Carlos III. 1713 musste Portugal im Vertrag von Utrecht jedoch den siegreichen bourbonischen Kandidaten Felipe V. akzeptieren. Zurück blieben große Verwüstungen im Alentejo und den Beira-Regionen.

Der ständige Strom von Gütern aus der Überseekolonie, darunter besonders Gold aus Brasilien, ermöglichte es den herrschenden Schichten Portugals, längst überfällige Wirtschaftsreformen immer wieder aufzuschieben. Hof und Adel führten ein Leben in Saus und Braus, während die Landbevölkerung weiter arm blieb.

Dazu kam die immer stärker werdende politische und wirtschaftliche Abhängigkeit von England. Besondere Bedeutung erlangte der 1703 geschlossene Methuenvertrag. Darin verpflichtete sich Portugal, keine Zölle auf Textilien aus England zu erheben. Im Gegenzug musste Portugal beim Export seiner Weine (insbesondere der Portweine) nur zwei Drittel der Zölle bezahlen, mit denen Wein aus Frankreich beim Export nach England belegt wurde. Dieser Vertrag bremste die Entwicklung der portugiesischen Wollindustrie, förderte aber gleichzeitig den Weinanbau. Die lange fälligen Reformen in Wirtschaft und Verwaltung wurden schließlich vom kleinadeligen Sebastião José de Carvalho e Melo unternommen, den König José I. (1750–1777) zum Premierminister berufen hatte.

Marquês de Pombal: Erneuerer und Diktator

Nachdem ihn König José I. 1750 zum Premierminister berufen hatte, griff Sebastião José de Carvalho e Melo, der spätere Marquês de Pombal, als überzeugter Anhänger des aufgeklärten Absolutismus sogleich hart gegen die damals in Portugal herrschende Misswirtschaft durch: Dem ihm verhassten Klerus und Adel nahm er etliche Privilegien. Die Inquisition unterstellte er im selben Jahr der Krone und beendete auch die Verbrennungen auf dem Scheiterhaufen (*Autos-da-Fé*). Außerdem ordnete er an, dass Neuchristen, also zum Christentum übergetretene Moslems und Juden, sowie Schwarze, Indios und Mischlinge im Mutterland und in den Kolonien nicht mehr diskriminiert werden durften. Gleichzeitig erfolgte eine systematische Förderung der Wirtschaft des eigenen Landes und der Kolonien. Getreu der merkantilistischen Ideologie versuchte er, den Warenimport zugunsten des Exports zu drosseln. Staatliche Monopolgesellschaften für den Kolonialhandel sowie größere Manufakturen wurden gegründet, Brasilien systematisch kolonisiert, Verwaltung und Universitäten reformiert – es wehte ein frischer Wind! Bekannt ist der Marquês de Pombal in Lissabon aber vor allem aufgrund seiner Leistungen beim Wiederaufbau der Lissabonner Unterstadt nach dem gewaltigen Erdbeben vom 1. November 1755.

Neben diesen teilweise durchaus lobenswerten Initiativen sollte jedoch nicht vergessen werden, dass der Marquês de Pombal ein erbarmungsloser Diktator war, der seine persönlichen Feinde gnadenlos verfolgte und bestrafte. Besonders Klerus und Hochadel litten unter seiner Herrschaft. Gestürzt wurde Pombal nach dem Tode Königs José I. durch dessen Tochter Königin Maria I., die eine große Abneigung gegen den Antiklerikalismus des Premierministers, aber auch gegen seinen despotischen Führungsstil hegte. Maria I. regierte, anfangs zusammen mit ihrem Mann Pedro III., von 1777 bis zu dessen Tod 1786. Anschließend hatte sie die Herrschaft alleine inne, bis sie 1791 wahnsinnig wurde und 1792 ihr Sohn João, der spätere König João VI. (1816–26), die Regentschaft übernehmen musste. Die alte Misswirtschaft lebte nun zwar wieder auf, doch die Macht der Kirche und des Adels waren angesichts des erstarkten Bürgertums nicht mehr zu restaurieren.

Die napoleonische Invasion

Durch seine traditionelle Freundschaft mit England geriet Portugal in dessen Konflikt mit dem nachrevolutionären Frankreich. Bereits 1801 fiel das mit Frankreich verbündete Spanien in Portugal ein und eroberte große Teile des Alentejo. Portugal musste hohe Reparationszahlungen leisten und verlor zudem den südportugiesischen Ort Olivença an Spanien. Im Wiener Kongress 1814/15 wurde er Portugal zwar wieder zugestanden; die Rückgabe ist aber bis heute noch nicht vollzogen worden.

Da sich Portugal der 1806 von Napoleon gegen England verhängten Kontinentalsperre nur zögerlich anschloss, stellte Napoleon König João VI. 1807 vor die

Wahl: Kriegserklärung gegen den alten Verbündeten England oder Einmarsch der Franzosen und Spanier in Portugal. Der portugiesische Hof entschied sich zu einer lange geplanten und generalstabsmäßig durchgeführten Evakuierung nach Brasilien und verbrachte dort die nächsten Jahre. Rio de Janeiro wurde von 1808–22 portugiesische Hauptstadt und Portugal wie eine Kolonie von Brasilien aus verwaltet. Brasilien selbst wurde 1815 zum Königreich erklärt und in das neu geschaffene vereinigte Königreich von Portugal, Brasilien und der Algarve integriert.

Nachdem sich Frankreich und Spanien Portugal aufgeteilt hatten, fiel im November 1807 der französische General Junot mit einem mächtigen Heer ein. Zunächst leisteten die Portugiesen kaum Widerstand, da man die napoleonischen Truppen praktisch für unbesiegbar hielt. Im Juni 1808 schließlich bildete sich aber der erste Widerstand. Im Juli entsandten die Engländer Truppen unter Lord Wellington, dem es gelang, die Franzosen bis September zu vertreiben. Den Portugiesen und Engländern blieben nur fünf Monate zur Vorbereitung auf die nächste französische Invasion im Februar 1809, die sie bis Mai zurückschlagen konnten.

Auch dieser Frieden währte nicht lange: Im Juli 1810 fielen die Franzosen unter General Masséna erneut ein, Portugal wurde bis Oktober 1811, als Wellington die Eindringlinge endgültig vertreiben konnte, zum Schlachtfeld. Danach blieben die Engländer als "Besatzungsmacht" in Portugal. England sollte Portugal fortan wie eine Halbkolonie behandeln. Die Schäden des Krieges waren enorm: Neben den Verlusten in der Bevölkerung und den Plünderungen von Kulturgütern durch die Franzosen war besonders der Niedergang der Landwirtschaft und der Industrie zu beklagen.

Die liberale Verfassung von 1821

Ein erster, erfolgloser Aufstand gegen die englischen Besatzer unter Lord Beresford wurde 1817 unter dem Freimaurer Gomes Freire unternommen. Dagegen glückte im August 1820 eine von Porto ausgehende, zweite Revolte, als Beresford gerade in Brasilien weilte. Diese zweite Revolte war durch die spanische, liberale Revolte von Cádiz inspiriert, und so übernahmen die Portugiesen kurzerhand die spanische Verfassung von 1812 für Portugal.

1821 traten die *Cortes*, die Ständeversammlung, nach Wahlen in Portugal, Brasilien und den anderen Kolonien in Lissabon zusammen, um eine eigene liberale Verfassung zu erstellen. Die absolutistische Herrschaft der Krone sollte beendet und den Bürgern endlich mehr Mitspracherecht gegeben werden. König João VI., der 1821 dazu gezwungen worden war, von Brasilien nach Portugal zurückzukehren, leistete seinen Eid auf die neue Verfassung.

Gleichzeitig wollten die *Cortes* Brasilien aber wieder in den Status einer Kolonie zurückführen, was dieses nicht akzeptieren konnte und wollte. Der Bruch mit dem Mutterland war unvermeidlich geworden, besonders angesichts der Tatsache, dass sich zuvor schon die meisten spanischen Kolonien in Amerika unabhängig erklärt hatten. Prinz Pedro, der in Brasilien verblieben war, setzte sich an die Spitze der Unabhängigkeitsbewegung. Dies war zuvor mit João VI.

verabredet worden, um die Herrschaft der Dynastie Bragança in Brasilien zu retten. Mit dem *Grito de Ipiranga* vollzog Pedro im September 1822 schließlich den letzten Schritt zur Unabhängigkeit Brasiliens, einen Monat später ließ er sich zum Kaiser Pedro I. von Brasilien ausrufen.

Liberalismus gegen Absolutismus

Doch die liberalen Vorkämpfer in Portugal wurden bald wieder von den alten Machthabern im Zaum gehalten. Durch die Unabhängigkeit Brasiliens bekamen die Erzkonservativen Portugals Oberwasser. 1823 erhoben sich die Absolutisten unter Prinz Miguel in Vila Franca de Xira in der so genannten *Vilafrancada* und schafften die Verfassung von 1821 ab. João VI. löste zwar die *Cortes* auf, wollte aber nicht einfach zur Vergangenheit zurück, sondern versprach eine modifizierte Verfassung. Die Konservativen sperrten sich zwar auch gegen diese Kompromisslinie, konnten aber von João VI. mit Hilfe der Engländer zur zwischenzeitlichen Aufgabe gezwungen werden.

Nach dem Tod seines Vaters 1826 verzichtete Kaiser Pedro I. von Brasilien zugunsten seiner siebenjährigen Tochter Dona Maria II. da Glória (Königin 1826–53) auf seine Ansprüche auf den portugiesischen Thron und bestimmte seinen Bruder Miguel zum Regenten. Gleichzeitig setzte er mit einer konservativen Verfassung die Kompromisspolitik seines Vaters fort. Miguel jedoch hob 1828 mit einem Militärputsch die Verfassung auf und ließ sich zum König ausrufen. Es folgten sechs Jahre brutalster Diktatur.

Pedro I. konnte dies nicht untätig mit ansehen und kehrte 1831 nach Europa zurück, nachdem er in Brasilien zugunsten seines fünfjährigen Sohnes Pedro II. abgedankt hatte. Von den Azoren aus – dorthin hatten sich die Liberalen zurückgezogen – landete er (als König Pedro IV. von Portugal) mit einem Expeditionsheer in Portugal und vertrieb den Despoten Miguel. Nach dem Tode Pedros im Jahr 1834 übernahm Maria II. erneut die Königswürde. Sie heiratete 1836 den deutschen Prinzen Ferdinand von Sachsen-Coburg-Koháry (ab 1837 König Fernando II.) und begründete damit die Dynastie Sachsen-Coburg-Bragança.

Es folgten wilde Jahre mit permanenten Regierungswechseln zwischen Liberalen und Konservativen. Anfangs hatten die Liberalen die Oberhand: Mit der Säkularisierung von 1834 wurden alle Klöster aufgelöst und alle religiösen Orden abgeschafft – ein schwerer Rückschlag für die Macht der Kirche. 1842 hatte António Costa Cabral, zuvor Justizminister, mit einem Putsch Erfolg, leitete eine konservative Gegenrevolution ein und übernahm in einer korrupten Regierung die Macht. Gegen ihn kämpfte in einem jahrelangen Bürgerkrieg eine merkwürdige Koalition aus Linken und Konservativen. Darunter vor allem Landfrauen aus der nordportugiesischen Provinz Minho, die sich unter dem Namen *Maria da Fonte* vereinigt hatten. Nur mit Hilfe der Armee des Erzfeindes Spanien konnte die Krone die Aufständischen besiegen.

1851 gründete der Duque de Saldanha gegen die abgewirtschaftete Regierung Costa Cabrals die liberale Bewegung der *Regeneradores* ("Erneuerer"). Königin Maria II. sah sich auf Grund seiner großen Popularität bald gezwungen,

Saldanha zum Regierungschef zu machen. Mit dem *Acto Adicional*, einem Verfassungszusatz, und einem neuen Wahlgesetz versöhnte man die früheren Gegner, und für die nächsten Jahrzehnte kehrte endlich Ruhe und Stabilität ein. Liberale *Regeneradores* und konservative *Históricos* (auch *Progressistas* genannt) wechselten sich an der Regierung ab.

Der Niedergang der Monarchie

Nach dem Tod von Maria II., die elf Kinder hinterließ, übernahm ihr ältester Sohn im Alter von nur 16 Jahren als Pedro V. (1853–1861) den Thron. Auch er heiratete in ein deutsches Adelsgeschlecht ein. Prinzessin Stephanie von Hohenzollern-Sigmaringen starb allerdings bereits 22jährig an Diphtherie. König Pedro V. erlag wenig später im Alter von 24 Jahren dem Typhus.

Ihm folgte sein Bruder als König Luís I. (1861–1889). Während der relativen Ruhe unter dessen Herrschaft bildete sich vor allem in den neuen, städtischen Mittelschichten eine starke republikanische und sozialistische Bewegung, die mit der Wirtschaftskrise von 1890 unter Carlos I. (1889–1908) aktiv wurde. In Porto brach 1891 eine erste republikanische Revolte aus, die aber schnell niedergeschlagen wurde.

Die nächsten Regierungen brachten keine Lösung der drängenden Probleme zustande. Zudem war die Monarchie in den Augen der Portugiesen diskreditiert, weil sie sich 1890 einem englischen Ultimatum zur Aufgabe des Anspruchs auf große Gebiete im südlichen Afrika (dem heutigen Sambia und Simbabwe) gebeugt hatte. Damit waren die portugiesischen Pläne zur Verbindung von Angola und Moçambique gescheitert. Um weitere Gebietsverluste zu verhindern, begann man mit einer systematischen Besiedelung der afrikanischen Kolonien.

Der Ruf nach einem starken Mann, der Ordnung in das Durcheinander bringen sollte, wurde nun immer lauter. Neuer Hoffnungsträger der Monarchisten wurde der von Bismarck beeinflusste Ministerpräsident João Fernando Pinto Franco. Um die Monarchie zu stützen, errichtete er 1907 eine Diktatur und ließ das Parlament auflösen. Doch der von der Republikanischen Partei getragene Widerstand gegen das Königshaus wuchs. Am 1. Februar 1908 erschossen zwei Attentäter König Carlos I. und dessen Sohn, den Thronfolger Luís Filipe, in Lissabon auf der Praça do Comércio. Die Hintergründe konnten nie ganz geklärt werden, da die Leibwache des Königs beide Attentäter tötete. Nur leicht verletzt überlebte der zweitgeborene Sohn Manuel den Anschlag. Als Manuel II. bestieg er den Thron und lockerte das harte Regime, doch die Monarchie war nicht mehr zu retten.

Am 3. Oktober 1910 nahm die Revolution ihren Anfang, ausgelöst von der Ermordung des angesehenen Republikanerführers Dr. Miguel Bombarda durch einen offensichtlich Geisteskranken. Am 4. Oktober bombardierten Kriegsschiffe vor Lissabon den Palácio das Necessidades in Alcântara, in dem König Manuel II. lebte. Verschreckt zog sich der König in den Palast nach Mafra zurück, er dachte nicht daran großen Widerstand zu leisten. Am Morgen des 5. Oktober wurde vom Balkon des Lissabonner Rathauses die Republik ausgerufen, als erster Präsident Teófilo Braga. König Manuel II. floh von Mafra über Ericeira und Gibraltar ins Exil nach England. Portugal war damit eine der ersten modernen Republiken Europas.

Die Republik

Schnell zeigten sich erste Divergenzen im herrschenden *Partido Republicano*. Eine Fraktion stand für eine moderate Politik, während die andere Republik mit Revolution gleichsetzte. Dazu kam eine große Zahl an Splitterparteien, die den Hauptzweck der Politik darin sah, sich bis aufs Messer zu bekämpfen. Einig war man sich nur im Kampf gegen die katholische Kirche und gegen die Monarchie. Dennoch war die Bilanz bis 1914 nicht völlig negativ: Der Staatshaushalt war ausgeglichen, und große Teile der Bevölkerung sowie der Armee standen hinter der Republik.

Doch der Erste Weltkrieg sollte die Regierung endgültig entzweien. Im Januar 1915 ernannte Präsident Manuel Arriaga seinen Freund, General Pimenta de Castro, zum Ministerpräsidenten und hinderte das Parlament daran zusammenzutreten. Doch eine Revolte im Mai 1916, die hauptsächlich von der Marine unterstützt wurde, beendete die Diktatur. Ein alter Führer der Republikaner, Bernardino Machado, wurde neuer Staatspräsident, die Demokraten gewannen die Parlamentswahl.

Auf Bitte Englands beschlagnahmte Portugal im Februar 1916 mehrere deutsche Schiffe, die in portugiesischen Häfen lagen, woraufhin Deutschland Portugal den Krieg erklärte. Als Antwort zimmerte der Kriegsminister Norton de Matos in nur neun Monaten ein Expeditionsheer zusammen, das ab Frühjahr 1917 in Frankreich gegen die Deutschen kämpfte. Für Portugal hatte die Teilnahme am ersten Weltkrieg schlimme Folgen: Die Lebensmittel wurden

Eine Republik nur für die Männer

Ein fortschrittliches Scheidungsrecht, gleiche Rechte in der Ehe für beide Geschlechter und mit Carolina Michaëlis de Vasconcelos die erste Universitätsprofessorin des Landes – der Start der Republik war für die Frauen ermutigend. Unter dem neuen Regime wollten sie nun die jahrhundertelange Unterdrückung der Monarchie ablegen. Dazu gehörte selbstverständlich auch zu wählen. Das 1911 verabschiedete Wahlrecht gab keine genaue Definition über das Geschlecht der stimmberechtigten Bürger und so verlangte die Ärztin Carolina Beatriz Ângelo in die Wahllisten aufgenommen zu werden. Mit Erfolg: Sie durfte bei den Parlamentswahlen 1911 als erste Portugiesin abstimmen. Für lange Zeit blieb sie auch die letzte. Die Männer, aufgeschreckt von solch stürmischem Drang der Frauen in die Sphären der Macht, verabschiedeten 1913 schnell ein neues Wahlgesetz, das nur noch männliche Stimmbürger zuließ. Erst 1933 sollten wieder Portugiesinnen bei nationalen Wahlen abstimmen dürfen, allerdings nur Frauen mit Universitätsabschluss und weibliche Haushaltsvorstände. Das volle Stimmrecht erhielten alle Frauen in Portugal erst nach der Nelkenrevolution 1974.

knapp, und die Bevölkerung litt teilweise Hunger. Die vielen Gefallenen erhöhten den Widerstand gegen den Krieg.

Im Dezember 1917 putschte die Armee und bildete unter Sidónio Pais eine Militärdiktatur. Er erfreute sich trotz der brutalen Verfolgung seiner Gegner durchaus einer gewissen Beliebtheit, da man in ihm einen neuen Sebastião sah. Die *República Nova* brachte aber statt der ersehnten Ordnung nur noch mehr Chaos und konnte sich lediglich ein Jahr lang halten. Im Dezember 1918 wurde Sidónio Pais ermordet.

Das Wunder von Fátima

Mit der Ausrufung der Republik 1910 hatte die Macht der katholischen Kirche einen herben Schlag erlitten: Staat und Kirche wurden getrennt, Kirchengüter beschlagnahmt, der katholische Schulunterricht verboten. Man brauchte ein Wunder, wenn möglich ein himmlisches, das dem teuflischen Treiben ein Ende bereiten konnte. Am 13. Mai 1917 ging der Wunsch in Erfüllung. Eine Erscheinung, drei Hirtenkinder, drei Prophezeiungen, viel Buße und Reue sollten die Situation der katholischen Kirche nachhaltig verändern:

Am 13. Mai 1917 hüteten die drei Hirtenkinder Lucia de Jesus, deren Vetter Francisco Marto und seine Schwester Jacinta Marto ahnungslos in der Cova da Iria unweit von Fátima, einem Dorf in Mittelportugal, eine kleine Herde. Da sahen sie um die Mittagsstunde plötzlich ein gleißendes Licht, und über einer Steineiche erschien ihnen eine Dame, welche sich als die Mutter Gottes zu erkennen gab. Vom Monat Mai an wiederholte sich bis Oktober an jedem 13. die Erscheinung. Bei der letzten fanden sich um die 70.000 Menschen ein, und selbst eingefleischte Atheisten wollten beim Sonnenwunder "den Himmel aufbrechen" und die Sonne in Jüngster-Tag-Manier wüten gesehen haben. "Um unseren Herrn zu trösten" kasteiten sich die drei kleinen Kinder selbst und taten Buße für alles Böse und jegliches Leid der Welt. Jacinta und ihr Bruder Francisco starben im Alter von neun bzw. zehn Jahren an einer Lungenentzündung. Ihre mittlerweile über 90jährige Cousine Lucia dagegen lebt als Karmeliter-Nonne seit über 50 Jahren zurückgezogen im Kloster Santa Teresa in Coimbra.

Lucia zeichnete die drei Prophezeiungen auf, welche die Kinder von Maria erhalten haben wollen: Mit Buße und Gebet sollte Russland vor einer heidnischen Zukunft bewahrt werden. Zweitens sollte die ganze Welt Schreckliches erleiden, wenn das Zarenreich nicht zum Katholizismus fände. Die dritte und letzte Weissagung hielt der Vatikan jahrelang als eines seiner bestgehüteten Geheimnisse geheim. Zum Anlass der Seligsprechung von Francisco und Jacinta Marta vor einer halben Million Gläubiger in Fátima am 13. Mai 2000 lüftete man aber das Geheimnis: Dabei soll es um die Vision eines weiß gekleideten Bischofs gegangen sein, der unter Schüssen aus einer Feuerwaffe wie tot zu Boden gefallen sei. Papst Johannes Paul II. sah darin das Attentat, das Ali Agca 1981 auf ihn verübt, und von dem ihn seiner Überzeugung nach die Hilfe der Mutter Gottes von Fátima gerettet hatte.

Denkmal für die Kämpfer des Ersten Weltkriegs an der Av. da República

Der Militärputsch vom 28. Mai 1926

Auch in der Folgezeit konnte sich die Republik nicht konsolidieren. Monarchistische Rebellionen, Attentate, Korruption, Inflation und hohe Staatsschulden folgten. Das Land versank ab 1919 in Chaos und Anarchie. Die mittlere Regierungszeit eines Kabinetts betrug zwischen drei und sechs Monaten, manche waren gar nur zehn Tage im Amt. Insgesamt gab es zwischen 1910 und 1926 in Portugal 21 Koalitionsregierungen, 17 Einparteienkabinette und drei Militärregierungen. Das Militär, das sich seiner Macht immer stärker bewusst wurde, stand allerdings seit Anfang der 20er Jahre nicht mehr hinter der Republik.

Am 28. Mai 1926 erhob sich die Garnison von Braga unter Führung des Generals Manuel Gomes da Costa und marschierte nach Lissabon. Als letzte Amtshandlung ernannte Präsident Bernardino Machado mit José Mendes Cabeçadas einen der Aufständischen zum Ministerpräsidenten und trat zurück. Cabeçadas hatte als Kompromisskandidat jedoch keine Chance, er wurde im Juni durch einen Staatsstreich von Gomes da Costa entmachtet. Aber auch dieser konnte sich nur einen Monat lang im Amt halten, bis ihn das Militär wegputschte und durch General António Óscar Carmona ersetzte. Er ließ sich 1928 zum Präsidenten Portugals wählen und blieb bis 1951 im Amt. Doch alle Militärs waren ohne neues Regierungskonzept angetreten – einzig erklärtes Ziel war es, dem "Unsinn" der Republik ein Ende zu setzen.

Salazars Weg aus dem Chaos

Da trat zum ersten Mal der Mann in Erscheinung, der für die nächsten vier Jahrzehnte die Führung Portugals übernehmen sollte: António de Oliveira

Salazar (1889–1970), Professor für Nationalökonomie in Coimbra und Gründer einer ultrakonservativen katholischen Partei, des *Centro Católico Português*. Er wurde 1928 zum Finanzminister ernannt, nachdem das Haushaltsdefizit unter der Militärregierung ungeahnte Höhen erreicht hatte und Pläne, den Völkerbund um Hilfe zu bitten, auf Widerstand gestoßen waren. Schon nach dem Putsch vom 28. Mai 1926 war Salazar für 13 Tage Finanzminister gewesen. Danach war er mehrmals gebeten worden, den Posten wieder zu übernehmen, hatte aber erst zugesagt, als er weitgehende Vollmachten erhalten hatte, etwa das Vetorecht über die Ausgaben aller übrigen Minister.

Salazars Grundkonzept bestand darin, keine weitere Auslandsverschuldung zuzulassen, wie es in der Vergangenheit von den portugiesischen Politikern gerne als Ausweg aus dem drohenden Staatsbankrott praktiziert worden war. Die Mittel, mit denen er arbeitete, waren äußerste Härte gegenüber dem bis dahin üblichen Behördenschlendrian und eine konsequente Sparpolitik. Zudem schaffte er es, während der Weltwirtschaftskrise das Vertrauen in den Escudo zu steigern und große Mengen Fluchtkapital zurückzuholen, indem er die portugiesische Währung an das britische Pfund Sterling koppelte. Lange ließ sich das jedoch nicht durchhalten, da das Pfund deutlich abgewertet wurde, aber ein Zeichen war gesetzt worden.

Estado Novo – Der Neue Staat

1932 wurde Salazar Ministerpräsident und legte 1933 mit einer scheindemokratischen Verfassung den Grundstein zum so genannten *Estado Novo*, dem *Neuen Staat*, mit dem die Diktatur praktisch legalisiert wurde: Verbot aller po-

Typische Architektur des Estado Novo am Parque Eduardo VII

litischen Parteien außer der Einheitspartei *União Nacional*, Einschränkung der Bürgerrechte, Pressezensur, Bespitzelung und Folter – das waren die Säulen des Neuen Staates unter Salazar.

Laut Verfassung übte der Staatspräsident die Staatsgewalt aus; in Wirklichkeit war es immer Salazar in seiner Funktion als Ministerpräsident, der das Sagen hatte. Anfangs wurde das Staatsoberhaupt noch durch das wahlberechtigte Volk bestimmt, ab 1959 durch "zuverlässige" Wahlmänner, damit keine Panne passieren konnte. Die Nationalversammlung konnte de facto keinen Einfluss auf Regierungsbildung und Politik nehmen. Gesetze wurden meist durch Regierungserlasse eingeführt. Zudem konnte die Versammlung auch noch jederzeit vom Staatspräsidenten aufgelöst werden. Gewicht hatte allenfalls noch der so genannte Staatsrat, der den Staatspräsidenten unterstützen sollte und aus 15 "zuverlässigen" Mitgliedern bestand. Neben der Nationalversammlung gab es eine streng hierarchisch organisierte und nach außen abgeschirmte Korporativkammer, eine ständische Vereinigung der Berufsgruppen. Damit konnte Salazar die Arbeiterschaft unter Kontrolle halten.

Inspiriert war der *Neue Staat* durch das faschistische Regime Mussolinis in Italien, die Diktatur des Generals Primo de Rivera in Spanien, den *Integralismo*

Salazar – Franco – Hitler

Während des Zweiten Weltkriegs exportierte Portugal das zur Waffenproduktion wichtige Metall Wolfram nach Deutschland, hielt sich aber sonst trotz aller Sympathien für Deutschland neutral. Zwar kooperierten die Geheimdienste Deutschlands und Portugals, aber Portugal war für die meisten Flüchtlinge sicher. Nur Kommunisten, vor allem ehemalige Spanienkämpfer, sowie Mitglieder anderer linker Parteien waren gefährdet. Sehr zum Ärgernis der Nationalsozialisten wurden jüdische Flüchtlinge von Portugal praktisch überhaupt nicht ausgeliefert. So flohen in der ersten Hälfte des Jahres 1941 monatlich ca. 2.000–3.000 Personen über Lissabon ins sichere Amerika. Der Roman "Die Nacht von Lissabon" von Erich Maria Remarque schildert dies sehr eindrucksvoll.

Ein Grund für die Neutralität Portugals war, dass man die traditionell guten Beziehungen zu England nicht zerstören wollte. Noch entscheidender aber war die Befürchtung, dass die Kooperation des spanischen Diktators Francisco Franco mit Adolf Hitler zu einer Besetzung Portugals führen könnte. Salazar versuchte deshalb, um jeden Preis einen Kriegseintritt Spaniens zu verhindern, was ihm letztendlich auch gelang. Dabei kam ihm zugute, dass er während des spanischen Bürgerkriegs (1936–39) durch Portugals Hilfe entscheidend zum Sieg Francos beigetragen hatte. Als sich die Niederlage Deutschlands abzeichnete, schlossen Portugal und Spanien 1943 den so genannten *Bloco Ibérico* zur Verteidigung des christlichen Abendlandes gegen den Kommunismus. Im gleichen Jahr überließ Portugal Großbritannien und den USA die Luftwaffenbasis Lajes auf den Azoren. Nach dem Krieg bemühte sich Salazar dann aktiv um eine Anerkennung des international geächteten Franco-Regimes.

Lusitano, eine vom Sebastianismus beeinflusste rechtsautoritäre Bewegung, und später natürlich auch durch Adolf Hitler. So ähnelte die *Mocidade Portuguesa*, eine 1936 gegründete paramilitärische Organisation, in der alle Jugendlichen Mitglied sein mussten, der Hitlerjugend.

36 Jahre lang konnte sich der harte, unbeugsame Salazar an der Macht halten. Hauptgrund der langen Herrschaft war seine Kunst, die verschiedenen politischen Interessen des Landes auszugleichen. Unterstützt wurde er dabei durch die katholische Kirche, die von seinem ehemaligen Studienkollegen Kardinal Cerejeira geleitet wurde. Demonstrationen und Streiks unterdrückte die Republikanische Nationalgarde, die *Guarda Nacional Republicana – GNR*. Als letzte Waffe konnte Salazar auf die mit Hilfe der deutschen Gestapo aufgebaute Geheimpolizei *Polícia de Vigilância e de Defesa do Estado – PVDE* zurückgreifen. Später nannte sie sich *Polícia Internacional e de Defesa do Estado – PIDE* und wurde von der amerikanischen CIA trainiert. Trotz aller Repression erreichte Salazars Regime allerdings nie die Härte der Diktaturen General Francos in Spanien oder gar Hitlers.

Die Wirtschaft unter Salazars

Salazars Politik war großkapitalfreundlich – unterstützt wurde er besonders von Industriellen, Großgrundbesitzern, Banken und der Kirche. Wenige reiche und konservative Familien Portugals, wie Espírito Santo, Mello und Champalimaud, beherrschten die Wirtschaft des Landes. Dabei sorgten alleine die 100 Firmen des Konzerns *Companhia União Fabril – CUF* der Familie Mello für fünf Prozent des Bruttoinlandsproduktes. Damit war die CUF der größte Konzern der portugiesischen Geschichte. In ihrem Bestreben, die Interessen dieser Kapitalgeber zu schützen, versäumte es die Regierung, die Reformen in Angriff zu nehmen, die für eine Weiterentwicklung Portugals zur modernen Agrar- und Industrienation dringend notwendig gewesen wären.

Besonders im Agrarsektor zeigte sich das langfristige Scheitern der Wirtschaftspolitik Salazars. Im Süden, vor allem im Alentejo, herrschte in Portugal traditionell Großgrundbesitz (Latifundien), im Norden Kleinstgrundbesitz (Minifundien), in Mittelportugal dagegen eher mittlere Betriebsgrößen. Während die vielen Landarbeiter im Alentejo nur zur Erntezeit Arbeit fanden, konnten sich die Kleinstbauern im Norden gerade selbst versorgen. Die wenigen Großgrundbesitzer jedoch sträubten sich gegen Agrarreformen, obwohl sie vielfach ihre Güter brachliegen ließen und sie nur als Sommersitz oder privates Jagdrevier nutzen. Im Norden war andererseits nicht an eine Zusammenlegung kleinerer Betriebe zu denken, da die konservativen Kleinbauern eine Hauptstütze Salazars waren.

So wurde das Problem hauptsächlich durch Emigration gelöst. Im Ausland wurden wesentlich höhere Löhne gezahlt als in Portugal, und so wanderten nach und nach etwa zwei Millionen Portugiesen aus, in manchen Jahren mehr als 100.000 – das alles bei einer Gesamtbevölkerung von weniger als 10 Mio. Hauptziele der Auswanderer waren Frankreich (allein im Großraum Paris leben 500.000 Portugiesen), Kanada, Venezuela, Südafrika, Brasilien, die Schweiz, Deutschland und in den letzten Jahren zunehmend auch Spanien.

Zwar gab es auch unter Salazar eine gewisse Entwicklung, vor allem nach dem Beitritt zu EFTA, Weltbank und IWF im Jahr 1960. Doch Portugal war und blieb mit der höchsten Kindersterblichkeit und der geringsten Lebenserwartung das Armenhaus Europas. Die Ausbildung der Bevölkerung wurde unter Salazar sträflich vernachlässigt. Nach dem Untergang des *Estado Novo* 1974 herrschte in Portugal eine Analphabetenquote von 30 %. Manche Gegenden des Alentejo, des "Armenhauses von Portugal", wiesen sogar erschreckende 80 % auf! Zugang zu den Universitäten hatte nur eine kleine Minderheit, und so fehlt es noch heute an einer breiten gut ausgebildeten Bevölkerungsschicht.

Widerstand gegen die Diktatur

Opposition gegen die Diktatur gab es von Anfang an aus den Reihen des Militärs, dessen Revolten 1927, 1928 und 1931 aber brutal niedergeschlagen wurden. Viele Gegner des Regimes mussten für Jahre oder gar Jahrzehnte aus Portugal emigrieren. Die republikanischen Intellektuellen vereinigten sich 1927 in Paris zur *Liga de Paris*, schafften es aber nicht, ihre inneren Spaltungen zu überwinden. Im Inland war somit praktisch nur noch die kommunistische Partei PCP aktiv, die im März 1921 gegründet worden war.

1937 wurde in Lissabon ein Bombenattentat auf Salazar verübt – erfolglos. Die nächste ernsthafte Gefährdung des Regimes gab es erst wieder 1945, als viele Portugiesen erwarteten, dass die Alliierten Salazar, ähnlich wie Franco in Spanien, unter Druck setzen würden. Doch mit einigen kosmetischen Korrekturen und der Unterdrückung aller Aufstände überstand das Regime den Zeitraum, bis es im Kalten Krieg als antikommunistisches Bollwerk und NATO-Gründungsmitglied benötigt wurde. Dabei konnte es sich Salazar sogar leisten, die von den Alliierten angebotene Marshall-Hilfe abzulehnen: "Ich möchte dieses Land lieber arm und unabhängig, als durch amerikanisches Kapital kolonialisiert sehen."

Zwar wurden vor Wahlen regelmäßig Oppositionsbewegungen zugelassen und die Zensur gelockert, doch saubere Abstimmungen waren nie sichergestellt. Die meisten Portugiesen durften sowieso nicht wählen, darunter alle Analphabeten und fast alle Frauen mit Ausnahme jener mit Studienabschluss und der weiblichen Familienoberhäupter. Die Kandidaten der Opposition gaben meist bereits vor den Abstimmungen auf. Dies geschah auch bei den Wahlen 1951 zur Nachfolge von Präsident Carmona, die dann Salazars Kandidat, General Francisco Craveiro Lopes, gewann. Eine der wenigen wirklich brenzligen Situationen gab es bei der folgenden Präsidentenwahl 1958, als der Oppositionspolitiker General Humberto Delgado offiziell fast 30 % der Stimmen erhielt. Aber auch bei dieser Wahl hatte der Staatsapparat erfolgreich manipuliert, denn der tatsächliche Stimmenanteil Delgados war vermutlich viel höher gewesen. Neuer Staatspräsident wurde mit dem Marineminister Admiral Américo Tomás wieder ein Militär (im Amt bis 1974). Delgado wurde im übrigen 1965 beim Versuch, vom spanischen Ort Vila Nueva de Fresno illegal nach Portugal einzureisen, von der PIDE ermordet.

Folge der Wahlmanipulation von 1958 waren Demonstrationen an Universitäten, Streiks und Militärrevolten wie zum Beispiel die von 1961, die durch

Verteidigungsminister Botelho Moniz initiiert wurde. Und als Oppositionelle unter der Führung von Kapitän Henrique Galvão im gleichen Jahr das portugiesische Passagierschiff *Santa Maria* in der Karibik kaperten, rückte die prekäre politische Situation des Landes auf äußerst spektakuläre Weise ins Interesse der Weltöffentlichkeit.

Kolonialkriege

Mit den Unruhen in den Kolonialgebieten wurde die letzte Phase der Diktatur eingeleitet. 1961 eroberte die Regierung Indiens unter Nehru kurzerhand die indischen Besitzungen Portugals Goa, Diu und Damão. Die 3.500 Mann der portugiesischen Garnison in Goa ergaben sich angesichts der indischen Übermacht. Für Salazar eine besonders schmachvolle Schlappe. Er hatte den Soldaten befohlen, bis zum Tod durchzuhalten.

In Afrika wurden die Portugiesen in langwierige Buschkriege verwickelt. Der angestaute Hass der schwarzen Einwohner entlud sich hier Anfang der 60er Jahre in drei Zentren: 1961 in Angola, 1963 in Guinea-Bissau und 1964 in Moçambique. Zeitweise standen 150.000 Mann gleichzeitig in den afrikanischen Kolonien, vier bis sechs Jahre dauerte der Wehrdienst, vor dem viele junge Portugiesen ins Ausland flüchteten. 1974 hatten insgesamt eine Million Portugiesen Wehrdienst in den Kolonien geleistet – 11.000 waren dabei ums Leben gekommen.

Der Krieg war teuer: In manchen Jahren gab der Staat bis zu 50 % seines Haushalts für die Kolonialkriege aus. Währenddessen wuchs die ausländische Unterstützung für die Befreiungsbewegungen stetig an, nicht unwesentlich vom Verhalten der portugiesischen Kolonialmacht beeinflusst. Mit der Zwangsumsiedlung von Schwarzen in Wehrdörfer, Massakern an der Zivilbevölkerung und dem Einsatz von Napalmbomben brachte sie die Weltöffentlichkeit immer mehr gegen sich auf. Die UNO verurteilte in mehreren Resolutionen das Festhalten Portugals an seinen Kolonien.

Kurzer Frühling unter Caetano

Ein banaler Liegestuhl sollte den Anfang vom Ende des Salazar-Regimes einläuten: Als sich Salazar im September 1968 in Estoril auf einen Liegestuhl setzte, brach dieser und Salazar stürzte so schwer, dass er sich ein Blutgerinnsel im Gehirn zuzog. Wenig später erlitt er einen Schlaganfall und wurde als Ministerpräsident durch den Juraprofessor Marcello Caetano, einen alten Mitarbeiter von Salazar, ersetzt. Unter Caetano wurde eine vorsichtige Liberalisierung gestartet, die sich u. a. in Lockerung der Pressezensur ausdrückte. In der Nationalversammlung bildete sich eine regimekritische Gruppe vor allem junger Abgeordneter, die so genannte *Ala liberal*, heraus. Im Jahr 1970 starb Salazar achtzigjährig.

Bald wurde aber klar, dass es Caetano nicht um einen grundlegenden Wechsel ging. Vor allem in der Frage der Unabhängigkeit der Kolonien zeigte sich Caetano letztlich unnachgiebig. Der so genannte marcellinische Frühling war 1970 wieder zu Ende, Oppositionsführer wie Mário Soares mussten erneut ins Exil gehen. Das alte Regime war reformunfähig.

> **Caetano – Salazar**
>
> Als Salazar ab 1968 nicht mehr regierungsfähig war, wurden für den Diktator fiktive Kabinettssitzungen abgehalten, um ihm im Glauben zu belassen, immer noch an der Macht zu sein. Salazar lebte komplett isoliert ohne Zeitung, Radio oder Fernsehen im São Bento-Palast. Während dieser Zeit hatte Marcelo Caetano bereits die Regierungsgeschäfte übernommen. Eines Tages wurde Salazar in einem Interview gefragt, was er denn von Caetano halte. Salazar antwortete: "Ein fähiger Mann, nur schade, dass er nicht in die Politik gehen will".

1974 war es dann soweit: Einige der ranghöchsten Militärs hatten endlich erkannt, dass der Krieg in Afrika trotz der sturen Haltung der Regierung militärisch nicht zu gewinnen war. Der bekannteste Vertreter dieser Militärs wurde General António de Spínola, Oberbefehlshaber der portugiesischen Truppen in Guinea-Bissau – dem Gebiet, das die Portugiesen am wenigsten unter Kontrolle hatten. Im Februar 1974 veröffentlichte er in Lissabon das Buch "Portugal und die Zukunft" (*Portugal e o Futuro*) und forderte mit den Befreiungsbewegungen zu verhandeln und den Kolonien eine begrenzte Autonomie zuzugestehen. Spínola wurde darauf samt seinem Vorgesetzten, Generalstabschef Francisco da Costa Gomes, entlassen.

Die Nelkenrevolution

Getreu der portugiesischen Tradition war es wieder einmal die Armee, die den Umsturz bewerkstelligte. Wegen eines Streits um Beförderungsregeln hatte sich 1974 die "Bewegung der Streitkräfte" *Movimento das Forças Armadas* (MFA) gegründet, aus der schnell ein Forum für den Widerstand gegen den Kolonialkrieg und das Regime wurde. Anfangs umfasste der MFA vor allem Hauptleute, später aber auch ranghöhere Militärs wie General Spínola.

Eine erste Erhebung am 16. März 1974 in Caldas da Rainha war noch fehlgeschlagen, doch als in der Nacht zum 25. April der katholische Rundfunksender *Rádio Renascença* das Lied *Grândola, Vila Morena* von José Afonso spielte, war das vereinbarte Startzeichen für den großen Putsch gegeben.

Von Santarém rückte die *Escola Prática de Cavalaria* (EPC) unter dem jungen Hauptmann Salgueiro Maia nach Lissabon vor, weitere Truppeneinheiten folgten. Sie besetzten Flughafen, Zufahrtsstraßen, Regierungsgebäude, Radio- und Fernsehanstalten sowie öffentliche Plätze. Die regimetreuen Truppen leisteten praktisch keinen Widerstand. Caetano musste die Macht an Spínola übergeben. Er wurde für die erste Zeit nach Madeira verbannt und konnte später nach Rio de Janeiro ins Exil gehen. Um 18.40 Uhr strahlte der MFA die ersten freien Fernsehnachrichten aus, der Putsch war gelungen. Die Bevölkerung steckte den Soldaten rote Nelken in die Gewehrläufe – daher ging der 25. April auch als "Nelkenrevolution", *Revolução dos Cravos*, in die Geschichte ein.

Die einzigen, die sich noch nicht ergeben hatten, war die Geheimpolizei PIDE/DGS in ihrem Hauptquartier im Chiado, das von einer aufgebrachten

48 Geschichte

Demonstration zum Jahrestag des 25. April

Menschenmenge belagert wurde und erst am Tag danach erstürmt werden konnte. Hier gab es mit 45 Verletzten und fünf Toten, darunter ein auf der Flucht erschossener PIDE-Agent, den einzigen schweren Zwischenfall der ansonsten unblutigen Revolution.

Tagelang feierte man den Beginn der neuen Ära. Spínola wurde vom MFA zum Chef der "Junta zur Nationalen Rettung" *Junta de Salvação Nacional* und kurz darauf zum Staatspräsidenten ernannt. Eine provisorische Mehrparteienregierung unter Adelino da Palma Carlos wurde eingesetzt, das Militär aber behielt die Macht in Händen. Sofort leitete man ein Programm in die Wege: Vorbereitung freier Wahlen innerhalb eines Jahres, Bürgerrechte, Auflösung der Geheimpolizei, Freilassung aller politischen Gefangenen, Beendigung des Kriegs in Afrika.

Doch schon in der Nacht vom 25. auf den 26. April stellten sich die ersten Differenzen ein. Spínola war rechtsgerichtet, während der MFA in der Mehrheit linksgerichtet war. Man war sich zwar darüber einig gewesen, das Salazar-Regime zu stürzen, aber nicht darüber, ob die Kolonien unabhängig werden sollten oder nicht. Spínola konnte sich mit seiner Idee einer Föderation Portugals und der Kolonien nicht durchsetzen, und schon im Mai begann die Regierung mit Cabo Verde, São Tomé e Príncipe, Guinea-Bissau, Moçambique und Angola über eine volle Unabhängigkeit zu verhandeln. Zehntausende weißer Siedler sowie Schwarze und Mischlinge strömten nun nach Portugal zurück. In den Städten war kaum freier Wohnraum vorhanden, und so wurden die so genannten *Retornados* in Baracken und angemieteten Hotels untergebracht, ihre Eingliederung sollte noch Jahre dauern.

Im Juli 1974 wurden die Linken erheblich gestärkt, als der MFA-Oberst Vasco dos Santos Gonçalves zum Ministerpräsidenten ernannt wurde. Außerdem gründeten die Linken im MFA das Militärkommando *Comando Operacional do Continente* (COPCON), das Polizeiaufgaben übernehmen sollte, und entließen drei rechte Generäle. Der Linksruck war Spínola zu viel: Er verlangte besondere Vollmachten, und als ihm diese von der *Junta de Salvação Nacional* verweigert wurden, trat er am 30. September zurück. Sein Nachfolger als Präsident wurde Costa Gomes.

Den endgültigen Sieg der Linken verursachte Spínola selbst durch seinen dilettantischen Rechtsputsch am 11. März 1975. Die schlecht organisierte Militärrevolte wurde im Keim erstickt. Spínola, der Held der portugiesischen Revolution, musste in einem Hubschrauber nach Spanien fliehen. Nun forcierten die kommunistischen Gruppen im MFA den revolutionären Prozess. Bereits einen Tag später wurden mehrere Banken verstaatlicht, große Industrieunternehmen sollten folgen. Ein 25köpfiger Revolutionsrat, *Conselho da Revolução*, ausschließlich aus den Reihen der Militärs besetzt, wurde als oberstes Führungsgremium gebildet und ersetzte die *Junta de Salvação Nacional*. Die Regierung wurde zum ausführenden Organ des Revolutionsrates degradiert. Die politischen Parteien mussten sich diesem System beugen, wenn sie nicht Gefahr laufen wollten, verboten zu werden.

Die Angst vor den roten Portugiesen

Die westlichen Verbündeten beobachteten die Vorgänge in Portugal mit größter Sorge. Besonders US-Außenminister Henry Kissinger war entsetzt, dass zum ersten Mal seit dem Zweiten Weltkrieg in Westeuropa Kommunisten an der Macht beteiligt waren. Aber nicht nur er befürchtete ein Abgleiten des NATO-Landes in den Kommunismus mit den auf dem halben Weg zwischen Europa und Amerika geostrategisch wichtig gelegenen Azoren-Inseln. Aus einer geheimen Kasse des Bundesnachrichtendienstes (BND) unterstützte die deutsche Regierung unter Helmut Schmidt die pro-westlichen Parteien Portugals und später auch Spaniens mit 30 bis 40 Millionen Mark. Das Geld wurde ohne jede Kontrolle über SPD, CDU, CSU und FDP an deren Schwesterparteien auf der Iberischen Halbinsel ausgezahlt, wie Hans Leyendecker in der Süddeutschen Zeitung im Februar 2000 aufdeckte.

Kommunismus gegen liberale Demokratie

Genau ein Jahr nach der Nelkenrevolution, am 25. April 1975, durften die Portugiesen in den Wahlen zur verfassungsgebenden Versammlung zum ersten Mal wieder frei abstimmen. Die meisten Portugiesen entschieden sich gegen die Kommunisten des PCP unter Álvaro Cunhal, die nur 12,5 % der Stimmen erhielten und befürworteten die Errichtung einer parlamentarischen Demokratie. Die Wahlen gewannen die Parteien der Mitte, die Sozialisten (PS) mit 37,8 % und die Demokratische Volkspartei (PPD) mit 26,3 % (aus dem PPD geht später die Sozialdemokratische Partei, PSD, hervor). Das konservative Sozialdemokratische Zentrum (CDS) erhielt 7,6 %.

Das Wahlergebnis hatten den gemäßigten Kräften Auftrieb gegenüber den radikalisierten MFA-Militärs gegeben: Im Mai kam es zu den ersten Zusammenstößen zwischen MFA und PCP auf der einen und PS, PPD und CDS auf der anderen Seite. Als die linken Setzer der den Sozialisten nahe stehenden Zeitung *República* in die ideologische Orientierung des Blattes eingriffen und mit Hilfe des Militärkommandos COPCON eine eigene Ausgabe produzierten, traten die Minister des PS und des PPD aus der Regierung aus. Damit war das Mehrparteienbündnis gescheitert. Ministerpräsident Vasco Gonçalves bildete, nur noch von den Kommunisten unterstützt, eine neue Regierung.

Nun regte sich aber auch im MFA Widerstand. Es bildete sich eine gemäßigte Fraktion um Oberst Melo Antunes, die sich in ihrem *Dokument der Neun* gegen Premier Vasco Gonçalves und seine Pläne zur Errichtung eines kommunistischen Staates aussprachen. Das Dokument wurde bald von der großen Mehrheit der MFA-Offiziere unterstützt, und Präsident Costa Gomes musste Ministerpräsidenten Vasco Gonçalves Ende August durch Admiral Pinheiro de Azevedo ersetzen.

Es folgten wirre Monate im so genannten "heißen Sommer" 1975, die von Putschgerüchten, Streiks und Bombenattentaten geprägt waren. Das Land hatte sich in zwei Lager gespalten: auf der einen Seite die Kommunisten, unterstützt von den alentejanischen Landarbeitern und den Industriearbeitern im Raum Lissabon, und auf der anderen Seite die gemäßigten Kräfte, angeführt durch den PS und unterstützt von Kirche, Mittelschichten und Kleinbürgertum sowie den Arbeitern im Norden Portugals. Die Gegensätze spitzten sich zu. Langsam aber sicher schien ein Bürgerkrieg unausweichlich zu werden, sowohl linke als auch gemäßigte Gruppen trafen erste Vorbereitungen.

Im November kam es zu ersten Eklats: Regierungstreue Fallschirmjäger sprengten am 7. November die Sendeanlagen des von Linksextremisten besetzten katholischen Radiosenders *Rádio Renascença*. Nur wenige Tage danach belagerten 20.000 aufgebrachte Bauarbeiter das Parlament und kidnappten den Premierminister und die Abgeordneten der verfassungsgebenden Versammlung. Die Regierung trat zurück und forderte Garantien für ihren Schutz.

Am 25. November putschten dann kommunistische Militärs. Sie standen Otelo Saraiva de Carvalho nahe, der fünf Tage zuvor als Chef der Militärregion Lissabon abgesetzt worden war. In letzter Minute distanzierten sich sowohl Otelo als auch die kommunistische Partei PCP vom Putsch. Die Aufständischen hatten gegen die gemäßigten Militärs, die sich unter General António Ramalho Eanes als *Operacionais* organisiert hatten, keine Chance und mussten bald aufgeben.

Mit dem gescheiterten Putsch vom 25. November war die Gefahr eines Bürgerkrieges gebannt, der revolutionäre Prozess der Nelkenrevolution abgeschlossen und der Übergang zu einer Demokratie westlicher Prägung gesichert. Plötzlich floss auch wieder Geld aus dem Ausland nach Portugal, denn die Gefahr eines kommunistischen Landes am Westrand Europas war gebannt.

Spínolas blutige Spur

Nach dem 25. November kam das Land aber noch nicht zur Ruhe. Das rechtsgerichtete Bombenlegernetz *Rede Bombista* hielt Portugal mit über 150 Anschlägen in Atem, bei denen mehrere Menschen ums Leben kamen. Darunter ein junger Passant, den am 1. Mai 1976 eine Autobombe vor dem Parteibüro des PCP im Hotel Vitória an der Avenida da Liberdade tötete. Der blutige Spuk endete erst im August 1976, als es der Polizei gelang, mehrere Terroristen zu verhaften. Pikanterweise befand sich unter den Hintermännern der Polizeichef von Porto, Mota Freitas. Man sagte den Bombenlegern nach, General Spínola und seiner Bewegung zur Befreiung Portugals *Movimento Democrático para a Libertação de Portugal – MDLP* nahe zu stehen. Beweise gibt es dafür jedoch nicht. Aber auch Spínola selbst hatte sich offenbar noch nicht mit seinem Machtverlust abgefunden. Er fiel auf eine Falle des deutschen Stern-Journalisten Günter Wallraff rein. Der hatte sich Spínola gegenüber als deutscher Sympathisant ausgegeben und ihm finanzielle und militärische Hilfe angeboten. Nach mehreren Treffen in Deutschland und Portugal gab Spínola seine Bestellung bei Wallraff auf: darunter 4.000 automatische Gewehre des Typs AR18, 50.000 Granaten und Plastiksprengstoff. Womit Spínola nicht gerechnet hatte, war, dass er seine Bestellung alsbald im Stern und in Wallraffs Buch "Aufdeckung einer Verschwörung. Die Spinola-Aktion" nachlesen konnte.

Die Demokratie

Nach dem Ende der revolutionären Anarchie konnten sich die Politiker endlich wieder darauf konzentrieren, die neue demokratische Verfassung auszuarbeiten. Dabei schloss der inzwischen deutlich geschwächte MFA einen Kompromiss mit den Parteien der Mitte: Die Verfassung von 1976 wurde als eine Mischung aus parlamentarischer Demokratie und sozialistischer Wirtschaftsordnung entworfen. Der von den Militärs gestellte Revolutionsrat blieb zwar weiter bestehen, doch mit eingeschränkter Macht.

Bei den ersten Parlamentswahlen genau zwei Jahre nach der Nelkenrevolution am 25. April 1976 siegten erneut die Sozialisten (PS) mit 34,8 %; die Demokratische Volkspartei (PPD) erreichte 24,3 %, gefolgt vom konservativen Sozialdemokratischen Zentrum (CDS) mit 15,9 % und der Kommunistischen Partei (PCP) mit 14,4 %. Am 14. Juli 1976 wurde der linkspopulistische General Ramalho Eanes zum Präsidenten gewählt. Er ernannte Mário Soares, den Vorsitzenden des PS, zum Premier einer sozialistischen Minderheitsregierung. Diese reichte 1977 den Beitrittsantrag zur EG ein – ein klares Zeichen der neuen Orientierung weg von den ehemaligen Überseekolonien und hin nach Europa.

Zwischen den Jahren 1976 und 1987 waren insgesamt elf Regierungen an der Macht. In diesem Zeitraum wurden unter Ausschluss der Kommunistischen Partei alle möglichen Konstellationen von Mehr- und Minderheitsregierungen sowie drei Präsidential-Kabinette ohne parlamentarische Unterstützung ausprobiert. Erinnerungen an die Wirren der Nelkenrevolution wurden wach, als am 4. Dezember 1980 der damalige Ministerpräsident Francisco Sá Carneiro (PPD/PSD) bei einem Flugzeugabsturz direkt nach dem Start vom Lissabonner Flughafen ums Leben kam. Bis heute konnte nicht endgültig geklärt werden, ob es sich dabei um einen Unfall oder um ein Bombenattentat handelte.

Eine erste Verfassungsrevision beendete 1982 schließlich die Existenz des Revolutionsrats und ersetzte ihn durch den zivilen Staatsrat (*Conselho de Estado*), dessen Funktion sich auf die Beratung des Präsidenten beschränkt. Daneben richtete man auch ein Verfassungsgericht (*Tribunal Constitucional*) ein. Die nach dem 25. April 1975 durchgeführten Verstaatlichungen durften jedoch weiterhin nicht mehr rückgängig gemacht werden.

Der EG-Beitritt

Nach dem Sieg bei den Parlamentswahlen 1983 wurde der Sozialistenführer Mário Soares zum zweiten Mal Ministerpräsident, diesmal in einer Koalition aus Sozialisten (PS) und Sozialdemokraten (PSD). Eine der Hauptaufgaben der neuen Regierung war es, die langwierigen Verhandlungen über einen Beitritt Portugals zur EG endlich zum Abschluss zu bringen. Am 12. Juni 1985 unterzeichnete man die Verträge zur Aufnahme Portugals und Spaniens, mit dem 1. Januar 1986 wurden beide Länder Mitglied der EG. Soares und die Sozialisten konnten jedoch die Früchte ihres Erfolges nicht mehr ernten: Am 25. Juni 1985 zerbrach die Koalition; am 6. Oktober erlitten die Sozialisten eine verheerende Niederlage bei den vorgezogenen Parlamentswahlen. Von ihren 101 Parlamentssitzen blieben ihnen lediglich 54. Die Wähler hatten sie für die schlechte Wirtschaftslage verantwortlich gemacht, die durch die Vorbereitung auf den EG-Beitritt entstanden war.

Wahlsieger waren die Sozialdemokraten (PSD) unter dem neuen Ministerpräsidenten, dem Volkswirtschaftsprofessor Aníbal Cavaco Silva, die fortan mit 88 Sitzen regierten. Die Präsidentschaftswahlen im Jahr 1986 gewannen jedoch die Sozialisten: Mário Soares wurde Nachfolger von Ramalho Eanes und blieb bis 1996 Präsident, da er 1991 mit Unterstützung von PS und PSD mit 70,4 % der Stimmen wieder gewählt wurde.

Die Ära des Cavaquismo

Bei den Parlamentswahlen von 1987 gelang es dem PSD erstmals, eine absolute Mehrheit zu erringen und ohne Koalitionspartner zu regieren. 1991 gewannen die Partei erneut die Parlamentswahlen mit der knappen absoluten Mehrheit von 50,6 %. Die Zeit der PSD-Regierungen von 1985 bis 1995 wird nach dem portugiesischen Ministerpräsidenten Aníbal Cavaco Silva als Ära des *Cavaquismo* bezeichnet. Dem Sozialdemokraten gelang es, Portugal in eine moderne Industriegesellschaft umzuwandeln.

Mit einer zweiten Verfassungsrevision 1989 strichen Sozialisten und Sozialdemokraten gemeinsam die letzten kommunistischen Überreste der Nelkenrevolution aus der portugiesischen Verfassung. Auch den Begriff Agrarreform entfernten sie. Das noch in Staatsbesitz verbliebene Land wurde in den kommenden Jahren den Kooperativen entzogen und in private Hände zurückgegeben. Die nach der Nelkenrevolution in großem Stil verstaatlichten Unternehmen konnten nun reprivatisiert werden.

Eine Folge der Amtszeit Cavaco Silvas war die Verschärfung der sozialen Gegensätze. Der wirtschaftliche Aufstieg Portugals und die Verbesserung der Infrastruktur, finanziert durch Milliardenhilfen aus EG-Strukturfonds, kamen vor allem der Mittel- und der Oberschicht zugute. Die Armen waren arm geblieben. Dazu kam, dass sich der PSD-Filz in der staatlichen Verwaltung breit gemacht hatte.

Nova Maioria – Die Neue Mehrheit

1995, nach zehn Jahren als Regierungspartei, hatten die *Laranjas* ("Orangen", so werden die PSD-Mitglieder nach der Parteifarbe Orange genannt) jedoch in den Augen der Portugiesen ausgedient. Ministerpräsident Aníbal Cavaco Silva ahnte wohl die kommende Niederlage, denn zum Entsetzen seiner Partei kündigte er Anfang 1995 an, nicht mehr zu kandidieren.

Cavacos Nachfolger als Parteivorsitzender, der wenig charismatische Fernando Nogueira, bekam bei den Parlamentswahlen am 1. Oktober 1995 die Quittung: Der PSD fiel um 16 Prozentpunkte auf 34 %. Deutlicher Gewinner dieser Wahlen waren die Sozialisten unter António Guterres, die sich im Vergleich mit den Wahlen 1991 von 29,1 % auf 43,9 % steigern konnten und die absolute Mehrheit der Sitze nur knapp verfehlten. Da die Oppositionsparteien nicht in der Lage waren, sich auf eine gemeinsame Gegenpolitik zu verständigen, konnten die Sozialisten aber mit ihrer relativen Mehrheit von 111 von 226 Sitzen die Regierung übernehmen.

Bei den Präsidentschaftswahlen am 14. Januar 1996 wurde der langjährige Bürgermeister von Lissabon, der Sozialist Jorge Sampaio, zum neuen Präsidenten gewählt. Er konnte sich mit 53,8 % der Stimmen gegen den Ex-Ministerpräsidenten Aníbal Cavaco Silva durchsetzen, der 46,2 % erhielt (im Januar 2001 wurde Sampaio mit 54 % für eine zweite Amtszeit wiedergewählt). Zum ersten Mal in der Geschichte Portugals waren damit gleichzeitig Regierungs- und Präsidialmacht in sozialistische Hände gelegt. Dazu kam noch, dass auch die drei wichtigsten Städte Lissabon, Porto und Coimbra von Sozialisten regiert wurden. Die *Nova Maioria* (Neue Mehrheit), so der PS-Slogan bei den Parlamentswahlen von 1995, beherrschte damit alle wichtigen politischen Gremien des Landes. Bei den Parlamentswahlen im Herbst 1999 gewann der PS, verfehlte mit 44 % der Stimmen zum zweiten Mal aber knapp die absolute Mehrheit der Mandate.

In ihrer zweiten Legislaturperiode gaben die Sozialisten aber ein verheerendes Bild ab. Das dringend reformbedürftige und hoch defizitäre Gesundheitswesen marodierte weiter vor sich hin, auf kommunaler Ebene häuften sich Korruptionsskandale. Der Staatshaushalt rutschte tiefer und tiefer in die roten Zahlen, um schließlich fast völlig außer Kontrolle zu geraten. Von 1998 bis 2000 wuchsen die Staatsausgaben im Durchschnitt um acht Prozent jährlich. 2001 erreichte Portugal ein Defizit von 4,1 % des Bruttoinlandsprodukts und brach damit als erstes Land die Grenzen des Europäischen Stabilitäts- und Wachstumspakts. Die Sozialisten waren aber nicht in der Lage die nötigen Entscheidungen zu treffen: Weder reduzierten sie die ausufernden Subventionen, noch schafften sie zahlreiche überflüssige Behörden ab oder reformierten das hoch defizitäre Gesundheitswesen.

Die Rückkehr des Cavaquismo

Premierminister Guterres bildete angesichts seiner sinkenden Popularität im Juni 2001 noch verzweifelt das Kabinett um und berief einige eher konservative Sozialisten in Ministerämter. Damit konnte er das Ruder aber nicht herum reißen. Im Dezember 2001 erhielten die Sozialisten bei den Kommunalwahlen die Quittung: Mit Lissabon, Porto, Coimbra, Faro, Sintra und Cascais gingen die wichtigsten Städte an die Opposition verloren. Guterres zog überraschend klare Konsequenzen aus der Niederlage und trat als Ministerpräsident und Parteivorsitzender zurück. Sein Nachfolger, der ehemalige Arbeitsminister Eduardo Luís Ferro Rodrigues, musste sich im März 2002 vorgezogenen Parlamentswahlen stellen und verlor diese gegen die oppositionelle Sozialdemokraten PSD.

Neuer Ministerpräsident ist seitdem José Manuel Durão Barroso, der in einer Koalition mit der konservativen Volkspartei PP regiert. Dabei waren neben dem ehemaligen Außenminister Durão Barroso zahlreiche der neuen Minister bereits unter Cavaco Silva aktiv gewesen, darunter die ehemalige Bildungsministerin und neue Finanzministerin Manuela Ferreira Leite. Neben der sparsamen Haushaltspolitik lässt der Regierungsstil, der im Gegensatz zu den sehr auf Medienwirksamkeit bedachten Sozialisten eher auf kühle, technokratische Entscheidungen setzt, an das Kabinett unter Cavaco Silva zurückdenken. Auch die "Kohabitation" des sozialistischen Präsidenten Jorge Sampaio mit dem sozialdemokratischen Ministerpräsidenten Durão Barroso erinnert an die Zeiten als Mário Soares (PS) Präsident und Cavaco Silva (PSD) Premierminister war.

Literaturtipps zur portugiesischen Geschichte

Mit über 700 Seiten ist das Buch *Geschichte Portugals und des portugiesischen Weltreichs* von A. H. Oliveira Marques (Kröner Verlag) die weitaus detaillierteste und umfassendste Darstellung der Geschichte Portugals und seiner Kolonien. Mit dem 30seitigen Register lässt sich das Buch auch sehr gut als Nachschlagewerk verwenden. Zum Einlesen in die Geschichte Portugals ist dagegen die *Geschichte Portugals* von Walther L. Bernecker und Horst Pietschmann (C.H. Beck) ideal. Die 130 Seiten von Bernecker und Pietschmann bieten sich für denjenigen an, die sich schnell einen Überblick verschaffen wollen. Empfehlenswert zur portugiesischen Zeitgeschichte ist das Buch *Vom Ständestaat zur Demokratie*, herausgegeben von Fernando Rosas und erschienen in der Schriftenreihe der Vierteljahreshefte zur Zeitgeschichte bei Oldenbourg.

Zeit für ein Kartenspiel: Gemütlichkeit gehört in Portugal dazu

Politik und Gesellschaft

Wer hätte am 25. April 1974 gedacht, dass sich die Demokratie in Portugal nach fast 50 Jahren ununterbrochener Diktatur so schnell festigen würde? Nach einigen chaotischen Jahren mit kommunistisch inspirierten Verstaatlichungen und katholisch-konservativem Widerstand hat sich das Land aber rasch in die westlichen Demokratien Europas eingefügt.

Die gegenwärtige portugiesische **Verfassung** garantiert einen außergewöhnlich großen Katalog an individuellen Rechten, darunter z. B. das Recht auf Daten- und Verbraucherschutz, Arbeit, Kultur, Erziehung, soziale Sicherheit, Gesundheitsfürsorge, angemessenen Wohnraum, Eheschließung und Familiengründung. Weiterhin sind die Vollbeschäftigung der Bevölkerung als Staatsziel und der Umweltschutz als Staatsaufgabe definiert. Die praktische Umsetzung dieser Ziele lässt jedoch besonders im Bereich des Umweltschutzes sehr zu wünschen übrig. In Portugal gilt darüber hinaus ein weitgehendes Asylrecht für politisch Verfolgte und für in ihrem Heimatland von der Todesstrafe bedrohte Flüchtlinge.

Regierungsform ist eine parlamentarische Demokratie mit präsidialen Elementen. Die Gesetzgebung obliegt dem **Parlament** *(Assembleia Nacional)*, welches aus einer einzigen Kammer besteht. Ihr gehören 230 Abgeordnete an, die nach dem Verhältniswahlrecht mit dem so genannten d'Hondtschen Höchstzahlverfahren ohne Sperrklausel für vier Jahre gewählt werden. Die Sitze werden in 21 Distriktwahlkreisen vergeben, die je nach Bevölkerungsgröße zwischen 3 (Évora) und 50 (Lissabon) Parlamentarier entsenden. Durch dieses Wahlverfahren ergeben sich gewisse Verzerrungen zugunsten der großen Parteien: So reichen bereits ca. 45 % der Stimmen für eine absolute Mehrheit der Sitze im Parlament aus.

Staatsoberhaupt ist der **Präsident**, der für eine Amtszeit von fünf Jahren direkt vom Volk gewählt wird (nur eine Wiederwahl ist erlaubt). Er ist Oberbefehlshaber der Streitkräfte, kann das Parlament auflösen und Gesetzentwürfe zur Überprüfung auf ihre Verfassungsmäßigkeit an das Verfassungsgericht *(Tribunal Constitucional)* weiterleiten. Belegt der Präsident ein Gesetz mit seinem Veto, kann dieses nur mit einer absoluten Mehrheit des Parlaments überstimmt werden. Die Regierungspraxis der letzten Jahre zeigt, dass sich der Präsident meist auf eine korrigierende Haltung beschränkt. Er mischt sich normalerweise nicht in das politische Tagesgeschehen ein und handelt nur bei besonderen Anlässen. So kann die Regierungsfähigkeit des Landes auch in den Zeiten erhalten werden, wenn Präsident und Premierminister nicht von der gleichen Partei stammen.

Die **Regierung** besteht aus dem Ministerpräsidenten, der nach Anhörung der im Parlament vertretenen Parteien vom Präsidenten ernannt wird, sowie dessen Ministern. Diese werden vom Ministerpräsidenten vorgeschlagen und dann durch den Präsidenten ernannt. Das Parlament kann die Regierung durch ein Misstrauensvotum stürzen.

Die mit etwa 40 % traditionell hohe Zahl an Enthaltungen bei portugiesischen **Wahlen** ist in erster Linie auf mangelhafte Wählerregister zurückzuführen. Beispielsweise waren 1998 laut Register über 100.000 Wähler älter als hundert Jahre. Die Erklärung für dieses "Alterswunder" ist einfach: Die Standesämter hatten es schlichtweg versäumt, Sterbefälle an die Wahlämter weiterzuleiten.

Parteien

Partido Social Democrata (PSD): Ehemalige Politiker der regimekritischen Fraktion *Ala liberal* zur Zeit des Diktators Caetano, wie Francisco Sá Carneiro und Pinto Balsemão, riefen die Sozialdemokratische Partei am 6. Mai 1974 ins Leben. Anfangs hieß die Partei noch *Partido Popular Democrático* (PPD), 1976 änderte man den Namen in *Partido Social Democrata* (PSD/PPD). Der PSD sieht sich in der Tradition der Sozialdemokratie, des Liberalismus und der Christdemokratie. Auf europäischer Ebene arbeitete der PSD lange Zeit mit den liberalen Parteien zusammen, mittlerweile ist er aber zur Fraktion der Europäischen Volkspartei gewechselt, der auch die deutsche CDU angehört. Die sozialdemokratischen Hochburgen liegen in Mittelportugal um Leiria und Viseu sowie in den ländlichen Regionen nördlich des Tejo.

Partei	2002		1999		1995	
	Stimmen	Sitze	Stimmen	Sitze	Stimmen	Sitze
PSD	40,2 %	105	32,3 %	81	34,1 %	88
PS	37,8 %	96	44,1 %	115	43,8 %	112
PP (CDS)	8,8 %	14	8,4 %	15	9,1 %	15
CDU (PCP)	7,0 %	12	9,0 %	17	8,6 %	15
BE	2,8 %	3	2,4 %	2	-	-

Demonstrieren ist anstrengend

Partido Socialista (PS): Mário Soares gründete den PS am 19. April 1973 auf Initiative der SPD und der Friedrich-Ebert-Stiftung im deutschen Bad Münstereifel. Nach der Revolution 1974 sah sich die Partei als Gegengewicht zu den kommunistischen Militärs. Der PS steht in der Tradition der Sozialdemokratie der deutschen SPD nahe, ist marktwirtschaftlich und pro-europäisch orientiert. Die Bindungen zur Freimaurerei (*Maçonaria*) sind eng, doch auch bekennende Katholiken, wie der ehemalige Ministerpräsident António Guterres, finden sich in der Partei. Der PS erzielt als einzige portugiesische Partei überall im Land gute Wahlergebnisse. Am stärksten ist er in den großen Städten und an der Algarve vertreten.

Partido Popular (PP): Am 19. Juli 1974 und damit erst nach der Nelkenrevolution wurde die Volkspartei ins Leben gerufen. Damals nannte sich die Partei noch *Centro Democrático Social* (CDS), "Sozialdemokratisches Zentrum", und stand der politischen Mitte nahe. Personell weist der CDS eine gewisse Kontinuität zum *Estado Novo* auf, so war der ehemalige Überseeminister unter Salazar, Adriano Moreira, Parteivorsitzender von 1985–88. Zusammen mit dem PSD kandidierte der CDS Anfang der 80er Jahre im Wahlbündnis *Aliança Democrática* (AD), um sozialistische Wahlsiege zu verhindern. In den 90ern entwickelte er sich unter dem Vorsitzenden Manuel Monteiro zu einer rechtspopulistischen Partei vom Schlage der österreichischen FPÖ. Ausdruck der neuen Politik war 1993 die Umbenennung in *Partido Popular*, "Volkspartei". Inzwischen hat sie sich unter ihrem jetzigen Vorsitzenden Paulo Portas wieder gemäßigt. Die besten Ergebnisse erzielt die Volkspartei traditionell im Norden Portugals.

Partido Comunista Português (PCP): Der PCP wurde als einzige der heutigen Parteien schon lange vor der Nelkenrevolution gegründet (am 6.3.1921). Nach ihrem Verbot 1927 musste die Kommunistische Partei in den Untergrund gehen und war unter ihrem langjährigen Vorsitzenden Álvaro Cunhal eine der wichtigsten oppositionellen Kräfte gegen das Salazar-Regime. Traditionell Moskau hörig, blieb sie auch unter dem Eindruck von Perestroika und Glasnost ihrer Ideologie treu. Die alte sowjetische Fahne mit Hammer und Sichel ist weiterhin Parteisymbol, und Gorbatschow wird als Verräter des Sozialismus beschimpft. Unter ihrem Vorsitzenden Carlos Carvalhas dürfte der PCP die letzte große kommunistische Partei alten Stils in Europa sein. Auf lokaler Ebene machen die Kommunisten jedoch oft eine überraschend moderate Politik. Ihre Hochburgen sind der Alentejo und der Industriegürtel um Lissabon, wo der PCP teilweise absolute Mehrheiten erzielt. Der PCP tritt bei Wahlen traditionell im Bündnis mit den Grünen, dem *Partido Ecologista Os Verdes* (PEV), an. Das Wahlbündnis führt die für deutsche Augen irritierende Abkürzung CDU – *Coligação Democrática Unitária*, "Demokratische Einheitskoalition". Die Grünen sind als eigenständige Partei auf der politischen Bühne allerdings kaum wahrzunehmen.

Bloco de Esquerda (BE): Der "Linksblock" ist eine relativ neue Formation. In ihm haben sich 1999 mehrere kleine linke Parteien als Gegenprojekt zur straff zentralistisch geführten, ideologisch unbeweglichen PCP vereinigt – darunter die maoistisch inspirierte *União Democrática Popular* (UDP). Dem *Bloco de Esquerda* gelang bei seinen ersten nationalen Parlamentswahlen 1999 ein überzeugender Auftakt. Er erreichte landesweit 2,5 % der Stimmen und konnte aufgrund seines guten Ergebnisses im Distrikt Lissabon (5 % der Stimmen) insgesamt zwei Abgeordnete ins portugiesische Parlament entsenden. Kurioserweise wird der Linksblock von Miguel Portas, dem Bruder des Vorsitzenden der Volkspartei, Paulo Portas, angeführt.

> **Blut und Christus – Fahnensymbolik Portugals**
>
> Die portugiesische Nationalflagge besteht aus je einem roten und einem grünen senkrechten Streifen im Verhältnis 2:3 (grün/rot). Das Grün soll Hoffnung, das Rot das Blut der im Kampf gestorbenen Portugiesen symbolisieren. Die Fahne dominiert eine goldene Sphärenkugel als Symbol für die Welt mit dem Wappen der Dynastie Aviz, unter der die Entdeckungsfahrten unternommen wurden. Am Rande des Wappens ist ein roter Streifen mit sieben Burgen zu sehen. Diese repräsentieren die Burgen, die Dom Afonso Henriques während der *Reconquista* von den Mauren eroberte. In der Mitte des Wappens befinden sich auf weißem Grund fünf blaue Schilder mit je fünf weißen Punkten. Die Schilder stehen für die fünf maurischen Könige, die Dom Afonso Henriques in der Schlacht von Ourique geschlagen hat. Die fünf Punkte auf jedem Schild symbolisieren die fünf Wunden Christi, da der gekreuzigte Christus dem König in der Schlacht erschienen sein und zu ihm gesagt haben soll: "Unter diesem Zeichen wirst Du siegen." Von 1830 bis zum Ende der Monarchie 1910 war die portugiesische Flagge übrigens weiß-blau statt grün-rot. Die Fahne Lissabons besteht dagegen aus vier schwarzen und vier weißen Dreiecken, die von der Mitte der Fahne ausgehen.

Regionaler Aufbau

Mit einer Fläche von 91.985 km² ist Portugal nur etwa 10 % größer als Österreich. Insgesamt leben 10,2 Mio. Einwohner in Portugal und damit knapp zwei Mio. mehr als in Österreich. Die *República Portuguesa*, so der offizielle Staatsname, ist ein Zentralstaat mit 19 Distrikten auf dem Festland, die von der Zentralregierung ernannte Zivilgouverneure verwalten. Dazu kommen die zwei autonomen Regionen der Inselgruppen Azoren und Madeira, die eigene Regionalparlamente und Regionalregierungen haben. Alle anderen historischen Regionen existieren nicht mehr und wurden jeweils durch mehrere Distrikte ersetzt.

Auf lokaler Ebene setzen sich die Distrikte aus Kreisen (*Concelhos* oder *Municípios*) zusammen. Die Kreisverwaltungen (*Câmaras Municipais*) sind dabei die wichtigsten Verwaltungsorgane unterhalb der nationalen Ebene. Sie werden von einem direkt gewählten Oberbürgermeister (*Presidente da Câmara Municipal*), weiteren, untergeordneten Bürgermeistern (*Vereadores*) und dem Stadtrat (*Assembleia Municipal*) geleitet.

Die Kreise teilen sich wiederum in Gemeinden (*Freguesias*, wörtlich "Pfarrsprengel") auf, die jedoch nicht annähernd die Kompetenzen der deutschen Gemeideverwaltungen besitzen.

Küste versus Landesinneres

Den Kolonien in Übersee wurde Jahrhunderte lang wesentlich mehr Aufmerksamkeit geschenkt als Europa und dem ungeliebten Nachbarn Spanien. Die Verkehrswege baute man entlang der Küste gut aus, in Ost-West-Richtung vernachlässigte man sie; um die Nord-Süd-Verbindungen im Landesinneren kümmerte man sich gar nicht. Ergebnis war eine starkes Gefälle zwischen dem Küstenstreifen, dem so genannten *Litoral*, und dem *Interior*, dem Landesinneren.

Mit dem Ende der Diktatur des *Estado Novo* verschärfte sich der Kontrast weiter: Die Rückkehrer (*Retornados*) aus den Kolonien zogen mehrheitlich in die prosperierenden Städte; zudem fand eine starke Landflucht vom Landesinneren in die an der Küste gelegenen Metropolen statt. Die Zuwanderer bevorzugten vor allem Lissabon und Porto, deren Einzugsgebiete schnell und unkontrolliert wuchsen.

Folgende Zahlen verdeutlichen die Landflucht: Die Stadt Mértola im Alentejo verlor zwischen 1960 und 1991 fast zwei Drittel ihrer Bevölkerung. Die Einwohnerzahl ging von 26.000 auf 9.800 zurück. Im gleichen Zeitraum erhöhte sich die Einwohnerzahl im Distrikt Lissabon um 48 %, im Distrikt Setúbal südlich der Hauptstadt gar um 89 %.

Heute gilt der Gegensatz zwischen dem "entwickelten" *Litoral* und dem verlassenen und vernachlässigten *Interior* als eine prägende Eigenart Portugals. So schwankt die Bevölkerungsdichte zwischen circa 750 Einwohnern pro km² im Distrikt Lissabon und etwa 15 Einwohnern pro km² im alentejanischen Distrikt Beja. Drei Viertel der portugiesischen Bevölkerung leben mittlerweile im Küstenstreifen, obwohl diese Fläche nicht einmal 30 % des Landes ausmacht. Das gilt auch wirtschaftlich: Der Großraum Lissabon produziert mit 46 % knapp die Hälfte des Bruttoinlandsproduktes des Landes und erreicht ein Pro-Kopf-Einkommen fast auf Höhe des EU-Durchschnitts. Dagegen kommen die Alentejaner nicht einmal auf 60 % des Pro-Kopf-Einkommens der Region Lissabon.

> **Portugal = Lissabon?**
> Die Dominanz der Hauptstadt kommt auch in einem gerne zitierten Ausspruch der Lissabonner zum Ausdruck: *"Lisboa é Portugal, o resto é paisagem"* – Lissabon ist Portugal, der Rest ist Landschaft.

Kirche

Mit 90 % sind die meisten Portugiesen katholischen Glaubens, dennoch gibt es starke regionale Unterschiede, was das Kirchenengagement anbelangt. Dieses nimmt von Nord nach Süd stark ab. So sind in Braga, der Kirchenhauptstadt Portugals und Sitz des Erzbischofs, die Kirchen sehr gut besucht, während im Alentejo sonntags nur wenige Gläubige zur Messe gehen. Das Bistum Lissabon weist eine Besonderheit unter den portugiesischen Diözesen auf: Der jeweilige Bischof ist zugleich Kardinal und führt als einer der wenigen Bischöfe in der katholischen Kirche den Titel *Patriarch*. Geheiratet wird in Portugal entweder nur kirchlich oder nur staatlich; die meisten Paare lassen sich kirchlich trauen.

In den letzten Jahren ist in Portugal eine zunehmende Verbreitung von amerikanischen **Freikirchen** zu verzeichnen. Besonders heftig missioniert die brasilianische *Igreja Universal de Deus* (IURD) mit Sitz im ehemaligen Kino Império an der Alameda Dom Afonso Henriques in Lissabon.

Moslems sind in Portugal trotz des maurischen Erbes rar. Unter der schwarzen Bevölkerung aus den ehemaligen afrikanischen Kolonien – darunter vor allem aus Guinea-Bissau – und den in Portugal lebenden Indern findet man allerdings einige Anhänger des Islam. Die Moschee von Lissabon befindet sich übrigens an der Avenida José Malhoa (Metro Praça de Espanha, Avenidas Novas).

Judenverfolgung

Als 1492 die Juden aus Kastilien und Aragón, dem heutigen Spanien, ausgewiesen wurden, erlaubte ihnen der portugiesische König João II. die Einreise nach Portugal für acht Monate. Nach Ablauf der Zeit waren jedoch noch nicht alle von ihnen in andere Länder weitergereist, die Verbliebenen ließ João II. einkerkern. Nur die reichsten 600 Familien konnten sich freikaufen. Als Dom Manuel I. 1495 auf den portugiesischen Thron kam, ließ er in einer symbolischen Geste alle Juden frei. Doch ihr Glück währte nicht lange, denn als Manuel I. die kastilische Prinzessin Isabel heiraten wollte, machte diese die Vertreibung aller Juden und Moslems aus Portugal zur Bedingung. Ab Dezember 1496 wurden die Juden mit größter Grausamkeit aus dem Land gejagt. Ab April des folgenden Jahres akzeptierte man dann aber ihren Verbleib, sofern sie sich taufen ließen. Jedoch konnten selbst diese so genannten Neuchristen (*Cristãos-novos*) nicht lange in Frieden leben, denn bereits 1506 wurden 2.000 von ihnen bei einem Pogrom in Lissabon getötet. Die ab 1536 in Portugal agierende Heilige Inquisition, das *Santo Ofício*, ermordete später noch zahlreiche weitere Juden und jüdisch stämmige Christen. Erst 1760 setzte der damalige Premierminister Marquês de Pombal dem blutigen Treiben der Inquisition ein Ende. Im Zweiten Weltkrieg erreichten erneut zahlreiche Juden das Land, als sie vor den Nazis flüchteten. Die meisten reisen in Drittländer weiter, nur wenige blieben im weiterhin sehr katholisch geprägten Portugal unter Salazar. Daher ist auch heute der jüdische Glaube in Lissabon nur schwach vertreten. Mittelpunkt des jüdischen Lebens ist die versteckt in einem Hinterhof gelegene Synagoge an der Ecke Largo do Rato/Rua Alexandre Herculano (Metro Rato).

Menschliche Entwicklung

Im Index der menschlichen Entwicklung der UN-Organisation UNDP konnte sich Portugal seit 1975 von Platz 32 auf Rang 28 verbessern (Stand 2002). Damit liegt Portugal aber weiter klar an letzter Stelle der 15 EU-Länder und noch hinter Korea, Hongkong und Zypern. Zum Vergleich: Deutschland belegt Position 17, Österreich Rang 15 und die Schweiz Platz 11. Der Index vereint Daten über Gesundheit, Bildung und Einkommen.

Nach einer Studie der Weltgesundheitsorganisation (WHO) ist das Gesundheitssystems Portugals das schlechteste aller EU-Länder. Kein Wunder, da Patienten z. T. monatelang auf einen Termin beim Facharzt und gar jahrelang auf Operationen warten müssen. Aber es gab in den letzten Jahrzehnten auch Erfolge: Von 1950 bis 2000 konnte die Säuglingssterblichkeit von über 9 % auf 0,6 % gesenkt werden.

Umwelt

Mit durchschnittlich 5,5 Tonnen des Treibhausgases Kohlendioxid (CO_2) pro Kopf und Jahr tragen die Portugiesen deutlich weniger zur weltweiten Klimaerwärmung bei als die Deutschen mit 10,1 Tonnen pro Kopf (1998). Das kann aber nicht als Indiz für eine erfolgreiche Umweltpolitik gewertet werden, da sich die portugiesischen Emissionen seit 1980 verdoppelt haben. Dafür ist vor allem der Verkehr verantwortlich: Die Portugiesen haben sich in den 80er und 90er Jahren immer mehr Autos gekauft – gefördert von der Regierung, welche die Autobahnen des Landes von 223 km im Jahr 1988 auf 1.441 km im Jahr 1998 versiebenfachte.

Auch der Stromverbrauch ist seit 1980 von 1,5 auf 3,6 Megawattstunden im Jahr 2000 stark gestiegen. Der meiste Strom stammt dabei aus wenig umweltfreundlichen Öl- und Kohlekraftwerken, die jeweils etwa 40 % des Stroms liefern. An erneuerbaren Energiequellen spielt in Portugal lediglich die Wasserkraft mit 16 % eine bedeutende Rolle. Trotz der stetig blasenden Atlantikbrise kam die Windenergie bis 2001 gerade einmal auf insgesamt 120 Megawatt installierte Leistung – in Deutschland baute man zu dieser Zeit jeden Monat Windanlagen in dieser Größenordnung neu auf! Eine überbordende, schwerfällige Bürokratie und niedrige Einspeisepreise haben einen stärkeren Ausbau in Portugal bisher verhindert. Doch die Regierung möchte die erneuerbare Energie in den nächsten Jahren stark ausbauen und hat daher die Einspeisepreise deutlich erhöht.

Im Bereich Wasserschutz hinkt das Land ebenfalls noch hinter anderen EU-Staaten her. So fließen die Abwässer eines Viertels der Bevölkerung direkt in Flüsse oder den Atlantik, ohne zuvor eine Kläranlage passiert zu haben.

Waldbrände

Kein Land Europas wird so stark von Waldbränden heimgesucht wie Portugal – pro Jahr werden bis zu 31.000 Brände registriert. 1991 war für Portugals Wald und Natur das schwärzeste Jahr: 182.000 Hektar verbrannte Fläche, fast 2 % der gesamten Landesfläche! In den folgenden Jahren gelang es durch den Einsatz von Flugzeugen und Helikoptern, die Brände früher unter Kontrolle zu bekommen; im trockenen Sommer 1995 verlor man jedoch wieder 128.000 Hektar. Begünstigt werden die Brände durch die Aufforstung mit trockenen Eukalyptusbäumen und durch mangelnde Pflege des Waldes. Die Feuer entstehen dabei durch natürliche Ursachen oder aber auch durch vorsätzliche oder fahrlässige Brandstiftung. Im Gegensatz zu anderen europäischen Ländern stehen hinter den Brandstiftungen jedoch nur selten wirtschaftliche Interessen – die verbrannten Wälder müssen wieder aufgeforstet werden, und eine Bebauung ist in den nächsten 10 Jahren verboten.

Fischwirtschaft in der Krise: Hafen Setúbal

Wirtschaft

Vor allem die Mitgliedschaft in der EU ab 1986 sollte sich für Portugal als sehr vorteilhaft erweisen. Durch großzügige Hilfen und die Marktöffnung konnten Wirtschaft und Gesellschaft modernisiert werden. Zuvor war in den 40 Jahren des faschistischen *Estado Novo* in Portugal die wirtschaftliche Entwicklung nur zaghaft verlaufen. Ergebnis war ein unterentwickeltes Land gewesen, das bis 1989 regelmäßig in den Berichten des Bundesministeriums für wirtschaftliche Zusammenarbeit und Entwicklung (BMZ) als Empfänger deutscher Entwicklungshilfe auftauchte.

Mit einem Bruttosozialprodukt von 111 Mrd. US-Dollar im Jahr 2000 konnte sich Portugal nach Angaben der Weltbank immerhin auf Rang 33 der größten Volkswirtschaften der Welt vorarbeiten. Pro Kopf betrachtet liegt Portugal aber nicht so gut im Rennen: Mit einem Bruttosozialprodukt von 11.120 US-Dollar pro Kopf kommt das Land weltweit nur auf den 49. Platz (Schweiz Rang 3 mit 38.140 USD, Österreich Rang 14 mit 25.220 USD, Deutschland Rang 17 mit 25.120 USD). Innerhalb der 15 EU-Staaten belegt Portugal weiter den letzten Platz – nur Griechenland liegt in etwa gleich.

Tatsächlich erinnert in Portugal weiter vieles an ein unterentwickeltes Land: die hohe Analphabetenrate von 8 %, die weit verbreitete Kinderarbeit, die vielen Arbeitsunfälle. Auch mit der Rechtssicherheit ist es nicht gut bestellt: So stapeln sich beim Europäischen Gerichtshof für Menschenrechte die Verfahren von Portugiesen gegen ihr eigenes Land. Sie beschweren sich dabei über teilweise mehr als acht Jahre dauernde Prozesse in Portugal.

Wirtschaft

Die Ursprünge von Portugals wirtschaftlicher Unterentwicklung liegen wahrscheinlich weiter zurück, als man vermuten würde. In der Blütezeit des portugiesischen Imperiums von 1490 bis 1580 und nach Ende der spanischen Besatzung 1640 kamen große Reichtümer aus den Kolonien nach Portugal: anfangs vor allem aus Indien und Afrika, nach den großen Goldfunden in Minas Gerais zu Beginn des 18. Jh. besonders aus Brasilien. Der Import dieser Reichtümer hatte eine fatale Wirkung auf die Arbeitskultur im Mutterland: Eine Ausbeutung der Kolonien war wesentlich bequemer, als selbst zu produzieren. Die Portugiesen beschränkten sich in der Folgezeit immer mehr darauf, als Händler tätig zu sein und die Waren aus den Kolonien in anderen Ländern bzw. im eigenen Land zu vertreiben. Bald waren sie nicht einmal mehr in der Lage, ihren Bedarf an Nahrungsmitteln selbst zu decken.

Dahin darbende Landwirtschaft

Die Bedingungen für gute Ernteerträge in Portugal scheinen auf den ersten Blick günstig: Sonne, Flüsse und fruchtbare Böden. Trotzdem muss Portugal über die Hälfte seiner Nahrungsmittel importieren. Nur mit Milch, Roggen, Olivenöl, Wein und Schaffleisch kann sich das Land selbst versorgen.

Grund ist die niedrige landwirtschaftliche Produktivität Portugals: bei Getreide liegt sie beispielsweise bei einem Drittel der Werte Deutschlands. Zum einen haben sich moderne Anbaumethoden noch nicht durchgesetzt. Zum anderen behindert die Bodenverteilung eine effiziente Landwirtschaft: Im Norden herrschen aufgrund der Erbteilung Minifundien vor, deren Ertrag oft nur zur Selbstversorgung ausreicht. Im Süden des Tejo – besonders im Alentejo – findet man dagegen große, oft brachliegende Landgüter.

Dementsprechend wurde die portugiesische Landwirtschaft nach der Marktöffnung mit dem EU-Beitritt 1986 von spanischen Produkten regelrecht an die Wand gedrückt. Das ließ bis 2001 den Anteil von Landwirtschaft und Fischerei am Bruttoinlandsprodukt (BIP) auf 3,3 % sinken. 1960 hatte er noch 24 % betragen! Allerdings beschäftigt der Agrarsektor noch immer 12 % aller Erwerbstätigen und damit deutlich mehr als im EU-Durchschnitt.

> ### Fischerei in der Krise
>
> Portugal die große Fischfangnation, ein beliebtes aber inzwischen recht realitätsfremdes Bild. Dafür trägt die Fischindustrie in erster Linie selbst die Verantwortung: Denn vor der portugiesischen Küste hat sie in den letzten Jahren nicht nur die Sardinenbestände deutlich überfischt. In Folge sind die gesamte Fischfänge des Landes von 352.000 Tonnen 1970 auf 150.000 Tonnen im Jahr 2001 eingebrochen. Da half es auch wenig, dass sich die portugiesische Fischereiflotte andere Fanggebiete vor den ehemaligen Kolonien in Afrika gesucht hat. Auch vor Neufundland, dem traditionellen Fanggebiet für Kabeljau, gingen die Bestände aufgrund der Überfischung drastisch zurück, sodass der geliebte *Bacalhau* mittlerweile meistens aus Norwegen kommt. Auf Grund des hohen Fischkonsums der Bevölkerung ist das Land auch bei der Versorgung mit anderen Fischarten in hohem Maße auf Importe angewiesen. Folge ist ein riesiges Fischhandelsdefizit von 750 Mio. € jährlich.

Nur beim Wein kann Portugal international mithalten. Das kleine Land ist immerhin neuntgrößter Weinproduzent der Welt. Doch selbst dieses Potential liegt z. T. brach. Weinkritiker monieren seit langem die schwankende Qualität der portugiesischen Tropfen. Zwar verfügt Portugal über zahlreiche günstige Mittelklasse-Weine, in der Top-Klasse spielen aber nur wenige Weingüter mit. Die einzige bekannte Marke ist *Mateus* der größten portugiesischen Kellerei *Sogrape*, die qualitativ allerdings eher im Mittelfeld liegt.

Mit Kork an der Weltspitze

Zu den traditionell stärksten Sektoren der portugiesischen Wirtschaft zählt der Forstbereich: Er stellt 3,1 % der Arbeitsplätze und 12 % der Exporte. Seine führende Rolle lässt sich schon daran ablesen, dass zwei der größten Konzerne Portugals, *Amorim* und *Sonae*, ihren Ursprung im Kork- bzw. Holzgeschäft haben. Des Weiteren ist Portugal einer der weltweit größten Produzenten von Zellstoff und die Zellstoff- und Papierfirma *Portucel* aus Setúbal südlich von Lissabon eine der größten ihrer Art in Europa. Um den Holzbedarf der portugiesischen Zellstoffindustrie zu decken, hat man auf insgesamt 8 % der Waldfläche Eukalyptus angepflanzt. Die Eukalyptuswälder sind zwar oft schön anzusehen, aber nicht unbedingt umweltfreundlich: Die Monokulturen laugen die Böden aus, verstärken die Erosion und bieten der heimischen Tierwelt kaum Platz.

Mit seiner Produktion von 155.000 Tonnen Kork (*cortiça*) jährlich, 51 % der Weltproduktion, steht das Land weltweit an erster Stelle. Die größte Firma, *Corticeira Amorim*, stellt alleine 35 % der gesamten Weltproduktion. Zu den Hauptabnehmern des portugiesischen Korks gehört Deutschland, das vor allem Fußbodenkork und Flaschenkorken kauft. Korkeichenplantagen, fast immer in Kombination mit Getreideanbau oder Weidewirtschaft, findet man vor allem südlich von Lissabon und in der Region Alentejo. 25 Jahre braucht ein *sobreiro* (Korkeiche, wissenschaftlich *Quercus suber*) bis zur ersten "Ernte", dann kann er alle neun Jahre bis zu einem Alter von 200 Jahren geschält werden. Die frisch geschälten, rot leuchtenden Stämme werden mit der Jahreszahl der Schälung markiert – eine 9 z. B. steht für das Jahr 1999. Somit weiß der Korkschäler im Jahre 2008, dass dieser Baum wieder an der Reihe ist.

Außerhalb des Forstbereichs verfügt Portugal über bedeutende Rohstoffreserven bei Kupfer, Zinn und Wolfram, wo es jeweils der größte Produzent Europas ist. Nach Frankreich und Spanien besitzt Portugal zudem die drittgrößten Uranreserven Westeuropas, die übrigens auch zum Bau der Atombombe von Hiroshima dienten. Und auch beim Export von Marmor zählt Portugal zur Weltspitze – vor allem in Pêro Pinheiro bei Sintra konzentriert sich Portugals Marmor verarbeitende Industrie.

Fehlende Markenprodukte

Die portugiesische Industrie konzentriert sich auf die Großräume Lissabon und Porto. Besonders an der Eisenbahnlinie nach Norden und auf der Südseite des Tejo sind viele Unternehmen angesiedelt. Ein großes Problem der Industrie ist aber das Fehlen von bekannten Marken, durch die sie ihre Produkte zu einem höheren Preis verkaufen könnte. In der Schuhindustrie ist Portugal zwar einer der größten internationalen Produzenten, dennoch gibt es keine einzige bekannte portugiesische Schuhmarke. Eigene Marken und Ideen zu entwickeln, fällt auch deshalb schwer, weil portugiesische Unternehmen traditionell wenig in Forschung und Entwicklung investieren. Insgesamt fließen in Portugal nur 0,6 % des Bruttoinlandsproduktes (BIP) in diesen Bereich – knapp ein Viertel des deutschen Werts.

Chronisch defizitär ist der portugiesische Außenhandel: Das Handelsbilanzdefizit erreichte 2000 eine Rekordhöhe von 14,7 % des BIP. Dies finanzierten die Portugiesen vor allem durch eine hohe Kreditaufnahme im Ausland, ein problematischer Weg, der nicht ewig fortgesetzt werden kann.

Insgesamt wickelt Portugal über drei Viertel seines Handels mit der EU ab, die wichtigsten Partner sind Spanien, Deutschland und Frankreich. Dabei liefert Spanien mit 26,5 % die mit Abstand meisten Importe Portugals (2001). Deutschland stellt mit 13,9 % die zweitmeisten Einfuhren, darunter vor allem Automobile, Maschinen und Chemieprodukte.

Die portugiesischen Exporte fließen dagegen vor allem nach Deutschland, das 19,2 % der Ausfuhren abnimmt. Spanien liegt hier mit 18,6 % auf der zweiten Stelle. Die Deutschen kaufen dabei insbesondere Autos, Elektronikteile und Kleidung aus Portugal.

Die Auslandsdirektinvestitionen kommen insbesondere aus dem Nachbarland Spanien und dem mit Portugal schon immer wirtschaftlich stark verbundenen Großbritannien. Auch Deutschland ist mit zahlreichen Firmen, vornehmlich aus der Industrie, der Textil- und Schuhwirtschaft, im Land vertreten. Volkswagen hat 1995 zusammen mit Ford sogar die größte ausländische Investition aller Zeiten in Portugal getätigt hat: die erste portugiesische Autofabrik *AutoEuropa* bei Palmela südlich von Lissabon. Von den Kosten in Höhe von 2,3 Milliarden Euro subventionierte der portugiesische Staat knapp 900 Millionen. Seit Volkswagen die Fabrik komplett von Ford übernommen hat, rollen hier jährlich 130.000 Sharan-Limousinen vom Band.

Zu den bedeutendsten Wirtschaftsfaktoren des Landes gehört der Tourismus. Er schafft 5 % des Bruttoinlandsprodukts und sichert etwa 310.000 Arbeitsplätze. Etwa 28 Mio. ausländischer Gäste besuchen jedes Jahr Portugals Strände, Städte und Inseln. Die meisten Besucher kommen aus Spanien, Großbritannien und Deutschland.

Unter den Dienstleistungssektoren haben vor allem die Banken in den vergangenen Jahrzehnten einen gewaltigen Wandel durchgemacht. Nachdem die linksgerichtete Regierung nach der Nelkenrevolution alle Kreditinstitute verstaatlicht hatte, wurden diese in den 80er und 90ern wieder Schritt für Schritt reprivatisiert. Einzige Ausnahme blieb die weiter staatliche Nationalsparkasse *Caixa Geral de Depósitos* (CGD). Zusätzlich schrumpfte die Zahl der Banken in den vergangenen Jahren durch zahlreiche Fusionen deutlich. Inzwischen kommen fünf Banken auf über 80 % der Einlagen: CGD, *Banco Comercial Português* (BCP), *Banco Espírito Santo* (BES), die zur spanischen *Santander Central*

Hispano gehörende *Totta & Açores* und *Banco Português do Investimento* (BPI). Damit ist der portugiesische Finanzsektor deutlich stärker konzentriert als der deutsche mit seinen verzweigten Sparkassen- und Genossenschaftsbanken.

> **Börsenboom in Lissabon**
>
> Nachdem die Regierung im Zuge der Nelkenrevolution 1974 etwa 90 % der an der Börse gehandelten Unternehmen verstaatlicht hatte, stellte die Lissabonner Börse mangels handelbarer Aktien ihren Betrieb ein. Erst 1976 nahm man den Handel mit Wertpapieren, erst 1977 den Verkauf von Aktien, wieder auf. Lange Jahre führte die *Bolsa de Valores de Lisboa* ein Schattendasein, bis die Privatisierungswelle in den 90ern für deutlich steigende Umsätze sorgte. Für ein Aktienfieber ähnlich wie bei der T-Aktie in Deutschland sorgte die Privatisierung eines Teils der Elektrizitätsgesellschaft *Electricidade de Portugal* (EDP). Die angebotenen Papiere waren 37fach überzeichnet, es hatten insgesamt über 770.000 Portugiesen Angebote abgegeben. Zeichen des neuen Zeitalters an der Börse war auch der Umzug aus den ehrwürdigen Hallen im Ostflügel der Praça do Comércio in ein modernes Gebäude in der Rua Soeiro Pereira Gomes in der Nähe des Bahnhofs Entrecampos. Doch in Zeiten weltweit zusammenwachsender Kapitalmärkte war wenige Jahre später auch die *Bolsa de Lisboa* zu klein geworden. Sie hat sich daher 1999 mit der Börse aus Porto vereinigt. 2001 folgte der nächste Schritt mit der Aufnahme in die *Euronext*, dem gemeinsamen Wertpapiermarkt der Börsen aus Paris, Brüssel und Amsterdam.

Lange Arbeitszeiten – geringe Produktivität

Mit 1.900 Stunden pro Jahr arbeiten die Portugiesen etwa 300 Stunden mehr als ihre deutschen Kollegen. Das ist nach den Japanern die längste Jahresarbeitszeit eines Industrielandes. Dabei sind die Portugiesen aber nicht sonderlich produktiv, was vor allem an der schlechten Bildung der Arbeitnehmer liegen dürfte. Mehr als zwei Drittel der arbeitsfähigen Bevölkerung haben höchstens neun Jahre lang die Schule besucht. Knapp ein Drittel der Portugiesen ist dabei nicht über die vier Jahre Grundschule hinausgekommen.

Die niedrige Produktivität spiegelt sich im Lohnniveau, das weit unter dem EU-Durchschnitt liegt. Durchschnittlich betrugen nach Daten von Eurostat die Lohnkosten pro Stunde in Portugal mit 7 € gerade einmal ein Viertel des deutschen Wertes von 26,7 € (2001). Allerdings sind die Lohnkosten in den vergangenen Jahren um durchschnittlich 5,5 % jährlich gestiegen. Das hat die Wettbewerbsfähigkeit Portugals vor allem im Vergleich zu den mittel- und osteuropäischen EU-Beitrittsländern deutlich geschmälert.

Überraschend niedrig ist die Arbeitslosenquote mit nur etwa 4,3 % (2002), einer der niedrigsten Werte innerhalb der EU und praktisch Vollbeschäftigung. Während gut bezahlte Jobs für Akademiker in Portugal weiter recht selten sind, suchen die Unternehmen dringend nach niedrig qualifizierten Arbeitskräften. Das hat das traditionelle Auswanderungsland Portugal in den vergangenen Jahren zum Einwanderungsland werden lassen.

Vor allem aus den ehemaligen Kolonien Afrikas, den so genannten PALOP-Ländern (*Países Africanos de Língua Oficial Portuguesa*, "Afrikanische Länder mit Portugiesisch als Amtssprache"), sowie Brasilien kamen Arbeiter. Sie fanden bei den großen Bauprojekten für die EXPO 1998 in Lissabon, als Putzhilfen oder in der Gastronomie Arbeit. In den vergangenen Jahren sind aber auch zunehmend Arbeitskräfte aus Osteuropa, darunter vor allem Ukrainer, Rumänen und Moldawier, zugewandert.

Arbeiter und Angestellte haben sich in Portugal in zwei großen Gewerkschaftsdachverbänden zusammengeschlossen, die sich nach politischer und weltanschaulicher Orientierung unterscheiden. Der wichtigste Verband ist die *Confederação Geral dos Trabalhadores Portugueses* (CGTP), die der kommunistischen Partei PCP verbunden ist und besonders Arbeiter umfasst. In der mit Unterstützung der sozialistische Partei PS und der deutschen Friedrich-Ebert-Stiftung gegründeten *União Geral dos Trabalhadores* (UGT) sind dagegen vor allem Angestellte organisiert.

Beide Verbände haben in den vergangenen Jahren aber an Einfluss eingebüßt, da sich immer weniger Portugiesen den Gewerkschaften anschließen. Das soll aber nicht heißen, dass nicht gestreikt wird. Mit durchschnittlich 34 durch Arbeitskämpfe verlorenen Tagen pro 1.000 Beschäftigte legen die Portugiesen im Durchschnitt dreimal so oft die Arbeit nieder wie ihre deutschen Kollegen (1991–2000). Dennoch ist Portugal ein Land mit relativ wenigen Streiks: Spanien kommt auf das Zehnfache.

Die EU als Entwicklungshelfer

Ein gewaltiger Entwicklungsschub für Portugal kam nach dem EU-Beitritt 1986 aus Brüssel. Seitdem hat das Land regelmäßig deutlich mehr aus den EU-Töpfen erhalten als es eingezahlt hat. In den 90er Jahren machten die Hilfen aus regionalen Entwicklungs-, Kohäsions- und Sozialfonds etwa 3 % des portugiesischen Bruttoinlandsprodukts (BIP) aus. Ein gewaltiger Finanzierungsbeitrag, der mit der EU-Osterweiterung langsam aber sicher deutlich abschmelzen wird, da Portugal dann nicht mehr zu den ärmeren Mitgliedern gehören wird. Zwar hat man sich noch bis 2006 in etwa gleich bleibende EU-Hilfen gesichert, aber die Zeiten der "fetten Kühe", in denen fast überall in Portugal Krankenhäuser, Universitäten und Straßen mit EU-Hilfen aus dem Boden gestampft wurden, dürften spätestens danach vorbei sein.

Dass Portugal, vor wenigen Jahren noch zusammen mit den anderen südeuropäischen Ländern verächtlich als *Club Med* bezeichnet, die Konvergenzkriterien des Maastrichter Vertrags für den Euro erfüllen würde, konnten sich nur wenige nord- und mitteleuropäische Politiker vorstellen. Doch nicht nur die Inflationsrate der Verbraucherpreise erfüllte 1997 mit 2,3 % klar die Vorgaben. Dies war umso sensationeller, als die Preise 1990 noch um 13,3 % gestiegen waren. So gab es keine Zweifel: Portugal gehörte 1999 als Gründungsmitgliedern der europäischen Währungsunion, und im Gegensatz zu Deutschland zur Freude der Bevölkerungsmehrheit.

Ein Land im Konsumrausch

In Folge des Euro-Beitritts sanken in Portugal die Zinsen rapide; von der Europäischen Zentralbank erwarteten die Investoren eine stabilere Geldpolitik als von der Portugiesischen Zentralbank mit ihrer traditionell hohen Inflation. Die gesunkenen Zinsen verbilligten die Investitionskosten für portugiesische Unternehmen und Konsumentenkredite – ein willkommener Anschub für die Wirtschaft des Landes.

Mit den günstigen Krediten konnten viele portugiesische Verbraucher aber nicht umgehen. Sie verfielen teilweise in einen wahren Konsumrausch: ein neuer Fernseher, der eigene Pkw und am besten gleich noch die lang ersehnte Eigentumswohnung. Auf Raten und Pump schien durch die niedrigen Zinsen plötzlich vieles erreichbar, was früher nicht zu bezahlen war. Dabei gaben sich zahlreiche Menschen der Illusion hin, ihre Gehälter würden in Zukunft weiter so kräftig steigen wie in den vergangenen Jahren, als damit ein gewisser Ausgleich für die hohe Inflation gezahlt wurde.

Das böse Erwachen kam für viele mit dem Wirtschaftsabschwung 2001. In den zehn Jahren davor waren die Schulden der Portugiesen von 21 % ihres Jahreseinkommens 1991 auf 88 % im Jahr 2000 explodiert. Das Land hatte über seine Verhältnisse gelebt. Die neu gekauften Autos mussten teilweise wieder verkauft werden, so manches Eigenheim wechselte wieder den Besitzer. Auch die nächsten Jahre werden für viele Portugiesen schmerzhafte Einschnitte bringen, bis die letzte Rate des Konsumrauschs der 90er zurück bezahlt ist.

Azulejos zieren zahlreiche portugiesische Geschäfte

Literatur-Tipp zur Landeskunde
Standard ist das fast 1.000seitige Buch *Portugal heute*, herausgegeben von Dietrich Briesemeister und Axel Schönberger bei Vervuert. Es vereint neben Artikeln zu Wirtschaft, Geschichte und Politik eine Reihe von Aufsätzen zu Sprache und Literatur sowie den deutsch-portugiesischen Beziehungen.

Wissenswertes von A bis Z

Adressen	70	Klima	84
Aufenthaltsgenehmigung	71	Kriminalität	85
Behinderte	71	Leitungswasser	86
Botschaften	72	Lesben und Schwule	86
Cartão Jovem (Jugendkarte)	73	Öffnungszeiten	86
Deutsche in Lissabon	73	Photo	86
Drogen	74	Polizei	86
Einreisebestimmungen	75	Post	87
Elektrizität	75	Radio	87
Feiertage	75	Reklamationen	89
Fernsehen	76	Sprachkenntnisse	89
Frauen	76	Studierende	90
Friseure	76	Telefonieren	91
Geld	77	Toiletten	92
Gesundheit	78	Trinkgeld	93
Haustiere	81	Verhaltensknigge	93
Informationen	81	Versicherungen	93
Internet	82	Wohnen	93
Karten	82	Zeit	95
Kinder	82	Zeitungen	95
Kleidung	83		

Adressen

An portugiesischen Haustüren finden sich so gut wie nie Namensschilder. Will man jemandem einen Besuch abstatten oder einen Brief schreiben, genügt es daher nicht, Straßennamen und Hausnummer zu wissen. Sofern der- oder diejenige nicht in einem Einfamilienhaus wohnt, sollte man sich unbedingt die entsprechende Etage und Lage der Wohnung merken. Die Nummerierung der Etagen (*andar* oder *piso*) beginnt im 1. Obergeschoss. Das Erdgeschoss wird mit *r/c* (*rês-do-chão*) angegeben. Die Lage der Wohnung wird aus der Sicht des Treppenaufgangs benannt. Links heißt *esquerdo* und wird mit *Esq* abgekürzt, rechts heißt *direito*, die entsprechende Abkürzung ist *Dto*.

Eine korrekte Adresse könnte beispielsweise so aussehen:

> Maria Gorete da Silva Araújo
> Avenida dos Bombeiros Voluntários, 23–2° Dto
> 2750–030 Cascais
> Portugal

Demnach befände sich die Wohnung im zweiten Stock rechts. Die Postleitzahlen in Portugal bestehen aus einer siebenstelligen Nummer.

Die Regelung für Familiennamen ist in Portugal etwas kompliziert. Jeder Ehepartner hat das Recht, seinem Namen bis zu zwei weitere Nachnamen des Partners anzufügen. So ergeben sich oft ellenlange Familiennamen – als Deutscher mit Vornamen und einem einzigen Nachnamen wird man häufig gefragt, ob dies tatsächlich der komplette Name sei. Sortiert wird übrigens nach dem letzten Nachnamen.

Postleitzahlen im Internet: auf den Internetseiten der portugiesischen Post www.ctt.pt.
Adressauskunft per Telefon: bei der Auskunft unter ✆ 118.
Gängige Abkürzungen: Al. oder Alam. – Alameda (Allee); Av. – Avenida (Avenue); Bc. – Beco (Gässchen); Bo. – Bairro (Stadtviertel); Cç. – Calçada (gepflasterte Straße); Estr. – Estrada (Landstraße); L. oder Lg. – Largo (Platz); Pr. oder Pç. – Praça (Platz); Q.ta – Quinta (Landgut); R. – Rua (Straße); Tr. oder Tv. – Travessa (Gasse).

Aufenthaltsgenehmigung

Jeder Ausländer, der sich dauerhaft in Portugal niederlässt, muss sich bei der Ausländerbehörde nach spätestens sechs Monaten melden und eine Aufenthaltsgenehmigung beantragen – in der Praxis ist dies aber nicht unbedingt nötig. Dennoch, wer auf Nummer Sicher gehen oder einen portugiesischen Ausländerpersonalausweis bekommen möchte, der sollte eine Aufenthaltsgenehmigung (*Autorização de Residência*) beantragen. Dies ist allerdings mit großem bürokratischen Aufwand verbunden, und von der Beantragung bis zur Ausstellung können bis zu sechs Monate vergehen. EU-Bürger haben übrigens ein Recht auf den freien Aufenthalt in Portugal, sofern sie über genügend finanzielle Mittel zum Lebensunterhalt und eine in Portugal gültige Krankenversicherung verfügen.

Aufenthaltsgenehmigung: bei der Ausländerbehörde *Serviço de Estrangeiros e Fronteiras*, einer Unterabteilung des Innenministeriums *Ministério de Administração Interna – MAI*. In Lissabon: Rua Passos Manuel, 40 r/c, ✆ 213156587 (Metro Anjos, Av. Novas).
Steuerkarte: Die Steuerkarte, *Cartão de Contribuinte*, bekommt man beim jeweiligen für den Wohnsitz zuständigen Finanzamt, der *Repartição das Finanças*, dessen Adresse im Telefonbuch zu finden ist. Für den Antrag reicht ein deutscher Personalausweis. Nach 1 bis 2 Monaten wird die Karte zugeschickt. Viele portugiesische Banken verlangen ihre Vorlage für die Eröffnung eines Bankkontos. Eine Aufenthaltsgenehmigung ist dafür nicht vonnöten.

Informationen zu Arbeitsmöglichkeiten im Ausland: Zentralstelle für Arbeitsvermittlung (ZAV), Villemombler Str. 76, 53123 Bonn, Telefon 0228/7130, ✆ 7131111, www.zav.de.
Weiterführende Informationen: Bundesverwaltungsamt, Informationsstelle für Auslandstätige und Auswanderer, 50728 Köln. Dort gibt es gegen Unkostenerstattung verschiedene Merkblätter zu Portugal. Für EU-Bürger Informationen ebenfalls bei der Europäischen Kommission, GD XV, Antwortdienst "Bürger Europas", Postfach 1712, 1017 Luxembourg. Auskünfte über langfristige Aufenthalte in Portugal geben auch die portugiesischen Botschaften und Konsulate (s. u. "Botschaften").

Behinderte

Eine Reise nach Lissabon kann sich für Behinderte sehr beschwerlich gestalten. Das Vorankommen auf den Bürgersteigen ist bei den Parkgewohnheiten der Lissabonner für Rollstuhlfahrer leider fast unmöglich – erschwerend kommen noch das Kopfsteinpflaster und die starken Steigungen an den Lissabonner Hügeln hinzu. Sonst begegnen die Portugiesen Behinderten generell eigentlich sehr unvoreingenommen.

Auch die öffentlichen Verkehrsmittel sind nur in wenigen Fällen auf die Bedürfnisse von Rollstuhlfahrern eingerichtet. Am besten für Rollstuhlfahrer geeignet sind die Linien Entrecampos – Fogueteiro auf die Südseite des Tejo und die

Linha de Cascais, die Zugverbindung zwischen Lissabon und Cascais: Der Einstieg in die Wagen ist fast ebenerdig, und viele Bahnhöfe haben langsam ansteigende Auffahrten.

In Lissabon unterhält die Busgesellschaft *Carris* für Behinderte einen Tür-zu-Tür-Service mit speziell für Rollstuhlfahrer ausgerüsteten Kleinbussen. Der Preis entspricht dem Einzelfahrschein für Busse. Aufgrund der großen Nachfrage empfiehlt sich eine frühe Anmeldung unter ✆ 213613141.

Botschaften

Bei Verlust der Ausweispapiere stellt die Botschaft oder das Konsulat ohne große Probleme einen vorübergehend gültigen Ersatzausweis aus. Hierfür ist es hilfreich, vor der Reise die wichtigsten Dokumente zu fotokopieren und die Kopien während der Reise an einer anderen Stelle als die Originale aufzubewahren. Finanziell völlig Abgebrannte können einen Rückreisekredit in Anspruch nehmen, der allerdings gut verzinst zurückzuzahlen ist. Vor einem Gang zur Botschaft sollte man sich aber überlegen, ob die Geldprobleme nicht durch einen Geldtransfer zu lösen sind (s. u. "Geld"). Normalerweise sind die Botschaften nur Mo–Fr 9–12 Uhr geöffnet und an den Feiertagen beider Länder geschlossen.

Botschaft der Bundesrepublik Deutschland, Campo dos Mártires da Pátria, 38, 1169–043 Lisboa, ✆ 218810210, 218852732, 218853052 und 218850474, ✉ 218853846. Stadtteil Santana (siehe Karte S. 260/261).

Botschaft der Republik Österreich, Av. Infante Santo, 43–4°, 1399–046 Lisboa, ✆ 213958220 und 21395822–1/-2, ✉ 213958224. Stadtteil Lapa (s. Karte S. 282/283).

Botschaft der Schweiz, Rua Castilho, 20–6°, 1250–069 Lisboa, Tel. 213191890 (Metro Marquês de Pombal, s. Karte Av. da Liberdade S. 260/261).

Die Deutsche Botschaft in Lissabon

Deutsche in Lissabon

Auskünfte über langfristige Aufenthalte in Portugal geben dagegen die **portugiesischen Botschaften** und Konsulate:

Deutschland: Botschaft Berlin, Zimmerstr. 56, 10117 Berlin, ✆ 030/590063500, ✉ 590063600.

Konsulat Düsseldorf, Graf-Adolf-Str. 16, 40212 Düsseldorf, ✆ 0211/138780, ✉ 323357.

Konsulat Frankfurt, Zeppelinallee 15, 60325 Frankfurt, ✆ 069/9798800, ✉ 97988022.

Konsulat Hamburg, Gänsemarkt 23, 20354 Hamburg, ✆ 040/3553484, ✉ 35534860.

Konsulat Osnabrück, Schlosswall 2, 49080 Osnabrück, ✆ 0541/48046, ✉ 431712.

Konsulat Stuttgart, Königstr. 20 D, 70173 Stuttgart, ✆ 0711/227396, ✉ 2273989.

Österreich: Botschaft Wien, Opernring 1–3, 1010 Wien, ✆ 01/5867536, ✉ 5875839.

Schweiz: Botschaft Bern, Weltpoststr. 20, 3015 Bern, ✆ 031/3528329, ✉ 3514432.

Konsulat Zürich, Zeltweg 13, 8032 Zürich, ✆ 01/2613366, ✉ 2512484.

Cartão Jovem (Jugendkarte)

Der *Cartão Jovem* (Jugendkarte) bietet Jugendlichen unter 26 Jahren verschiedene Preisnachlässe für Zugtickets, Kinokarten, Museen sowie bei den Touristenpässen der Carris/Metro in Lissabon. Weiter gewähren einige Geschäfte Rabatte. Der portugiesische *Cartão Jovem* gilt in Portugal zudem als Jugendherbergsausweis. Gültig ist die Karte ein Jahr lang, wobei der Kaufmonat nicht mitgerechnet wird. In anderen europäischen Ländern gibt es übrigens vergleichbare Jugendkarten, die weitgehend gegenseitig anerkannt werden.

Verkauf Unter Vorlage des Passes oder Personalausweise und eines Photos für 6 € in den Postämtern, der Jugendherbergszentrale *Movijovem* (Av. Duque de Ávila, 137, Metro Saldanha, Av. Novas) und beim portugiesischen Jugendinstitut (Av. da Liberdade, 194, Metro Avenida). Infos: www.cartaojovem.pt.

Deutsche in Lissabon

Schon an der christlichen Eroberung Lissabons durch Dom Afonso Henriques 1147 waren deutsche Kreuzritter beteiligt. Später heirateten mehrere deutsche Adelige in das portugiesische Königshaus ein, wodurch der Kontakt zwischen den beiden Ländern gefördert wurde. Während des Zweiten Weltkrieges war Lissabon dann für viele deutsche Verfolgte des Naziregimes Zufluchtsort und rettende Brücke ins sichere Amerika.

Mit der Nelkenrevolution rückte Portugal schlagartig wieder ins Blickfeld der Deutschen. Vor allem Angehörige der linken Szene waren vom Experiment eines sozialistischen Staates begeistert und besuchten die neu geschaffenen Kooperativen. Später ließen sich einige deutsche Aussteiger in verlassenen Dörfern des Alentejo oder Nordportugals nieder. Meist hielten sie es dort nicht lange aus, da sich das romantische Naturleben schnell als recht beschwerlich erwies.

Heute kommen viele Deutsche als Vertreter deutscher Firmen nach Lissabon. Um die wirtschaftlichen Kontakte zwischen Deutschland und Portugal kümmert sich besonders die Deutsch-Portugiesische Industrie- und Handelskammer. Die meisten Deutschen wohnen inzwischen in den vornehmen Vororten an der *Linha de Cascais*, einige auch in Sintra und der Umgebung von Colares. Lebensmittelpunkt in Lissabon und Umgebung sind die beiden deutschsprachigen Kirchengemeinden und die deutsche Schule, die zu den ältesten Einrichtungen dieser Art im Ausland zählt.

Wissenswertes von A bis Z

Deutsch-evangelische Kirche an der Praça de Espanha

Deutsch-Portugiesische Industrie- und Handelskammer: *Câmara de Comércio e Indústria Luso-Alemã*, Avenida da Liberdade, 38–2°, 1269–039 Lisboa, ✆ 213472724, ✉ 213467150 (Metro Avenida).

Deutsche Schule: *Escola Alemã de Lisboa*, Av. General Norton de Matos, ✆ 217575641 (Metro Telheiras). Sie genießt auch bei Portugiesen ein hohes Ansehen. Mittlerweile werden hier sogar mehr portugiesische als deutsche Kinder unterrichtet, und man kann sowohl den portugiesischen Abschluss als auch das deutsche Abitur machen. Ein weiteres Schulgebäude ausschließlich für Grundschüler liegt in Estoril.

Deutsch-evangelische Gemeinde: *Igreja Evangélica Alemã*, Avenida Columbano Bordalo Pinheiro, 48, ✆ 217260976, ✉ 217274839 (Metro Praça de Espanha, Av. Novas). Gottesdienste So 11 Uhr in der architektonisch interessanten Kirche, errichtet 1934 von Otto Bartning, Bauhaus-Architekt und Begründer des modernen, protestantischen Kirchenbaus in Deutschland. Kurios: die einzige evangelische Kirche auf der Iberischen Halbinsel, die Glocken läuten darf.

Deutsch-katholische Kirchengemeinde: *Igreja dos Católicos de Língua Alemã*, Rua do Patrocínio, 8, ✆ 213964114, ✉ 213959939 (Stadtteil Campo de Ourique). Nebenan in der Rua do Patrocínio Nr. 56 liegt auch der deutsche Friedhof von Lissabon.

Drogen

Lissabon gehört zu den europäischen Hauptumschlagplätzen für Drogen: Schiffe aus Südamerika oder Marokko landen die Ware an der langen Küste an, Lkws verteilen sie weiter ins restliche Europa. Vor einigen Jahren sank ein Frachter mit brasilianischem Holz vor der portugiesischen Küste – als die Holzstämme an Land gespült wurden, fand man plötzlich Tüten mit weißem Pulver...

Auch wenn die günstigen Preise so manchen verlocken mögen: Finger weg von Drogen! Abgesehen von den gesundheitlichen Folgen kann der Aufenthalt in einem portugiesischen Gefängnis für einen Ausländer äußerst ungemütlich werden. Deutsche Strafanstalten sind verglichen mit portugiesischen Gefängnissen Fünf-Sterne-Hotels.

Für Ausländer kommt verschärfend hinzu, dass sie oft schon wegen kleinster Delikte ins Hochsicherheitsgefängnis in Vale de Judeus bei Alcoentre gesperrt werden, da bei Ausländern gerne ein Exempel statuiert wird (besonders, wenn sie die Sprache nicht können und einen schlechten Pflichtverteidiger haben). In einem Fall musste ein Drogensüchtiger für den Besitz eines Gramms Heroin sieben Jahre im Gefängnis absitzen...

Feiertage

Einreisebestimmungen

Zoll: Im privaten Reiseverkehr innerhalb der EU unterliegen Waren für den Eigenbedarf keinerlei Beschränkungen. Bei Rauchwaren und Spirituosen gehen die Zöllner von folgenden Richtmengen aus: 800 Zigaretten, 200 Zigarren oder 1 kg Tabak, 10 l Spirituosen, 20 l so genannte "Zwischenprodukte" wie Portwein, 90 l Wein, 110 l Bier. Im Einzelfall ist eine Überschreitung möglich, wenn nachgewiesen wird, dass die entsprechende Menge nur für den Privatbedarf bestimmt ist (Hochzeitsfeier etc.). Für Schweizer gilt: 200 Zigaretten, 100 Zigarillos oder 250 g Tabak, 1 l Branntwein oder 2 l Wein. Für Jugendliche unter 18 Jahren keine Freimengen!

Auto: Führerschein und KFZ-Schein sind erforderlich; eine grüne Versicherungskarte ist empfehlenswert. Das Fahrzeug muss auf den Benutzer zugelassen sein. Ansonsten wird eine vorher in Deutschland beglaubigte Vollmacht des Besitzers verlangt.

Bei einem Aufenthalt von mehr als 6 Monaten sollte man sein Auto in Portugal anmelden. Dabei sind zwei Sachlagen zu unterscheiden:
1. War das Fahrzeug in Deutschland mindestens 6 Monate auf eine Person zugelassen, die eine gültige portugiesische Aufenthaltsgenehmigung besitzt oder beantragt hat und erstmalig nach Portugal zieht, so ist die Einfuhr des Autos steuer- und zollfrei.
2. War das Fahrzeug weniger als 6 Monate oder auf einen anderen Halter angemeldet, fällt sowohl Mehrwertsteuer (IVA) von 17 % als auch Autosteuer (*Imposto Automóvel*) an, die vom Hubraum und Alter des Fahrzeugs abhängt.

In jedem Fall ist der Prozess extrem bürokratisch. Den Ärger mit den Behörden nehmen einem die so genannten *Despachantes* ab, die sich vor allem um den Bahnhof Santa Apolónia und das zugehörige Zollamt (Alfândega) niedergelassen haben. Sie lassen sich ihre Dienste aber auch gut bezahlen.

Elektrizität

Wie in Deutschland beträgt auch in Portugal die Spannung etwa 220 Volt mit einer Frequenz von 50 Hertz. Weit verbreitet sind Eurosteckdosen ohne Schutzleiter, in die alle gängigen deutschen Stecker passen.

Feiertage

Neben kirchlichen werden auch einige historische Gedenktage im ganzen Land begangen – darunter alleine vier Nationalfeiertage.

1. Januar: *Ano Novo* (Neujahr).
Februar, März, April: Karnevalsdienstag, Karfreitag, Ostersonntag.
25. April: *Dia da Liberdade* – Portugiesischer Nationalfeiertag zur Erinnerung an die Nelkenrevolution 1974.
1. Mai: Tag der Arbeit.
Juni: Fronleichnam.
10. Juni: *Dia de Portugal* – Portugiesischer Nationalfeiertag zum Gedenken an den Todestag des Schriftstellers Luís de Camões und Tag der portugiesischen Gemeinschaften im Ausland.
15. August: Mariä Himmelfahrt.
5. Oktober: *Dia da República* – Portugiesischer Nationalfeiertag, zur Erinnerung an die Ausrufung der Republik 1910.
1. November: Allerheiligen.
1. Dezember: *Dia da Restauração* – Portugiesischer Nationalfeiertag in Erinnerung an die Befreiung von der spanischen Fremdherrschaft 1640.
8. Dezember: Mariä Empfängnis.
25. Dezember: Weihnachten.

Fernsehen

Neben den beiden öffentlich-rechtlichen Fernsehprogrammen der *Radiotelevisão Portuguesa* (RTP) gibt es seit 1992 den Privatkanal *Sociedade Independente de Comunicação* (SIC) des portugiesischen Medienzaren und ehemaligen Ministerpräsidenten Pinto Balsemão. 1993 folgte die katholische Kirche mit der *Televisão Independente* (TVI), die sie inzwischen an die Mediengesellschaft IOL weiterverkauft hat.

Die Sender unterscheiden sich mit der Ausnahme des Kulturkanals RTP 2 kaum in der Programmgestaltung. Die Nachrichtensendungen sind stark national ausgerichtet und bringen nur wenige Meldungen aus dem internationalen Geschehen. Gute Spielfilme kommen meist erst nach 23 Uhr. Sie sind wie im Kino nur untertitelt und nicht synchronisiert; so können dem Geschehen auch Ausländer ohne Portugiesischkenntnisse folgen, sofern sie Englisch verstehen. Typisch sind häufige Werbeunterbrechungen, rund um die Uhr und an alle Tagen der Woche, und Unmengen meist brasilianischer Seifenopern, der berühmt berüchtigten *Telenovelas*. Viele Portugiesen verfolgen ihre *Novela* Tag für Tag und verpassen keine der meist ca. 150 Folgen.

Die großen Hotels besitzen fast alle Satellitenantennen und speisen mehrere **internationale Programme** in ihre Hausanlagen ein. Darunter oft auch deutsche Programme wie Deutsche Welle TV, RTL, Sat 1, Viva und DSF. Einige dieser Sender werden auch über das portugiesische Kabelnetz *TV Cabo* verbreitet. In Deutschland kann man über den Satelliten Hotbird 2 das portugiesische Auslandsfernsehprogramm *RTP Internacional* empfangen.

Frauen

Alleinreisende Frauen treffen in Lissabon auf wenig Schwierigkeiten. Die Erfahrung lehrt allerdings, dass besonders blonde Frauen unter nervendem Hinterher-Pfeifen oder Zischen des ein oder anderen Machos leiden. Die "Anmache" hält sich generell aber in Grenzen.

Zumindest in den ländlichen Gegenden Portugals sind die traditionellen Rollenverhältnisse oft noch sehr tief verwurzelt. Mit 51,2 % aller Frauen sind nach Statistiken der UNO in Portugal dennoch mehr Frauen erwerbstätig als in Deutschland mit 47,9 % (2000). Im Großraum Lissabon ist die ganztägige Berufstätigkeit beider Elternteile die Regel.

Friseure

Wer in Portugal einen Friseur sucht, wird feststellen, dass es fast ausschließlich reine Damen- oder Herrensalons gibt. Der *barbeiro* ist ein Herrenfriseur, im *salão de cabeleireiro* werden in der Regel Damen frisiert (ohne dass Herren gänzlich ausgeschlossen sind); nur ein *cabeleireiro unisexo* bedient ausdrücklich Kunden beiderlei Geschlechtes. Schafft man es, den gewünschten Haarschnitt vorher zu beschreiben, wird man den Salon durchaus zufrieden verlassen, da die Preise im Vergleich zu Deutschland wesentlich günstiger sind.

Geld

Gesetzliches Zahlungsmittel ist auch in Portugal der Euro. In Portugal ist eine Bank-Karte der bequemste und günstigste Weg, an Geld zu kommen. Das Abheben mit Kreditkarten ist teuer, zum Bezahlen sind sie dagegen weit verbreitet. Reiseschecks sollte man wegen der hohen Gebühren meiden. Generell empfiehlt sich, kleine Scheine und etwas Kleingeld mit sich zu führen. In Portugal herrscht nämlich grundsätzlich chronischer Münzenmangel. Die großen 200- und 500-Euro-Scheine sind kaum verbreitet und sollten daher besser nicht in die Reisekasse.

Der Euro hat in Portugal übrigens eine 4 % höhere Kaufkraft als in Deutschland. Das hat das Statistische Bundesamt Wiesbaden im Juli 2002 ausgerechnet. Österreicher bekommen in Portugal 13 % mehr für ihr Geld, Schweizer sogar 28 %.

Bank-Karte: Mit den normalen Bank-Kundenkarten, den früheren ec-Karten, kann an praktisch allen Bankautomaten in Portugal Geld abgehoben werden. Dazu sollten die Karten die Zeichen von *Visa Plus* oder *Maestro* tragen, den elektronischen Netzen von Visa und Mastercard. Dann funktionieren sie mit Sicherheit an einem der zahlreich vorhandenen Automaten mit dem *Multibanco*-Zeichen. Der Höchstbetrag pro Abhebung beläuft sich in allen Fällen auf 200 €.

Das Abheben per Bank-Karte in Euro-Ländern darf nach einer Verordnung der EU-Kommission seit dem 1. Juli 2002 nicht mehr kosten als bei einer fremden Bank zu Hause in Deutschland oder Österreich. Die genaue Gebühr hängt dabei von Ihrer heimatlichen Bank ab. Meist liegt sie pro Abhebung bei 3 bis 4 €.

Unter diesem Multibanco-Zeichen gibt es Geld

In Supermärkten und vielen anderen Geschäften ist das Electronic Cash per Bank- oder Kreditkarte sehr verbreitet, allerdings funktionieren deutsche Bank-Karten oft nicht, während es mit Kreditkarten fast immer klappt.

Diebstahl der Bank-Karte: Unverzüglich die entsprechende Bank oder den zentralen Sperrannahmedienst benachrichtigen: ✆ 0049/1805/021021; er ist rund um die Uhr zu erreichen. Erforderlich ist in jedem Fall die Angabe der Kontonummer und Bankleitzahl, hilfreich die der Kartennummer. Wichtig: Geben Sie nie Ihre Geheimnummer an!

Kreditkarten: Die gängigen Kreditkarten wie American Express, Diners, Mastercard und Visa werden in Hotels, vielen Restaurants und Geschäften sowie an den *Multibanco*-Automaten problemlos angenommen. Auch hier darf es nach der EU-Verordnung keinen Zuschlag für den Auslandseinsatz mehr geben. Da das Abheben von Bargeld teuer ist, sollte man Kreditkarten nur zum Bezahlen in Hotels, Geschäften und Restaurants verwenden.

Diebstahl einer Kreditkarte: Sofort die für Sie zuständige Stelle anrufen. Auch hier gilt: Kartennummer, aber nicht die Geheimnummer angeben!
American Express: ✆ 0049/69/97970. Auch in Portugal unter 213925757.
Diners Club: ✆ 0049/69/260354.

Mastercard: ✆ 0049/69/79331910; in Portugal unter ✆ 800811272.
Visa: ✆ 0049/69/66305333; in Port. ✆ 800811107.
Unicre: Bei dieser portugiesischen Zahlungsstelle können die Kreditkarten zusätzlich noch mal für Portugal gesperrt werden, ✆ 213159856.

Geldanweisungen: Am einfachsten und innerhalb einer Stunde lässt sich Geld weltweit über das US-amerikanische Unternehmen *Western Union* überweisen. In Portugal sind die Postämter sowie der *Banco Português do Atlântico* (BPA) Kontaktstellen von Western Union. Dem Einzahler des Geldes wird eine *Money Transfer Control Number* (MTCN) mitgeteilt, die er dem Empfänger mitteilen muss, damit dieser in Portugal das Geld in Empfang nehmen kann. Für den schnellen Service lässt sich Western Union allerdings gut entlohnen.

Deutschland: *Reisebank*, ✆ 0180/5225822. *Postbank*, ✆ 01803/030330.
Österreich: *Raiffeisenbank*, ✆ 0810/200866. *PSK*, ✆ 01/583864.
Schweiz: *Change SBB*, ✆ 0800/007107. *Schweizerische Post*, ✆ 0800/811099.

Portugal: *CTT Correios de Portugal*, ✆ 800206868. *Banco Português do Atlântico*, ✆ 214277072, z. B. Praça dos Restauradores, 57 (Metro Restauradores, Baixa).
Internet: www.westernunion.com.

Gesundheit

Grundsätzlich sind vor der Einreise nach Portugal keine besonderen medizinischen Vorsorgemaßnahmen wie Impfungen zu treffen. Dringend empfiehlt sich aber der Abschluss einer Auslandsreisekrankenversicherung.

Krankenversicherung: Wer in einer gesetzlichen Krankenkasse Mitglied ist, kann sich vor Reisebeginn einen Auslandskrankenschein E 111 für Portugal besorgen. Den Auslandskrankenschein akzeptieren allerdings meist nur die staatlichen Gesundheitszentren (*Centros de Saúde*) und Krankenhäuser (Adressen s. u.) Und dies auch nur, nachdem man sich in der regionalen Gesundheitsdirektion (*Administração Regional de Saúde*) ein Gesundheitsbuch (*Livrete de Assistência Médica*) hat ausstellen lassen. Die medizinische Behandlung lässt aber teilweise deutlich zu wünschen übrig, lange Wartezeiten sind normal. Zwar müssen die deutschen gesetzlichen Krankenkassen nach einem Urteil des Europäischen Gerichtshofes vom 28. April 1988 prinzipiell Behandlungen im Ausland erstatten, dies aber nur zum in Deutschland gültigen Tarif.

Man sollte also besser zusätzlich eine private Auslandsreise-Krankenversicherung abschließen, um problemlos Privatärzte und –kliniken nutzen zu können. Nur mit einer Auslandsreise-Krankenversicherung werden im Ernstfall auch die teilweise horrend teuren Rücktransporte aus dem Ausland bezahlt. Policen gibt es schon für Jahresbeiträge unter 10 €. Die Leistungen sind von Anbieter zu Anbieter unterschiedlich – man sollte die Konditionen sorgfältig durchlesen und darauf achten, dass auf jeden Fall Arzt- und Krankenhauskos-

Gesundheit

ten, Medikamente und Rücktransport eingeschlossen sind. Empfehlenswert ist es, eine Versicherung zu wählen, die keine Selbstbeteiligung hat und die Kosten ganz übernimmt, egal ob Ansprüche an die gesetzliche Kasse bestehen oder nicht. Das spart Papierkrieg. Die Krankenkasse sollte ebenfalls keine beglaubigte Übersetzung der Arztrechnungen verlangen dürfen, da dies sehr teuer werden kann. Zu guter Letzt empfiehlt es sich, eine Versicherung zu wählen, die neben privaten auch berufliche Reisen abdeckt.

Empfehlenswerte Policen: z. B. von der DBV Winterthur für 9 € im Jahr. Während die meisten Versicherer nur Reisen bis zu 42 Tagen am Stück abdecken, gilt diese sogar für Aufenthalte bis zu 62 Tagen. Noch längere Reisen versichert dagegen die DKV preiswert zu Tagespauschalen. Wer zu Hause schon privat krankenversichert ist, braucht je nach Versicherung oft keine extra Auslandsreise-Krankenversicherung. Für Auslandssemester oder –praktika von Studenten hat die Barmenia günstige Angebote. Sie werden vermittelt über IHS-International Health Services, Niederstr. 1, 41460 Neuss, ✆ 02131/7188230, ℻ 7188239, www.ihs-gmbh.com.

Arztbesuch: Man sollte sich zur Erstattung der Kosten durch die Krankenkasse vom Arzt eine Quittung über die Behandlungskosten und eine kurze Krankheitsbeschreibung (*descrição da doença*) ausstellen lassen. Homöopathische Ärzte sind in Portugal rar; eine alte Vorschrift der Ärztekammer verbietet es den Ärzten sogar, sich homöopathisch zu nennen.

Deutschsprachige Ärzte: In Lissabon und Umgebung praktizieren folgende Ärzte, die allerdings den Auslandskrankenschein nicht annehmen.

Praktische Ärzte: Dr. Friedrich Schubeius, Rua Alexandre Herculano, 17 r/c-Esq, Lisboa, ✆ 213545484 und 213546609 (Metro Marquês de Pombal, Santana/Av. Liberdade).

Dr.ª Micaela Seemann Monteiro, Clínica de Santa Maria de Belém, Rua Manuel Maria Viana, 3° piso, Lisboa, ✆ 919449190 (Alcântara). Spezialistin für Innere Medizin.

Dr. João Jesus Freire, Praça Dr. Nuno Pinheiro Torres, 12–1-Dto., Lisboa, ✆ 217143014 und 217141029 (Metro Colégio Militar/Luz, Benfica). In der Nähe des Centro Comercial Fonte Nova.

Dr. Annette Koch, Clínica Médica Internacional de Cascais, Largo Luís de Camões, 67–2°, Cascais, ✆ 214845317. Auch zahlreiche weitere Fachärzte praktizieren in dieser Privatklinik in Cascais.

Zahnärzte: Dr. Thomas Schreiner, Rua Pascoal de Melo, 60 r/c, Lisboa, ✆ 213559424 (Metro Arroios, Av. Novas).

Dr. med. F. Gomes de Almeida, Rua de Santa Marta, 43-E-1°, Lisboa, ✆ 213143397 (Metro Marquês de Pombal, Av. da Liberdade).

Dr. Olívio Lopes Dias, Clínica Dentária Ortodóntica, Av. Combatentes da Grande Guerra, 130–1° Esq, Algés, ✆ 214103999 und 214103815. Kieferorthopäde im Vorort Algés.

Dr. Mathias Schede und Dr.ª Narissa Huq-Schede, Clínica Dentária Luso-Alemã, Rua Dr. José Joaquim de Almeida, 42, Oeiras, ✆ 214414629. Im Vorort Oeiras.

Dr. Olle Falck, Av. 25 de Abril, 745 r/c, Cascais, ✆ 214832217.

Frauenärzte: Dr.ª Radmila Mota, Clínica Moderna da Mulher, Rua Joaquim Ereira, 1596, Cascais, ✆ 214835679. In dieser Privatklinik in Cascais praktizieren auch der Kinderarzt Dr. Volker Dieudonné sowie der englischsprachige Homöopath Dr. Pedro Teles.

Augenärztin: Dr.ª Vicência Magro Jacinto, Praça José Fontana, 11–1°, Lisboa, ✆ 213146594 und 213146671 (Metro Picoas, Av. Novas).

Neurologie: Dr. Martin Lauterbach, Travessa da Espera, 8–1°-Esq, ✆ 214684931 und 213432644 (Bairro Alto).

Psychologie: Diplom-Psychologe Michael Knoch, Rua José Estêvão, 2–7°-C, Reboleira Sul, Amadora, ✆ 214959067. Im Vorort Amadora an der Linha de Sintra.

Tierarzt: Dr. Pedro Neiva Correia, Centro de Medicina Veterinária, Alto das Flores, Lote 4, Loja A, Cascais, ✆ 214845389.

Apotheken: *Farmácias* findet man fast überall. Man wird dort über aushängende Listen auch darüber informiert, welche Apotheken am späten Abend und nachts geöffnet sind. Diesbezügliche Auskunft wird zusätzlich unter ✆ 118 erteilt. Fast alle Medikamente vom Aspirin bis zur Pille sind in Portugal billiger als in Deutschland, selbst wenn sie aus deutscher Produktion stammen. Außerdem sind viele in Deutschland verschreibungspflichtige Präparate in Portugal frei verkäuflich. Homöopathische Medikamente verkaufen normalerweise nur spezialisierte Apotheken.

Homöopathische Apotheken: *Farmácia Homeopática Santa Justa*, Rua Santa Justa, 6–1°, ✆ 218874230 (Metro Rossio, Baixa; Eingang versteckt bei einem Taschengeschäft). Hauptsächlich selbst produzierte Medikamente.
Farmácia Homeopática do Centro, Centro Comercial Imaviz (oberste Etage), Loja 2, Av. Fontes Pereira de Melo, 35, ✆ 213527484 (Metro Picoas, Av. Novas). Auch moderne Mischpräparate aus Deutschland.

Kondome: *Condomi – Casa das Camisinhas*, Rua da Barroca, 90–92, ✆ 213479480 (Metro Baixa/Chiado, Bairro Alto). Medizinische Produkte der besonderen Art in einer Filiale der Kölner Firma Condomi. Latex-Kondome in allen Varianten und diverses "Spielzeug" für nächtliche Aktivitäten im Bairro Alto und anderswo. Getreu nach dem Motto: *sem camisinha não dá!* ("Mach's mit!")

Apotheken heißen in Portugal Farmácias und sind grün

Hospitäler/Gesundheitszentren: Die Krankenhäuser (*hospitais*) bieten mit ihren Notfallaufnahmen (*urgência*) schnelle Hilfe. Für normale ärztliche Leistungen sind jedoch die Gesundheitszentren *Centros de Saúde* zuständig, die unter ihrem Dach verschiedenste Ärzte aller Fachrichtungen vereinen. Da die staatliche Versorgung jedoch oft mehr schlecht als recht ist, ziehen es viele Portugiesen vor, sich von Privatärzten behandeln zu lassen. Jedoch können sich dies nicht alle leisten: Die wenigsten sind Mitglied einer Privatversicherung; in der Regel sind die Portugiesen über die staatliche Gesundheitsvorsorge *Segurança Social* versichert.

Notrufe

Notruf	112 (kostenlos)
Vergiftungen	217950143
Seenot	214401919
Waldbrände	117 (kostenlos)

Lissabon: *Hospital Santa Maria*, Av. Prof. Egas Moniz, ✆ 217805000 (Metro Cidade Universitária, Av. Novas). Universitäts-Krankenhaus und wichtigste Klinik der Stadt. Das Hospital sollte kurioserweise ursprünglich 1940 als Uniklinik in Berlin errichtet werden, wozu es aber nie kam. Die Pläne des Hamburger Architekten Hermann Distel "recycelte" man dann 1954 in Lissabon.
Hospital Curry Cabral, Rua da Beneficiência, ✆ 217924200 (Metro Praça de Espanha, Av. Novas).
Hospital Pulido Valente, Alameda das Linhas de Torres, 117, ✆ 217548000 (Metro Campo Grande, Norden).

Hospital Santa Marta, Rua Santa Marta, ☏ 213594000 (Metro Marquês de Pombal, Santana/Av. Liberdade).

Hospital Santo António dos Capuchos e Desterro, Alameda Santo António Capuchos, ☏ 213136300 (Santana).

Hospital de São Francisco Xavier, Estrada Forte Alto do Duque, ☏ 213000300 (Belém/Restelo).

Hospital São José, Rua José António Serrano, ☏ 218841000 (Metro Martim Moniz, Santana).

Hospital Dona Estefânia, Rua Jacinta Marto, ☏ 213126600 (Metro Picoas, Av. Novas). Kinderkrankenhaus.

Cascais: *Hospital de Cascais*, Rua Doutor Francisco Avilez, ☏ 214827700.

Almada: *Hospital de Almada*, Estrada Nacional, 337, ☏ 212726700.

Setúbal: *Hospital de Setúbal*, Rua Camilo Castelo Branco, ☏ 265549000.

Gesundheitszentren: *Centro de Saúde de Benfica*, Rua José Rodrigues Miguéis, ☏ 217140607 (Benfica).

Centro de Saúde da Lapa, Av. 24 de Julho, 120–1°, ☏ 213952114 (Lapa).

Centro de Saúde de Luz Soriano, Rua Luz Soriano, 53–2°, ☏ 213466245 (Bairro Alto).

Auskunft zu weiteren *Centros de Saúde* unter ☏ 800202214.

Haustiere

Um Hunde oder Katzen nach Portugal mitzunehmen, ist ein unmittelbar vor Einreise erstelltes und ins Portugiesische übersetztes amtstierärztliches Gesundheitszeugnis erforderlich. Dazu ist eine Tollwutschutzimpfung notwendig, die spätestens 21 Tage vor Einreise verabreicht wurde. Zu alt sollte die Impfung aber auch nicht sein: Bei Hunden maximal ein Jahr, bei Katzen höchstens ein halbes Jahr. Mit dem Flugzeug sollten die Tiere allerdings nicht reisen, da sie durch den Transport im dunklen, lauten und kalten Gepäckraum schwer leiden können.

Hunde sehen die Portugiesen generell nicht sehr gerne. Aus Restaurants und Cafés sind sie aus hygienischen Gründen oft verbannt. Auch die überwiegende Mehrheit der Hotels und Pensionen duldet keine Hunde, vorher also unbedingt nachfragen!

Informationen

Für Auskünfte jeglicher Art stehen Ihnen die portugiesischen Touristikämter im Ausland zur Verfügung. Sie sind Außenstellen des portugiesischen Investitions- und Tourismusförderungsinstituts ICEP und bieten umfassendes Informationsmaterial zu den verschiedensten Themen.

Deutschland: Schäfergasse 17, 60329 Frankfurt/M., ☏ 069/234094, 📠 231433.

Österreich: Opernring 1 / Stiege R / 2. OG, 1010 Wien, ☏ 01/5854450, 📠 5854445.

Schweiz: Badenerstrasse 15, 8004 Zürich, ☏ 01/2410001, 📠 2410012.

Internet: www.portugalinsite.pt.

In Portugal können Touristen unter der kostenlosen Telefonnummer 800296296 bei der *Linha Verde Turista* Auskünfte zu Museumsöffnungszeiten, Hotels, öffentlichen Verkehrsmitteln, Hospitälern und Polizeiämtern erhalten. Die Informationen werden auf Portugiesisch, Englisch, Französisch und Spanisch gegeben. Die Adressen und Öffnungszeiten aller lokalen Tourismusbüros in Lissabon und Umgebung haben wir für Sie unter den jeweiligen Orten angegeben. Viele *Turismos* ändern jedoch häufig ihre Öffnungszeiten, sodass man die angegebenen Zeiten eher als Richtwert nehmen sollte. Auch von zu Hause können Sie sich bereits an diese regionalen Fremdenverkehrsämter wenden, von denen hier die wichtigsten aufgeführt sind:

Lissabon: *Associação de Turismo de Lisboa*, Rua do Arsenal, 15, 1100–038 Lisboa, ☏ 00351/210312810, Fax 210312819 (Metro Baixa/Chiado, Baixa), www.atl-turismolisboa.pt.

Cascais/Estoril: *Junta de Turismo da Costa do Estoril*, Arcadas do Parque, 2769–503 Estoril, ☏ 00351/214678230, ✉ 214678213, www.costa-do-estoril.pt.

Sintra: *Turismo de Sintra*, Praça da República, 2710–616 Sintra, ☏ 00351/219241700, ✉ 219235176, www.cm-sintra.pt.

Ericeira/Mafra: *Junta de Turismo da Ericeira*, Av. 25 de Abril, 2640–456 Mafra, ☏ 00351/261812023, ✉ 261815104, www.mafra.net.

Südlich von Lissabon: *Junta de Turismo da Costa Azul*, Travessa Frei Gaspar, 10, 2900–388 Setúbal, ☏ 00351/265539130, ✉ 265539127, www.costa-azul.rts.pt.

Internet

Aktuelle Informationen zu diesem Reiseführer, die nach dem Druck dieser Auflage nicht mehr berücksichtigt werden konnten, sowie alle in diesem Buch erwähnten und weitere Links finden sich auf den Lissabon-Seiten des Autors unter der Adresse: www.lissabon-umgebung.de.

Internetcafés sind übrigens unter "Cafés" ab S. 178 angegeben.

Karten

Lissabon: Der *Falk-Plan* im Maßstab 1:13.500 ist recht gut, besonders deshalb, weil in ihm die Linien der öffentlichen Verkehrsmittel eingezeichnet sind (ca. 5 €). Das beste Kartenwerk zu Lissabon ist jedoch das Buch *Lisboa – Guia Urbano* (Verlag Forum Ibérica, 10 €, nur im Lissabonner Buchhandel erhältlich). Auf über 100 Karten im Maßstab 1:5.000 (der Stadtteil Alfama auch 1:1.500) sind alle Straßen Lissabons dargestellt. Besonders für alle, die sich länger in Lissabon aufhalten, eine lohnende Anschaffung.

Portugal: Als Straßenkarte für das ganze Land empfiehlt sich die Karte von *Michelin* (Maßstab 1:400.000), die stets recht aktuell und graphisch sehr ansprechend gestaltet ist.

Wanderkarten: Spezielle Karten zum Wandern oder Radfahren sind weder für Portugal noch für die Lissabonner Umgebung erhältlich. Ein guter Ersatz sind aber die Detail getreuen und regelmäßig aktualisierten Militärkarten des IGEOE. Durch ihre eingezeichneten Feldwege und 10m-Höhenlinien sind vor allem die Landkarten der Serie M 888 im Maßstab 1:25.000 gut zum Wandern oder Radfahren geeignet (Preis pro Karte 5 €).

Instituto Geográfico do Exército (IGEOE), Rua Dr. Alfredo Bensaúde, 1849–014 Lisboa, ☏ 218505300, ✉ 218532119, www.igeoe.pt (Osten). Bus 25 ab Gare do Oriente (Metro Oriente) bis Halt Laboratório de Química Militar. Mo–Fr 9–16.30 Uhr. Personalausweis zum Einlass am militärischen Kontrollposten mitbringen.

Weitere geographische Karten aller Gebiete Portugals bekommt man auch beim zivilen portugiesischen Geographieamt IGEO in Lissabon (Preis pro Karte zwischen 5 und 8 €). Die Karten sind allerdings teilweise ziemlich veraltet und nicht so detailliert wie die Militärkarten.

Instituto Geográfico Português (IGEO), Rua Artilharia Um, 107, 1099–052 Lisboa, ☏ 213819600, ✉ 213819699, www.igeo.pt (Metro Marquês de Pombal, Amoreiras). Nur Mo–Fr zu den Bürozeiten offen.

Kinder

Die Zeit hoher Geburtenraten ist zwar vorbei – Portugal zählt mittlerweile zu den Ländern mit Bevölkerungsstagnation –, doch weiterhin sind die Portugiesen sehr kinderfreundlich. In Restaurants und Cafés gelten Kinder meist als gern gesehene Gäste, in Bussen räumt man Eltern mit Kleinkindern bereitwillig einen Platz. Die vielen Parks in Lissabon und die Strände in der Umgebung sind ideal für Erholungspausen vom Besichtigungsstress geeignet.

Kinderattraktionen: Für das weitere Besuchsprogramm mit Nachwuchs empfehlen sich der Zoo Lissabons *Jardim Zoológico* (s. "Sehenswürdigkeiten/Benfica" S. 315), der Lissabonner Rummel *Feira Popular de Lisboa* (s. "Sehenswürdigkeiten/Avenidas Novas" S. 271) und das *Aquário Vasco da Gama* in Algés/Dafundo mit seinen diversen Meerestieren (s. "Linha de Cascais/Algés" S. 348). Auch das zur EXPO 98 eingeweihte zweitgrößte Ozeanarium der Welt, das *Oceanário de Lisboa*, wird ihre Kinder sicherlich begeistern, ebenso das nahe gelegene Technikmuseum *Pavilhão do Conhecimento/Ciência Viva* (s. S. 327 bzw. S. 345).

Spielplätze: Empfehlenswert sind Príncipe Real (Bairro Alto), Jardim da Estrela (Lapa), Rua da Imprensa à Estrela hinter dem Parlament in São Bento, Jardim de Parada (Campo de Ourqiue) und Parque Infantil do Alvito im Monsanto-Park (Bus 24 ab Alcântara oder Benfica). Die meisten Fußballplätze sind mit einem Betonboden ausgestattet, der böse Abschürfungen verursachen kann.

Neugieriger Blick zum Hafen am Miradouro Santa Catarina

Organisierte Spielaktionen: Die *Ludoteca* im *Centro Artístico Infantil* der Fundação Calouste Gulbenkian organisiert regelmäßig für Kinder von 4 bis 12 Jahren Spiel- und Bastelaktionen (✆ 217935131 Extensão 3417). Man findet die Ludoteca an der Rua Marquês de Sá Bandeira (Avenidas Novas) im hinteren Teil des Parks des Gulbenkian-Museums (Metro São Sebastião).

Kleidung

Für Reisende, die von Oktober bis April nach Lissabon kommen, empfiehlt es sich, neben warmer Winterkleidung einen Regenschirm oder -mantel mitzunehmen, denn in diesen Monaten kann es öfters mal regnen. Für Früh- und Hochsommer wie auch im frühen Herbst ist natürlich Sommerkleidung angesagt. Aber auch dazu einige Hinweise: Selbst im Sommer kann es vor allem in den Küstenorten an der Westküste abends und nachts frisch werden, wenn vom Atlantik eine Brise weht. Es ist also immer ratsam, einen Pullover oder eine Jacke dabeizuhaben.

Sommerliche Freizeitkleidung ist für den nicht gerade hitzeverwöhnten Mitteleuropäer zwar bequem und angenehm, sollte aber nur dort getragen werden, wo sie angemessen ist. Ohne in Prüderie verfallen oder eine Kampagne gegen Schlabbershorts, Muskel-Shirts und Badesandalen starten zu wollen, muss doch darauf hingewiesen werden, dass man muskulöse, braungebrannte Körper (oder auch das Gegenteil) besser an der Strandpromenade oder am Pool zur Schau stellen möchte. Lange Baumwollhosen, ein Hemd oder ein leichtes Kleid eignen sich hervorragend für einen Stadtbesuch; sie tragen sich angenehm, sind Hitze abweisend und außerdem weitaus passender für den Besuch von Kirchen, Museen und Restaurants. Zudem lenkt man optisch weniger Aufmerksamkeit von Taschendieben auf sich.

Noch ein Tipp für das **Schuhwerk**: Die vielen gepflasterten Straßen und Fußwege können leicht zum Absatztöter für Damenschuhe werden; darüber hinaus bergen sie das Risiko, mit glatten Sohlen auszurutschen. Besonders nach Regen sind sie z. T. extrem rutschig.

Klima

Das ausgeprägte atlantische Klima bringt Lissabon nicht zu heiße Temperaturen im Sommer und milde Winter, während denen das Thermometer nie unter den Gefrierpunkt fällt. Die meisten Niederschläge fallen im Winter von November bis Januar. In diesen Monaten kann es über längere Zeit hinweg unangenehm feuchtkalt sein. Vor allem weil viele Gebäude keine Heizung besitzen, ist es oft ungemütlicher als erwartet. Der Hochsommer von Juni bis einschließlich August ist in Lissabon dagegen praktisch regenlos. Aber auch im Frühjahr (ab Mitte/Ende März) und im Herbst (bis Anfang November) sind längere Schönwetterperioden mit Strandwetter häufig.

Die lokale Wettervorhersage ist nicht immer zuverlässig

Reisezeiten: Günstigste Bademonate sind natürlich Juli und August. Da um diese Zeit ganz Nordeuropa und auch Portugal (Hauptreisemonat August) Urlaub macht, sieht es ähnlich aus wie in den Mittelmeerbadeorten: Hotels und Campingplätze sind voll. Die schönsten Reisemonate sind dagegen April/Mai/Juni und September/Oktober, wenn die Sommerhitze nicht mehr über der Stadt hängt und die Badeorte nicht überlaufen sind. Baden ist besonders im Herbst noch gut möglich, da das Meer erst langsam abkühlt.

Klimatabelle Lissabon

Monate	Jan	Feb	Mrz	Abr	Mai	Jun	Jul	Aug	Sep	Okt	Nov	Dez
mittlere Höchsttemp. (°C)	14	16	18	20	22	26	28	28	26	23	18	15
mittlere Mindesttemp. (°C)	8	8	10	11	13	16	17	17	17	14	11	8
Niederschlag (mm)	> 100	50–100	> 100	50–100	20–50	0–20	0–20	0–20	20–50	50–100	> 100	> 100
Meerestemperatur in Estoril	13	13	14	14	15	16	17	16	17	17	15	14

Kriminalität

Wie in allen Ländern sollte man auch in Portugal in mancher Hinsicht Vorsicht walten lassen. Wer die folgenden Ratschläge berücksichtigt, kann aber beruhigt in Lissabon unterwegs sein. Zumal zwar die Kleinkriminalität im europäischen Vergleich hoch, dafür aber schwere Verbrechen wie Mord und Vergewaltigung vergleichsweise selten sind.

Gedränge z. B. in der Metro oder im Bus zur Rush-hour bzw. am Fußgängerüberweg am Rossio sollte zur erhöhten Vorsicht mahnen! Ein beliebter Trick ist es, Leute von hinten anzurempeln und den Überraschungsmoment zu nutzen, um den Geldbeutel zu entwenden.

Kopien der wichtigsten Dokumente wie Personalausweis, Kreditkarten, Bahn- und Flugtickets vor der Reise machen, getrennt von den Originaldokumenten aufbewahren und/oder bei Freunden und Verwandten in der Heimat hinterlassen. Die Kopien können bei der Wiederbeschaffung der Originale und bei Diebstahlsanzeigen eine große Hilfe sein.

Im Auto oder im Kofferraum keinerlei Wertsachen liegen lassen! Autoaufbrüche sind in Lissabon und Umgebung leider sehr häufig, besonders an Strandparkplätzen. Während der Fahrt sollten am besten die Türen, hinter denen niemand sitzt, von innen verriegelt werden. Es kommt gelegentlich vor, dass Diebe Staus und Wartezeiten vor Ampeln dazu nutzen, um Türen blitzschnell aufzureißen und Wertsachen zu entwenden.

Am Strand die mitgebrachten Sachen im Auge behalten! Man wäre nicht der erste, dem nur noch die Badesachen bleiben. Wenn möglich, lässt man am besten alle Wertsachen und Dokumente im Hotel.

Folgende Stadtgebiete sollte man nachts meiden:

Av. Novas: Den Largo do Intendente (Straßenstrich), die Rua da Palma und die Avenida Almirante Reis (im unteren Teil bis etwa zum südlichen Ausgang der Metro Arroios), ebenso die umliegenden Straßenzüge. Auch der Stadtpark Parque Eduardo VII ist bei Nacht recht unsicher.

Amoreiras: Die Avenida Engenheiro Duarte Pacheco und die Rua Joaquim António de Aguiar vom Centro Comercial das Amoreiras zur Praça Marquês de Pombal. Da hier kaum noch jemand wohnt, ein beliebter Ort für Überfälle zu nächtlicher Stunde. Wer alleine vom Centro Comercial das Amoreiras kommt, sollte den Bus nehmen. Wer unbedingt laufen will, hält sich besser Richtung Largo do Rato.

Osten: Das Viertel Chelas südlich von Olivais mit den schlimmsten Sozialwohnungen Lissabons; hier herrscht ein gewalttätiges Umfeld mit Jugendbanden etc.

Leitungswasser

Im Großraum Lissabon kann man das Leitungswasser unbedenklich trinken, auch wenn es stark nach Chlor schmeckt. Das Wasser der Trinkbrunnen in den Parks kann man ebenfalls meist getrost genießen.

Lesben und Schwule

Nach Jahren der Marginalisierung haben es die Homosexuellen in Lissabon mittlerweile geschafft, eine gewisse gesellschaftliche Anerkennung zu finden. Zumindest dem Gesetz nach werden Schwule und Lesben in Portugal nicht mehr diskriminiert.

Eine Schlüsselrolle für diese Erfolge spielte die portugiesische Abteilung der *International Lesbian and Gay Association – ILGA*. Die Organisation veranstaltet seit 1997 jährlich im September ein homosexuelles Filmfestival in der Cinemathek. Außerdem richtet sie jedes Jahr am Vorabend des 28. Juni den so genannten *Arraial Pride* aus. Das Fest geht auf den 28. Juni des Jahres 1969 zurück, an dem die New Yorker Polizei in der Christopher Street eine Demonstration vom Homosexuellen brutal niederschlug. Der Christopher Street Day entwickelte sich später weltweit zu einer Art "Feiertag" der Schwulen und Lesben. In Lissabon wird der Tag im Rahmen der *Festas de Lisboa* auf der Praça do Príncipe Real (Bairro Alto) gefeiert. In der Nähe der Praça do Príncipe Real konzentriert sich auch das Nachtleben der homosexuellen Szene. Beliebte Treffpunkte von Schwulen und Lesben sind ebenfalls die Diskothek Frágil und die gegenüberliegenden Kneipen in der Rua da Atalaia.

Informationen ILGA Portugal, Rua de São Lázaro, 88, 1150–333 Lisboa, ✆ 218873918, 📠 218873922 (Metro Martim Moniz, Santana), www.ilga-portugal.org.

Öffnungszeiten

In der Regel haben die Geschäfte zwischen Montag und Freitag von 9 bis 19 Uhr geöffnet (samstags nur vormittags, sonntags geschlossen). Eine Ausnahme sind die Läden in den großen Einkaufszentren (*centros comerciais*), die täglich von 10–23 Uhr offen haben. Größere *supermercados* haben an allen Tagen durchgehend von 9–20 oder 21 Uhr offen. Die *hipermercados* sind täglich von 9–23 Uhr geöffnet, sonn- und feiertags allerdings nur vormittags. Einen besonders guten Service bieten die *lojas de conveniência*. In diesen kleinen Supermärkten kann täglich von 7 Uhr morgens bis 2 Uhr nachts eingekauft werden.

Photo

Wenn es geht, sollte man sich alle Photoartikel wie Filme und sonstiges Zubehör nach Lissabon mitnehmen. Auch die Entwicklung ist in Portugal deutlich teurer als beispielsweise in Deutschland.

Polizei

Als Tourist trifft man in der Regel auf die Schutzpolizei *Polícia de Segurança Pública* (PSP), die besonders in den großen Städten aktiv ist. Auf dem Land übernimmt die republikanische Nationalmiliz, die *Guarda Nacional Republicana* (GNR) die Aufgaben der PSP. Die Adressen und Telefonnummern der

Polizeistationen sind unter den einzelnen Ortsbeschreibungen angegeben. Des Weiteren gibt es die Kriminalpolizei (*Polícia Judiciária*), die Wasserpolizei (*Polícia Marítima*) und den Zoll (*Guarda Fiscal*).

Post

Die Postämter der *Correios de Portugal* sind im Allgemeinen knallrot gestrichen oder zumindest immer durch ein rotes Schild gekennzeichnet und daher leicht zu finden. In der Regel sind die Postämter nur Mo–Fr von 9–18 Uhr geöffnet, einige kleine Stationen machen eine Mittagspause von 12.30–14 Uhr. An vielen Straßenecken trifft man auf rote, moderne Münzautomaten, die Briefmarkenverkaufstelle und Postkasten in einem sind.

Generell unterscheidet man in Portugal zwischen der Normalpost Correio Normal und der Expresspost Correio Azul. Für Briefe ins Ausland gibt es noch den Billigtarif Correio Económico mit längeren Laufzeiten als die Normalpost. Mit der Normalpost beförderte Briefe sind zu 95 % innerhalb von fünf Tagen an ihrem Ziel innerhalb der EU, mit Correio Azul meist schneller.

Portogebühren		
Normal	Portugal	EU/Schweiz
bis 20 g	0,30 €	0,55 €
20–100 g	0,46 €	1,08 €
Económico	Portugal	EU/Schweiz
bis 20 g	-	0,53 €
20–100 g	-	1,00 €
Correio Azul	Portugal	EU/Schweiz
bis 20 g	0,43 €	1,75 €
20–100 g	0,60 €	2,50 €

Auf jeden Fall sollten die Briefe in den richtigen Briefkasten geworfen werden. Eilpost, ob national oder international, wirft man in den Schlitz *Correio Azul* oder in die blauen Briefkästen. Normale Briefe gehören in die roten Briefkästen, die eventuell noch nach Empfängern in Portugal (*Correio Normal Nacional*) oder im Ausland (*Correio Normal Internacional*) unterteilt sind.

Ländernamen zur Beschriftung Ihrer Postkarten und Briefe: Alemanha (Deutschland), Áustria (Österreich), Suíça (Schweiz).

Radio

Will man sich im Ausland schnell über das Tagesgeschehen in der Heimat informieren, so sollte man einen Weltempfänger mit auf die Reise nehmen, mit dem man auf Kurzwelle problemlos mehrere Sender aus Deutschland empfangen kann. Man sollte darauf achten, dass der Weltempfänger einen durchgehenden Empfang auf Kurzwelle von 2.000 kHz bis 30.000 kHz ermöglicht und über eine Digitalanzeige sowie möglichst auch eine digitale Frequenzeingabe verfügt; Speicherplätze sind sehr komfortabel. Empfehlenswert sind die Geräte von Grundig und Sony. Interessierten sei das Buch "*Mit dem Radio unterwegs. Radiohören im Urlaub und auf Reisen*" aus dem Siebel-Verlag empfohlen.

Deutsche Welle – DW: Offizieller Auslandsrundfunksender Deutschlands, der in etwa 30 Sprachen sendet. Das deutsche Programm wird rund um die Uhr ausgestrahlt und ist 24 Stunden lang in ganz Portugal zu empfangen. Der beste Empfang gelingt auf 9545 kHz im 31-m-Band, auf 6075 kHz, der Hausfrequenz der Deutschen Welle im 49-m-Band, und nachts auch auf 3995 kHz im 75-m-Tropenband. Einen Frequenzplan für die Reise erhält man bei: Deutsche Welle, 50698 Köln, ✆ 0221/389-3208, ✉ 389-3220, www.dw-world.de.

Deutsche Inlandssender können in Portugal ebenfalls empfangen werden (leider oft nur in schlechter Qualität): Deutschlandfunk

88 Wissenswertes von A bis Z

6190 kHz; DeutschlandRadio Berlin 6005 kHz; Bayrischer Rundfunk 6085 kHz; Südwestrundfunk 6030 kHz und 7265 kHz.

Radio Österreich International – RÖI ist am besten auf 6155 kHz (49-m-Band) und 13730 kHz (22-m-Band), abends auch auf 5945 kHz (49-m-Band) zu hören. Infos: Radio Österreich International, Argentinierstr. 30a, 1040 Wien, ✆ 01/5010116060, ✆ 5010116066, roi.orf.at.

Schweizer Radio International – SRI sendet nicht mehr auf Kurzwelle, sondern nur noch im Netz: www.sri.ch.

UKW-Frequenztabelle Region Lissabon

MHz	Sender	Programmformat
88,0	Rádio Ocidente	Pop und Oldies, Lokalsender für Sintra
89,5	TSF Rádio Jornal	Nachrichten, Verkehrshinweise, Musik
89,9	RFM	Popmusik, Verkehrsinfos
90,2	Rádio Renascença Canal 1	Infos, Unterhaltungsmusik, Religiöses
90,4	Rádio Paris-Lisboa – RPL	französische Chansons und Pop
90,9	Rádio Popular	Volksmusik
91,2	Rádio Clube de Sintra – RCS	Pop
91,6	Rádio Voxx	Pop, Rock, Dancefloormusik
92,0	Rádio Nova Antena – RNA	sanfte Popmusik
92,4	Mega FM	Popmusik, Jugendsender von Renascença
93,2	RFM	Popmusik, Verkehrsinfos
93,5	Rádio Alenquer	Volksmusik
93,7	Rádio Mais	Pop
94,2	94-Oeste	Pop
94,4	RDP Antena 2	Kultursender, Klassik
95,0	Rádio Miramar	Softpop von der Igreja Universal de Deus
95,3	Tropical	Pop, Unterhaltungsmusik
95,7	RDP Antena 1	Unterhaltungsmusik, Nachrichten, Sport
96,0	RDP Antena 1	Unterhaltungsmusik, Nachrichten, Sport
96,4	Rádio Clube Português	Popmusik
96,6	Best Rock FM	Rockmusik
97,4	Rádio Comercial FM	Popmusik, Verkehrsinfos
97,8	Radar	alternative Musik
98,3	RDP Antena 1	Unterhaltungsmusik, Nachrichten, Sport
99,4	RDP Antena 1	Unterhaltungsmusik, Nachrichten, Sport
100,3	RDP Antena 3	Pop, Rock ohne Werbeunterbrechungen
100,8	Rádio Capital	Softpop, Verkehrsinfos
101,5	RDP África	RDP-Programm für Afrika
101,9	Rádio Orbital	Rock, Pop
102,2	PAL FM	Pop, Lokalfunk Palmela
102,6	Oxigénio	Dancefloor, elektronische Musik
103,4	Rádio Renascença Canal 1	Infos, Unterhaltungsmusik, Religiöses
104,3	Rádio Clube Português	Popmusik
104,8	Echo FM	Popmusik und Rock
105,6	Rádio Clube de Mafra-RCM	Pop
105,8	Rádio Renascença Canal 1	Infos, Unterhaltungsmusik, Religiöses
106,2	Rádio Luna	Pop
106,8	RFM	Popmusik, Verkehrsinfos
107,2	Rádio Cidade	Popmusik, brasilianische Moderation
107,7	Rádio Nossa	Softpop

Portugiesisches Radio: Die Radioszene in Lissabon ist wesentlich vielfältiger und lebhafter als in deutschen Großstädten; geprägt wird sie von den privaten Sendern. Die drei Programme – *Antena 1*, *Antena 2* und *Antena 3* – der öffentlich-rechtlichen Anstalt *Radiodifusão Portuguesa* (RDP) erreichen nur mittelmäßige Höreranteile. Gern gehört werden die drei Programme des katholischen Senders *Rádio Renascença* – *Canal 1*, *Mega FM* und *RFM*. Das Radio wurde nach dem Konkordat zwischen dem Vatikan und dem ehemaligen Diktator Salazar eingerichtet.

Nachrichten in französischer Sprache werden auf *Rádio Paris-Lisboa* ausgestrahlt, das auch das Programm des französischen Auslandsenders RFI übernimmt. Die besten Verkehrsinformationen bekommt man auf *Antena 1*, *Rádio Capital* und *Rádio Comercial*. Am ausführlichsten hält der Nachrichtensender *TSF* die Hörer auf dem Laufenden.

Faszinierend sind die Fußballreportagen, die sehr an die brasilianische Berichterstattung erinnern. Selbst wenn sich auf dem Spielfeld kaum etwas abspielt, reden die Reporter in einem unglaublich schnellen, kaum verständlichen Tempo. Deutsche Fußballreporter wirken im Vergleich dazu wie Schlaftabletten. Ist ein Tor gefallen, so ist ein minutenlanger Gooooooooolooooooo-Schrei zu hören, teilweise begleitet von Schüssen und ähnlichen Geräuschen.

Reklamationen

Alle Restaurants, Hotels, Pensionen und Campingplätze müssen das Beschwerdebuch *Livro de Reclamações* führen, das regelmäßig von der Tourismus-Generaldirektion *Direcção-Geral do Turismo* eingesehen wird. Häufig ist daher ein Problem allein dadurch zu lösen, dass man nach diesem Buch fragt. Ansonsten ist eine Beschwerde beim örtlichen Fremdenverkehrsamt, dem *Turismo*, am sinnvollsten.

Zentrale Beschwerdestelle Direcção-Geral do Turismo, Av. António Augusto Aguiar, 86, 1069–021 Lisboa, ✆ 00351/213586400, ✉ 213586666 (Metro Parque, Av. Novas).

Sprachkenntnisse

Zumindest in Lissabon sollte es kein Problem sein, mit **Englisch** durchzukommen, da dort viele Portugiesen etwas Englisch sprechen. Auch **Französisch** wird recht häufig beherrscht, vor allem von Angehörigen der älteren Generation. Kenntnisse des **Deutschen** sind seltener. Meist sehr bereitwillig helfen die aus Deutschland oder dem deutschsprachigen Teil der Schweiz zurückgekehrten Gastarbeiter weiter.

Wer **Spanisch** kann, der wird zumindest vom geschriebenen Portugiesisch viel verstehen. Aufgrund der schwierigeren Aussprache ist jedoch das gesprochene Portugiesisch für viele *castellano hablantes* ein Buch mit sieben Siegeln. Wer Spanisch spricht, wird hingegen von den Portugiesen gut verstanden. Allerdings stößt dies nicht unbedingt immer auf große Gegenliebe. Dennoch sind die Zeiten, in denen Touristen ihre Spanischkenntnisse in Portugal besser überhaupt nicht anbrachten, heute zum Glück fast passé. Und auf eines sei außerdem noch hingewiesen: Portugiesisch ist kein Dialekt des Spanischen! Dazu sind die grammatikalischen Unterschiede zu groß, was jeder bestätigen wird, der beide Sprachen beherrscht.

Obwohl fast 200 Mio. Menschen in Brasilien, Portugal, Cabo Verde, Guinea-Bissau, São Tomé und Príncipe, Angola, Moçambique und Ost-Timor Portugiesisch sprechen, wird es an deutschen Schulen kaum gelehrt. Eine Möglichkeit, Sprachkenntnisse in Portugiesisch vor Ort zu erwerben bietet sich in privaten **Sprachschulen,** die Individual- oder Gruppenunterricht anbieten. Es empfiehlt sich, vor Vertragsabschluss eine Teststunde zu nehmen.

Cambridge School, Av. da Liberdade,173, ✆ 213527474, ✆ 213534729 (Metro Avenida, Av. da Liberdade). Eine der renommiertesten, aber auch teuersten Sprachschulen. Die einzelne Unterrichtseinheit einmal pro Woche (50 min.) ab 40 €. Einzelunterricht im Paket z. B. 20 Stunden ab 1.200 €. 40 Stunden Unterricht in der Gruppe (3–6 Personen) ab 500 €.
CIAL, Av. da República 41–8°, ✆ 217940448 (Metro Saldanha, Av. Novas). Eine günstige Alternative mit Einzelunterricht bis insgesamt 60 Std. ab 29 € pro Sitzung. Wochenkurse mit 3 Stunden am Tag in kleinen Gruppen (maximal 6 Personen) ab 230 €.

> **Literatur-Tipps zum Thema Sprache**
>
> An Wörterbüchern empfiehlt sich für Sprachunkundige das *Praxiswörterbuch plus Portugiesisch* von Pons. Umfangreicher ist das *Langenscheidts Taschenwörterbuch* Portugiesisch-Deutsch und Deutsch-Portugiesisch. Am besten sind jedoch die beiden Bände *Dicionário de Alemão-Português* und *Dicionário de Português-Alemão* des portugiesischen Verlags Porto Editora. Empfehlenswert, um ernsthaft Portugiesisch zu lernen, ist Langenscheidts *Praktischer Sprachlehrgang Portugiesisch* (mit CDs erhältlich). Die beste *Portugiesische Grammatik* stammt von Maria T. Hundertmark-Santos Martins.

Studierende

In zahlreichen Museen und Palästen erhalten Studenten Ermäßigungen. Dafür empfiehlt es sich, den internationalen **ISIC-Studentenausweis** mitzunehmen. Erhältlich ist er bei Jugend-Reisebüros wie STA Travel (Infos unter www.isic.org).

Der einfachste Weg zu einem **Studium in Portugal** ist ein Stipendium über Erasmus-Sokrates oder ein anderes Förderungsprogramm. Dadurch wird man von Studiengebühren befreit und erspart sich sehr viel bürokratischen Aufwand. Die Alternative ist eine Direktbewerbung bei der jeweiligen Hochschule. Hat man noch nicht an einer deutschen Hochschule studiert, so muss man aber je nach Fach mehrere spezielle Zulassungsprüfungen auf Portugiesisch absolvieren (*provas específicas*).

Zu beachten ist, dass es in Portugal Studienjahre gibt, die im Oktober beginnen und im Juli enden. Sie sind zwar in zwei Semester unterteilt, doch viele Universitäten wie die *Clássica* bieten in erster Linie Jahres-Kurse; andere wie das *Instituto Superior de Economia e Gestão – ISEG* der *Técnica* haben dagegen nur Semester-Kurse. Frauen stellen übrigens mit 53 % die Mehrheit der Absolventen an den Universitäten Portugals und immerhin auch 17 % der Professoren – Deutschland kommt dagegen nur auf 6 %.

Staatliche Universitäten: *Universidade de Lisboa – UL*, auch einfach *Clássica* genannt, Alameda da Universidade, 1649–004 Lisboa, www.ul.pt. Das klassische Programm mit Medizin, Naturwissenschaften, Jura, philologischen Fächern, Kunst etc.
Universidade Técnica de Lisboa – UTL, Rektorat: Alameda Santo António dos Capuchos, 1, 1169–047 Lisboa, www.utl.pt. Die Uni besteht aus sieben fast völlig ge-

trennt arbeitenden Instituten, die technische sowie wirtschafts- und sozialwissenschaftliche Studiengänge anbieten.

Universidade Nova de Lisboa – UNL, Campus de Campolide, 1099–085 Lisboa, www.unl.pt. Umfassendes Angebot von Medizin über Natur- bis Wirtschaftswissenschaften. Nach der Nelkenrevolution neu gegründet, daher "Nova".

Private Universitäten: In Lissabon gibt es über zehn private Unis, unter den größten sind die *Universidade Autónoma de Lisboa – UAL* und die *Universidade Internacional de Lisboa*. Das höchste Ansehen genießt jedoch die katholische Privat-Universität *Universidade Católica Portuguesa*. Sie besitzt auf Grund des Konkordates zwischen dem portugiesischen Staat und dem Vatikan einen Sonderstatus.

Weitere Informationen: im aufschlussreichen *Studienführer Portugal*, herausgegeben vom DAAD und erschienen im W. Bertelsmann Verlag. Außerdem unter www.daad.de.

Telefonieren

Nach Portugal: Für Telefonate von Deutschland, Österreich oder der Schweiz nach Portugal muss vor der jeweiligen Teilnehmernummer lediglich die Vorwahl 00351 gewählt werden (keine Ziffer weglassen oder hinzufügen!). Gespräche in diese Richtung sind übrigens preiswerter als umgekehrt, besonders wenn private Anbieter im Call-by-Call-Verfahren genutzt werden – ein Preisvergleich lohnt sich immer. Informationen zu den aktuellen Preisen kann man auch im Internet einholen (www.verivox.de).

Von Portugal: nach Deutschland lautet die Vorwahl 0049, nach Österreich ist es die 0043 und für die Schweiz die 0041. Nach der Ländervorwahl ist jeweils die Null der Ortsvorwahl wegzulassen. Also z. B. von Lissabon nach 0221 (Köln): 0049/221/1234567. Ferngespräche führt man am besten mit einer Telefonkarte oder vom Postamt aus. Bei Gesprächen vom Hotel aus kommen 50–100 % Extragebühr hinzu.

R-Gespräche innerhalb Portugals können unter der gebührenfreien Nummer 120 angemeldet werden, für Gespräche nach Deutschland ✆ 800800490, Österreich 00800 28787421 und die Schweiz 0080023412341.

Auskunft: Die Telefonauskunft hat in Portugal die Rufnummer 118. Im Internet kann der *Serviço 118* auch kostenlos unter www.118.pt benützt werden; ebenso die Gelben Seiten unter www.paginasamarelas.pt.

Telefonzellen: Am häufigsten findet man Zellen, die sowohl Münzen als auch Karten akzeptieren. Telefonkarten gibt es im Postamt oder am Zeitungskiosk, z. B. 100 Einheiten für 6 €. Mit dem *Cartão Jovem* bekommt man in den Läden der Portugal Telecom 10 % Ermäßigung. Ein Gespräch über drei Min. nach Deutschland, Österreich oder in die Schweiz kostet mit Telefonkarte Mo–Fr von 9–21

Telefonzellen: trotz Mobilfunkboom weiter gern genutzt

Uhr 1,16 €, Mo–Fr von 21–9 Uhr 0,96 €; Sa/So 0–24 Uhr 0,77 €. Cafés und Bars mit einem Schild *Telefone* über dem Eingang bieten ebenfalls Telefonservice. Hier ist es allerdings etwas teurer als von der Telefonzelle aus.

Kreditkarten wie Visa oder Mastercard lassen sich ebenfalls zum Telefonieren an Kartenautomaten verwenden. Es wird eine Extra-Gebühr von etwa 0,40 € fällig, mit der man auch mehrere Gespräche führen kann. Bevor Sie die Telefonzelle verlassen, sollten Sie unbedingt so oft auflegen, bis die Meldung *Inserir Cartão* ("Karte einführen") erscheint, sonst telefonieren andere auf Ihre Kosten!

Vorausbezahlte Karten: Über die an zahlreichen Zeitungskiosken erhältlichen Telefonkarten kleinerer Anbieter wie Oni kann man teilweise günstiger telefonieren als mit der Portugal Telecom. Vor allem internationale Telefonate von Telefonzellen aus sind mit diesen vorausbezahlten Karten deutlich preiswerter. Dazu wählt man zuerst eine Zugangsnummer und dann einen auf der Karte vermerkten Geheimcode. Anschließend wird wie gewohnt die Telefonnummer des gewünschten Gesprächspartners eingegeben.

Mobiltelefon: Deutsche Mobiltelefone funktionieren in allen drei portugiesischen Netzen Vodafone, TMN (Portugal Telecom) und Optimus problemlos. Manche PrePaid-Telefone müssen aber vor der Reise noch beim heimischen Betreiber für das so genannte Roaming frei geschaltet werden. Jedoch Vorsicht beim Einsatz des Telefons in Portugal: Im Ausland kostet es Geld, auf dem Funktelefon angerufen zu werden! Schließlich weiß der Anrufer nicht, dass man sich in Portugal befindet. 10 Minuten gemütliches Plaudern schlagen schnell mit mehr als 5 € zu Buche. **Tipp:** Wenn man selbst jemanden anruft, sollte man sich davor in das günstigste der drei portugiesischen Netz einbuchen, da die Tarife teilweise erheblich variieren. Wie man an ein anderes Netz auswählt, erfahren Sie in der Bedienungsanleitung Ihres Mobiltelefons. Wer wann der günstigste Anbieter ist, kann man vor der Reise bei seinem heimischen Betreiber erfahren; die aktuellen Roaming-Tarife finden sich z. B. auf den Internet-Seiten der deutschen Mobilfunkfirmen.

Mailbox: Auch das Abhören der Mailbox gilt als Auslandsgespräch und ist dementsprechend kostspielig. Vor der Reise sollte man sich die Zugangsnummer zur Mailbox aus dem Ausland notieren.

SMS: Das Verschicken von Kurznachrichten ist je nach portugiesischem Netzbetreiber unterschiedlich teuer. Der Empfang kostet dagegen nichts.

Portugiesische Mobiltelefonkarte: Wer in Portugal viel mobil telefoniert oder oft angerufen werden will, sollte sich bei einem der drei portugiesischen Betreiber eine Pre-Paid-Karte kaufen. Diese SIM-Karten passen in alle deutschen Mobiltelefone (es sei denn, das Telefon ist noch für die Benutzung anderer Karten blockiert). Zumeist kosten die Karten 25 €, inkl. 15 € Gesprächsguthaben. Vorteil: Man telefoniert zu portugiesischen Preisen und zahlt nichts mehr dafür angerufen zu werden. Nachteil: Man bekommt eine neue Nummer. Die kann ja aber auf der deutschen Mailbox hinterlassen werden.

Toiletten

Die portugiesischen Damentoiletten sind mit "S" (*senhoras*), die Herrentoiletten mit "H" (*homens*) gekennzeichnet. Den Standort der nächsten Toilette erfragt man/frau mit *"Onde fica a casa de banho?"* Der Standard der portugiesischen Toilettenanlagen ist meist nicht mit dem deutschen zu vergleichen. Besonders in kleineren Restaurants und Cafés herrschen oft traurige Zustände – die Hände kann man sich dann mit der wunderbar riechenden blauen Kernseife Marke "Offenbach" waschen, manchmal findet man auch noch Stehtoiletten vor...

Trinkgeld

In Portugal sieht man die Frage des Trinkgelds nicht so eng wie in anderen Ländern. In **Restaurants** wird der Rechnungsbetrag meist auf die nächste volle Summe aufgerundet. Man lässt sich das Restgeld zurückbringen und lässt dann einfach etwas davon liegen bzw. legt gegebenenfalls noch Münzen dazu. In Cafés, insbesondere bei Bedienung am Tresen, gibt man in der Regel weniger oder kein Trinkgeld.

Bei **Taxifahrten** sind ebenfalls ca. 5 % Trinkgeld üblich. Platzanweisern im Kino wird manchmal etwas Geld gegeben. **Parkwächter** (*arrumadores*) verlangen einen "Beitrag" (ca. 50 Cent), sonst riskiert man, sein Auto beschädigt wieder zu finden.

Verhaltensknigge – in Lissabon zu vermeiden

- **Drängeln** an Bus-/Straßenbahnhaltestellen: In Portugal steht man geordnet in der Schlange an.
- Sich auf Spanisch mit *"Gracias"* zu bedanken. Das portugiesische *Obrigado* (als Mann) und *Obrigada* (als Frau) kommt deutlich besser an.
- In gehobenen **Restaurants** einfach Platz zu nehmen: Der Tisch wird von der Bedienung zugewiesen.
- **Gespräche bei Fadomusik**: Es herrscht absolute Stille. Unterhaltungen gelten als Beleidigung der Musiker.

Versicherungen

Für eine Gebühr von ca. 3 % des Flugpreises lässt sich das finanzielle Risiko abdecken, von einer schon gebuchten Reise zurückzutreten. Diese **Reiserücktrittversicherung** greift aber nur im Krankheits- oder Todesfall. Daher sollte man sich vor allem bei nicht so kostspieligen Reisen überlegen, ob sich der finanzielle Aufwand lohnt. Gleiches gilt für **Reisegepäckversicherungen**: Sie sind außergewöhnlich teuer und decken nur einen kleinen Teil der Risiken ab. Dazu kommt, dass für eine gestohlene Fotoausrüstung meistens nur einen Bruchteil des Neuwertes erstattet wird. Laptops oder andere geschäftliche Gegenstände sind gar nicht versichert. Oft ist das mitgenommene Hab und Gut auch schon durch eine bereits bestehende Hausratversicherung gedeckt. Unbedingt ins Gepäck sollte lediglich eine **Auslandsreisekrankenversicherung** (s. Gesundheit S. 78).

Wohnen

Im Ballungsgebiet Lissabon ist der Wohnungsmarkt äußerst angespannt. Die Mieten und Grundstückspreise erreichen deutsches Niveau und dies bei weit niedrigeren portugiesischen Durchschnittslöhnen. Die **Miete** für eine T2-Wohnung (d. h. zwei Schlafzimmer plus Wohnzimmer) beläuft sich in Lissabon auf mindestens 500 € pro Monat. Dabei gibt es im Großraum Lissabon, je nach Stadtteil und Vorort, starke Preisunterschiede. Da die Mieten durch die mieterfreundliche Gesetzgebung im Vergleich zu den Kaufpreisen recht hoch liegen, kaufen viele Portugiesen Eigentumswohnungen anstatt sie zu mieten.

Zur **Untermiete** kann man bereits ab ca. 150 € ein Zimmer bekommen. Dabei muss man jedoch oft in Kauf nehmen, dass eine Nutzung der Küche nicht eingeschlossen ist. Manchmal ist dafür aber Familienanschluss inklusive, mit all seinen Vorzügen und Nachteilen. Solche Zimmer findet man am besten über Aushänge an den Universitäten und über Listen, die bei den ASten (*Associação de Estudantes – AE*) ausliegen.

Die Unterkunft in **Studentenwohnheimen** (*residências universitárias*) ist nur etwa halb so teuer wie private Zimmer. Der Komfort ist dafür allerdings niedrig und das Zimmer muss meist mit anderen Studenten geteilt werden. Die Wohnheimplätze werden über die Studentenwerke der jeweilige Uni (*Serviços Sociais*) vermittelt. Eine frühe Anmeldung ist sinnvoll, da sie meist für ein ganzes Studienjahr vergeben werden. Sowohl Studentenwerke als auch ASten sind über die Anschriften der einzelnen Universitäten erreichbar (Adressen siehe "Wissenswertes/Studieren" S. 90).

Ferienhaus gefällig?

Wer in Portugal Land oder Wohnraum erwerben will, sollte vorsichtig sein. Es kam schon vor, dass dem vermeintlichen Hausbesitzer die Möbel abgekarrt wurden – ein Racheakt eines zweiten vermeintlichen Hausbesitzers. Vorsicht auch vor unseriösen Maklern! Eine ganze Reihe von Agenturen kassieren Geld für die Wohnungsbesichtigung. Darauf sollte man sich keinesfalls einlassen, auch wenn die Wohnung sehr billig angeboten wird! Von seinem Geld und von der Wohnung sieht man nie mehr etwas!

Vor dem Kauf sollte man bei der deutschen Botschaft Informationen über die Seriosität der einzelnen Immobilienmakler einholen. Zudem sollte man kontrollieren, ob die Immobilie im Grundbuch (*Registo Predial*) auf den Namen des Verkäufers eingetragen ist. Dem Grundbuchauszug ist auch zu entnehmen, ob die Immobilie durch eine Hypothek belastet ist. Das Finanzamt (*Repartição das Finanças*) stellt einen Immobilienausweis aus, der Aufschluss darüber gibt, ob das Grundstück als landwirtschaftlich (*rústico*) oder städtisch (*urbano*) klassifiziert ist. Landwirtschaftliche Grundstücke dürfen nur unter bestimmten Voraussetzungen bebaut werden; insbesondere dann, wenn bereits früher einmal ein Haus darauf gestanden hat. Soll die Immobilie gewerblich genutzt werden, so sollte man bei der zuständigen Gemeindeverwaltung prüfen, ob bereits eine Nutzungsgenehmigung vorliegt oder eingeholt werden kann.

Weitere Informationen in der kostenpflichtigen Broschüre *Immobilienerwerb in Portugal*, erhältlich bei der Deutsch-Portugiesischen Industrie- und Handelskammer: *Câmara de Comércio e Indústria Luso-Alemã*, Av. da Liberdade, 38–2°, 1269–039 Lisboa, ✆ 213472724, ✉ 213467150. Im Internet kann man sich bei der *Schutzgemeinschaft Auslandsimmobilien* informieren (www.dsa-ev.de).

Zeit

Portugals Zeitzone liegt eine Stunde nach der mitteleuropäischen Zeit. Da die Sommerzeit zum gleichen Zeitpunkt wie in Deutschland auf die Winterzeit umgestellt wird, gilt das ganze Jahr über: Portugiesische Zeit = Deutsche Zeit minus 1 Std.; bzw. Deutsche Zeit = Portugiesische Zeit plus 1 Std.

Zeitungen

Deutsche Zeitungen wie Süddeutsche Zeitung, FAZ oder Welt sind im Lissabonner Stadtzentrum an der Praça dos Restauradores schon am gleichen Abend verfügbar, in anderen Orten teilweise erst am folgenden Morgen.

Die auflagenstärkste portugiesische **Tageszeitung** ist *Jornal de Notícias*, die allerdings in Porto erscheint und deshalb bei den Lissabonnern nicht sonderlich beliebt ist. Angesehenste Zeitung in Lissabon ist der *Público*, eine Neugründung der 80er Jahre und politisch eher links orientiert. Er gehört zum Mischkonzern Sonae, der auch die Continente- und Modelo-Supermärkte sowie das Mobilfunknetz Optimus besitzt. Einen guten Ruf hat auch der *Diário de Notícias*, die ehemals offizielle staatliche Zeitung mit langer Tradition und eher konservativer Ausrichtung. Die portugiesische "Bildzeitung" ist der *Correio de Manhã*, allerdings mit längeren Artikeln als Bild. Die ehemalige Abendzeitung *A Capital* profiliert sich inzwischen mit intensiver Lokalberichterstattung. Das portugiesische Handelsblatt ist der *Diário Económico* mit fundierten Informationen zum Wirtschaftsgeschehen in Portugal und der Welt.

Sehr beliebt sind in Portugal die **Wochenzeitungen**: Freitags erscheint der *Independente*, samstags der *Semanário* und der *Expresso*.

Portugiesische Zeitungen im Internet	
Diário de Notícias	www.dn.pt
Expresso	www.expresso.pt
Jornal de Notícias	www.jnoticias.pt
Público	www.publico.pt

Der *Expresso* ist mit der für portugiesische Verhältnisse sehr hohen verkauften Auflage von ca. 150.000 Exemplaren die größte Wochenzeitung. Man könnte die bürgerlich-liberale Zeitung mit der *Zeit* vergleichen, allerdings hat der Expresso einen erheblich größeren Einfluss als ihr deutsches Pendant und gilt als bedeutendste portugiesische Zeitung. Sie ist im Besitz des ehemaligen Ministerpräsidenten Pinto Balsemão (PSD). In der Beilage *Cartaz* findet man Hinweise auf wichtige Veranstaltungen von Theater über Kino bis zu Ausstellungen. Der *Independente* ist die zweitgrößte und kritischste Wochenzeitung Portugals und wird somit seinem Namen ("Unabhängige Zeitung") vollauf gerecht. Viele Politskandale wurden durch ihn aufgedeckt; politisch steht er eher rechts vom *Expresso*. Auf Englisch erscheinen jeden Donnerstag die *Anglo-Portuguese News – APN*.

Typisch für Portugal sind die täglich erscheinenden **Sportzeitungen** wie *A Bola* und *Record*. Ihre Auflagenhöhe erreicht die der größten Tageszeitungen, ja überschreitet sie im Falle von *A Bola* sogar. Selbst gut situierte Banker kann man beobachten, wie sie sich während der Bahnfahrt über die letzten Entwicklungen in der portugiesischen Nationaliga informieren.

Historisches Zentrum Lissabons: die Alfama

Lissabon

Lissabon gilt als Perle unter den Hauptstädten dieser Welt. "Lisboa" ist das Zentrum Portugals und dessen unstrittige Hauptstadt. Stolz gaben ihr die Lissabonner den Titel "Capital Atlântica Europeia", Europas Hauptstadt am Atlantik. In der Tat wurde keine europäische Hauptstadt so sehr vom Atlantik geprägt wie Lissabon, das sich jahrhundertelang vollkommen aufs Meer und sein überseeisches Kolonialreich konzentrierte.

Wer nicht das Glück hat, Lissabon mit dem Schiff zu erreichen, sondern sich der Stadt von Norden oder über den Flughafen nähert, dem wird es angesichts eilig hochgezogener Hochhauskomplexe schwer fallen, Portugals Hauptstadt das Attribut "schön" zuzugestehen. Doch wer die Peripherie hinter sich gelassen hat und in die alten Stadtviertel vorgedrungen ist, wird den Stolz der Lissabonner verstehen können.

Und alte Viertel gibt es in Lissabon zur Genüge: so viele, dass man hier gar nicht von *einer* Altstadt sprechen kann. Diese Bezeichnung trifft noch am ehesten auf die Alfama zu, deren Gewirr kleiner Gässchen südlich des Burgbergs liegt; hier siedelten schon die Phönizier. Nördlich der Burg liegt das alte Mauren- und Judenviertel Mouraria. Gegenüber thront auf dem nächsten Hügel das Bairro Alto, die Oberstadt, deren Ursprünge bis ins 16. Jh. zurückreichen. Im Tal zwischen der Alfama und dem Bairro Alto erstreckt sich die Unterstadt, Baixa Pombalina oder kurz Baixa genannt. Dieses Viertel ist vergleichsweise neu, da es nach dem Erdbeben von 1755 unter dem Premierminister Marquês de Pombal wiederaufgebaut wurde. Es gilt als einzigartiges Dokument der Architektur des 18. Jh.

Das Beste Lissabons auf einen Blick

Historische Stadtviertel
Alfama 242
Bairro Alto 274
Baixa 230
Madragoa 281
Mouraria 252

Plätze
Praça do Comércio 231
Praça dos Restauradores 259
Praça do Príncipe Real 278
Rossio 236

Bauwerke
Assembleia da República 286
Castelo São Jorge 250
Palácio dos Marqueses de Fronteira ... 315
Palácio Nacional da Ajuda 310
Ponte 25 de Abril 298
Torre de Belém 309

Kirchen und Klöster
Basílica da Estrela 284
Mosteiro dos Jerónimos 304
Panteão Nacional 257
São Roque 275
São Vicente de Fora 256
Sé Catedral 246

Museen
Museu Nacional de Arte Antiga 330
Museu do Chiado 334
Museu da Cidade 334
Museu Nacional dos Coches 335
Museu de Calouste Gulbenkian 338
Museu de Marinha 340

Aussichtspunkte (Miradouros)
Jardim do Torel 258
Moinhos de Santana 313
Nossa Senhora do Monte 253
Penha de França 273
Santa Catarina 280
Santa Luzia 249
São Pedro de Alcântara 275
Torre Vasco da Gama 328

Parks und Gärten
Jardim Botânico 279
Jardim Botânico da Ajuda 312
Jardim da Estrela 284
Jardim do Ultramar 302
Oceanário 327
Parque Eduardo VII/Estufa Fria 265
Parque do Monteiro-Mor 321

Azulejos
Cervejaria da Trindade 167
Metro Parque und Laranjeiras 272
Mosteiro São Vicente de Fora 256
Museu Nacional do Azulejo 332
Pavilhão dos Desportos Carlos Lopes .. 268

Verkehrsmittel
Elevador da Bica 124
Elevador da Glória 124
Elevador do Lavra 124
Elevador Santa Justa 123
Schiffsfahrt über den Tejo 127
Straßenbahnlinie 12 243
Straßenbahnlinie 28 122

Unterkunft
Carlton Palace 151
Lapa Palace 150
Meridien Park Atlantic 148
Quinta Nova da Conceição 152
Ritz 148

Restaurants
Bica do Sapato 163
Casa da Comida 169
Clube dos Empresários 165
Conventual 168
Estufa Real 170

Cafés
A Brasileira 175
Confeitaria Nacional 175
São Martinho da Arcada 174
Nicola 175
Suiça 175
Versailles 176

Märkte
Flohmarkt Feira da Ladra 185
Mercado 24 de Julho 185

Umgebung
Alcochete 445
Cascais 367
Mafra 423
Setúbal 487
Sintra 388

Badeorte
Costa da Caparica 458
Ericeira 428
Estoril 358
Guincho 379
Praia Grande 417
Sesimbra 465

Weiter Richtung Westen am Tejo schließt sich an das Bairro Alto die Madragoa an, ein von kleinen Gassen geprägtes ehemaliges Fischerviertel aus dem 17. Jh. Noch weiter westlich liegt an der Tejoausfahrt Belém mit dem Kloster Mosteiro dos Jerónimos, Lissabons bedeutendster Sehenswürdigkeit.

Auch wenn die nördlichen Stadtteile heute von Wohnblocks geprägt sind, so finden sich doch immer wieder Reste der alten, mittlerweile eingemeindeten Dörfer. Zum Beispiel in Benfica und ganz besonders in Carnide, dessen alter Ortskern fast völlig bewahrt wurde.

Genau so wenig wie *die* Altstadt gibt es in Lissabon *das* Zentrum. Eher wäre der Begriff Zentralachse angebracht. Etwa sechs Kilometer lang schlängelt sie sich von Süd nach Nord durch die Stadt. Sie beginnt in der Baixa an der Praça do Comércio, verläuft dann über den Rossio, die Praça dos Restauradores und die Avenida da Liberdade bis zur Neustadt, die Zone der so genannten Avenidas Novas. Dort folgt die Achse von der Praça Marquês Pombal, dem Verkehrszentrum der Stadt, der Avenida Fontes Pereira de Melo und der Avenida da República bis zum Park Campo Grande im Norden.

Stadtgeschichte

Am Nordufer des Tejo, nur wenige Kilometer bevor dieser in den Atlantik mündet, liegt im äußersten Westen der Iberischen Halbinsel Lissabon – eine auf Hügeln gebettete Stadt, die sich harmonisch den natürlichen Begebenheiten angepasst hat. Neben Athen ist Lissabon die südlichste und hügeligste Hauptstadt Europas.

Die Zahl der Hügel der alten Stadtviertel wird wie die von Rom mit sieben beziffert. Tatsächlich ist diese Angabe aber etwas willkürlich, gibt es doch heute über 20 Hügel. Die höchste Erhebung der Stadt ist die Festung Forte de Monsanto mit 230 m. Die Basílica da Estrela liegt 137 m, die Burg Castelo São Jorge 112 m über dem Meer, was die Mühen der Lissabonner deutlich macht, die täglich die Hügel besteigen müssen. Auch das offizielle Zentrum Lissabons liegt übrigens auf einer Anhöhe: Der Südwestturm des Castelo São Jorge ist Mittelpunkt der portugiesischen Hauptstadt.

> ### Lisboa – Ursprung des Namens
>
> Lange Zeit waren zahlreiche mehr oder minder spekulative Thesen über den Ursprung des Namens *Lisboa* im Umlauf. Die seriöse Geschichtsschreibung führt den Stadtnamen heute auf die Phönizier zurück. Diese nannten die Siedlung wegen der herrlichen Lage an der Tejo-Mündung *Alis Ubbo* ("liebliche Bucht"). Die Römer gaben ihr zu Ehren des Kaisers Julius Cäsar um 60 v. Chr. offiziell den Beinamen *Felicitas Julia*. Unter den Bewohnern der Stadt dagegen hieß sie zu dieser Zeit *Olisipo*, später mutierte der Name unter den Westgoten zu *Olisipona*. Die Araber nannten die Stadt dann *al-Usbuna*. Gegen Ende der maurischen Herrschaft setzte sich unter den Christen schließlich die verkürzte und lautlich assimilierte Form *Lisboa* durch.

Das antike Lissabon

Die Zeugnisse menschlicher Existenz reichen bis weit in die Zeit vor Christi Geburt zurück. Etwa ab dem 8. Jahrhundert v. Chr. ließen sich die Phönizier an der Mündung des 1.007 Kilometer langen, in der spanischen Sierra de Albarracín entspringenden Tejo nieder. Das weite Binnenmeer des Tejo war und ist ein perfekter natürlicher Hafen am westlichen Ende Europas. Die nur schmale Verbindung zum offenen Meer hält die wuchtigen Atlantik-Wellen fast vollständig ab – ein idealer Platz, um in Ruhe zu ankern und Schiffe zu beladen. Die Phönizier nutzten Lissabon dann auch als Zwischenstation auf ihrem Weg nach Nordeuropa.

Ab 218 v. Chr. dominierte das Römische Reich Lissabon administrativ, politisch, kulturell und wirtschaftlich. Integriert in die Provinz Lusitanien, war die Stadt der westlichste Stützpunkt des römischen Weltreiches. Davon zeugen noch heute die vom Latein abstammende Landessprache und die römisch-katholische Konfession, der die Mehrheit der portugiesischen Bevölkerung angehört. Um 60 v.Chr. erhielt Lissabon den Ehrennamen *Felicitas Julia* und den Status eines römischen Kolonial-Munizipiums (*Municipium Civium Romanorum*). Damit waren die Bürger Lissabons mit denen Roms rechtlich gleichgestellt, was einer gewissen Autonomie gleich kam.

Die Stadt entwickelte sich zu einem bedeutenden Handels- und Produktionszentrum für konservierten Fisch. Er wurde am Rand der heutigen Baixa in Tanks eingesalzen und per Schiff bis nach Rom vertrieben. Zu sehen in den Ausgrabungen unter der Bank BCP in der Baixa; zusammen mit den Ruinen des Römischen Theaters und den archäologischen Funden im Stadtmuseum *Museu da Cidade* eines der wenigen zu besichtigenden Zeugnisse aus der römischen Periode Lissabons.

Blütezeit unter den Mauren

Um 411 n.Chr. wurde die römische Herrschaft in Lissabon durch eine Invasion der Alanen abrupt beendet, die ihrerseits 416 durch die Westgoten vertrieben wurden. Während der westgotischen Herrschaft und den Wirren der Völkerwanderung stagnierte die Entwicklung. Dementsprechend hinterließen die Westgoten auch keinerlei Spuren im heutigen Stadtbild. Als Schutz vor den "Barbaren" zogen sich die Bewohner völlig in das Gebiet innerhalb der hohen Stadtmauern um das Castelo São Jorge zurück. Die städtische Bevölkerung nahm stark ab, das urbane Leben schien fast auszusterben.

Nach der Eroberung durch die Mauren 714 blühte die Stadt wieder auf. Unter der neuen Herrschaft breitete sie sich erneut über die Stadtmauer hinaus aus. Die Araber erweiterten den Burgpalast, den sie *Alcáçova* nannten, und verstärkten die unter den Römern angelegte Stadtmauer, die später den Namen *Cerca Moura* (maurische Stadtmauer) erhielt. Wissenschaft, Handel und Handwerk gediehen, den religiösen Minderheiten der Christen und Juden war die freie Religionsausübung gestattet. Schrecken war eher von den Christen zu erwarten, so von den Truppen des christlichen Königs von León, die im 10. Jh. Lissabon plünderten.

Überreste des Mittelalters – archäologische Ausgrabungen im Kreuzgang der Kathedrale

Im 11. Jh. begann die Macht der Mauren zu zerbröckeln: Das Kalifat von Córdoba zerfiel in viele kleine Teilreiche. Den Almoraviden aus Marokko gelang es zwar 1092–94 die Reiche wieder zu einen. Ihre fundamentalistische Politik ließ aber viele unter den Mauren lebende Christen, die *moçarabes*, fliehen. Als um 1144 auch ihre Herrschaft zusammenbrach und die Reiche erneut auseinander fielen, war die Verteidigung Lissabons entscheidend geschwächt.

Abgesehen vom an verwinkelte marokkanische Altstädte erinnernden Grundriss der Alfama sind von den Mauren trotz ihrer über vier Jahrhunderte dauernden Herrschaft in Lissabon praktisch keine Bauwerke mehr vorhanden. Dies mag besonders im Vergleich zum Nachbarland Spanien überraschen. Ihre größten Kunstwerke bauten die Mauren in Spanien allerdings zu einer Zeit, als Portugal mit Ausnahme der Algarve bereits von den Christen zurückerobert war. Dennoch haben die Mauren ein bedeutendes Erbe hinterlassen: Die von ihnen nach Portugal gebrachten *azulejos*, bemalte Fliesen, haben sich zur typischsten Kunstform des Landes entwickelt. Dazu kommen zahlreiche arabische Ortsbezeichnungen wie Alfama, Alcântara oder Alvalade.

Christliche Reconquista

Am 28. Juni 1147 erreichte eine Flotte von 164 Kreuzfahrerschiffen Lissabon und begann die Stadt zu belagern. König Dom Afonso hatte den Zeitpunkt geschickt gewählt: Aufgrund der internen Streitigkeiten der Mauren konnten diese keine Verstärkung erwarten. Nach vier Monaten gelang es den Kreuzrittern die Stadt zu erobern: Die Einnahme war dabei alles andere als christlich: Sie plünderten, vergewaltigten und töteten Zivilisten, darunter sogar das

Die Stadtentwicklung von Lissabon

- Cerca Moura
- Cerca Fernandina
- Stadtgrenze 1755
- Stadtgrenze 1852
- Heutige Stadtgrenze

Castelo São Jorge

Oberhaupt der christlichen Gemeinde Lissabons. Zum neuen Bischof ernannte König Dom Afonso Henriques den englischen Kreuzritter Gilberto.

Die christlichen Eroberer strukturierten die Stadt städtebaulich, sozial und administrativ völlig um: Die Moscheen machten sie dem Erdboden gleich, auf ihren Trümmern bauten sie Dutzende neuer Kirchen. Alle Moslems, die sich nicht zum Christentum bekehren lassen wollten, verwiesen sie aus den Stadtmauern in das Mauren-Ghetto Mouraria.

Mit der christlichen Wiedereroberung, der *Reconquista*, gelangte auch die aus Südfrankreich stammende romanische Kirchenbaukunst mit ihren typischen Rundbögen nach Lissabon. Unter dem Eindruck der Kämpfe gestaltete man die ersten Bauten der Romanik wie die Lissabonner Kathedrale im Stil von Wehrkirchen mit Zinnen.

Aufschwung im gotischen Lissabon

Wie die Romanik kam auch die Gotik von Frankreich nach Portugal. Zu erkennen ist dies daran, dass Ende 12., Anfang 13. Jh. die Baumeister vom Rund- zum Spitzbogen übergehen. Unter den gotischen Bauwerken ragt in Lissabon besonders die Igreja do Carmo im Stadtteil Chiado heraus.

Um 1256 wurde Lissabon offiziell Sitz des Königshauses und somit Hauptstadt Portugals; 1290 wurde hier die erste Universität des Landes gegründet. Den zunehmenden Außenhandel begleitete ein hohes Bevölkerungswachstum, sodass man die heutige Baixa als neues Wohngebiet erschließ. Das städtische Leben konzentrierte sich dennoch weiter eng um den Burgpalast.

Lissabons Bedeutung als politisches Zentrum und Handelsplatz erfuhr ab dem 14. Jh. eine rapide Zunahme. Der Hafen wurde ausgebaut, es entstanden Werften und Warenhäuser. Der Handel mit England, Flandern und den Hansestädten blühte. Dem Aufstieg der Stadt als Europas Pforte zum Atlantik stand nichts mehr im Wege.

> **Um den Burgberg – Stadtentwicklung Lissabons**
>
> Wie man auf der Karte (s. Seite 101) erkennen kann, entwickelte sich Lissabon aus dem Burgzentrum heraus. Im Jahr der christlichen Rückeroberung 1147 umschloss die maurische Stadtmauer *Cerca Moura* gerade mal eine Fläche von lediglich 0,16 km². Das Stadtgebiet erweiterte man mit dem Bau der *Cerca Fernandina* im Jahr 1375 auf 1 km² und zum ersten Mal auch auf Gebiete außerhalb des Burgbergs. Von beiden Stadtmauern stehen heute nur noch wenige, kaum sichtbare Reste: Die *Cerca Moura* ist noch in der gleichnamigen Bar in der Nähe der Burg zu besichtigen (s. Karte "Alfama", S. 244/245), Reste der *Cerca Fernandina* sind im Einkaufszentrum Espaço Comercial Chiado in der Rua da Misericórdia, 12–20 zu sehen (Metro Baixa/Chiado, s. Karte "Bairro Alto" S. 276/277).
>
> Nach einer Neueinteilung der Kreisgrenzen versechsfachte sich 1852 die Stadtfläche und wuchs auf 12 km² an. Im Jahr 1886 erreichte Lissabon seine bis heute größte Ausdehnung von 97 km². Da die Vororte Sacavém, Camarate und Moscavide später dem Kreis Loures zugeschlagen wurden, kommt Lissabon heute aber nur noch auf eine Fläche von 87,4 km². Zum Vergleich: Das ist gerade einmal so groß wie Weimar und lediglich ein Viertel der Fläche Berlins!

Lissabon im Zeitalter der Eroberungen

Die Dynamik, mit der die Entdeckungen und Eroberungen Portugals in Übersee voranschritten, war auch in der Stadt zu spüren. Das starke Bevölkerungswachstum führte dazu, dass die Stadtteile um den Burgpalast im wahrsten Sinne des Wortes aus allen Nähten platzten. Lebten 1425 in Lissabon nur 60.000 Menschen, so waren es 1550 bereits 100.000.

König Dom Manuel I. bewirkte schließlich die Verlagerung des Stadtzentrums an das Flussufer, indem er in der Nähe des Hafens am Terreiro do Paço (heute Praça do Comércio) einen neuen Königspalast bauen ließ. Der einflussreiche Adel errichtete bald darauf seine neuen Wohnsitze in der Umgebung des Palastes. Im Vergleich zu früheren Jahrhunderten breitete sich die Stadt diesmal nach einem geordneten Konzept aus. Entlang durchgeplanter Straßenzüge entstanden bis ins 17. Jh. die Stadtteile Bairro Alto, Bica und Madragoa im Westen der Baixa. Zerstörung und Chaos waren dagegen die Konsequenzen eines vernichtenden Erdbebens am 25. Januar 1531, das 30.000 Menschen tötete. 1597 folgte das nächste Beben und auch dieses sollte nicht das letzte gewesen sein...

Manuelinik – prachtvoller Baustil der Verschwendung

Doch ungeachtet dieser großen Naturkatastrophen brachte der florierende Handel Wohlstand in die Stadt. Besonders nachdem im 15. und 16. Jh. portugiesische Schiffe die Seewege um Afrika, nach Indien und nach Brasilien entdeckt hatten, wurde Lissabon zum wichtigsten Umschlagplatz für Gold, Elfenbein und Sklaven aus Afrika, exotische Gewürze aus Indien und Edelhölzer aus Brasilien.

Der Reichtum aus den Kolonien ermöglichte es den Portugiesen, ihre Bauten üppig zu dekorieren – aus ganz Europa kamen Künstler und Baumeister nach Lissabon. Die verschwenderische Pracht der damaligen Zeit wird besonders am Wehrturm Torre de Belém deutlich, den man trotz seiner simplen Funktion opulent ausgestaltete.

Seefahrer, Baumeister und Abenteurer kamen mit einer Fülle neuer Eindrücke und Ideen von ihren Reisen zurück: Orientalische und indische Ornamente wurden mit Motiven aus der Fabel- und Pflanzenwelt verquickt – der strenge gotische Stil fand sich plötzlich in bizarrer Gesellschaft wieder. Besonders Elemente und Symbole der Seefahrt dienten zur Dekoration der prächtigen Bauten: Schiffsseile, Muscheln und Korallen.

Bekannt wurde diese portugiesische Variante der Spätgotik als Manuelinik, benannt nach König Manuel I. unter dessen Herrschaft 1495–1521 Portugal den größten Einfluss erreichte und Lissabon zum Zentrum der Welt avancierte. Eines der frühesten Beispiele der manuelinischen Architektur ist übrigens die Igreja de Jesus in der Stadt Setúbal südlich von Lissabon. Sie diente dem Baumeister Diogo de Boitaca als Vorbild für das Jerónimos-Kloster im Lissabonner Stadtteil Belém, dem bedeutendsten Bau im manuelinischen Stil.

Manuelinisches Eingangstor an der Igreja Madre de Deus im Osten Lissabons

Humanismus versus Gegenreformation

Vor allem ab etwa 1530 erhielt die portugiesische Kultur zunehmend Anregungen aus dem italienischen Humanismus. Die Ideale der klassischen Antike Roms und Griechenlands standen dabei im Mittelpunkt jeglichen

Schaffens. Auch in der Baukunst vollzog sich ein allmählicher Wandel vom reichen Zierwerk der Manuelinik zu den strengen klassischen Formen der Renaissance: Arkadengänge, Rundbögen und hervorspringende Balustraden, welche die Horizontale betonen.

Die Renaissance feierte in Lissabon aber nur ein kurzes Zwischenspiel. Der katholischen Kirche waren die freien Gedanken der Humanisten wie Erasmus von Rotterdam ein Dorn im Auge, dies zumal in Nordeuropa die evangelische Reformation überraschende Erfolge feierte. Mit der so genannten Gegenreformation versuchte die katholische Kirche ihren verloren gegangenen Einfluss wieder zurückzugewinnen. Ab 1547 verfolgte die Inquisition "ketzerisches" Gedankengut. Alle Bücher mussten vor ihrem Erscheinen die Zensur der Inquisition, des Bischofs und des Königs überstehen. Inspektoren der Inquisition durchsuchten die in den Hafen Lissabons einlaufenden Schiffe nach Büchern, Flugblättern oder anderem Material, dass der herrschenden katholischen Lehre hätte widersprechen können.

Die Jesuiten, neben der Inquisition die zweite Speerspitze der Gegenreformation, kontrollierten zunehmend Schulen und Universitäten und verdrängten die dort lehrenden Humanisten. Architektonisch zeigte sich die Rebellion gegen Humanismus und die strengen klassischen Formen der Renaissance im so genannten Manierismus. Diese neue Ästhetik zeichnete sich durch die Suche nach Disharmonie und Ungleichheit der Formen aus. Ein Beispiel für den manieristischen Baustil ist die Kirche Igreja de São Roque, welche sich die Jesuiten 1566 als ihr Lissabonner Zentrum errichteten.

Unter Spanien in die Krise

Einen tiefen Einschnitt brachte das Ende der portugiesischen Dynastie Aviz 1580 und der Beginn der spanischen Herrschaft über Portugal – Lissabon war nach Madrid nur noch Hauptstadt zweiten Grades. Anfangs kümmerte sich der spanische König Felipe II. aber noch intensiv um sein neu erobertes Königreich. Von 1581–83 residierte er sogar in Lissabon und ließ währenddessen das Kloster São Vicente de Fora als Symbol der Macht der spanischen Krone in Lissabon errichten, ähnlich dem Escorial bei Madrid.

Nach den ersten Jahren der vorbildlichen Verwaltung unter Felipe II. folgte 1589 ein Moment des Schreckens, als der gefürchtete, englische Korsar Francis Drake Lissabon angriff. Seine Attacke konnte noch abgewehrt werden, dafür ging es aber in den folgenden Jahrzehnten wirtschaftlich bergab. Der einst so lukrative portugiesische Handel mit Indien brach zusammen und sank auf ein Drittel des Jahres 1580. Trotz der sinkenden Einkommen erhöhten die spanischen Statthalter die Steuern, rekrutierten immer mehr Soldaten für militärische Abenteuer im restlichen Europa und zwangen den Stadtrat von Lissabon, der spanischen Armee große Summen zu leihen.

Auch nach der erneuten Unabhängigkeit 1640 ging es wirtschaftlich nicht aufwärts. Der 29 Jahre lang andauernde Krieg gegen Spanien verschlang hohe Geldsummen. Auch der Kolonialhandel blieb weiter in der Krise, da viele Gebiete in Asien, Arabien, Afrika und Brasilien zeitweise oder dauerhaft von den

Engländern, Arabern oder Niederländern besetzt worden waren. 1657 blockierten die Holländer gar für drei Monate den Lissabonner Hafen und brachten den Warenverkehr endgültig zum Erliegen.

Im brasilianischen Goldrausch – die barocke Stadt

Nach dem Friedensschluss mit Spanien 1668 besserte sich allmählich die Lage. Neuen Reichtum brachten Goldfunde im brasilianischen Minas Gerais: 1699 feierten die Lissabonner die Ankunft der ersten 514 Kilo Gold aus Rio de Janeiro. In den folgenden Jahren stieg die Menge bis auf 25 Tonnen 1720.

Adligen Potentaten bot sich nun die Möglichkeit, das in Brasilien gewonnene Gold für Prachtbauten zu verschwenden. Auch die Kirchenherren beteiligten sich rege an dieser "Bauwut", die ab der Regierungszeit König Pedro II. (1683–1706) bevorzugt im barocken Baustil ausgeführt wurde. Die prunkvollen Paläste, Kirchen und Klöster verzierte man mit einer Fülle vergoldeter Holzschnitzwerke (*talha dourada*). Das sollte noch größeren Reichtum vorspiegeln, getreu dem Motto "Alles ist Schein".

Seinen Höhepunkt erreichte der "Goldrausch" beim Bau des gigantischen Klosterpalasts von Mafra, ca. 40 km nördlich von Lissabon, durch König João V. ab 1711. Er sollte das größte Bauwerk der Iberischen Halbinsel werden und war so teuer, dass sogar die Staatsfinanzen durcheinander gerieten.

Chaos und Zerstörung

Glanz und Glorie nahmen ein abruptes Ende. An Allerheiligen, dem 1. November 1755 schlug die traurigste Stunde Lissabons: Die Erde bebte, und binnen weniger Sekunden lag ein Großteil der Stadt in Schutt und Asche. Den Rest erledigten um sich greifende Brände und eine riesige Flutwelle. Insgesamt kamen damals nach heutigen Schätzungen der Münchener Rückversicherung etwa 30.000 Menschen ums Leben – erst etwa 100 Jahre später erreichte die Einwohnerzahl Lissabons wieder das ursprüngliche Niveau. Der Erdstoß hatte ungeheure Kraft: Man schätzt ihn auf 8,75 auf der Richterskala.

Das Beben erschütterte nicht nur Lissabon, sondern auch das optimistische Weltbild des aufgeklärten Jahrhunderts. Dank des wachsenden Wohlstands und des vermeintlich unaufhaltsamen Fortschritts der Zivilisation war man der Auffassung, in der besten aller möglichen Welten zu leben, die von Stabilität und innerer Sinnhaftigkeit gekennzeichnet war. Eine Katastrophe dieses Ausmaßes stellte diese Deutung der Welt zwangsläufig in Frage, sodass schon bald eine nachhaltige philosophische Auseinandersetzung in Gang kam, an der vor allem die französischen Philosophen Voltaire und Jean-Jacques Rousseau beteiligt waren.

Voltaire zweifelte prinzipiell an der optimistischen Grundausrichtung seines Zeitalters und wandte sich insbesondere dagegen, die zerstörerischen Kräfte der Natur durch allerlei spitzfindige Erklärungsansätze als Teil eines zielgerichteten und letztlich sinnvollen göttlichen Plans anzuerkennen. Das immer wieder in Form von Naturkatastrophen über die Menschheit hereinbrechende Übel müsse als solches einfach hingenommen werden, selbst wenn der aufgeklärte Geist sich dagegen sträube.

Für Rousseau wiederum waren die schrecklichen Ereignisse von Lissabon nur ein weiterer Beleg für seine allgemeine Zivilisations- und Kulturkritik. Schuld an der verheerenden Opferzahl seien im Grunde nicht die unbeherrschbaren Naturgewalten, sondern die zivilisatorischen Eingriffe des Menschen. "Gestehen Sie mir", schrieb er an Voltaire, "dass nicht die Natur zwanzigtausend Häuser von sechs bis sieben Stockwerken zusammengebaut hatte, und dass wenn die Einwohner dieser großen Stadt gleichmäßiger zerstreut und leichter beherbergt gewesen wären, so würde die Verheerung weit geringer, und vielleicht gar nicht geschehen sein." Dem schloss sich auch der Königsberger Philosoph Immanuel Kant an. Der Mensch müsse sich eben der Natur anpassen.

Wiederaufbau im Stil der Aufklärung

Doch ungeachtet aller philosophischen Debatten, musste in Lissabon der Wiederaufbau organisiert werden. Übernommen wurde diese schwierige Aufgabe vom damaligen Premierminister Marquês de Pombal, unter dessen Ägide die Baixa, der vom Erdbeben am stärksten betroffene Stadtteil, völlig neu errichtet wurde. Mit diktatorischen Maßnahmen ließ er die Stadt nach seinen von der Aufklärung inspirierten Vorstellungen neu planen. Innerhalb weniger Monate waren die Entwürfe für den Wiederaufbau fertig gestellt.

Die Baixa, der vom Erdbeben am stärksten betroffene Stadtteil, wurde völlig neu gebaut: Innerhalb kurzer Zeit entstand ein im Schachbrettmuster angelegtes neues Zentrum, ausgestattet mit Abwasserkanälen und befestigten Straßen. Beim Neubau der Gebäude versuchte man zum ersten Mal mit Hilfe der so genannten Ständerbauweise zukünftigen Erdbeben vorzubeugen – ein Meilenstein der Naturwissenschaft! Die Hauptaufbauphase wurde 1775 abgeschlossen, als man die Baixa feierlich einweihte und das Reiterdenkmal des damaligen portugiesischen Königs Dom José I. am nun Praça do Comércio genannten Terreiro do Paço aufstellte.

Dabei war der Bauboom aber nicht zu Ende: In den Folgejahren erschloss man mit São Bento und der Lapa weitere Wohnviertel im Westen der Stadt. Die ersten Industriebetriebe Lissabons siedelten sich um den

Pombal-Statue am Ende der Avenida da Liberdade

Largo do Rato im Stadtteil Amoreiras an. Vom französischen Versailles angeregt, gestaltete Königin Maria I. ihre Sommerresidenz, den Palast und die Gärten von Queluz bei Lissabon, im Rokoko-Stil.

Nicht nur beim Aufbau der Baixa wandte man sich ab Mitte des 18. Jh. unter dem Einfluss des französischen und englischen Vorbilds der Aufklärung wieder stärker den klassischen Formen zu. Die Basílica da Estrela in Lissabon wurde zwar ab 1776 noch im spätbarocken Stil erbaut, weist aber schon deutliche klassizistische Elemente auf. Später setzte sich auch in Portugal ein reiner, neoklassizistischer Stil durch, zu bewundern im Königspalast Palácio Nacional da Ajuda in Lissabon, errichtet ab 1795.

Liberale Dynamik im 19. Jahrhundert

Anfang des 19. Jh. blieb auch Lissabon nicht von den Wirren der napoleonischen Kriege in Europa verschont. Mehrere Invasionen der Franzosen verwüsten 1807–1809 das Land. Der König floh samt seinem Hof nach Rio de Janeiro, das bis zur Rückkehr des Königs 1821 anstelle von Lissabon neue Hauptstadt Portugals wurde.

In der ersten Hälfte des 19. Jh. brachte das liberale Gedankengut gravierende Veränderungen. 1834 wurden die kirchlichen Güter säkularisiert und wechselten den Besitzer. Die neuen Eigentümer, der Staat und das liberale Bürgertum, installierten in den ehemaligen kirchlichen Gebäuden öffentliche Schulen, Krankenhäuser und Warenlager.

Im Bereich von Kunst und Literatur gewannen eher gefühlsbetonte Themen Oberhand über den nüchternen, analytisch-wissenschaftlichen Klassizismus. In der Architektur zeigte sich die Romantik durch eine besonders phantasievolle Gestaltung der Bauwerke. Herausragendes Zeugnis jener Zeit ist der Palácio Nacional da Pena bei Sintra nordwestlich von Lissabon.

Ab 1850 stabilisierte sich mit der Bewegung der *Regeneradores* (s. "Geschichte" S. 37) die innenpolitische Lage. Dies führte in Lissabon zu einer dynamischen urbanen Entwicklung und einer verstärkten Industrialisierung. Die erste Eisenbahnlinie wurde gebaut, *Eléctricos* (Straßenbahnen) als Neuheit des öffentlichen Transportwesens eingeführt und ein neuer Hafen angelegt. Durch die Straßenbahnen rückten die peripheren Stadtviertel näher an das Zentrum heran. Mit den Avenidas Novas erweiterte man die Stadt nach einem durchgeplanten Muster nach Norden und damit zum ersten Mal weg vom Flussufer.

Die Stadtviertel Baixa und Chiado entwickelten sich in dieser Zeit zunehmend zum Intellektuellentreff. Zahlreiche Cafés, Theater und Büchereien eröffneten in dieser Gegend. Öffentliche Parks und Alleen wurden angelegt, Brunnen und Statuen aufgestellt – ganz dem romantischen Lebensgeist entsprechend.

Diese Entwicklung wurde nun auch wieder von einem starken Bevölkerungswachstum begleitet: Von 200.000 Einwohnern im Jahr 1820 wuchs Lissabon bis Ende des Jahrhunderts auf 300.000. Trotz des technischen Fortschritts blieben die hygienischen Verhältnisse in der Stadt weiter prekär: Tausende Menschen starben 1856 bei einem Ausbruch von Cholera und 1857 bei einer Gelbfieber-Epidemie.

Elend der Arbeiter, Pracht des Bürgertums

Vor allem die Arbeiter der neu gegründeten Industriebetriebe lebten unter teilweise miserablen Umständen in engen, überfüllten Zimmern in heruntergekommenen Klöstern, Altbauten und Baracken – die Tuberkulose grassierte. Ihr geringer Lohn ermöglichte es den Arbeiterfamilien nicht, in bessere Wohnungen umzuziehen. Einige Privatunternehmer ergriffen die Initiative und ließen für ihre Arbeiter eigene Siedlungen errichten, die so genannten *vilas operárias*. Insgesamt entstanden vor allem in Hinterhöfen oder entlang versteckter Seitengassen über 100 dieser *vilas*, die heute in den Stadtteilen Graça und Benfica noch gut sichtbar sind. Doch das Wohnungsproblem konnten die *vilas* nicht lösen, sie minderten es allenfalls. Daher breiteten sich in der Stadt ab Anfang des 20. Jh. *bairros de lata* aus, miserable Slums aus einfachen "Wellblech"-Baracken.

Die reichen Bürger errichteten dagegen herrliche Paläste, Wohnhäuser und Grabkapellen im Stil des Eklektizismus, bei dem ältere Stilformen zusammengefasst werden und der daher auch Historismus genannt wird. Im historistischen Stil entstanden um die Jahrhundertwende auch zahlreiche öffentliche Bauten wie der Bahnhof Rossio, der Aufzug Santa Justa oder das Parlament São Bento. Dabei machten sich vor allem die Architekten Miguel Ventura Terra und Manuel Joaquim Norte Júnior einen Namen.

Der Jugendstil, in Portugal *Arte Nova* genannt, wurde in Lissabon dagegen nur sehr zögerlich aufgenommen. In erster Linie ließen Geschäftsleute ihre Modegeschäfte, Cafés oder Werkstätten mit den auf Pflanzenformen basierenden Motiven des Jugendstils verzieren, z. B. die Auto-Industrial in der Rua Alexandre Herculano am Largo do Rato.

Pracht des Eklektizismus: Hauptsitz der Lissabonner Metro an der Avenida Fontes Pereira do Melo

Als die Republik 1910 die Monarchie ablöste, waren die Hoffnungen groß, sie könnte endlich das drängende Wohnungsproblem angehen. Doch die neuen Politiker enttäuschten: Der Bau neuer Sozialwohnungsviertel wie das Bairro do Arco do Cego in den Avenidas Novas verzögerte sich, schließlich zogen Wohlhabende und nicht Arbeiter in die Häuser ein.

Dennoch, zumindest architektonisch wehte ein neuer, liberaler Wind, der in den 20er Jahren in Portugal einige beeindruckende Werke des international aufkeimenden Modernismus entstehen ließ. Dabei kombinierte die von Funktionalität geprägte Architekturbewegung neue Baumaterialien wie Stahlbeton mit den geometrischen, klaren Formen des so genannten Art Déco. Den bisher vorherrschenden Eklektizismus lehnten die Modernisten als "unschöpferisch" ab. Anschauliche Beispiele für den frühen Modernismus finden sich vor allem entlang der Avenida da Liberdade.

Den Gegenpol der Modernisten bildete der in Hannover ausgebildete portugiesische Architekt Raul Lino mit seiner *Casa Portuguesa*. Diese wörtlich "Portugiesisches Haus" genannte Bewegung lehnte den Beton ab und setzte stattdessen auf traditionelle Werkstoffe wie Holz, Terrakotta und Fliesen. Die modernistischen Häuser seien mit ihren Flachdächern und ausladenden Fensterfronten nicht für das portugiesische Klima mit viel Regen im Winter und viel Sonne im Sommer geeignet, kritisierte Lino.

Unter der Diktatur des Estado Novo

Die Salazar-Diktatur des Neuen Staates *Estado Novo* sorgte in den 30er Jahren für einen Bau- und Investitionsboom in Lissabon. Sie ließ zahlreiche öffentliche Gebäuden im modernistischen Stil errichten. Vor allem Duarte Pacheco, Lissabonner Bürgermeister und später in Personalunion auch portugiesischer Bauminister, trieb die Urbanisierung bisher unerschlossener Flächen voran. Mit dem Viertel Alvalade erweiterte er die Avenidas Novas nach Nordosten, nördlich von Belém errichtete Duarte Pacheco das vornehme Wohnviertel Restelo, im Westen der Stadt legte er den Monsanto-Park an, heute die grüne Lunge Lissabons.

Sein bevorzugter Architekt war Porfírio Pardal Monteiro (1897–1957): Von ihm stammen in Lissabon beispielsweise die beiden Hafengebäude in Alcântara, der Bahnhof Cais do Sodré sowie die Technische Hochschule *Instituto Superior Técnico*. Die gute Zusammenarbeit der beiden ging auf ihre Zeit an der Technischen Hochschule zurück, an der Pardal Monteiro wissenschaftlicher Mitarbeiter von Duarte Pacheco war.

Hatte sich die Salazar-Regierung anfangs noch offen für den internationalen Leitlinien folgenden Modernismus gezeigt, so förderte sie parallel zu ihrem mit dem Spanischen Bürgerkrieg stärker werdenden Nationalismus eine nationale Form des Modernismus. Bewusst setzte man auf die Rückkehr von für typisch portugiesisch gehaltenen Ornamenten, betonte die Fenster und Ecken mit breiten Steinrahmen und ersetzte Flach- durch Ziegeldächer. Im Volksmund heißt der Stil *Português Suave* ("Sanftes Portugiesisch"). Gut zu sehen z. B. an den Gebäuden östlich des Parque Eduardo VII. von Cristino da Silva.

Fluchtweg Lissabon

Nach der Machtübernahme durch die Nationalsozialisten in Deutschland und verstärkt mit dem Ausbruch des Zweiten Weltkrieges wurde Lissabon zur Hauptdrehscheibe der jüdischen Emigration nach Amerika. Hilfsorganisationen versorgten hier Zehntausende Flüchtlinge, bis diese ein Visum bekamen und die rettende Schiffspassage nach New York, Rio de Janeiro oder Buenos Aires organisieren konnten. Über Lissabon flüchteten auch zahlreiche Intellektuelle vor der Nazidiktatur, unter ihnen die Schriftsteller Alfred Döblin, Heinrich Mann und Franz Werfel.

Mancher, der nicht nach Amerika weiterreisen konnte, blieb bis Kriegsende im sicheren Portugal. Einige der Flüchtenden machten ihre unfreiwillige Zwischenstation gar zur neuen Heimat, darunter der armenische Ölmagnat Calouste Gulbenkian und die deutsch-jüdische Schriftstellerin Ilse Losa. Sie verarbeitete ihre Erfahrungen in den Büchern *Die Welt, in der ich lebte* und *Unter fremden Himmeln*.

Mit dem Ende des Zweiten Weltkriegs und der Zunahme der politischen Freiheiten, bekam auch die Architektur wieder einen größeren Spielraum. Leider nutzten viele Architekten ihre neu gewonnenen Freiheiten zum Bau hässlicher

---

Die katastrophalen Folgen einer mieterfreundlichen Politik

Um die Lebenshaltungskosten der Portugiesen zu begrenzen, verfügte der Diktator Salazar 1947 einen Mietpreis-Stopp für die Großstädte Lissabon und Porto, der über 40 Jahre lang in Kraft blieb. Während dieser Zeit sanken die realen Mieten aufgrund der hohen Inflation enorm. Seit den 90er Jahren ist es zwar erlaubt, die Miete entsprechend der Inflationsrate zu erhöhen. Dennoch gibt es noch langjährige Mieter, die für ihre Wohnungen gerade einmal drei oder vier € im Monat bezahlen. Da wundert es kaum, dass viele Hauseigentümer ihre Altstadtwohnungen verfallen lassen.

Zumal der Mieter-Schutz in Portugal generell sehr ausgeprägt ist – es ist kaum möglich, jemandem zu kündigen. Daher warten die Vermieter bis die letzten Mieter sterben, um das Haus abreißen zu lassen bzw. in Bürogebäude umzuwandeln. Und wenn doch einmal neuer Wohnraum geschaffen wird, bleibt bestenfalls die Fassade des alten Hauses erhalten, während innen alles eingerissen und saniert wird. Dies ist tatsächlich auch oft notwendig, da zahlreiche Altbauten wegen undichter Dächer und nie vorgenommener Renovierungsarbeiten in einem katastrophalen Zustand sind. Zusätzlich fehlt oft sogar eine sanitäre Grundausstattung mit Dusche und WC.

Allein im Stadtzentrum Lissabons sollen Schätzungen zufolge 30.000 Wohnungen leer stehen. Jährlich stürzten Ende der 90er Jahre davon etwa 20 Häuser ein, so schlecht war ihr Zustand. Andererseits sind die Mieten für Neubauwohnungen in Lissabon so hoch wie in Berlin. Vergleicht man das Einkommen in Deutschland mit dem in Portugal, so wird klar, warum sich viele gezwungen sehen, in Vorstädte wie Odivelas, Loures oder Barreiro zu ziehen.

Betonkästen, die sie ohne Rücksicht auf gewachsene Strukturen in die Stadt setzten. Die in den 50er Jahren nach den Prinzipien der modernen Architektur Le Corbusiers auf Stelzen errichteten Appartementgebäude an der Avenida dos Estados Unidos da América oder Avenida Infante Santo wirken noch heute wie Fremdkörper in der Stadt.

Kaum schöner sind die beiden großen Sozialsiedlungen Olivais Norte und Olivais Sul, welche die Regierung in den 50er Jahren errichtete, um das Problem der rapide wachsenden Stadtbevölkerung in den Griff zu bekommen – vom Anfang des Jh. bis 1930 hatte sich die Einwohnerzahl auf etwa 600.000 verdoppelt.

Die moderne Stadt nach der Nelkenrevolution

Die Nelkenrevolution am 25. April 1974 riss das bis dahin verschlafene Lissabon der Salazar-Zeit jäh aus seiner Ruhe. Jahre der politischen Agitation, von Streiks und Bombenattentaten folgten. Mit der Welle von Rückkehrern, den so genannten *Retornados*, und Einwanderern aus den ehemaligen afrikanischen Kolonien nach deren Unabhängigkeit in den Jahren 1974/75 wuchsen an den Stadträndern große Slums und illegale Viertel. 20.000 Baracken zählte die Stadtverwaltung Mitte der 80er Jahre, als sie begann die Elendshütten abzureißen und ihre Bewohner umzusiedeln. Erst 2002 hatte man das Ziel, die Slums aufzulösen, weitgehend erreicht. Dabei entstanden allerdings mit großen Sozialwohnungsvierteln neue Ghettos.

Vor allem im Sozialviertel Chelas sind die Exzesse der postmodernen Architektur gut zu sehen – hier hatten sich die Architekten nach Lust und Laune austoben dürfen. Das Ergebnis des von Tomás Taveira geplanten Gebiets *Zona J* spricht mit an Hässlichkeit kaum zu überbietenden Betonburgen Bände. Weniger hässlich, aber noch umstrittener ist auch Taveiras Hauptwerk, das Einkaufszentrum *Centro Comercial das Amoreiras*, aus den 80er Jahren.

Am 25. August 1988 erschütterte erneut eine Katastrophe die portugiesische Hauptstadt. Die Bilder des verheerenden Großbrands gingen um die ganze Welt. Er zerstörte im Stadtteil Chiado über 20 Gebäude, darunter die beiden berühmtesten Kaufhäuser Lissabons. Ursprünglich sollte die Restauration bis Mitte der 90er Jahre beendet sein, aber aufgrund eines langwierigen Gerichtsverfahrens hat sie schließlich über elf Jahre bis Dezember 1999 gedauert. Währenddessen dienten die ausgebrannten Häuser als Touristenattraktion – bei Nacht angestrahlt, wirkten sie fast malerisch.

Die Leitung des Wiederaufbaus hatte der international anerkannteste portugiesische Architekt Álvaro Siza Vieira aus Porto inne. Er steht für eine moderne Architektur-Richtung, deren Bauten sich harmonisch in das gewachsene Stadtbild einfügen und die kein Problem damit hat, vorhandene Bausubstanz zu erhalten oder zu restaurieren.

In den 80er und 90er Jahren wurde den Lokalpolitikern die Bedeutung des kulturellen Erbes der Stadt zunehmend bewusst, sodass 1992 endlich ein Plan zum Erhalt der historischen Bausubstanz verabschiedet wurde. Dies war bitter nötig, da der vorherige, christdemokratische Bürgermeister Lissabons Krus Abecasis (CDS) im großen Stil Abrissgenehmigungen ausgegeben hatte. Unter

112 Lissabon/Stadtgeschichte

seinen Nachfolgern, den Sozialisten Jorge Sampaio und João Soares (PS), wurde zum ersten Mal der kontinuierliche Verfall der alten Stadtviertel gestoppt. Pedro Santana Lopes (PSD), seit 2001 erster sozialdemokratischer Bürgermeister der Stadt, machte den Kampf gegen den Verfall der Stadt gar zu seinem Haupt-Wahlkampfthema. Als Ergebnis von über zehn Jahren Renovationsarbeit sind inzwischen zahlreiche Häuser saniert. Bleibt es aber beim jetzigen Tempo, so wird es allerdings noch etwa 20 Jahren dauern, bis alle Gebäude erneuert sind.

Mitte der 90er Jahre rückte Lissabon mit mehreren Großereignissen in das Weltinteresse: 1994 war Lissabon Kulturhauptstadt Europas, und 1998 richtete die Stadt die EXPO '98 aus, die dem Thema Ozeane gewidmet war. Aus diesem Anlass wurden große Teile des bis dahin eher vernachlässigten Lissabonner Ostens rundum erneuert. Neben dem Weltausstellungsgelände am Tejo baute man mit der *Gare do Oriente* Lissabons modernen Hauptbahnhof, durch eine neue Metrolinie an das Zentrum angebunden. Wo vorher die Tristesse von Mülldeponien, Schlachthöfen und Ölraffinerien herrschte, entstand ein neues Wohnviertel mit viel Grün und Tejoblick. Symbol des neuen Lissabon ist die 1998 eingeweihte zweite Tejobrücke Ponte Vasco da Gama. Sie verbindet die Stadt über 18 km mit dem Ostteil der Halbinsel Setúbal und gehört damit zu den längsten Brücken der Welt.

Bevölkerungsschwund

Im Jahr 1984 erreichte die Einwohnerzahl Lissabons einen Höchststand von 825.000. Aufgrund der Umwandlung von Wohn- in Büroraum sank sie bis 2001 aber dramatisch auf nur noch 560.000. Andererseits stieg die Bevölke-

In den letzten Jahrzehnten wurde Lissabon Heimat für zahlreiche Afrikaner

rung der Vorstädte von 1,5 Millionen im Jahr 1960 auf etwa 2,7 Millionen. Da die Stadt mit ihrer Umgebung in den letzten Jahrzehnten eng zusammengewachsen ist, wirkt sie heute eher wie eine 3 Millionen-Metropole als wie 560.000 Einwohner-Großstadt. Sichtbar wird dies auch an der Bevölkerungsdichte Lissabons. Sie liegt bei etwa 6.400 Einwohnern pro Quadratkilometer – deutlich mehr als Berlin mit etwa 3.800 Einwohnern pro Quadratkilometer.

Dabei ist noch heute an der Bevölkerung der Stadt die Vergangenheit Lissabons als Zentrum des portugiesischen Weltreiches zu erkennen. In und bei Lissabon leben viele Einwanderer aus den ehemaligen afrikanischen Kolonien Kapverden, Guinea-Bissau, São Tomé und Príncipe, Angola sowie Moçambique, aber auch viele Brasilianer, Inder und Chinesen. Letztere vor allem aus dem ehemaligen portugiesischen Territorium Macau.

Die in Lissabon geborenen Einwohner bezeichnen sich übrigens als *Alfacinhas*, was wörtlich "Salatköpfchen" heißt. Als Erklärung erzählen manche Lissabonner aber auch gerne, dass dies von *Alfa*, dem ersten Buchstaben des griechischen Alphabets, stamme. Gemeint ist schlicht, dass die *Alfacinhas* in dem Sinne "die Ersten" sind, da sie seit ihrer Geburt in der Stadt gelebt haben.

Wo morgen auch übermorgen bedeutet

Zeit muss man haben in Portugal. Nicht alles wird schnell und sofort erledigt. *Amanhã*, übersetzt eigentlich "morgen", bedeutet in der Realität genauso übermorgen oder in drei Tagen. *Paciência* – Geduld, Gelassenheit, warten können – das gehört zu Portugal dazu. Diese Geduld sollte man als Tourist mitbringen; sie erleichtert das Leben in Portugal ganz erheblich. Vieles geht nicht so einfach und schnell wie im "durchorganisierten" Deutschland, besonders Behördengänge sind Kennern ein Gräuel.

Ein Zauberspruch in Portugal ist *com licença*, das dem deutschen "Entschuldigung" entspricht: So bittet man um Erlaubnis, sich zu jemandem im Bus oder an einen Tisch zu setzen, sich irgendwo durchzudrängeln etc. Das Geheimnis liegt darin, dass man *com licença* sagt und seine Absicht ausführt, ohne eine Antwort abzuwarten, "Mit Ihrer Erlaubnis" eben … Wenn man etwas falsch gemacht hat (z. B. jemandem auf den Fuß getreten ist), sagt man zur Entschuldigung übrigens *desculpe* oder *desculpa*.

Das kaum zu übersetzende Wort *Saudade* bezeichnet dagegen die wehmütige Grundstimmung der Portugiesen, die man hin und wieder wahrnimmt. Vieles, was darüber geschrieben wird, ist übertrieben und klischeehaft, und manches wird unerträglich weit ausgebreitet. Dennoch: Dass die nicht eindeutig zu definierende Mischung aus Einsamkeit, Wehmut und Sehnsucht nach vergangenen Zeiten zumindest latent vorhanden ist, kann nicht völlig wegdiskutiert werden. Ein Grund dafür mag in der Vergangenheit Portugals liegen. Gerne weisen die Portugiesen traurig auf die einstmalige Größe und Bedeutung ihres Landes hin, auf die Zeit, als die überseeischen Entdeckungen der Europäer in Portugal ihren Anfang nahmen.

Stadtgeschichte im Überblick

8. Jh. v.Chr.	Die Phönizier lassen sich in der Gegend von Lissabon nieder.
218 v.Chr.	Beginn der römischen Herrschaft. Lissabon wird westlichster Stützpunkt des römischen Reiches.
411 n.Chr.	Ende der Römerzeit während der Völkerwanderung durch Invasionen der Alanen und Westgoten.
714	Die Mauren erobern die Stadt. Während ihrer Herrschaft erlebt Lissabon eine Blütezeit.
1147	Eroberung Lissabons durch die Christen um König Dom Afonso Henriques.
13. Jh.	Beginn der Besiedelung der Lissabonner Unterstadt *Baixa*.
ca. 1256	Lissabon wird offiziell Sitz des Königshauses und damit portugiesische Hauptstadt.
1290	Die erste Universität Portugals wird in Lissabon gegründet.
1375	Bau der Fernandinischen Stadtmauer (*Cerca Fernandina*). Sie umschließt auch die Unterstadt.
15./16. Jh.	Lissabon ist Ausgangspunkt der portugiesischen Entdeckungsfahrten nach Afrika, Asien und Amerika. Die Stadt kommt zu großem Reichtum.
1500	König Dom Manuel I. lässt einen neuen Königspalast am Tejo (Terreiro do Paço, heute Praça do Comércio) errichten.
1531	Ein heftiges Erdbeben erschüttert Lissabon.
1580	Nach dem Tod des kinderlosen König Henrique stirbt die Dynastie Aviz aus. König Felipe II. von Spanien beansprucht die Herrschaft für sich und erobert Lissabon und Portugal.
1640	Die Portugiesen erheben sich erfolgreich gegen die spanische Herrschaft. Die Dynastie Bragança kommt auf den Thron.
1.11.1755	An Allerheiligen zerstört ein starkes Erdbeben weite Teile Lissabons und tötet ca. 30.000 Menschen.
1775	Ende der Wiederaufbauphase unter Leitung des Premierministers Marquês de Pombal.
1807–1809	Napoleonische Invasionen verwüsten das Land. Der portugiesische Hof flieht von Lissabon nach Rio de Janeiro.
1834	Säkularisierung: Viele Klöster werden aufgelöst und neuen, weltlichen Funktionen übergeben.
1873	Die ersten Pferdebahnen (*Americanos*) werden eingeweiht.
1879	Die neue Prachtmeile der Stadt, die Avenida da Liberdade, wird eröffnet. Die Stadt wird Richtung Norden in das Gebiet der Avenidas Novas erweitert.

Stadtgeschichte im Überblick 115

31.8.1901	Die Straßenbahn wird von Pferde- auf elektrischen Antrieb umgestellt. Die Ära der *Eléctricos* hat begonnen.
1.2.1908	König Dom Carlos und der Thronfolger werden auf der Praça do Comércio bei einem Attentat getötet.
5.10.1910	Die Republik wird auf dem Balkon des Rathauses ausgerufen. König Manuel II. flieht nach England ins Exil.
1933	Beginn des faschistischen Ständestaates *Estado Novo* unter dem Diktator Salazar. Bau vieler monumentaler Gebäude in Lissabon. Es entstehen neue Sozialsiedlungen.
1933–45	Während des Hitlerregimes in Deutschland wird Lissabon zur rettenden Zwischenstation für viele Juden und von den Nazis politisch Verfolgte. Portugal bleibt trotz gewisser Sympathien für Deutschland im 2. Weltkrieg neutral.
1959	Einweihung der ersten Metrolinie.
1966	Die Tejobrücke nach Almada wird als *Ponte Salazar* eröffnet. Heute heißt sie im Gedenken an den Tag der Nelkenrevolution *Ponte 25 de Abril*.
25.4.1974	Nelkenrevolution: Die Militärs putschen in Lissabon gegen die Caetano-Diktatur. Nach einigen revolutionären Wirren herrscht spätestens ab April 1976 eine stabile Demokratie.
1974–1975	Die afrikanischen Kolonien werden in die Unabhängigkeit entlassen. Durch die Rückkehrer (*Retornados*) aus den Kolonien entstehen neue Slums am Stadtrand.
25.8.1988	Im Stadtviertel Chiado brennen mehrere Häuserblocks komplett ab, darunter die beiden schönsten Kaufhäuser der Stadt (*Grandella* und *Grandes Armazéns do Chiado*).
1992	Renovationsprojekte werden begonnen, um den zunehmenden Verfall der Altstadtviertel zu stoppen.
1994	Lissabon ist Kulturhauptstadt Europas.
1998	Weltausstellung EXPO 98 im Osten Lissabons. Ein neuer Stadtteil, ein moderner Hauptbahnhof (*Gare do Oriente*) und das zweitgrößte Ozeanarium der Welt entstehen. Als zweite Tejobrücke wird die *Ponte Vasco da Gama* eröffnet.
1999	Der Wiederaufbau des Chiados ist nach 11 Jahren beendet.
2001	Laut Volkszählung hat Lissabon 556.797 Einwohner, der Großraum zählt 2.662.949 Bewohner.
2004	In Portugal finden die Fußball-Europameisterschaften statt.

Unterwegs im Großraum Lissabon

Das Netz öffentlicher Verkehrsmittel in und um Lissabon ist sehr dicht; dennoch dauert es teilweise recht lange, bis man das gewünschte Ziel erreicht, da Busse und Straßenbahnen leider oft im Autostau stecken. Mit dem Auto ist man meist auch nicht schneller, wenn die Zeit für die Parkplatzsuche dazugerechnet wird. Am schnellsten kommt man mit den Vorortzügen und der Metro voran.

Die Preise der öffentlichen Verkehrsmittel sind niedrig, aber leider ist das Tarifsystem für Nicht-Eingeweihte nur schwer zu durchschauen. Hauptproblem ist der fehlende Tarifverbund für Einzelfahrscheine. So gibt es in Lissabon für die Metro auf der einen und die von der Gesellschaft Carris (s. u.) betriebenen Stadtbusse, Straßenbahnen und Aufzüge auf der anderen Seite zwei separate Tarifsysteme. Die Preise für die jeweiligen Einzel- und Mehrfahrtentickets finden Sie im Folgenden unter den entsprechenden Abschnitten.

Immerhin gibt es eine Reihe von Zeitkarten bzw. Sonderpässen, die sowohl in der Metro als auch in allen Carris-Verkehrsmitteln zusammen gelten (nicht enthalten sind die Züge und Fähren, für die man gesondert zahlen muss, sowie der Aero-Bus Nr. 91, der zwischen dem Cais do Sodré und dem Flughafen pendelt). Folgende Möglichkeiten stehen zur Auswahl:

Wer nur ein paar Tage in Lissabon zubringt, ist mit dem **bilhete de um dia de Carris e Metro** (Tagesticket) gut bedient. Die Karte kostet 2,75 € und ist an den diversen Vorverkaufsstellen der Carris und der Metro erhältlich (Auflistung auf S. 119). Beim Kauf unbedingt darauf achten, dass man die Tageskarte für Carris *und* Metro bekommt.

Bei einem längeren Aufenthalt sollte man auf die **passes turísticos** (Touristenpässe) zurückgreifen, die eine Gültigkeitsdauer von vier bzw. sieben Tagen haben und ebenfalls an den Vorverkaufsstellen der Carris zu bekommen sind. Ein 4-Tages-Pass kostet 9,95 €, für sieben Tage zahlt man 14,10 €, mit Cartão Jovem werden jeweils 10 % Ermäßigung gewährt. Für den Kauf der Touristenpässe ist ein Pass oder Personalausweis erforderlich. Wer fünf oder mehr Fahrten am Tag absolviert, liegt mit dem Touristenpass auf jeden Fall günstiger als mit den Vorverkaufskarten für die Metro oder für die Carris-Verkehrsmittel. Verglichen mit dem Kauf von Fahrscheinen "an Bord" lohnt er sich sogar bereits ab drei Fahrten pro Tag.

Einen etwas anderen Zuschnitt hat die **Lisboa Card,** die man in allen Touristenbüros der Stadt erwerben kann (für 24 Std. 11,25 €, für 48 Std. 18,50 € und für 72 Std. 23,50 €; Kinder von 5 bis 11 Jahren zahlen etwa 40 % des jeweiligen Preises). Mit ihr kann man nicht nur die Metro und alle Carris-Verkehrsmittel benutzen, sondern hat obendrein noch freien Eintritt in 26 Museen und die

Ein Transportmittel der besonderen Art – der Aufzug Elevador da Bica

Königsschlösser in Ajuda und Sintra. Darüber hinaus gewähren viele andere Museen Ermäßigungen. Zur Karte gibt es noch einen kleinen Führer, in dem alle Vergünstigungen dokumentiert sind. Die Lisboa Card lohnt sich aber nur dann, wenn man täglich mehrere Museen besichtigen will und weder Studentenausweis noch Cartão Jovem besitzt. Sonst fährt man mit den Touristenpässen billiger.

Monatspässe

Für Langzeiturlauber und Bewohner der Stadt sind die Monatskarten interessant: Die verbreitetste Monatskarte nennt sich *passe intermodal* und gilt für verschiedene Verkehrsgesellschaften. Dazu muss eine Grundkarte erworben werden, die dann jeden Monat "aufgeladen" werden kann. Gegen ca. 1,50 € und mit Vorlage eines Passbildes kann die Grundkarte bei den diversen Carris-Vorverkaufsstellen bestellt werden (Personalausweis oder Pass mitnehmen); nach ca. einer Woche ist sie abholbereit. Für 3 € ist die Karte auch innerhalb eines Tages am Straßenbahndepot Santo Amaro der Carris in der Rua Primeiro de Maio Nr. 93 in Alcântara zu bekommen.

Für die Tarife der Verbundsmonatskarten wurde Lissabon mitsamt seiner nächsten Umgebung in konzentrische Kreise aufgeteilt. Zone L umfasst das Stadtgebiet Lissabon, Zone 1 das angrenzende Gebiet im Umfeld, etc. Prinzipiell sind die Monatskarten für alle Verkehrsmittel gültig, Pass L gilt jedoch nur für die Carris und die Metro. Ab Pass L1 kann man die Vorortbusse und die Züge benutzen. Die Preise liegen zwischen 22 € und 41 €. Rentner und Kinder bekommen Ermäßigungen.

Schließlich stellen auch alle Verkehrsunternehmen einzelne Monatskarten aus. So kann man z. B. eine Monatskarte nur für die Züge Cascais-Cais do Sodré kaufen oder eine nur für die Metro. Diese Karten sind unter den jeweiligen Verkehrsmitteln aufgeführt.

Metro

Die Metro bildet das Rückgrat des öffentlichen Verkehrs in Lissabon. Wenn sie streikt, geht in der Stadt gar nichts mehr. Die U-Bahn verkehrt vor allem im modernen Lissabon; Lissabons Altstadtviertel auf den Hügeln werden dagegen nicht bedient. Von den Metrostationen aus starten die meisten Buslinien in die nördlichen Vorstädte Lissabons.

Die Lissabonner Wendung *"Como no Metro na hora de ponta"* (Wie in der Metro zur Rush-hour) kommt nicht von ungefähr: Zu Arbeitsbeginn morgens und −ende abends ist es tatsächlich brechend voll, doch die Busse sind meist auch nicht leerer und schon gar nicht schneller, sodass den meisten die Fahrt mit der Metro nicht erspart bleibt. Doch die *Metropolitano de Lisboa* hat auch ihre schönen Seiten. Viele der Metrostationen Lissabons sind wahre Kunstwerke und gehören zu den schönsten der Welt (siehe "Sehenswürdigkeiten/ Avenidas Novas" S. 271).

In den letzten Jahren ist das Metronetz deutlich erweitert worden. Nachdem Anfang der 90er nur eine einzige Y-förmige Linie existierte, findet man heute immerhin vier Linien, denen verschiedene Farben und Symbole zugeordnet sind. Betrieben wird die Metro täglich von 6.30–1 Uhr nachts. Wer die Stationen bis 1 Uhr betritt, kommt garantiert noch überall hin (in den Stationen Marquês de Pombal, Avenida, Restauradores und Rossio bis 1.10 Uhr).

- *Preise* Eine Einzelkarte kostet 0,65 €, der Zehnerpack 5,10 €. Die Hin- und Rückfahrt am selben Tag (*bilhete de ida e volta*) 1,05 €. Eine Tageskarte nur für die Metro kostet 1,40 €, eine 7-Tageskarte 4,80 € und eine 30-Tageskarte 12,00 €. Mit Cartão Jovem gibt es 10 % Ermäßigung auf die 7- und die 30-Tageskarte. Außerdem gelten in der Metro auch die Touristenpässe sowie diverse Monatskarten.
- *Info* ✆ 213558457, www.metrolisboa.pt.

Achtung: In Portugal fährt die Metro links!

Carris (Stadtbusse, Straßenbahnen, Aufzüge)

Die *Companhia dos Carris de Ferro de Lisboa*, wie sie mit vollem Namen heißt, betreibt die Stadtbusse, Straßenbahnlinien und Aufzüge in Lissabon. Die Fahrkarten sind für alle Busse, Straßenbahnen und Aufzüge gleich. Am billigsten sind die Tickets im Vorverkauf an einem der gelb-blauen Kioske der Carris. Diese so genannten *BUC x 2* berechtigen jeweils zu zwei Fahrten und können in beliebiger Anzahl gekauft werden. Bestellt werden sie am Kiosk unter dem Namen *módulos*. Generell muss beim Betreten eines neuen Busses oder einer neuen Straßenbahn ein neues Ticket gekauft bzw. entwertet werden, das Umsteigen ist mit Einzelfahrscheinen nicht möglich.

Weiter gibt es für die Verkehrsmittel der Carris **Tageskarten** und Dreitageskarten. Sie gelten jeweils ab Betriebsbeginn der normalen Busse gegen 5 Uhr morgens; ihre Gültigkeit endet mit den letzten Fahrten der Nachtbusse der Rede da Madrugada gegen 5.30 Uhr früh des jeweiligen Folgetages. Zusätzlich bietet die Carris mit der Karte *Carris Lisboa* und dem *Passe Carris* zwei weitere **Monatskarten** nur für ihr Netz an: Für beide wird jeweils eine Grundkarte benötigt, die an den Verkaufskiosken gegen eine geringe Gebühr und ein Passbild erhältlich ist und direkt beim Kauf ausgestellt wird. Auf diese Grundkarte werden dann die jeweiligen Marken für die einzelnen Kalendermonate geklebt. Gültig sind natürlich auch hier die Touristenpässe.

- *Preise* An Bord kostet eine Fahrt 1 € (*tarifa de bordo*). Die *BUC x 2* kosten für zwei Fahrten 1 €. Die Tageskarte kostet 2,35 €, die Dreitageskarten 5,65 €. Die Monatskarte *Carris Lisboa*, die nur für das Lissabonner Netz der *Carris* gilt, kostet 18,60 €. Die Monatskarte *Passe Carris* für das gesamte Netz, d. h. für die Linien in Lissabon und die Vorortlinien, gibt es für 21,50 €.
- *Informationen* In der Hauptstelle Santo Amaro in der Rua Primeiro de Maio, 93, in Alcântara (tägl. 8–20 Uhr geöffnet). Informationen zum Carris-Angebot auch unter ✆ 213632044 sowie unter www.carris.pt.
- *Verkaufskioske der Carris* sind an folgenden Stellen zu finden (Öffnungszeiten: 1 = tägl. 8–20 Uhr; 2 = werktäglich 8–20 Uhr, am Monatsende auch Sa/So): Cais do Sodré (1), Santa Apolónia (1), Elevador de Santa Justa (1), Praça da Figueira (1), Belém/Largo dos Jerónimos (1), Largo Estrela (2), Prazeres/Praça S. João Bosco (2), Rato (2), Benfica/Colégio Militar-Luz (1), Campo Grande/Metro (2), Campo Pequeno (1), Praça de Espanha (2), Praça de Alvalade (2), Areeiro/Pr. Dr. Francisco Sá Carneiro (1).

Stadtbusse

Das Busnetz ist mit seinen etwa 100 Linien, die kreuz und quer durch die ganze Stadt führen, schwer zu überblicken. Die ersten Busse fahren gegen 5 Uhr morgens; gegen 1 Uhr nachts wird der Service eingestellt. Dann fahren die Nachtbusse der Rede da Madrugada.

Die Busflotte wurde in den letzten Jahren durch den Kauf von neuen klimatisierten Gelenkbussen aufgerüstet, sodass man nur noch selten mit alten, unkomfortablen Gefährten Vorlieb nehmen muss. In den Sommermonaten Juli und August gilt der leicht unterschiedliche Fahrplan des *Horario de Verão*. Im Gegensatz zum "Winterfahrplan", dem *Horário de Inverno*, fahren dann vor allem im Berufsverkehr weniger Busse. Vorsicht bei den Linien 81, 82, 83 und 101: Diese Express-Busse halten nicht an allen Stationen!

Aufgepasst auch beim Flughafenzubringer **Aero-Bus** Nr. 91, der alle 20 Min. über die Praça do Comércio und den Bahnhof Rossio zwischen dem Cais do Sodré und dem Flughafen verkehrt. Er darf nur gegen den Kauf einer Tages- oder einer Drei-Tages-Karte im Bus benützt werden. Vorverkaufskarten, Pässe etc. gelten hier nicht. TAP-Fluggäste haben übrigens eine Fahrt frei: Ein Voucher ist am *Reception Desk* der TAP im Gepäckausgabebereich des Lissabonner Flughafens erhältlich.

In Portugal steht man in der Schlange an

Die ganze Nacht über verkehren in Lissabon die **Nachtbusse** der so genannten *Rede da Madrugada*. Sie bedienen von 00.30 bis 05.30 Uhr im 30-

---

Tipps zum Bus- und Straßenbahnfahren

In Lissabon gibt es einige Regeln, die man beim Bus- und Straßenbahnfahren unbedingt beachten sollte, weil man sonst unangenehm auffällt. Man stellt sich *immer* (auch bei den Straßenbahnen und Aufzügen) in der Schlange an! Bus und Straßenbahn bringt man zum Halten, indem man mit dem Arm winkt. Wenn man das vergisst, fahren die Busse einfach vorbei. Eingestiegen wird prinzipiell immer vorne; eine Ausnahme sind nur die neuen Straßenbahnen, die man durch alle Türen betreten und verlassen darf. Beim Einsteigen zeigt man dem Fahrer unaufgefordert die Karte vor bzw. kauft eine (außer in den neuen Straßenbahnen, dort gibt es Fahrscheinautomaten). Gehalten wird nur, wenn man vorher auf den Knopf *Parar* gedrückt hat. Aussteigen muss man prinzipiell hinten.

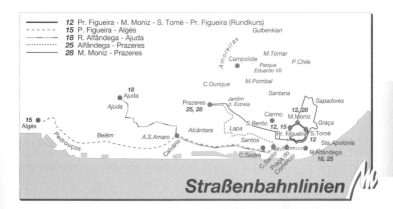

Minuten-Takt praktisch alle Stadtteile. Fast alle Nachtbuslinien fahren jeweils zur vollen und zur halben Stunde ab dem Cais do Sodré ab (um 3 und 4 Uhr Abfahrt nur zur halben Stunde). Es gelten alle normalen Carris-Fahrkarten und die diversen Pässe, spezielle Aufschläge müssen nicht gezahlt werden.

Straßenbahnen

Die Straßenbahn ist das beste Transportmittel, um die Stadt zu erkunden. Wer nur wenige Stunden Zeit hat, Lissabon zu sehen, sollte eine Fahrt mit der faszinierenden Linie 28 unternehmen. Es gibt wohl kaum eine andere Großstadt in Europa, in der so betagte Straßenbahnen verkehren wie in Lissabon. Die älteste Straßenbahn, die noch in Betrieb ist – wenn auch nur zu besonderen Anlässen – ist die Tram Nr. 283 aus dem Jahr 1902.

1873 begann die Geschichte der Lissabonner Trams mit den *americanos*, von Pferden gezogenen Straßenbahnen. Unklar ist, warum sie "Amerikaner" genannt wurden: Entweder weil einige der Wagen aus Amerika stammten oder weil das Transportsystem ursprünglich in den USA erfunden wurde. Am 31. August 1901 um 4.40 Uhr morgens wurde dann von Pferdeantrieb auf elektrische Traktion umgestellt, die Ära der *eléctricos* hatte begonnen. Die "Elektrischen" hatten einen enormen Erfolg. Gleise wurden durch die ganze Stadt verlegt: bis zur Kirche von Benfica, über die Avenida da Liberdade, die Avenida da República und den Campo Grande bis nach Lumiar, nach Carnide, in den Osten der Stadt bis zum Poço do Bispo ... Den Rossio konnte man sich gar nicht mehr ohne die Straßenbahnen vorstellen. Insgesamt wurden über 80 km Linienlänge befahren.

Mit der Aufnahme der ersten Buslinie im Jahre 1944 begann jedoch der allmähliche Abstieg der Trams. Mit dem Start der Metro 1959 wurde der Betrieb der Linien Richtung Norden eingestellt, und alsbald waren nur noch die Strecken in den Westen übrig. Den Straßenbahnen Lissabons schien das gleiche traurige Schicksal beschieden zu sein wie so vielen Trams in anderen Städten Europas. Anfang der 70er war die komplette Einstellung schon beschlossene Sache, doch die Revolution von 1974 und die Ölkrise ließen diese Pläne wieder in der Schublade verschwinden. Die Gleise und die Oberleitung des nur noch etwa 50 km langen Netzes waren allerdings weiterhin in katastrophalem Zustand. Die Carris beschloss, einige Linien durch Busse zu ersetzen und die Straßenbahn in den Vierteln zu erhalten, in denen die Straßen für Busse zu eng und zu steil waren.

Von etwa 16 Linien hatten 1994 nur noch 7 überlebt. Die verbliebenen Gleisanlagen und Oberleitungen wurden renoviert und 45 der alten, wunderschönen Straßenbahnen aus den 40er Jahren komplett überholt. Neue Motoren verdreifachten die Leistung auf 50 kW und erhöhten die Höchstgeschwindigkeit auf 50 km/h. So blieb der Stadt eines ihrer Wahrzeichen erhalten. Für die Linie 15 in den Vorort Algés (über Belém) überlegte sich die Carris etwas anderes: Sie setzt hier seit 1995 vor allem moderne, gelbe Gelenkstraßenbahnwagen ein.

Die 28: Martim Moniz – Prazeres

Die Fahrt mit der berühmtesten Straßenbahnlinie Lissabons beginnt am Martim Moniz (Metro Martim Moniz), Treffpunkt zahlreicher Inder und Chinesen und internationalster Platz der Stadt. Zuerst geht es die Rua da Palma und die Avenida Almirante Reis nach oben, dann biegt die Bahn kurz vor der Kirche Igreja dos Anjos scharf nach rechts ab, um emsig den Graça-Hügel zu erklimmen. Oben angekommen, erreicht man bald den Largo da Graça, nicht weit entfernt liegen die Kirche Igreja da Graça und der Aussichtspunkt Nossa Senhora do Monte. Die nächste Haltestelle befindet sich gegenüber der Igreja São Vicente de Fora. Wer zum Flohmarkt *Feira da Ladra* will, steigt hier aus. Ab dann wird es abenteuerlich: Eine eingleisige Strecke (der Verkehr wird durch eine Ampel geregelt) führt durch enge Gassen der Alfama, so eng, dass sich die Passanten in die Haustüren drücken müssen, um von der Tram nicht erfasst zu werden. Ein paar hundert Meter weiter wird die Straße wieder etwas breiter; ihr Name *Rua das Escolas Gerais* erinnert daran, das hier im Mittelalter die erste Universität Portugals stand, bis sie 1537 nach Coimbra verlegt wurde. Nach einem weiteren eingleisigen Abschnitt in einer ansteigenden Kurve erreicht man São Tomé. Ab hier begleitet die Linie 12 für eine kurze Weile die 28.

Die nächste Station ist der Aussichtspunkt Santa Luzia, von dem die Burg zu Fuß schnell erreicht werden kann. An der Kathedrale vorüber donnert die Bahn in die Baixa hinunter. Der Wagenführer kurbelt dabei kräftig an den großen Handbremsenrädern; nicht umsonst wird er auf Portugiesisch *guardafreios* – Bremsenhüter – genannt. Kurzer Halt in der Rua da Conceição, und schon geht es wieder nach oben in Richtung Chiado. Die folgende Straße erinnert sehr an San Francisco, und siehe da: Sie heißt auch Calçada de São Francisco. Die Steigung ist mit 13,5 Prozent enorm – die steilste Straßenbahnstrecke der Welt!

Am ehemaligen Gebäude der portugiesischen Stasi, der PIDE in der Rua António Maria Cardoso, teilen sich die beiden Richtungen der 28. Vorbei an der Oper São Carlos, erreichen wir den Largo Luís de Camões im Bairro Alto. Nicht weit davon ist das berühmteste Café Lissabons, A Brasileira, zu finden.

Lissabon ist die Stadt der Hügel: Die nächste Abfahrt ist nicht weit. Bereits kurz nach der Bergstation des Aufzugs *Elevador da Bica* muss der Fahrer wieder kräftig an der Handbremse kurbeln, damit der Wagen nicht zu schnell den Berg nach unten schießt.

Im Tal von São Bento angekommen trennen sich die Schienen ein weiteres Mal für kurze Zeit, um sich nach der Rua do Poço dos Negros wieder zu vereinigen. Am Parlament São Bento vorbei, geht es die Calçada da Estrela hinauf. Der Anstieg ist so steil, dass der Fahrer bei Regen fleissig Sand streuen muss, um nicht abzurutschen. Oben an der Basílica da Estrela mit ihrem zum Verweilen einladenden Garten Jardim da Estrela enden viele Straßenbahnen, einige fahren aber weiter durch den grünen, rechtwinklig angelegten Arbeiterstadtteil Campo de Ourique zur Endstation Cemitério dos Prazeres. Auf dem "Friedhof der Vergnügungen" kann dann eine kurze Erholungspause eingelegt werden, bevor es wieder zurückgeht – denn auf dieser Fahrt gibt es immer etwas zu entdecken...

Rasante Fahrt durch die Alfama-Gassen

Aufzüge

Die vier Aufzüge gehören zu den Hauptsehenswürdigkeiten Lissabons. Sie helfen einem nicht nur bequem die Hügel hinauf – die Fahrt an sich ist schon ein Erlebnis. Genau genommen handelt es sich eigentlich um einen Aufzug, den Elevador Santa Justa, und drei Standseilbahnen.

Früher gab es übrigens einmal etwa zehn dieser Aufzüge, doch mit der Konkurrenz der Straßenbahnen und Busse verschwanden einige mit der Zeit wieder aus dem Stadtbild.

Elevador Santa Justa: Der Aufzug gilt als Markenzeichen Lissabons. Seine beiden Kabinen verkehren 32 m senkrecht nach oben und verbinden die Baixa (Rua de Ouro) mit dem Chiado und dem Bairro Alto (Largo do Carmo). Von der oberen Plattform aus breitet sich eine faszinierend schöne Sicht auf die Burg und die Unterstadt aus. Folgt man der Wendeltreppe ganz nach oben, so gelangt man auf eine Terrasse mit überteuertem Cafébetrieb, den man besser meidet und stattdessen nur die Aussicht ohne störendes Gitter genießt. Der

Aufzug ist nicht – wie oft behauptet – von Eiffel erbaut worden, sondern von Raul Mesnier du Ponsard, einem seiner Schüler. Er ließ sich dabei von gotischen und neo-gotischen Stilelementen inspirieren – deutlich sichtbar an den eisernen Spitzbögen. Im Jahr 1902 nahm der Elevador seinen Betrieb mit Dampfkraft auf; bereits 1907 stellte man jedoch auf elektrische Motoren um. Heute wird er täglich von 7–23.45 Uhr betrieben.

> **Achtung:** 2003 war der obere Ausgang wegen Bauarbeiten geschlossen. Der Aufzug diente also nur als Aussichtsplattform.

Elevador da Glória: Die 1885 in Betrieb genommene Standseilbahn verbindet die Praça dos Restauradores mit der Rua São Pedro de Alcântara und ist verkehrstechnisch der wichtigste der vier Aufzüge. Heute benutzen sie besonders gerne die nächtlichen Ausflügler, um ins Bairro Alto zu kommen. Von der Bergstation, dem Miradouro São Pedro de Alcântara, hat man eine gute Aussicht (täglich 7–0.55 Uhr).

Elevador do Lavra: Nicht weit von der Praça dos Restauradores entfernt verbindet diese Bahn den Largo da Anunciada mit der Rua da Câmara Pestana auf dem Santana-Hügel. Dieser älteste Aufzug Lissabons wurde am 19. April 1884 eingeweiht; er funktionierte anfangs noch mit Dampfantrieb, seit 1914 ist er ebenfalls elektrifiziert. Auch hier lohnt sich die Fahrt wegen der Aussicht, die im nahe gelegenen Jardim do Torel am besten ist. Der Aufzug fährt Mo–Fr 7–22.45 und Sa/So 9–22.45 Uhr.

Elevador da Bica: Die kleinste Standseilbahn mit einer Besonderheit, da sich die Talstation in einem Haus in der Rua de São Paulo befindet. Dort wird auch bezahlt oder abgestempelt. Die Bergstation liegt am Largo do Calhariz im Bairro Alto. Der einzige Aufzug, der seit seiner Eröffnung im Jahr 1892 mehrere schwere Unfälle erlebte. Doch diese Zeiten sind schon lange vorbei. Das kleine Tal von Bica, in dem der Aufzug den Berg erklimmt, öffnete sich übrigens beim Erdbeben von 1597. Der auch *Ascensor da Bica* genannte Aufzug kann Mo–Fr 7–22.45 und Sa/So 9–22.45 Uhr benutzt werden.

Züge

Interessante Ausflugsmöglichkeiten bieten die diversen Bahnlinien in die Vororte nördlich und südlich des Tejo. Besonders die Orte an der Küste wie Cascais und Estoril sowie Sintra im Nordwesten Lissabons sind mit dem Zug schnell und bequem zu erreichen.

Die Fahrten in den Nahverkehrszügen sind recht günstig, in jedem Fall billiger als vergleichbare Strecken mit Privatbussen. Wer über längere Zeit eine bestimmte Bahnlinie benutzt, fährt mit einem 10-Fahrten-Ticket bzw. einer 5-Tages- oder einer Monatskarte noch günstiger. Kinder bis 11 J. zahlen den halben Preis, unter 4 J. reisen die Kleinen kostenlos.

Auskünfte gibt die portugiesische Eisenbahn CP (*Caminhos de Ferro Portugueses*) unter der gebührenfreien Nummer 808208208. Aus dem Ausland kann ✆ 213215700 gewählt werden. Im Internet unter www.cp.pt.

> **Achtung**: In Portugal fahren die Züge links!

Züge 125

Knotenpunkt zahlreicher Vorortlinien: Gare do Oriente

Linha de Cascais: Die schönste Zugstrecke in die Lissabonner Umgebung beginnt am 1925–28 nach Plänen des modernistischen Architekten Porfírio Pardal Monteiro erbauten Kopfbahnhof Cais do Sodré und bedient alle Küstenorte westlich Lissabons. Die Züge fahren fast immer direkt am Tejo bzw. Meer entlang. Aber Vorsicht: Nicht alle Züge halten an allen Stationen. Man sollte auf die Anzeigetafeln auf den Bahnhöfen achten.
Informationen ✆ 800203067.

Linha de Sintra: Die am stärksten befahrene Vorortlinie Portugals startet im alten Hauptbahnhof Lissabons, dem Kopfbahnhof Estação do Rossio, und führt anschließend durch einen langen Tunnel bis Campolide. Darauf folgt ein Halt im Lissabonner Stadtteil Benfica. Ab Damaia geht es dann durch die öden Schlafstädte der *Linha de Sintra*, Amadora, Queluz und Cacém, bis zum krönenden Endpunkt Sintra. Auch hier sollte man auf die Zuganzeigen achten, da nicht alle Züge bis Sintra durchfahren. Manche halten auch nicht an allen Stationen. Ein Teil der Züge fährt nicht im Rossio, sondern auf der Gürtelbahn an der Gare do Oriente oder in Entrecampos los.
Informationen ✆ 800200904.

Linha do Norte: Diese älteste Eisenbahnstrecke Portugals wurde 1856 auf dem Abschnitt Lissabon–Carregado eingeweiht; später wurde sie bis Porto, der wichtigsten Stadt Nordportugals, verlängert. Zwischen dem Bahnhof Santa Apolónia und Vila Franca de Xira sowie Azambuja pendeln auch Vorortzüge entlang des Tejos. Alle Züge halten auch am neuen Hauptbahnhof Lissabons, der Gare do Oriente.
Informationen ✆ 800201820.

Linha de Cintura: Die "Gürtelbahn" ist eine gute Gelegenheit, das "etwas andere" Lissabon zu sehen. Die Strecke verbindet die *Linha de Cascais*, die Strecke auf die Tejosüdseite, die *Linha de Sintra* und die *Linha do Norte* miteinander. Im Kopfbahnhof Alcântara-Terra, der mit dem Bahnhof Alcântara-Mar der Linha de Cascais über ein langes Rollband verbunden ist, beginnt die Reise. Unter dem Aquädukt hindurch geht es zur Station Campolide, dem Umsteigebahnhof in Richtung *Linha de Sintra* und Tejosüdseite. Nach Campolide folgen drei Stationen mit Metroanschluss: Sete Rios (Metro Jardim Zoológico), Entrecampos und Areeiro. Weiter geht es über den Hauptbahnhof Gare do Oriente und die *Linha do Norte* bis nach Vila Franca de Xira oder Azambuja.

Linha do Oeste: Die Strecke führt von Figueira da Foz nach Lissabon durch die sanfte, hügelige Landschaft Estremadura. Die *Linha do Oeste* ist eigentlich keine Vorortzugstrecke von Lissabon – im Abschnitt Torres Vedras–Lisboa wird sie aber auch von vielen Pendlern benutzt. Obwohl sie durch große Bevölkerungszentren führt, ist die Strecke eingleisig, nicht elektrifiziert und wird insgesamt von der portugiesischen Eisenbahn CP so stiefmütterlich wie die Strecken im entvölkerten Landesinneren behandelt – ein Paradebeispiel für das Missmanagement der CP. Die Fahrzeiten können mit denen der Expressbusse, die parallel auf der neuen Autobahn Torres Vedras–Lissabon verkehren, nicht konkurrieren, und zu allem Unglück muss man auch noch in Cacém auf die *Linha de Sintra* umsteigen.

Linha do Sado: Um diese Züge von Lissabon aus zu benutzen, muss man zuerst mit einem Schiff vom Fährbahnhof Sul e Sueste (auch Terreiro do Paço genannt) nach Barreiro auf die andere Tejoseite übersetzen. Dort geht es mit Vorortzügen weiter nach Setúbal und Praias do Sado. Architekturfreunde sollten in Lissabon den Fährbahnhof Sul e Sueste genauer betrachten: Das 1929 durch José Ângelo Cottinelli Telmo entworfene Gebäude gehört zu den ersten modernistischen Bauwerken Portugals.

Verbindungen Bahnhöfe–Flughafen

	Santa Apolónia	Sul e Sueste	Cais do Sodré	Rossio	Gare do Oriente	Flughafen
Santa Apolónia		Bus 9, 28, 35, 39, 46, 59, 90, 105, 107	Bus 28, 35, 107	Bus 9, 39, 46, 90	Zug, Bus 28	nicht direkt, nur via Rossio
Sul e Sueste	Bus 9, 28, 35, 39, 46, 59, 90, 105, 107		Bus 28, 35, 107	Bus 9, 39, 46, 90	Bus 28, 44	Bus 44, 45, Aero-Bus 91
Cais do Sodré	Bus 28, 35, 107	Bus 28, 35, 107		Metro, Bus 1, 44, 45, Aero-Bus 91	Metro, Bus 28, 44	Bus 44, 45, Aero-Bus 91
Rossio	Bus 9, 39, 46, 90	Bus 9, 39, 46, 90	Metro, Bus 1, 44, 45, Aero-Bus 91		Metro, Bus 44	Bus 44, 45, Aero-Bus 91
Gare do Oriente	Zug, Bus 28	Bus 28, 44	Metro, Bus 28, 44	Metro, Bus 44		Bus 5, 44
Flughafen	nicht direkt, nur via Rossio	Bus 44, 45, Aero-Bus 91	Bus 44, 45, Aero-Bus 91	Bus 44, 45, Aero-Bus 91	Bus 5, 44	

> **Achtung:** Der Fährbahnhof in Barreiro befindet sich am Bahnhof Barreiro und nicht am Bahnhof Barreiro-A, der 2 km vor dem eigentlichen Bahnhof Barreiro liegt (keine sehr gelungene Namensgebung ...)!

Fertagus: Die Züge auf die Tejosüdseite starten von Entrecampos und erreichen über Sete Rios den Bahnhof Campolide mit Umsteigemöglichkeit auf die *Linha de Sintra*. Hier geht es dann auf die Brücke des 25. April mit spektakulärer Aussicht auf Lissabon. Vorerst endet die Bahn in Fogueteiro, eine durchgehende Verbindung nach Setúbal soll im Jahre 2004 fertig gestellt werden. In Pinhal Novo wird die Strecke dann auf die *Linha do Sado* treffen. Als erste Zugstrecke Portugals hat der Staat diese Verbindung übrigens an einen privaten Betreiber vergeben. Gewonnen hat die Ausschreibung *Fertagus*, ein Konsortium aus dem portugiesischen Busunternehmen *Barraqueiro* und dem französischen Mischkonzern *Vivendi*.
Informationen ✆ 213845454, www.fertagus.pt.

Fähren

Eine Fährfahrt auf die Südseite des Tejo gehört zu den schönsten Kurzausflügen. Von jeder der zahlreichen Linien eröffnen sich neue Perspektiven auf Lissabon, und auch die Orte der Südseite halten so manche Sehenswürdigkeit bereit.

Transtejo: Gleich zwei Linien dieser Fährgesellschaft führen vom Cais do Sodré nach Cacilhas, einem Stadtteil von Almada: eine Linie nur mit Personentransport, die andere auch für Fahrzeuge. Vom Terreiro do Paço kommt man dagegen mit schnellen Katamaranen nach Seixal und Montijo. Die Abfahrtstelle für diese beiden Fährlinien liegt direkt hinter dem Soflusa-Fährbahnhof

Von Cacilhas nach Lissabon: eine Fährfahrt mit Bairro-Alto-Panorama

Sul e Sueste. Die Linie nach Montijo ist dabei die längste und schönste Fahrt. Weitere Transtejo-Fähren verkehren vom Stadtteil Belém über Porto Brandão nach Trafaria. Diese Strecke lohnt sich auf Grund ihrer etwas anderen Perspektive im engen Teil der Tejo-Mündung.

Informationen Transtejo, Estação Fluvial do Terreiro do Paço, ℡ 218820340, ℻ 218820376, www.transtejo.pt.

Soflusa: Die zweite Fährgesellschaft ist ein ehemaliges Tochterunternehmen der Eisenbahn und gehört inzwischen zur Transtejo. Sie bedient nur die Strecke zwischen dem Fährhafen Terreiro do Paço/Sul e Sueste an der Praça do Comércio und dem Kopfbahnhof von Barreiro, an dem die Züge der *Linha do Sado* Richtung Setúbal abfahren.

Informationen Soflusa, Estação Fluvial do Terreiro do Paço, ℡ 210336500.

Vorortbusse

Die Verkehrsanbindung der Vororte wird zum Großteil mit Bussen abgewickelt. Vor allem von den Metrostationen und von den Bahnhöfen der S-Bahnlinien Linha de Cascais und Linha de Sintra fahren Busse zahlreicher Gesellschaften in die umliegenden Orte.

Für diejenigen, die oft mit einer bestimmten Gesellschaft fahren, lohnt es sich, vorher an einer Verkaufsstelle Vorverkaufskarten (*módulos*) zu kaufen. Diese gibt es in Blöcken für 10 oder 20 Fahrten; sie gelten aber jeweils ausschließlich auf Linien der jeweiligen Busgesellschaft.

Richtung Norden fahren die meisten Linien ab dem Busbahnhof neben der Metro Campo Grande; nach Süden dagegen ab der Praça de Espanha (Metro Praça de Espanha) oder der Gare do Oriente (Metro Oriente).

Lisboa Transportes/LT: Diese Gesellschaft bedient vor allem die näher an Lissabon gelegenen Städte wie Amadora, Queluz und Oeiras. Informationen: ℡ 800204121 und 214354210, ℻ 214352802.

ScottURB: Dieses britische Unternehmen ist vor allem in der Gegend von Sintra, Cascais und Estoril vertreten. ScottURB verkauft auch Tages- und Wochennetzkarten für 16 bzw. 16 €. Außerdem gibt es eine Tageskarte für 9 €, die in den Zügen der Linha de Cascais sowie Linha de Sintra und den ScottURB-Bussen gilt. Einzige Ausnahme bei allen drei Angeboten ist der Stadtbus Cascais busCas. Die Karten sind beim Busfahrer bzw. an den Verkaufsstellen in Sintra, Cascais und Estoril erhältlich. Informationen: ℡ 214699100, ℻ 214602711, www.scotturb.com.

Rodoviária da Estremadura, Barraqueiro Oeste, Boa Viagem, Mafrense: In den Norden Lissabons fahren vor allem diese miteinander kooperierenden Gesellschaften der Rodoviária da Estremadura-Gruppe. Informationen: ℡ 217511600, www.rodest.pt.

Transportes Sul do Tejo – TST: Unter dem Dach dieser Gesellschaft sind mittlerweile die meisten privaten Buslinien der Tejosüdseite wie Setubalense oder Covas zusammengefasst. Informationen: ℡ 210427000 und 212754588.

Fernbusse: Abfahrt zumeist im Busbahnhof Arco do Cego an der Ecke Avenida Duque d'Ávila und Avenida Defensores de Chaves (Metro Saldanha, s. Karte Avenidas Novas S. 266/267). Darunter die Busse der *Rede Expressos*, des größten Netzes an Expressbussen. Zahlreiche kleinere Privatbusgesellschaften fahren dagegen vom neuen Hauptbahnhof Gare do Oriente (Metro Oriente, s. Karte Osten S. 323).

Informationen Zu den Rede Expressos-Busse unter ℡ 213545439 und 707223344; www.rede-expressos.pt.

Höhepunkt der Juni-Feiern: Die 'marchas populares' am Vorabend des 13. Juni (FVL) ▲▲
Abschluss der 'Festas de Lisboa': Lichtspektakel an der Praça do Comércio (FVL) ▲

▲▲ Einkaufen an der Rua Augusta (JB) ▲▲ Dominiert die Alfama: Lissabons Kathedrale Sé (JB)

Subtropisches Klima in der Estufa Quente ▲
im Parque Eduardo VII (JB)

Azulejogeschmückter Palast in der ▲▲
Calçada do Marquês de Abrantes (Madragoa) (JB)
Verwinkelte Gassen der Alfama (JB) ▲

▲▲ "Friedhof der Vergnügungen" – Cemitéro dos Prazeres (JB)
▲ Erinnert an die portugiesischen Entdeckungsfahrten – Weltkarte vor dem Padrão dos Descobrimentos in Belém (JB)

Organisierte Stadtrundfahrten

Allen organisierten Stadtrundfahrten in Lissabon ist gemein, dass sie ziemlich überteuert sind. Mit etwas Eigeninitiative können die gleichen Orte oft zu einem Bruchteil des Preises erkundet werden.

Eléctrico das Colinas/Hills Tramcar: Sehr stilvolle zweistündige Fahrt in einer Straßenbahn aus dem Jahr 1902 von der Praça do Comércio durch die Hügel der Altstadt Lissabons. Begleitet wird sie von einem Führer, der Portugiesisch, Englisch und Französisch spricht. Im wesentlichen eine Mischung aus den Strecken der regulären Straßenbahnlinien 25 und 28.
Abfahrtszeiten/Preise von Oktober bis Mai etwa stündlich, ansonsten etwa halbstündlich. Dauer der Tour ist 90 Min. Erwachsene zahlen 16 €, Kinder bis 10 J. 50 % Ermäßigung. Für den gleichen Preis kann man fast schon eine Monatskarte der Carris erwerben...

Circuito Tejo/Tagus Tour: Eine Fahrt in kitschigen, oben offenen Doppeldeckerbussen nach Londoner Vorbild. Dazu werden Infos von einer Kassette in Portugiesisch, Französisch und Englisch abgespult. Es gibt noch eine weitere Linie Richtung Osten der Stadt, den *Expresso Oriente*.
Abfahrtszeiten/Preise Abfahrt etwa stündlich von der Praça do Comércio (März bis Oktober alle 30 Min.) Dauer 90 Min. Preis 13 €, Kinder bis 10 Jahre zahlen die Hälfte.

Cruzeiros no Tejo: Per Transtejo-Schiff entlang der Küste mit schönem Blick auf die Stadt. Fahrt vom Terreiro do Paço (Praça do Comércio) bis Belém, dann auf die andere Tejo-Seite, dort weiter bis zum Parque das Nações und zurück zum Terreiro do Paço.
Abfahrtszeiten/Preise Von März bis Oktober Abfahrt täglich um 11 und 15 Uhr. Dauer 2,5 Stunden. Preis pro Person 15 €, Kinder und Rentner 8 €. ☎ 218820340, ✆ 218820376.

Taxi

Das Taxi fahren in Lissabon ist im Vergleich zu Deutschland durchaus noch erschwinglich. Der Grund dafür sind das niedrige Lohnniveau und die hohe Zahl an Arbeitslosen ohne Berufsausbildung. Besonders abends prägen die Taxis das Straßenbild.

Die Taxis sind in Portugal beige wie in Deutschland. Man sollte vor der Fahrt unbedingt darauf achten, dass der Fahrer den Taxameter auf die Grundgebühr und den richtigen Tarif einstellt. Mo–Fr tagsüber muss Tarif 1 auf der Taxameteranzeige erscheinen, wochentags von 22 bis 06 Uhr sowie an Wochenenden und Feiertagen ganztags gilt dagegen Tarif 2.

Generell ist ein gewisses Misstrauen bei den Tarifen nicht fehl am Platz. So bekommt man nicht nur als Ausländer gerne von den Taxifahrern Folgendes erzählt: Die Taxipreise seien kürzlich angehoben worden, aber die Taxameter noch nicht angepasst, daher würden Umrechnungstabellen verwendet. Bis auf wenige Ausnahmen ist das falsch. Man sollte die Umrechnungstabellen überprüfen, ob sie von der Stadt offiziell beglaubigt sind. Außerdem sollte die Differenz zum Taxameter-Preis nicht mehr als 10 Prozent betragen. Hin und wieder stellen die Fahrer am Taxameter auch den teuren Tarif 4 ein, der normalerweise aber nur für Fahrten in die Vororte außerhalb Lissabons verwendet werden darf.

130 Unterwegs im Großraum Lissabon

*Nostalgischer Taxista am Rossio – Sr. Augusto de Macedo (*1904). Er starb 1997 kurz vor der Uraufführung des ihm gewidmeten Films "Taxi Lisboa". Von 1928 bis 1996 fuhr er mit dem oben abgebildeten Auto.*

● *Preise* Grundgebühr 1,75 € (Tarif 2: 2,10 €). Die ersten 260 Meter sind mit der Grundgebühr abgegolten (Tarif 2: 208 Meter). Je 5 Cent kosten weitere 150 Meter (Tarif 2: 130 Meter). Wenn der Kofferraum benutzt wird, fallen 1,50 € extra an. Wurde das Taxi per Telefon bestellt, so kommen 0,75 € dazu. Üblich ist ein kleines Trinkgeld von mindestens 5 % – bei diesen niedrigen Tarifen sollte das keinem schwer fallen. Wo kein Taxameter vorhanden ist, wie in kleinen Dörfern, sollte der Fahrpreis immer vorher ausgemacht werden.

● *Funktaxis* Rádio *Táxis de Lisboa*, ✆ 218119000; *Autocoope*, ✆ 217932756, *Teletáxis*, ✆ 218111100.

Auto

Lassen Sie zumindest in Lissabon das Auto stehen! Die Parkplatzsuche ist nervtötend, der Verkehr meist stockend und chaotisch. Mit den – zudem noch umweltfreundlicheren – öffentlichen Verkehrsmitteln kommt man meist schneller und auch billiger voran. Außerdem bereitet in Lissabon die recht unvollständige Ausschilderung Ortsunkundigen zusätzliche Probleme.

Wer schwache Nerven hat, sollte sich in Lissabon besser nicht hinters Steuer setzen: Schon das ständige Hupen kann einem gewaltig zusetzen, zumindest dann, wenn man an "normale" deutsche Verhältnisse gewöhnt ist. Nicht minder ungewöhnlich ist es, wenn Lissabons Stadtautobahnring *Segunda Circular* bei Fußballspielen und Rockkonzerten zur Parkfläche (!) umfunktioniert wird. Rechts zu überholen ist vollkommen üblich. Ergebnis des lockeren Umgangs mit Verkehrsregeln sind erschreckend hohe Unfallzahlen: Mit 506 Toten pro 100.000 Fahrzeuge belegt Portugal innerhalb der EU den traurigen ersten Platz (in Deutschland sind es 206 Tote pro 100.000 Fahrzeuge).

Mit **Staus** muss in Lissabon eigentlich ständig gerechnet werden. Besonders wer in der *Rush-hour*, d. h. morgens zwischen 7 und 9 Uhr und abends zwi-

Auto 131

schen 17 und 19 Uhr, in der Stadt mit dem Auto unterwegs ist, sollte viel Geduld und Zeit mitbringen. An vielen Orten läuft dann nämlich gar nichts mehr. Chronisches Stauloch ist die Brücke über den Tejo, deren Rückstau sich schnell auf ganz Alcântara und bis zur Praça de Espanha ausdehnen kann.

In Lissabon und der ganzen Umgebung sind **Autoaufbrüche** leider an der Tagesordnung, wenn auch das Auto meist nur aufgebrochen und selten geklaut wird. Man sollte möglichst kein Risiko eingehen und bewachte Parkplätze oder eine belebte Straße zum Abstellen des Fahrzeugs benutzen. Zudem ist es besser, keine Utensilien im Auto-Innenraum oder im Kofferraum zu lassen.

Parken: An Werktagen kann es in Lissabon extrem schwierig sein, einen Parkplatz zu finden. Es empfiehlt sich, die diversen Tiefgaragen anzusteuern: Praça dos Restauradores (Einfahrtmöglichkeit nur aus Richtung Praça Marquês de Pombal vom äußeren rechten Fahrstreifen der Av. da Liberdade aus), Praça da Figueira, Praça Martim Moniz (alle Baixa), Praça Luís de Camões (Bairro Alto), Praça Marquês de Pombal (Avenida da Liberdade) und Picoas (Avenidas Novas).

Auto abgeschleppt? Ihr Wagen steht wahrscheinlich bei den *Carros rebocados* im Stadtteil Restelo bei Belém. Infos: Polícia de Segurança Pública – PSP – Reboque Viaturas, ✆ 213016864.

Die Arrumadores

Eine portugiesische Besonderheit sind die *Arrumadores*, die "Parkeinweiser". Überall, wo jemand einen Parkplatz sucht, tauchen sie auf und winken die Autos ein. Selbst wenn eine Parklücke die Länge des Autos um ein Vielfaches überschreitet, wird ein kleines Trinkgeld erwartet (50 Cent sollten es schon sein ...) Wer nicht zahlt, riskiert eine verkratzte Karosserie oder zerstochene Reifen. Als *Arrumadores* arbeiteten früher hauptsächlich Rentner, die so ihre karge Altersversorgung aufbesserten. Heute ist der "Service" allerdings zumeist fest in der Hand von Drogensüchtigen und Kleinkriminellen. Bis 1995 war die Tätigkeit als *Arrumador* weder gesetzlich gestattet, noch verboten. Seitdem gilt ein neues Gesetz, nach dem sich die Parkeinweiser lizenzieren lassen und um ein bestimmtes "Arbeitsgebiet" bewerben können.

Autobahnen

Die *Autoestradas* werden von der privaten Gesellschaft BRISA betrieben und sind gebührenpflichtig; man erkennt sie an den blauen Schildern, die oft den Hinweis *Portagem* (mautpflichtig) tragen. Die autobahnähnlich ausgebauten *Itinerários Principais – IP* und *Itinerários Complementares – IC* sind dagegen gebührenfrei und grün ausgeschildert.

• *Preise* Die Gebühren sind moderat, so kostet die Strecke Lissabon-Cascais gerade einmal 1 €. Auf manchen, unten angegebenen Abschnitten nahe Lissabon sind die Autobahnen teilweise sogar ganz kostenlos. Auf den gebührenpflichtigen Autobahnen gibt es ein bargelloses System für Vielfahrer, die *Via Verde*. Dabei handelt es sich um spezielle Durchfahrten an Mautstellen, die nur von Kunden dieses Service benutzt werden dürfen; ein Sender im Auto aktiviert die Gebührenerfassung, der Gesamtbetrag wird am Ende des Monats vom Konto abgebucht.

Informationen: Genaue Autobahngebühren unter www.brisa.pt.

A1/Autoestrada do Norte (Porto–Lissabon), gebührenfrei auf der Strecke Lissabon–Alverca.

A2/Autoestrada do Sul (Lissabon–Setúbal), gebührenfrei auf dem Abschnitt Almada–Fogueteiro; Preis für die Überquerung der

Unterwegs im Großraum Lissabon

Tejobrücke in Süd-Nord-Richtung 1 € (Richtung Nord-Süd gebührenfrei).

A5/Autoestrada da Costa do Estoril (Lissabon–Cascais), gebührenfrei im Abschnitt Lissabon–Caxias (Ausfahrt zur Av. Marginal).

A8/Autoestrada Lisboa-Torres Vedras, gebührenfrei zwischen Lissabon und Loures.

A9/CREL-Circular Regional Exterior de Lisboa, Autobahnring um Lissabon auf der Strecke Caxias–Queluz–Caneças–Loures–Bucelas–Alverca; verbindet alle Autobahnen untereinander und ist insgesamt 6 Spuren reichlich überdimensioniert. Die komplette Strecke kostet 2,50 €.

A 12/Ponte Vasco da Gama/Autoestrada Lisboa–Setúbal, der Preis für die sechsspurige Tejobrücke beträgt pro Auto 1,75 € (Richtung Nord-Süd gebührenfrei). Auf der Südseite Anschluss an die gebührenpflichtige A 12 nach Setúbal.

IC 17/CRIL-Circular Regional Interior de Lisboa, der innere Autobahnring um Lissabon auf der Strecke Algés–Buraca–Pontinha–Olival Basto–Sacavém; weiter über die *Ponte Vasco da Gama* Richtung Montijo auf die Südseite des Tejo. 2003 war der Abschnitt Buraca-Pontinha noch nicht fertig. Gebührenfrei.

IC 19/Lissabon-Sintra, im Abschnitt Amadora–Lissabon chronisch verstopft. Gebührenfrei.

Eixo Norte-Sul, die Nord-Süd-Autobahn Lissabons von der A 8 (Loures) zur A 2 (Brücke). Gebührenfrei.

Segunda Circular, die zweite Ringstraße in Lissabon vom Flughafen (wo die A 1 aus Porto hinzustößt) bis Buraca; dort wiederum mündet die Ringstraße in die CRIL (s. o.). Stets dichter und chaotischer Verkehr. Achtung: Auf der rechten Spur befinden sich Bushaltestellen! Gebührenfrei.

Mietautos und Mietmotorräder

Einen Mietwagen gleich in Deutschland zu buchen, kann sich lohnen. Man spart sich viel Ärger, da die Wagen vor Ort auch in der Nebensaison häufig ausgebucht sind. Außerdem liegt der Preis bei den meisten Veranstaltern niedriger als am Zielort. Das gilt vor allem, wenn über das Internet gebucht wird. Auf einen Mietwagen für die gesamte Aufenthaltsdauer kann man in Lissabon und Umgebung aber getrost verzichten. Hier kommt man mit öffentlichen Verkehrsmitteln meist besser voran.

Einen Wagen bekommt man bei Internetbuchung pauschal ab ca. 30 € pro Tag oder 150 € für eine Woche. Dazu kommt jeweils nur noch der verfahrene Treibstoff. Im Hochsommer liegen die Preise etwas darüber. Gewöhnlich ist beim Verleiher eine Blanko-Kreditkarten-Quittung zu unterschreiben oder eine Kaution zu hinterlegen, die bei Rückgabe des Fahrzeugs zurückerstattet wird.

Generell darf man erst ab 23 Jahre einen Wagen ausleihen; ein Jahr Fahrpraxis ist Bedingung. Mietmotorräder bis zu 50 ccm kann man ab 18 Jahre, bis 750 ccm ab 23 Jahre und ohne Beschränkung ab 25 Jahre ausleihen. Bedingung jeweils ein Jahr Führerschein, für die Klassen ab 750 ccm zwei Jahre.

- *Internet* Sunny Cars, www.sunnycars.de. Miethke, www.autovermietung-weltweit.de.
- *Lissabon* Die großen Mietwagenfirmen sind alle auch in der Ankunftshalle des Lissabonner Flughafens vertreten, einige auch im Bahnhof Santa Apolónia. Achtung: Bei Ausleihe im Flughafen wird teilweise ein Zuschlag fällig.

A.A. Castanheira Budget, Av. João Crisóstomo, 85–87, ✆ 808288828 und 213195555, ✆ 213556920 (Metro São Sebastião, Av. Novas). Auch Mietmotorräder.

Avis, Av. Praia da Vitória, 12-C, ✆ 800201002 und 213514560, ✆ 213573079 (Metro Saldanha, Av. Novas). Auch an den Bahnhöfen Santa Apolónia (✆ 218810469) und der Gare do Oriente (Loja 205, ✆ 218953915).

Europcar, Av. António Augusto de Aguiar, 24-C/D, ✆ 218861573 bzw. 213535115, ✆ 213536757 (Metro Parque, Av. Novas). Auch an den Bahnhöfen Santa Apolónia sowie Gare do Oriente, Loja 206, ✆ 218946072 (Metro Oriente).

Hertz, Rua Castilho, 72-A/B, ✆ 800201231 und 213812430, ✆ 213874164 (Metro Marquês de Pombal, Av. Novas).

Iberrent, Av. 5 de Outubro, 54-C, ✆ 213172160, ✆ 213541401 (Metro Saldanha).

National Car, Av. Álvares Cabral, 45-B, ✆ 213703400, ✆ 213703491 (Metro Rato).

Sixt, Aeroporto de Lisboa (Flughafen), ✆ 218478220.

- *Estoril* Avis, Estação Caminhos de Ferro, Av. Marginal, 7034, ✆ 800201002 und 214685728.
- *Cascais* A.A. Castanheira Budget, Rua Doutor Iracy Doyle, 6-A, ✆ 808288828 und 214821291. Auch Mietmotorräder.
  Europcar, Av. Marginal, Centro Comercial Cisne, Loja 4–5, ✆ 214864419.
  National Car, Av. 25 de Abril, Hotel Cidadela, ✆ 214833217.
- *Torres Vedras* Avis, Av. Gen. Humberto Delgado, 32, ✆ 800201002 und 261317895.
- *Vila Franca de Xira* Avis, Rua Alves Redol, 108-A, ✆ 800201002 und 263270673.
- *Setúbal* Avis, Av. Luísa Todi, 96, ✆ 800201002 und 265538710.
  Hertz, Av. Luísa Todi, 277, ✆ 800201231 und 265535328, ✆ 265533786.
  Alucar, Av. dos Combatentes da Grande Guerra, 60, ✆ 265538320.
  Europcar, Rua Dr. António Manuel Gamito, 1, ✆ 265532288.

Fahrrad

Wegen der unübersichtlichen Verkehrssituation und der hügeligen Innenstadt sollte man eine Erkundung Lissabons mit dem Fahrrad nicht in Erwägung ziehen. Es ist einfach viel zu gefährlich. Das gilt auch für die stark befahrenen Straßen in den Vorstädten Lissabons. Am Tejoufer sowie in den ländlichen Gebieten um Lissabon kann man dagegen sehr gut Rad fahren.

Die Portugiesen fahren generell kaum Rad. Das sieht man auch an der Statistik: Während die Holländer 1995 durchschnittlich 1.000 Kilometer pro Jahr zurücklegten, brachten es die Portugiesen nur auf magere 35 Kilometer!

Die Stadt Lissabon hat vor einigen Jahren dennoch mehrere Radwege angelegt: am Tejoufer zwischen Alcântara und Belém (s. Karte Belém S. 302/303); nördlich des Parque das Nações zwischen der Torre Vasco da Gama und dem Trancão-Fluss (s. Karte Osten S. 323) und im östlichen Teil des Monsanto-Parks (s. Karte Benfica S. 316).

In der Umgebung Lissabons gibt es einen sehr schönen Radweg von Cascais entlang der Felsenküste der Boca do Inferno nach Guincho. Ein weiterer Fahrradweg verläuft auf der Tejo-Südseite von Trafaria zur Costa da Caparica. Schöne Radtouren, vor allem mit Mountainbikes, bieten sich in der Serra de Sintra und in der Serra da Arrábida an.

- *Fahrrad-Transport* Die Carris-Busse und Straßenbahnen erlauben den Transport von Fahrrädern nicht. In der Metro kann das Radel am Wochenende kostenlos mitgenommen werden, unter der Woche dagegen nicht. Auf der Autofähre Cais do Sodré-Cacilhas und in den Vorortzügen (z. B. Lissabon–Cascais und Lissabon–Sintra) ist die ganze Woche über Selbstverladung möglich. Eine Fahrradkarte für die Züge kostet Mo–Fr einfach 1,50 €, hin- und zurück 2,50 €, Sa/So und an Feiertagen sogar kostenlos. Mo–Fr von 7–10 Uhr allerdings kein Transport in Richtung Cascais–Lissabon und von 16–20 Uhr kein Transport in Richtung Lissabon–Cascais.
- *Mietfahrräder* **Cascais**: BiCas, städtische Mietfahrräder, die für 1 € pro Tag und gegen die Vorlage eines Personalausweises abgegeben werden (s. Cascais S. 370).
  Ericeira: *Turismo de Ericeira*, Rua Dr. Eduardo Burnay, 33-A, ✆ 261863122. Der Turismo verleiht Mountainbikes für 7,50 € pro Tag. Weitere Verleihstation im Parque Santa Marta.
  Setúbal: *Planeta Terra*, Praça General Luís Domingues, 9, ✆ 265080176. Auf der Ostseite des Bahnhofs Quebedo gelegen (durch Unterführung, dann links). Mountainbike-Verleih für 7,50 €/Tag.

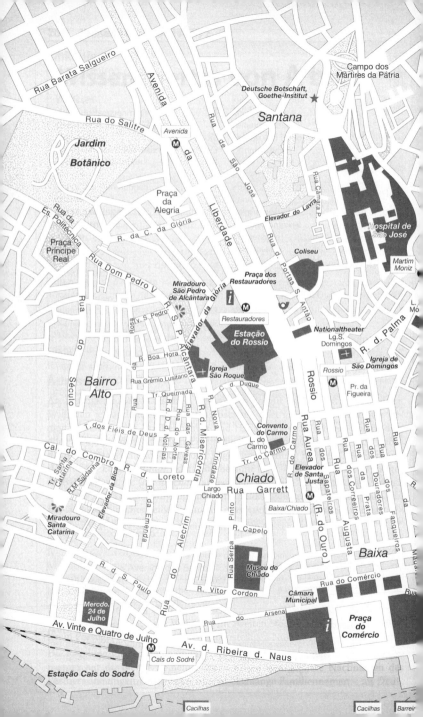

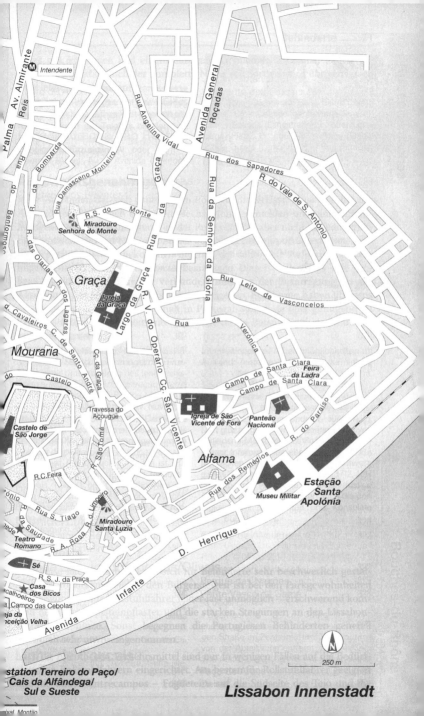

Improvisationsgabe: Straßenhändler am Rossio

Informationen und Adressen

Information

Es gibt zahlreiche Turismos in der Stadt, die bei Fragen zu Hilfe stehen. Am 25. Dezember und am 1. Januar sind jedoch alle Turismos geschlossen.

Palácio Foz, Praça dos Restauradores, 1250-187 Lisboa (Metro Restauradores, Baixa), ✆ 213463314 (Infos zu Lissabon) und 213466307 (Infos zu Portugal), ✉ 213468772. Täglich 9–20 Uhr. Der größte Turismo Lissabons und der einzige mit Infos zu ganz Portugal vom Tourismusinstitut ICEP. Hier kann man Zimmer reservieren lassen. Außerdem bekommt man einen Stadtplan.

Lisboa Welcome Center, Praça do Comércio (Metro Baixa/Chiado), ✆ 210312810 und 210312815, ✉ 210312819. Täglich 9–20 Uhr. Hauptsitz des Fremdenverkehrsverbandes Lissabons, der *Associação de Turismo de Lisboa* – ATL in den Arkaden an der Westseite des Terreiro do Paço. Auch hier Zimmerreservierung, Stadtpläne und vielfältige Infos zu Lissabon.

Rua Augusta, (Metro Baixa/Chiado), ✆ 213259131. Täglich 9–19 Uhr. Infokiosk in der Fußgängerzone.

Bahnhof Santa Apolónia, internationale Schalterhalle im Südflügel (Alfama). ✆ 218821604. Täglich 8–13 und 14-16 Uhr.

Castelo São Jorge, Praça das Armas (Alfama), nur von April bis September 10–13 und 14–18 Uhr.

Flughafen, in der Ankunftshalle befindet sich ein Infostand. Täglich 6–24 Uhr. ✆ 218450660.

Infotelefon: Landesweite kostenlose Infonummer ✆ 800296296.

Fluggesellschaften

PGA – Portugália Airlines, Aeroporto de Lisboa, Rua C, Edifício 70, ✆ 218425500 und 2184255–59/-60/-61/-62. ✉ 218425657. Nur am Flughafen vertreten.

TAP – Transportes Aéreos Portugueses, Av. Berlim, Gare do Oriente, ✆ 808205700 und 218415000, ✉ 218958310 (Metro Oriente, Osten).

Air France, Av. 5 de Outubro, 206–3°, ✆ 808202800 und 218482177 (Metro Entrecampos, Av. Novas).

British Airways, Av. da Liberdade, 36–2°, ✆ 808200125 und 213217900, ✆ 808230125 und 213476140 (Metro Restauradores, Santana/Av. Liberdade).
Ibéria, Rua Rosa Araújo, 2-A, ✆ 808261261 und 213580470 (Metro Marquês de Pombal, Santana/Av. Liberdade).
Lufthansa, Aeroporto de Lisboa, Gabinete 211, ✆ 218431260 und 218480528, ✆ 218432255. Nur am Flughafen.
Swiss, ✆ 808200487.
VARIG, Praça Marquês de Pombal, 1, ✆ 213136830, ✆ 210306839 (Metro Marquês de Pombal, Santana/Av. Liberdade).
Zusätzlich zu den angegebenen Stadtbüros sind die Gesellschaften auch alle am Flughafen zu erreichen (oft auch außerhalb der normalen Geschäftszeiten).

Fremdenführer

Sindicato Nacional da Actividade Turística, Rua do Telhal, 4–3°-Esq, 1100 Lisboa, ✆ 213467170, ✆ 213423298 (Santana/Av. Liberdade, Metro Avenida). Gewerkschaft der Fremdenführer, die diese vermittelt.

Fundbüro

Verlorene Gegenstände (z. B. in Bus oder Straßenbahn) können in Olivais Sul bei der *Secção de Achados da PSP*, dem Fundbüro der Polizei, abgeholt werden: Praça Cidade Salazar, Lote 180 r/c, ✆ 218535403 (Osten). Per Bus Nr. 31 (Richtung Moscavide) ab Rossio, 2 Haltestellen nach dem großen Kreisverkehr am Flughafen aussteigen (Haltestelle Av. Cidade Lourenço Marques). Weiterer Bus: 21. Mo–Fr 9–12.30 und 13.30-17 Uhr.
Fundbüro der Metro: in der Station Marquês de Pombal.

Gepäckschließfächer

In den Bahnhöfen **Santa Apolónia, Rossio, Cais do Sodré** und in der Fährstation **Sul e Sueste** am Terreiro do Paço (Praça do Comércio). Außerdem Gepäckaufbewahrung am **Flughafen** (24 Std. offen). Kleinere Gepäckstücke können neben der **Gare do Oriente** am Infostand des Parque das Nações in der Alameda dos Oceanos abgegeben werden (täglich 9.30–20 Uhr).

Polizei

Anzeige bei Diebstahl ist eigentlich in jeder Polizeistation möglich, besser jedoch in der Touristenabteilung der *Polícia de Segurança Pública – PSP* neben dem Turismo im Palácio Foz: Praça dos Restauradores, ✆ 213421634, ✆ 213421642 (Metro Restauradores, Baixa). Hier hat immer ein Beamter Dienst, der eine Fremdsprache spricht. Täglich rund um die Uhr geöffnet.

• *Weitere PSP-Polizeiämter* **Baixa:** *Praça do Comércio*, Rua do Arsenal, 2, ✆ 213427379.
Chiado: *Comando Metropolitano de Lisboa*, Rua Capelo, 13, ✆ 217654242 (neben der São Carlos Oper).
Alfama: *Caminhos de Ferro/Santa Apolónia*, Largo Museu de Artilharia, 1, ✆ 218879900.
Avenida da Liberdade: *Praça da Alegria*, Praça da Alegria, 10, ✆ 213461126 (Metro Avenida).
Avenidas Novas: *Campo Grande*, Campo Grande, 26, ✆ 217961834 (Metro Entrecampos).
Arroios, Rua de Arroios, 164, ✆ 213578969 (Metro Arroios).
Bairro Alto: *Mercês*, Travessa das Mercês, 52, ✆ 213427378.
Lapa: *Lapa*, Rua Miguel Lúpi, ✆ 213955410.
Amoreiras: *Rato*, Largo do Rato, 1, ✆ 213858870 (Metro Rato).
Alcântara: *Calvário*, Largo do Calvário, 7, ✆ 213621518 (auch Polizeischule).
Belém: *Belém*, Rua de Belém, ✆ 213643455.
Benfica: *Benfica*, Rua André de Resende, ✆ 217142526. Gegenüber Bhf. Benfica.
Carnide: *Carnide*, Rua Manuela Porto, 14, ✆ 217144989 (Metro Carnide).
Osten: *Olivais*, Av. Cidade Lourenço Marques, Praceta A, ✆ 218532031.
Guarda Nacional Republicana – GNR (Gendarmerie): *Comando Geral*, Largo do Carmo, ✆ 213217000.
Polícia Judiciária (Kriminalpolizei): Rua Gomes Freire, 174, ✆ 213579271.

138 Lissabon/Informationen und Adressen

Post/Postleitzahl/Telefon

• *Post* **Hauptpost:** *Restauradores*, Praça dos Restauradores, 58 (Metro Restauradores). Geöffnet von Mo–Fr 8–22 Uhr, an Wochenenden und Feiertagen 9–18 Uhr.
Flughafen: *Aeroporto*, Aeroporto de Lisboa. Links vor der Abflughalle (*Partidas*). Mo-So 0–24 Uhr, d. h. rund um die Uhr an allen Tagen im Jahr.
Weitere Postämter: alle nur Mo–Fr geöffnet, meistens von 8.30–18 Uhr:
Baixa: *Terreiro do Paço*, Praça do Comércio, Westflügel. Hier auch postlagernde Sendungen (Posta Restante).
Santa Justa, Rua de Santa Justa, 17 (Metro Rossio).
Chiado: *Chiado*, Praça Luís de Camões, 20 (Metro Baixa/Chiado).
Alfama: *Cais dos Soldados*, Rua da Bica do Sapato, 50 (Santa Apolónia).
Mouraria: *Socorro*, Rua da Palma, 169 (Metro Martim Moniz).
Avenida da Liberdade: *Santa Marta*, Rua Santa Marta, 55-D (Metro Marquês de Pombal).
Avenidas Novas: *Alvalade*, Av. da Igreja, 13-A (Metro Alvalade).
Anjos, Rua da Palmira, 60-A (Metro Anjos).
Arroios, Rua Pascoal de Melo, 64 (Metro Arroios).
Casal Ribeiro, Av. Casal Ribeiro, 28 (Metro Saldanha).
Cinco de Outubro, Av. 5 de Outubro, 158-A (Metro Campo Pequeno).
Corte Inglés, El Corte Inglés, Av. António Augusto de Águiar (Metro São Sebastião). Mo–Fr 10–22 Uhr.

Dom Afonso Henriques, Alameda Dom Afonso Henriques, 58-A (Metro Alameda).
Entrecampos, Av. da República, 99-D (Metro Entrecampos).
Fórum Picoas, Av. Fontes Pereira de Melo, 40, Loja 5 (Metro Picoas). Im Gebäude der Portugal Telecom.
Picoas, Rua Tomás Ribeiro, 85 (Metro Picoas).
Bairro Alto: *Dom Luís I*, Praça Dom Luis I, 30 (Metro Cais do Sodré).
São Bento: *Cortes*, Calçada da Estrela, 33.
Campo de Ourique: *Campo de Ourique*, Rua Saraiva de Carvalho, 112-A.
Amoreiras: *Amoreiras*, Av. Engenheiro Duarte Pacheco, Centro Comercial das Amoreiras, Loja 1075/6 (Metro Rato).
Rato, Largo do Rato (Metro Rato).
Alcântara: *Calvário*, Rua dos Lusíadas, 5-B.
Necessidades, Rua das Necessidades, 17.
Belém: *Belém*, Praça Dom Afonso Albuquerque, 17.
Benfica: *Centro Comercial Colombo*, Loja 90/91, Av. Lusíada (Metro Colégio Militar/Luz). Mo–Fr 10–20 Uhr.
Osten: *Gare do Oriente*, im Mittelgeschoss des Hauptbahnhofs Gare do Oriente (Metro Oriente).
• *Postleitzahl* Je nach Viertel und Straßen variieren sie zwischen 1000–000 und 1999–999 Lisboa. Postleitzahlensuche nach Straßen auch im Internet: www.ctt.pt.
• *Telefon* **Telefonladen der Portugal Telecom:** Am Rossio, Praça Dom Pedro IV, 68 (Metro Rossio, Baixa). Telefonkabinen und Verkauf von Telefonkarten. Täglich 8–23 Uhr.

Sonstiges

• *Wäschereien* **Lavandaria Lava Neve**, Rua da Alegria, 37, ✆ 213466195 (Metro Avenida, Santana/Av. Liberdade). Geöffnet Mo–Fr 10–13 und 15–19 Uhr, Sa 9–13 Uhr. So geschlossen. Selbstbedienung möglich: Waschen und Trocknen einer Maschinenfüllung 7,50 €. Für 8 €, also nur 50 Cent mehr, kann man die Wäsche abgeben und bekommt sie nach zwei Stunden gewaschen, getrocknet und gefaltet zurück (*serviço mais*).
• *Zeitungen* Deutsche Zeitungen wie *Süddeutsche Zeitung*, *FAZ* und *Welt* sind im Lissabonner Stadtzentrum an der Praça dos Restauradores und Rossio schon am gleichen Abend verfügbar.

Lissabons feinste Adresse: Carlton Palace Hotel

Übernachten

Moderne Hotels für Geschäftsreisende, gemütliche Familienpensionen oder idyllische Campingplätze am Strand – die Region Lissabon bietet ein breites Spektrum an Übernachtungsmöglichkeiten. Besonders charmant residiert man in den herrschaftlichen Häusern des Turismo de Habitação sowie des Turismo no Espaço Rural. Hier werden Zimmer in Palästen und Landgütern vermietet, Familienanschluss inklusive.

Angegeben sind in diesem Buch in der Regel die Preise für Doppelzimmer (DZ), für ein Einzelzimmer kann man gewöhnlich ca. 20 % vom Doppelzimmerpreis abziehen. Ein Zusatzbett kostet 30 % des Doppelzimmerpreises (in Apparthotels 25 %, Kinder unter 8 Jahren zahlen nur jeweils die Hälfte dieses Betrags). Die an der Rezeption angegebenen Preise müssen Endpreise sein, d. h. sie müssen alle Steuern und Abgaben umfassen.

Vor allem wer mehrere Nächte bleibt, hat gute Chancen durch Verhandeln, einen Preisnachlass zu bekommen. In der Hochsaison Mitte Juni bis Ende August sowie um Ostern und Neujahr kann das allerdings schwierig werden, da dann zahlreiche Unterkünfte ausgebucht sind. Zu diesen Zeiten empfiehlt sich auch dringend eine Vorausbuchung! Bei Billigpensionen ist eine schriftliche Vorbuchung zwar nicht üblich, doch wer sichergehen will, sollte einige Tage vorher anrufen. In der Nebensaison lohnt es sich, Badeorte wie Cascais, Ericeira oder Costa da Caparica anzusteuern. Dann liegen dort die Preise bis zu 50 % niedriger als in der Hochsaison. Eine Buchung von Halb- oder Vollpension ist nicht unbedingt empfehlenswert. In der Regel findet man nur wenige Meter weiter wesentlich preiswertere Restaurants.

Die in Portugal übliche Zeit zum Auschecken ist 12.00 Uhr mittags, auf Campingplätzen auch später. Fast immer besteht aber die Möglichkeit, das Gepäck noch einige Stunden in einem Abstellraum aufbewahren zu lassen.

• *Internet* Eine Buchung über das Internet kann bei Hotels Preisermäßigungen von 10 bis 20 % zum Listenpreis bringen. Da sich die Internet-Adressen der Hotels häufig ändern, sind sie in diesem Buch nicht angegeben. Sie finden alle aktuellen Links von Hotels, Pensionen, Jugendherbergen und Campingplätzen aber unter www.lissabon-umgebung.de.

Hotels

Pousadas: Die *Pousadas* sind staatseigene Luxus-Hotels (2003 war eine Privatisierung geplant). Zumeist sind sie in historischen Gebäuden untergebracht wie in Schlössern, Burgen oder Klöstern. Ein Großteil der *Pousadas* wurde vor etwa 50 Jahren unter dem Diktator Salazar errichtet, um höheren Staatsbeamten und "-freunden" einen angenehmen Aufenthalt zu ermöglichen. Portugal folgte dabei dem Beispiel der spanischen *Paradores*. Dies ist sicherlich die komfortabelste Unterkunftsmöglichkeit in Portugal, aber auch eine der teuersten. Die Zimmer haben alle Bad, das Frühstück ist stets im Preis inbegriffen.

• *Informationen* Nur wenige Pousadas verfügen über mehr als 20 Zimmer – wegen der geringen Zimmerkapazität empfiehlt sich unbedingt eine Reservierung im Voraus, die bei der staatlichen Betreiberfirma ENATUR vorgenommen werden kann: Av. Santa Joana Princesa, 10; 1749–090 Lisboa; ℡ 218442001, 🖷 218442085, www.pousadas.pt.

• *Lissabon und Umgebung* Hier gibt es die folgenden Pousadas: *Pousada de Dona Maria* in Queluz, *Pousada de Palmela* in Palmela und *Pousada de São Filipe* in Setúbal (genaues siehe unter den jeweiligen Orten).

Hotels: Die *Hotéis* werden in Portugal mit dem internationalen Sterne-System klassifiziert. Die höchste Stufe hat fünf Sterne, die niedrigste zwei. Ein kontinentales Frühstück ist in der Regel im Preis enthalten. Standard ist in den Hotelzimmern ein eigenes Bad, die meisten verfügen auch über Satelliten-Fernsehen und eine Minibar.

Estalagem: Dieser besondere Hoteltyp liegt immer außerhalb der Stadtzentren und ist in herrschaftlich wirkenden Gebäuden untergebracht, häufig mit weitläufigen Gartenanlagen. Hier bekommt man den gleichen Komfort wie in den *Hotéis*, jedoch oft wesentlich stilvollere Zimmer. Nur wenige *Estalagens* haben mehr als 20 Zimmer; teilweise herrscht daher familiäres Ambiente. Sorgen um den Komfort sind fehl am Platz, da die Kriterien für die Sterne-Klassifizierung mit den anderen Hotels identisch sind. Eine Vorbuchung empfiehlt sich, da die *Estalagens* sehr beliebt sind.

Pensionen

Albergarias: Eine *Albergaria* ist eine hotelähnliche Vier-Sterne-Unterkunft ohne eigenes Restaurant. Eine eigene Bar ist aber stets vorhanden. Der Zimmerstandard ist hoch (stets mit eigenem Bad). Die Klassifizierung entspricht den Vier-Sterne-Pensionen (s. u.).

Pensões: Die Pensionen werden mit einem Sterne-System von zwei bis vier eingeteilt. Trotz der standardisierten Klassifikation schwankt die Qualität innerhalb einer Stufe teilweise erheblich. Ab drei Sternen bekommt man praktisch immer ein eigenes Bad oder Dusche. Pensionen ohne Restaurant nennen sich *Pensão Residencial*, häufig einfach nur *Residencial*.

Casa de Hóspedes: Die billigste und einfachste Unterkunftsmöglichkeit sind diese "Gästehäuser". In ihnen verkehren meist Arbeiter, die auswärts wohnen. Daher haben die *Casas de Hóspedes* oft wenig Pensionscharakter. Die Gästehäuser werden nicht von der Tourismus-Direktion *Direcção-Geral de Turismo*, sondern von den jeweiligen Stadtverwaltungen überwacht, trotzdem gibt es teilweise deutliche Qualitätsunterschiede.

Pensionen ohne Sterne: Diese Unterkünfte sind nicht offiziell und werden somit auch nicht von der *Direcção-Geral de Turismo*, der portugiesischen Tourismusdirektion, überwacht, was ein gewisses Qualitätsrisiko bedeutet. Man erkennt diese halblegalen Pensionen auch daran, dass das grüne Schild des offiziellen Klassifikationssystems am Eingang fehlt. Hin und wieder nennen sich diese Pensionen auch *Dormidas*.

Unterkünfte auf dem Land

Turismo de Habitação – TH: Eine für Individualtouristen besonders reizvolle Unterkunftsmöglichkeit. Nach schottischem Vorbild werden in alten Palästen, Villen und Landgütern Zimmer mit "Familienanschluss" vermietet, die oft ein hervorragendes Preis-Leistungs-Verhältnis bieten. Man sollte sich jedoch mindestens einige Tage vorher anmelden, weil in der Regel nur vier bis sechs Zimmer zu vermieten sind.

Turismo no Espaço Rural – TER: Diese Art der Unterbringung würde man in Deutschland wohl mit "Ferien auf dem Lande" umschreiben. Im Unterschied zum *Turismo de Habitação* sind die TER-Häuser meist nicht ganz so nobel, sonst gilt aber das zum *Turismo de Habitação* Gesagte.

- *Informationen* Beim Reiseveranstalter *Olimar*, der viele TH- und TER-Häuser im Programm hat: Unter Goldschmied 6, 50667 Köln, ✆ 0221/205900, ℻ 251591, Info-Telefon 01805/838281, www.olimar.de.
- *Lissabon und Umgebung* Die einzige TH-Unterkunft im Stadtgebiet Lissabons liegt in Benfica. In der Umgebung ist das Angebot an ländlichem Tourismus besonders bei Sintra sowie um Azeitão im Süden sehr gut. Weitere Häuser findet man in Cascais, bei Mafra, in Arruda dos Vinhos, Vila Franca de Xira, Alcochete, Montijo und Setúbal.

Privatzimmer und Appartements

Privatzimmer/Ferienwohnungen: In Lissabon selbst ist diese Übernachtungsart eher ungewöhnlich, in der Umgebung der Hauptstadt kann man schon mehr Glück haben. Vor allem in Sintra, Ericeira und Sesimbra werden Zimmer (*quartos particulares*) und private Ferienwohnungen angeboten. Am einfachsten findet man sie über das örtliche Tourismusbüro. Die Zimmer sind durchweg recht günstig und häufig mit Koch- und Waschgelegenheit ausgestattet. Familienanschluss ist im Preis enthalten. Vorher besser genau nachfragen, wo das Zimmer liegt, sonst landet man eventuell Kilometer weit vom Zentrum entfernt.

Appartements: Sie finden sich in Lissabon meist in Aparthotels. Hier gelten die unter "Hotel" genannten Standards, allerdings verfügen die *apartamentos*

142 Lissabon/Übernachten

darüber hinaus noch über eine Küchenzeile. Des Weiteren gibt es im Badeort Cascais mehrere gut ausgestattete Appartementanlagen.

Informationen Eine Adressenliste deutscher Vermittlungsfirmen ist über das Portugiesische Fremdenverkehrsamt ICEP erhältlich: Schäfergasse 17, 60329 Frankfurt/Main, ✆ 069/234094, ℻ 231433. Meist gehobene Preisklasse.

Jugendherbergen

Zur Übernachtung in einer *Pousada de Juventude* ist ein Jugendherbergs-Ausweis notwendig, den man in Deutschland kaufen kann, jedoch auch noch in jeder portugiesischen Herberge bekommt. Bis 26 Jahre kostet der Ausweis 5 €, Erwachsene bezahlen 15 €, Familien 25 €. Als Jugendherbergsausweis gilt auch die portugiesische Jugendkarte, der *Cartão Jovem* (s. "Wissenswertes/Cartão Jovem" S. 73).

In allen Jugendherbergen gibt es mittlerweile auch Doppelzimmer, die nur wenig mehr als zwei Plätze in einem Mehrbettzimmer kosten. Vor allem für Paare kann das sehr interessant sein, da hier die sonst übliche Geschlechtertrennung entfällt. In einigen Unterkünften kochen die Herbergseltern Mittag- und Abendessen für 5 €. Manchmal ist auch eine kleine Küche zum Selbstkochen vorhanden.

• *Reservierungen* Im Sommer sind die Jugendherbergen meist ausgebucht, deshalb ist eine Vorbestellung dringend anzuraten. Sie kostet 1,50 € pro Person. Reservieren kann man über das International Booking Network (IBN) der Jugendherbergen, in allen Jugendherbergen in Portugal oder über die Reservierungszentrale: Movijovem, Av. Duque de Ávila, 137, 1069–017 Lisboa, ✆ 213596000, ℻ 213596001 (Metro Saldanha), Internet: www.pousadasjuventude.pt.

Jugendherbergen in Lissabon

Pousada de Juventude de Lisboa (19), Rua Andrade Corvo, 46, ✆ 213532696, ℻ 213537541 (Metro Picoas, s. Karte Avenidas Novas S. 266/267). Vom Bahnhof Santa Apolónia mit Bus 90, vom Flughafen mit den Bussen 44 und 45 zu erreichen. Die Rezeption ist zum Einchecken von 8–24 Uhr geöffnet. Keine nächtlichen Schließzeiten. Das Gebäude wurde 1993 komplett neu aufgebaut; von der ehemaligen Aktionärsvilla blieb nur der dekorative Fassade erhalten. Auf 7 Stockwerken (Lift) wurde Platz für 162 Gäste geschaffen. Auch 9 DZ mit Privatbad sind im Angebot. Die Schlafsäle haben 6–8 doppelstöckige Betten. Ein behindertengerechtes Zimmer. Im Erdgeschoss Self-Service-Restaurant mit Mittags- und Abendtisch. Im Dachgeschoss ein kleiner Saal für Tagungen. Preise pro Person im Schlafsaal je nach Saison 12,50–15 €, DZ 35–42 € (jeweils inkl. Frühst.).

Pousada de Juventude do Parque das Nações (1), Via de Moscavide, L 47–101, ✆ 218920890, ℻ 218920891. Direkt am Stadtrand etwas verlassen neben dem ehemaligen Weltausstellungsgelände (s. Karte "Osten", S. 323). Von der Metro Oriente zu Fuß ca. 10 Min. die Av. Dom João nach Norden gehen. Die Juhe befindet sich auf der linken Seite in einem mit weißen und braunen Steinen verkleideten Gebäude. Ab Flughafen Bus 44 (Richtung Moscavide) über Gare do Oriente bis Haltestelle Av. Boa Esperança. Die modernste Jugendherberge Lissabons. Insgesamt 72 Betten in 4er-Zimmern und 12 DZ. Auch Behinderten gerechte Zimmer. Großzügige Aufenthaltsräume. Bar, Fernsehzimmer, Billard-Raum, Waschmaschine und Küche zum Selbstkochen. Mittags und abends kann auch im Self-Service-Restaurant gegessen werden. Rund um die Uhr geöffnet, Rezeption allerdings nur von 8 bis 24 Uhr. Preise pro Pers. je nach Saison 10–12 € (inkl. Frühstück). DZ 28–35 €.

Weitere Juhes in der Umgebung: Zusätzliche Herbergen finden sich in Oeiras (Catalazete) und in Sintra. Dazu kommen mehrere Herbergen südlich des Tejos: Almada (Pragal) und Setúbal sowie ein weiteres, nicht dem Jugendherbergsverband angehörendes Haus in Alcochete.

Camping

Campingghettos mit bis zu 10.000 Stellplätzen wie in italienischen oder spanischen Badeorten gibt es in Portugal nicht. Hier herrschen eher kleine (meist städtische) und mittelgroße, private Campingplätze vor. Die Campingplätze sind mit einem bis vier Sternen klassifiziert. Plätze mit mehreren Sternen sind dichter mit Bäumen bewachsen, haben mehr Gemeinschaftseinrichtungen und bessere sanitäre Anlagen. In vielen Campinganlagen können auch Bungalows gemietet werden.

Die in den jeweiligen Ortsbeschreibungen angegebenen Preise für Zelte beziehen sich auf kleine Zelte von bis zu 3 m² Grundfläche, für größere Zelte kann der Preis bis zu doppelt so hoch sein. Ähnliches gilt für die angegebenen Pkw-Preise – Wohnmobile sind deutlich teurer. Für Kinder bis 4 Jahre zahlt man gewöhnlich nichts, für Kinder von 5 bis 12 Jahre in der Regel nur den halben Preis. Kinder und Jugendliche unter 15 Jahre müssen von einem verantwortlichen Erwachsenen begleitet sein.

Auf einigen Plätzen wird ein **Campingausweis** verlangt, entweder ein internationaler (*Carnet Camping International* oder *F.I.C.C.*, erhältlich bei den Automobilclubs) oder ein nationaler portugiesischer (*Carta Campista Nacional*, erhältlich als Mitglied eines portugiesischen Campingclubs). Beide Ausweise berechtigen zu z. T. erheblichen Rabatten.

Hin und wieder wird **wildes Campen** geduldet. Die offizielle Regelung besagt: nicht in Naturschutz- oder in Trinkwasserquellgebieten, nicht näher als 1 km vom nächsten Campingplatz entfernt, nicht an Orten oder Stränden, an denen sich weitere Badegäste aufhalten, und keine Koloniebildung, d. h. mehr als 20 Personen im Umkreis von 300 m. In der Region Lissabon ist wild Campen de facto aber kaum möglich.

- *Informationen* Auf vielen Plätzen und in Buchhandlungen ist für ca. 5 € der jährlich neu erscheinende *Roteiro Campista* erhältlich, ein sehr hilfreiches Taschenbuch, das auch auf Deutsch über Preis, Lage und Ausstattung aller portugiesischen Campingplätze informiert (im Internet: www.roteiro-campista.pt).
- *Campingbedarf* Intersport, Centro Comercial Armazéns do Chiado (Metro Baixa/Chiado, Chiado). Neben umfangreicher Sport-Auswahl auch Zelte, Gaskartuschen und Zubehör.

Camping in Lissabon

**** Lisboa Camping/Parque de Campismo Municipal de Monsanto, Parque Florestal de Monsanto, ✆ 217623100, ✇ 217623105. Ganzjährig geöffnet. Rezeption 9–23 Uhr. Im großflächigen Monsanto-Park am Stadtrand, nahe der Autobahn nach Estoril. Mit Bus 14 (Richtung Outurela) ab Rossio bis 21.30 Uhr in ca. 45 Min. zum Platz, von Belém aus auch bis 1 Uhr nachts. Auch Bus 43 (Richtung Buraca oder Boavista, nicht Caselas) bis 21.30 Uhr ab Metro Cais do Sodré, Sa/So erst ab Belém. Alternativ Bus 50 bis 1 Uhr, z. B. ab Metro Gare do Oriente, Campo Grande oder Colégio Militar-Luz (Richtung Algés), bzw. ab Bahnhof Algés (Richtung Oriente). Von 1 Uhr nachts bis 5.30 Uhr morgens fahren Nachtbusse der Linie 202 ab Cais do Sodré (Metro). Achtung: Nur die Busse der Linie 14 sowie die Busse der Linie 50 ab Algés halten direkt am Campingplatz, alle anderen Busse ca. 300 m entfernt.

Wegen der nahen Autobahn teilweise etwas laut. 1961 eröffnet, galt der Park dank seiner Konzeption durch den Architekten Keil do Amaral lange Zeit als einer der besten seiner Art. Mit dem Ende der Kolonialherrschaft Portugals in Afrika kamen hier jedoch ab 1974 circa 400 Rückkehrer unter, die teilweise

20 Jahre danach noch immer dort wohnten. Während dieser Zeit verkam der Platz immer mehr, bis Mitte der 90er die Stadt die Dauerbewohner in Sozialwohnungen umgesiedelte und renovierte. 1998 wurde der Campingplatz mit modernen sanitären Anlagen wieder eröffnet. Viele Tische und Schatten spendende Bäume. Platz ist für 400 Zelte. Minimarkt, Fernsehraum, Bar, schöner Swimmingpool mit Sprungturm, Minigolf, Tennisplatz. Erwachsene 4,70 €, Zelte 4,70 €, Auto 3 €. Auch Bungalows ab 50 €. In der Nebensaison bis zu 30 % billiger. In der Hochsaison trotz der hohen Preise teilweise ausgebucht.

Weitere Plätze in der Umgebung: Westlich von Lissabon findet man Zeltplätze in Areia bei Guincho an der *Linha de Cascais* sowie an der *Linha de Sintra* in Praia Grande. Nördlich von Lissabon bieten sich Ericeira, Sobreiro bei Mafra und Vila Franca de Xira zum Campen an. Am besten ist die Infrastruktur jedoch in den Strandorten südlich von Lissabon. Vor allem die Plätze an der Costa da Caparica sind nicht weit von Lissabon entfernt. Außerdem kann man in Sesimbra, Setúbal sowie in Aldeia do Meco und an der Lagoa de Albufeira zelten.

Hotels und Pensionen in Lissabon

Mit über 100 Hotels und Pensionen gibt es in Lissabon ein schwer zu überschauendes Angebot. Die elegantesten Unterkünfte sind im Stadtteil Lapa zu finden, die modernen Hotels der Geschäftsreisenden an der Avenida da Liberdade und in den Avenidas Novas. Wer Billiges vorzieht, sollte in der Baixa oder im Bairro Alto suchen. Hier kann es aber schon einmal etwas laut werden. Altstadtflair bieten die Unterkünfte in der Alfama, Mouraria und Graça.

Baixa/Chiado (s. Karte S. 232/233)

***** **Hotel Avenida Palace (8)**, Rua 1° de Dezembro, 123, ✆ 213460151, ℡ 213422884 (Metro Restauradores). Sehr zentrale Lage, direkt neben dem Bahnhof Rossio, mit dem zusammen das Hotel erbaut wurde. Es verdient die Bezeichnung "Palast". Über 100 Jahre nach der Eröffnung 1896 wurde es 1997/98 von Grund auf renoviert. Alles sehr elegant und klassisch dekoriert. Die Zimmer edel mit schönen Betten, Spiegeln und antiken Möbelstücken eingerichtet, schwarze oder weiße Marmorbadezimmer, Telefon, Radio, TV, Minibar und Klimaanlage. Ruhig, da doppelte Fenster nach außen. Mehrere noble Salons laden zum Verweilen ein, der Frühstückssaal ist ebenfalls beeindruckend. DZ mit Frühstück je nach Saison 165–200 €. Die Suiten 225–375 €. Bei längeren Aufenthalten Preisermäßigungen möglich.

**** **Hotel Lisboa Regency Chiado (24)**, Rua Nova do Almada, 114, ✆ 213256100, Reservierungen 213256200, ℡ 213256161 (Metro Baixa/Chiado). Sehr zentral im vom Stararchitekten Álvaro Siza Vieira wieder aufgebauten Einkaufszentrum Armazéns do Chiado. Von den obersten Stockwerken, die sich praktisch auf der Höhe des benachbarten Elevadors Santa Justa befinden, bietet sich ein überwältigender Blick über die Baixa und auf die Burg. Einen herrlichen Blick genießt man ebenso von der auch für Nicht-Gäste zugänglichen Hotel-Bar mit Terrasse. Helle und großzügige Inneneinrichtung. 40 Zimmer mit Sat-TV, Fax- und Internetanschluss, Minibar, Tresor und Marmorbäder. Classic-Zimmer mit mäßigem Blick auf den Chiado: je nach Saison zwischen 115 und 150 €. Die Premium-Zimmer mit dem besten Blick und Balkon kosten 160–195 € (Frühstück inkl.).

**** **Hotel Mundial (6)**, Rua Dom Duarte, 4, ✆ 218842000, ℡ 218842110 (Metro Rossio). Großes, sehr zentral an der Praça Martim Moniz gelegenes Hotel. Vom Hotelrestaurant *Varandas de Lisboa* im 8. Stock sehr guter Blick auf den Burgberg. Insgesamt 255 mittelgroße Zimmer in zwei Hausteilen. Alle Zimmer mit Klimaanlage, Sat-TV, Minibar, Haartrockner, Tresor und Bad. Die Bäder sind schön mit Marmorwaschbecken eingerichtet. Eigenes Hotelparkhaus und 3 Konferenzräume. DZ je nach Saison zwischen 110–150 € (inkl. Frühstück). Kinder bis 8 J. 50 % Ermäßigung, bis 2 J. frei.

*** **Hotel Metropole (14)**, Rossio, 30, ✆ 213219030, ℡ 213469166 (Metro Rossio). Direkt am Rossio liegt dieses stilvolle Hotel in einem 1993 renovierten Gebäude aus der

Hotels und Pensionen in Lissabon

Zeit der Jahrhundertwende. Der Eingang ist recht unauffällig, zur Rezeption in den ersten Stock gehen, der untere Empfang ist meist nicht besetzt. Alle Zimmer mit eigenem Bad, Schreibtisch, TV, Telefon und Safe. Die Möbel der 36 recht geräumigen Zimmer sind antik. Von der Hälfte der Zimmer genießen die Gäste einen schönen Blick auf den Rossio und das Castelo São Jorge. DZ mit Frühstücksbuffet je nach Saison 113–145 €.

*** **Albergaria Lisboa e Tejo (9)**, Rua do Poço do Borratém, 4, ✆ 218866182, ℻ 218865163 (Metro Rossio). Unweit der Praça da Figueira. Trotz der zentralen Lage recht ruhig. Innen steht der Brunnen (*Poço*), nach dem die Straße benannt ist. Die Aufenthaltsräume sind mit Azulejos und dunklem Holz verkleidet. 60 zumeist geräumige Zimmer mit Holzparkett, Klimaanlage, TV und Minibar. DZ mit Frühstück je nach Saison 85–100 €.

*** **Pensão Portuense (1)**, Rua das Portas de Santo Antão, 153, ✆ 213464197, ℻ 213424239 (Metro Restauradores). Gepflegte Pension, ca. 5 Min. von der Praça dos Restauradores entfernt. Wenig Verkehrslärm. 18 saubere, in freundlichen Farben eingerichtete Zimmer mit eigener Dusche. Holzparkettboden, Schreibtisch, Telefon. DZ mit Frühstück je nach Saison 50–55 €.

** **Pensão Residencial Gerês (5)**, Calçada do Garcia, 6, 1° e 2°, ✆ 21881049-7/-8, ℻ 218882006 (Metro Rossio). Sympathische Pension in einer kleinen Gasse unmittelbar nördlich des Rossio (Zugang über den Largo de São Domingos). Trotz der Nähe zum Zentrum ruhige Lage. Relativ geräumige, saubere Zimmer mit Heizung, TV und Telefon. Auch 3 Zimmer für 3 Pers. Da nur 20 Zimmer oft ausgebucht. Hübscher Aufenthaltsraum. DZ mit Bad 50–60 € (inkl. Frühstück).

** **Residencial Florescente (2)**, Rua das Portas de Santo Antão, 99, ✆ 213426609 und 213425062, ℻ 213427733 (Metro Restauradores). Zentrale Lage direkt gegenüber dem Coliseu. Zimmer, z. T. mit kleinem Balkon zur tagsüber belebten Fußgängerzone, ausgestattet mit Radio, TV, Telefon und Klimaanlage. DZ mit eigenem Bad je nach Saison 50–60 € (Frühstück inklusive).

Zentraler geht's nicht: Hotel Metropole

** **Pensão Norte (20)**, Rua dos Douradores, 159, ✆ 21887894-1/-2, ℻ 218868462 (Metro Rossio). In einer leisen Seitenstraße der Baixa in der Nähe der Praça da Figueira. Große Zimmer mit sauberen Böden und einfachen Möbeln. Dunkle, schlecht beleuchtete Gänge. DZ mit eigenem Bad je nach Saison 35–45 €, mit Dusche 30–35 € (jeweils ohne Frühstück).

Alfama (s. Karte S. 244/245)

**** **Hotel Solar do Castelo (3)**, Rua das Cozinhas, 2, ✆ 218870909, ℻ 218870907. Inmitten der Altstadtgassen, neben den Burganlagen gelegen. Im 16. Jh. befanden sich hier die Küchen des ehemaligen Königspalastes (im Eingangsbereich steht noch eine mittelalterliche Zisterne). Nach dem Erdbeben von 1755 errichteten Adlige an dieser Stelle einen kleinen Palast. Im Jahr 2001 Renovation und Anbau eines Neubauflügels, seitdem ist hier das erste Hotel der Alfama untergebracht. Mit nur 14 Zimmern zugleich das kleinste Hotel Lissabons. Familiäre Atmosphäre, modern eingerichtet und dennoch viel Geschichte zu spüren. So sind die Zimmer mit den Beinamen port. Könige benannt. Zimmer im Altbaubereich mit Holzboden, ockerfarbenen Wänden und schönen Marmorbädern. Zimmer 21 hat den besten Blick auf den Tejo. Die ebenfalls schön eingerichteten Neubauzimmer haben Blick in den einladenden Innenhof mit Frühstücksterrasse. DZ je nach Saison und Ausstattung 148–215 €. Frühstück 12 €. Kinder im Zimmer der Eltern bis 12 J. frei.

Casa de Hóspedes Aurélio e Ivone Santos (1), Rua do Paraíso, 17, r/c-Dto, ✆ 218871815 und 218880737. Nur wenige Meter unterhalb des Flohmarktes Feira da Ladra sowie oberhalb des Hauptbahnhofs Santa Apolónia. Einfaches Gästehaus in neuerem Gebäude. Im Erdgeschoss 5 schlichte und sehr saubere Zimmer mit Marmorboden. Ein ebenfalls sauberes Gemeinschaftsbad mit Dusche. DZ ohne Frühstück 25 €.

Mouraria/Graca (s. Karte S. 254/255)

**** Albergaria Senhora do Monte (2), Calçada do Monte, 39, ✆ 218866002, 📠 218877783. Abseits des Stadtgewühls am Berghang, direkt neben dem Aussichtspunkt Miradouro Nossa Senhora do Monte. Die Haltestelle Graça der Tram 28 ist nicht weit entfernt. Von den Zimmern des Neubaus wunderschöner Blick auf Lissabons Altstadt. Große Dachterrasse, auf der die Bar mit der besten Aussicht Lissabons zu finden ist. DZ mit Bad und inkl. Frühstück je nach Saison 105–113 €. Mit Balkon etwa 30 € teurer.

** Pensão Ninho das Águias (8), Costa do Castelo, 74, ✆ 218854070. Direkt unterhalb des Castelo São Jorge in der Mouraria. Eine enge Wendeltreppe in einem Turm führt nach oben zur Pension. Von der grünen Terrasse mit Vogelvoliere wie auch von einigen Zimmern des Altbaus herrlicher Ausblick über die Stadt. Früh buchen, da im Sommer fast immer komplett. Einfache, relativ geräumige Zimmer. DZ mit sauberem Gemeinschaftsbad je nach Saison 33–38 €, mit Dusche 38–40 € (jeweils ohne Frühstück).

** Pensão Flor dos Cavaleiros (5), Rua dos Cavaleiros, 58, ✆ 218872286, 📠 218869393. Nur wenige Meter von der Metrostation Martim Moniz verbirgt sich im Altstadtviertel Mouraria hinter einer schlichten Hausfassade eine kleine gepflegte Pension. Es wird Englisch und Deutsch gesprochen. Insgesamt 23 Zimmer mit Holzböden, TV und Telefon. Einfaches Mobiliar. Alle Zimmer mit Waschbecken, teilweise auch mit Bad. DZ mit Bad je nach Saison 28–40 €, ohne Bad 18–30 €. Im Winter ohne, im Sommer mit Frühstück.

Av. da Liberdade (s. Karte S. 260/261)

***** Hotel Tivoli Lisboa / **** Hotel Tivoli Jardim (6), Av. da Liberdade, 185, ✆ 213198900, 📠 213198950 (Metro Avenida). Hotel der Luxusklasse in exklusiver Lage an Lissabons Prachtmeile, der Av. da Liberdade. Gehört zur Tivoli-Gruppe der Bankiersfamilie Espírito Santo. 1956 nach Plänen des Estado-Novo-Architekten Pardal Monteiro erbaut. Schöne, große Zimmer in freundlichen Farbtönen. Telefon, Minibar, Sat-TV, Klimaanlage, lärmisoliert. Insgesamt 300 Zimmer und 30 Suiten. Versammlungsräume für 40–200 Personen. DZ 250 €, Suiten ab 350 €. Hinter dem eigentlichen Hotel liegt ein zweites Haus, das etwas bescheidenere Vier-Sterne-Hotel Tivoli Jardim mit DZ für 170 € (jeweils inkl. Frühstücksbuffet). Ein Kind bis zu 4 J. im Zimmer der Eltern frei.

**** Hotel Britânia (3), Rua Rodrigues Sampaio, 17, ✆ 213155016, 📠 213155021 (Metro Avenida). In einer Parallelstraße der Av. da Liberdade gelegen. Hotel der gehobenen Klasse der Heritage-Gruppe. Historisches, im Stil des Art Déco gehaltenes Gebäude des modernistischen Architekten Cassiano Branco aus den 40er Jahren. Mit seinen 30 Zimmern fast familiäre Atmosphäre, alles sehr geschmackvoll und elegant eingerichtet. Sat-TV, Minibar, Telefon, Internetanschluss und Klimaanlage. DZ inkl. Frühstücksbuffet je nach Saison 140–200 €.

**** Hotel Lisboa Plaza (11), Travessa do Salitre/Av. Liberdade, ✆ 213218218, 📠 213471630 (Metro Avenida). In zentraler Lage in der zweiten Reihe der Av. da Liberdade. Hinter der schlichten Fassade verbirgt sich ein modernes Luxushotel mit 91 Zimmer und 12 Suiten. Elegant eingerichtet in warmen Farbtönen mit Mamorbädern, Klimaanlage, Sat-TV, Internet- und Telefonanschluss, Minibar und Safe. Auch Konferenzsäle. Das DZ je nach Saison inkl. Frühstücksbuffet 140–200 €.

**** Hotel Veneza (5), Av. da Liberdade, 189, ✆ 213522618, 📠 213526678 (Metro Avenida). Ansprechendes Hotel in der ehemaligen Residenz des port. Anwalts Barata Salgueiro aus dem Jahr 1886. Gute Stilmischung aus neoklassizistischer Architektur und moderner Gestaltung. Mit 38 Zimmern auf 3 Etagen deutlich kleiner als das benachbarte Ti-

Hotels und Pensionen in Lissabon

Glasfront des Hotel Meridien – herrlicher Tejoblick aus den Zimmern

voli. Hübsche, farbenfroh eingerichtete Zimmer mit Minibar, Sat-TV, Telefon und Klimaanlage. DZ mit Frühstück 130 €.

**** **Hotel VIP Eden Lisboa (20)**, Praça dos Restauradores, 24, ✆ 213516600, ✉ 213216666 (Metro Restauradores). Direkt an der Praça dos Restauradores, trotzdem sind die Zimmer ruhig. Das architektonisch wohl interessanteste Hotel Lissabons. Das Hotel wurde in das ehemalige Kino Eden integriert, das 1931 durch den modernistischen Architekten Cassiano Branco erbaute worden war. Wo früher die Leinwand war, hat man die Mauern durchbrochen, um den wie Logen angeordneten Zimmern einen freien Blick auf den Platz zu ermöglichen. Im ersten Stock, sozusagen anstelle der normalen Bestuhlung, wachsen nun grüne Palmen. Oben auf dem Dach tummeln sich jetzt die Gäste im Schwimmbad und genießen die Aussicht in der Bar. Es können sowohl kleine Studios für 1 bis 2 Pers. als auch große Appartements für 1 bis 4 Pers. gemietet werden. In allen Appartements ist eine kleine Küchenzeile mit Geschirrspüler, Kühlschrank, Herd und Mikrowelle eingebaut. Zusätzlich stilvolle Bäder mit Azulejos, Sat-TV, Klimaanlage und Telefon sowie Schreibtische. Preis für die Studios 125 €, Appartements 180 €. Das Frühstück kostet 8,50 €.

** **Hotel Ibis Lisboa Liberdade (7)**, Rua Barata Salgueiro, 53, ✆ 213300630, ✉ 213300631 (Metro Marquês de Pombal). Schmaler Neubau etwas oberhalb der Avenida da Liberdade. Gehört zu einem Gemeinschaftsunternehmen der französischen Accor-Kette mit dem portugiesischen Amorim-Konzern. 70 schallisolierte, mittelgroße Zimmer mit TV, Klimaanlage, Telefon. Blick in Häuserschluchten. Einfache Einrichtung in Pastellfarben mit Teppichboden und funktionalen Bädern. DZ 57 € (keine Ermäßigung für Einzelpersonen). Frühstück 4 € pro Person.

*** **Pensão Residencial Dublin (1)**, Rua de Santa Marta, 45, ✆ 213555489 und 213554939, ✉ 213543365 (Metro Marquês de Pombal). In einer relativ ruhigen Seitenstraße in der Nähe der Av. da Liberdade und des Marquês de Pombal. Sehr ansprechendes Haus mit Stil. Schöne, geräumige Zimmer mit Stuckdecken, eigenen Bädern und Kabel-TV. Sauber und gepflegt. DZ mit Frühstück 45 €.

** **Pensão Alegria (13)**, Praça da Alegria, 12, ✆ 213220670, ✉ 213478070 (Metro Avenida). Recht zentral gelegenes, älteres Gebäude am Südrand des Alegria-Platzes. Um die Ecke der Jazzkeller Hot Clube de Portugal. Große Zimmer mit eigenem Bad, Telefon und Fernseher. Einfach eingerichtet, aber sauber und gut in Schuss gehalten. DZ je nach Saison 28–48 € (mit Frühstück).

Casa de Hóspedes Nova Avenida (14), Rua de Santo António da Glória, 87–1°, ✆ 213423689 (Metro Avenida). Über der

148 Lissabon/Übernachten

Praça da Alegria in einer Parallelstraße zur Av. da Liberdade. Einfache, saubere Unterkünfte. Zimmer recht klein, aber fast alle mit Dusche, einige mit Bad. Die Zimmer haben Korkböden und gehen teilweise direkt ins Treppenhaus. DZ ohne Bad und Dusche 20 €, mit Dusche 25 €, mit Bad 30 €. Die Preise variieren je nach Saison leicht nach oben bzw. nach unten. Kein Frühstück.

Avenidas Novas (s. Karte S. 266/267)

***** **Ritz Four Seasons Hotel (26)**, Rua Rodrigo da Fonseca, 88, ☎ 213811400, ℻ 213831783 (Metro Marquês de Pombal). Exklusive Lage am Parque Eduardo VII mit schönem Blick über Lissabon. 1959 eröffnet und damit das älteste Luxushotel der Stadt, entworfen vom modernistischen Architekten Porfírio Pardal Monteiro. Marmor, Stuckdecken und edle Möbelstücke schmücken das Innere der 270 geräumigen Zimmer mit Veranda. Sat-TV, Telefon (teilweise auch mit Fax), Minibar, Kühlschrank. Vom Haartrockner bis zu Hausschuhen und Zahnpasta steht so ziemlich alles zur Verfügung. Außerdem noch ein Fitnessraum. DZ 310 €, die Präsidenten-Suite hat mit 3.000 € einen rekordverdächtigen Preis. Frühst. 16,25 € pro Person.

***** **Le Meridien Park Atlantic (24)**, Rua Castilho, 149, ☎ 213818700, ℻ 213890500 (Metro Marquês de Pombal). Moderner Glaspalast in direkter Nachbarschaft zum Ritz, mit dem es um die exklusive Kundschaft in Lissabon konkurriert. Grandioser Blick über die Stadt aus den Zimmern in den oberen Stockwerken. Die 330 geräumigen Zimmer (darunter 17 Suiten) sind stilvoll und modern eingerichtet. Helle, freundliche Atmosphäre. Telefon, Sat-TV, Klimaanlage, Minibar, Safe, Haartrockner stehen dem Gast zur Verfügung. Zusätzlich verfügt das Hotel über eine Parkgarage, eine Sauna und Tagungsräume für bis zu 550 Personen. Besonders Geschäftsreisende besuchen das Meridien. Die Übernachtung kostet im günstigsten DZ 240 €. Suiten ab 415 €. Frühstücksbuffet 15 €. Ein Kind bis 12 J. im Zimmer zweier Erwachsener frei.

**** **Hotel Fénix (27)**, Praça Marquês de Pombal, 8, ☎ 213862121, ℻ 213860131 (Metro Marquês de Pombal). Sehr zentrale Lage am lauten und hektischen Verkehrsknotenpunkt Lissabons, der Praça Marquês de Pombal. Ansprechende Zimmer des gehobenen Standards mit Minibar, Safe, Telefon, Sat-TV, voll klimatisiert. Schönes Restaurant. DZ mit Frühstück 164 €.

**** **Meliá Confort (23)**, Av. Duque de Loulé, 45, ☎ 213510480, ℻ 213531865, Buchung in Deutschland: 01802/121723. Nicht weit von der Metrostation Picoas liegt dieses Hotel der spanischen Sol Meliá-Kette. Die 84 Zimmer auf 12 Etagen sind modern eingerichtet. Sauna, Schwimmbad und Konferenzsaal. Mit 50 m² sind die Zimmer so groß, dass sie in anderen Hotels durchaus als Suite angeboten würden. Eingerichtet mit Schreibtisch, Klimaanlage, Telefon, Safe, Minibar, Tisch, Bad, Haartrockner und Sat-TV. Blick bis zum Cristo Rei oder auf den Parque Eduardo VII. DZ je nach Saison 140–165 € (inkl. Frühstück). Ein Kind unter 12 Jahren kostenlos.

**** **Hotel Real Residência Apartamentos Turísticos (8)**, Rua Ramalho Ortigão, 41, ☎ 213822900, ℻ 213822930 (Metro São Sebastião). Renoviertes Gebäude der Estado-Novo-Zeit im Bairro Azul unweit des Kaufhauses El Corte Inglés. Geräumige Appartements mit Küche, Kühlschrank, Sofa, Sat-TV und Klimaanlage. Farbig eingerichtet, gedämpftes Licht. Zimmer nach hinten ruhig, nach vorne Blick auf den Garten der Residenz des spanischen Botschafters, aber auch etwas Straßengeräusche. Konferenzräume und Parkplatz. Ein-Zimmer-Appartements je nach Saison 140–160 €, Zwei-Zimmer-Appartements ganzjährig 160 € (jeweils ohne Frühstück). Kinder bis 12 J. frei. Bei längeren Aufenthalten deutliche Ermäßigungen möglich.

*** **Hotel Marquês de Sá (6)**, Av. Miguel Bombarda, 130, ☎ 217911014, ℻ 217936983 (Metro São Sebastião). 1996 eröffneter, moderner Glas- und Betonbau hinter dem Gulbenkianmuseum. Sehr ruhige Lage. 97 relativ große Zimmer in freundlichen Pastelltönen. Alle mit geräumigen Marmorbädern, TV, Telefon, Klimaanlage. Entweder Blick nach vorn auf die Straße oder nach hinten. Garage kann gegen Aufpreis benutzt werden. Im Hotel finden sich noch eine Bar und ein Restaurant. DZ inkl. Frühstück 110 €.

*** **Hotel Miraparque (22)**, Av. Sidónio Pais, 12, ☎ 213524286, ℻ 213578920 (Metro Parque). Mittelklassehotel im Stil der 60er Jahre mit 107 Zimmern. 1997 komplett renoviert. Hübsche Zimmer, größtenteils mit Blick auf den Park Eduardo VII. Sehr ruhige Lage. Alle Zimmer mit Sat-TV, Minibar, Tresor, Telefon, Klimaanlage, Bad und WC. DZ mit Frühstück 81–115 €. Zuschlag für Parkblick 7,50 €.

Hotels und Pensionen in Lissabon 149

*** **Hotel Alif (2)**, Campo Pequeno, 51, ✆ 217826210 und 217826222, ✉ 217954116 (Metro Campo Pequeno). Gegenüber der Stierkampfarena gelegen. Modernes, komfortables Haus. 115 stilvoll eingerichtete Zimmer, die über Telefon, Sat-TV, Klimaanlage, Safe und Haartrockner verfügen. Garage kann kostenlos benutzt werden. DZ mit Frühstück 80–110 €.

** **Hotel Ibis Lisboa Saldanha (14)**, Av. Casal Ribeiro, 23, ✆ 213191690, ✉ 213191699 (Metro Saldanha). Neubau im Herzen der Avenidas Novas unweit der Praça Duque de Saldanha. 116 Zimmer mit TV, Telefon und Klimaanlage auf 10 nach Rauchern und Nichtrauchern getrennten Stockwerken. Funktionale Einrichtung und schlichte Bäder mit Wannen – der auch aus Deutschland bekannte ibis-Stil eben. DZ 57 € (keine Ermäßigung für Einzelpersonen). Frühstück 4 € pro Person.

**** **Pensão Residencial Terminus (1)**, Av. Almirante Gago Coutinho, 153, ✆ 218494817 und 218491106, ✉ 218491107. Nur 10 Min. zu Fuß bzw. eine Bushaltestelle zum Flughafen in einer Villengegend. Allerdings auch direkt in der Einflugschneise und daher laut. Hauptvorteil ist die Flughafen-Nähe, einen längeren Urlaub sollte man unserem Eindruck nach besser anderswo verbringen. 23 altmodisch eingerichtete Zimmer mit Klimaanlage, Heizung, Telefon, Bad, TV. Parkplatz, Schwimmbad und Kinderspielplatz im Garten. DZ mit Frühstück 52,50 €.

*** **Pensão Casal Ribeiro (28)**, Rua Braamcamp, 10, ✆ 213861544, ✉ 213860067 (Metro Marquês de Pombal). In unmittelbarer Nähe zur Praça Marquês de Pombal direkt neben dem Residencial Astória. Solide, einfache Zimmer mit eigenem Bad, TV, Radio und Telefon. DZ mit Frühstück 50–55 €.

*** **Residencial Astória (29)**, Rua Braamcamp, 10, ✆ 213861317, ✉ 213860491 (Metro Marquês de Pombal). Zentral gelegen. Keine 5 Min. von der Praça Marquês de Pombal entfernt. Pension der Mittelklasse. Einfache, saubere Zimmer mit Dusche/WC. DZ mit Frühstück 46–66 €.

*** **Pensão Residencial Casa Vila Nova (25)**, Av. Duque de Loulé, 111–3°, ✆ 213540838 oder 213534860 (Metro Marquês

Modernes Hotel am Campo Pequeno – das Hotel Alif

de Pombal). Gleich neben der Praça Marquês de Pombal, im 3. OG eines alten, etwas renovierungsbedürftigen Jugendstil-Hauses, unten ein Büro der kommunistischen Partei PCP. Saubere, teilweise recht geräumige Zimmer. Alle mit eigenem Bad, teilweise auch mit Fernsehgerät. Dunkle Möbel aus Holz. DZ je nach Größe und Saison 40–50 € (ohne Frühstück).

** **Pensão Residencial Pascoal de Melo (15)**, Rua Pascoal de Melo, 127-B-1°, ✆ 213577639, ✉ 213144555. Ruhig mitten im Stadtteil Estefânia gelegen. Indische Wirtsleute. Der Eingang machte auf uns einen etwas schmuddeligen Eindruck, doch im ersten Stock erwartet die Besucher eine propere Pension. Saubere, relativ geräumige Zimmer, alle mit Bad. Einige Zimmer mit Balkon zur Straße, sie sind aber etwas lauter als die anderen. DZ je nach Saison 30–40 €. Ohne Frühstück.

Bairro Alto (s. Karte S. 276/277)

** **Pensão Londres (7)**, Rua D. Pedro V, 53–2°, ✆ 213462203, ✉ 213465682. Älteres, herrschaftliches Haus am nördlichen Rande des Bairro Alto zwischen dem Miradouro São Pedro de Alcântara und dem Jardim Príncipe Real. Die 36 Zimmer liegen im 2.

Lissabonner Nobelherberge – das Hotel Lapa Palace

und 3. Stock (mit Aufzug). Blick teilweise auf die Av. Novas und den Tejo, am besten in den Zimmern 404–410. Die Unterkünfte zur Rua Dom Pedro sind etwas lauter. Dunkelblaue Fußböden und hohe Decken. DZ ohne Dusche je nach Saison 35–40 €, mit Dusche 50–52,50 €, mit komplettem Bad 57,50–65 €. Alle Preise inkl. Frühstück.

Lapa/São Bento (s. Karte S. 282/283)

***** **Lapa Palace (19)**, Rua do Pau de Bandeira, 4, ✆ 213949494, ✉ 213950665. In einer abgeschiedenen Gegend des Stadtteils Lapa liegt eines der besten Lissabonner Hotels. 1870 wurde der Palast für den Grafen von Valença erbaut, seit 1992 Luxus-Hotel. Inzwischen im Besitz der Orient-Express-Kette, der auch das legendäre Copacabana Palace in Rio gehört. Besonders beliebt bei portugiesischen Geschäftsleuten. Ein neuangebauter Flügel harmoniert perfekt mit dem alten Palast, in dem sich 5 geräumige Suiten befinden. Jede der luxuriösen Suiten besitzt eine individuelle Dekoration, die vom Klassizismus des 18. Jh. bis zum Art déco reicht, aber immer portugiesisch geprägt ist. Von den Terrassen der Suiten blickt man auf Almada und den Cristo Rei. Die Balkone der 89 Zimmer gehen dagegen zumeist in Richtung des großen Hotelgartens. Alle Zimmer mit zwei Telefonen, Sat-TV, Minibar und alten Möbeln eingerichtet. Die Marmorbäder sind mit handgemachten Azulejos ausgekachelt. Fitness-Center mit Sauna, Solarium, türkischem und schottischem Bad. 8 schöne Konferenzsäle. DZ je nach Saison ab 300–475 €. Suiten zwischen 575 und 2.000 € (Frühstück jeweils inkl.). Ein Kind bis 12 Jahre pro Zimmer frei.

Casa de Hóspedes Duque (15), Calçada do Duque, 53, ✆ 213463444, ✉ 213256827. Unmittelbare Nähe zur Kirche São Roque. Kleine Familienpension in zentraler und dennoch ruhiger Lage. Sehr einfache Zimmer ohne Ausblick mit mehr oder weniger sauberem Gemeinschaftsbad. DZ je nach Saison 20–36 € (ohne Frühstück).

**** **Residencial York House (23)**, Rua das Janelas Verdes, 32, ✆ 213962435 od. 213962435, ✉ 213972793. Außerhalb vom Zentrum auf halbem Weg nach Belém. Das alte Kloster der barfüßigen Karmeliter (im Volksmund auch *Marianos* genannt) aus dem 16. Jh. wurde mit viel Aufwand in eine exklusive, sehr stilvolle Herberge umgebaut. Für die Einrichtung der 36 Zimmer hat man nur Antiquitäten oder auch gekonnte Nachbildungen verwendet. Nüchternes, aber keineswegs unkomfortables Ambiente. Im lauschigen Klostergarten mit Springbrunnen findet man unter Palmen Lissabons Diplomaten beim Plausch. Zimmer mit eigenem Bad, Telefon und Sat-TV. DZ je nach Saison 140–200 € (inkl. Frühstück). Kinder bis 4 J. im Zimmer mit zwei Erwachsenen kostenlos.

**** **Residencial As Janelas Verdes (27)**, Rua das Janelas Verdes, 47, ✆ 213968143, ✆ 213968144. Nicht weit vom Museu de Arte Antiga zwischen Zentrum und Belém gelegen. Das herrschaftliche Haus aus dem 18. Jh. gehörte früher dem berühmten Schriftsteller Eça de Queiroz. Es bietet luxuriösen Komfort in palastähnlichem Ambiente. Die 17 Zimmer sind mit Stuckdecken geschmückt. Stilvolle Einrichtung in Pastelltönen. Schalldichte Fenster, Klimaanlage, Telefon, Sat-TV gehören zur Ausstattung. DZ mit Frühstück je nach Saison ab 148–175 €. Kinder unter 12 Jahren im selben Raum wie die Eltern frei.

*** **Pensão Residencial Casa de São Mamede (1)**, Rua da Escola Politécnica, 159, ✆ 213963166, ✆ 213951896 (Metro Rato). Ein alleinstehendes, 1758 erbautes Haus beherbergt seit 1948 diese sehr stilvolle Pension. Das ehemalige Familienhaus ist mit Kronleuchtern und großen Holztreppen antik eingerichtet. Aufsehenerregend ist das Frühstückszimmer mit Azulejos und schweren Vorhängen. In den 28 Zimmern auf 3 Stockwerken hohe Decken und große Bäder sowie Tresor, Telefon und Fernseher. DZ je nach Saison ab 80–85 € (inkl. Frühstück). Kinder bis 7 Jahren im Zimmer der Eltern kostenlos – Familien sind sehr willkommen.

Obere Etagen mit Tejoblick: Hotel Dom Pedro Lisboa

Amoreiras (s. Karte S. 290/291)

***** **Hotel Dom Pedro Lisboa (1)**, Av. Engenheiro Duarte Pacheco/Av. Conselheiro Fernando de Sousa, ✆ 213896600, ✆ 213896601 (Metro Rato). Direkt neben dem Amoreiras-Einkaufszentrum liegt dieses 1998 eröffnete Hotel in einem futuristisch anmutenden Glasbau. Viel Marmor und – stilistisch etwas verunglückt – auf alt gemachte Leuchter. Die 263 Zimmer sind in Grün/Bordeaux und in Gelb/Bordeaux gehalten. Besonders in den oberen Stockwerken ein geradezu überwältigender Blick auf ganz Lissabon, die Brücke des 25. April und den Tejo. Telefon, Sat-TV, Radio, Minibar. Geräumige Bäder mit Haartrockner. Versammlungsräume für bis zu 500 Pers. DZ 345 €. Ab dem 15. Stock 30 € Aufschlag für die Aussicht. Suiten 440–940 €. Frühstück 18 € pro Person.

Alcântara (s. Karte S. 296/297)

***** **Carlton Palace Hotel (6)**, Rua Jau, 54, ✆ 213615600, ✆ 213615601. Das luxuriöseste und prächtigste Hotel der Stadt in ruhiger Lage auf der Anhöhe Alto de Santo Amaro. Die Tram 18 fährt hier vorbei. Beim Betreten des 1890 erbauten und als Nationaldenkmal klassifizierten Palácio Valle Flor verschlägt es dem Besucher angesichts ausladender Kronleuchter, polierter Parkettböden und feinstem Mobiliar erst einmal die Sprache. Die portugiesische Hotel-Gruppe Pestana hat den früher arg heruntergekommenen Palast und seine herrlichen Parkanlagen 1999–2001 renoviert und mit einem Neubauflügel versehen. Insgesamt 173 Zimmer und 17 Suiten. Im alten Palastflügel findet man die 4 prächtigsten Suiten, eine Bar, ein öffentlich zugängliches Restaurant mit neoklassischem Prunk und Gartenblick, ein halbes Dutzend Arbeitsräume, sowie eine herrliche

152 Lissabon/Übernachten

Kapelle, für deren Fenster eigens Restauratoren aus dem Vatikan eingeflogen wurden. Der Neubauflügel mit den "normalen" Zimmern erscheint dagegen geradezu schlicht: Die geräumigen Zimmer haben Kabel-TV, Klimaanlage, Zentralheizung, Internetanschluss, Minibar, Tresor und luxuriöse Bäder. 2 Schwimmbäder, Sauna, Fitnessraum und Konferenzzentrum. DZ 325 € (Garten-Blick 25 €-Zuschlag), Suiten bis zu 2.000 €. Frühstück 16 € pro Person.

Belém (s. Karte S. 302/303)

*** Hotel da Torre (2), Rua dos Jerónimos, 8, ℅ 213616940, ℡ 213616946. Solides Mittelklassehotel schräg gegenüber vom Jerónimos-Kloster. Geräumige Zimmer mit Teppichboden. Ältere Möbel. Schöne Marmorverkleidung in den Badezimmern. DZ mit Frühstück je nach Saison 80–83 €. Kinder bis 2 J. frei, bis 12 J. im Zimmer der Eltern deutlich ermäßigt.

Benfica (s. Karte S. 316)

Turismo de Habitação: Casa da Quinta Nova da Conceição (4), Rua da Cidade de Rabat, 5, ℅ 217780091, ℡ 217724765. In einer Parallelstraße zur Estrada de Benfica kurz vor dem Largo do Conde de Bonfim. Ein altes Landgut aus dem 18. Jh., als Benfica noch außerhalb der Stadtgrenzen Lissabons lag und nur wenige Bauernhöfe und Paläste zählte. Heute von Wohnblocks eingerahmt. Innerhalb seiner Mauern kann man Tennis spielen, sich am Schwimmbad sonnen, in der Kapelle sitzen oder einfach den schönen Garten genießen. Betritt man die alte Quinta, so wird man von der wunderschönen Einrichtung überwältigt. Alles sehr stilvoll und echt antik, besonders schön die Keramiken. Den Gästen stehen ein Aufenthalts- und ein Arbeitsraum (mit PC) zur Verfügung. Da nur 3 Zimmer vorhanden sind, ist familiäre Atmosphäre garantiert. Leider muss man sich deshalb auch sehr früh anmelden. Am besten 6 Monate vorher reservieren, doch ab und zu ist auch direkt noch etwas frei. Im August ist die Quinta in manchen Jahren jedoch geschlossen. DZ pro Nacht mit Frühstück 140 €.

Osten (s. Karte S. 323)

**** Hotel Tivoli Tejo (4), Av. Dom João II, Parque das Nações, ℅ 218915100, ℡ 218915345 (Metro Oriente). Modernes Gebäude an der Südseite des Hauptbahnhofs Gare do Oriente. Gut zu erkennen an seiner elliptischen Fassade. In der einen Hälfte der Zimmer Tejo-Aussicht (vor allem in den oberen Etagen), in der anderen blickt man direkt in die Gare do Oriente. Geräumige Zimmer mit Schreibtisch, Klimaanlage und hellroten Teppichböden. Klimaanlage, die Fenster kann man dennoch öffnen. Auch behindertengerechte DZ. Schwimmbad, türkisches Bad, Sauna und Garage. Heller, freundlicher Frühstücksraum – eine große Glaswand gibt den Blick auf die Straße frei. Bar in der ersten Etage, Panorama-Restaurant im 16. Stock. DZ 160 € (mit Frühstück). In der Nebensaison Ermäßigungen möglich.

**** Altis Park Hotel (5), Av. Eng. Arantes e Oliveira, 9, ℅ 218434200, ℡ 218460838. Direkt oberhalb der Metrostation Olaias liegt dieses 1994 eröffnete Hotel der Altis-Kette. Futuristisch anmutender 18-stöckiger Glasbau mit 285 Zimmern und 15 Suiten. Relativ große, funktional eingerichtete Zimmer mit sehr gutem Blick auf den Tejo und die Ponte Vasco da Gama. Klimaanlage, Sat-TV, Radio, Telefon, Minibar und Marmorbäder mit Haartrockner. 2 behindertengerechte DZ. 12 Konferenzsäle, Piano-Bar, Garage und Fitnessclub stehen zu Verfügung. Hauptsächlich Geschäftsreisende. DZ je nach Saison 105–150 € (inkl. Frühstück).

**** Hotel Meliá Confort Oriente (2), Av. Dom João II, ℅ 218930000, ℡ 218930099, Reservierung in Deutschland 01802/121723. Direkt neben dem neuen Hauptbahnhof Lissabons, der Gare do Oriente (Metro Oriente), liegt dieses 1998 eröffnete Hotel. Auf 15 Stockwerken 116 sehr geräumige Zimmer. Alle Zimmer mit kleiner Küchenzeile, Schreibtisch, TV, Telefon und großen Marmorbädern. Auch Nichtraucherzimmer. Guter Blick über das ehemalige EXPO-Gelände, die Ponte Vasco da Gama und den Tejo. DZ mit Frühstück 105 €. Kinder bis 3 J. kostenlos, bis 12 J. 50 % Ermäßigung.

Internationaler Treffpunkt: Bar der Zirkusschule Chapitô

Essen & Trinken

Von exotischen Taschenmessermuscheln bis zum Rindfleisch ähnlichen Thunfischsteak kommt in Lissabon so ziemlich alles auf den Tisch, was der Atlantik an Meerestieren hergibt. Aber nicht nur Fischfans kommen hier auf ihre Kosten, auch Fleischgerichte hat die Region Lissabon in großer Zahl anzubieten.

International berühmt wie die französische ist die portugiesische Küche allerdings nicht. Sie ist eine schmackhafte Volksküche mit einfachen, reichhaltigen Gerichten, die oft mit viel Olivenöl zubereitet werden. Lediglich die exzellenten Nachspeisen und Süßigkeiten dürften eine internationale Spitzenstellung einnehmen. Aber auch die deftigen Suppen sind eine Kostprobe wert.

In fast allen Restaurants bekommt man übrigens einen **Platz** zugewiesen. Man sollte sich also nicht einfach hinsetzen (Ausnahme: Cafés und einfache Lokale)!

Wo isst man?

In der Regel ist am Restauranteingang ein Schild mit der entsprechenden Kategorie angebracht. Die Anzahl der Sterne und das Preisniveau lassen vielleicht auf englisch sprechende Kellner oder Seife und Handtuch auf der Toilette schließen – sie garantieren aber noch lange nicht einen lustvoll gefüllten Magen. Lediglich in den Luxus-Restaurants, von denen es in Lissabon nur eine Handvoll gibt, findet man garantiert guten Service und exzellente Küche. Als nächste Kategorie folgen die Restaurants der ersten Klasse (*1.ª Categoria*), die ebenfalls zumeist erstklassige Qualität und Bedienung bieten. Die Restaurants der zweiten und dritten Klasse (*2.ª* und *3.ª Categoria*) unterscheiden sich kaum voneinander; der Service fällt zur ersten Klasse hin oft stark ab.

Was das Angebot an Speisen betrifft, so unterscheidet man neben den "normalen" Restaurants zwischen **marisqueiras**, auf Meeresfrüchte spezialisierte Restaurants, und **churrasqueiras**, die gegrilltes Fleisch und gegrillten Fisch anbieten. Unter **cervejarias** hingegen versteht man einfache Restaurants, in denen vorwiegend Bier getrunken wird. Sie sind normalerweise im Besitz von Brauereien. Das Essensangebot ist meist beschränkt auf Steaks (*bifes*), Meerestiere (*mariscos*), Omeletts (*omeletas*) und evtl. einige Fischgerichte.

Mittags, manchmal auch abends, werden ferner in den **Cafés** Tagesgerichte angeboten (häufig nur Mo–Fr), die meist ein gutes Preis-Leistungs-Verhältnis bieten. Oft sind dann alle Tische mit speisenden Büroangestellten und Arbeitern belegt, und man kann seinen Espresso nur am Tresen trinken.

Vor allen Restaurants muss die Speisekarte samt Preisen sichtbar ausgehängt sein; diese Regelung wird allerdings vor allem in kleineren Orten oft nicht eingehalten. In allen Preisen müssen die Mehrwertsteuer (*Imposto sobre o Valor Acrescentado – IVA*) und die Bedienung (*serviço*) enthalten sein. Exquisitere Fischsorten und Meeresfrüchte werden dabei oft nach Gewicht berechnet.

> **A conta, se faça favor**
> Um die Rechnung bittet man mit *"A conta, por favor"* oder, noch höflicher, mit *"A conta, se faça favor"*. Sie wird auf einem Teller gereicht, auf den man ebenfalls das Geld legt. Der Kellner bringt dann das Wechselgeld zurück, und schließlich hinterlässt man auch das Trinkgeld auf dem Teller. War der Service sehr schlecht, so sollte man ruhig kein Trinkgeld geben (s. "Wissenswertes/Trinkgeld" S. 93).

Wann isst man?

Da die Portugiesen morgens zu Hause gewöhnlich nur ein Butterbrötchen mit Quittenmarmelade oder eine *torrada* (gebutterten Toast) zu sich nehmen, sind Mittag- und Abendessen gleichermaßen Hauptmahlzeiten, die sich in ihrem Angebot nicht unterscheiden. Man isst warm, mittags in einfacheren Lokalen, Kantinen oder Cafés, abends dagegen zu Hause oder in besseren Restaurants. In Lissabon werden etwa je zur Hälfte Fisch- und Fleischgerichte gegessen – Vegetariern wird in den wenigsten Restaurants etwas geboten.

Eine komplette Mahlzeit besteht aus *couvert* (s. u.), Suppe, Hauptgericht und Nachtisch. In dieser Kombination zusammen mit einem Getränk und häufig auch mit einem Kaffee bieten die meisten Restaurants obendrein ein Touristenmenu (*ementas turística*) an. Davon wird man zu einem oft sehr günstigen Preis gut satt; in der Regel stehen ein Hauptgericht mit Fisch und eines mit Fleisch zur Auswahl.

Am schnellsten serviert werden die Speisen von der Tageskarte (*pratos do dia* oder *sugestões do chefe*), zudem oft eine gute Wahl. Die Gerichte sind reichlich bemessen; Genügsamere können häufig auch halbe Portionen (*meia dose*) ordern. Viele Restaurants haben nichts dagegen, wenn man sich zu zweit eine Portion mit zwei Tellern bestellt: *"Uma dose de ... com dois pratos, por favor"*.

Essenszeiten in den Lokalen

Frühstück (*pequeno almoço*) gibt es den ganzen Morgen im Café. In Lissabon trinkt man dazu gewöhnlich einen Milchkaffee (*galão*) und isst einen Toast (*tosta*), ein Brötchen (*sandes*) oder ein süßes Teilchen. Das Mittagessen (*almoço*) wird zwischen 12 und 14 Uhr eingenommen, das Abendessen (*jantar*) beginnt in den meisten Restaurants ab 19.30 Uhr, manchmal schon ab 19 Uhr. Die warme Küche ist in der Regel bis 22 Uhr geöffnet, danach wird es schwierig. In einigen Stadtteilen Lissabons (bes. im Bairro Alto) finden sich aber Restaurants, die bis spät in die Nacht servieren – das Essen heißt dann nicht mehr *jantar*, sondern *ceia* (Nachtessen).

Was isst man?

Den Auftakt einer kompletten Mahlzeit bildet das **Couvert** (Gedeck) – bisweilen eine beliebte Methode, den Gästen Geld aus der Tasche zu ziehen. Als Couvert werden immer Brot oder Brötchen mit Butter gereicht, dazu eventuell Oliven (*azeitonas*), Frischkäse (*queijo fresco*), Hartkäse (*queijo*) und Thunfischcreme (*paté de atum*). Generell gilt, dass nur das bezahlt wird, was gegessen wurde. Isst man aber z. B. den Frischkäse nur zur Hälfte, so muss man ihn natürlich dennoch ganz bezahlen. Bekommt man eine zu hohe Rechnung, was bei nicht Portugiesisch sprechenden Touristen oft und in Touristenlokalen noch häufiger der Fall ist, sollte man reklamieren und notfalls auch das Reklamationsbuch (*livro de reclamações*) verlangen (s. "Wissenswertes/Reklamationen" S. 89). Wer kein Couvert will, sollte es am besten gleich abbestellen bzw. abtragen lassen. Es reicht meist schon, wenn man es sichtbar an den Rand des Tisches stellt. Restaurants der ersten und der Luxus-Kategorie dürfen das Couvert allerdings grundsätzlich komplett berechnen.

Vorspeisen

Zusätzlich zum normalen Couvert werden besonders in guten Restaurants Käse (*queijo*), Schinken (*presunto*), Tintenfischsalate (*salada de polvo*), Bacalhaupasteten (*pastéis de bacalhau*) und andere Spezialitäten angeboten. Besonders dann, wenn die Vorspeisen (*entradas*) unaufgefordert zusammen mit dem Couvert aufgetischt werden, empfiehlt es sich, einen Blick auf die Preisliste in der Speisekarte zu werfen...

Die portugiesischen **Suppen** haben wenig mit den in Deutschland verbreiteten Fleischbrühen gemein. Sie sind wesentlich sämiger und werden in der Regel mit verschiedenem Gemüse zubereitet. Die traditionelle portugiesische Suppe ist der *caldo verde*, eine sehr schmackhafte Suppe mit fein geschnittenem Grünkohl und Räucherwurst (*chouriço*). In der *sopa de marisco* findet sich dagegen allerlei Meeresgetier.

Fleischgerichte

Das Standardgericht ist das Rindersteak (*bife de vaca*). Es kommt im eigenen Saft (medium gebraten) und mit einem Spiegelei obenauf auf den Tisch. Dazu gibt es Reis, Pommes frites und Salat. Wer es gut durchgebraten will, sollte es "*bem passado*" bestellen. Die billigste Version ist das kleine Steak *bitoque*. In den einfacheren Restaurants kann dabei das Fleisch etwas zäh sein. Auch Koteletts (*costeleta*) und Entrecôte/Mittelrippstückchen (*entrecosto*) sind weit verbreitet. Wer mag, kann sich an einer billigen *dobrada* (Bohneneintopf mit Kutteln) satt essen.

Fischgerichte

Das portugiesische Nationalgericht ist der *bacalhau*. Dabei handelt es sich um eingesalzenen, getrockneten Kabeljau, in Deutschland auch Klipp- oder Stockfisch genannt und dort, außer in spanischen und portugiesischen Spezialitäten-Geschäften, kaum mehr im Handel erhältlich. Es gibt in Portugal um die 300 verschiedene Zubereitungsarten, wobei der Kabeljau manchmal fast unkenntlich auf den Tisch kommt: in Öl gebraten, mit Teig überbacken, zerrieben und zu frittierten Bällchen geformt. In dieser Fülle von Speisen mit gleichem Grundstoff findet auch derjenige, der *bacalhau* pur nicht so sehr schätzt, sein Lieblingsgericht. Besonders gut schmeckt der *bacalhau à Brás*, für den der Klippfisch zerrieben und mit Pommes frites und Rühreiern gemischt wird.

Bacalhau-Einkauf: In den Geschäften wird der *bacalhau* nach seinem Gewicht unterschieden: Bis 500 Gramm heißt er *bacalhau miúdo*, von 500 g bis 1 kg Bacalhau *corrente*, von 1 kg bis 2 kg *bacalhau crescido*, dann von 2 kg bis 3 kg *bacalhau graúdo* und schließlich ab 3 kg *bacalhau especial*. Generell gilt: je schwerer desto besser und teurer, da der Fisch dann leichter von Haut und Gräten zu befreien ist. Wer sich sein eigenes Bacalhau-Gericht zubereiten möchte, der sollte den *bacalhau* mindestens 24 Std. vorher in Wasser einweichen und dieses mehrmals wechseln, da der Fisch sonst viel zu salzig schmeckt.

Rezept für Bacalhau à Gomes de Sá

Zutaten dieser Lissabonner Bacalhau-Spezialität für 5 bis 6 Personen:
1 kg Bacalhau (Trockengewicht), 1 kg Kartoffeln, 1½ Deziliter Olivenöl, 1 gr Pfeffer, 4 mittelgroße Zwiebeln, 2 Knoblauchzehen, 4 Eier, 4 Deziliter Milch, schwarze Oliven, 1 Zweig Petersilie.
Nachdem der Bacalhau lange genug (s.o.) in Wasser eingeweicht worden ist, legt man ihn in einen Topf und bedeckt ihn mit Wasser. Wenn das Wasser kocht, Deckel schließen, Wärme reduzieren, bis das Wasser nicht mehr kocht, und den bacalhau 15 Min. ziehen lassen. Anschließend die Gräten und die Haut entfernen und das Fischfleisch in kleine Streifen zerteilen. Diese in ein Gefäß mit heißer Milch legen und dort etwa eine Stunde ziehen lassen; dies entzieht dem Bacalhau weiteres Salz. Während der Wartezeit die Kartoffeln aufsetzen und fertig kochen. Anschließend brät man in einem backofenfesten Gefäß in Olivenöl die zerkleinerten Knoblauchzehen sowie die in Ringe geschnittenen Zwiebeln an, bis sie glasig werden. Anschließend das Gefäß vom Herd nehmen und die geschälten und in dicke Scheiben geschnittenen Kartoffeln sowie die Streifen des Bacalhau hinzufügen. Das Ganze kommt für 15 Minuten in den ca. 200 Grad heißen Ofen. Währenddessen die fünf Eier hart kochen. Zusammen mit den in Scheiben geschnittenen Eiern, den Oliven und der Petersilie kommt der *bacalhau à Gomes de Sá* dann auf den Tisch. Guten Appetit!

(Nach: António Maria de Oliveira Bello, Culinária Portuguesa, Assírio & Alvim, Lissabon 1994)

Neben dem Bacalhau ebenfalls zu empfehlen sind *dourada* (Sackbrasse), *robalo* (Seebarsch) und *cherne* (Silberbarsch), alle nicht nur wohlschmeckend, sondern auch einfach von Gräten zu säubern. Am besten sind sie, wenn sie über Holzkohle gegrillt werden *(na brasa)*.

Außerdem im Angebot sind Fischeintöpfe *(caldeiradas)*, die besonders bei Liebhabern deftiger Kost Zuspruch finden dürften. Und wer nicht nur gut essen, sondern auch auf seinen Geldbeutel achten will, sollte sich an die preisgünstigen Sardinen und die Bastardmakrelen *(carapaus)* halten. Die ganz kleinen *sardinhas* kann man mit Haut und Haaren (sprich: Schuppen) verzehren. Achtung: Die bitter schmeckenden Innereien muss man bei kleinen Fischen in der Regel selbst entfernen.

Sehr verbreitet sind die verschiedenen Tintenfischarten *(moluscos)*. Die größte ist der *polvo*, eine achtfüßige Krakenart, die einen kleinen Kopf und lange Arme mit großen Saugnäpfen besitzt. Sie wird kleingeschnitten besonders als Reiseintopf *(arroz de polvo)* und mit Essig als Salat *(salada de polvo)* serviert. Mit viel Tinte und der bekannten Sepiaschale kommen die *chocos* (Sepia) daher. Auch sie schmecken als Reiseintopf *(arroz de choco)* sehr gut. Wer sie lieber gegrillt *(grelhado)* mag, der sollte darauf achten, dass sie ohne Tinte *(sem tinta)* serviert werden. Die *lulas* (Kalamares) haben einen weißen, kapuzenförmigen Körper mit zwei langen und acht kurzen Fangarmen. Sie sind das Rohmaterial für die in Deutschland verbreiteten, frittierten Kalamares. In Portugal munden sie aber meist wesentlich besser. Zu empfehlen sind sie gegrillt und besonders gefüllt *(lulas recheadas)*. Hier wird der zarte Körper der *lulas* mit einer Mischung aus den zerkleinerten Fangarmen, gemischtem Hackfleisch, Zwiebeln und Petersilie gefüllt – eine Delikatesse!

Feinschmecker verzichten montags übrigens besser auf Meeresgetier, da die Fischer am Sonntag zu Hause bleiben.

Meeresfrüchte

Mariscos sind nicht gerade billig – das Kilo Langusten z. B. kostet ca. 50 €. Die hohen Preise sind allerdings nicht verwunderlich, wenn man bedenkt, dass die *lagostas* in Europa völlig überfischt sind und meistens aus weit entfernten Regionen wie Mauretanien lebend eingeflogen werden müssen (in diesem Zustand kommen sie dann in den Topf). Günstiger sind die Garnelen *(camarões)*, die meist ein bis zwei Pfund schweren Taschenkrebse *(sapateiras)* oder die Spinnenkrabben *(santolas)*. Eine Spezialität sind die *percebes*, die wegen ihrer Form auf Deutsch auch Entenfüße genannt werden. Wer gerne Breiartiges mit dem Löffel isst, der versuche die *açorda de marisco*, einen sehr sättigenden Broteintopf mit viel Knoblauch und Garnelen.

Eine gar nicht so teure Delikatesse sind Herzmuscheln *(amêijoas)*. In Lissabon werden sie sehr originell und schmackhaft zubereitet, z. B. mit Zitronensaft *(amêijoas à Bulhão Pato)*. Achtung: Muscheln sollte man nur dann essen, wenn sie offen sind. Sind sie nach dem Abkochen noch verschlossen, könnten sie schon vorher bereits tot und verdorben gewesen sein! Wer selbst Muscheln kocht, sollte vor dem Kochen auch die Muscheln aussortieren, die sich, wenn sie berührt werden, nicht verschließen. Auch diese sind wahrscheinlich bereits tot.

Beilagen

Die Beilagen werden auf den Speisekarten meist nicht aufgeführt. Zu den Fleischgerichten sind es Reis (*arroz*) und Pommes frites (*batatas fritas*) üblich, bei Fischgerichten dagegen gekochte Kartoffeln (*batatas cozidas*). Gemüse (*legumes*) findet man leider fast nur in der Suppe. Wer sich nicht sicher ist, was es zum gewünschten Hauptgericht gibt, sollte ruhig nachfragen. Meist ist es kein Problem, z. B. Reis statt Pommes frites zu bekommen. In chinesischen Restaurants, die aufgrund des ehemaligen portugiesischen Verwaltungsgebiets Macau zahlreich sind, bestellt man zu den Hauptgerichten ein Schälchen Reis (*tigela de arroz*).

Nachspeisen

Was die *sobremesas* anbelangt, dürfte die portugiesische Küche in Europa unschlagbar sein. Unbedingt probieren sollte man *arroz doce*, einen süßen Milchreis mit Zimt. Empfehlenswert ist auch der "Himmelsspeck" *toucinho do céu*, eine Eigelbspeise mit Mandeln, sowie *pudim flan* (Vanillepudding mit Karamell-Soße) oder *leite creme* (Milchcreme).

Gaumenvielfalt von Nord nach Süd

Die unterschiedlichen Küchen der einzelnen portugiesischen Regionen sind für ein so kleines Land überraschend. In Lissabon haben sich einige Restaurants den einzelnen Regionalküchen verschrieben, sodass man hier eine große Auswahl an regionalen Gerichten kosten kann.

Die Küche des Nordens wartet mit derben Fleischgerichten auf: Wie wäre es mit *rojões à moda do Minho*, gut gewürzten kleinen Schweinefleischstücken, in Schmalz gebraten, dazu geronnenes Schweineblut, Leber, mit Grieß gefüllte Därme und als Beilage geröstete Kartoffeln? Die Einwohner der zweitgrößten Stadt Porto werden von den Lissabonnern abschätzig *tripeiros* (Kuttelfresser) genannt. Der Name *tripeiros* kommt daher, dass die Einwohner von Porto früher das Fleisch den Seefahrern zum Einpökeln gaben und sich selbst mit den Eingeweiden (*tripas*) begnügten. Heute ist das ehemalige Arme-Leute-Essen *tripas à moda do Porto* eine Spezialität: weiße Bohnen mit Kutteln und gebratenen Blutwurstscheiben. Dagegen schimpfen die *tripeiros* übrigens die Lissabonner verächtlich *mouros* (Mauren).

Ein typisches Gericht der mittelportugiesischen Provinzen, den *Beiras*, ist die *chanfana*. Das ist ein etwas unansehnliches, aber äußerst lecker schmeckendes Ziegenfleisch, das in Rotwein gekocht wurde.

Aus der südportugiesischen Region Alentejo kommt die *sopa alentejana*: Fleischbrühe mit viel Weißbrot, einem Ei, Knoblauch, Petersilie und grünem Koriander. Ebenfalls mit frischem Koriander wird die andere sehr schmackhafte Spezialität des Alentejo zubereitet, *carne de porco à alentejana*. Weitere Zutaten des Schweinefleischs auf alentejanische Art sind Muscheln und Kartoffeln. Ebenfalls lecker mundet die Spezialität der südlichsten portugiesischen Provinz Algarve, die *cataplana*. Dafür dünsten die Köche Muscheln, Schweinefleisch, Zwiebeln und Petersilie in einer fest verschlossenen Kupferpfanne, dazu kommt noch ein Schuss Weißwein.

Für den Hunger zwischendurch

Tascas, traditionelle Tavernen, und ihre Nachfolger, die modernen Snack-Bars, findet man auf Schritt und Tritt. Zu essen gibt es hier meist nur Kleinigkeiten (*petiscos*), getrunken wird neben Bier vor allem billiger Wein aus großen 5-Liter-Flaschen (*garrafão*).

Der portugiesische Hamburger heißt *prego:* Rindfleischstücke werden in einem würzigen Fleisch-Knoblauch-Sud gekocht und noch warm in einem Brötchen gegessen. Das ebenfalls sehr leckere Pendant aus Schweinefleisch nennt man *bifana.* Der *cachorro*, eine Art portugiesischer Hotdog, ist dagegen meist von miserabler Qualität, denn sein Herzstück, das Würstchen, ist allenfalls ein entfernter Verwandter seiner Gattung. Hergestellt werden die kümmerlichen Würste in einheimischen Fabriken. Ihr Name: *salsichas tipo alemão* – "deutsche Würste".

Tosta mista, einen Schinken-Käse-Toast, gibt's in Bäckereien und Cafés, und zwar recht billig. Er ist auch eine gute Alternative zum Marmeladenbrötchen-Frühstück. Noch billiger ist die *torrada*, ein getoastetes Brot mit Butter (ebenfalls in Bäckereien und Cafés erhältlich). *Salada de atum*, Thunfischsalat, ist ein kräftiger Mix aus Fischstückchen, gekochten Kartoffeln, Tomaten, grünem Salat, schwarzen Oliven und Olivenöl. Sehr lecker, nahrhaft und günstig. Thunfischsalat wird oft als Vorspeise *(entrada)* angeboten, obwohl man davon sehr gut satt wird.

Auch die *Rissóis*, panierte und frittierte Kabeljau- oder Krabbenhäppchen, munden gut und werden mit den ähnlich schmeckenden *pastéis de bacalhau* gerne in Cafés als Snacks serviert. *Empanadas* sind dagegen kleine Pasteten, gefüllt mit Gemüse, Fleisch, Fisch oder Garnelen.

Getränke

Bei den Getränken steht der Wein an erster Stelle. Kein Wunder, denn Portugal ist der neuntgrößte Weinproduzent der Welt und kann über einen Mangel an erlesenen Weinen wahrlich nicht klagen. Besonders die leichten Weißweine der Estremadura, die Rotweine der Bairrada und die süßen Portweine können begeistern.

Portugal führte als weltweit erstes Land die Abgrenzung bestimmter Weinregionen ein. Es gibt dabei verschiedene regionale **Herkunftssiegel**: Ob *Vinho Regional, Indicação de Proveniência Regulamentada (IPR), Denominação de Origem Controlada (DOC)* oder *Vinho de Qualidade Produzido em Região Determinada (VQPRD)*, alle bezeichnen Qualitätsweine aus einer bestimmten Region, die speziellen Gesetzen und einer besonderen Kontrolle unterliegen. Die einzelnen Siegel lassen dabei nur auf das Alter der Weinanbaugebiete oder die Verwendung heimischer Rebsorten und Anbaumethoden schließen, nicht dagegen auf eine unterschiedliche Qualität. Vorsicht ist nur bei der Bezeichnung *vinhos de mesa* (Tafelweine) angebracht: Sie umfasst alle Weine niedrigerer Qualität.

Aus den bekannten **Weinanbaugebieten** Bairrada, Dão, Douro sowie Setúbal kommen gute Weiß- und Rotweine; man findet hier immer etwas nach seinem

Geschmack. In der Umgebung von Lissabon liegen neben Setúbal auch noch zahlreiche kleinere Anbaugebiete wie Bucelas, Arruda dos Vinhos, Torres Vedras, Colares und Carcavelos, die beiden letzten allerdings mit einer sehr geringen Jahresproduktion. Preiswertere Sorten stammen aus der südportugiesischen Provinz Alentejo. Aber auch hier haben sich in letzter Zeit einige hochklassige Weingüter niedergelassen.

Probieren sollte man unbedingt den **Vinho Verde**, den "Grünen Wein", der ausschließlich aus der Region des *Vinho Verde* im nordportugiesischen Minho stammen darf. Dieser Wein wird noch vor der vollen Reife geerntet und bekommt so einen besonders leichten und erfrischenden Geschmack. Für seine Spritzigkeit sorgt ein wenig perlende Kohlensäure, die von den Winzern hinzugefügt wird. Besonders an heißen Tagen ist der Wein ein Genuss. Der typische *Vinho Verde* ist ein Weißwein, es gibt aber auch rote Sorten. Mit ca. 9 % hält sich der Alkoholgehalt in Grenzen.

Portwein

Diese 17–20 % Alkohol starke Spezialität aus Porto ist weltweit beliebt und bekannt. Für Portwein gelten seit 1756 die ältesten Weingesetze der Welt. Staatliche Kontrollen garantieren die Qualität. Die Reben wachsen im Tal des oberen Douro in Nordportugal. Nach dem Zerstampfen der Trauben gärt der Wein in Steintanks, den *lagares*. Etwa zwei Tage später wird der Most dann mit farblosem Branntwein versetzt. Dadurch wird die Gärung gestoppt, sodass von der ursprünglichen Süße der Trauben viel erhalten bleibt. Anschließend reift der Portwein in den Kellereien von Vila Nova de Gaia südlich von Porto, bis er in Flaschen abgefüllt wird.

Die Vielfalt der Portweinsorten ist anfangs etwas verwirrend. Generell ist zwischen den roten und den weißen Ports zu unterscheiden, letztere werden ausschließlich aus hellen Trauben hergestellt.

Rote Portweine: Die einfachsten heißen *Ruby*, tragen weder Altersangabe noch Jahreszahl und sind Verschnitte verschiedener Jahrgänge. Ports, die länger als drei Jahre gereift haben, nennen sich dagegen *Tawny*. Sie sind heller in der Farbe und runder im Geschmack als die *Rubies*.

Bei der nächsthöheren Klasse ist zwar ein Alter angegeben – z. B. *10 anos* –, doch kann es sich dabei um einen Durchschnittswert handeln (z. B. kann die eine Hälfte 15 und die andere lediglich 5 Jahre alt sein). Verlässlich als Jahrgangsweine ausgewiesen sind nur Produkte, die mit einer konkreten Jahreszahl versehen sind. Unter diesen Jahrgangsweinen gibt es wiederum Kategorien: Die normalen Jahrgangsweine werden ohne Satz abgefüllt und reifen in der Flasche nicht weiter. Die besten unter ihnen sind die so genannten *Late Bottled Vintages*, die vor dem Abfüllen vier bis sechs Jahre in Eichenfässern gelagert haben.

Die "echten" *Vintages*, die "Könige der Portweine", werden dagegen nach nur zwei Jahren im Fass mit Satz abgefüllt. Daher können sie in der Flasche weiter reifen. Übrigens dürfen nur die besten Jahrgänge als *Vintages* abgefüllt werden, was deren hohe Qualität und Exklusivität garantiert. Vor dem Einschenken müssen diese Weine dekantiert, d. h. gefiltert werden, um den Satz zu entfernen.

Die teuersten, aber nicht unbedingt die besten Portweine schließlich sind die aus ganz bestimmten Weingütern stammenden *Vintages da Quinta*.

Weiße Portweine: Im Gegensatz zu den roten, die mit zunehmendem Alter immer heller werden, dunkeln die weißen Ports im Laufe der Zeit immer mehr nach. Die weißen Portweine werden von süß bis trocken eingeteilt: *very sweet (lágrima), sweet (doce), dry (seco)* und *extra dry (extra seco)*. Die weißen sind generell weniger bekannt und erreichen auch nicht die astronomischen Preise der exklusiven, roten *Vintages*. Dennoch lohnt es sich, sie zu probieren.

Die Portweinbezeichnungen sind übrigens deshalb auf Englisch, weil es Engländer waren, die den Portwein entwickelt haben; auch heute sind mehrere Portweinfirmen in englischem Besitz. Gute Marken sind u. a.

Portugiesische Weinvielfalt

Taylor's (vor allem für weiße Ports), *Ferreira, Graham's* sowie *Quinta do Noval*. Liebhaber dieser süßen Weine sollten unbedingt das Probierlokal *Solar do Vinho do Porto* in Lissabon aufsuchen (s. "Bars" S. 212).

Schnaps

Billig ist der *aguardente* oder auch *bagaço*, ein farbloser Weinbrand aus der zweiten Pressung der Weintrauben. Außerdem gibt es guten Brandy (die bekannteste ist Marke *Maciera)* und diverse *Liköre* aus Mandeln (*amêndoas*) und Honig (*mel*). In Lissabon sehr beliebt ist die *ginjinha*, ein Kirschlikör, den Liebhaber dieser Art Alkoholika unbedingt probieren sollten.

Bier

In Portugal existieren aufgrund der kurzen Biertradition mit *Sagres* (Centralcer-Konzern) und *Super Bock* (Unicer-Konzern) lediglich zwei nationale Brauereien. Daneben werden ausländische Biere wie *Tuborg* und *Cristal* in Lizenz gebraut. Sagres stellt neben dem normalen, hellen Bier auch Schwarzbier (*cerveja preta*) und das etwas spritzigere *Imperial/Cerveja Viva* her. Einzigartig ist das *Super Bock*-Bier, das durch die Beigabe von Zucker etwas süß schmeckt und von den Portugiesen bevorzugt wird.

In vielen Kneipen wird Fassbier ausgeschenkt, das besser als Flaschenbier schmeckt und außerdem billiger ist. Da der Verkauf von Flaschenbier aber lukrativer ist, wird oft eine Flasche gebracht, wenn man nicht ausdrücklich danach verlangt. Das gezapfte Bier gibt es in verschiedenen Größen: 0,2 l nennt sich in

Lissabon *imperial* oder *fino*, ein großes Bier zu 0,4 oder 0,5 l dagegen *caneca* (Krug). Die *girafa* ist mit 0,75 l am größten. Sie wird allerdings nur in wenigen Kneipen angeboten.

Restaurants in Lissabon

Wer in Lissabon Essen gehen will, hat die Wahl unter mehr als 2.600 Restaurants. Darunter sind eine ganze Reihe sehr guter Lokale der oberen Preisklasse. Man kann jedoch auch in der mittleren Preisklasse ausgezeichnetes Essen bekommen. Am günstigsten und oft gar nicht schlecht isst man in den einfachen Cafés und Kneipen.

Die kulinarische Touristenmeile Lissabons im Stadtteil Baixa ist die Rua das Portas de Santo Antão, die vom Rossio parallel zur Avenida da Liberdade verläuft. Dementsprechend teuer sind dort die Restaurants. Man sollte diese Gegend besser meiden (Ausnahmen s. u.). Wer zentral und sehr preisgünstig speisen will, der ist mit den Restaurants im Santana-Viertel direkt nördlich des Rossio gut bedient. Empfehlenswerte, eher gehobene Restaurants liegen rund um das Parlament in den Stadtteilen Lapa, Madragoa und São Bento. Sehr gute und günstige ländliche Küche Portugals findet man am besten in den beiden nördlichen Stadtteilen Carnide und Benfica.

In den unten angeführten Restaurants gibt es Mittag- und Abendessen zu den normalen Essenszeiten, soweit nicht anders vermerkt. Viele Lokale haben im August geschlossen, ganz besonders solche mit weniger touristischem Publikum.

Baixa/Chiado (s. Karte S. 232/233)

Casa do Alentejo (3), Rua das Portas de Santo Antão, 58, ✆ 213469231 und 213475054, 📠 213475055 (Metro Restauradores). Täglich offen. Das Haus der "portugiesischen Ostfriesen" ist seit 1932 im Alverca-Palast aus dem 17. Jh. untergebracht. Nachdem man die Treppe hinter dem unscheinbaren Eingang hochgegangen ist, kommt man in einen prächtigen, pseudo-maurischen Innenhof, an dessen Wänden auf Marmortafeln die Namen bekannter Alentejaner eingraviert sind. 1919 vertrieben sich hier die Zocker im ersten Kasino Lissabons, dem Magestic Club, ihre Zeit. Nach rechts gelangt man in ein weiteres Treppenhaus, dessen Wände mit maurischen Ornamenten geschmückt sind. Oben findet man riesige Räume und Galerien mit außergewöhnlichem Lichteinfall, reich mit Azulejos des Künstlers Jorge Colaço geschmückt. Seit über 75 Jahren treffen sich hier die Mitglieder sonntags morgens zur berühmten Tanzmatinee. Mitglied können aber nur gebürtige Alentejaner oder mit Alentejanern Verheiratete werden. Kleine Auswahl an Gerichten aus dem Alentejo ab 7 €. Einzigartiges Ambiente, aber der Service lässt – wie wir fanden – teilweise deutlich zu wünschen übrig.

João do Grão (21), Rua dos Correeiros, 220–226, ✆ 213424757 (Metro Rossio). Täglich geöffnet. Altes Restaurant in der Fußgängerzone hinter der Confeitaria Nacional an der Praça da Figueira. Auch Tische auf der Straße. Sehr beliebt und daher oft voll. Innen Steinbögen und Azulejobilder. Viele Fischgerichte, darunter auch die Spezialität des Hauses *bacalhau com grão de bico*, Bacalhau mit Kichererbsen. Hauptgerichte ab 6 €.

Adega Santo Antão (4), Rua das Portas de Santo Antão, 42, ✆ 213424188. Empfehlenswertes Lokal in der Restaurantmeile nördlich des Rossio. Mo Ruhetag. Eng mit Holzbänken bestuhlt. Wände sind mit Klinker verziert. Kann etwas laut werden, wenn die Tische alle besetzt sind und der Fernseher läuft. Schlichte Küche der Region. Frequentiert von Touristen und einfachem lokalen Publikum. Hauptgerichte ab 5 €.

Pastelaria O Lírio (10), Largo São Domingos, 2, ✆ 213425798 (Metro Rossio). So Ru-

Restaurants in Lissabon

hetag. Einfaches Café gegenüber der Kirche São Domingos. Eng zugestellt mit Alutischen und -stühlen. Auch zahlreiche Sitzgelegenheiten im Freien in der Fußgängerzone vor der Kirche. Mittags und abends Hauptgerichte ab 5 €.

Celeiro (16), Rua 1° de Dezembro, 65, ✆ 213422463 (Metro Restauradores). In einer Seitenstraße des Rossio. Im Keller des Naturkostsupermarkts Celeiro liegt das älteste vegetarische und makrobiotische Restaurant Lissabons. Nur Mittagessen Mo–Sa. Einfach eingerichtet. Selbstbedienung. Tische zum Sitzen. Hauptgerichte ab 4 €.

Tasquinha do Celeiro (17), Rua 1° de Dezembro, 51. Das zweite Self-Service Restaurant der Celeiro-Kette. Nur Mittagessen Mo–Sa. Kleine Gerichte während des Nachmittags, aber kein Abendessen. Hier kann man an Stehtischen makrobiotisches Essen und kleine, günstige Snacks zu sich nehmen. Vorausbezahlung (*pré-pagamento*). Hauptgerichte ab 4 €.

Beira Gare (12), Praça Dom João da Câmara, 6. Täglich von 6.30 bis 1 Uhr nachts offen. Gegenüber dem Rossio-Bahnhof zwischen der Praça dos Restauradores und dem Rossio. In der einfach eingerichteten Snack-Bar gibt es eine riesige Auswahl an guten portugiesischen *petiscos* (Snacks) wie *bifana* (Schweineschnitzel im Brötchen) für 1,65 €. Auch Tagesgerichte ab 5 €. Achtung: Am Tisch teilweise teurer als am Tresen!

A Merendinha (13), Rua Condes de Monsanto, 4-A, ✆ 218865925 (Metro Rossio). Unter der Woche bis 19.30 Uhr, Sa bis 14.00 Uhr, So Ruhetag. In unmittelbarer Nähe der Praça da Figueira. Eine hübsche, kleine Stehbar – die Wände sind mit blauen Azulejos mit Industriemotiven geschmückt. Hier gibt es *sandes* (Sandwiches) und *pastéis* (Pasteten). Ideal als Alternative zu den Fastfood-Buden für den kleinen Snack zwischendurch. Das Rindersteak im Brötchen (*prego*) kostet 1,85 €.

Alfama (s. Karte S. 244/245)

Casa do Leão (2), Castelo de São Jorge, ✆ 218880154, ✆ 218876329. Am Westrand der Burg liegt das "Löwenhaus", das zur staatlichen Pousada-Kette gehört. Täglich 12.30–15.30 und 20–23 Uhr (Abendessen muss reserviert werden). Noble Einrichtung mit Azulejos und Kellergewölbe aus Backstein. Das Restaurant wird fast ausschließlich von Touristen besucht. Die Küche kann unserem Eindruck nach nicht ganz mit anderen Lokalen der gleichen Preisklasse mithalten, dafür gibt es aber einen phantastischen Blick über Lissabon. Es kann auch auf der Terrasse gespeist werden. Couvert 3,20 €. Hauptgerichte ab 15 €.

Bica do Sapato (6), Av. Infante Dom Henrique, Armazém B, Cais da Pedra a Bica do Sapato, ✆ 218810320, ✆ 218810329. Restaurant 12.30–14.40 und 20–23.30 Uhr, Café 12 Uhr bis 1 Uhr nachts. So Ruhetag, Mo mittags geschlossen. Am Tejo neben dem Bahnhof Santa Apólonia. Eingang hinter der kupferfarbenen Vorwand. Unter den Eigentümern ist der Filmstar John Malkovich. Weite, insgesamt 2000 m² große Räume, sehr gelungen im Möbeldesign der 60er eingerichtet. Spezialität sind Fischgerichte, Austern und andere Meeresfrüchte. Hauptgerichte ab 14 €. Von der durch große Flügeltüren windgeschützten Terrasse des Cafés herrlicher Blick auf die Tejosüdseite. An guten Tagen sieht man in der Ferne die Burg von Palmela und die Serra da Arrábida. *Bica* im Café 1 €.

A Morgadinha de Alfama (11), Rua da Regueira, 37, ✆ 218865424. In einer Gasse etwas oberhalb des Fado-Museums. So Ruhetag. Winziger Speiseraum, in den gerade einmal 4 Holztische rein passen. In der Mitte war aber doch noch Platz für den obligatorischen Fernseher. Die Wände sind mit Azulejos und Weinflaschen dekoriert. Vor allem gegrillter Fisch. Hauptgerichte ab 6 €.

Fonte das Sete Bicas (14), Calçadinha de São Miguel, 10. Einfachstes Restaurant gegenüber der Igreja de São Miguel. Gegessen wird in einem eng bestuhlten Speiseraum auf kargen Holzbänken und Holztischen. Zur Unterhaltung dient ein Fernseher. Das Publikum kommt vor allem aus der Nachbarschaft. Einige wenige Gerichte ab 5,50 €. Es gibt auch halbe Portionen, die für den normalen Appetit völlig ausreichend sind.

O Arco (15), Rua de São Pedro, 30, ✆ 218883806. In der Nähe des Platzes Terreiro do Trigo. Täglich geöffnet, aber nur zum Abendessen. Azulejos an den Wänden, eine Aluwand trennt Café von Restaurant. Spezialität: 5 verschiedene Zubereitungsarten des Bacalhau. Empfehlenswert *peixe espada* (Degenfisch) und *pudim flan* (Vanillepudding). Tagesgerichte ab 5 €.

164 Lissabon/Essen & Trinken

Laterna Verde (18), Rua São João da Praça, 45, ✆ 218884509. Hinter der Kathedrale. Täglich geöffnet. Grill steht auf der Straße. Innen läuft meist ein Fernseher. Kleiner Speiseraum, hübsch eingerichtet mit Gitarren an der Wand. So abends gibt es Fado, dann Fado-Zuschlag von 2,50 € pro Person. Geringe Auswahl, aber reichliche Portionen. Spezialität Fleisch und Fisch auf dem Holzkohlegrill zubereitet. Hauptgerichte ab 5 €.

Hua Ta Li (20), Rua dos Bacalhoeiros, 109–115A, ✆ 218879170. Täglich geöffnet. Abendessen bis 23 Uhr möglich. Großes chinesisches Restaurant mit mehreren Speisesälen auf 2 Stockwerken in der Nähe der Praça do Comércio. Mit rotem Samt bezogene Stühle. Einfache Holzdecke mit chinesischen Ornamenten. Hauptgerichte ab 4,25 €, Reis ab 1 €. Wein relativ teuer.

São Cristóvão (4), Rua São Cristóvão, 28–30, ✆ 218885578. Täglich geöffnet. Etwas oberhalb der Rua da Madalena in der Nähe der Igreja de São Cristóvão (Zugang über Escadinhas de São Cristóvão). Kapverdianisches Restaurant. Sehr einfach eingerichtet. Lauter Fernseher und emsiges Kommen und Gehen – die Atmosphäre erinnert eher an das Wohnzimmer einer kapverdianischen Großfamilie. Afrikanische Küche. Empfehlenswert *moamba de galinha* (Huhn in Gemüsesud gekocht, serviert mit Maisbrei). Hauptgerichte ab 4 €.

Pastelaria Flor da Sé (17), Rua de Santo António da Sé, 10, ✆ 218875742. Unterhalb der Kathedrale an den Straßenbahnschienen der Linie 28. Sa geschlossen. Einfaches Café im typischen Pastelaria-Stil. Nur Mittagstisch ab 3,25 € pro Gericht. Auch gutes Gebäck.

Graça (s. Karte S. 254/255)

Via Graça (3), Rua Damasceno Monteiro, 9-B, ✆ 218870830, ✆ 218870305. 12.30–15.30 und 19.30–24 Uhr. Unterhalb des Miradouro Nossa Senhora do Monte im Stadtteil Graça. So Ruhetag, Sa kein Mittagessen. Ein futuristischer Metalleingang führt in ein hässliches Haus, in dem jedoch das Restaurant mit dem besten Ausblick Lissabons zu finden ist. Zwei Stockwerke, die Tische können nach Aussicht vorbestellt werden. Spezialität des Hauses ist die Vorspeise *sapateira recheada* (gefüllte Seespinne). Viele Meerestiere im Angebot. Hauptgerichte ab 15 €.

Haweli Tandoori (1), Travessa do Monte, 14, ✆ 218867713. In der Graça auf dem Weg zum Aussichtspunkt Nossa Senhora da Graça. Di geschlossen. Abschreckende, heruntergekommene Fassade – doch die nordindische Küche aus dem Ofen (*tandoor*) gilt als eine der besten der Stadt. Als Vorspeise sind die *chamuças* (frittierte Teigtaschen), als Beilage *nan* (indisches Brot) zu empfehlen. Vegetarische Gerichte ab 4 €, Hauptgerichte mit Fleisch ab 6,50 €.

Avenida da Liberdade/Santana (s. Karte S. 260/261)

Clara (4), Campo dos Mártires da Pátria, 49, ✆ 218853053, ✆ 218852082. Neben der deutschen Botschaft. 12–15 und 19–23 Uhr geöffnet, samstags und an Feiertagen kein Mittagessen, So geschlossen. Gehobenes Ambiente. Neben einem Saal im imperialen Stil kann man in einem grünen Innenhof speisen. Abends täglich Live-Piano-Musik. Gediegene portugiesische und internationale Küche. Tagesgerichte ab 15 €.

Forno Velho (8), Rua do Salitre, 42, ✆/✆ 213533706 (Metro Avenida). Jeden Tag bis ca. 2 Uhr nachts geöffnet. Täglich wechselnde Spezialitäten aus den Regionen der Beira in Mittelportugal. Schön gestaltet mit einfachen Wandgemälden. Am Ende des Restaurants ein kleiner Garten mit einigen Tischen. Hauptgerichte ab 7,50 €. Aufgepasst, das Couvert ist sehr teuer!

Os Tibetanos (9), Rua do Salitre, 117, ✆ 213142038 (Metro Avenida). Mo–Fr 12–14 und 19.30–21.30 Uhr, Sa/So und an Feiertagen geschlossen. In einer Seitenstraße unweit des Avenida da Liberdade liegt das beste vegetarische Restaurant Lissabons, untergebracht in einem tibetanisch-buddhistischen Meditationszentrum. Freundliche Räumlichkeiten, sehr guter Blick auf den Botanischen Garten und die Burg. Ruhiges Ambiente. Es kann auch im Hof gegessen werden. Große Auswahl an Tees. Tagesgerichte ab 7 €.

Cervejaria Ribadouro (10), Av. da Liberdade, 155, ✆ 213549411 (Metro Avenida). Neben der spanischen Botschaft etwas unterhalb des Kinos São Jorge. Täglich von 11 Uhr morgens bis 1.30 Uhr nachts geöffnet. Schöne Einrichtung im Souterrain des Hauses. Eine der alten, klassischen Cervejarias Lissabons. Von Portugiesen gerne besucht,

Restaurants in Lissabon 165

daher oft recht voll und dann auch etwas laut. Im Eigentum der Sagres-Brauerei. Hauptgerichte ab 7 €.

PSI (2), Alameda Santo António dos Capuchos – Jardim dos Sabores, ✆ 213590573. Mo–Sa 11–23 Uhr. So Ruhetag. Vegetarisches Restaurant in schöner Lage unweit der deutschen Botschaft. Esoterisch angehauchte Oase gesunder Ernährung inmitten einer kleinen Parkanlage. Im Innern freundliche Dekoration in warmen Farbtönen, oft asiatische Meditationsmusik. Im Sommer auch Betrieb im Glaspavillion und auf der Terrasse. Hauptgerichte ab 6 €, exotische Salate ab 3,75 € und viele Säfte.

Verde Minho (19), Calçada de Sant'Ana, 17 und 19, ✆ 218860657. Eines der zahlreichen Restaurants in der Santana-Gasse über dem Rossio. So Ruhetag. Kleiner Raum, durch den der Rauch der auf Holzkohle gegrillten Fische zieht. Typisches Nachbarschaftsrestaurant: Azulejos zieren die Wände, der Fernseher fehlt natürlich auch nicht. Hauptgerichte ab 5 €.

A Tigelinha (15), Calçada de Sant'Ana, 62, ✆ 218869276. Etwas oberhalb des Rossio auf dem Santana-Hügel. Täglich außer So geöffnete Snack-Bar. Kleiner, voll verkachelter Speiseraum. TV läuft in der Ecke. Schmackhafte und reichliche Portionen. Spezialität ist gegrillter Fisch. Die Kundschaft kommt vor allem aus dem Viertel. Hauptgerichte ab 5 €.

Goetheke, Goethe Institut, Campo dos Mártires da Pátria, 37. Im 1. Stock des Goethe-Institutes wird von Mo–Fr jeden Mittag ein deutsches Gericht für 5 € angeboten (kein Abendessen, Sa/So geschlossen). Kleine Portionen für 4 €. Außerdem gute Salatauswahl. Zu Trinken gibt es Weizenbier und Bitburger. Caféambiente.

Jaipur (17), Rua da Glória, 6-A, ✆ 213460447 (Metro Restauradores). In unmittelbarer Nähe der Talstation des Elevador da Glória. Täglich 11.30–15 und 18–24 Uhr. Einfach eingerichtetes indisches Restaurant im Keller. Das Essen wird auf Warmhalte-Platten serviert. Basmati-Reis zu den Hauptgerichten ist grundsätzlich kostenlos, dennoch bekommt man noch andere Beilagen angeboten. Als Getränk zu empfehlen ist *lassi* (Joghurt-Fruchtmix). Zum Abschluss gibt es bunte "Krümel", um den Mund zu erfrischen. Hauptgerichte ab 5 €.

Sol-Posto (18), Calçada de Sant'Ana, 11–13, ✆ 218880903. Etwas oberhalb des Rossio. Außer Sa täglich geöffnet. Einfach eingerichtet. Fernseher in der Ecke. Auf der Karte des Hauses stehen in erster Linie Speisen, die auf dem Holzkohlengrill zubereitet werden. Hauptgerichte ab 4,50 €. Günstiger Hauswein im Krug.

Avenidas Novas (s. Karte S. 266/267)

Clube de Empresários/Taberna do Visconde (5), Av. da República, 38, ✆ 217966380 od. 217966323, ✆ 217974144 (Metro Campo Pequeno). An Sonn- und Feiertagen geschlossen. Das Luxusrestaurant des "Unternehmerclubs" ist das schönste ganz Lissabons. Schon außen zeigt sich die besondere Klasse: Einer der wenigen Paläste aus dem 19. Jh., die den Bauboom an der Av. da República schadlos überstanden haben. Nicht umsonst hat das Haus den *Prémio Valmor*, den berühmtesten portugiesischen Architekturpreis, erhalten. Innen befinden sich wunderschöne Säle im imperialen Stil der Jahrhundertwende: prächtige Kronleuchter, Stuckdecken und Spiegel. Die Möbel sind dazu passend ausgewählt. Viel Prominenz. Hauptgerichte ab 16 €. Durch die Hofeinfahrt mit der Hausnr. 38-A (✆ 217994280) geht es in das zweite, einfach eingerichtete Restaurant "Taverna do Visconde", dessen Küche ebenfalls ein sehr gutes Niveau erreicht. Früher war dort die Piano-Bar des Unternehmerclubs untergebracht, von der noch der Flügel zu sehen ist. Auch Terrassenservice im Hof. Hier gibt es Hauptgerichte ab 9,50 €.

Cervejaria Portugália (17), Av. Almirante Reis, 117, ✆ 213140002 (Metro Arroios). Täglich von 10 Uhr morgens bis 1.30 Uhr nachts offen. Durchgehend warme Küche von 12 Uhr mittags bis 1.30 Uhr nachts. Diese Cervejaria ist eine Institution Lissabons. Bis zum Ersten Weltkrieg hieß sie *Fábrica Germânica* (Deutsche Fabrik), dann wurde sie aus patriotischen Gründen "portugalisiert". Die Cervejaria liegt neben der Sagres-Brauerei, zu der sie auch gehört. 2 große Säle im Erdgeschoss und im 1. Stock (schöne blaue Azulejos) mit einer Kapazität für insgesamt 400 Pers. Spezialität ist das berühmte *bife à Portugália* (Steak in Portugália-Soße). Es gibt auch Schwarzbier (*cerveja preta*) vom Fass, gereicht mit Lupinenkernen (*tremoços*). Hauptgerichte ab 7,50 €.

Gastronomische Spitzenklasse in preisgekröntem Gebäude – das Restaurant Clube de Empresários

Corlleoni (13), Rua da Ilha do Pico, 3-B, ✆ 213150508. Mitten im Stadtteil Estefânia, in einer Querstraße zur Rua Pascoal de Melo. So geschlossen. Benannt nach der ehemaligen Mafia-Hauptstadt Siziliens. Geräumiger Speiseraum, dekoriert mit Tonrohren, in denen die Weinflaschen lagern. Pizzeria, aber auch Nudelgerichte wie Lasagne und port. Küche. Empfehlenswert ist die *sopa alentejana* (Suppe mit Ei, Brotstückchen, frischem Koriander und viel Knoblauch). Tagesgerichte ab 5 €.

Espiral (12), Praça do Ilha do Faial, 14-A, ✆ 213553990 (Metro Saldanha). Täglich 12–23 Uhr geöffnet. Ein vegetarisches Restaurant im Stadtteil Estefânia. Im Keller geht es nach rechts an die Selbstbedienungstheke, nach links in den mit viel Holz eingerichteten Speiseraum. Man hat die Wahl zwischen fertig zusammengestellten, vegetarischen Gerichten oder einer Eigenkomposition aus Einzelkomponenten. Es gibt vegetarische Pizzen, Hamburger, Steaks und chinesische Fischgerichte. Im Speiseraum kann man sich kostenlos Tee einschenken. Hauptgerichte ab 5 €. Oben findet man ein Geschäft mit esoterischen Artikeln, einen Naturkostladen und nebenan mit der Hausnummer 14-B eine kleine Selbstbedienungs-Snack-Bar (nur bis 20 Uhr, So geschlossen).

Pastelaria Central das Picoas (20), Rua Tomás Ribeiro, 41-A, ✆ 213156034 (Metro Picoas). Gegenüber dem Telecom-Gebäude. Täglich außer So bis 24 Uhr geöffnet. Helles, freundliches Café, im Souterrain hübsches Restaurant. Portugiesische und afrikanische Küche. Hauptgerichte ab 5 €.

Cafetaria da Fundação Calouste Gulbenkian, Rua Dr. Nicolau Bettencourt, ✆ 217935131 (Metro São Sebastião). 10–17.45 Uhr, Mittagessen 12–15.30 Uhr, Mo und an Feiertagen geschlossen. Die Kantine des Centro de Arte Moderna der Gulbenkian-Stiftung bietet von einigen Tischen aus einen schönen Ausblick auf den Gulbenkian-Park. In dem Selfservice-Restaurant kann man günstig und gut essen. Täglich wechselnde Tagesgerichte ab ca. 4 €. Eine außergewöhnlich große Auswahl an leckeren Salaten und Nachspeisen. Einziger Nachteil: Oft gibt es lange Warteschlangen.

Muito Bom (4), Av. Santos Dumont, 63-C, ✆ 217976965, ✆ 217968892. Täglich 12–15 und 19–23 Uhr. Unweit der Fundação Calouste Gulbenkian (Metro Praça de Espanha). Für ein chinesisches Restaurant vergleichsweise dezent eingerichtet. Schön hergerichtete Esstische. Spiegel und Gemälde an den Wänden. Auch vegetarische Gerichte. Sehr gute Mittagsmenüs mit Frühlingsrolle und Reis ab 3,70 €. Hauptgerichte ab 4,25 €.

Restaurants in Lissabon

Superfrutas Almeidas (18), Av. António Augusto de Aguiar, 58-H (Metro Parque). Täglich von 9–19 Uhr, Sa 9–13 Uhr offen. So geschlossen. Gegenüber dem Metroausgang liegt dieser Fruchtsupermarkt mit Self-Service-Bar. Hier gibt es günstige Salate und Toasts ab 2 €.

Bairro Alto (s. Karte S. 276/277)

La Brasserie de L'Entrecôte (34), Rua do Alecrim, 117, ℡ 213473616. Unterhalb der Praça Luís de Camões. Geöffnet täglich 12.30–24 Uhr (So nur bis 23 Uhr). Vor allem abends gut besetzt. Große, sehr stilvoll eingerichtete Speisesäle. Hohe Granitbögen, gedämpftes Licht und dunkles Holz schaffen eine angenehme Atmosphäre. Gegenüberliegende Spiegel verlängern den Raum ins "Unendliche". Es werden nur Steaks auf französische Art für 13 € serviert. Darin inkl. ist ein Salat, eine Kräuter-Steaksauce und beliebig viel Pommes frites (nur das Couvert muss extra bezahlt werden). Zum Warmhalten kommen die in schmale Streifen geschnittenen Steaks auf ein Kerzenstövchen. Dem Gast bleibt nur eine Wahl: blutig, medium oder gar durch.

A Primavera do Jerónimo (26), Travessa da Espera, 34, ℡ 213420477. Etwas nördlich der Praça Luís de Camões. So ganztags zu, Mo kein Mittagessen. Kleiner Speiseraum, daher besser früh kommen oder reservieren. Fast komplett mit Azulejos ausgekleidet, was eine Akustik wie im Badezimmer erzeugt. An den Wänden Zeitungsartikel, die zum Restaurant erschienen sind. Spezialität *bacalhau à Brás* (Kabeljau mit Pommes und Eiern vermischt) Mit Hauptgerichten ab 7,50 € etwas teurer als vergleichbare Lokale im Bairro Alto, aber gute Küche.

Portugália-Rio (39), Cais do Sodré, ℡ 213422138 (Metro Cais do Sodré). 1998 eröffnete Filiale der traditionsreichen Cervejaria Portugália. Direkt am Tejo in einem alten Lagerhaus hinter dem Bahnhof Cais do Sodré. Täglich warme Küche von 12 bis 01 Uhr, Fr/Sa bis 02 Uhr nachts. Am Eingang zwei Aquarien, in denen sich die Krebse und Langusten vor ihrem Verzehr tummeln. Innen ein Saal mit heller Holzdecke, an den Wänden bunte Gemälde und Azulejos. In der Mitte eine große Leuchte in Blumenform, die durchaus aus den 70ern stammen könnte. Von manchen Tischen Blick auf den Tejo und nach Almada, ebenso von der Terrasse. Die Speisekarte ist die in Cervejarias übliche: *bifes* (Steaks), *mariscos* (Meeresfrüchte) und Omelette. Außerdem gibt's kleinere Snacks, z. B. *bifanas* (Schweineschnitzel), gereicht in einem Tonteller mit frisch aufgebackenen Brötchen, einer leckeren Portugália-Soße und einigen Pommes frites. Eine Besonderheit ist das Schwarzbier (*cerveja preta*) vom Fass. Hauptgerichte ab 7,50 €.

O Cantinho da Rosa (9), Rua da Rosa, 222, ℡ 213420376. Im Norden des Bairro Alto. So geschlossen. Barbetrieb bis 2 Uhr nachts, warme Küche nur bis 23 Uhr. Großer Speiseraum mit einfachen Azulejos. Gute typisch portugiesische Küche. Zu empfehlen *bife de atum* (Thunfischsteak) oder *de espadarte* (Schwertfischsteak). Hauptgerichte ab 7 €.

Cervejaria da Trindade (22), Rua Nova da Trindade, 20-C, ℡ 213423506, ℻ 213460808. Nahe der Igreja São Roque. Täglich 9 Uhr morgens bis 1.30 Uhr nachts. Ehemaliges Trinitarier-Kloster dessen Ursprünge bis in das Jahr 1294 zurückgehen. Nach der Auflösung der religiösen Orden wurde das Brauhaus 1836 im früheren Speisesaal der Mönche eröffnet. Seit 1934 ist es im Besitz der Sagres-Brauerei. An den Wänden sehenswerte Azulejos aus dem Jahr 1863: Freimaurermotive am Eingang, weiter innen symbolisieren sinnliche Frauengestalten die vier Jahreszeiten. In drei großen, lauten Speisesälen und auf einer Terrasse ist Platz für insgesamt 400 Personen. Dennoch muss man sich abends bei großem Andrang am Kiosk in der Mitte anstellen. Tagesgerichte (nur mittags) für 4,60 €, Hauptgerichte sonst ab 6,40 €. Am billigsten ist der *combinado*, ein Steak mit Spiegelei, Pommes frites und sehr sauer schmeckendem Gemüse. Auch große Auswahl an Meeresfrüchten. Zu empfehlen: *açorda de gambas* (Brotbrei mit Garnelen) und *bacalhau à Brás* (Stockfisch mit Eiern und Pommes frites). Je nach Bedienung – so unsere Erfahrung – schwankt die Qualität des Service z. T. erheblich.

Adega das Mercês (29), Travessa das Mercês, 2, ℡ 213424492. So Ruhetag. Einfaches, aber schön eingerichtetes Restaurant im Souterrain des Hauses. An den Wänden Weinflaschen, vielleicht daher der etwas vermessene Name Adega (Weinkeller). Im Schaufenster hängen die Fische, die nachher auf den Holzkohlegrill wandern. Spezialität des Hauses ist exzellent zubereiteter gegrillter Fisch. Tagesgerichte ab 6 €.

O Cantinho das Gáveas (21), Rua das Gáveas, 82 und 84, ℡ 213426460. So Ruhetag. In einer Seitenstraße etwas unterhalb der Igreja de São Roque. Einfach eingerichtetes Restaurant mit kleinem Speiseraum. Die Wände sind mit Marmor verkleidet. Sehr beliebt und daher oft lange Wartezeiten. Küche der Region in reichlichen Portionen. Hauptgerichte ab 6 €.

Antiga Casa Faz Frio (2), Rua Dom Pedro V, 96–98, ℡ 213461860. Wenige Meter von der Praça do Príncipe Real entfernt. Bis 22.30 Uhr warme Küche, So Ruhetag. Sehr rustikales Inneres mit Granitfußboden. Als absoluten Gag gibt es Séparées, in denen man ungestört speisen kann. Die Spezialitäten des Hauses sind: *paelha de marisco* (Meeresfrüchtepaella, für 2 Pers. 20 €) und *arroz malandro* (Reis nach "Schlendrian-Art", für 2 Pers. 10 €). Jeden Tag eine andere Art *bacalhau* als Tagesgericht. Hauptgerichte ab 5 €.

Tascardoso (4), Rua do Século, 242, ℡ 213475698. Am Rande des Parks Príncipe Real gelegen. Sa und So Ruhetag. Gleiche Eigentümer wie das Terrassencafé mitten im Park. Extrem kleiner Speiseraum mit familiärem Ambiente. An der Decke hängen Teller mit schlauen Sprüchen. Schmackhafte Hauptgerichte bereits ab 5 €.

Adega Dantas (31), Rua Marechal Saldanha, 15, ℡ 213420329. Unweit des Miradouro Santa Catarina. Sa Ruhetag. Schlicht, aber durchaus stilvoll eingerichtet. Große Bögen aus Granitsteinen. Die Wände sind teilweise mit roten Ziegelsteinen gekachelt. Boden ebenfalls in roten Tonfliesen gehalten. Hinten im relativ großen Speiseraum ein Tresen, in dem die diversen Nachtische, die Spezialität des Hauses, ausgestellt sind. Reichliche Portionen portugiesischer Regionalküche, deren Qualität unserer Erfahrung nach etwas schwanken kann. Hauptgerichte ab 4,50 €.

Refeições Rápidas Tascardoso (3), Rua Dom Pedro V, 137. Einfaches, sehr günstiges Stehrestaurant in unmittelbarer Nähe zur Praça Príncipe Real. Nur Mittagessen (bis 19 Uhr), Sa/So und Feiertags geschlossen. Gehört zum Tascardoso-Restaurant um die Ecke, mit dem es auch die Küche teilt. Hauptgerichte ab 2,50 €.

Lapa/Madragoa/São Bento (s. Karte S. 282/283)

Conventual (3), Praça das Flores, 45, ℡ 213909246 und ℡/📠 213909196. In der Nähe des Parlaments São Bento an der schönen Praça das Flores gelegen (Bus 100 hält in direkter Nähe). 12.30–15.30 und 19.30–23 Uhr. Mo und Sa nur Abendessen, So ganz geschlossen. Mittags voll, wenn das Parlament tagt. Am Eingang klingeln. Gehobenes Ambiente. Zwei mit Heiligenstatuen dekorierte Speisesäle praktisch ohne Fenster – sozusagen klösterlich zurückgezogen. Zum Klostermotiv ("Conventual") passt auch, dass die Gerichte teilweise kirchliche Namen haben. So wird Gegrilltes unter dem Titel "Inquisitionsgerichte" (*autos-da-fé*) angeboten. Sehr gute, bodenständige Küche. Spezialität ist *lombo de linguado* (Seezungenfilet). Tagesgerichte ab 13 €.

Picanha Janelas Verdes (26), Rua das Janelas Verdes, 96, ℡ 213975401. Nur abends, Reservierung empfohlen. Neben dem Museu Nacional de Arte Antiga. Sehr gutes brasilianisches Steakrestaurant. Zwei schöne kleinere Räume, einer vollständig mit Azulejos ausgekleidet. Das einzige Hauptgericht besteht aus zartem, gegrilltem Fleisch mit einer Fettkruste (*picanha*) und Beilagen. Unbegrenzte Portionen für 13,80 €.

Comida de Santo (2), Calçada do Engenheiro Miguel Pais, 39, ℡ 213963339. Kleines, brasilianisches Restaurant in der Straße gegenüber dem Eingang zum Jardim Botânico. Täglich 13–15 und 20–24 Uhr geöffnet. Am Eingang klingeln. Unbedingt reservieren, da sehr beliebt. An der Wand große Holzpapageien. Am Anfang wird eine Caipirinha angeboten – in Brasilien nicht unbedingt gerade ein typischer Aperitif. Ansonsten kommt die schmackhafte Küche dem brasilianischen Original aber sehr nahe, auch was die großen Portionen betrifft. Es gibt ebenfalls vegetarische Gerichte. Hauptgerichte ab 12 €.

Casa do México (6), Av. Dom Carlos, 140, ℡ 213965500. Auf dem Weg vom Bahnhof Santos zum Parlament. Mo/Di/Mi 20–23.30 Uhr, Do/Fr/Sa 20–0.30 Uhr geöffnet, So Ruhetag. Tischreservierung empfehlen. Rechts neben dem Café República geht es über eine Holztreppe zum mexikanischen Restaurant hinunter. Die Tische sind in sattem Blau gehalten, die Stühle in bunten Farben. Dies harmoniert gut mit den ockerfarbenen Wänden und dem Kellergewölbe. Als Vorspeise werden recht teure Nachos angeboten. Schmackhafte Hauptgerichte ab 9 €.

Aya (9), Rua das Trinas, 67-A, ✆/✉ 213977145. Mitten im Stadtteil Lapa. An Sonn- und Feiertagen kein Mittagessen, Mo Ruhetag. Von Japanern geführtes japanisches Restaurant. Niedriger Speiseraum mit Holzdach. Sehr appetitliche, direkt frisch zubereitete Sushi und Sashimi (roher Fisch ohne Reis). Ebenso japanische Nudelsuppen, Fondues, Tempura (in Teig frittiertes Gemüse und Fisch). Empfehlenswert sind die Menüs mit einer kleinen Vorspeise und einer Suppe, die einfach wie in Japan geschlürft wird, da keine Löffel gereicht werden. Der japanische Grüntee ist kostenlos. Hauptgerichte ab 8 €, die meisten jedoch deutlich teurer.

Varina da Madragoa (12), Rua das Madres, 34, ✆ 213965533. Im Herzen der Madragoa. Mo zu. Reservierung vor allem abends sinnvoll (bis 23.30 Uhr offen). War in den 70er Jahren eine einfache Taverne, was noch an der Einrichtung der zwei kleinen Speiseräume sichtbar ist. Die Wände sind mit Zeitungsartikeln und Fotografien der illustren Stammgäste versehen. Darunter die sich politisch nicht gerade nahe stehenden Literaturnobelpreisträger José Saramago und Ex-Ministerpräsident Cavaco Silva. Regionale Küche wie *bacalhau à Brás* (Stockfisch mit Ei und Pommes frites). Hauptgerichte ab 7 €.

Mercearia (14), Rua das Madres, 52, ✆ 213977998. Ein paar Häuser hinter der Varina da Madragoa, auch gleiche Besitzer. Di Ruhetag. Reservierung empfohlen. Untergebracht im ehemaligen Krämerladen *Mercearia Covilhense*. Kleiner Speiseraum, in eine Ecke hat man die Küche eingezwängt. Die Tische sind aus alten Nähmaschinenfüßen hergestellt. Zusammen mit dem massiven Steinboden sowie den alten Werbeplakaten und Spiegeln an den Wänden ergibt dies ein gemütliches, nostalgisches Ambiente. Portugiesische Küche. Hauptgerichte ab 7 €.

O Sapador (8), Av. Dom Carlos I, 91, ✆ 213973307, ✉ 213942088. Zwischen dem Brunnen der Madragoa und dem Feuerwehrhauptgebäude Sapadores. So/feiertags geschlossen. Zwei große, rustikal eingerichtete Speisesäle im 1. Stock. Gute portugiesische Küche in reichhaltigen Portionen. Hauptgerichte ab 7 €. Mittags teilweise günstigere Tagesgerichte und auch halbe Portionen im ersten Speisesaal.

Carvoaria (15), Rua das Madres, 49, ✆ 213955087. Etwas oberhalb des Convento das Bernardas. So Ruhetag. Einfaches, aber liebevoll mit alten Telefonen eingerichtetes Lokal. Spiegel vergrößern den kleinen, hohen Speiseraum. Die Weinflaschen lagern in Tonröhren. Bei gutem Wetter stellt der Wirt auch ein paar Plastiktische auf die Straße. Vor allem Familien aus dem Viertel speisen hier. Grillgerichte ab 4,50 €.

Campo de Ourique/Amoreiras (s. Karte S. 290/291)

Casa da Comida (2), Travessa das Amoreiras, 1, ✆ 213885376, ✉ 213875132 (Metro Rato). Wenige Meter nördlich des Largo do Rato gelegen. 13–15 und 20–23 Uhr geöffnet, Sa kein Mittagessen, So geschlossen. Exzellentes Restaurant der ersten Klasse mit portugiesischer und französischer Küche. Am Eingang eine Bar. Die Speiseräume sind um einen grünen Innenhof mit Brunnen und einer großen Palme angelegt. Eingerichtet mit antik wirkenden Möbeln. Der rote Tonfußboden verbreitet eine angenehme Stimmung. Das "Haus des Essens" gilt als eines der besten Restaurants Lissabons. Hauptgerichte ab 20 €.

Real Fábrica (6), Rua da Escola Politécnica, 275–283, ✆ 213852090, ✉ 213872919 (Metro Rato). Fast direkt am Largo do Rato gelegen. So Ruhetag. Durchgehend warme Küche von 9 Uhr morgens (!) bis 02 Uhr nachts. Unten ein modern eingerichtetes Café mit Naturstein-Wänden. Oben ein Restaurant mit glasüberdachter Terrasse und einem geräumigen Speisesaal. Schön in dunklem Holz gehalten. Extravagant ist die große Säule in der Mitte des Speisesaals. Besonders Jugendliche besuchen dieses Lokal. Mo–Fr mittags kann brasilianisches *rodízio* (gegrilltes Fleisch) nach Gewicht für 1,50 € pro 100 g gegessen werden. Reichliche Hauptgerichte ab 9 €. Es lohnt sich auch vorbeizukommen, um nur einen Kaffee zu trinken.

Comilão (10), Rua Tomás da Anunciação, 5-A, ✆ 213962630. In der Nähe der Markthalle des Stadtteils Campo de Ourique. 8–24 Uhr offen, Mo Ruhetag, So kein Abendessen. Moderne Azulejos an den Wänden. Beliebt bei Büroangestellten und PSD-Mitgliedern, darunter Ex-Parteichef Fernando Nogueira. Spezialität: Fleisch und Fisch vom Holzkohlegrill. Besonders gut ist der *peixe espada* (Degenfisch). Tagesgerichte ab 7,50 €.

Nova Aurora (9), Rua Ferreira Borges, 98-A, ✆ 213887544. An der Hauptstraße in Campo de Ourique. Mo geschlossen. Um den mittelgroßen Speiseraum sind die Weinflaschen gestapelt. Dunkler, blank polierter Steinboden. Angenehm ruhige Atmosphäre. Eher älteres Publikum. Große Auswahl an schmackhaften Hauptgerichten portugiesischer Hausmacherkost ab 7,50 €. Viele Gerichte für 2 Personen billiger.

Esplanada do Rato (3), Rua São Filipe de Neri, 23, ✆ 213880344 (Metro Rato). Wenige Meter oberhalb des Largo do Rato. So Ruhetag. Nach der Eingangstür muss man noch die Treppe in den ersten Stock nach oben. Falls die Türe zu ist, gibt's noch einen zweiten Eingang in der Calçada Bento Rocha Cabral, 6. Eines der wenigen Biergartenrestaurants Lissabons. Auch überdachte Essensräume im Inneren. Hübsches Ambiente. Portugiesische Hausmannskost. Hauptgerichte ab 5,50 €.

A Bota Velha (12), Rua Domingos Sequeira, 34–38, ✆ 213904447. Nur Abendessen bis 2 Uhr nachts, So Ruhetag. Das kleine, sympathische Restaurant mit den alten Stiefeln an der Wand ("Bota Velha") liegt in nächster Nähe zur Basílica da Estrela am Südrand des Stadtteils Campo de Ourique. Sehr gut schmeckt das *bife à Bota Velha* (Rindersteak nach Art des Hauses). Hauptgerichte ab 5 €, auch halbe Portionen.

Os Leões do Rato (7), Rua de São Bento, 702, ✆ 213880255 (Metro Rato). Wenige Meter südlich des Largo do Rato. So Ruhetag, Sa kein Abendessen. Einfaches Restaurant. Zur Mittagszeit besonders von Angestellten der nahe gelegenen Büros besucht. Azulejobilder neueren Datums mit Motiven des Largo do Rato. Portugiesische Küche. Geringe Auswahl, aber sehr schmackhaft und in reichlichen Portionen. Hauptgerichte ab 5 €.

Estrela do Dia (13), Rua do Possolo, 43, ✆ 213968412. In einer versteckten Seitenstraße zwischen dem Friedhof Prazeres und der Estrela-Kirche gelegen (Bus Nr. 13). So Ruhetag. Großer, einfach ausgestatteter Saal. Gute Tagesgerichte schon ab 3,60 €. Sehr lecker der süße Milchreis (*arroz doce*).

*A*lcântara *(s. K*arte *S.* 296/297)

A Moamba (5), Rua Fradesso da Silveira, 75, ✆ 213630310. In der Nähe des Largo do Calvário gelegen. So Ruhetag. Angolanische und portugiesische Küche. Mit afrikanischen Masken und Bildern ausgestaltet. Spezialitäten sind afrikanische Eintopfgerichte wie *cachupa* (Bohneneintopf). Hauptgerichte ab 8 €. Mittags auch günstigere Tellergerichte.

O Mercado (4), Rua Leão de Oliveira, Mercado Rosa Agulhas, Loja 25, ✆ 213649113. Unter einem Brückenpfeiler der Ponte 25 de Abril im Markt von Alcântara gelegen. So Ruhetag und im Juli/August auch Sa abends geschlossen. Ein hoher Raum, begrenzt von großen Fenstern, die einen Blick in den Markt freigeben. Etwas kühles Ambiente mit langen, eleganten Lampenreihen. Große Auswahl an einfacher portugiesischer Hausmannskost. Hauptgerichte ab 5,50 €.

Restaurante 49 (1), Calçada do Livramento, 49, ✆ 213977869. Direkt gegenüber dem Palácio das Necessidades. Sa/So zu. Ganz in Weiß-Blau gehaltener, kleiner Speiseraum. An den Wänden plastische Kunst. Es wird auf Tabletts gegessen, serviert wird aber dennoch am Tisch. Kleine, aber feine Auswahl an regionalen Tagesgerichten ab 5 €.

*B*elém/*A*Juda *(s. K*arte *S.* 302/303)

Café In (7), Av. de Brasília, 311, Pavilhão Nascente, Junqueira, ✆ 213626249. Einsam am Tejoufer auf halbem Weg zwischen Alcântara und Belém (Haltestelle Hospital Egas Moniz der Tram 15). Täglich 09–01 Uhr, Abendessen bis 00.30 Uhr. Im rechten Teil ein Café, links das geräumige, in blau gehaltene Restaurant. Große Fensterfronten öffnen den Blick auf die Tejobrücke und die in den Lissabonner Hafen ein- und auslaufenden Schiffe. Wie es der nahe liegende Tejo erwarten lässt, viel Fisch im Angebot. Empfehlenswert *dourada ao sal* (Brasse in Salz gebacken). Hauptgerichte ab 17 €.

Estufa Real (1), Jardim Botânico da Ajuda, Calçada do Galvão, ✆ 213619400. Im Westteil des Botanischen Gartens von Ajuda (nur beim Betreten über den Eingang an der Calçada do Galvão muss kein Eintritt für den Garten bezahlt werden). Ausschließlich mittags geöffnet, So Brunch, Sa Ruhetag. Untergebracht in einem ehemaligem Gewächshaus, dessen hohe Glasfronten elegant mit Stoff-Jalousien abgedeckt wurden. Schöner Blick in den Garten. Spielerige Einrichtung in hellen Farben. In der Mitte ein Brunnen mit Goldfischen, am Rand speit ein Stein-Delphin Wasser. Zum

Essen wird an runde Metalltische gebeten. Exquisite mediterrane Küche, die großen Wert auf frische Zutaten legt. Jeder Monat steht dabei unter dem Motto eines anderen Gewürzes. Im Publikum vor allem Unternehmer. Hauptgerichte ab 16 €.

Portugália (6), Avenida Brasília, Edifício Espelho d´Água, ✆ 213032700. Täglich 12–01 Uhr. Inmitten der Wasserfläche neben dem Denkmal Padrão dos Descobrimentos. Von einigen Tischen schöner Tejoblick. Niedriger Raum mit gepflastertem Boden. In der Mitte eine Säule mit Bierkrügen. Hinten erinnert ein Azulejowappen der Fábrica Germánica an den deutschen Ursprung der Portugália-Brauhauskette. Vor allem Rindersteaks, aber auch Meeresfrüchte und Omelettes im Angebot. Hauptgerichte ab 7,25 €.

Cafetaria Quadrante, Centro Cultural de Belém, ✆ 212648561. Im 1. Stock des Kulturzentrums (in der Nähe des Eingangs zum Designmuseum). Café-Betrieb täglich 10–22 Uhr, Restaurant-Betrieb jeden Tag mittags, abends nur bei Veranstaltungen im Auditorium. Helle Einrichtung mit Holzboden. Kann hin und wieder etwas laut werden. Im hinteren Teil der Cafeteria Selbstbedienungs-Restaurant mit Salatbar. Wer will, kann auch auf der Terrasse mit Tejoblick Platz nehmen. Hauptgerichte ab 6,50 €.

Floresta de Belém (5), Praça Afonso de Albuquerque, 1-A, ✆ 213636307. In der zweiten Häuserreihe an der Rua de Belém. So abends zu, Mo Ruhetag. Innen kleiner, düs-

Ländliches Ambiente – das Restaurant O Coreto in Carnide

terer Speiseraum. Einfach eingerichtet. Draußen große Terrasse. Vorwiegend portugiesisches Publikum. Spezialität Fleisch und Fisch auf Holzkohle gegrillt. Hauptgerichte ab 4,50 €.

Benfica (s. Karte S. 316)

Solar de Benfica (1), Travessa Cruz da Era, 7, ✆ 217649374. In einer Seitengasse der Estrada de Benfica ca. 50 m vor der Kirche rechts. Mi Ruhetag. Stilvoll mit grünen Säulen ausgestaltet. Ländliche portugiesische Küche zu günstigen Preisen und guter Qualität. Auch halbe Portionen. Hauptgerichte ab 7 €.

Norden (s. Karte S. 321)

O Coreto de Carnide (2), Rua Neves Costa, 57, ✆ 217152372 (Metro Carnide). So geschlossen. Im Zentrum des Stadtteils Carnide liegt das kleine, gemütliche Restaurant, das nach dem Musikerpavillon (*coreto*) vor der Haustür benannt ist. Reservierung dringend empfohlen, ansonsten bei großem Andrang in die Warteliste vor der Tür eintragen. Man kann bei gutem Wetter auch im Kerzenlicht draußen unter den Bäumen speisen. Gepolsterte Holzstühle. Im hinteren Teil ein Schaufenster, in dem Fisch und Fleisch vor dem Verzehr begutachtet werden können. Phantasievolle portugiesische Küche aus den Beira-Regionen Mittelportugals. Hausspezialität ist *bife na pedra* und *fondue de picanha na pedra*, auf einer Steinplatte serviertes Rindersteak bzw. Rindfleisch-Stückchen. Das Fleisch stammt übrigens von artgerecht frei lebenden Tieren. Hauptgerichte ab 8 €.

O Miudinho (3), Rua Neves Costa, 21, ✆ 217140120. Am Hauptplatz von Carnide. So Ruhetag. Namensgeber ist die Figur eines pinkelnden Jungen im Vorderraum. Drei mit dunklen Holzstühlen und -tischen schlicht eingerichtete Speiseräume. Traditionelle, ländliche Küche, deren Zutaten frisch vom

Markt kommen. Als Vorspeise werden gebratener *chouriço* (Räucherwurst) und *morcela* (Blutwurst) gereicht. Große Auswahl an Fleisch und Fisch, die auf dem großen Grill zwischen den Speiseräumen zubereitet werden. Vor allem Familien aus der Nachbarschaft. Hauptgerichte ab 7 €.

Velho Mirante (1), Estrada São Eloy, 2, Pontinha, ✆ 214790158 (Metro Pontinha). Mo Ruhetag. Im Vorort Pontinha, der sich direkt an den Lissabonner Stadtteil Carnide anschließt, an der Kreuzung der Straßen nach Caneças und ins Bairro Padre Cruz gelegen. Das alte, gelbe Haus ohne Schild ist leicht an seinem markant hohen grünen Eisentor zu erkennen (Türgriff drehen). Serviert wird in den hohen, rustikal eingerichteten Räumen typische nordportugiesische Küche aus der Region Minho. Reichhaltige, gute Portionen. Die Spezialität des Hauses Fleisch vom Holzgrill. Hauptgerichte ab 5 €.

Osten (s. Karte Parque das Nações S. 326/327)

Serra da Estrela (5), Centro Comercial Vasco da Gama, Loja 2022, Alameda dos Oceanos, Parque das Nações, ✆ 218930878 (Metro Oriente). Im 2. Stock des Vasco da Gama-Einkaufszentrums. Täglich geöffnet bis 24 Uhr. Innen kleiner, mit Granitsteinen eingerichteter Speiseraum, weitere Tische auf dem Gang des Einkaufszentrums. Von der Decke hängen große Schweineschinken. Vor allem Fleischgerichte aus Mittelportugal wie die leckere *chanfana* (Ziegenfleisch in Rotwein). Couvert mit schmackhafter Auswahl verschiedener portugiesischer Brotsorten. Achtung: Das restliche Couvert ist teilweise sehr teuer. Hauptgerichte ab 8 €.

Portugália (4), Centro Comercial Vasco da Gama, Alameda dos Oceanos, Parque das Nações (Metro Oriente). Täglich bis Mitternacht geöffnete Filiale der Portugália-Kette. Im 3. Stock des Einkaufszentrums Vasco da Gama. Auch Terrassenbetrieb mit Tejo-Blick. Dezent mit hellem Holz eingerichtet. Am Eingang ein Aquarium. Auch hier die typische Portugália-Speisekarte: Omeletts, Meerestiere und die Spezialität des Hauses – *bifes à Portugália* (Rindersteaks mit Portugália-Soße). Hauptgerichte ab 7,25 €.

Typisches Lissabonner Steakhaus - Cervejaria Portugália

Caféhaustradition am Rossio – das Café Nicola

Cafés

Portugal hat eine uralte Café-Tradition: Bei einer *bica*, dem portugiesischen Espresso, wird stundenlang geschwatzt, studiert oder werden Geschäfte besprochen. Da sich Portugiesen äußerst ungern zu Hause verabreden, sind die Cafés beliebter Treffpunkt. Anders als in Deutschland sind sie in Portugal bis zum späten Abend geöffnet.

Der Kaffee kommt meist aus Brasilien oder Afrika und ist tiefschwarz. Sein Geschmack unterscheidet sich beträchtlich von dem in Deutschland gerösteten Kaffee. Er ähnelt eher dem italienischen Kaffee ist aber herber. Filterkaffee ist in Portugal nicht verbreitet. Man trinkt entweder einen kleinen Espresso (*bica*) oder einen Milchkaffee. *Bicas* sind übrigens bekömmlicher als unser Filterkaffee, da bei der Zubereitung das Wasser unter Hochdruck durch den Kaffee gepresst wird und dadurch weniger schädliche Stoffe herauslöst.

Espresso ist aber nicht gleich Espresso: Neben der normalen *bica* gibt es die größere, aber weniger gehaltvolle *bica cheia* und die kleinere, aber von der Wirkung her intensivere *bica italiana*. Man kann auch eine *bica com cheiro* bestellen, Espresso mit Schnaps, oder den *café duplo*, die doppelte Bica.

Auch für den Milchkaffee gilt: Nicht jeder Milchkaffee ist gleich Milchkaffee! *Garoto* ist eine Bica mit Milch (kleiner Milchkaffee). Etwas mehr Inhalt hat die *meia de leite*: Dies ist eine Bica mit noch einmal der gleichen Menge Milch und entspricht in etwa dem in Deutschland verbreiteten Milchkaffee. Der *galão* schließlich ist ein 0,2 l großes Glas Milchkaffee und erklärtes Lieblingsgetränk der Lissabonner am Morgen. Zubereitet wird er entweder mit einer Bica und heiß aufgeschäumter Milch (*galão de máquina*) oder in der Billigversion mit in heißer Milch oder heißem Wasser aufgelöstem Instant-Kaffeepulver.

174   Lissabon/Cafés

Eine Auswahl aus den weiteren Möglichkeiten der Kaffeezubereitung: Für den *carioca* wird die Bica halb mit Wasser aufgefüllt. Der *carioca de limão* dagegen wird übrigens nicht mit Kaffee, sondern mit heißem Wasser und frischem Zitronensaft zubereitet. Malzkaffee heißt in Portugal *cevada*.

Selbst bei ausgiebigem Café-Besuch muss man in Lissabon nicht um die Urlaubskasse bangen, da die **Preise** stets sehr moderat sind. Mit gerade einmal etwa 50 Cent schlägt eine am Tresen eingenommene *bica* zu Buche – nicht nur für viele Lissabonner eine preiswerte und schnelle Gelegenheit für eine kurze Kaffeepause während der Arbeit oder dem Einkauf. Auch wer sich am Tisch mehr Zeit für den Genuss lassen möchte, zahlt mit ca. 75 Cent nur wenig mehr. Und selbst auf der Terrasse, wo der portugiesische Espresso am teuersten ist, ist die *bica* mit etwa 1 € so günstig, dass deutsche, österreichische und schweizer Kaffeetrinker nur davon träumen können.

Mit über 1.600 Cafés dürfte **Lissabon** weltweit einen Spitzenplatz einnehmen. Das hat bereits im 19. Jh. den portugiesischen Romancier Eça de Queiroz in seinem Werk *As Farpas* zu folgendem, wohl nicht ganz ernst gemeinten Fazit gebracht: "Lissabon ist die Stadt der Süßigkeiten, genauso wie Paris die Stadt der Intellektuellen ist. Paris fabriziert Ideen, Lissabon Törtchen."

Dabei reicht die Auswahl von neo-klassizistisch eingerichteten Konditoreien (*pastelarias*) aus dem 19. Jh. bis hin zu modernen Webcafés. Die sechs klassischen Cafés Lissabons sind das São Martinho da Arcada an der Praça do Comércio, die Confeitaria Nacional an der Praça da Figueira, die Suiça und das Nicola am Rossio, das Versailles an der Avenida da República und – last but not least – die weltbekannte Brasileira im Chiado. Und auch wenn man angesichts der zahlreichen Cafés einen anderen Eindruck bekommen kann, mit 4,7 kg Kaffeekonsum pro Jahr liegen die Portugiesen deutlich hinter den Deutschen mit 6,7, den Schweizer mit 7,9 und den Österreichern mit 8,1 kg.

Süße Teilchen sollte man übrigens möglichst in *pastelarias* (Café-Konditoreien) kaufen; da schmeckt es am besten. Ist noch *fabrico próprio* angeschrieben, so kann man sicher sein, dass die Teilchen auch wirklich hier produziert werden. Fast jede Region Portugals hat ihr besonderes Gebäck, meistens recht süß. So mag man im Norden die Verbindung von Eigelb und Zucker (*ovos moles*), an der Algarve verwenden die Zuckerbäcker dagegen bevorzugt Mandeln. Viele dieser regionalen Spezialitäten finden sich auch in der Hauptstadt. Die Unzahl an Konditoreien ist bezeichnend für die vernaschten Portugiesen, gute Eisdielen (*gelatarias*) findet man dagegen eher selten.

Baixa/Chiado (s. Karte S. 232/233)

São Martinho da Arcada (28), Praça do Comércio, ✆ 218879259, ✆ 218867757. Mo–Sa 8–23 Uhr, So geschlossen. Einziges Restaurant/Café an der Praça do Comércio (Nordostecke). In dem 1782 gegründeten und somit ältesten Café Lissabons ließ sich einst der portugiesische Dichter Fernando Pessoa täglich seine Bica und einen Schnaps servieren bis er im Alter von 47 Jahren an Leberzirrhose starb. Andere illustre Stammgäste aus dem Poetenmilieu waren Bocage und Mário Sá Carneiro. Heute verkehren hier die Angestellten der umliegenden Ministerien. Dennoch lässt sich die alte Atmosphäre noch erahnen. Bica am Tisch bzw. auf der Terrasse 0,75 €, am Tresen 0,50 €. Im angeschlossenen Restaurant traditionelle portugiesische Küche mit teuren Hauptgerichten. Mittags dagegen im Café und auf der Terrasse auch günstige Gerichte.

Cafés in Lissabon

Confeitaria Nacional (19), Praça da Figueira, 18-B/C, ℡ 213424470 und 213461729 (Metro Rossio). Mo–Sa 8–20 Uhr, So zu. Schon 1829 von Baltazar Rodrigues Castanheiro gegründet und damit eine der ältesten Konditoreien Portugals, heute noch in Familienbesitz. Hier wurde zum ersten Mal der *bolo-rei* hergestellt, ein ringförmiger Kuchen mit Fruchtstücken, der auf einem Originalrezept aus Paris beruht, aber inzwischen als typisch portugiesisches Weihnachtsgebäck gilt. Bis zum Beginn der Republik 1910 war man auch Lieferant des Königshofes. Die Innenausstattung des Cafés glänzt seit einer Renovation 2001 wieder in neuer Frische: großflächige Spiegel, geschwungenes Holz, ausladende Vitrinen. Unter der Stammkundschaft sind vor allem ältere Damen, die sich hier zu einem kleinen Schwätzchen treffen. Bica am Tresen 0,50 €, am Tisch 0,60 €. Auch das Gebäck ist recht preiswert.

A Suíça (15), Praça Dom Pedro IV, 101 (Rossio), ℡ 213420674 (Metro Rossio). Täglich 7–21 Uhr geöffnet. 1923 wurde dieses Café eröffnet. Helles, freundliches Ambiente mit viel Marmor. Von den beiden Terrassen kann man entweder dem emsigen Treiben auf dem Rossio zusehen oder auf der Praça da Figueira nach oben zur Burg blicken. Probieren sollte man die *guardanapos* (Servietten) – nicht die Papierservietten, sondern das süße Biskuitgebäck gleichen Namens! Insgesamt große Auswahl an köstlichem Gebäck. In der Suíça sind alle Produkte auf der Terrasse am teuersten, innen am Tisch billiger, am Tresen (Vorauszahlung an der Kasse am Eingang) ist es jedoch am günstigsten. Preis Bica: Terrasse 1,15 €, Tisch 0,80 €, Tresen 0,50 €.

Nicola (18), Praça Dom Pedro IV (Rossio) und Rua 1° de Dezembro, 20, ℡ 213460579 (Metro Rossio). Mo- Sa 8–22 Uhr, So und an Feiertagen geschlossen. Ein zweiter Eingang zum Café in der Rua 1° de Dezembro, dort steht auch eine große Statue des Dichters Bocage – nicht der einzige Literat, der hier einst verkehrte. Das Café wurde bereits 1787 eröffnet. Große Gemälde und viele Spiegel geben dem Nicola auch heute noch ein erhabenes Ambiente. Preis für eine Bica am Tresen 0,45 €, am Tisch 0,60 € und auf der Terrasse 1,10 € (wer seine Bica am Tresen trinkt, zahlt zunächst an der Kasse; am Tisch wird man bedient). Im Keller ein angeschlossenes Restaurant. Es gibt übrigens auch eine eigene Kaffeemarke *Nicola*. Der vorzügliche Kaffee eignet sich gut als Urlaubsmitbringsel (in Supermärkten erhältlich).

A Brasileira do Chiado (23), Rua Garrett, 120, ℡ 213469541 (Metro Baixa/Chiado). Täglich von 8 Uhr morgens bis 2 Uhr nachts. Fast alle Touristen nehmen in dem weltbekannten Café einmal einen Kaffee auf der Terrasse zu sich. Die Lissabonner setzen sich dagegen eher nicht neben die dort stehende Statue des Dichters Fernando Pessoa, der hier weilte, wenn sein Stammcafé São Martinho da Arcada geschlossen war. Sie lassen sich drinnen an einem Tisch nieder oder stehen am Tresen, wo der Kaffee am günstigsten ist. Auch die schöne klassische Inneneinrichtung mit den großen Spiegeln lässt sich so besser bewundern. Früher verkehrten hier viele Literaten und Intellektuelle – angeblich soll das auch heute noch so sein. 1906 hat die Brasileira ein aus Brasilien heimgekehrter Portugiese eröffnet, was auch den Namen erklärt. Ehemals gab es noch eine zweite Brasileira am Rossio. Preise für die Bica: Terrasse 1,25 €, Tisch 0,75 €, Tresen 0,45 €.

Caffè Rosso (25), Rua Garrett, 19, ℡ 213471524 (Metro Baixa/Chiado). Zugang auch über die Rua Ivens, 57. Täglich offen. Café in einem ruhigen Hinterhof des Chiado. Neben der großen Terrasse innen ein Raum, in dem regelmäßig wechselnde Gemälde ausgestellt werden.

Café no Chiado (26), Largo do Picadeiro, 11/12, ℡ 213259118 (Metro Baixa/Chiado). Täglich von 11 bis 2 Uhr nachts, nur So/Mo abends geschlossen. Schönes, in Holz gehaltenes Café gegenüber der Oper. Bei gutem Wetter werden ein paar Metalltische auf den gepflasterten Bürgersteig vor das Café gestellt.

Alfama (s. Karte S. 244/245)

Cerca Moura (10), Largo das Portas do Sol, 4, ℡ 218880298. Täglich von 10 bis 2 Uhr nachts. An der Tramlinie 28. Von der ausladenden Terrasse aus hat man einen sehr guten Blick auf São Vicente de Fora und den Tejo. Innen ist hinter einer Glasscheibe ein Stück der maurischen Stadtmauer zu sehen, die dem kleinen Bar-Café auch den Namen gab. Für die Lage zivile Preise: *Bica* 1 €.

Graça (s. Karte S. 254/255)

Esplanada da Graça (6), Calçada da Graça. Direkt am Miradouro da Graça (neben der Igreja da Graça) liegt dieses Terrassencafé mit herrlichem Blick auf die Burg, die Brücke des 25. April und die Baixa. Täglich von 10.30 bis 2 Uhr nachts geöffnet. Aufgrund der langen Öffnungszeiten auch als Bar mit Aussicht sehr beliebt. Fast alle Tische im Freien. Wer es gerne etwas wind- oder regengeschützt haben will, kann sich an einen Tisch mit Zeltplane setzen. Der portugiesische Espresso, die *bica*, für 0,90 €, am Tresen günstiger.

Pastelaria Bagabaga (4), Largo da Graça, 108, ☎ 218876695. Am zentralen Platz des Stadtteils Graça. Täglich geöffnet. Wer lange auf die Tram 28 warten muss, kann gegenüber der Haltestelle Graça die *pastéis de nata* oder anderes leckeres Gebäck in der gemütlichen Pastelaria probieren. Modern mit viel Glas und Metall eingerichtet. Es gibt auch günstigen Mittagstisch.

Avenida da Liberdade (s. Karte S. 260/261)

Hotel VIP Eden Terraço Bar (20), Praça dos Restauradores, 24, ☎ 213216600 (Metro Restauradores). Im Obergeschoss des Hotels VIP Eden (Eingang durch die Hotelrezeption, dann mit dem Aufzug in den Stock T fahren). Täglich 7–23 Uhr. Kleine Hotel-Bar mit einem der besten Ausblicke in Lissabon. Mitten im Zentrum direkt über der Praça dos Restauradores gelegen. Eine gute Gelegenheit, um kurz während einer anstrengenden Besuchstour zu verweilen. Nur wenige Tische an einer langen Fensterfront. Draußen eine Terrasse, auf der nicht bedient wird, man kann sich aber die Getränke rausnehmen. *Bica* 1,25 €, Bier 2 €.

Avenidas Novas (s. Karte S. 266/267)

Café Versailles (7), Av. da República, 15-A, ☎ 213546340 (Metro Saldanha). Unweit der Praça Duque de Saldanha. Täglich 7.30–22 Uhr. Großer Saal mit Empore, Säulen, Stuckdecke, Spiegeln und Marmor. Vielleicht Lissabons schönstes Café. Sehr angenehme Kaffeehausatmosphäre. Hervorragende Auswahl an vorzüglichem Gebäck (z. B. die *pastéis de nata*, die mit Gabel serviert werden!). Auch einen Versuch wert sind die *castanhas de ovos* (Eierkastanien), ein süßes Eiergebäck ähnlich dem *ovos moles* aus Aveiro. Viele ältere Herrschaften und einige Prominente verkehren hier. Edel und nicht ganz billig. Günstig ist jedoch die Bica am Tresen zu 0,50 €.

Pastelaria Sequeira (10), Av. da República, 11-C, ☎ 213140749 (Metro Saldanha). An der Ecke Av. da República/Av. Duque d'Ávila schnell zu entdecken. So geschlossen. Moderne Einrichtung mit großer Fensterfront. Seit 1902 stellt diese Pastelaria eine große Auswahl an gutem Gebäck her. Selbstbedienung am Tresen. Der Verbrauch wird auf einer Magnetkarte registriert. Bezahlt wird beim Herausgehen.

Pastelaria Mexicana (3), Av. Guerra Junqueiro, 30, ☎ 218486117 (Metro Alameda). In der Südostecke der Praça de Londres. Täglich 8–24 Uhr. Das bekannte Café wurde 1962 eröffnet und bewahrt auf einzigartige Weise den Stil der 60er Jahre. Draußen eine *esplanada* (Terrasse). In der Mitte des Cafés 2 lange Tresen mit allerlei Süßigkeiten. Man sollte etwas davon probieren, z. B. die Fackeltropfen *pingo de tocha*. Hinten ein großer, verrauchter Saal mit Voliere. Die Mexicana wird vor allem von der wohlhabende Bevölkerung der Av. de Roma besucht.

Bairro Alto (s. Karte S. 276/277)

O Paço do Príncipe (1), Praça do Príncipe Real, ☎ 213430530. Täglich 12–24 Uhr. Mitten im Park Príncipe Real unter ausladenden Bäumen gelegen, guter Blick auf die Grünanlagen. Große Terrasse und einige überdachte Tische im Inneren. Auch Restaurantbetrieb mit preiswerten Hauptgerichten.

Boutique do Pão de São Roque (6), Rua Dom Pedro V, 57. An der Hausecke der Pensão Londres. Schöne alte Bäckerei mit aufwendigen Verzierungen an Wänden und Decken. Eine im Halbrund angeordnete, stattliche Säulenreihe vollendet das Ensemble. Allerlei Gebäck und Kaffee.

Lapa/Madragoa/São Bento (s. Karte S. 282/283)

Café Pão de Canela (4), Praça das Flores, 25 und 27. An der hübschen, verkehrsberuhigten Praça das Flores unweit der Parlaments. Große Terrasse, auf der man gemütlich dem Treiben auf dem Platz zusehen kann. Mit viel Holz und einigen Azulejos dekoriert.

Café República (5), Av. Dom Carlos, I, 140-A, ✆ 213958370. Nur wenige Meter unterhalb des Parlaments São Bento. Von 8 bis 2 Uhr nachts offen. So Ruhetag. Mit viel Holz eingerichtet. Bei gutem Wetter kann man auch draußen an der Av. Dom Carlos sitzen. Gute *empanadas* (Fleischpasteten). Nachts Bar-Betrieb, dann steigen auch die Preise.

Sítio do Pica-Pau (11), Rua dos Remédios à Lapa, 61, ✆ 213978267. Im Zentrum des Stadtteils Lapa. Sa, So und an Feiertagen zu. Sonst 9–17.30 Uhr offen. Schön gelegen: große Terrasse mit herrlichem Tejo-Blick mitten in einer Fußgängergasse. Auch kleiner Speiseraum im Inneren. Neben Kaffee gibt es Snacks, Omeletts und kleinere Gerichte.

O Chá da Lapa (25), Rua do Olival, 8, ✆ 213900888. Direkt oberhalb des Museu Nacional de Arte Antiga. Von außen an der bordeauxroten Fassade gut zu erkennen. Täglich 9–19 Uhr. Vorne etwas heller eingerichtet mit Metall-Stühlen und -Tischen. Hinten dagegen dunkles, klassizistisches Teelokal. Schwere Polster-Sessel, Holz-Stühle und Tische sorgen für eine gediegene Atmosphäre. Große Auswahl an Kuchen und leckeren Süßigkeiten vom Apfelstrudel bis zu Walnuss-Schokopralinen.

Gediegenes Teehaus: Chá da Lapa

Amoreiras (s. Karte S. 290/291)

Pastelaria 1800 (5), Largo do Rato, 7 (Metro Rato). Auffälliges Café mit schöner Azulejo-Fassade auf der Ecke Rua da Escola Politécnica und Largo do Rato. Ein altes Eisentor führt in den schlicht eingerichteten Café-Raum, der von einem hohen Steinbogen überspannt wird.

Obra Vicentina/Casa Nossa Senhora do Amparo (8), Rua de São Bento, 700 (Metro Rato). Wenige Meter unterhalb des Largo do Rato. Mo–Sa 16–19 Uhr, So zu. Café der katholischen Vicentiner-Schwestern. Der Eingangsbereich erinnert mit seinen Heiligenstatuen eher an ein Devotionaliengeschäft. Im weiter hinten gelegenen, düsteren Raum servieren die Schwestern verschiedene Tees und Kuchen. Die Zeit scheint hier stehen geblieben zu sein. Darauf deutet auch die alte Standuhr in der Ecke hin, deren Zeiger den Betrieb bei 12 Uhr eingestellt haben.

Belém (s. Karte S. 302/303)

Fábrica dos Pastéis de Belém (3), Rua de Belém, 84–92, ✆/🖷 21363807778. Neben dem Mosteiro dos Jerónimos. Täglich 8–23 Uhr (So bis 22 Uhr). Eine 1837 gegründete Konditorei mit alter Einrichtung und schönen Azulejos. Innen ein Labyrinth mit mehreren Sälen, die insgesamt 500 Plätze bieten. Hier gibt's die besten *Pastéis de Belém* (= *pastéis de nata*), köstliche Cremetörtchen in Blätterteig, die nach alten Rezepten der Mönche des Jerónimos-Klosters hergestellt werden. Auch im Karton zu einem halben

178 Lissabon/Cafés

Dutzend und je einer Tüte Zimt und Puderzucker erhältlich. Bei den *Lisboetas* besonders beliebt für ein kleines Schwätzchen nach dem Wochenendspaziergang in Belém. Der Duft der frisch gebackenen *pastéis* schafft ein einzigartiges, unvergessliches Ambiente. Preis pro Pastete 0,70 €, Bica 0,45 €.

Fábrica dos Pastéis de Cerveja (4), Rua de Belém, 17. Schräg gegenüber der Fábrica dos Pastéis de Belém. Täglich 06–02 Uhr. Hier werden die *pastéis de cerveja* aus Bierteig hergestellt. Das leckere Gebäck schmeckt aber eher süß als nach Bier.

Benfica (s. Karte S. 316)

Pastelaria Califa (3), Estrada de Benfica, 463, ✆ 217785030. In der Nähe der Stadtautobahn Segunda Circular und des Einkaufszentrums Fonte Nova. Bekannte Pastelaria mit großem Angebot an Süßigkeiten. Spezialität sind *jesuitas*, ein nach den Jesuiten benanntes süßes Blätterteig-Gebäck. Auch angeschlossenes Restaurant. Stammkundschaft sind ältere Damen, die sich hier am Nachmittag für eine ausgiebige Unterhaltung treffen oder Naschkram für die Enkel besorgen.

Pastelaria Luamel (2), Av. Grão Vasco, 3, ✆ 217601534. In einer Nebenstraße unweit der Igreja de Benfica. Ein Café mit exzellenten Süßigkeiten in großer Auswahl. Empfehlenswert beispielsweise die *queijadas* (Quarkküchlein). Die Einrichtung ist im funktionalen Pastelaria-Stil in Metall und Glas gehalten. Auch Eisverkauf und mittags Hauptgerichte. Preiswert.

Museumscafés

Lohnenswert sind auch die zahlreichen schönen Museumscafés in Lissabon. Und das nicht nur im Anschluss an einen Museumsbesuch, denn wer nur ins Café möchte, muss meistens keinen Eintritt bezahlen. Besonders hübsche Cafés sind in den folgenden Museen zu finden (Adressen und Öffnungszeiten s. "Museen" ab S. 329):

Museu Nacional de Arte Antiga: Das Café liegt in einem völlig ruhigen Garten mit Bäumen, Wiese und Blumen hinter dem Museum. Da fällt das Entspannen nach einer anstrengenden Stadttour leicht.

Museu de Artes Decorativas/Fundação Ricardo Espírito Santo Silva: Hübsch eingerichtetes Café im 3. Stock des Azurara-Palastes. Der massive Granitboden verbreitet gemütliche Atmosphäre. Im Sommer kann man auch im Innenhof sitzen.

Museu Nacional do Azulejo: Das Café "Oasis" im Azulejomuseum ist tatsächlich eine Oase im Großstadttrubel. Man kann entweder drinnen an Holztischen, von Azulejos umrahmt, oder draußen im grünen, schattigen Palmengarten speisen. Neben Caféservice auch preisgünstige Gerichte und Salate.

Museu do Chiado: Mitten im Chiado kann man sich hier auf der Terrasse am Rand des Skulpturengartens oder im kleinen Caféraum erholen.

Museu de Macau: Kleines, sehr liebevoll mit chinesischer Holzarbeit eingerichtetes Café im Museum zur ehemaligen portugiesischen Kolonie Macao.

Museu da Marioneta: Das Café liegt im Kreuzgang des restaurierten *Convento das Bernardas* aus dem 17. Jh., der auch das Marionetten-Museum beherbergt. Lebhafte Atmosphäre, da im Konvent auch über 30 Familien wohnen.

Museu Nacional do Teatro: Neben dem Theater-Museum kann man zwischen akkurat gestutzten Buchs-Hecken im Park Monteiro-Mor seine Bica genießen. Dazu sind schmackhafte Kuchenstücke im Angebot. Preislich allerdings an der Spitze der Museumscafés.

Internetcafés

Abracadabra (11), Praça Dom Pedro IV, 64–65 (Metro Rossio, s. Karte Baixa/Chiado S. 232/233). Filiale der portugiesischen Fastfood-Kette direkt am Rossio. Zwischen Hamburger-Bratplatten und Pommes-Friteusen stehen ein paar Computer, an denen man schnell Mails abrufen kann. Täglich 8–22 Uhr. 1 Stunde 3 €. Mindestnutzung 15 Min.

Cyber.bica (27), Rua Duques de Bragança, 7, ✆ 213225004 (Metro Baixa/Chiado, s. Karte Baixa/Chiado S. 232/233). Etwas unterhalb des Stadttheaters São Luís. Mo–Fr 11–24 Uhr, Sa 19–24 Uhr, So zu. Historisch – das erste Internetcafé Portugals. Bereits 1995

Cafés in Lissabon 179

Erholung im Garten neben dem Museu Nacional do Teatro

eröffnet. Eher Charakter eines Internet-Restaurants, da auch Hauptgerichte. 1 Stunde 3 €. Mindestnutzung 15 Min.

Café T@borda (7), Teatro Taborda, Rua Costa do Castelo, 75, ✆ 218879484 (s. Karte Mouraria S. 254/255). Direkt unterhalb der Burg. Di–So 14–24 Uhr. Internetcafé und Restaurant. Grosse Terrasse mit sehr schönem Blick auf Mouraria und Graça. Ins Netz kann man für 0,75 € pro 30 Min. Hauptgerichte ab 6 €. Auch ohne im Netz zu surfen, lohnt ein Besuch.

Portugal Telecom (16), Rua Tomás Ribeiro, 2 (Metro Picoas, s. Karte Av. Novas S. 266/267). Direkt neben dem Ausgang der Metro im Forum Picoas der Portugal Telecom. Innen trifft man nach dem Eingang links auf einen Internetkiosk, in dem von Mo–Fr von 10 bis 19 Uhr für 2 € pro Stunde gesurft werden kann (Mindestzeit 30 Min.) Sa/So zu.

Navegar em Lisboa (11), Centro Comercial Atrium Saldanha, Loja 40, Piso 1, Praça Duque de Saldanha (Metro Saldanha, s. Karte Av. Novas S. 266/267). Von der Stadt Lissabon betriebenes Internet-Café im Atrium Saldanha-Einkaufszentrum. Mo–Sa 10–20 Uhr. So zu. Oft Wartezeiten, da sehr günstig: 1 Stunde 1 €. Maximal eine Stunde Surfen. Nur dann länger möglich, wenn niemand kommt. Keine Disketten erlaubt.

Web C@fé (13), Rua do Diário de Notícias, 126, ✆ 213421181 (s. Karte Bairro Alto S. 276/277). Kleines Internetcafé mitten im Bairro Alto. Täglich von 16 bis 2 Uhr morgens offen. So kann man noch kurz zwischen zwei Bars im Bairro Alto schauen, ob nicht doch noch eine neue Mail gekommen ist. Preis pro Stunde 4 €.

Museu das Comunicações, Rua do Instituto Industrial, 16, ✆ 213935106 (Metro Cais do Sodré, s. Karte Bairro Alto S. 276/277). Mo–Fr 10–20 Uhr, Sa 14–20 Uhr, So zu. Internet-Café im Kommunikationsmuseum. Etwa 20 von Portugal Telecom betriebene Rechner. Schneller Zugang. Preis 1,75 € pro Stunde. Mindestens 30 Min. müssen bezahlt werden.

Net Lisbon Cafe (11), Rua Padre Francisco, ✆ 217217814 (s. Karte Campo de Ourique S. 290/291). Nahe dem Prazeres-Friedhof, der Endhaltestelle der Tram 28. Täglich ist das Surfen von 9–24 Uhr für 1,25 € pro Stunde möglich.

Cyberoceanos, Gare do Oriente, ✆ 218951995 (Metro Oriente, s. Karte Osten S. 323). Am Eingang zur Metro im ersten Untergeschoss des Bahnhofs Oriente. Täglich von 10–23 Uhr geöffnet. Eintauchen in den "Cyberocean" für 3 € pro Stunde.

Cib@rcafé, Pavilhão do Conhecimento – Ciência Viva, Parque das Nações, Alameda dos Oceanos (Metro Oriente, s. Karte Osten S. 323). Di–Fr 10–18 Uhr, Sa/So 11–19 Uhr, Mo geschlossen (ebenso Weihnachten und Neujahr). Internetcafé im Eingangsbereich des Technikmuseums Pavilhão do Conhecimento. Für 30 Minuten kann kostenlos gesurft werden. Bei geringem Andrang auch länger.

Klassischer "Chique" im Chiado

Einkaufen

Die klassischen Einkaufsviertel Lissabons sind der Chiado und die Baixa. Hier finden sich zahlreiche Boutiquen, Parfümerien und Buchhandlungen. Die Ladeneinrichtungen mit Kristallspiegeln und Holzverkleidungen stammen teilweise noch aus dem 19. Jh. In den letzten Jahrzehnten haben beide Stadtteile aber durch Einkaufszentren erheblich Konkurrenz bekommen.

Recht beliebt ist auch das Einkaufsgebiet in der Gegend um die Avenida de Roma. Dort sind einige der vornehmsten Geschäfte Lissabons zu finden.

Einkaufszentren

Totengräber des traditionellen Einzelhandels und verachtenswerte Kopie der amerikanischen *Malls* für die einen, bequeme und überdachte Einkaufsmöglichkeit für die anderen – an den Einkaufszentren scheiden sich auch in Lissabon die Geister. Unter den Lissabonnern sind besonders die drei großen Shopping-Center beliebt: das *Centro Comercial das Amoreiras*, das *Centro Comercial Vasco da Gama* im Osten der Stadt und das *Centro Comercial Colombo* in Benfica, das größte Einkaufszentrum der Iberischen Halbinsel.

Geöffnet haben die meisten *Centros Comerciais* bis spät in die Nacht (23.00 Uhr) und dies sieben Tage die Woche. Nur sonntags nachmittags müssen die großen Supermärkte, die so genannten *Hipermercados*, in den Einkaufszentren schließen.

Einkaufszentren

Chiado (s. Karte S. 232/233)

Centro Comercial dos Armazéns do Chiado, Rua do Crucifixo, 103 und Rua do Carmo (Metro Baixa/Chiado). Gern frequentiertes Einkaufszentrum im Chiado, das erheblich zur Wiederbelebung des Stadtteils beigetragen hat. Untergebracht im Gebäude eines der beim Brand von 1988 zerstörten traditionellen Kaufhäuser Lissabons, der *Grandes Armazéns do Chiado*. Hauptattraktion sind die Buchhandlung FNAC und das Sportgeschäft Intersport. Insgesamt erwarten die Passanten zahlreiche Modegeschäfte sowie im Obergeschoss verschiedene Restaurants und Cafés mit Blick auf die Burg Castelo São Jorge.

Mouraria (s. Karte S. 254/255)

Centro Comercial da Mouraria, Largo do Martim Moniz (direkter Eingang von der Metrostation Martim Moniz). Vor einigen Jahren machte das Zentrum auf uns einen etwas heruntergekommenen Eindruck, da ein Großteil der Geschäfte leer stand. Inzwischen haben sich Inder, Pakistanis, Chinesen und Geschäftsleute aus den ehemaligen afrikanischen Kolonien Portugals des Centro Comercial da Mouraria angenommen. Entstanden ist eine interessante Mischung der verschiedenen Einwanderer-Subkulturen: afrikanische Friseure direkt neben indischen Supermärkten und gut sortierten chinesischen Feinkostläden. Allein mit den Gerüchen lässt sich hier am Martim Moniz eine kleine Weltreise machen. Sicher der multikulturellste Einkaufstipp in Lissabon.

Avenidas Novas (s. Karte S. 266/267)

El Corte Inglés, Av. António Augusto de Aguiar, 31 (direkter Eingang von Metro São Sebastião). Am oberen Ende des Stadtparks Eduardo VII. So und Feiertags zu. Das einzige große Warenhaus deutschen Stils in Lissabon und zugleich die erste portugiesische Filiale dieser spanischen Kette. Hier sind zahlreiche spanische Produkte zu finden. Im Untergeschoss ein großer Supermarkt mit einer gut sortierten Lebensmittelauswahl, darunter viele portugiesische Weine und deutsche Biersorten. Ansonsten die üblichen Abteilungen für Damen- und Herrenmode, Sport, Haushalt und Kosmetik. Beeindruckende Ausmaße auf 13 Etagen: Insgesamt arbeiten hier 1.300 Angestellte.

Centro Comercial Atrium Saldanha, Praça Duque de Saldanha (Metro Saldanha). Hell und transparent gehaltenes Einkaufszentrum. Geprägt wird es durch eine große, lichte Halle (Atrium) mit weißem Marmorboden. Mit ca. 100 Geschäften auf 3 Stockwerken eher mittlere Größe. Vor allem Modeläden, im Untergeschoss auch Cafés und Fastfood. In unmittelbarer Nachbarschaft zwei weitere, kleinere Einkaufszentren: Centro Comercial Galerias Monumental und Galeria Saldanha.

Amoreiras (s. Karte S. 290/291)

Centro Comercial das Amoreiras, Av. Engenheiro Duarte Pacheco (Metro Rato). Bis 24 Uhr kann man täglich in dem riesigen Einkaufszentrum herumstöbern. 1985 eröffnet war es das erste seiner Art in Portugal. Der umstrittene Bau des portugiesischen Architekten Tomás Taveira wirkt wie eine Stadt in der Stadt – und ist es auch. Von der Post bis zur Kirche ist alles vorhanden. Dementsprechend lautet auch der Werbespruch *"Entre num mundo aparte"* – Betreten Sie eine eigene Welt! Auf den 2 riesigen Stockwerken mit über 300 Geschäften gibt es Straßennamen, damit man sich nicht verläuft. Im Erdgeschoss ein großer Supermarkt (Pão de Açúcar). Dazu edle Shops für Schmuck und vor allem Mode. Ebenso teure HiFi-Geschäfte, mehrere Buchhandlungen und Plattenläden. Ein Teil der oberen Etage wird von über 50 Restaurants und Cafés eingenommen. 10 Kinos bieten Unterhaltung im Originalton mit portugiesischen Untertiteln. Bankfilialen sorgen für den Geldnachschub, sollte man dem Kaufrausch endgültig erliegen.

Benfica (s. Karte S. 316)

Centro Comercial Colombo, Av. Lusíada (direkter Zugang von der Metrostation Colégio Militar/Luz). Neben dem Stadion von Benfica erhebt sich dieser 1997 eröffnete Konsumtempel. Parallelen mit dem Amoreiras-Zentrum drängen sich auf, nur ist alles mit 421 Geschäften auf ca. 400.000 m² noch größer und noch luxuriöser. Es soll Lissabonner geben, die hier ganze Wochenenden verbringen. Das größte Einkaufszentrum der Iberischen Halbinsel ist auf drei Stockwerke verteilt. Ganz unten liegt der Continente-Hipermercado. Er ist so groß geraten, dass in der Mitte eine Erholungsecke eingerichtet werden musste und die Angestellten den Supermarkt auf Rollschuhen durchqueren. Im obersten Geschoss finden die Besucher neben einer Art Jahrmarkt für Kinder, die obligatorischen Kinos und Restaurants.

Osten (s. Karte S. 323)

Centro Comercial Vasco da Gama, Alameda dos Oceanos (direkter Zugang von der Metrostation Oriente). Das von Naturlicht durchflutete Einkaufszentrum ist im ehemaligen Haupteingang der EXPO 98 eingerichtet worden. Mit ca. 160 Geschäften und 35 Restaurants zählt es zu den größten "Centros Comerciais" in Lissabon. Das Einkaufszentrum steht unter dem Motto des Meeres. Sehenswert ist das gläserne Dach, über das als natürliche Klimaanlage Wasser fließt. Hauptgeschäft ist ein Continente-Hipermercado im Erdgeschoss. Weiter findet man besonders viele Modeläden. Ganz oben gelangt man auf eine Terrasse mit Restaurants und einem schönen Panoramablick über den Tejo und den Parque das Nações.

Lebensmittel und Wein

Passt man sich der portugiesischen Ernährungsweise etwas an, so kann man in Portugal preiswert Lebensmittel erstehen. Fisch kostet beispielsweise weniger als in Deutschland. Dazu ist das Angebot ungleich größer; insbesondere Spezialitäten wie frischen Thunfisch findet man in Deutschland nur selten. Insgesamt zählen die portugiesischen Supermärkte aber zu den teuersten Europas. Vor allem für Milchprodukte und Schokolade greift man deutlich tiefer in die Taschen als in Deutschland.

Das Angebot an **regionalen Spezialitäten** ist für ein so kleines Land wie Portugal dagegen überwältigend. So sei nur auf die vorzüglichen Käsesorten wie den Gebirgskäse *(queijo da serra)* und die leicht geräucherten Würste *(chouriço)* verwiesen. Unbedingt probieren sollte man auch den estremadurensischen Frischkäse *(queijo fresco)*, hergestellt aus Kuhmilch; mit einem halbdunklen Roggen-Brötchen, Salz, Pfeffer und Tomate schmeckt er himmlisch. Joghurtsorten mit Aroma *(com aroma)* sollte man eher mit Vorsicht kaufen, denn sie enthalten im Gegensatz zu denen mit Fruchtstückchen *(com pedaços)* nur Aromastoffe.

In der Lissabonner Unterstadt Baixa sind **Supermärkte** mittlerweile recht selten geworden. Die großen *Hipermercados* am Stadtrand und in den Vororten haben den kleinen Geschäften viel Kundschaft genommen. Zwischen der Praça do Comércio und dem Cais do Sodré konnten sich in der Rua do Arsenal aber noch eine Reihe kleiner, uriger Lebensmittelläden halten. Beim Vorbeigehen lässt sich an vielen Stellen schon anhand des Geruchs erahnen, was verkauft wird: Bacalhau, Obst, Kaffee...

Einen besonders guten Service bieten die **Lojas de Conveniência**. Das sind kleine Supermärkte, die von 7 Uhr morgens bis 2 Uhr spät nachts geöffnet ha-

Lebensmittel und Wein 183

Hier kaufen die Köche frisch ein

ben. Hier findet man Artikel des täglichen Bedarfs wie Lebensmittel, Getränke, Brot, Zeitungen, Briefmarken, Telefonkarten und frische Pizzen sowie Café.

Ein Tipp noch für den Einkauf in Supermärkten: Vielerorts ist es üblich, an den Theken eine Nummer zu ziehen, um bedient zu werden. Ist man an der Reihe, wird die entsprechende Nummer angezeigt oder aufgerufen.

● *Baixa/Chiado (s. Karte S. 232/233)*
Pingo Doce, Rua 1° de Dezembro, 67–83 (Metro Restauradores). Direkt neben dem Rossio gelegener Supermarkt des Jerónimo Martins-Konzerns. Gute Auswahl.

Ponto Fresco, Rua dos Correeiros, 10 und 18 (Metro Baixa/Chiado). Kleiner Supermarkt mitten in der Baixa. Praktisch, um sich zwischendurch mit einem gekühlten Getränk zu versorgen.

Celeiro, Rua 1° de Dezembro, 65 (Metro Restauradores). Celeiro ist portugiesischer Pionier in der Sparte Naturkost-Produkte: Das Geschäft war das erste seiner Art in Portugal.

O Espírito do Vinho, Rua Ivens, 8, ✆ 213259243 (Metro Baixa/Chiado). Gut sortierte Weinhandlung. Viele edle Tropfen und Accessoires für den Wein-Liebhaber. Helle, freundliche Einrichtung in Holz.

● *Alfama (s. Karte S. 244/245)*
Agrovinhos – Adegas Cooperativas do Norte ao Sul, Rua Afonso de Albuquerque, 12. Direkt hinter der Casa dos Bicos gelegener Weinladen, der besonders Tropfen diverser Kooperativen führt.

Loja de Conveniência, Campo das Cebolas, 25/27. Kleiner Supermarkt neben der Casa dos Bicos.

● *Av. da Liberdade (s. Karte S. 260/261)*
Pingo Doce, Forum Tivoli, Av. da Liberdade (Metro Avenida). Zentral gelegener Supermarkt. Zahlreiche weitere Filialen in der ganzen Stadt.

● *Avenidas Novas (s. Karte S. 266/267)*
Loja de Conveniência, Praça do Chile, 3 (Metro Arroios). Weiteres Geschäft in der Av. Miguel Bombarda, 58-B (Metro Saldanha).

● *Bairro Alto (s. Karte S. 276/277)*
Loja de Conveniência, Rua Dom Pedro V, 65. Unweit des Aussichtspunkts São Pedro de Alcântara.

● *Lapa/Madragoa/São Bento (s. Karte S. 282/283)* **Loja de Conveniência**, Calçada do Marquês de Abrantes, 20. Weitere dieser kleinen, lang geöffneten Supermärkte in der Av. Pedro Álvares Cabral, 61 (Metro Rato) und in der Av. Infante Santo, 36.

Agrovinhos – Adegas Cooperativas do Norte ao Sul, Praça das Flores, 10/11. Weinladen in der Nähe des Parlamentes São Bento. Weitere Filiale im Stadtteil Lapa in der Rua da Lapa, 58/60.

• *Campo de Ourique (s. Karte S. 290/291)*

Loja de Conveniência, Rua Ferreira Borges, 96-C. Supermarkt an der Hauptstraße des Stadtteils Campo de Ourique.

O Espírito do Vinho, Rua Ferreira Borges, 94-B, ✆ 213859078. Kleines Fachgeschäft für Weinzubehör wie alle Arten an Korkenziehern, Decoutiergeräten, Portweinkaraffen, etc. Dazu ausgewählte Edeltropfen.

• *Alcântara (s. Karte S. 296/297)*

Pingo Doce, Rua de Cascais. Hypermarkt der portugiesischen Pingo Doce-Kette. Gute Auswahl auch an frischem Fisch.

Loja de Conveniência, Rua Luís de Camões, 133. Oberhalb des Straßenbahndepots Santo Amaro.

Agrovinhos – Adegas Cooperativas do Norte ao Sul, Rua Fradesso da Silveira, 45/47 und 57, ✆ 213636944, ✆ 213639075. Hier in der Nähe des Largo do Calvário gibt es über 2.000 verschiedene Weine aus ganz Portugal. Darunter sind viele Kooperativ-Weingüter vertreten, aber auch andere Marken. *Agrovinhos* führt ebenso Portweine und andere Alkoholika wie Whisky. Die Preise sind oft günstiger als in den Supermärkten.

Adega Cooperativa Dois Portos, Rua Luís de Camões, 72. Gegenüber dem Straßenbahndepot. Kleines Geschäft der Kooperative aus Dois Portos bei Torres Vedras. Sehr preiswerte Massenweine.

Märkte

Auf dem Markt einzukaufen ist in Portugal noch wesentlich verbreiteter als in Deutschland. Die einheimischen Verbraucher, besonders Restaurants und Kantinen, aber auch Hausfrau und Hausmann von nebenan kaufen hier Gemüse, Obst, Fleisch und Fisch ein. Neben günstigen Preisen lockt die Qualität – die Waren werden frisch vom Erzeuger verkauft. *Mercados Municipais*, städtische Markthallen, finden sich in fast jedem Stadtviertel Lissabons. Geöffnet sind die Markthallen Mo–Sa 7–14 Uhr.

• *Graça (s. Karte S. 254/255)*

Mercado de Santa Clara, Campo de Santa Clara. Schöne Markthalle auf dem Gelände der Feira da Ladra.

• *Avenidas Novas (s. Karte S. 266/267)*

Mercado 31 de Janeiro, Rua Engenheiro Vieira da Silva (Metro Picoas). Sehr zentral hinter dem Portugal Telecom Gebäude gelegene neue Markthalle mit bunter Fassade, die Tier-, Obst- und Gemüsemotive zeigt.

Mercado de Arroios, Rua Ângela Pinto (Metro Alameda). Eine runde Markthalle in der Nähe der Avenida Almirante Reis.

• *Bairro Alto (s. Karte S. 276/277)*

Mercado 24 de Julho, Av. 24 de Julho (Metro Cais do Sodré). Der ehemalige Großmarkt für Obst- und Gemüse. In einer wunderschönen Markthalle aus dem Jahr 1882 untergebracht. Entworfen hat sie übrigens Ressano Garcia – er plante auch die Bebauung der Avenidas Novas. Von weitem nicht zu übersehen ist das charakteristische weiße Kuppeldach dieses ältesten

Auf dem Markt sind die Produkte oft besser und billiger als im Laden

Marktes Lissabons. Seit dem Umzug des Zentralmarkts in das 320 Millionen € teure Gebäude des *Mercado Abastecedor da Região de Lisboa – MARL* in São Julião do Tojal bei Loures im Norden Lissabons allerdings nur noch Verkauf in kleineren Mengen. Angeboten werden Obst, Gemüse, Fleisch und Fisch. Dazu gibt es einen Blumenmarkt. Sehr farbenprächtige Atmosphäre, besonders interessant am frühen Morgen. Mo–Sa 5 bis 14 Uhr geöffnet. Blumenverkauf auch Mo–Fr 15–19 Uhr. So geschlossen. Im Obergeschoss befindet sich außerdem ein Kunsthandwerksmarkt (s. u. Souvenirs).
Mercado do Bairro Alto, Rua da Atalaia. Kleine Markthalle mitten im Bairro Alto.

• *Campo de Ourique/Amoreiras (s. Karte S. 290/291)*
Mercado do Rato, Rua Alexandre Herculano (Metro Rato). In unmittelbarer Nähe zum Largo do Rato, versteckter Eingang neben dem schönen Jugendstilgebäude der Auto-Industrial.
Mercado de Campo de Ourique, Rua Coelho da Rocha, 100. Schöne, südamerikanisch anmutende Markthalle.

• *Alcântara (s. Karte S. 296/297)*
Mercado Rosa Agulhas, Rua Leão de Oliveira. Etwas oberhalb des Largo do Calvário direkt unter der Brücke des 25. April.

• *Benfica (s. Karte S. 316)*
Mercado de Benfica, Av. Grão Vasco (Nähe Igreja de Benfica). Runde Markthalle, in der die Stände kreisförmig angeordnet sind.

Flohmärkte

Weltberühmt ist der Lissabonner Flohmarkt *Feira da Ladra* im Stadtteil Graça. Nicht umsonst wird er "Markt der Diebin" genannt, da man dort unter Umständen seine gestohlenen Sachen wieder finden kann (eigene Erfahrung des Co-Autors). Besonders ärmere Lissaboner kaufen hier ihre Kleidung und Schuhe ein, da sie dort billiger als in den Geschäften sind.

Graça (s. Karte S. 254/255)

Feira da Ladra, Campo de Santa Clara (Straßenbahn 28). Der größte und bunteste Flohmarkt Lissabons findet dienstags und samstags zwischen der São-Vicente-Kirche und dem Panteão Nacional im Stadtteil Graça statt. Dieser Flohmarkt mit seiner einzigartigen Atmosphäre hat eine Jahrhunderte alte Geschichte: Früher fand er am Tor zum Castelo São Jorge statt, davon zeugt dort heute noch der Straßenname Chão da Feira ("Marktboden"). Später wurde er auf dem Rossio, der Praça da Alegria, dem Campo Santana und in São Bento abgehalten. Heute hat er zwischen der Igreja São Vicente de Fora und dem Panteão Nacional auf dem Campo de Santa Clara seinen Platz gefunden. Der "Markt der Diebin" besteht aus vier Teilen: Im oberen Teil finden sich professionelle Händler, die meist günstige Kleidung und Schuhe oder Elektronikramsch verkaufen, dazu gesellen sich einige Geschäfte im Umfeld, zumeist Militaryläden (hier gibt es billig gebrauchte portugiesische Flaggen und Militärklamotten) oder Antiquariate mit schönen alten Büchern und Postkarten. In der Mitte liegt die Markthalle des Campo de Santa Clara, in der Obst, Gemüse, Fisch und Fleisch verkauft werden. Im unteren Teil dann schließlich der eigentliche Flohmarkt. Von krummen rostigen Nägeln über gebrauchte LPs und CDs bis zu "alten" Musketen bekommt man alles. Daneben Mädchen mit ihrer letzten Winterkollektion. Ein Erlebnis, das man sich nicht entgehen lassen sollte. Es empfiehlt sich allerdings, nicht zu spät zu kommen, da die Schnäppchen dann schon alle verkauft sind. Bei Regen bleibt man besser gleich weg, dann fehlen nämlich die Kleinanbieter.

Bairro Alto (s. Karte S. 276/277)

Mercado 24 de Julho, Av. 24 de Julho (Metro Cais do Sodré). Im Obergeschoss des ehemaligen Zentralmarkts treffen sich jeden So vormittag die Sammler von Münzen und Briefmarken (an jedem 2. So im Monat auch am Nachmittag). Fleissig werden begehrte Unikate getauscht, Sammlungen des Stand-Nachbarn bewundert und um Preise gefeilscht. Im Angebot sind auch alte Bücher, Postkarten, Uhren und andere "Kuriositäten".

Avenidas Novas (s. Karte S. 266/267)

Praça de Espanha, an der Nordseite der Praça de Espanha (Metro Praça de Espanha). Ein permanenter Trödelmarkt unter einem großen Blechdach. Erinnert von der Stimmung eher an einen brasilianischen Markt, vielleicht auch wegen der vielen schwarzen Verkäufer und Kunden. Besonders Kleinkram wie Kassetten und Kleidung. Auch einige günstige Steh-Bars.

Ajuda (s. Karte S. 302/303)

Feira da Travessa da Boa-Hora, täglich dienstags bis samstags vormittags in der Travessa da Boa-Hora im Stadtteil Ajuda. Ein großer Markt fliegender Händler auf dem vor allem billige Stoffe, Kleider und Obst verkauft werden. Wenn auch die angebotene Ware nicht immer gehobenen Qualitätsansprüchen entsprechen mag, so ist der Markt doch wegen seiner ursprünglichen Atmosphäre durchaus einen Besuch wert. Einige Händler fahren ihre Ware noch mit Eselsgespannen an. Diese *Feira* besuchen praktisch nur Bewohner der umliegenden Stadtteile.

Benfica (s. Karte S. 316)

Feira da Luz, jedes Jahr im September auf dem Largo da Luz in Carnide (Metro Colégio Militar/Luz). Jahrmarkt mit einer Jahrhunderte alten Tradition. Dörfliche Atmosphäre. Hier kann man günstig handwerkliche Erzeugnisse kaufen. Dazu gibt es die üblichen Marktangebote an *Farturas* (Fettgebäck) und Zuckerwatte. Die Marktstände sind so begehrt, das sie jedes Jahr Ende August von der Stadt versteigert werden! Fast nur einheimisches Publikum.

Osten (s. Karte S. 323)

Feiras do Parque, Gare do Oriente, Piso 2, Parque das Nações (Metro Oriente). Der moderne Hauptbahnhof auf dem ehemaligen EXPO-Gelände hat sich inzwischen als Sammlertreffpunkt etablieren können. Den 1. So im Monat sind Bücher, Briefmarken und Münzen dran. Am 2. So im Monat gibt es dann portugiesisches Kunsthandwerk und am 3. So Antiquitäten. Am 4. So im Monat treffen sich dagegen die Anbieter der bildenden Künste und am letzten Sonntag im Monat die CD- und Plattenjäger. Jeweils von 10 bis 19 Uhr im 2. Stock der Gare do Oriente.

Kunsthandwerk und Antiquitäten

Azulejos, kunstvoll bemalte Wandfliesen, eignen sich besonders gut als Mitbringsel. Man kann sie Hand bemalt, maschinell gefertigt oder antik in großer Auswahl und vorzüglicher Qualität erstehen. Auch formschöne portugiesische Keramiken wie Geschirr und Glasprodukte wie Kelche oder Vasen können in Lissabon gut und günstig eingekauft werden. Hier bürgen besonders die Firmen aus Vista Alegre und Marinha Grande in Mittelportugal für Qualität.

Neben den Azulejos und Keramiken, der Spezialität der Estremadura-Region um Lissabon, kann man in der portugiesischen Hauptstadt auch zahlreiche Produkte anderer Regionen erstehen. Herausragendes Beispiel sind die kunstvoll geknüpften Teppiche aus dem Ort Arraiolos im Alentejo.

Viele Schmuckläden findet man in der Baixa zwischen dem Largo São Domingos und der Praça Martim Moniz sowie in der Rua da Palma (Metro Martim Moniz). Besonders Silberschmuck wie Ohrringe ist vergleichsweise billig. Von Souvenirs aus Korallen oder Muscheln sollte man übrigens generell absehen. Ihre Entnahme fügt der Meereswelt großen Schaden zu.

Kunsthandwerk und Antiquitäten 187

Das Zentrum des Lissabonner Antiquitätenhandels ist die Rua de São Bento. Die Straße ist eine regelrechte Antiquitätenmeile, hier reiht sich ein Geschäft an das nächste (s. Karte Campo de Ourique/Amoreiras S. 290/291, Metro Rato). Weitere Antiquitätengeschäfte finden sich nicht weit entfernt im Bairro Alto entlang des Straßenzuges der Rua Dom Pedro V und der Rua da Escola Politécnica zwischen dem Aussichtspunkt São Pedro de Alcântara und dem Botanischen Garten. Einige Händler haben sich auch in der Rua de São José, einer Parallelstraße zur Avenida da Liberdade, niedergelassen.

Baixa/Chiado (s. Karte S. 232/233)

Santos Ofícios, Welcome Center, Rua do Arsenal, 13 (Metro Baixa/Chiado). Im Seitenflügel des Terreiro do Paço an der Praça do Município. Eines der am besten sortierten Geschäfte in Lissabon für landestypische Souvenirs und Kunsthandwerk hoher Qualität. Vor allem Tonfiguren und Porzellan, aber auch typisch portugiesische Wollpullover und schöne Postkarten. Weitere Filiale in einem alten Pferdestall schräg gegenüber der Igreja da Madalena: Rua da Madalena, 87, ✆ 218872031.

Vista Alegre, Largo do Chiado, 18, ✆ 213461401 (Metro Baixa/Chiado). Formschöne Keramik aus Portugal lässt sich hier in sehr guter Qualität erstehen. Die Fabrik des portugiesischen "Meißner" steht in Mittelportugal bei Aveiro. Teuer, aber erstklassig. Kurios ist, dass Vista Alegre früher auch die Porzellanisolatoren für die Straßenbahnen der Carris herstellte. Preisgünstigere Keramik von Vista Alegre gibt es ganz in der Nähe in einem weiteren Laden, der *Casa Alegre* in der Rua Ivens, 58.

Viúva Lamego, Calçada do Sacramento, 29, ✆ 213469692, ✆ 219151074 (Metro Baixa/Chiado). Unweit des Convento do Carmo. Ähnliche Auswahl wie im Stammhaus am Largo do Intendente (s. u.). Auch hier sehr stilvolle Haushaltskeramik. Die Fertigung von Viúva Lamego ist übrigens im Gewerbegebiet Abrunheira in Sintra angesiedelt. Versand ins Ausland möglich.

Mouraria/Graça (s. Karte S. 254/255)

Venham + 5, Largo da Graça 79/80. Gegenüber Igreja da Graça. Hier gibt es günstige Keramik und sonstiges Kunsthandwerk. Der Laden im Stadtteil Graça gehört zur Associação José Afonso – Cantigas de Maio und wird von der Arbeitervereinigung Voz do Operário geführt.

Viúva Lamego, Largo do Intendente, 25, ✆ 218852408, ✆ 218853281 (Metro Intendente). Diese 1849 gegründete und weithin anerkannte Keramikfabrik ist besonders für große Aufträge wie die Ausstattung ganzer Wohnungen eine sehr gute Adresse. Praktisch alle Lissabonner und mehrere Brüsseler sowie Stockholmer Metrostationen sind von ihr mit Azulejos verkleidet worden. Der Stammsitz der Firma liegt inmitten des Rotlichtviertels am Largo do Intendente; vielleicht verirrt sich auch deshalb kaum ein Fremder hierher. Schon von außen ist das Haus sehr sehenswert, da es komplett mit schönen alten Azulejos gefliest ist. Früher produzierte man sogar in diesen Verkaufsräumen. Hand bemalte Azulejos ab ca. 10 € das Stück. Wesentlich billiger kann man dagegen Azulejos in Serienfabrikation erstehen, ab ca. 0,70 €.

Bairro Alto (s. Karte S. 276/277)

Casa das Cortiças, Rua da Escola Politécnica, 4/6. In der Nähe der Praça Príncipe Real. Im "Haus des Korkes" gibt es so ziemlich alles aus Kork, was das Herz begehrt: In den Regalen stehen leicht verstaubte Korkschnitzereien wie Schiffchen, Figuren, Untersetzer, Papierkörbe etc. Hier kann man auch Azulejos nach eigenen Motiven anfertigen lassen.

Casa dos Tapetes de Arraiolos, Rua da Imprensa Nacional, 116-E, ✆ 213968246, ✆ 213950063 (Metro Rato). Gegenüber dem Eingang zum Botanischen Garten. Offizieller Verkaufsposten der bekannten portugiesischen Knüpfteppiche aus Arraiolos im Alentejo. Diese Kostbarkeiten werden komplett in Handarbeit gefertigt. Man kann auch Teppiche nach eigenen Motiven in Auftrag geben.

Ceramius–Cerâmica e Azulejos Santana, Rua do Alecrim, 91–97, ✆ 213422537 (Metro

Baixa/Chiado). Azulejos aus eigener Werkstatt, aber nicht "antik". Auch hübsch bemalte Teller und Porzellanfiguren. Ein nützliches Mitbringsel sind die Hausnummern, das Stück zu ca. 10 €. Allerdings ist diese renommierte Firma recht teuer, da sie viel touristische Kundschaft hat.
Mercado da Ribeira (auch Mercado 24 de Julho genannt), Av. 24 de Julho (Metro Cais do Sodré). Der frühere Großmarkt Lissabons. Im ersten Stock hat die Stadt 2001 einen Kunsthandwerksmarkt eingerichtet. Dort findet man eine gut sortierte Auswahl an Artikeln aus der Region Lissabon. Alleine die Markthalle ist wegen ihrer Architektur einen Besuch wert. Auch So geöffnet.
Solar, Rua Dom Pedro V, 66–72, ✆ 213465522. Am Eingang vor Nr. 70 klingeln. In den Kellern stapeln sich die antiken Azulejos aus vergangenen Jahrhunderten. Diese historischen Azulejos sind allerdings ein beliebtes Mitbringsel und werden dementsprechend teuer gehandelt.

Lapa/Madragoa/São Bento (s. Karte S. 282/283)

Depósito da Marinha Grande, Rua de São Bento, 418/426 und 234/242, ✆ 213963096 und 213963234, 🖷 213965693 (Metro Rato). In der Nähe des Parlaments São Bento. Die drei Geschäfte sind von unten bis oben voller Gläser aus dem für seine Glasherstellung berühmten Ort Marinha Grande in Mittelportugal gepackt. Vom kleinen Schnapsglas über den filigranen Sektkelch bis zur großen Blumenvase ist praktisch alles zu haben. Es gibt insgesamt drei Läden in der Rua de São Bento: Nr. 418 führt vor allem Gläser, Nr. 426 vor allem Vasen, aber auch hochwertiges Geschirr. Der Laden weiter unten mit den Hausnummern 234 und 242 ist schlichter eingerichtet, als die beiden anderen, dafür aber günstiger. Hier gibt es das ganze Glassortiment.

Mode

Auch außerhalb der großen Einkaufszentren lohnt es sich, nach Kleidung und Schuhen zu schauen. Lissabon kann mittlerweile mit einer ganzen Reihe erstklassiger Modeschöpfer aufwarten. Jährlicher Höhepunkt ihres Schaffens ist die *ModaLisboa*, auf der im Frühjahr und im Herbst die neuen Kollektionen präsentiert werden. Vor allem im Bairro Alto und Umgebung findet man ihre Geschäfte. Die wohl beste Gelegenheit, billig Kleidung zu erstehen, hält dagegen der Markt in Carcavelos an der *Linha de Cascais* jeden Donnerstagmorgen bereit (s. "Carcavelos" S. 357).

Ein Kleidungs-Kauf in Lissabon ist prinzipiell kein Problem, da die Konfektions-Größen in der Regel den in Deutschland, der Schweiz und Österreich verwendeten entsprechen. Allerdings ist es für hoch gewachsene Frauen und Männer schwer, Kleidung und Schuhe in den entsprechenden Größen zu bekommen, da die Portugiesen im Durchschnitt etwas kleiner gebaut sind als die Mitteleuropäer.

ModaLisboa: Impulse für die portugiesische Mode

Bücher 189

• *Chiado (s. Karte S. 232/233)*
Ana Salazar, Rua do Carmo, 87, ✆ 213472289 (Metro Rossio). Die berühmteste portugiesische Modeschöpferin. Bereits seit Anfang der 80er kreiert Ana Salazar eher dezente Kollektionen, darunter auch die Uniformen der portugiesischen Eisenbahn CP. In den Geschäften ausschließlich Damenmode. Auch Schuhe und Taschen. Exklusive Preise, aber auch teilweise deutlich ermäßigte Kollektionen aus den vergangenen fünf Jahren. Eine weitere Filiale in der Avenida de Roma, 16-E, ✆ 218486799 (Metro Roma, Av. Novas).

José António Tenente, Travessa do Carmo, 8 ✆ 213422560 (Metro Baixa/Chiado). José António Tenente begann seine Karriere 1986 als Praktikant bei Ana Salazar und ist inzwischen der bekannteste männliche Modeschöpfer Portugals. Kollektionen mit schlichten, klaren Linien und einfachen, gut gewählten Farben. Herren- und Damenmode (auch Bademode).

• *Bairro Alto (s. Karte S. 276/277)*
Fátima Lopes, Rua da Atalaia, 36, ✆ 21324054-0/-6, 🖷 213240548. Elegante Damen- und Herrenmode, Bademode und Schuhe. Hier kaufen viele VIPs ein und dementsprechend sind die Preise. Fátima Lopes experimentiert gerne mit neuen Chemiefasern und verwendet für ihre eng geschnittenen Kleider häufig reflektierende Stoffe. Ein weiterer, kleiner Laden von Fátima Lopes liegt in der Avenida de Roma, 44 (Metro Roma, Av. Novas).

Lena Aires, Rua da Atalaia, 96, ✆ 213461815. Kleiner, orange angestrichener Laden. Lena Aires kreiert psychedelisch anmutende Kleider. Bequeme Mode vor allem für ein jüngeres Publikum. Viele spielerische Elemente. Geringe Auswahl, aber dafür günstigere Preise als bei den anderen Modedesigner.

• *Campo de Ourique (s. Karte S. 290/291)*
Rés-Vés, Rua Ferreira Borges, 98-B. Dieser Laden bietet ein großes Sortiment an Second-Hand-Mode und eine Menge anderen Ramsch. Eine Fundgrube für Gebrauchtes aller Art.

Bücher

Die meisten Buchhandlungen finden sich im Chiado und Bairro Alto. In Portugal sind die Buchpreise recht gesalzen, aufgrund der etwas lockereren Preisbindung als in Deutschland lohnt es sich jedoch auch in andere Geschäfte zu schauen. Das gilt auch für die Hypermärkte, die gängige Bücher oft unter Buchhandlungspreis führen. Am besten kauft man jedoch auf der Buchmesse, der *Feira do Livro*, ein. Sie ist Treffpunkt für Lesefans, Autoren und Verleger und findet jedes Jahr Anfang Juni im Stadtpark Parque Eduardo VII statt (Metro Parque oder Marquês de Pombal).

Für Liebhaber von Antiquariaten bietet das Bairro Alto ausreichend Gelegenheiten, um stundenlang in und nach gebrauchten Büchern zu stöbern. Auf Portugiesisch nennt man diese Art Buchhändler übrigens *Alfarrabistas*.

Baixa/Chiado (s. Karte S. 232/233)

FNAC, Centro Comercial dos Armazéns do Chiado, Rua do Crucifixo, 103 und Rua do Carmo, ✆ 213221800 (Metro Baixa/Chiado). Die größte Buchhandlung Lissabons. Viele Sonderangebote. Auch CDs. Weiteres Geschäft im Einkaufszentrum Centro Comercial Colombo, Av. Lusíada, 1. Stock, Praça do Equador (Metro Colégio Militar/Luz, Benfica).

Livraria Bertrand, Rua Garrett, 76, ✆ 213468646, 🖷 213428516 (Metro Baixa/Chiado). 5 % Nachlass mit Cartão Jovem. Die älteste Buchhandlung Portugals und zugleich eine der ältesten der Welt. Befindet sich an dieser Stelle seit 1773. Bereits seit 1732 hatte Bertrand aber schon Bücher in anderen Geschäften verkauft. Große Auswahl an Literatur zu allen Themen. Bestellung auch über das Internet aus dem Ausland: www.bertrand.pt.

Livraria Ferin, Rua Nova do Almada, 70–74, ✆ 213424422. Eine der klassischen Buchhandlungen Lissabons, früher offizielle Buchbinderei der königlichen Bibliotheken. Kunstvolle Holzregale lassen noch den Glanz vergangener Jh. erahnen. Bereits 1840 von dem Belgier Pedro Langlet und der belgisch stämmigen Maria Teresa Férin gegründet und immer noch in Familienbesitz.

Handelte zu Beginn vor allem französischsprachige Literatur – auch heute noch stark im Angebot vertreten. An der Fassade neben der Türe ist noch der alte Name zu sehen "Librairie de A. Ferin".
Livraria Sá da Costa Editora, Rua Garrett, 100–102, ✆ 213460702 (Metro Baixa/Chiado). 10 % Nachlass mit Cartão Jovem. Eine Ikone unter den Lissaboner Buchhandlungen: In der Salazar-Zeit wurde hier Untergrundliteratur unter dem Ladentisch gehandelt. Heute ein gemischtes, etwas unsystematisch angeordnetes Sortiment. Bis 1875 befand sich hier das Café Central, Treffpunkt von Schriftstellern wie Eça de Queiroz oder Antero de Quental.

Alfama/Graca (s. Karte S. 244/245/Karte S. 254/255)

- *Alfama* **A+A**, Cais da Pedra, ✆ 213421927. Gegenüber dem Bahnhof Santa Apolónia. Kleine Kunstbuchhandlung am Tejo. Vor allem Bücher zu Architektur, Fotografie, Design und Kochen.
- *Graça* **Alfarrabista Antunes**, Rua Voz do Operário, 7-B, ✆ 218866486. Gegenüber der Igreja São Vicente de Fora. Versteckt hinter einer eher abschreckenden Fassade finden hier Freunde portugiesischer Literatur eine riesige Auswahl an gebrauchten Büchern. Das Spektrum reicht von wertvollen, alten Ausgaben bis zu relativ günstigen neueren Auflagen. Besonders viele Titel zu Lissabon und zur port. Geschichte.

Av. da Liberdade/Av. Novas (s. Karte S. 260/261/Karte S. 266/267)

- *Av. da Liberdade* **Livraria Buchholz**, Rua do Duque de Palmela, 4, ✆ 213170580 (Metro Marquês de Pombal). In direkter Nähe zur Avenida da Liberdade. Buchholz führt die meisten ausländischen Bücher, darunter vor allem deutsche. Das hat mit der Geschichte dieses Geschäftes zu tun (s. u.) 5 % Ermäßigung mit Cartão Jovem.
- *Avenidas Novas* **Assírio & Alvim**, Av. Frei Miguel Contreiras, 52, ✆ 218479992 (Metro Roma). Im Untergeschoss des Kinos King. Mo–Fr 13–22 Uhr, Fr/Sa und Mo 13–24 Uhr. Gehört zum renommierten Verlag Assírio & Alvim. Viele Kinobücher, aber auch sonst gute Auswahl.

Livraria Barata, Av. de Roma, 11 A-D, ✆ 218428350 (Metro Roma). Täglich 9–23 Uhr. Gut sortierte Auswahl, gilt als eine der besten Buchhandlungen in Lissabon.
Livraria Municipal, Av. da República, 21-A, ✆ 213521775 (Metro Saldanha). In der Buchhandlung der Stadtverwaltung gibt es eine große Auswahl an Literatur zu Lissabon.

Bairro Alto/Amoreiras (s. Karte S. 276/277/Karte S. 290/291)

- *Bairro Alto* **J. C. Silva/Livraria Histórica e Ultramarina**, Travessa da Queimada, 28–1°, ✆ 213468589. Antiquariat mit viel Literatur zu den deutsch-portugiesischen Beziehungen. Besonders für Geschichtsinteressierte eine Fundgrube.
Barateira, Rua Nova da Trindade 16-C, ✆ 213426755 (Metro Baixa/Chiado). Der Name *Barateira* ("Schnäppchenladen") ist Programm: preiswerte gebrauchte Bücher, darunter auch viele neueren Datums. Große, leider schlecht sortierte Auswahl. Auch viele Zeitschriften.
Imprensa Nacional – Casa da Moeda, Rua da Escola Politécnica, 135, ✆ 213945700 (Metro Rato). Die Staatsdruckerei gegenüber dem Jardim Botânico verkauft Gesetzestexte und offizielle Publikationen, aber auch Geschichtsbücher. Weitere Filiale in der Nähe des Rossio: Rua das Portas de Santo Antão, 2.

Ler Devagar, Rua de São Bonaventura, 115–119, ✆ 213259992. Etwas versteckt in der Nähe der Praça do Príncipe Real. Täglich 12–24 Uhr (Do/Fr/Sa bis 02 Uhr, So erst ab 15 Uhr). Ein ungewöhnliches Projekt: Buchhandlung, Galerie und Bar. Auch Vortragsabende, Filmvorführungen und Ausstellungen. Großer, von hohen Regalen umgebener Raum. Gute Auswahl an portugiesischer und internationaler Literatur, Geschichts- und Kunstbüchern.
Livraria Artes e Letras, Largo Trindade Coelho, 3–4, ✆ 213471675. Schön eingerichtetes Antiquariat. Fast nur Kunstbücher u. alte Karten.
- *Amoreiras* **Bulhosa Livreiros**, Av. Engenheiro Duarte Pacheco, Centro Comercial das Amoreiras, Loja 1129, ✆ 213812250 (Metro Rato). Sachbücher zu den verschiedensten Themen wie Wirtschaft und Geschichte. Außerdem großes Sortiment an Comics und Science-Fiction-Romanen.

Buchholz – merkwürdige Geschichte einer Buchhandlung

Mit 200 Aquarellen von Paul Klee im Gepäck kam er 1943 inmitten der Wirren des Zweiten Weltkrieges in Lissabon an. Zurück ließ Karl Buchholz seine von den Bomben der Alliierten zerstörte Buch- und Kunsthandlung in Berlin. Mit dem Startkapital der Klee-Aquarelle gründete er an der Lissabonner Avenida da Liberdade eine neue, nach ihm benannte Buchhandlung und Kunstgalerie. Seine Beziehung zur Hitler-Diktatur war dabei zwiespältig. Buchholz hatte sich nach 1937 in Berlin als einer der Händler verdingt, die für die Nationalsozialisten "entartete Kunst" an das Ausland verkauft hatten. Einerseits kooperierte er so mit den Nazis und profitierte von ihnen, andererseits konnte er aber auch zahlreiche Werke davor retten, von den Nazis verbrannt zu werden. Lange hielt es Buchholz aber nicht in Lissabon aus: Schon 1951 zog er nach Kolumbien, wo er in Bogotá ein weiteres Geschäft mit Kunstgalerie eröffnete. Dort ist er auch 1992 verstorben.

Musik

Wer sich aus dem Urlaub portugiesische Musik mitnehmen möchte, findet in Lissabon ein breites Angebot an CDs. Die Preise liegen etwa auf dem Niveau Deutschlands. Auch die verschiedenen brasilianischen Musikrichtungen nehmen in Portugal einen großen Platz ein, da die Musiker Brasiliens in Portugal auf Grund der gemeinsamen Sprache sehr beliebt sind.

• *Baixa/Chiado (s. Karte S. 232/233)*
Bimotor, Praça dos Restauradores, 7, ℅ 213478731 (Metro Restauradores). Zahlreiche Techno-Maxis und Independent-CDs.
FNAC, Centro Comercial dos Armazéns do Chiado, Rua do Crucifixo, 103 und Rua do Carmo, ℅ 213221800 (Metro Baixa/Chiado). Einer der größten Plattenläden Lissabons. Viele günstige Sonderangebote.

• *Avenidas Novas (s. Karte S. 266/267)*
Symbiose, Rua de Arroios, 127, ℅ 213526483, ℅ 213526482 (Metro Arroios). Viele CDs Richtung Independent, Ambient und Techno. Gute Preise.

• *Bairro Alto (s. Karte S. 276/277)*
Raveman Records, Travessa da Queimada, 33, ℅ 213471170. Im Zentrum des Bairro Alto. Kleiner Plattenladen, besonders viele Import-CDs und kleinere Labels.
Outro Tom, Rua do Almada, 36, ℅ 213424838. In einer Parallelstraße zum Elevador da Bica. Spezialist für alle Spielarten der so genannten "Weltmusik". Auch Vinyl-LPs.

• *Benfica (s. Karte S. 316)*
FNAC, Av. Lusíada, Centro Comercial Colombo, 1. Stock, Praça do Equador (Metro Colégio Militar/Luz). Filiale der belgischen FNAC-Kette. Foto- und Hifi-Artikel.

Utopisch anmutende Mehrzweckhalle Pavilhão Atlântico: Schauplatz zahlreicher Konzerte

Unterhaltung und Kultur

Getreu dem Spruch "In Braga betet man, in Porto wird gearbeitet, in Coimbra studiert und in Lissabon gelebt" sollte es kein Problem sein, in Lissabon auszugehen. Die Stadt bietet ein exzellentes Angebot an Kinos, Diskotheken und Bars. Dazu finden das Jahr über zahlreiche Festivitäten statt.

Wann was stattfindet, erfährt man in mehreren kostenlosen Programmzeitschriften: In der von der Stadt Lissabon herausgegebenen *Agenda Cultural* sind fast alle kulturellen Ereignisse in Lissabon verzeichnet. Sie erscheint monatlich in portugiesischer Sprache und ist im Rathaus und im Turismo erhältlich. Hier sind auch alle Galerien, Bibliotheken und Archive der Stadt aufgeführt.

Ebenfalls im Turismo liegt *Follow me Lisboa* aus, eine kostenlose Zeitschrift des Fremdenverkehrsverbands Lissabon (www.atl-turismolisboa.pt). Sie präsentiert jeden Monat auf Spanisch und Englisch die wichtigsten Veranstaltungen und Ereignisse. Ebenfalls monatlich erscheint das Programm des *Centro Cultural de Belém* (dort und im Turismo erhältlich).

Kartenvorverkauf

Agência de Bilhetes para Espectáculos Públicos–ABEP, Praça dos Restauradores, ✆ 213475824 (Metro Restauradores, Baixa). Am ABEP-Pavillon gibt es Karten für fast alle Veranstaltungen vom Fußballspiel bis zur Oper. Hier wird allerdings ca. 10 % Vorverkaufsgebühr berechnet.

Bimotor, Praça dos Restauradores, 7, ✆ 213478731 (Metro Restauradores, Baixa). Rock-/Popkonzerte ohne Vorverkaufsgebühr.

FNAC, Rua do Carmo, Centro Comercial Armazéns do Chiado, ✆ 213221800 (Metro Baixa/Chiado, Chiado) und Av. Lusíada, Centro Comercial Colombo, 1. Stock, Praça do Equador, ✆ 217114237 (Metro Colégio Militar/Luz, Benfica). Für alle Arten von Konzerten mit geringer Vorverkaufsgebühr.

Coliseu, Rua das Portas de Santo Antão, (Metro Restauradores, Baixa). Nur für Konzerte im Coliseum. Kasse geöffnet Mo–Fr 13–19 Uhr.

Centro Cultural de Belém, Centro Cultural de Belém (Belém). Nur Vorverkauf für die dortigen Veranstaltungen. Täglich 13–19 Uhr. Kartenreservierung auch unter ✆ 213612444.

Feste

Das **Neujahr** läuten die *Lisboetas* gewöhnlich mit einem großen Feuerwerk an der Torre de Belém oder im Parque das Nações ein. Private Feuerwerke sind in Portugal zum Jahreswechsel, der *passagem de anos*, übrigens nicht üblich.

Der **Karneval** in Lissabon gibt sich eher bescheiden. Lediglich in Torres Vedras wird groß gefeiert.

Am **25. April**, dem Jahrestag der Nelkenrevolution, findet morgens traditionell eine Militärparade vor dem Kloster in Belém statt, nachmittags kann man ab ca. 15.30 Uhr die farbenprächtige Parade (*desfile*) der kommunistischen Partei PCP auf der Avenida da Liberdade erleben. Dutzende Gruppierungen der Kommunisten und der kommunistischen Gewerkschaft CGTP marschieren auf, kaum jemand, der keine rote Nelke trägt. In jedem Fall ein prächtiges Spektakel, selbst wenn man vielleicht nicht mit der Ideologie des PCP übereinstimmen mag. Die Demonstration der kommunistischen Gewerkschaften am Tag der Arbeit, dem **1. Mai**, findet dagegen auf der Alameda Dom Afonso Henriques statt.

Der erste Sonntag im **Mai** ist traditionsgemäßer Termin für die seit 1570 veranstaltete Prozession zu Ehre der *Nossa Senhora da Saúde*. Am Nachmittag zieht sie ab etwa 16 Uhr durch die Straßen der Mouraria um die Capela Nossa Senhora da Saúde an der Praça Martim Moniz. Dabei wird einer Pest-Epidemie von 1569 gedacht, die Maria beendet haben soll. An der Prozession nehmen zahlreiche religiöse Bruderschaften sowie Musikkapellen von Militär, Miliz und Feuerwehr teil.

Außerdem steigt im Mai die *Semana Académica de Lisboa – SAL*: Mit dem Studentenfest wird die volle Aufnahme der *caloiros* ("Studienanfänger") in die Studentengemeinschaft und die Verabschiedung der *finalistas* ("Diplomanden") gefeiert. Selbstverständlich haben dann auch die *tunas*, die Studentenkapellen, ihren "großen Auftritt".

Ausgelassene Freude auf den Juni-Feiern

194 Lissabon/Unterhaltung und Kultur

Heiße Rhythmen, Farbenpracht und gute Laune bei den Marchas Populares

Attraktion ist neben diversen Rockkonzerten der bei den Einheimischen verhasste *cortejo académico*, eine Traktorparade, die den ganzen Verkehr lahm legt und bei der die Passanten mit Wasser und Mist bespritzt werden.

Der **Juni** ist der Monat der Feste in Lissabon, was ihn zum vielleicht attraktivsten Reisemonat für die portugiesische Hauptstadt macht. An dutzenden Orten in den historischen Stadtvierteln finden den ganzen Monat über so genannte *arraiais* (Volksfeste) statt. Besonders am Wochenende zieht der Geruch von gebratenen Sardinen, die zu Brot und Wein gegessen werden, durch alle Gassen. Die einheimische Bevölkerung lauscht unter bunten Girlanden portugiesischer Volksmusik und Fado-Gesängen.

Den größten *arraial* veranstaltet die Mouraria, die beste Stimmung bieten die *arraiais* der Alfama. Eine kleine Auswahl der verschiedenen Festorte:

Alfama: Castelo São Jorge, Campo das Cebolas, Largo de São Rafael, Igreja de São Miguel, Largo do Chafariz de Dentro, Rua da Regueira/Calçadinha de Santo Estêvao.
Mouraria: Praça Martim Moniz.
Bairro Alto: Calçada da Bica Grande.
Madragoa: Travessa do Pé de Ferro.
Carnide: Rua Neves Costa.

Richtig los gehen die Junifeiern jedoch erst mit ihrem Höhepunkt, den *marchas populares* (Volksmärsche) am Vorabend des **13. Juni**, Lissabons Stadtfeiertag. Dann wird der Geburtstag des inoffiziellen Stadtpatrons hl. Antonius von Padua gefeiert. Die farbenfrohe Parade verschiedener Gruppen aus den einzelnen Stadtteilen Lissabons zieht am 12. Juni ab ca. 21 Uhr tanzend und singend die Avenida da Liberdade hinunter. Tänzer und Musikanten sind in prächtige Kostüme gekleidet und tragen Lampions mit sich. Das ganze Spektakel dauert etwa vier bis fünf Stunden und hat durchaus Wettbewerbscharakter: Die *marchas* der einzelnen Stadtteile kämpfen um den Titel des besten

Umzugs. Dabei versucht jedes Viertel die anderen möglichst mit noch aufwendigeren Kostümen und Choreographien zu übertreffen. Am Straßenrand feuern sie Nachbarn, Freunde und Familienangehörige an. Daneben werden Töpfe mit frischem Basilikum verkauft, die sich Verliebte gegenseitig schenken. Schließlich gilt nach einer Volksweisheit der Heilige Antonius als Patron für eine glückliche Ehe: "*Santo António, Santo Antoninho, arranja-me lá um maridinho!*" (Heiliger Antonius besorge mir einen Ehemann!)

Der Feiertag des Heiligen Antonius selbst ist dann eher religiös geprägt. Am 13. Juni schlängelt sich ab 17 Uhr eine Prozession von der Igreja de Santo António durch die Gassen der Alfama. Hinter einem Bildnis des Heiligen ziehen die Menschen über die Rua São João da Praça, die Igreja São Miguel, Rua da Regueira, Rua dos Remédios, die Igreja de Santo Estêvão, Rua das Escolas Gerais und dem Miradouro de Santa Luzia zur Kathedrale Sé.

Weitere Höhepunkte im Juni sind die Nacht vom 21. auf den 22. mit der Mittsommerwende (*solstício*), der Vorabend des Johannistages am 24. Juni (*São João*) und des Vorabend des Tags des Heiligen Petrus am 29. Juni (*São Pedro*). Ebenfalls lohnenswert ist die Schlussveranstaltung der *Festas de Lisboa*, die gewöhnlich Ende Juni mit Rockmusik und Feuerwerk auf der Praça do Comércio stattfindet.

O Santo que traz noivas – Der Heilige, der Bräute bringt

Prächtige weiße Brautkleider, elegante dunkle Anzüge und ein buntes Blumenmeer. Alljährlich am 12. Juni ist die Igreja de Santo António Ort eines besonderen Spektakels: Gegen 15 Uhr Nachmittag geben sich in dieser kleinen Kirche am Rand der Alfama knapp 20 Brautpaare gleichzeitig das Ja-Wort. Davor lag für die *noivos de Santo António* ein aufwendiges Bewerbungsverfahren. Unter mehr als 200 Kandidaten werden Jahr für Jahr diejenigen Paare ausgesucht, die dann auf Kosten der Stadt Lissabon und mit der finanziellen Unterstützung einiger Firmen heiraten dürfen. Wer Chancen haben will, sollte bereits in Lissabon wohnen und nur über ein geringes Einkommen verfügen. Ein paar Nachteile müssen die Brautpaare dennoch in Kauf nehmen: Sie dürfen nur 30 Gäste einladen und gefeiert wird selbstverständlich mit allen anderen Paaren zusammen. Aber dafür sind sie auch Teil der *Festas de Lisboa* und mit ziemlicher Sicherheit am nächsten Morgen in der Zeitung.

Die Tradition begründet sich auf die Legende, dass der Heilige Antonius zu seinen Lebzeiten als Franziskaner-Mönch einer verzweifelten, mittellosen Braut wundersamerweise zu einer für ihre Heirat nötigen Mitgift verholfen haben soll. Darauf beruhend hatte die Zeitung *Diário Popular* in den 50er und 60er Jahren zum ersten Mal Massenhochzeiten organisiert, die vom Lissabonner Einzelhandel finanziert worden waren. Mit dem Ende der Zeitung schlief die Tradition aber wieder ein, bis sie die Stadt Lissabon Ende der 90er zu neuem Leben erweckte. Doch nicht nur die Brautpaare, auch die Kinder hätten gerne ihren Teil vom Heiligen Antonius. Sie bitten die Passanten in den Tagen um den 13. Juni um eine Münze ("*Uma moedinha de Santo António!*"). Sicherlich nicht, um das Geld für eine eventuelle Heirat zu sparen, sondern eher für Süßes.

Fußball

Ein Spiel mit einem der drei großen portugiesischen Clubs *Benfica*, *Sporting* und *FC Porto* ist für Fußballfans immer einen Besuch wert. Die drei Clubs stellen seit 1947 kontinuierlich den portugiesischen Meister. Zum ersten Mal gelang es in der Saison 2000/2001 *Boavista*, dem zweiten Verein aus Porto, diese *tricracia* genannte Dreierherrschaft zu durchbrechen.

Besonders die Lokalderbies zwischen den beiden Lissabonner Vereinen *Benfica* und *Sporting* haben ein ganz eigenes Flair. Der dritte Lissabonner Club, die *Belenenses* aus Belém, spielt eine eher unbedeutende Rolle, hat allerdings mit dem Estádio do Restelo eines der am schönsten gelegenen Stadien Portugals. Die bedeutendsten Clubs aus der Umgebung Lissabons sind *Estrela Amadora* und *Vitória Setúbal*, beide aber nur mäßig erfolgreich.

Im Jahr 2004 wird Portugal übrigens die Fußball-Europameisterschaften ausrichten, zu denen zahlreiche Stadien neu gebaut oder renoviert werden. Das Endspiel soll in der Arena von Benfica, dem Estádio da Luz, stattfinden.

Bei Spitzenspielen der nationalen Meisterschaft oder im Europacup kosten die günstigsten Karten zwischen 8 und 20 €; einfache Meisterschaftsspiele sind wesentlich billiger, dann gibt es auch eine Ermäßigung mit der Jugendkarte

---

Fußballfanatismus

Jeder große portugiesische Verein hat seinen Fanclub, auf portugiesisch *claque* genannt. Benfica wird von den *No Name Boys* und den *Diabos Vermelhos*, den "Roten Teufeln", unterstützt. Sporting setzt auf die Hilfe der *Juventude Leonina*, der "Löwenjugend", die sich nach dem Vereinssymbol benannte. Einige der meist jugendlichen Fans scheinen ganze Tage damit zuzubringen, Wände mit Abkürzungen ihrer *claque* (*NN* in kyrillischer Schreibweise für die No Name Boys, *Juve Leo* für die Juventude Leonina) oder mit intelligenten Sprüchen (z. B. "Oeiras gehört den No Name Boys") zu besprühen. Allen Gruppen gemein sind der ziemlich leichtfertige Umgang mit faschistischen Symbolen und eine latente Gewaltbereitschaft, die bereits Tote gefordert hat. So geschehen beim Pokalfinale 1996 zwischen Sporting und Benfica im Nationalstadion Jamor, als eine Rakete einen Sporting-Anhänger tödlich verwundete.

Doch wen wundert dies in einer Gesellschaft, in der die Kinder teilweise schon bei ihrer Geburt als Mitglieder des Vereins, dem der Vater angehört, eingeschrieben werden? Befragt nach den Farben der portugiesischen Flagge, antworten manche Kinder mit "Sporting" (grün) und "Benfica" (rot), weil sie zwar die Namen der Farben noch nicht kennen, aber bereits die der Fußballvereine. Das Meer wäre dann wahrscheinlich "Porto" (blau) ...

Übrigens: Wird man in Portugal gefragt, wer man denn sei (*"Quem és?"*), dann interessiert den Fragesteller nicht, wie man heißt, sondern zu welchem Fußballclub man hält.

Cartão Jovem. Man kauft die Karten am besten direkt am Stadion. Wem der Weg im Vorfeld zu weit ist und wer dennoch sichergehen will, einen Platz zu bekommen, der kann seine Tickets auch beim ABEP-Pavillon (*Agência de Bilhetes para Espectáculos Públicos*) an der Praça dos Restauradores erstehen, wo sie aber mindestens 10 % teurer sind.

Fußballstadien

Benfica: *Estádio da Luz*, Av. General Norton de Matos, ✆ 217219500 (Metro Colégio Militar/Luz, Benfica). Mit 65.000 Plätzen Portugals größtes Stadion. Neu gebaut zur Europameisterschaft 2004.
Sporting: *Estádio de José Alvalade*, Rua de Francisco Stromp, 2, ✆ 217514000 (Metro Campo Grande, Av. Novas). Ein zur Fußball-EM 2004 komplett neu gebautes Stadion mit 50.000 Plätzen.
Os Belenenses: *Estádio do Restelo*, Av. do Restelo, ✆ 213010461 (Belém). Nur wenige hunderte Meter nördlich vom Mosteiro dos Jerónimos steht dieses Stadion mit Blick über den Tejo. 43.000 Plätze.
Nationalstadion: *Estádio Nacional do Jamor*, Cruz Quebrada, ✆ 214197212 (Züge ab Cais do Sodré). Das Nationalstadion liegt an der Linha de Cascais im Lissabonner Vorort Cruz Quebrada. Hier finden neben Länderspielen auch die Pokalendspiele statt. Bei der Architektur des 1944 mit Hilfe deutscher Ingenieure erbauten Stadions ist das Vorbild deutscher Stadien aus der nationalsozialistischen Zeit deutlich zu erkennen. Ca. 50.000 Plätze.

Galerien

Zwar kann Lissabon mit der Galerienszene von Städten wie Köln nicht annähernd mithalten, dennoch gibt es einige interessante kleinere Galerien. Besonders viele finden sich in den Straßen am Rande des Bairro Alto und im Viertel São Bento, was sicher auch auf die nahe liegenden Gebäude der Fakultät der Schönen Künste und der Akademie der Wissenschaften zurückzuführen ist. Eine komplette Galerie-Liste und aktuelle Ausstellungen findet man in der Wochenzeitung *Expresso* und in der Programmzeitschrift *Agenda Cultural*.

- *Avenidas Novas (s. Karte S. 266/267)*
Culturgest, Rua do Arco do Cego, Hauptgebäude der Caixa Geral de Depósitos, ✆ 217905155 (Metro Campo Pequeno). Mo–Fr 10–18 Uhr, Sa/So 14–20 Uhr. Di geschlossen. Galerie und Kulturforum der Nationalsparkasse CGD.

- *Alfama (s. Karte S. 244/245)*
Espaço Oikos, Rua Augusto Rosa, 40, ✆ 218880012. Ein altes Gebäude mit hohen Gewölben und einem Boden aus rohen Steinen in der Nähe der Kathedrale. Hier im Oikos-Zentrum finden Kunstausstellungen sowie Konzerte, Workshops und Filmvorführungen statt. Täglich 10–19 Uhr.

- *São Bento (s. Karte S. 282/283)*
Galeria Ratton Cerâmicas, Rua da Academia das Ciências, 2-C, ✆ 213460948. Mo–Fr 10–13 und 15–19.30 Uhr. Sa/So und an Feiertagen zu. Unweit der Rua do Século im ehemaligen Wohnhaus des Marquês de Pombal gelegen. Die Galerie für Azulejo-Kunst in Lissabon. 1987 gegründet und seither nur Kunstwerke auf Keramik-Fliesen im Programm. Teilweise herrliche Ausstellungen moderner Azulejos.
Galeria Tapeçarias de Portalegre, Rua da Academia das Ciências, 2, ✆ 213421481 und 213468202. Mo–Fr 13–19.30 Uhr. Sa/So und an Feiertagen zu. Kunstvoll geknüpfte Teppiche aus Portalegre im Alentejo. Moderne Motive zeigen die Vielfalt der Knüpfkunst. Der Preis pro Teppich kann schnell 5.000 € übersteigen.

- *Belém (s. Karte S. 302/303)*
Galeria de Arte Periférica, Praça do Império, Centro Cultural de Belém, Loja 5/6, ✆ 213625072 (Belém). Täglich 10–22 Uhr. Mehrere Galerien im hinteren Gebäudeteil des Centro Cultural de Belém. Sie zeigen interessante, internationale Ausstellungen.

Kino

In Lissabon kann man in vielen modernen Kinos Filme zu günstigen Preisen sehen. Meist laufen die aktuellen Hollywoodstreifen; nur wenige Kinos bringen europäische Produktionen. Ausländische Filme werden generell mit Untertiteln gezeigt, sodass man mit Englischkenntnissen den meisten Filmen folgen kann.

Normal kostet eine Kino-Karte etwa 5 €. Montags, am Kinotag, ist der Eintritt deutlich auf etwa 3,50 € ermäßigt. In diesem Fall und auch am Wochenende sollte man rechtzeitig Karten für die Abendvorstellungen kaufen, da dann halb Lissabon ins Kino geht. Telefonische Kartenvorbestellungen sind aber nicht immer möglich. Die Plätze sind übrigens nummeriert, man wird oft von einem Platzanweiser eingewiesen.

Oft kommt keine Werbung im Vorfeld, es werden lediglich Trailer anderer Filme gezeigt. Eine portugiesische Unsitte war es lange Zeit, die Filme für eine zehnminütige Pause zu unterbrechen. Zum Glück ersparen mittlerweile die meisten Kinos ihren Besuchern diese Folter. Die neuen Filme laufen übrigens freitags an.

Avenida da Liberdade (s. Karte S. 260/261)

Cinemateca Portuguesa, Rua Barata Salgueiro, 39, ✆ 213596200 (Metro Marquês de Pombal). So geschlossen. In den zwei Sälen der Cinemateca werden hauptsächlich Reihen mit älteren portugiesischen und ausländischen Filmen gezeigt. Programm siehe in den Zeitungen Expresso oder Público. Nur 2 € Eintritt.

São Jorge, Av. da Liberdade, 175, ✆ 213103400 (Metro Avenida). Das ehemalige Premierenkino Lissabons. Noch viel Pracht und Glanz, auch wenn der herrliche, über 1.800 Zuschauer fassende Saal aus dem Jahr 1950 leider in drei kleinere Räume unterteilt wurde. Das Foyer lässt den ursprünglichen Glanz des vom Architekten Fernando Silva entworfenen Gebäudes aber noch erahnen. Sollte im Jahr 2000 abgerissen werden und wäre damit dem Schicksal zahlreicher anderer prächtiger Kinos wie dem Eden, dem alten Monumental oder dem Condes gefolgt. Nach heftigen Protesten hat dann die Stadt Lissabon das Kino gekauft und betreibt es inzwischen.

Avenidas Novas (s. Karte S. 266/267)

Ávila, Av. Duque de Ávila, 92-A, ✆ 213521462 (Metro São Sebastião). Ein unscheinbarer Eingang führt in den Keller und zum Kino. Nur ein kleiner Saal. Fast nur Filmklassiker und nichtkommerzielle Filme. Günstige Eintrittspreise.

UCI Cinemas, Grandes Armazéns El Corte Inglés, Av. António Augusto Aguiar, 31, ✆ 707232221 (direkter Zugang von Metro São Sebastião). 14 moderne Kinosäle mit insgesamt 2.700 Plätzen im El Corte Inglés-Kaufhaus. Gehört zur amerikanischen UCI-Gruppe, die auch deutsche Multiplextheater betreibt.

King Triplex, Av. Frei Miguel Contreiras, 52, ✆ 218480808 (Metro Roma). 3 Säle, in denen eher nicht kommerzielle Kultfilme gezeigt werden. Ermäßigung mit Cartão Jovem, für Studenten, unter 16 und über 65 Jahren.

Londres, Av. de Roma, 7-A, ✆ 218401313 (Metro Roma). 2 komfortable Säle. Aktuelle Filme vorwiegend aus den USA.

Monumental Saldanha Residence, Edifício Monumental, Praça Duque de Saldanha, ✆ 213142223 (Metro Saldanha). Dieses moderne Kino liegt im Obergeschoss des Einkaufszentrums Monumental. Sehr guten Sound. Vom angeschlossenen Café schöner Blick auf die Praça de Saldanha. Insgesamt 8 Säle, davon 4 im benachbarten Einkaufszentrum Saldanha Residence. Ermäßigung mit Cartão Jovem, für Studenten, unter 16 und über 65 Jahren sowie generell bis 13 Uhr.

Kino

Mundial (Warner Lusomundo), Rua Martens Ferrão, 12-A, ✆ 213538743 (Metro Picoas). Das kleinste der Warner-Lusomundo-Kinos. Saal 1 hat 332 Plätze zu bieten. Saal 2 circa 100 und Saal 3 etwa 70 Plätze.
Nimas, Av. 5 de Outubro, 42, ✆ 213574362 (Metro Saldanha). Ein-Saal-Kino, in dem vorwiegend europäische Filme gezeigt werden.

Quarteto, Rua Flores de Lima, 16, ✆ 217971244 (Metro Entrecampos). 4 Kinosäle im Stil der 60er Jahre mit je ca. 150 Plätzen. Das Kino ist dafür bekannt, Qualitätsfilme zu zeigen. Die nicht nummerierten Plätze bieten allerdings nur wenig Beinfreiheit.

Amoreiras (s. Karte S. 290/291)

Amoreiras (Warner Lusomundo), Centro Comercial das Amoreiras, Av. Eng. Duarte Pacheco, ✆ 213878752 (Metro Rato). 10 Kinosäle auf 3 Etagen (verschiedene Eingänge beachten!). Die Vorstellungen sind oft ausverkauft. Bei der Konzeption der Säle hat man wohl nicht mit so viel Erfolg gerechnet; mit durchschnittlich 150 Plätzen sind sie recht klein.

Benfica (s. Karte S. 316)

Colombo (Warner Lusomundo), Av. Lusíada, Centro Comercial Colombo, ✆ 217113222 (Metro Colégio Militar/Luz). 10 Säle im Colombo-Einkaufszentrum. Vorwiegend Hollywood-Streifen.
Fonte Nova, Estrada de Benfica, 503, ✆ 217145088 (Metro Colégio Militar/Luz). Drei Säle im gleichnamigen Einkaufszentrum in Benfica. Aktuelle Filme.

Turim, Estrada de Benfica, 723, Centro Comercial Turim, ✆ 217606666. Gegenüber der Kirche von Benfica gelegen (Busse 16, 46, 58). Ein kleiner Saal. Hier laufen Kinohits mit mehrwöchiger Verspätung. Mittags Kinderfilmvorstellung. Günstige Preise. Ermäßigung mit Cartão Jovem.

Osten (s. Karte S. 323)

Olivaisshopping (Warner Lusomundo), Av. Cidade de Bolama, 10, ✆ 218514678 (Metro Olivais). 4 moderne, mittelgroße Säle im Einkaufszentrum von Olivais.
Vasco da Gama, Centro Comercial Vasco da Gama, Av. D. João II, Parque das Nações, Tel 218922280 (Metro Oriente). Modernes Kino im Einkaufszentrum Vasco da Gama direkt neben dem Bahnhof Gare do Oriente. 10 Säle mit sehr gutem Klang dank THX-System. Insgesamt 1.600 Plätze, davon 17 behindertengerecht.

Der portugiesische Film

Das portugiesische Filmgeschäft gehört nicht gerade zu den erfolgreichsten auf der Welt. Schlechte Kameraführung, lange Schnittfrequenzen, viel Dialog und wenig Handlung kennzeichnen die meisten Streifen. Der 1908 geborene Altmeister des portugiesischen Films Manoel de Oliveira wurde wegen seiner langatmigen Filme schon sprichwörtlich: *"Tu és de Oliveira!"* (Du bist wie Oliveira!) heißt es, wenn jemand besonders langweilig ist. So bringt es Oliveiras Film *O Sapato de Cetim* (Le Soulier de Satin, "Die seidenen Schuhe") auf sage und schreibe 410 Minuten Länge. Nur wenige portugiesische Filme erreichen ein filmtechnisch hohes Niveau. Eine rühmliche Ausnahme ist z. B. der Film *Corte de Cabelo* von Joaquim Sapinho, eine Lissabonner Liebeskomödie, in der viel von der Stadt zu sehen ist. Im Sozialwohnungsviertel Chelas spielt der sehr sehenswerte Film *Zona J* des Regisseurs Leonel Vieira. In diesem Liebesdrama porträtiert er das Leben der afrikanischen Jugendlichen Lissabons.

Literatur

Spätestens mit der Frankfurter Buchmesse 1997, auf der Portugal Schwerpunktland war, haben portugiesische Schriftsteller in Deutschland einen Stammplatz. Besonders die zeitgenössischen Romanautoren wie der Nobelpreisträger José Saramago oder der Meister des düsteren Romans, António Lobo Antunes.

Mit der Romantik im 18. Jahrhundert, begann der Siegeszug des portugiesischen Romans. Bekannte Autoren der Romantik sind Almeida Garrett, Alexandre Herculano und Camilo Castelo Branco. Der Romantik folgte um 1870 die so genannte *Geração de 70* oder *Geração de Coimbra*, eine Gruppe junger Schriftsteller, die sich gegen die Romantiker auflehnten und die Moderne nach Portugal brachten. Bekanntester Vertreter ist Eça de Queiroz, dessen Portugiesisch als stilvollstes aller portugiesischer Autoren gilt (s. Kasten S. 285). In Lissabon ehrt ihn eine Statue in der Rua do Alecrim im Bairro Alto. Sie zeigt den Schriftsteller mit der Wahrheit in Gestalt einer Frau und wurde bereits 1903, also drei Jahre nach dem Tod des Romanciers errichtet. Weitere bekannte Schriftsteller dieser Generation sind Antero de Quental, Oliveira Martins und Teófilo Braga, später erster Staatspräsident Portugals. Kurz darauf lebte Florbela Espanca, die berühmteste portugiesische Autorin. Für einen detaillierten Einblick in die portugiesische Literaturgeschichte empfiehlt sich übrigens *Portugiesische Literatur*, herausgegeben von Henry Thorau (Suhrkamp).

Unter den zeitgenössischen Autoren ist der Nobelpreisträger José Saramago hervorzuheben (s. Kasten S. 262). Der zweite Spitzenvertreter der zeitgenössischen portugiesischen Literatur ist der exzentrische Nervenarzt António Lobo Antunes (s. Kasten S. 314). Sehr empfehlenswert sind auch die Werke des 1998 verstorbenen Autors José Cardoso Pires, so das *Lissabonner Logbuch* – vielleicht das schönste Werk, das über das moderne Lissabon verfasst wurde. Unter den Autorinnen ragt Lídia Jorge heraus. In ihrem exzellenten Bestseller-Roman *Die Küste des Raunens* (*A Costa dos Murmúrios*) hat sie den Kolonialkrieg in Moçambique verarbeitet.

Sehr interessant ist auch der Roman *Lissabonner Requiem* des Italieners Antonio Tabucchi, der uns durch die Gaststätten Lissabons führt und ein Treffen mit dem toten Fernando Pessoa schildert. In *Erklärt Pereira* befasst er sich mit dem Leben unter Diktaturen am Beispiel Portugals. Übrigens äußerst sehenswert verfilmt durch Roberto Faenza mit einem meisterhaften Marcello Mastroianni in der Hauptrolle. *Der verschwundene Kopf des Damasceno Monteiro* greift dagegen ein aktuelles portugiesisches Thema auf: die Folter durch die Polizei.

Die zwei berühmtesten portugiesischen **Dichter** sind Luís Vaz de Camões und Fernando Pessoa. Ersterer lebte im 16. Jh. zu den Glanzzeiten des portugiesischen Imperiums; in seinem Epos, den Lusiaden, setzte er der Geschichte der portugiesischen Entdeckungsfahrten ein Denkmal in Versform. Letzterer wurde bis heute noch nicht in seiner vollen Genialität erkannt.

Bibliotheken

Goethe-Institut, Campo dos Mártires da Pátria, 37, ✆ 218824511, 📧 218850003 (Aufzug Elevador do Lavra). Öffnungszeiten der Bibliothek: Di, Do, Fr 11–19 Uhr, Mi 15–20 Uhr. Im August oft geschlossen. In der Bibliothek des Goethe-Instituts neben der deutschen Botschaft findet man deutschsprachige Literatur und Zeitungen.

Biblioteca Municipal, Palácio das Galveias, Campo Pequeno, ✆ 217971326 (Metro Campo Pequeno, Av. Novas). Zentrale Stadtbibliothek Lissabons.

Biblioteca Nacional, Rua Ocidental do Campo Grande, 83, ✆ 217982000 (Metro Entrecampos, Av. Novas). Die Nationalbibliothek wurde 1798 gegründet. Im Gebäude an der Westseite des Campo Grande befinden sich etwa 500.000 Bücher. Internet: www.bn.pt.

Gabinete de Estudos Olisiponenses, Estrada de Benfica, 368, ✆ 217712420 (Metro Alto dos Moinhos, Benfica). Eine auf die Geschichte Lissabons spezialisierte Bibliothek, die im sehenswerten Palácio do Beau Séjour in Benfica untergebracht ist. Umfangreiches Archiv.

Musik

Das Konzert-Angebot in Lissabon ist recht vielseitig: Von moderner Klassik über den Jazz und brasilianische Musik bis hin zum Rock kommt praktisch jeder auf seine Kosten. Weltbekannt auf Grund seiner oft melancholischen Lieder ist der traditionelle Lissabonner Fado – unsterblich gemacht durch die Fado-Legende Amália Rodrigues.

Aber auch moderne Pop- und Rockgruppen haben es zu weltweitem Ruhm gebracht, darunter vor allem die vom Fado stark beeinflussten **Madredeus** mit ihrer Mischung aus traditioneller portugiesischer Musik, Klassik, Fado und Pop. Spätestens seit ihrem exzellenten Soundtrack zum Film *Lisbon Story* von Wim Wenders ist die Gruppe internationales Aushängeschild der portugiesischen Musikszene. Die Filmmusik ist als CD unter dem Titel *Ainda* erhältlich und fängt wie kaum eine andere die Stimmung Lissabons ein. Unverwechselbar machen Madredeus die Kompositionen des Gitarristen Pedro Ayres Magalhães und die herrliche Stimme der ehemaligen Fadosängerin Teresa Salgueiro. Empfehlenswert sind auch die Soloaufnahmen des zweiten Gitarristen von Madredeus, José Peixoto. Ähnliche musikalische Ansätze wie Madredeus, aber stärker traditionell orientiert, verfolgt die Gruppe Ala dos Namorados mit der auffällig hohen Stimme des Sängers Nuno Guerreiro. Dagegen bieten die Gaiteiros de Lisboa moderne Dudelsackmusik.

Rock- und Pop

Bei **Rockmusik** denken Portugiesen zuerst an die Gruppe GNR aus Porto, die Lissabonner Band Xutos e Pontapés und an den Sänger Rui Veloso, den Vater des portugiesischen Rocks. Eher in der härteren Heavy-Fraktion spielen Blind Zero, Mão Morta und die international erfolgreichen Moonspell, letztere mit düsterem Gothic.

Die aus Cascais stammenden und in Portugal sehr erfolgreichen Delfins spielen dagegen **Popmusik**. Die größten Erfolge feiert der extravagante Sänger Pedro Abrunhosa aus Porto mit seinem provokativen Funk. Seine CD *Tempo* wurde innerhalb eines Monats mit drei Platinplatten das meist verkaufte portugiesische Album aller Zeiten. Dulce Pontes dagegen ist die bekannteste portugiesische Popsängerin. Sie fasziniert durch ihre weiche Stimme und gefühlvolle Lieder, bei denen ein gewisser Einfluss traditioneller portugiesischer Musik und des Fado nicht zu überhören ist.

Bekanntester **Protestsänger** ist der 1987 verstorbene José 'Zeca' Afonso, der geradezu ein Symbol des Widerstandes gegen Salazar wurde. Seine Interpretation des Liedes *Grândola, vila morena* wurde sogar dazu erkoren, das Startzeichen der Nelkenrevolution zu geben. Andere bekannte Musiker dieser Generation der Liedermacher sind Sérgio Godinho und Vitorino.

Die elektronische Musikszene mit **Techno** und **House** ist in Portugal sehr lebendig. Zu international anerkannten Meistern ihres Faches zählen die Diskjockeys DJ Vibe, alias Tó Pereira mit Underground Sound of Lisbon, Luis Leite mit seinem L.L. Project und Rui Silva, der es als erster Portugiese sogar an die Spitze der britischen Single-Charts schaffte. Portugiesischer Techno und House wird vor allem auf dem Label Kaos aus Coimbra veröffentlicht. Weiter fällt in Lissabon die große Zahl Künstler afrikanischer Herkunft auf, darunter viele Hip-Hop-Gruppen.

Rock- und Popkonzerte

Bekannte Gruppen treten zumeist im Pavilhão Atlântico im Parque das Nações (Metro Oriente, Osten, ✆ 218918409) oder im wunderschönen Kuppelbau des Coliseu auf (Rua das Portas de Santo Antão, Metro Restauradores, Baixa).
Open-Air-Konzerte werden vorzugsweise an folgenden Orten veranstaltet: Praça Sony im Parque das Nações (Metro Gare do Oriente), dem Belenenses-Fußballstadion Estádio do Restelo (Belém) oder im Nationalstadion Estádio Nacional im Vorort Cruz Quebrada (Zug ab Bahnhof Cais do Sodré) statt.
Kleinere Konzerte veranstalten auch die Diskotheken Paradise Garage und Lux-Frágil, in letzterer legen auch international bekannte DJs auf (s. "Diskotheken" S. 215). Ab und zu treten Gruppen auch in der Aula Magna der *Universidade de Lisboa* auf (Metro Cidade Universitária, Av. Novas).

Klassik

Im Bereich der klassischen Musik gibt die Gulbenkian-Stiftung mit ihrem 1962 gegründeten Orchester den Ton an – es spielt sowohl Kammermusik als auch Symphonien. Zur *Orquestra Gulbenkian* gesellt sich das portugiesische Staatsorchester *Orquestra Sinfónica Portuguesa*, das auch für die musikalische Begleitung in der Lissabonner Oper verantwortlich zeichnet, sowie das Lissabonner Stadtorchester *Orquestra Metropolitana de Lisboa*, in dem hauptsächlich ausländische Nachwuchsmusiker spielen.

Weltweit bekannteste Musikerin Portugals ist die 1944 in Lissabon geborene Pianistin Maria João Pires, die bereits mit vier Jahren ihren ersten öffentlichen Auftritt feierte. Später studierte sie mit einem Stipendium der Gulbenkian-Stiftung an der Musikhochschule München und in Hannover. Ihr virtuoses Klavierspiel hat sie mit den Wienern Philharmonikern und als Solistin auf der ganzen Welt aufgeführt. Ihre Werke veröffentlicht Maria João Pires bei der Deutschen Grammophon.

Klassische Konzerte

Centro Cultural de Belém (s. "Belém/Sehenswürdigkeiten"). Häufiger Veranstaltungsort für Klassikkonzerte ist das Auditorium. In der Bar Terraço des Centro Cultural de Belém finden außerdem Mo–Fr von 19–21 Uhr kostenlose Konzerte mit Klassik und Jazz statt (nicht im August) – teilweise sehr lohnenswert (Eingang Centro de Reuniões im Centro Cultural de Belém, 3. Stock).

Fundação Calouste Gulbenkian, Avenida de Berna (Metro Praça de Espanha, Av. Novas). Bekannter und beliebter Ort für Konzerte, nicht nur des Gulbenkian-Orchesters. Jedes Jahr im Mai findet hier das Festival der zeitgenössischen Musik, *Encontros de Música Contemporânea*, mit Werken von Komponisten wie Iannis Xenakis statt.

Teatro Camões, Parque das Nações (Metro Oriente). Leicht zu erkennen an seinem blauen, würfelförmigen Äußerem. Stammsitz des nationalen Symphonie-Orchesters *Orquestra Sinfónica Portuguesa*, das hier regelmäßig auftritt. Karten für das Teatro Camões können auch an der Oper São Carlos erworben werden, wo das Orchester für die musikalische Begleitung verantwortlich zeichnet.

Jazz

Unter den portugiesischen Jazzinterpreten ragt besonders das Duo Maria João und Mário Laginha heraus. Erkennungszeichen sind die oft kindlich wirkende Stimme von Maria João und die polyrhythmischen Klavierparts von Mário Laginha. Die Kompositionen sind teilweise langsam und getragen oder auch experimentell. Ihre Einflüsse reichen von portugiesischem Fado über afrikanische Klänge bis hin zur auf fast allen Alben präsenten brasilianischen Bossa Nova.

Jazz-Konzerte und Weltmusik-Festival

Kleinere Jazzkonzerte steigen fast täglich im Hot Clube de Portugal an der Praça da Alegria in der Nähe der Av. da Liberdade und im Speakeasy im Stadtteil Lapa (beide siehe "Bars" ab S. 211 bzw. S. 214).

Cantigas do Maio, Seixal, ✆/℡ 218880279. Das hochkarätig besetzte Weltmusik-Festival findet in der zweiten Mai-Hälfte in Seixal auf der anderen Tejoseite statt (Fähren ab der Praça do Comércio/Terreiro do Paço, Achtung: Bei der Rückkehr muss ein Taxi nach Cacilhas genommen werden, da der Fähr-Betrieb nach Seixal früh eingestellt wird). Gruppen aus Portugal, Spanien und dem Rest der Welt bieten moderne traditionelle Musik zu moderaten Eintrittspreisen. Festival-Organisatoren sind die Stadt Seixal und die *Associação José Afonso*, die sich um das Erbe des bekannten Liedermachers José Afonso kümmert.

Fado

Im Fado, wörtlich "Schicksal", äußert sich die *Saudade* der Portugiesen. Er ist der volkstümliche Musikstil der Lissabonner und der Studenten Coimbras. Die Texte handeln meist von unglücklicher Liebe, vergangenen Zeiten, sozialen Missständen oder der Sehnsucht nach besseren Tagen.

Woher der Fado kommt, kann keiner so genau sagen. Vermutet wird, dass er aus dem brasilianischen *Lundum* entstanden ist. Darauf deutet auch der Beginn des Fados um 1822 hin, als der portugiesische Königshof aus Rio de Janeiro zurückgekehrt war. Außerdem waren unter den ersten Fadosängern mehrere brasilianische Mulatten. Zuerst sangen ihn die Bewohner der Armenviertel Lissabons, besonders der Mouraria, Alfama und der Madragoa; in anrüchigen Kneipen war er von Prostituierten, Stadtstreichern, unglücklichen Liebhabern und anderen wehmütigen Gesellen zu hören. Ende des 19. Jh. fand der Fado dann auch in den bürgerlichen und aristokratischen Salons Anklang; nunmehr gesellschaftlich anerkannt, wurde er in der Region von Lissabon kultiviert und verfeinert. Ab 1930 folgte seine zunehmende Kommerzialisierung mit professionellen Aufnahmen, landesweiter Ausstrahlung über den Rundfunk und Auftritten in Touristenlokalen.

Die Sängerin ist traditionell von einem schwarzen Tuch umhüllt. Die männlichen Sänger tragen dagegen einen schwarzen Anzug. Begleitet wird ihr Gesang durch mindestens zwei Gitarren. Eine sechssaitige Gitarre übernimmt dabei den rhythmischen Part. Eine zweite Gitarre, und zwar eine kleinere zwölfsaitige portugiesische Gitarre, den eher melodischen Teil. Die portugiesische Gitarre ist im 16. Jh. in Frankreich und Italien entstanden. Engländer brachten sie später nach Porto. Während sie bis heute in Portugal verwendet wird, ist sie im Rest Europas praktisch ausgestorben. Die meisten Fados bauen übrigens auf einem der lediglich drei Grundrhythmen auf: *Fado Menor*, *Fado Mouraria* und *Fado Corrido*.

Neben Lissabon findet man den Fado seit Mitte des 19. Jh. auch in der Universitätsstadt Coimbra, hier aber von (ausschließlich männlichen) Studenten gesungen. Hier klingt der Fado volksliedartiger und getragener als in Lissabon. Legendärer Sänger ist Augusto Hilário Costa Alves, der von 1864–96 lebte und einfach Hilário genannt wurde. Während es in Lissabon zur Tagesordnung gehört, dass auch Frauen komponieren, singen und spielen, verursachte es in Coimbra einen großen Skandal, als sich 1996 die Sängerin Manuela Bravo erdreistete, einen *Fado de Coimbra* zu singen. Höhepunkt des Fados aus Coimbra ist das jährliche Studentenfest *Queima das Fitas* im Mai mit der weltbekannten *Serenata* vor der Kathedrale.

Während früher die Sänger eher aus den unteren Volksschichten Lissabons stammten, kommen sie heute aus allen Schichten und zunehmend auch aus anderen Landesteilen. Dennoch wird der Fado heute immer noch als Musikstil der Hauptstadt und Coimbras angesehen, zu einem wirklichen Nationalstil hat er sich nicht entwickeln können.

Besonders die **Aufnahmen** der bekanntesten Fadosängerin aller Zeiten, der 1999 verstorbenen Amália Rodrigues, sind zu empfehlen. Die Fado-Nachwuchsstars sind Sofia Varela und Filipa Pais; ein beliebter Sänger ist Carlos do Carmo. Wer sich für Aufnahmen der portugiesischen Gitarre interessiert, der ist mit den CDs von Carlos Paredes und António Chainho, den Meistern dieses Instrumentes, gut beraten.

In Lissabon gibt es drei Kategorien **Fado-Lokale**: teure Restaurants mit gutem Profi-Fado in gediegener Atmosphäre, die auch von Portugiesen besucht werden; touristische Fado-Lokale ohne Ambiente, in die ganze Busladungen Urlauber gekarrt werden, um die typische portugiesische "saudade" kennen zu lernen; und schließlich Amateurfado-Kneipen, in denen Lissabonner für Lissabonner Fado singen und spielen.

Den "typischen", touristischen Fado findet man zuhauf im Bairro Alto. Touristen werden mit Vorliebe direkt von der Straße in diese Fado-Lokale gelotst. Der spontane Amateurfado, der *fado amador*, ist dagegen mittlerweile selten geworden. Man kann ihn nur noch in wenigen kleinen, häufig wechselnden Kaschemmen erleben. Das ist sehr schade, denn dort ist die Stimmung am authentischsten: Immer wieder stellt sich ein Gast neben den Sänger, den *fadista*, und singt ein paar Strophen mit. Oft entstehen dabei improvisierte Texte.

Wer Glück hat, kommt in den Genuss des *fado vadio*, des auf der Straße gesungenen Fados. Konzerte werden vor allem während der Stadtfeste im Juni veranstaltet. Teilweise spielen hier hochkarätige Künstler, die man sonst nur gegen teures Geld hören kann.

Achtung: Beim Fado herrscht absolute Stille; Gespräche o. Ä. werden als Beleidigung der *fadistas* aufgefasst! Nicht verwechseln sollte man den Fado mit dem andalusischen Flamenco. Der Fado wird nicht getanzt und klingt völlig anders.

Oberklasse-Fadorestaurant: Sr. Vinho

Alfama (s. Karte S. 244/245)

Clube de Fado (19), Rua S. João da Praça, 94, ☎ 218882694 und 218852704, 📠 218882694. Direkt unterhalb der Kathedrale. Täglich 19–2 Uhr geöffnet. Fado-Restaurant mit vielen prominenten portugiesischen Gästen, aber auch Touristengruppen. Großer, eng bestuhlter Raum, den ein von Granitsäulen getragenes Gewölbe überspannt. Es spielen und singen viele Nachwuchs-Fadistas. Im oberen Stockwerk weitere Tische ohne Live-Musik. Hauptgerichte in kleinen Portionen ab 16,50 €, dazu Fado-Zuschlag von 10 € pro Person.

Taverna do Embuçado (16), Beco dos Cortumes, 10, ☎ 218865088. Am Ende eines langen und dunklen Ganges in der Nähe der Travessa do Terreiro do Trigo gelegen. Täglich außer So ab 20 Uhr geöffnet. Restaurant der ersten Klasse mit sehr guter Fado-Musik aus Lissabon und Coimbra ab 22 Uhr. Gehobenes Ambiente in einer Art Kellergewölbe. Sowohl das Essen als auch der gebotene Fado können überzeugen. Regelmäßig tritt die bekannte Sängerin Teresa Sequeira auf. Hauptgerichte ab 15 €, dazu Fado-Zuschlag von 10 € pro Person. Mindestverzehr 10 €.

Parreirinha de Alfama (13), Beco do Espírito Santo, 1, ☎ 218868209. Am Largo Chafariz de Dentro in der Nähe des Bahnhofs Santa Apolónia gelegen. Täglich von 20 bis 3 Uhr nachts geöffnet. Altes Fado-Restaurant mit hohem Renommee. Geleitet von der bekannten Fado-Sängerin Argentina Santos. Kleiner, niedriger Raum im Stil eines Innenhofes – manch einer wird es etwas kitschig finden. Hauptgerichte ab 12 €. Tischreservierung empfohlen.

Dragão de Alfama (7), Rua Guilherme Braga, 8, ☎ 218867737. In der Nähe der Igreja de Santo Estêvão. Fados Fr, Sa, So abends. Hier singen und spielen Amateure aus der Nachbarschaft, hin und wieder kommen aber auch ein paar professionelle Künstler vorbei. Daher vergleichsweise gutes Amateur-Fado-Niveau. Kleiner, mit blau-weißen Azulejos gekachelter Raum. Die Wände sind liebevoll mit Bildern von *fadistas* verziert. Hauptgerichte ab 5,50 €. Bier 2,50 €.

Taverna do Julião (9), Largo do Penereiro, 5, ☎ 218872271. An der Rua da Regueira etwas oberhalb des Largo do Chafariz de Dentro. Fados Di–Sa 20.30–24 Uhr. Kleine

206 Lissabon/Unterhaltung und Kultur

Amateurfado-Kneipe inmitten der Alfama. Hin und wieder ergreift auch die Wirtin die Initiative und singt, oder ein Gitarrist stimmt ein Lied der Volksfest-Paraden, der *marchas*, an, worauf die ganze Kneipe begeistert einstimmt. Niedriger, mit Azulejos verkleideter Raum. An den Wänden ein großes, von Amália Rodrigues signiertes Poster. Auch die Präferenzen beim Fußball sind klar zu erkennen: Die Decke ziert ein Fan-Schal der *Belenenses*. Hauptgerichte ab 5,50 €. Bier 1 €.

Bairro Alto (s. Karte S. 276/277)

Tasca do Chico (23), Rua Diário de Notícias, 39. Mitten im Bairro Alto. Kleine Kneipe mit massiven Holztischen. Mittwochs und montags abends wird hier Amateur-Fado geboten, wie man ihn sonst selten findet. Auch wenn Sänger und Gitarristen manchmal musikalisch nicht immer den richtigen Ton treffen, macht es Spaß, den engagierten *fadistas* zuzuhören. Bier 1,25 €. Günstige Snacks wie *bifanas* (Schweineschnitzel im Brötchen) und Toasts.

Lapa (s. Karte S. 282/283)

Sr. Vinho (7), Rua do Meio-à-Lapa, 18, ✆ 213972681, ✆ 213952072. In einer Nebenstraße zwischen Rua das Trinas und Rua do Quelhas. Täglich von 20.30 bis 2.30 Uhr nachts geöffnet. So Ruhetag. Portugiesische Küche. Hauptgerichte ab 16 €. Mindestverzehr 18 €. Meist gut besucht, daher Tischreservierung dringend empfohlen. Wer nicht zu Abend essen will, der kommt zwischen 22 und 22.30 Uhr. Auch dann Mindestverzehr 18 €. Mehrfach prämiertes, prestigereiches Fado-Restaurant der 1. Klasse. Großer Saal mit Holzbänken. Die Besitzerin ist die berühmte Fado-Sängerin Maria da Fé, die hier fast täglich auftritt.

Theater und Oper

Die meisten Theatervorstellungen sind in portugiesischer Sprache und somit wohl nur für Touristen mit profunden Portugiesischkenntnissen interessant. Opern werden dagegen oft in anderen Sprachen aufgeführt.

Die Theater-Aufführungen sind gewöhnlich abends, sonntags dagegen schon am Nachmittag. Montags bleiben fast alle Theater geschlossen. Die Spielpläne werden in der beim Turismo kostenlos erhältlichen Zeitschrift *Agenda Cultural* und in den diversen Zeitungen veröffentlicht. Karten gibt es an den Theaterkassen oder bei ABEP (s.o. "Konzerte"). Die Eintrittspreise beginnen bei den professionellen Theatern bei 5 bis 10 €.

Hauptsächlich werden Stücke klassischer internationaler oder portugiesischer Autoren wie Gil Vicente gespielt. Portugiesische Dramatiker der Gegenwart haben es schwer, Beachtung zu finden. Sie sind vor allen in den um 1974 als Protestbewegung gegen den Estado Novo entstandenen *Grupos Independentes* zu finden. Die bekanntesten dieser unabhängigen Theatergruppen sind *A Comuna*, *Cornucópia* und *A Barraca*.

Baixa/Chiado (s. Karte S. 232/233)

Teatro Municipal São Luís, Rua António Maria Cardoso, 40/58, ✆ 213461260 (Metro Baixa/Chiado). Städtisches Theater neben der Oper São Carlos. Prächtige Innenausstattung. Die zweite, kleine Bühne im Teatro Municipal heißt *Teatro Estúdio Manuel Viegas*.
Teatro Nacional Dona Maria II, Praça Dom Pedro IV (Rossio), ✆ 213617320 (Metro Rossio). An der Rossio-Nordseite. Das Theater schenkte König Ferdinand II. von Sachsen-Coburg-Gotha seiner Gemahlin, Königin Dona Maria II., zu ihrem Geburtstag am 13. April 1846. Hier werden vor allem klassische Stücke und Revues gespielt. Das Nationaltheater ist international ohne Bedeutung, kann aber mit seiner Dekoration beeindrucken.

Theater und Oper

Teatro Nacional São Carlos, Rua Serpa Pinto, 9, ✆ 213253045 (Metro Baixa/Chiado). Die mit überwältigendem Prunk ausgestattete Lissabonner Oper befindet sich im Chiado. Das neoklassizistische Gebäude wurde 1792–93 vom Architekten José da Costa Silva erbaut, der sich dabei von der Mailänder Skala inspirieren ließ. Keine eigenes Ensemble, sondern fast nur ausländische Gastspiele. Dennoch aber seit 200 Jahren ununterbrochener Spielbetrieb. Jeweils 400 Plätze auf dem Parkett und in Logen. Vorverkauf Mo–Fr 13–19 Uhr.

Teatro Politeama, Rua das Portas de Santo Antão, 109, ✆ 213430327 (Metro Restauradores). Gegenüber dem Coliseu liegt das mittlerweile beste Varieté- und Musicaltheater Lissabons geleitet vom bekannten Regisseur Filipe La Féria. 1912 ursprünglich als Kino im klassizistischen Stil vom Architekten Miguel Ventura Terra erbaut. Mittlerweile das letzte der einst zahlreichen Revue-Theater, auf Portugiesisch *Revistas* genannt. Nach der ersten *Revista* 1851 eroberte sich dieses Format Anfang des 20. Jh. einen Stammplatz in der Theaterszene Lissabons, bis nach der Nelkenrevolution ihr unaufhaltsamer Abstieg begann. Das 1913 eröffnete Politeama konnte sich dem Abwärtstrend jedoch entziehen – Schlüssel zum Erfolg war das Musical Amália über das Leben des Fadostars Amália Rodrigues.

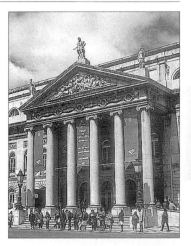

Nationaltheater Dona Maria II am Rossio

Av. Novas/Bairro Alto (s. Karte S. 266/267/Karte S. 276/277)

• *Avenidas Novas* **Teatro Aberto**, Praça de Espanha, ✆ 213880089 (Metro Espanha). Modernes Theater an der Ostseite der Praça de Espanha.

Teatro A Comuna, Praça de Espanha, ✆ 217221770 (Metro Praça de Espanha). Experimentelles Theater auf 2 Theaterbühnen. Gegründet wurde die *Comuna* 1973 unter der Leitung von João Mota.

Teatro Municipal Maria Matos, Av. Frei Miguel Contreiras, 52, ✆ 218438800 (Metro Areeiro). Verschiedene Theatergruppen treten in dem städtischen Theater in der Nähe des Bahnhofs Areeiro auf. Auch Kindertheater.

• *Bairro Alto* **Teatro da Trindade**, Largo da Trindade, ✆ 213420000 (Metro Baixa/Chiado). Im Osten des Bairro Alto stößt man auf dieses schöne Theater mit seinen auffälligen roten Mauern. 1867 eingeweiht und im ausgehenden 19. Jh. Treffpunkt der Elite Lissabons. Heute spielen zumeist ausländische Ensembles in dem 680 Zuschauer fassenden, prächtig geschmückten Saal.

Madragoa/São Bento (s. Karte S. 282/283)

A Barraca – Teatro Cinearte, Largo de Santos, 2, ✆ 213956123. Im ehemaligen Kino Cinearte gegenüber dem Bahnhof Santos befindet sich eines der kreativsten Experimentiertheater der Hauptstadt. Die Regisseure Maria do Céu Guerra und Hélder Costa gründeten es 1975. *A Barraca* versteht sich als volksnahes, politisch aktives Theater. Geprägt wurde es durch den brasilianischen Theatermacher Augusto Boal, der in Portugal im Exil lebte und vor allem durch sein volksnahes *Teatro de Arena* berühmt geworden ist.

Teatro da Cornucópia, Rua Tenente Raúl Cascais, 1-A, ✆ 213961515 (Metro Rato). Experimentelles Theater in der Nähe des Largo do Rato, das 1973 unter der Leitung von Jorge Silva Melo und Luís Miguel Sintra ins Leben gerufen wurde. Eine der Gruppen mit dem höchsten Niveau. Marxistisch beeinflusst.

Hier pulsiert nachts die Movida – Bars an der Doca de Santo Amaro

Nachtleben

Lissabon kann heute mit Fug und Recht behaupten, ein Nachtleben der Extraklasse zu bieten. Besonders die dekorativen Einrichtungen diverser Bars und Diskotheken dürften eine Spitzenstellung einnehmen.

Bis Ende der 80er Jahre spielte sich das Nachtleben fast ausschließlich im traditionellen Vergnügungsviertel **Bairro Alto** ab. Neben einer dürftigen Diskoszene gab und gibt es hier viele kleinere Bars und Kneipen. Im Bairro Alto beginnt das Nachtleben gegen 21 Uhr, zwischen 3 und 4 Uhr früh ist es größtenteils zu Ende. Besonders an Wochenenden und vor Feiertagen strömen Menschenmassen durch die Gassen, um sich bei den *Noites loucas do Bairro Alto*, "den verrückten Nächten des Bairro Alto", zu vergnügen. Das ist keine organisierte Veranstaltung, sondern die gängige Bezeichnung für das etwas durchgeknallte Nachtleben des Viertels, das in den letzten Jahren wieder einen Boom erlebt hat, nachdem es zwischenzeitlich durch den Erfolg anderer Zentren der Kneipenszene etwas abgeebbt war.

Anfang der 90er kam ein Phänomen auf, das bis heute keiner so richtig erklären konnte: In der Umgebung der **Avenida 24 de Julho**, die parallel zum Tejo durch die Stadtteile Madragoa (Santos) und Alcântara führt, eröffneten plötzlich einige Diskos und Bars. Anfangs konnte man sie noch an einer Hand abzählen, doch dann schwappte eine Welle über die Avenida 24 de Julho hinweg. Wie in Spanien beginnt hier das Nachtleben kaum vor Mitternacht und endet erst in den frühen Morgenstunden. Wer hier schon um 21 Uhr loszieht, wird sich im falschen Stadtteil wähnen – manche Diskos öffnen erst um 1 Uhr.

Doch auch die Avenida 24 de Julho blieb nicht ohne Konkurrenz. Als 1995 mit der *Doca de Santo* die erste Bar am Hafen von Alcântara eröffnete, war ein neues Zentrum für Nachtschwärmer geboren: die **Docas**. Bald folgten weitere Bars, alle untergebracht in früher nutzlos vergammelnden Lagerhäusern am Hafen – die *Movida* schwappte unerbittlich über die Eisenbahnlinie an den Tejo. Das Flair ist dort ein ganz anderes als an der Avenida 24 de Julho. Fußgängerzonen statt dichter Autoverkehr, Blick auf den Tejo, in dem sich die Beleuchtung der nahe gelegenen Brücke des 25. Aprils spiegelt, und Bedienung auf der Terrasse – eine fast unschlagbare Erfolgsrezeptur.

Mit der EXPO 1998 eröffneten dann weitere Bars am Tejoufer – diesmal im **Parque das Nações** im Nordosten der Stadt. Auch nach dem Ende der Weltausstellung erfreuten sie sich weiter großen Zuspruchs. Anfang des neuen Jahrtausends waren einige Lissabonner dann aber wohl etwas Tejo müde – vielleicht weil sich die Bars an den Docas doch ziemlich ähnelten, und schnell vom Massenpublikum erobert und dementsprechend teuer wurden. Das Bairro Alto erlebte eine Renaissance und auch die längst tot gesagte Avenida 24 de Julho erwachte aus ihrem Dornröschenschlaf. Nur hat sich die Szene diesmal ein paar Parallelstraßen weiter Richtung Rua das Janelas Verdes und Avenida Dom Carlos I verschoben.

Von den Mindestverzehr-Schildern (*consumo mínimo*) bis zu 150 € an den Türen vieler Bars oder Diskotheken sollte man sich nicht abschrecken lassen. Das sind theoretische Werte, die von den Clubs tatsächlich nur dann verlangt werden, wenn sie einen ungebetenen Gast abweisen wollen. Denn rein gesetzlich ist es in Portugal verboten, den Zutritt zu einer öffentlichen Einrichtung zu untersagen. In aller Regel liegt der Mindestverzehr deutlich darunter oder wird gar nicht erhoben.

Bars und Kneipen

Die meisten Bars und Kneipen findet man im Bairro Alto. In den engen Gassen des alten und gemütlichen Viertels dominieren kleine, preiswerte Kneipen. In der Gegend um die Avenida 24 de Julho und an den Docas findet man eher größere, teuere Bars.

Neben den unten angegebenen Bars gibt es im Bairro Alto noch viele lebendige Studentenkneipen mit Billigstpreisen, von denen man einige bei einem Streifzug durch das Bairro Alto selbst entdecken wird...

Baixa/Chiado (s. Karte S. 232/233)

Heróis Café-Lounge (22), Calçada do Sacramento, 18, ℡ 213420077. Etwas oberhalb des Centro Comercial Grandes Armazéns do Chiado. Täglich außer Mo von 12–02 Uhr (So erst ab 17 Uhr). Eine hohe Fensterfront gibt gleich den Ton an: Lichte, cremeweiß gestrichene Räume. Elegante Lampenkonstruktionen und das geschwungene Mobiliar versetzen die Gäste zurück in die 60er Jahre, wäre da nicht die durchaus sehr aktuelle elektronische Musik. Angenehmes Ambiente. Nach Jahrzehnten ohne nennenswerte Bars und Kneipen kehrt der Chiado damit wieder in das Nachtleben der Lissabonner zurück. Auch günstiges Mittagessen und kleine Speisen am Nachmittag. Bier 1,25 €.

A Ginginha (7), Largo de São Domingos, 8 (Metro Rossio). Fast direkt am Rossio liegt diese urige Kaschemme. Tagsüber eigentlich immer offen. Ein winziger Raum, gerade genug Platz zum Stehen und für die

Bedienung hinter dem Tresen. Hier gibt es köstlichen Kirschlikör, *ginginha*, der entweder mit oder ohne Kirsche (*com ou sem cereja*) serviert wird. Da für einen Mülleimer wohl kein Platz war, werden die Kirschkerne kurzerhand auf den Boden gespuckt. Kleines Glas 0,60 €, großes Glas 0,80 €. In der Stadt stößt man bei aufmerksamen Hinschauen immer wieder auf weitere kleine Kirschlikör-Bars, die teilweise Konkurrenzprodukte ausschenken: so z. B. die *Ginginha Sem Rival* in direkter Nähe in der Rua das Portas de Santo Antão, 7.

Alfama (s. Karte S. 244/245)

Chapitô/Restô (12), Costa do Castelo, 1–7, ✆ 218881834 und 218867334. Di–So 19.30 bis 2 Uhr nachts (Sa/So und an Feiertagen schon ab 12 Uhr). Mo Ruhetag. Die *Colectividade Recreativa de Santa Catarina* unterhält unweit des Castelo São Jorge das *Chapitô*, eine Theater-, Tanz- und Zirkusschule. Daran angeschlossen sind eine Bar und das Restaurant *Restô*. Von innen und von der großen Terrasse aus hat man einen wunderschönen Blick auf die Baixa und den Cristo Rei in Almada. Sehr internationales Publikum. Manchmal Live-Shows der Zirkusschule. Bier 1,50 €.

Tejo Bar (8), Beco do Vigário, 1-A, ✆ 218868878. Neben einem Spielplatz an der Rua do Vigário, nahe der Igreja de Santo Estêvão. Kleine, brasilianische Bar. Ein unscheinbarer Eingang führt in einen niedrigen Raum. Eng zugestellt mit Holztischen. Live-Gitarren-Musik, auch wenn dem Gitarristen kaum Platz zum Spielen bleibt. Bier 1,25 €, beliebter sind aber Caipirinhas.

Mouraria/Graca (s. Karte S. 254/255)

Albergaria Senhora do Monte (2), Calçada do Monte, 39, ✆ 218866002. Abseits des Stadtgewühls direkt neben dem Aussichtspunkt Miradouro Nossa Senhora do Monte (Straßenbahn 28, Haltestelle Graça). Täglich 16–01 Uhr geöffnet (Di erst ab 20 Uhr). Zugang zur Bar mit Dachterrasse über den Pensionseingang, dann die Treppe hoch bis in das oberste Stockwerk. Die Bar mit der besten Aussicht Lissabons: Wie in einem Raumschiff schwebt man über der Stadt und genießt einen Superblick von Seixal über das Castelo, Monsanto, den Parque Eduardo VII bis in den Norden der Stadt mit den Bergen von Caneças. Innen gediegene Einrichtung mit glänzenden Messingplatten an der Decke. Getränkepreise: *bica* 2,50 €. Dazu eine große Liste mit Cocktails. Das Essen ist teuer: Käsebrötchen 4 €, gemischter Toast 6 €.

Chafarica (9), Calçada de São Vicente, 79–81, ✆ 218867449. Gegenüber dem Mosteiro São Vicente im Stadtteil Graça. Die Tram 28 rattert direkt vor der Türe vorbei. Mo–Sa von 23 bis 3.30 Uhr nachts geöffnet, So geschl. Einfache, kleine Bar, täglich brasilianische Livemusik. Gute Stimmung mit vielen Brasilianern. Niedriger, weiß gefliester Raum mit Hockern und kleinen Tischen. Die Musiker spielen in der Ecke unter einer portugiesischen und einer brasilianischen Flagge. Gut besucht. 5 € Mindestverzehr. Bier 3 €, Caipirinha 4,50 €.

Avenida da Liberdade (s. Karte S. 260/261)

Enoteca/Chafariz do Vinho (16), Chafariz da Mãe d'Água à Praça da Alegria, Rua da Mãe d'Água, ✆ 213422079 (Metro Avenida). Nur wenige Meter unterhalb der Praça Príncipe Real auf dem Weg zur Praça da Alegria. Di–So von 18 bis 2 Uhr nachts, Mo Ruhetag. Das außergewöhnliche Weinprobierlokal ist in den Gewölben eines ehemaligen Brunnens untergebracht. Früher diente der Brunnen als Endpunkt des ausgeklügelten Wassernetzes, mit dem Lissabon ab dem 18. Jh. vom Aquädukt aus mit Wasser versorgt wurde. Durch den Eingangsraum mit einer kleinen Bar – ein ehemaliger öffentlicher Waschraum – geht es nach links in den hohen Hauptraum. Hier wurden unter einem massiven Steingewölbe drei Etagen eingefügt. Zur Auswahl stehen Weine im Glas (*a copo*) ab 1,90 €, die alle 15 Tage wechseln. Die Flasche Wein ab 8 €. Für die Auswahl sorgt João Paulo Martins, Autor Portugals bekanntesten Weinführers. Auch ausländische Produkte sowie Port- und Schaumweine sind im Angebot. Dazu können Käse, Brot und Früchte bestellt werden, oder ein Menü mit kleiner Weinprobe. Bevor man wieder nach draußen geht, sollte man die Stufen nach oben gehen und in den ehemaligen Was-

Bars und Kneipen

serkanal blicken, der zur *Reserva Patriarcal* unter der Praça do Príncipe Real führt. Heute lagern hier die kostbaren Flaschen der Weintheke. Auch Terrassenservice.

Hot Clube de Portugal (12), Praça da Alegria, 39, ✆ 213467369 (Metro Avenida). Geöffnet von 22 bis 2 Uhr nachts, So/Mo geschlossen. *Der Jazzclub Lissabons – 1998* konnte man 50jähriges Jubiläum feiern. Zu Zeiten des Diktators Salazar ein Hort des Widerstands. Kleiner Konzertraum im Keller. Die improvisierte Einrichtung schafft mit ihren alten Stühlen und einem Sofa Atmosphäre. Bier 1,50 €. Fast täglich Live-Musik. 2,50 € Eintritt. Di/Mi oft Jam-Sessions, dann freier Eintritt.

Avenidas Novas (s. Karte S. 266/267)

Galeto (9), Av. da República, 14, ✆ 213533910 (Metro Saldanha). Am Beginn der Av. da República, kurz hinter der Praça Duque de Saldanha. Täglich 08–03.30 Uhr. Im Galeto fühlt man sich in einzigartiger Weise direkt in die 60er Jahre zurückversetzt. An den Wänden dunkles, mit runden Messingscheiben dekoriertes Holz. In der Mitte des Raumes ein riesiger zickzackförmiger Tresen, an dem die Gäste Platz nehmen, um ein Bier zu trinken oder Kleinigkeiten zu essen. Bier 1,20 €, ab 23.30 Uhr 1,35 €.

Bairro Alto (s. Karte S. 276/277)

Bairro Alto (16), Travessa dos Inglesinhos, 50, ✆ 213430778. Geöffnet 18 bis 02 Uhr (Do–Sa bis 04 Uhr). So zu. Am Westrand der Bairro-Alto-Gassen. Diese moderne, in warmen Erdtönen gehaltene und mit schlichtem Mobiliar eingerichtete Café-Bar ist nicht nur eine geräumige Alternative zu manch einer winzigen Bar im Bairro, sondern auch Galerie und Ort für Lesungen. Bier 2 € und Caipirinha 4,50 €.

British Bar (37), Rua Bernardino Costa, 54, ✆ 213422367. Täglich außer So 7.30–23 Uhr. Direkt am Cais do Sodré gelegen. Das dunkle Holz macht einen sehr antiken Eindruck, und tatsächlich existiert die British Bar schon seit 1919. Über der Theke hängt ein Bild, das die Feiern zum Ende des Zweiten Weltkriegs zeigt. Neben Guiness vom Fass gibt es auch dunkles und helles Weizenbier von Erdinger und Franziskaner für 3,50 €.

Café Suave (30), Rua Diário de Notícias, 4–6, ✆ 213471144. Mitten im Bairro Alto gelegene Bar. Jeden Tag von 22 bis 2 Uhr nachts geöffnet. Ruhige Atmosphäre hinter milchigen Plastikwänden. Sanfte (*suave*) Farben prägen den von bunten Lichtern erhellten, mittelgroßen Raum. Elektronischer Jazz, Drum'n'Bass und verwandte Musikrichtungen. Bier 1,75 €.

A Capela Bar (24), Rua da Atalaia, 45, ✆ 213470072. Geöffnet So–Do bis 2 Uhr nachts, Fr/Sa bis 4 Uhr nachts. Neoklassizistische Innenausstattung mit Gold umrahmten Spiegeln an den Wänden. Vom Plattenteller kommt Jazz. Auf dem WC hört man gregorianische Gesänge (es sei denn, das Tonband streikt mal wieder)! Große Auswahl an Likören. Bier 2 €.

Casa do Brasil (8), Rua São Pedro de Alcântara, 63–1°-Dto, ✆ 213471580. Parties nur Fr abends bis 2 Uhr nachts. Ein unscheinbarer Eingang führt nach oben in das 1991 gegründete Zentrum der in Lissabon lebenden Brasilianer. Neben wöchentlichen Festen wird den Brasilianern hier Treffpunkt und Interessenvertretung geboten. Die Inneneinrichtung des renovierungsbedürftigen Hauses ist nicht sehr brasilianisch, doch dafür die Feste mit Live-Musik und Caipirinha (Zuckerrohrschnaps mit Zucker und Limetten). Angesichts der diversen Büroräume kommt keine Bar-Stimmung auf, sondern eher die Atmosphäre einer Privatparty. Man sollte vor 24 Uhr kommen, um noch eingelassen zu werden. Eintritt 5 € (gilt für zwei Bier oder eine Caipirinha). Bier normal 1,50 €.

Cena dos Copos (18), Rua da Barroca, 103 und 105. Täglich von 22 bis 4 Uhr nachts geöffnet. Zwei schmale, lang gezogene Räume, bunt ausgestattet mit extravaganten Gemälden an den Wänden. Günstige Preise: *imperial* (kleines Bier) 1,30 €. In der Happy Hour bis 23.30 Uhr noch billiger. Sehr gut die Caipirinha 2,80 €.

Clube da Esquina (25), Rua da Barroca, 30, ✆ 213427149. Täglich von 22 bis 3 Uhr nachts geöffnet. Interessante Inneneinrichtung mit Fachwerk, von dem nur noch die Balken stehen. Eine enge Wendeltreppe führt nach unten in einen weiteren Raum, der allerdings nur am Wochenende offen ist. Coole Musik zwischen Jazz, Jungle, Ambient und Hip-Hop. Ein kleines Bier (*imperial*) 1,50 €.

Esplanada Quiosque "O Miradouro" (35), Miradouro Santa Catarina. Täglich von 11 Uhr

Lissabon/Nachtleben

morgens bis 2 Uhr nachts. Im Dezember zu, in den anderen Wintermonaten nur geöffnet, wenn es nicht regnet. Unter der Adamastor-Statue am Aussichtspunkt Miradouro Santa Catarina werden mehrere Metalltische von einem kleinen Kiosk mit Getränken versorgt. Eignet sich besonders gut, um lauwarme Sommernächte zu genießen. Herrlicher Blick auf den Hafen Lissabons und den Tejo. Bier 1,25 €.

Lounge (36), Rua da Moeda, 1 (Metro Cais do Sodré). An einem kleinen Platz gegenüber dem Postamt an der Praça Dom Luís. Di–So 22 bis 4 Uhr, Mo zu. Beliebter Treffpunkt für ein etwas alternativeres Publikum. Oben eine kleine Galerie, auf der ein Disc Jockey abseitige, elektronische Musik auflegt. Unten der in rötliches Licht getauchte Barbereich. Kerzen verbreiten eine gemütliche Atmosphäre. Langer Tresen mit Marmorplatte. Wenn sehr viele Leute da sind, wird auch der Platz vor der Tür als "Barraum" genutzt. Bier 1,50 €.

Mexe Café (28), Rua da Trombeta, 4, ℡ 213474910 (Metro Baixa/Chiado). Versteckt in einer kleinen Querstraße zur Rua das Mercês. Täglich 22 bis 4 Uhr. Elektronischer Jazz und Ambient prägen Sound und Bar. Knallbunte Wände, als wollten sie sagen "mexe – bewege Dich!" Diaprojektionen und animierte Grafiken. Der DJ sitzt links oben, die Gäste unten an kleinen Tischen. Bier 1,50 €.

Ogilin's (38), Rua dos Remolares, 8–10, ℡ 213421899 (Metro Cais do Sodré). In der Nähe des Bahnhofs Cais do Sodré. Täglich 11 Uhr mittags bis 2 Uhr nachts. *Das* Irish-Pub Lissabons, benannt übrigens nach dem Besitzer. Viel Holz an den Wänden, aber nicht so dunkel wie viele "typische" Irish-Pubs. An den Wänden hängen eine portugiesische und eine irische Fahne. Gemischtes Publikum. Live-Musik Fr und Sa 23–2 Uhr. Es gibt täglich auch Mittagessen. Bier ab 1,70 €.

Páginas Tantas (20), Rua do Diário de Notícias, 85, ℡ 213465495 (Metro Baixa/Chiado). Täglich von 21 bis 04 Uhr. Mitten im Bairro Alto. Hinter dem schlichten Eingang aus Industrie-Glasbausteinen zwei geräumige Ebenen mit dem Interieur einer klassischen Jazzbar. Dementsprechend die Musik: nur Jazz mit seinen Varianten, auch viel brasilianische Bossa Nova. Außerdem Jam-Sessions. Das Bier ab 1,50 €.

Pavilhão Chinês (5), Rua Dom Pedro V, 89, ℡ 213424729. Kurz vor dem Largo Príncipe Real. Geöffnet von 18 bis 2 Uhr nachts, So erst ab 21 Uhr. Am Eingang für den Einlass klingeln. Ein "Luxuspub", untergebracht in einer 1901 gegründeten Kurzwarenhandlung. 1985 haben die Besitzer den verlassenen Laden in Ruinen vorgefunden und in eine Bar umgewandelt. Nachdem man durch die Eingangstür ins Innere gelangt ist, wird man von der üppigen Dekoration geradezu geblendet: Die alten Verkaufsvitrinen sind überfüllt mit Miniaturen und Puppen, in den hinteren Räumen Hunderte von Flugzeug- und Kriegsschiffsmodellen samt Plastiksoldaten. Zwei Billardtische. *Bica* 1,50 €, Bier 2,50 €. Viele Tees ab 3 €. Außerdem eine riesige Cocktailauswahl ab 6,50 €. Zur Auswahl der Getränke bekommt man ein dickes, illustriertes Buch gereicht.

Sétimo Céu Bar (27), Travessa da Espera, 54, ℡ 213466471 (Metro Baixa/Chiado). Nahe der Praça de Luís de Camões. Täglich 22–02 Uhr. Zwei mittelgroße Räume. Kleine, gepolsterte Hocker an runden Holztischen. An der Wand ein Aquarium und ein großer Spiegel. Von der Decke baumelt ein Kronleuchter neben einer Spiegelkugel. Im Sommer wird die Glaswand zur Straße hin geöffnet. Relativ laute Musik. Gerne, aber nicht nur von Homosexuellen besucht. Bier 1,50 €, dazu werden Erdnüsse gereicht, deren Schalen die Gäste einfach auf den Boden fallen lassen.

Solar do Vinho do Porto (10), Rua São Pedro de Alcântara, 45, ℡ 21347570-7/-8/-9. Geöffnet täglich 14–24 Uhr. Fährt man von der Praça dos Restauradores per Elevador da Glória den Berg hinauf, so liegt das seit 1946 existierende Portweinprobierlokal gleich oberhalb der Haltestelle im Palácio São Pedro de Alcântara. Früher diente der Palast als Haus des deutschen Architekten Ludovice, der es selbst 1747 konstruiert hat und sonst besonders als Konstrukteur des Konvents von Mafra bekannt geworden ist. Nach einem anstrengenden Stadtrundgang kann man in den gekühlten Räumen bei einem edlen Glas Port gut relaxen. Massive Polstersessel, gediegenes Ambiente. Das Glas Portwein gibt es schon ab 1,30 €. Eine Flasche Vintage-Port ab 26 €. Wer aus der riesigen Auswahl der über 100 Sorten etwas Besonderes probieren möchte, dem sei der herbe weiße Port *Taylor's Chip Dry* empfohlen. Unter den roten Ports sind die Marken Ferreira, Graham's oder die Edelports der Quinta do Noval kein schlechter Griff. Wer keinen Portwein kosten will, kann hier auch Bier oder eine *bica* trinken.

Bars und Kneipen 213

O Tacão Grande (11), Travessa da Cara, 3, ℡ 213424320. In der Nähe des Elevador da Glória gelegen. Täglich von 21 bis 2 Uhr nachts geöffnet. Im "Großen Stiefel" wird härtere Musik gespielt. Viele Stammkunden, die sich im *Clube dos Amigos do Tacão* zusammengeschlossen haben. Die Spezialität des Hauses ist ein großer Krug Sangria – die beste im Bairro Alto – für 5 €. Dazu gibt es immer Popcorn und Erdnüsse, mit denen auch schon mal geworfen wird. In den Ecken Fernseher. Vom Türsteher (eine Besonderheit bei solchen Bars) sollte man sich nicht abschrecken lassen. Fast nur junges Publikum. Kleines Bier 1,25 €.

Tertúlia (17), Rua do Diário de Notícias, 60, ℡ 213462704. Geöffnet von 20.30 bis 4 Uhr nachts, So Ruhetag. Macht seinem Namen *Tertúlia*, "literarischer Stammtisch", alle Ehre. Ruhiges, angenehmes Ambiente mit leiser Jazzmusik. Es liegen viele Zeitungen aus. Am Wochenende ziemlich voll, unter der Woche weniger besucht. Älteres, eher intellektuelles Publikum. Bier 1,25 €.

Work in Progress – WIP (33), Rua da Bica a Duarte Belo, 47/49, ℡ 213461486. Am Elevador da Bica. Täglich 22 bis 4 Uhr nachts. Unter dem Motto "Clothes–Hair–Bar" sind hier unter einem Dach eine Bar, ein Szeneklamottenladen und ein Friseurgeschäft vereint. Ein Franzose, ein Mosambikaner, ein Ire und ein Portugiese leiten den Laden seit Ende 1996. Das Gemisch vom Plattenteller ist ebenfalls sehr bunt: von Drum'n'Bass über Ethnosound bis zu Reggae. Rohe Steinwände, gedämpftes Licht. Haarschnitt ab 25 €, Bier 2 €.

Madragoa/Lapa (s. Karte S. 282/283)

Absolut Bar (17), Av. Dom Carlos I, 55, ℡ 213974285. Auf halbem Weg zwischen Bahnhof Santos und dem Parlament in São Bento. Barbetrieb Mo–Sa 22–04 Uhr, So zu. Tagsüber von 12–19 Uhr auch Restaurant-Café mit leichten Speisen wie Suppen und Terrassenbetrieb. Wer den rot gestrichenen Raum betritt, erkennt sofort, woher der Name "Absolut Bar" stammt. Die Dekoration besteht ausschließlich aus Werbeplakaten der finnischen Wodka-Marke. Auch die kühlen Metallstühle sind an der Lehne in – na was wohl? – der typischen Absolut-Flaschen-Form ausgefräst. Für die Beleuchtung sorgen "Film-Strahler". Hinten legt ein DJ Platten auf. Musik und Publikum sind absolut gemischt. Es wird eher spät voll. Bier 1,50 €. Ach ja, Absolut-Wodka gibt es natürlich auch: 4 € das Glas.

Alcool Puro (16), Av. Dom Carlos I, 59, ℡ 213967467. Neben der Absolut Bar. Mi–Sa von 22 bis 4 Uhr morgens. So/Mo/Di zu. Ein Klassiker – gehörte zu den ersten Bars an der 24 de Julho. Nichts besonderes, aber langlebig. Wechselnde Musik. Am Ende der lang gestreckten, schmalen Bar ein großer Spiegel. Das Bier kostet hier 2,50 € – "Purer Alkohol" ist natürlich teurer...

Café Santos (18), Rua de Santos-o-Velho, 2–4. Gegenüber der französischen Botschaft in einer Parallelstraße zur 24 de Julho. Täglich 21–02 Uhr. Der Name täuscht, da praktisch nur Bar-Betrieb. Gelb gestrichene Wände. Marmorboden und Holztische. Kurios sind die Blumenuntersetzer, die als Aschenbecher zum Einsatz kommen. Musik querbeet von Trance bis Rock. Bier 1,50 €.

Gringos (28), Av. 24 de Julho, 116, ℡ 213960911. Unterhalb vom Museu Nacional de Arte Antiga. Di–Sa von 22 bis 4 Uhr morgens geöffnet, Mo und So geschlossen. Nennt sich auch *Tex-Mex-Cantina*, das einzig mexikanische ist jedoch das Corona-Bier. Der Rest der 3 ansprechend gestalteten Etagen ist 100 % im US-Stil gehalten: Poster

Rua da Atalaia: Beliebte Kneipenzone im Bairro Alto

mit James Dean und Marilyn Monroe, ein Harley-Davidson-Motorrad. Vielleicht ist das Gringos wegen der Harley zu dem Motorradfahrer-Treff in Lissabon geworden. Bei Hochbetrieb kann man riesige Motorradschlangen vor der Tür bewundern. Bier 1,50 €.

Pérola de Santos (22), Calçada Ribeiro dos Santos, 25, ℡ 213953982. Täglich außer Mo von 22 bis 4 Uhr nachts. An den Schienen der Tram 25 in einer Parallelstraße der 24 de Julho. Lampen in einem Regal verbreiten angenehm gedämpftes Licht. Zwei kleine Räume. Wohltuendes ruhiges Ambiente mit Jazz- und Bluesmusik – eine "Perle" unter den ansonsten lauten Bars an der 24 de Julho. Am Tischfußball kann das letzte Lokalderby Benfica gegen Sporting nachgespielt werden. Bier 1,50 €.

Porão de Santos (20), Largo de Santos, 1-D/E, ℡ 213965862. Gegenüber dem Bahnhof Santos. Mo–Sa von 6 Uhr morgens bis 4 Uhr morgens offen. So Ruhetag. Einfache, etwas düstere Bar. Schlauchförmiger Raum mit Tonnengewölbe, früher Lagerraum am damaligen Tejoufer. Vor der Bar stehen einige Tische auf dem Bürgersteig. Langer Tresen, in der Ecke läuft ein Fernseher. Bier 1,25 €.

Speakeasy (29), Cais das Oficinas, Armazém 115, Doca Rocha Conde d'Óbidos, ℡ 213964257. Jazzclub am Tejo etwa auf der Höhe des Museu Nacional de Arte Antiga. Mo–Mi 20–03 Uhr, Do–Sa 20–04 Uhr, So zu. Mo–Mi ab 23.30 Uhr Livemusik, sonst ab 24 Uhr. Regelmäßig Jamsessions mit den Hausmusikern und viele portugiesische Jazzbands. Altes Lagerhaus mit Ziegelsteinwänden, an der Decke Kronleuchter. Sonst in dunklem Rot gehalten. Im Sommer auch Terrassenbetrieb. Eingangskontrolle, aber kein Mindestverzehr. Bier 3 €.

Alcântara (s. Karte S. 296/297)

Alcântara-Café (7), Rua Maria Luísa Holstein, 15, ℡ 213637176, ℡ 213622948. Täglich geöffnet von 20 bis 3 Uhr nachts. Dem Architekten der Inneneinrichtung, Miteigentümer Pedro Luz, ist es gelungen, die ehemalige Fabrikhalle trotz ihrer beachtlichen Ausmaße mit angenehmer Atmosphäre zu beleben, sodass man sich nicht verloren fühlt. Alles wirkt ruhig und klar. Abwechselnd reihen sich Säulen und einfache Skulpturen aneinander. In gleichmäßiger Bewegung schaffen Ventilatoren und deren Schatten etwas – hier hat die Bezeichnung ihre Berechtigung – Zauberhaftes. Kein einziger Stilbruch, ausschließlich Harmonie und gegenseitige Ergänzung prägen die vielleicht schönste Bar Lissabons. Zum Essen gibt es im Restaurant (bis 1 Uhr offen) Gerichte der *Nouvelle Cuisine Française* und der portugiesischen Küche ab 12,50 € pro Hauptgericht (Tischreservierung und gepflegte Kleidung empfohlen). Bier 2,50 €.

Café da Ponte (11), Doca de Santo Amaro, 18, ℡ 213957669. Täglich außer Mo von 21.30–4 Uhr morgens. Die letzte Bar an der Doca de Santo Amaro, fast direkt unter der Brücke des 25. April, daher auch der Name. Auf der Terrasse am Tejo ist das leise Surren der Autos, die über die Brückengitter fahren, ein stetiger Begleiter. 2 Stockwerke mit jeweils einem Bar-Tresen. Von den Fensterplätzen oben guter Tejoblick. Bier 2,30 €.

Doca de Santo (10), Doca de Santo Amaro, ℡ 213963522. Unweit des Bahnhofs Alcântara. Täglich von 12.30 bis 3.30 Uhr nachts geöffnet. Hier begann die Geschichte der Docas. Die einzige ganz neu errichtete Bar an der Doca de Santo Amaro; sie hebt sich alleine schon durch ihre Größe und Form von den anderen Bars ab. Innen ist sie schmuck mit dunklem Holz eingerichtet. Die Tische decken Glasplatten ab, unter denen Muscheln und Sand liegen. Oben ein Billard. Draußen ein großer Palmengarten mit Freiluft-Bar. Auf dem Bahngleis vor dem Garten fahren noch Güterzüge! Große Auswahl an Getränken: Köstlich die frisch geschlagenen Fruchtsäfte (*sumos naturais batidos*) z. B. mit Kiwi oder Mango. Bier 1,60 € (nach 24 Uhr 1,90 €).

Osten (s. Karte S. 323)

Irish & Co. (3), Rua da Pimenta, 57, Parque das Nações, ℡ 218940558 (Metro Oriente). Irisches Pub in der Nähe des Pavilhão Atlântico am Tejo. Vor der Tür schwebt die Seilbahn vorbei. Täglich 12.30 bis 4 Uhr. Ausladende, überdachte Terrasse mit Tejoblick. Dagegen vergleichsweise kleiner, komplett mit Holz vertäfelter Innenraum auf zwei Stockwerken. Mittags auch Restaurantbetrieb. Bier 1,50 €. Nebenan reihen sich zahlreiche weitere Bars und Restaurants auf dem ehemaligen EXPO-Gelände.

Lissabon: Zentrum des portugiesischen House

Diskotheken

Die großen Diskotheken liegen fast alle an der Avenida 24 de Julho oder am Tejoufer. Im Bairro Alto findet man einige kleinere Diskos. Besonders bei beliebten Diskotheken kann es schwierig sein, Zutritt zu finden.

Zu den Besonderheiten einiger portugiesischer Diskotheken gehört, dass man an der Tür klingeln muss, um eingelassen zu werden. An einem Türsteher muss man grundsätzlich überall vorbeikommen. Gefällt man ihm nicht oder ist man falsch gestylt, hat man Pech gehabt und kann wieder gehen. Besonders an den "Tanztagen" Freitag und Samstag sowie vor Feiertagen kann es schwierig sein, Zutritt zu erlangen, wenn man kein bekanntes Gesicht ist. Tipp ist, es vielleicht erst einmal an einem "normalen" Tag versuchen, dann sind die Chancen gut, auch in eher exklusive Etablissements zu kommen. Die Erfolgsaussichten lassen sich auch durch gute Kleidung verbessern – Turnschuhe, kurze Hosen oder zerrissene Jeans sind in fast allen Diskotheken tabu. Paare kommen leichter am Türsteher vorbei als große Gruppen, vor allem dann wenn es sich dabei ausschließlich um Männer handelt. Man sollte sich auch darüber im Klaren sein, dass die meisten Diskotheken keineswegs scharf auf Touristenpublikum sind.

Alfama (s. Karte S. 244/245)

Lux-Frágil (5), Av. Infante D. Henrique, Armazém A, Cais da Pedra à Santa Apolónia, ✆ 218820890/8. Direkt am Tejo neben dem Bahnhof Santa Apolónia (in der Höhe der internationalen Schalterhalle). Das Gebäude steht teilweise auf Stelzen. Eingang hinter der grünen Wand. Di–So 18–6 Uhr, Mo zu. Voll wird es erst gegen 1 Uhr. Ein Ableger des legendären Frágil aus dem Bairro Alto. Die Bar-Diskothek ist mit Möbeln der renommierten Design-Firma Vitra im Stil der 60er gehalten. Viele Sitzgruppen. Im ersten Stock Barbetrieb mit angenehm leiser Musik und Ambient-Videoprojektionen. Auch am Spätnachmittag gut für eine gepflegte Unterhaltung geeignet. Von der Veranda im 1. und der Terrasse im 2. Stock genießt man einen herrlichen Blick über den Tejo. Die große Tanzfläche liegt im Erdgeschoss (Zugang über die Treppe im 1. Stock) und ist ganz in Orange gehalten. Hier legen mit DJ Vibe (Tó Pereira) und Rui Vargas zwei der besten DJs Lissabons Techno, House und Drum'n'Bass auf. Häufig auch Konzerte namhafter Künstler. Empfehlenswert der Lux-Frágil-Cocktail aus Fruchtsäften, Batida de Coco und Blue Curaçao. Mindestverzehr am Wochenende ab 00.30 Uhr 10 €, sonst oft frei. Bier vor 22 Uhr 2 €, sonst 2,50 €.

Avenidas Novas (s. Karte S. 266/267)

Mussulo (21), Rua Sousa Martins, 5-D, ☏ 213556872 (Metro Picoas). In der Nähe des Kinos Mundial. Außer Mo und Di täglich von 22 bis 5 Uhr und später offen. Vor 1 Uhr aber nichts los. Fr/Sa viele Stammgäste, daher schwer Einlass zu bekommen. Einfacher ist es unter der Woche. Nobel-Schuppen der angolanischen Disco-Szene in Lissabon. Benannt nach einer exklusiven Ferieninsel vor der angolanischen Hauptstadt Luanda. Wer viel Geld und einen Namen hat (oder es gerne hätte), lässt sich hier blicken. Nach dem Eingang geht es mit einem Aufzug tief in den Keller hinunter. Unten erwartet die Gäste ein fast komplett verspiegelter Tanzraum. Kühles Ambiente. Die von Sesselgruppen umgebenen Tische sind alle als "reserviert" gekennzeichnet, man sollte sich also nicht einfach hinsetzen, sondern sich einen Tisch zuweisen lassen. Bier 2,50 €. Mindestverzehr zwischen 10 und 25 €.

Bairro Alto (s. Karte S. 276/277)

Frágil (19), Rua da Atalaia, 126, ☏ 213469578. Täglich außer So von 24 bis 3.30 Uhr nachts offen. Als diese Disko 1984 eröffnet wurde, gehörte sie zu den exklusivsten Einrichtungen der Lissabonner Nachtszene: Nur Personen mit Einladungen fanden Einlass, und noch heute kann es – besonders am Wochenende – sehr schwierig sein, hineinzukommen. Wer dem Stammpublikum, der Homosexuellen- und Nachtfreakszene um die 40 zuzurechnen ist, hat die besten Chancen. 2 Säle: Im großen mit dem charakteristischen Riesenspiegel wird Konversation gepflegt, im kleinen getanzt. Vom Plattenteller läuft Rap, Soul, House und verschiedenes anderes. Eintritt kostenlos, so man denn Einlass findet. Bier 4 €.

Bar Limbo (14), Rua do Diário de Notícias, 122 (Metro Baixa/Chiado). Mi–Sa von 23 bis 4 Uhr nachts. Auf zwei Etagen mit Bar und kleiner Tanzfläche im Erdgeschoss tummeln sich walpurgisnachttraumtänzerisch die Anhänger der Gothik, Electric Body Music (EBM) und Dark-Wave-Szene Lissabons. Do kommen aber auch Metal und Punk-Freunde auf ihre Kosten. Fr 2,50 € und Sa 5 € Eintritt bzw. Mindestverzehr. Das Bier für 2 €.

Incógnito (32), Rua dos Poiais de São Bento, 37, ☏ 213958096. Etwas außerhalb zwischen dem Bairro Alto und der 24 de Julho gelegen; nicht weit vom Parlament São Bento. Die Tram 28 fährt direkt an der Tür vorbei. So und Mo Ruhetag, Di–Sa 24 bis 4 Uhr morgens. Kleine Diskothek. Viel Metall und dunkle Farben. Nach der Eingangsetage geht es links ein halbes Stockwerk höher zur Bar oder rechts zur Tanzfläche hinunter. Dort hängt auch der große Spiegel, der den Raum optisch verdoppelt. Musikalisch gibt's ein Querbeetangebot mit Schwerpunkt alternative Independent-Musik. Bier 2 €. Kein Eintritt. Da die Disko ein treues Stammpublikum hat, ist es nicht leicht, an der Gesichtskontrolle vorbeizukommen.

Campo de Ourique (s. Karte S. 290/291)

En'Clave (4), Rua do Sol ao Rato, 71-A, ☏ 213888738 (Metro Rato). Etwas oberhalb des Largo do Rato. Täglich außer Di 20–6 Uhr. Am Eingang klingeln. Diskothek des bekannten kapverdianischen Musikers Tito Paris. Er tritt dort auch häufig live auf. Oben ein kleiner Restaurant-Raum, in dem bei Solo-Live-Musik afrikanische Gerichte serviert werden, bevor es ab etwa 24 Uhr im Untergeschoss Live-Musik mit der Band von Tito Paris gibt. Einfache, schlichte Einrichtung. Im Publikum vor allem Afrikaner. Mindestverzehr 15 €, Bier 3 €.

Diskotheken 217

Madragoa/Lapa (s. Karte S. 282/283)

B.Leza (13), Largo do Conde Barão, 50–2°, ✆ 213964331. Geöffnet täglich von 23.30 bis 4 Uhr morgens, Sa/So bis 7 Uhr, Mo Ruhetag. Im alten Palast des *Casa Pia Atlético Club*, unweit der Avenida 24 de Julho (neben den Schienen der Tram 25). Durch den Torbogen in den Innenhof mit seinen schönen Steinbögen und dann in den 1. Stock. Großer Ballsaal mit alter, getäfelter Holzdecke. In der Mitte Tische, vorne Tanzfläche. Hier wird meist paarweise getanzt (z. B. afrikanische *Mornas*). Das B.Leza füllt sich erst spät nachts und wird vor allem von Afrikanern besucht. Täglich Live-Musik kapverdianischer Bands und Sänger ab 1 Uhr. Für sie ist das B.Leza eine bereits legendäre Talentschmiede. Der Name stammt übrigens von einem kapverdianischen Dichter und bedeutet gelesen "Schönheit". Unter der Woche Mindestverzehr 5 €, am Wochenende 10 €. Bier 3 €.

Kapital (24), Av. 24 de Julho, 68, ✆ 213955963. Di–Sa von 23 bis 6 Uhr morgens, So/Mo zu. Die selbst ernannte Königin der Lissabonner Nächte. Von außen ganz in Weiß gehalten. Am Eingang steht der gefürchtetste Portier Lissabons. Gefällt ihm jemand nicht oder ist ihm zu schlecht angezogen, so bezahlt man 50 € Mindestverzehr. Also besser gleich mit Anzug und Krawatte auflaufen... In die Wände der Tanzfläche sind sechs große Ventilatoren eingelassen, die den Raum aufzufressen drohen. Im 1. Stock findet man eine Bar, eine weitere Bar ganz oben im 2. Stock mit Spiegel glänzendem Marmorboden und blauen Designer-Sofas. Dicke, phallische Säulen in der Mitte. Am Ende der Bar eine Terrasse mit Tejo-Blick und zwei ca. 5 m hohen Fackeln. Kommerzielle Dancefloor-Musik. Gemischtes Publikum, denen aber eines gemein ist: Viel *Kapital*. Bier 5 €.

Alcântara (s. Karte S. 296/297)

Alcântara Mar-Club (8), Rua da Cozinha Económica, 11, ✆ 213645250. Hinter dem Pingo Doce Hypermarkt, unweit des Bahnhofs Alcântara-Mar. Do/Fr/Sa und vor Feiertagen von 23.30 bis 7 Uhr morgens geöffnet. So–Mi geschlossen. Wird erst richtig voll, wenn die Bars gegen 2 Uhr schließen. Legendäre, 1987 eröffnete "Kathedrale" des House. House ist "music for those who know" bzw. "eine geballte Ladung Information", für den nüchternen Zuhörer eher eine Folge des technischen Fortschritts. House und Techno-Freaks jedenfalls sind im Alcântara-Mar genau richtig. Hier haben schon alle DJs aufgelegt, die in Portugal Rang und Namen haben. Das Alcântara war der erste Club an der 24 de Julho und die erste größere Disco überhaupt in ganz Portugal. Jedoch Ende der 90er ein paar Jahre lang geschlossen. Seit 2002 mit neuem Schwung zurück, leider ohne die frühere neo-barocke Einrichtung. Dafür modernes Design in rot. Auf den Bartresen tanzen an manchen Tagen Vortänzer und Vortänzerinnen – die *Alcântara-Dancers* – in ziemlich knappen Klamotten. Eintritt variabel ab 5 €. Bier 2,50 €. Wer nicht genug bekommen kann, der sollte sich die CDs der Serie Alcântara-Mar/The House of Rhythm Vol. I-III mit dem typischen Alcântara-Sound zulegen (erschienen in Portugal bei EMI/Valentim de Carvalho).

Blues Café (9), Rua de Cintura do Porto de Lisboa, Armazém H, Edifício 226, ✆ 213957085, ✉ 213957106. Di–Sa von 20 bis 5 Uhr morgens, So und Mo Ruhetage. In der Nähe der Av. Infante Santo an der Doca de Alcântara gelegen. Nebenan einige weitere Discos. Der Boden der großen, ehemaligen Lagerhalle wurde mit dunklem Parkett ausgelegt und die Wände mit Ziegelsteinen verkleidet. Dadurch gelang es, eine sehr angenehme Atmosphäre zu schaffen. Hier wird getreu nach dem Motto *In Blues we trust* natürlich Blues gespielt. Bis 1 Uhr serviert die Küche Gerichte aus Louisiana (Reservierung empfohlen), ab 21 Uhr auch Bar- und Diskobetrieb. Bier 2,50 €.

Paradise Garage (2), Rua João de Oliveira Miguens, 34–48, ✆ 213957157. Unter dem Rollband, das die beiden Bahnhöfe in Alcântara miteinander verbindet. Fr und Sa 24–08 Uhr und anlässlich von Konzerten geöffnet. Dazu After-Hours am Sa 7–13 Uhr und So 9–15 Uhr. Besonders als Veranstaltungsort zahlreicher kleinerer Rock- und Popkonzerte portugiesischer und internationaler Bands beliebt und bekannt. Große, lichte Halle im ersten Stock. Lüftungsrohre prägen das Ambiente. Vorne eine Bühne, hinten eine Galerie, unter der Platz für den DJ mit seinem großen Mischpult ist. Fr Popmusik, Sa House. Mindestverzehr bzw. Eintritt je nach Konzert. Bier 3 €.

Rockline (3), Rua das Fontainhas, 86, ✆ 213637851. Im Stadtteil Alcântara, ganz in der Nähe des Largo do Calvário. Mi-Sa 24 bis 7 Uhr morgens geöffnet. Erst gegen 2 Uhr wird es voller. Die Rockmusikdisko an der 24 de Julho. Viel Hard'n'Heavy und das extrem laut. Unten Bar sowie düstere Tanzfläche mit großer Spiegelkugel. Oben Barbereich mit Billard, Tischfußball und Essensmöglichkeit. Jüngeres, informelleres Publikum als in den anderen Diskotheken an der 24 de Julho. Mindestverzehr Mi/Do 5 €, sonst 7,50 €.

Nächtlicher Hunger

Durch das gewöhnlich bis in die Morgenstunden andauernde Nachtleben kommt es in Lissabon oft dazu, dass man mitten in der Nacht etwas essen will. Daher haben einige Restaurants für europäische Verhältnisse ungewöhnlich lange geöffnet.

Besonders in der Nähe der Docas und in der 24 de Julho sind Straßenverkaufswagen (*roulottes*) ein steter nächtlicher Begleiter. Sie tauchen nachts plötzlich aus dem Nichts auf und haben bis in die frühen Morgenstunden geöffnet. Angeboten werden neben Hot Dogs und *bifanas* (Schweineschnitzel im Brötchen) günstige Getränke. Manchmal lässt die Qualität allerdings zu wünschen übrig.

Bairro Alto (s. Karte S. 276/277)

Pão com Chouriço-Bäckerei (12), Rua da Rosa, 186. Im nördlichen Teil des Bairro Alto. Täglich außer in der Nacht von Sa auf So offen. In dieser Bäckerei gibt es leckere Brote mit Räucherwurst (*pão com chouriço*), eine portugiesische Spezialität, die man sich nicht entgehen lassen sollte. Wer Glück hat, der bekommt ein noch heißes Brot frisch aus dem Ofen.
Restaurants: Empfehlenswert für späte Abend- und Nachtessen sind z. B. die Lokale *Cervejaria da Trindade*, *Portugália-Rio* und *Real Fábrica* (Adressen s. "Essen" ab S. 162).

Lapa/Madragoa (s. Karte S. 282/283)

Merendeira de Santos (21), Av. 24 de Julho, 54, ✆ 213972726. Gegenüber dem Bahnhof Santos. Täglich von 19 bis 7 Uhr morgens. Mit einfachen Holzbänken und -tischen eingerichtetes Restaurant, in dem abends und nachts *pão com chouriço* (Räucherwurstbrot) frisch aus dem glühenden Holzofen verkauft wird (1,50 €). Wer will, kann für den gleichen Preis auch die typisch portugiesische Kohlsuppe *caldo verde* probieren. Dazu gibt es Nachtische wie *arroz doce* (süßer Milchreis). Preiswerte Getränke, so z. B. Bier für 0,90 €. Das Erfolgsrezept der Merendeira ist an der 24 de Julho inzwischen bereits mehrmals kopiert worden.

Mufla (10), Travessa do Pasteleiro, 57. Unweit der Av. 24 de Julho. Ab 23 Uhr bis 7 Uhr morgens geöffnet (So Ruhetag). Am Eingang klingeln. Sieht außen etwas heruntergekommen aus, das Innere ist aber besser in Schuss. Hier gibt es Kohlsuppe (*caldo verde*), flambierte Räucherwurst (*chouriço assado*) und Brötchen mit Schnitzel (*sandes com carne assada*). Bier 1,50 €. Nach einem Discobesuch wirkt das Ambiente sehr heimelig und ruhig. Das Restaurant heißt *Mufla* (Töpferei), weil hier früher eine Töpferei unterbracht war. Geführt von einem sympathischen Angolaner. Gute Musikauswahl verschiedenster Richtungen.

Doca de Belém: Ausgangspunkt für Segeltörns

Sport

Wer sich in der Region Lissabon sportlich betätigen möchte, findet vor allem hervorragende Bedingungen für den Wassersport. Nirgendwo anders kann man in Europa in der Nähe einer Hauptstadt so gut windsurfen, wellenreiten oder bodyboarden. An guten Golf- und Tennisplätzen ist ebenfalls kein Mangel.

Nicht zuletzt kommen auch die Schwimmer wegen der Lage am Meer auf ihre Kosten. Für die Einheimischen gilt dies bemerkenswerterweise nur eingeschränkt, denn sehr viele Portugiesen können nicht schwimmen. Das liegt zum einen am Schwimmbadmangel, zum anderen daran, dass sich der raue Atlantik zum Schwimmen lernen nicht so sehr eignet.

Der Spitzensport ist in Portugal ebenfalls noch wenig entwickelt. Nur wenige Portugiesen oder Portugiesinnen haben bisher olympisches Gold gewonnen. Einzig die Langstreckenläufer, insbesondere Carlos Lopes, Rosa Mota oder Fernanda Ribeira, bilden mit ihren Erfolgen eine Ausnahme. Bei den Mannschaftssportarten ist Portugal im Rollhockey internationale Spitze, und im Fußball gibt es hin und wieder viel versprechende Ansätze, ohne dass bisher ein größerer Erfolg der Nationalmannschaft herausgesprungen wäre.

Baden im Meer

Ein Bad im atlantischen Ozean kann ein herrliches Vergnügen sein, allerdings sollte man dabei Vorsicht walten lassen: Der Atlantik ist ein gefährliches Gewässer! Wegen der hohen Brandung und den starken Strömungen ist das Schwimmen an der gesamten portugiesischen Atlantikküste nicht ganz ungefährlich.

Verhaltensregeln: Es empfiehlt sich, nicht senkrecht zur Küste aufs offene Meer zu schwimmen, da man die eigenen Kräfte schnell überschätzt. Besser ist es, parallel zur Uferlinie zu schwimmen. Nicht verzweifelt direkt gegen die Strömung ankämpfen! Es ist in Extremsituationen besser, schräg zu ihr zu schwimmen und 100 oder 200 m weiter an das Ufer zu gelangen, wo die Strömung nicht mehr so heftig ist. Generell sollte man nicht zögern, frühzeitig um Hilfe zu rufen. Gehen Sie bei starkem Wellengang nicht ins Wasser! Die Brandung kann so stark werden, dass sie selbst auf Sandboden Wirbelsäulenbrüche verursachen kann. Eine Bitte noch: Keinen Abfall ins Meer werfen. Eine Plastikflasche braucht beispielsweise 450 Jahre, bis sie verrottet ist.

Überwachte Strände: Hier werden drei Arten von Flaggen gehisst: Grün bedeutet, dass das Baden unbedenklich möglich ist (geringer Wellengang); Gelb heißt, man darf sich nur so weit ins Wasser wagen, wie man stehen kann (Schwimmen verboten); bei gehisster roter Flagge ist es zu gefährlich und deswegen auch ausdrücklich verboten, ins Wasser zu gehen. Eine zusätzlich angebrachte karierte Flagge zeigt an, dass der Strand vorübergehend ohne Aufsicht ist. An manchen Stränden gibt es so genannte *Zonas Concessionadas*, für Strandkörbe oder Sonnenschirme reservierte Bereiche. Meist werden diese Vorgaben aber nicht strikt befolgt. In jedem Fall sollte man für Bodyboarder oder Surfer (Wellenreiter) reservierte Wasserzonen meiden. Ein Zusammenstoß mit einem Surfboard kann zu schweren Verletzungen führen.

Sonnenschutz: Sonnencreme mit einem Faktor über 10 ist insbesondere für hellere Hauttypen empfehlenswert, bei Kindern am besten über 15. Auch bei bewölktem Himmel kann man sich im Hochsommer Portugals vor allem zur Hauptsonnenzeit zwischen 12 und 15 Uhr ordentlich verbrennen. Sonnenmilch ist in Lissabon übrigens in gut sortierten Supermärkten erhältlich.

Wassertemperaturen: Sie sind an der portugiesischen Westküste durchweg niedriger als im Mittelmeer oder an der Algarve. Im Sommer liegen die Temperaturen bei ca. 18 °C. An der Lissabonner Küste kann man von Mitte März bis Mitte November baden; im März ist das Wasser mit ca. 14 °C allerdings noch sehr erfrischend.

Erfrischendes Nass

Nacktbaden: Bis Ende der 70er Jahre riskierten nackt badende Sonnenanbeter, von Polizisten mit Gummiknüppeln verprügelt zu werden. Diese Zeiten sind jedoch vorbei. Seit 1995 und 1996 gibt es südlich von Lissabon sogar die beiden ersten offiziellen FKK-Strände Portugals: Die Praia da Bela Vista an der Costa da Caparica und die Praia do Meco etwas weiter südlich in der Nähe von Aldeia do Meco. "Oben-ohne-Baden" ist an vielen Stränden, besonders an der Costa do Estoril, durchaus üblich. Mancherorts stößt dies jedoch immer noch auf wenig Gegenliebe. Am besten schaut frau sich vorher um, ob sich schon andere enthüllt haben.

Seebäder an der Lissabonner Küste

Die bekanntesten Badeorte sind Cascais, Estoril und Costa da Caparica. Das Angebot ist vielfältig: In der Umgebung der portugiesischen Hauptstadt gibt es neben kleinen, versteckten Badebuchten auch kilometerlange Sandstrände. In Lissabon selbst ist das Baden leider aufgrund der hohen Verschmutzung des Tejo nicht möglich. Während es den Katalanen in Barcelona gelang, einen halbwegs sauberen Strand direkt neben dem Hafen zu schaffen, bleibt dies für die Lissabonner noch Zukunftsmusik.

Linha de Cascais: Hier erstreckt sich die so genannte *Costa do Estoril*, die auch Costa do Sol (Sonnenküste) genannt wird und von Algés bis Guincho reicht. Dieser Küstenabschnitt ist durch kleine, z. T. felsige Sandstrände geprägt. Aufgrund der Nähe zur Hauptstadt sind die Strände an Wochenenden oft bis auf den letzten Platz besetzt. Besonders eng wird es bei Flut, welche die ohnehin kleinen Strände oft fast völlig verschwinden lässt. In diesem Küstenbereich ist der Atlantik eher ruhig, im Sommer gibt es mit Ausnahme des exponiert gelegenen Strandes von Guincho nur selten größere Wellen. Auch für Kinder finden sich hier geeignete Bademöglichkeiten, da die Strände meist flach abfallen. An den Stränden nahe der Tejomündung ist die Wasserqualität aber sehr schlecht, da der Fluss einen Großteil der Abwässer Lissabons mit sich führt. Man sollte sich erst ab Oeiras ins Wasser wagen. Das Wasser an den Stränden von Carcavelos, Estoril und Cascais ist aber so sauber, dass man dort unbesorgt schwimmen kann.

Linha de Sintra/Nördlich von Lissabon: Die Westküste erstreckt sich vom Cabo da Roca nach Norden bis Ericeira. Viele dieser Sandstrände sind von spektakulären Felsformationen begrenzt. Trotz der langen Anfahrt von Lissabon können die Badebuchten auch hier recht bevölkert sein. Das Wasser ist vielerorts von ausgezeichneter Qualität, da an diesem Küstenstreifen keine größeren Orte liegen. An der Westküste sollte man beim Schwimmen unbedingt auf die Brandung achten, die dort oft gefährlich hoch wird. Die Wellen können schnell drei bis vier Meter erreichen. Für geübte Schwimmer kann es ein herrliches Vergnügen sein, sich in die schäumenden Wellen zu stürzen und von ihnen mittragen zu lassen. In Anbetracht der schwer berechenbaren Strömungen sollte man sich aber besser nur dort weiter ins Wasser wagen, wo schon andere baden!

Südlich von Lissabon: Hier findet man die teils traumhaften Stände der *Costa Azul* ("Blaue Küste") von der Costa da Caparica bis Tróia. Vor allem die langen Sandstrände der Costa da Caparica, die sich über 35 Kilometer lang fast bis an das Cabo Espichel erstrecken, bieten bedeutend mehr Platz als an der Costa do Estoril. Zwischen dem Cabo Espichel, Sesimbra und Setúbal findet man dagegen nur noch kleine, zwischen den hoch aufragenden Klippen der Serra da Arrábida und ihrer Ausläufer versteckte Buchten. Im Sommer kann es hier recht voll werden, wenn die Tagesausflügler kommen. Südlich der Sado-Mündung bei Setúbal beginnt ein Sandstrände über ein Länge von 60 km von Tróia nach Süden. Der Wellengang erreicht an der Costa Azul Lissabons meist nicht ganz die Stärke der nördlich gelegenen Westküste.

222 Lissabon/Sport

Nicht jeder darf überall ins Wasser – Schilder beachten!

Die saubersten Strände

Folgende Strände in der Umgebung Lissabons haben 2002 die blaue Flagge erhalten, ein EU-Gütesiegel, das nur erteilt wird, wenn ein Strand einen bestimmten Standard in puncto Sauberkeit, Umweltschutz und Überwachung erreicht hat:

Linha de Cascais: Praia das Moitas (Estoril), Praia do Guincho.
Linha de Sintra: Praia Grande, Praia da Adraga, Praia de Magoito, Praia de São Julião.
Nördlich von Lissabon: Santa Cruz (Torres Vedras), São Lourenço (Ericeira).
Südlich von Lissabon: Troiamar (Tróia).

Informationen: *Associação Bandeira Azul da Europa*, Edifício Bartolomeu Dias, 11–1°-Gab. 8, Doca de Alcântara, 1250–237 Lisboa, ✆ 213942740, www.abae.pt.
Die genauen Wasseranalysen der einzelnen Strände veröffentlicht das Umweltinstitut *Instituto do Ambiente* im Internet unter www.iambiente.pt.

Schwimmbäder

Öffentliche Schwimmbäder (*piscinas*) sind rar, meist gehören sie zu Hotels oder Sportvereinen. Die wenigen frei zugänglichen sind teilweise recht teuer. Günstig sind dagegen die städtischen Schwimmbäder, die *Piscinas Municipais*.

Lissabon: *Piscina Municipal do Areeiro*, Av. de Roma, 26/28, ✆ 218437500 (Metro Roma, Av. Novas). Ein 25m-Hallenbecken.
Piscina Municipal dos Olivais, Av. Doutor Francisco Luís Gomes, ✆ 218514630 (Busse 44 und 31, Haltestelle Piscina Olivais; Osten). Großer Sportkomplex in der Nähe der Avenida de Berlim. Ein 50m langes Freiluft-Becken, sowie ein überdachtes 25m-Becken.
Piscina Municipal da Penha de França, Calçada do Poço dos Mouros, 2, ✆ 218161750 (Metro Arroios, Av. Novas). Ein 25m-Becken in einer kleinen Halle.
Ateneu, Rua das Portas de Santo Antão, ✆ 213430947 (Metro Restauradores, Baixa). Historisches Schwimmbad im Zentrum Lissabons. Durch die Tür mit der Aufschrift "Ateneu", in den 2. Stock hoch, über das Basketballfeld und dann die Treppen hinten ins Freie nach oben bis zum überdachten

Schwimmbad. Badekappe vorgeschrieben. Mittlere Preislage.

Health Club Solinca Colombo, Centro Comercial Colombo, Av. Lusíada, ✆ 217113650 (Metro Colégio Militar/Luz, Benfica). Teures privates Schwimmbad im Colombo-Einkaufszentrum.

Health Club Solinca Vasco da Gama, Centro Comercial Vasco da Gama, Av. Dom João II, ✆ 218930706 (Metro Oriente, Osten). Privates Schwimmbad im Fitness-Club des Vasco da Gama-Einkaufszentrums.

Oeiras: *Piscina Oceânica.* Ozeanschwimmbad in der Nähe der Jugendherberge u. dem Forte São Julião da Barra. Mittlere Preislage.

Estoril: *Piscinas do Tamariz*, Praia do Tamariz. Recht teures Freibad in Privatbesitz.

Praia Grande: *Hotel das Arribas.* Mit 100 m Länge eines der größten Meerwasserschwimmbecken Europas. Gehört zu einem Hotel, ist aber öffentlich zugänglich.

Mafra: *Parque Desportivo Municipal Engenheiro Ministro dos Santos.* Städtisches Schwimmbad im Stadtpark.

Ericeira: *Campingplatz Mil Regos.* Günstiges, städtisches Freibad neben dem Campingplatz.

Vila Franca de Xira: *Piscina Municipal*, Povos. Im Parque Municipal de Campismo, ca. 1,5 km vom Bahnhof entfernt außerhalb des Zentrums, Richtung Norden am Berg (wenige 100 m westlich der A1). Freibad mit drei Becken und Sprungturm. Günstige Preise.

Bowling

Im Parque das Nações kann man in einer ehemaligen Weltausstellungshalle in Ruhe ein paar Kugeln "schieben":

Bowling Internacional de Lisboa – BIL, Alameda dos Oceanos, Parque das Nações, ✆ 218922521 (Metro Oriente, Osten). Gegenüber dem Pavilhão Atlântico. Etwa 20 Bahnen. Ein Spiel kostet zwischen 3,50 und 4,50 €. Spezielle Bowling-Schuhe sind Vorschrift (Miete 1 €). Täglich 12–02 Uhr (Fr und Sa bis 04 Uhr).

Golfen

Im Großraum Lissabon liegen einige der schönsten Golfplätze Europas, teilweise sind sie recht anspruchsvoll. Besonders viele Plätze gibt es um Cascais.

Lissabon: *Clube de Golf Belavista Lisboa*, Av. Avelino Teixeira da Mota, Bairro do Relógio, Lisboa, ✆ 218310860, ✉ 218310861 (Osten, Bus 10 ab Metro Areeiro). Die Anlage des 9-Loch-Kurs besticht mehr durch die exponierte Lage hoch über dem Stadtgetümmel mit weitem Blick, als durch Eleganz. Ganz in der Nähe zum Flughafen. Auch Golfkurse. Täglich 8–21 Uhr. Greenfee ca. 27 €.

Estoril: *Golf do Estoril*, Av. da República, Estoril, ✆ 214680176, ✉ 214682796. In Estoril an der Straße nach Sintra. Der 18-Loch-Kurs ist nicht ganz so elegant angelegt wie die zwei anderen u. g. Plätze, liegt dafür aber direkt in Estoril. Spieler ohne Handicap-Proof sind auf dem Hauptplatz nicht zugelassen. Vergleichsweise günstig: Greenfee ca. 50 €.

Zahlreiche Golfplätze liegen in Lissabon und Umgebung

Cascais: *Quinta da Marinha*, Quinta da Marinha, Cascais, ✆ 214869881, ✉ 214869032. Ein von Robert Trent Jones entworfener 18-Loch-Kurs zwischen Cascais und Guincho, wunderschön über dem Atlantik gelegen. An Wochenenden dürfen nur Spieler mit einem Handicap-Proof von 28 (Herren) oder 36 (Damen) auf den Platz. Greenfee ca. 75 €.

Sintra: *Penha Longa*, Quinta da Penha Longa, Estrada da Lagoa Azul, Linhó, Sintra, ✆ 219240014, ✉ 219249024. Einer der renommiertesten Golfplätze Europas am Rande der Serra de Sintra. Etwa auf halbem Weg nach Cascais bei Linhó zu finden. Zwei Parcours mit 18 (Par 72) bzw. 9 Löchern (Par 35). 78 ha Fläche innerhalb des Golfplatzes sind Naturschutzgebiet mit bizarren Felsformationen. Entworfen von Robert Trent Jones und einer der wenigen wirklich hügeligen Golfplätze Europas. In das Clubhaus ist ein ehemaliges Kloster mit dazugehöriger Kirche des Jerónimos-Ordens aus dem Jahr 1355 integriert; das Kloster diente später als königliche Stallung. Innerhalb des Golfressorts gibt es auch ein Luxushotel mit 177 Zimmern; Tennis- und Reitmöglichkeit, Schwimmbäder und diverse Appartementanlagen. Der teuerste Golfclub der Region: Greenfee bis zu 100 €.

Infos im Internet: www.portugalgolf.pt.

Joggen

Zum Laufen oder Inlineskaten bietet sich in Lissabon besonders das Tejoufer mit seinen langen Promenaden an. Gut ausgebaut sind sie zwischen den Stadtteilen Alcântara und Belém (siehe Karten "Alcântara" S. 296/297 und "Belém/Ajuda" S. 302/303). Auch der östliche Tejoabschnitt rund um den Parque das Nações ist zu empfehlen (siehe Karten Osten S. 323). Wer lieber im Grünen joggt, sollte im Parque Eduardo VII seine Runden drehen (siehe Karte "Avenidas Novas" S. 266/267). Trimm-dich-Pfade gibt es in Ajuda neben den Moinhos de Santana und im Monsanto-Park am Espaço Monsanto (s. "Sehenswürdigkeiten" S. 313 und 318).

Im Frühjahr ist Lissabon Veranstaltungsort der **Meia Maratona Cidade de Lisboa**. Der Marathon über die halbe Distanz verläuft von Almada über die Brücke des 25. April mit herrlicher Aussicht nach Belém.

Reiten

Für Pferdeliebhaber empfiehlt sich ein Besuch des nördlich von Lissabon gelegenen Vororts Vila Franca de Xira: Hier liegt mit dem *Centro Equestre da Lezíria Grande* die bedeutendste Reitschule Portugals. Sie ist die einzige Schule der Welt, an der noch das klassische Dressur-Reiten des 18. Jh. unterrichtet wird.

Oeiras: *Centro Hípico de Leião*, Estrada das Pedreiras, Leião, Porto Salvo, ✆ 214210017, ✉ 214210029. Großes Reitzentrum nördlich von Oeiras.

Cascais/Guincho: *Escola de Equitação da Quinta da Marinha*, ✆ 214869084, ✉ 214869775. Reitschule in der Quinta da Marinha.
Clube de Campo Dom Carlos I, ✆ 214871403. Ebenfalls in der Quinta da Marinha.

Sintra: *Picadeiro de Seteais*, Hotel Palácio de Seteais, Estrada de Monserrate, ✆ 219233200, ✉ 219234277. Reitstall des Seteais-Hotels.

Mafra: *Tapada de Mafra*, hier werden täglich Reittouren angeboten (s. S. 423).
Escola de Equitação, Parque Desportivo Municipal Engenheiro Ministro dos Santos, ✆ 261819200. Reitschule.

Arruda dos Vinhos: Schöne Reiterferien lassen sich auf der *Quinta de São Sebastião* verbringen (s. Arruda dos Vinhos S. 438).

Vila Franca de Xira: *Centro Equestre da Lezíria Grande*, Estrada Nacional, 1, Povos, 2600 Vila Franca de Xira, ✆ 263285160, ✉ 263285169. Das Zentrum der portugiesischen Reitkunst befindet sich in Povos, ca. 1,5 km nördlich von Vila Franca de Xira, Richtung Porto. Reiterferien in Kombination mit diesem Zentrum werden u. a. auf der Quinta de Santo André angeboten (s. Vila Franca de Xira S. 441). Für Anfänger ist dies aber nicht geeignet.

Montijo/Rio Frio: *Centro Hípico de Rio Frio*, Rua José M. Santos, Rio Frio, Pinhal Novo, ✆ 212319516. Große Reiterschule direkt neben der Palast von Rio Frio (s. Montijo/Übernachten S. 452).

Segeln

Zum Segeln bieten sich um Lissabon vor allem die Flussmündung des Sado bei Setúbal oder die Bucht von Cascais an. Besonders wenn der kräftige Nordwind, die *Nortada*, bläst, macht das Segeln Spaß. Anlegemöglichkeiten für Segelschiffe bieten in Lissabon im Stadtteil Belém die Doca do Bom Sucesso kurz hinter der Torre de Belém sowie die Doca de Belém neben dem Padrão dos Descobrimentos. Im Stadtteil Alcântara kann an der Doca de Santo Amaro und an der Doca de Alcântara. Das sind die beiden Anlegeplätze, die am nächsten zum Stadtzentrum liegen. In Cascais verfügt die moderne Marina über viel Anlegeplatz und mehrere Läden mit Segelzubehör sowie Reparaturbetriebe.

Informationen Federação Portuguesa de Vela, Doca de Belém, 1400–342 Lisboa, ℡ 213658500, ℻ 213620215, www.fpvela.pt.

Kaum Wellengang: Tejo-Binnenmeer bei Vila Franca

Tauchen und Schnorcheln

Empfehlenswerte Tauchbasen um Lissabon sind Mangelware. Schade ist dies angesichts der interessanten Felsformationen, die es insbesondere um Sesimbra und Cascais zu sehen gibt. Dort erstrecken sich vor der Boca do Inferno, einer "Höllenschlund" genannten Vertiefung in der Felsküste, wahre Unterwasserlabyrinthe. Außerdem liegen zahlreiche Wracks in der stark befahrenen Tejo-Einfahrt vor Lissabon.

Mit Rochen, Tintenfischen, Skorpion-Fischen und hin und wieder sogar Delphinen aus der Sado-Bucht gibt es hier auch einiges an "Leben" zu sehen. Wer sich allerdings eine Artenvielfalt wie im Roten Meer oder auf den Galapagos-Inseln verspricht, wird jedoch im Atlantik enttäuscht werden. Auch die stark schwankende Sichtweite kann dabei nicht mit "karibischen" Verhältnissen konkurrieren: In ungünstigen Fällen beträgt sie nur drei Meter, es können aber auch deutlich mehr werden.

Der Atlantik vor Lissabon ist dennoch ein interessantes Tauchgebiet, sodass es sich für Taucher lohnen kann, die eigene Ausrüstung ins Gepäck zu packen. Dabei sollte man einen warmen, mindestens 7 Millimeter dicken Neoprenanzug samt Weste oder einen Trockentauchanzug mitnehmen, da die Temperaturen des Atlantiks mit 13–15 Grad recht erfrischend sind. Um als Tourist tauchen zu dürfen, benötigt man den Grundschein einer internationalen Tauchorganisation wie CMAS (Bronze/1-Stern) oder PADI (Open Water).

Gesetzlich ist die maximale Tiefe in Portugal auf 40 m begrenzt. Mehr ist nur mit einer mobilen Druckkammer an Bord des Bootes erlaubt, de facto ein unüberwindbares Hindernis. Pressluft-Flaschen können bei Tauchbasen und mit Glück auch bei Feuerwehrstationen aufgefüllt werden.

Zum **Schnorcheln** sind in der Lissabonner Umgebung vor allem die Strände bei Sesimbra sowie um Estoril und Cascais geeignet. Die Jagd von Fischen und das Benutzen von Harpunen oder ähnlichem unter Wasser ist generell verboten, weil diese Methode schnell zu einer erheblichen Dezimierung des Fischbestands führen würde. Auch Pflanzen, Muscheln und andere Meerestiere zu entnehmen, ist in Portugal nicht erlaubt – echte Sporttaucher verzichten aber sowieso darauf, um die Ozeane zu schonen.

Tauchläden und -basen

Lissabon: *Escola de Mergulho de Lisboa – EML*, Rua São Filipe Nery, 39-B, ✆ 213885295, ✆ 213873216 (Metro Rato, Amoreiras). Gut ausgestattetes Tauchgeschäft. Verleih von Gerät, Anzügen und Flaschen möglich. Kompressor zum Füllen vorhanden. Auch Ausbildung nach PADI-Richtlinien sowie Wochenendausflüge an die Küste vor Sesimbra. *Grandes Armazéns El Corte Inglés*, Av. António Augusto Águiar, 31 (direkter Zugang von Metro São Sebastião). Das spanische Kaufhaus verfügt über eine kleine Tauch-Abteilung.

Cascais: *Exclusive Divers*, Av. Infante Dom Henrique, 540–9A, Cascais, ✆ 214868099. Die Basis des Deutschen Fabian Reicherdt an der Praia da Duquesa verleiht Geräte und füllt Flaschen. Es werden auch Bootstouren organisiert, eine Möglichkeit für Fortgeschrittene, die eigenverantwortlich tauchen. Anfängern kann der Autor nach seinen persönlichen Erfahrungen dagegen die Basis nicht empfehlen.

Tennis und Squash

In Portugal ist das Tennisspielen längst nicht so verbreitet wie in Deutschland. Dennoch gibt es eine Reihe von guten Plätzen in Lissabon und der Umgebung, hier besonders an der *Linha de Cascais*. Auch einige Hotels verfügen über eigene Tenniscourts.

Lissabon: *Clube VII*, Parque Eduardo VII, ✆ 213825786, ✆ 213865820. Tennis- und Fitness-Club im Westen des Stadtparks (erkennbar an den hohen Blechdächern). Mehrere Sandplätze. Benutzbar nur gegen eine sehr teure Tagesgebühr von 25 € oder als Mitglied.
Lisboa Racket Centre, Rua Alferes Malheiro, ✆ 218460232, ✆ 218460241 (Av. Novas). In der Nähe des Flughafens. Bus 44 und 45 ab Metro Entrecampos bis Halt Pote de Água. 9 Tartan-Plätze im Freien. Relativ teuer.
Tenisring Clube, Lado Oriental do Campo Grande, Edifício Caleidoscópio, ✆ 217594142 (Metro Campo Grande). Zwei günstige Asphaltplätze inmitten des Campo Grande. Mäßiger Zustand.
Health Club Solinca Colombo, Centro Comercial Colombo, Av. Lusíada, ✆ 217113650 (Metro Colégio Militar/Luz, Benfica). Fitness-Club im Colombo-Einkaufszentrum mit Squash-Möglichkeit (kein Tennis).
Cruz Quebrada: *Complexo Desportivo do Jamor*, Estádio Nacional, ✆ 214146041. Zahlreiche Plätze neben dem Nationalstadion. Hier wird auch das Turnier Estoril-Open ausgetragen.
Carcavelos: *Carcavelos Ténis*, Praça Junqueiro, 2, ✆ 214563668. Mehrere Plätze in der Nähe des Hotels São Julião.
Estoril: *Clube de Ténis do Estoril*, Av. Conde de Barcelona, ✆ 214658430. 18 Plätze in der Nähe der Autobahnauffahrt im Norden Estorils. Ursprungsort des renommierten Turniers *Estoril-Open*.
Praia das Maçãs: *Cervejaria Búzio*, ✆ 219292172. Drei Plätze am Ortseingang.

Wellenreiten und Bodyboarden

Das **Wellenreiten** erfreut sich in Portugal größerer Beliebtheit als in jedem anderen Land Europas. Kein Wunder, denn an der rauen Atlantikküste findet man ideale Bedingungen für diesen Sport. Wellenreiten wird in Portugal und in diesem Buch übrigens als Surfen bezeichnet. Anfänger sollten sich darüber im Klaren sein, dass das Surfen wesentlich schwieriger ist, als es aussieht. Man braucht viel Geduld und Übung, allein schon um durch die Wellen zu kommen, sie einschätzen zu lernen und schließlich noch auf dem Brett stehen zu können. In Ericeira kann man aber in einer Deutschen Surfschule die Feinheiten des faszinierenden Sports erlernen.

Das **Bodyboarden**, bei dem man im Unterschied zum Wellenreiten auf dem Brett liegen bleibt, ist besonders bei Kindern beliebt. Ein Bodyboard ist kleiner, leichter und wesentlich billiger als ein Surfbrett, das um die 300 € kostet. Hinzu kommen in beiden Fällen die Kosten für einen Anzug, der vor dem kaltem Wasser schützt (ca. 180 €) und die Leine (*Leach*), mit der man das Brett befestigt (ca. 20 €). Bodyboarder brauchen zudem noch ein Paar Flossen.

Surfen - Populärer Jugendsport

Kleines Surfer-ABC

- Informiere Dich vorher über das Surfrevier! Auskunft können Rettungsschwimmer und andere Surfer geben. Spezielle Achtung gilt dabei Felsen an der Küste und im Wasser! Höchste Vorsicht vor Strömungen: Auf einem Surfbrett ist man ihnen viel stärker ausgeliefert, als man vermuten würde!
- Nie alleine surfen! Am besten zu dritt, dann kann bei einem Unfall einer Hilfe holen, während der Dritte sich um den Verletzten kümmert.
- Die Leine immer vor Betreten des Wassers am Fuß befestigen!
- Genügend Abstand zu Badenden wahren!
- Überschätze Deine Grenzen nicht! So sollte man anfangs nie hinter die letzte Welle hinauspaddeln – die Strömung kann einen unbarmherzig aufs offene Meer ziehen, und bis zu den Azoren sind es über 1.000 km!

Surfspots

Linha de Cascais: Besonders gut für Anfänger geeignet ist der große Sandstrand von Carcavelos. Ebenfalls gut surft es sich am Strand von São Pedro do Estoril und in São João do Estoril an der engen felsigen Praia da Azarujinha, die aber nur Könnern zu empfehlen ist. Direkt daneben ist die Praia da Poça gut geeignet für Bodyboarder. Die Strände an der *Linha de Cascais* sind vor allem im Frühjahr und Herbst interessant, im Sommer (Juli/August) sind die Wellen dagegen oft "flat" (flach) und unbrauchbar. Die Küste von Guincho dagegen ist mit ihren gefährlichen Strömungen nichts für Anfänger, für Erfahrene aber das ganze Jahr eine Herausforderung.

Linha de Sintra: Im Gebiet um Sintra findet sich an der Praia Grande der beste Surfspot für Anfänger. Hier gibt es weit und breit keine Felsen, kaum Strömungen und zudem sehr *cleane* (saubere) Wellen.

Nördlich von Lissabon: Hier liegen bei Ericeira zwei der besten Spots Europas mit den höchsten Wellen der Umgebung: die Praia Ribeira d'Ilhas (Achtung starke Strömung!) und die Praia dos Coxos, letztere ist aber nur für Profis geeignet. Anfänger sollten es in Ericeira am besten am Strand im Zentrum, der Praia do Algodio, versuchen.

Südlich von Lissabon: Anfängerfreundlich sind die Strände der Costa da Caparica, besonders die Praia do Rei und die Praia da Sereia, beide etwa auf halbem Weg nach Fonte da Telha.

Informationen: Infos über Wellenzustand auf den Internetseiten des portugiesischen Surfverbandes, der *Federação Portuguesa de Surf*: www.fps.pt und bei www.surftotal.tv.

Surfläden

Lissabon: *Lightning Bolt*, Centro Comercial Vasco da Gama, Piso 2, Loja 6, ✆ 218951270 (Metro Oriente, Osten). Vor allem Mode, aber auch kleine Auswahl an Brettern und Anzügen.
Windsurf Guincho, Av. Engenheiro Duarte Pacheco, Centro Comercial das Amoreiras, Loja 1096, ✆ 213833193 (Metro Rato, Amoreiras). Trotz des viel versprechenden Firmennamens kaum Windsurf-Equipment, aber gute Anzüge. Etwas teuer, manchmal Sonderangebote.

Carcavelos: *Centro Windsurf Carcavelos/ Mistral*, Rua Principal, Lt. 14-A, Loja 1, Alto dos Lombos, Carcavelos, ✆ 214565731, ✆ 214571791. Offizieller Vertreter von Mistral und anderer Windsurf-Marken.

Cascais/Guincho: *Aerial*, Marina de Cascais, Loja 129, ✆ 214836745. Gute Auswahl. Auch Verleih von Bodyboard, Surf- und Windsurf-Equipment (Bretter, Anzüge, Flossen) und Surf-Unterricht. Weitere Filialen: Rua Egas Moniz, Lote 307 (traseiras), São João do Estoril, ✆ 214674327 (kein Verleih) und Estalagem do Muchaxo, Guincho, ✆ 214852554 (nur sporadisch im Sommer geöffnet, kein Verleih).

Ericeira: *Ericeira Surf Shop*, Rua Prudêncio Franco da Trindade, 21, ✆ 261866186. Wenige Meter vom Turismo entfernt. Vor allem Mode, aber auch ein paar Bretter. Kein Verleih.
Semente Surfboards, Rabo da Raposa, Ribamar, ✆ 261863552, ✆ 261864630. Etwa 400 m südlich der Praia dos Coxos im nördlich von Ericeira gelegenen Ort Ribamar. Bekanntester Surfboard-Fabrikant der Region.

Costa da Caparica: *Twister*, Av. 1° de Maio, 40-B, ✆ 212900176. Ca. 200 m nördlich des Zentrums. Vor allem Bodyboards. Auch Verleih von Surf- und Bodyboard-Brettern.

Surfschule

Ericeira: *Três Ondas*, Rua da Cabeça Alta, Achada, Mafra, ✆ 261813133, www.tresondas.de. Von März bis Ende Oktober geöffnete Surfschule des ersten deutschen Longboard-Meisters und ausgebildeten Surflehrers Frithjof Gauss und seiner Partnerin Silke Giesecke. Die beiden sympathischen Sylter führen die gut organisierte Schule im Dorf Achada (an der Buslinie zwischen Mafra und Ericeira). Untergebracht sind die Teilnehmer während den meist zwei Wochen dauernden Kursen in zwei an Jugendherbergen erinnernden Zimmern (es kann aber auch ohne Unterkunft gebucht werden). Aufenthaltsraum mit Spielen und Video. Kostengünstige Selbstverpflegung in der Küche möglich. Auto ist ebenso unnötig wie eigenes Equipment, da Transport, Bretter und Anzüge von der Schule organisiert werden. Der Unterricht findet in maximal 8 Personen großen Gruppen statt. Viel Wert wird auf eine fundierte Theorie als Grundlage für sicheres Surfen gelegt. In der ersten Woche wird geschult, in der zweiten Woche vor allem geübt. 2–3-tägiger Schnupperkurs 135 €, 2-Wochen-Kurs 499–599 €. Vor allem in der Hochsaison länger im Voraus buchen.

Windsurfen

Mit Guincho liegt nahe Lissabons der vielleicht beste Windsurf-Ort Europas: Hohe Wellen und ein parallel zur Küste verlaufender Wind. Hier werden auch jedes Jahr internationale Windsurf-Wettkämpfe ausgetragen. Guincho ist allerdings aufgrund der starken Wellen und der gefährlichen Strömungen nichts für Anfänger.

Windsurfen ist in Portugal selbst kaum verbreitet. So gehen hier hauptsächlich Ausländer ihrem Lieblingssport nach. Dementsprechend gering ist die Zahl von Windsurf-Läden, in denen man Ausrüstung kaufen oder reparieren kann (s. o. "Wellenreiten und Bodyboarden").

Windsurfspots

Lissabon: Im Tejo-Binnenmeer vor dem Parque das Nações in Lissabon mit Panorama der nahen Tejo-Brücke Ponte Vasco da Gama.
Linha de Cascais: Neben Guincho lässt sich auch in der Bucht vor Cascais und Estoril gut Windsurfen. Sie ist besser vor Wind und Wellen geschützt als Guincho und daher besser für Anfänger geeignet.
Südlich des Tejo: Gute Windverhältnisse findet man an der Flussmündung des Tejo vor Trafaria/São João da Caparica. Aber Vorsicht: reger Schiffsverkehr und Strömungen durch die Gezeiten! Bei São João da Caparica ist der Boden voller Muscheln, daher Schuhe verwenden. Da meistens Onshore-Wind (auf die Küste zu) herrscht, eher für Fortgeschrittene. Anfänger windsurfen am besten an der Lagoa da Albufeira südlich der Costa da Caparica, da das Wasser der Lagune sehr ruhig ist. Wer es etwas stürmischer will, kann hier auch immer noch auf das Meer hinaus. Einen weiteren Anfänger-Ort zum Windsurfen bietet das Tejo-Binnenmeer vor Alcochete.

Windsurfen vor der Ponte Vasco da Gama

Praça do Comércio: idealer Ausgangspunkt für Besichtigungstouren

Sehenswertes

Ob prächtige Klöster, idyllische Aussichtspunkte oder ansprechende Museen: Lissabon hat Sehenswertes für jeden Geschmack zu bieten. Zur schnellen Orientierung finden Sie die wichtigsten Sehenswürdigkeiten auf S. 97 zusammengefasst.

Baixa

Zwischen dem Rossio und der Praça do Comércio am Ufer des Rio Tejo liegt das rechtwinklig angelegte Geschäfts- und Bankenviertel Lissabons, die Baixa. Mit ihren nach dem Erdbeben von 1755 auf dem Reißbrett entworfenen Straßenzügen ist sie einzigartiges Beispiel der Architektur des 18. Jh.

Bis zum Erdbeben von 1755 hatte die Unterstadt Baixa ähnlich wie die Alfama aus einem Labyrinth von kleinen Gässchen bestanden. Da die Unterstadt auf dem sumpfigen Boden eines ehemaligen Tejoarms erbaut worden war, zeigten hier die Erdstöße besonders verheerende Wirkung. Den Rest zerstörte der Großbrand nach dem Erdbeben. Das Feuer hatte sich auf Grund der dicht an dicht stehenden Häuser gut ausbreiten können.

Anstatt die Unterstadt im gleichen Grundriss wieder aufzubauen, entschloss sich der damalige Premierminister Marquês de Pombal dazu, die Baixa im Geist der Aufklärung völlig neu zu gestalten. Zu seinen Ehren heißt der Stadtteil noch heute *Baixa Pombalina*. Die von Pombal beauftragten Architekten Manuel da Maia, Eugénio dos Santos und Carlos Mardel wählten ein streng geometrisch angelegtes Modell, das die Lissabonner Unterstadt wie ein

Lissabon an einem Tag

Eigentlich ist es ein Ding der Unmöglichkeit, Lissabon an einem Tag zu besichtigen; doch so könnte man seine kurze Zeit optimal nutzen: Mit der Tram Nr. 15 geht es ab der Praça do Comércio in den Stadtteil Belém mit seinen Hauptsehenswürdigkeiten Mosteiro dos Jerónimos, Padrão dos Descobrimentos und Torre de Belém (Karte S. 302/303). Von dort über die Avenida da Torre de Belém zur Straßenbahnlinie 15, mit der man zurück bis zur Praça da Figueira fährt (Karte S. 232/233). Zu Fuß erkundet man den Rossio mit seinen klassischen Caféhäusern. Von der nicht weit entfernten Praça Martim Moniz geht es dann mit der Tram Nr. 28 hoch in die Alfama bis zur Haltestelle Miradouro Santa Luzia (Karte S. 244/245). Es folgt ein Abstecher hinauf zur Burg Castelo São Jorge. Von dort kann man sich gemütlich durch die Alfama-Gassen nach unten bis ans Tejoufer treiben lassen.

Schachbrett mit je neun Längs- und neun Querstraßen gliederte. Jede Straße war für die Ansiedlung eines bestimmten Gewerbes vorgesehen, wovon noch heute Namen wie *Rua dos Sapateiros* (Schuhmacherstraße) oder *Rua dos Correeiros* (Sattlerstraße) zeugen. Zum Schutz gegen weitere Erdbeben errichtete man die einzelnen Häuser in Ständerbauweise.

Heute findet man in dem z. T. verkehrsberuhigten Viertel neben zahlreichen Banken edle Juweliere und Modeboutiquen, Cafés und Restaurants, aber auch noch alte Kurzwarenläden. Die Ladenmieten erreichen hier die höchsten Werte der ganzen Iberischen Halbinsel. Tagsüber herrscht hier ein emsiges Treiben, nachts ist die Baixa fast menschenleer. Die zunehmende Umwandlung von Wohn- in Büroraum und zahlreiche leer stehende Gebäude haben dazu geführt, dass hier kaum mehr jemand lebt: Während der Stadtteil 1959 noch 40.000 Einwohner hatte, schrumpfte deren Zahl bis zum Jahr 2001 auf 2.000. Die Mehrzahl davon sind Rentner, die zumeist die obersten Etagen der Häuser bewohnen.

Anfahrt Metrostationen Rossio und Baixa/Chiado.

Kleines Glossar zur Orientierung

Avenida (Av.) = Allee
Beco = Sackgasse
Calçada = (gepflasterte) Straße
Castelo = Burg
Cemitério = Friedhof
Convento = Kloster
Elevador = Aufzug
Ermida = Einsiedelei
Fonte = Brunnen
Igreja = Kirche
Jardim = Garten
Largo = Platz
Miradouro = Aussichtspunkt
Mosteiro = Kloster
Museu = Museum
Palácio = Palast
Parque = Park
Praça = Platz
Praia = Strand
Quinta = Landgut, Bauernhof
Rua = Straße
Torre = Turm
Travessa = Querstraße, Gasse

Praça do Comércio

Mit ihren prächtigen Arkaden ist die Praça do Comércio für viele der eleganteste Platz Lissabons und einer der schönsten Europas. Der am südlichen Ende der Baixa gelegene Platz öffnet sich auf einer Seite zum Tejo hin. Die drei anderen Seiten sind von Gebäuden mit prächtigen Arkadengängen umsäumt, in denen sich zahlreiche Ministerien befinden. Dass die Herrschenden Portugals hier ihren Sitz haben, hat lange Tradition: Früher stand der Königspalast an der Ostseite des Platzes, bis ihn 1755 das Erdbeben und die nachfolgende Flutwelle samt wertvollster Bibliothek und Archiv dem Erdboden gleichmachten. Bis heute hat sich aber die Bezeichnung *Terreiro do Paço* ("Palastplatz") im Volksmund gehalten.

In der Mitte des Platzes, der lange Jahre als Parkfläche diente, erhebt sich ein 1774 errichtetes Reiterstandbild von König Dom José I. Unterhalb von Reiter und Pferd ist auf einem Medaillon der Erbauer der Baixa, Sebastião José de Carvalho (alias Marquês de Pombal), verewigt.

Auf der Landseite der Praça do Comércio bietet der 1873 fertig gestellte **Triumphbogen**, Arco Monumental, Zugang zum Zentrum der Baixa. Über dem Bogen haben wichtige Persönlichkeiten der Geschichte Portugals ihren Platz gefunden: rechts der Marquês de Pombal und Vasco de Gama, links der Lusitanerheld Viriato und Nuno Álvares Pereira, im Jahr 1385 Heerführer bei der Schlacht von Aljubarrota gegen die Spanier.

Hinter dem Triumphbogen beeindrucken die Straßen mit ihren stattlichen Bauten, heute hauptsächlich Sitz portugiesischer Banken. Die **Rua Augusta** ist Zentrum der Fußgängerzone. Flanierende Menschen, Straßenhändler, aber auch Bettler bestimmen hier das Straßenbild. Im emsigen Treiben übersehen die meisten Passanten die kunstvollen schwarzen Muster im weißen Straßenpflaster.

Anfahrt Metro Baixa/Chiado.

Übernachten
1 Pensão Portuense
2 Residencial Florescente
5 Pensão Residencial Gerês
6 Hotel Mundial
8 Hotel Avenida Palace
9 Hotel Lisboa e Tejo
14 Hotel Metropole
20 Pensão Norte
24 Hotel Lisboa Regency Chiado

Essen & Trinken
3 Restaurant Casa do Alentejo
4 Adega de Santo Antão
10 Pastelaria O Lírio
11 Abracadabra
12 Snack-Bar Beira Gare
13 A Merendinha
15 Café A Suiça
16 Restaurant Celeiro
17 Tasquinha do Celeiro
18 Café Nicola
19 Confeitaria Nacional
21 João do Grão
23 Café A Brasileira do Chiado
25 Caffè Rosso
26 Café no Chiado
27 Ciber.bica
28 Café São Martinho da Arcada

Nachtleben
7 A Ginginha
22 Heróis Café Lounge

150 m

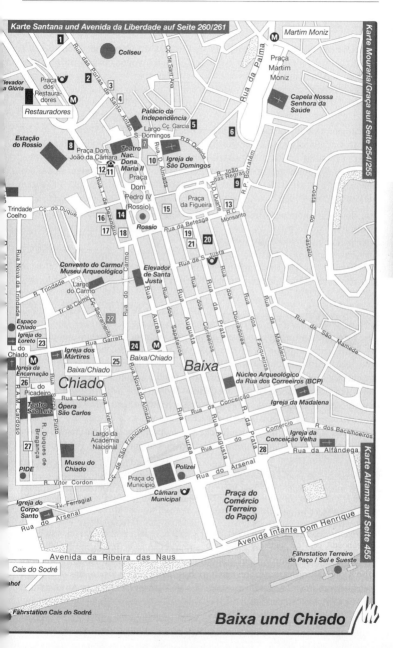

Câmara Municipal (Rathaus)

Beim Eintreten in das Rathaus, das auch **Paços do Concelho** ("Stadtpalast") genannt wird, überwältigt der Anblick des prachtvollen, mit Kronleuchtern geschmückten Treppenhauses aus feinstem Marmor. Im Obergeschoss erwartet die Besucher dann ein nicht minder prächtiger Ratssaal. Das Rathaus Lissabons an der Praça do Município gilt als gutes Beispiel der offiziellen Architektur des 19. Jh. Unter Leitung des Architekten Domingos Parente da Silva wurde es im neoklassizistischen Stil zwischen 1866 und 1875 erbaut. Ein Ort mit großer Bedeutung in der portugiesischen Geschichte: Vom Rathaus-Balkon rief man am 5. Oktober 1910 die portugiesische Republik aus. Im November 1996 lösten unachtsame Bauarbeiter beim Schweißen einen Brand im Dachstuhl aus, der über 2.000 m² wertvolle Decken und Wandbemalungen zerstörte. Zum Glück konnten die Schäden weitgehend behoben werden.

Auf dem Rathausplatz tummeln sich die Tauben um den **Pelourinho**, einen stilisierten Schandpfahl in Form einer elegant verschlungenen Doppelsäule, welche die Stadtrechte symbolisiert.

Anfahrt/Öffnungszeiten Paços do Concelho, Praça do Município, ✆ 213236110 und 213227000 (Metro Baixa/Chiado). Jeden ersten Sa im Monat findet ab 15 Uhr eine kostenlose Führung durch das Rathaus auf Portugiesisch statt. Treffpunkt ist am Eingang der Câmara Municipal, Organisation durch das Museu da República e Resistência, ✆ 2177123-10/-29.

Igreja da Conceição Velha

Die Kirche, ursprünglich als *Igreja da Misericórdia* im Mittelalter erbaut, wurde beim Erdbeben von 1755 fast völlig zerstört. Glücklicherweise blieb das herrliche manuelinische Steinportal aus dem 16. Jh. erhalten, das beim Wiederaufbau sorgsam restauriert wurde. Der Giebel des Portals verdient besondere Aufmerksamkeit: Es ist der *Nossa Senhora da Misericórdia*, unserer barmherzigen Frau Maria, gewidmet. Sie schützt mit ihrem breiten Mantel, der von Engeln gehalten wird, mehrere Personen aus Klerus, Adel und dem einfachen Volk. Das Innere der Kirche passt durch den pombalinischen Neuaufbau nach dem Erdbeben nicht mehr zur prächtigen Fassade. Altar und Decke der Kirche zeigen die neue Patronin, die *Nossa Senhora da Conceição* ("die ohne Erbsünde empfangene Jungfrau und Gottesmutter Maria").

Anfahrt In der Rua da Alfândega, östlich der Praça do Comércio. Metro Baixa/Chiado.

Römische Galerien

Bei einem Spaziergang durch die Baixa sollte man kaum glauben, dass sich unterhalb der Straßen ein Netz von Gängen und Galerien aus römischer Zeit erstreckt. Die schönsten Ausgrabungen aus römischer und mittelalterlicher Zeit sind im **Núcleo Arqueológico da Rua dos Correeiros** zu sehen, das sich in der Filiale der *Banco Comercial Português* – BCP an der Ecke Rua Augusta und Rua da Conceição befindet.

Als das Bankgebäude renoviert wurde, stieß man auf eine ganze Reihe archäologisch interessanter Funde, die seit 1995 zu besichtigen sind. Sie machen die

Römische Galerien 235

Römisches Gewölbe unter der Baixa

wechselhafte Geschichte der Lissabonner Baixa sehr anschaulich. So können hier auch die einzigen bekannten Reste der phönizischen Besiedlung Lissabons aus dem 8. bis 5. Jh. v. Chr. betrachtet werden. Aus der Römerzeit sind Tanks zur Produktion eingesalzenen Fischs, Amphoren sowie schöne Mosaike aus dem 3. Jh. n. Chr. zu sehen. Daneben haben die Archäologen Skelette aus dem Mittelalter frei gelegt.

Anfahrt/Öffnungszeiten Rua dos Correeiros, 9, ☏ 213211700 (Metro Baixa/Chiado, s. Karte Baixa S. 232/233). Nur mit vorheriger telefonischer Anmeldung! Führungen Do 15, 16 und 17 Uhr, Sa 10–12 und 15–17 Uhr. An Feiertagen geschlossen. Eintritt frei.

Zweimal im Jahr, in der Regel Mitte April und Anfang Oktober, sind weitere **römische Galerien unter der Rua da Prata** und der Rua da Conceição aus der Zeit von Kaiser Augustus (um die Zeitenwende) zu besichtigen. Die Gewölbe sind zwar als Römische Thermen bekannt geworden, doch es handelt sich bei ihnen nur um unterirdische Gänge, die im sumpfigen Boden der Baixa als Fundament und als Wasserspeicher für die darüber gelegenen Häuser dienten. Bis ins Mittelalter wurden sie als Zisternen verwendet, später verunreinigten die neu geschaffenen Abwasserkanäle das Wasser und machten es unbrauchbar. Bei den Führungen ist in den niedrigen Gängen außer Steinbögen nur wenig zu sehen, ganz im Gegenteil zum Núcleo Arqueológico da Rua dos Correeiros.

Anfahrt/Öffnungszeiten Der Eingang zu den unterirdischen Gewölben befindet sich mitten zwischen den Straßenbahnschienen in der Rua da Conceição an der Ecke Rua da Prata (Metro Baixa/Chiado). Termine für die Besichtigung der Galerien der Rua da Prata können im Museu da Cidade unter ☏ 217513200 (☏ 217571858) erfragt werden. Gutes Schuhwerk mitnehmen, da die unterirdischen Galerien normalerweise meterhoch unter Wasser stehen und erst kurz vor den Führungen leer gepumpt werden.

Rossio

Eigentlich heißt er *Praça Dom Pedro IV*, aber jedermann nennt ihn schlichtweg *Rossio*. Der Platz ist einer der Verkehrsknotenpunkte Lissabons – Autolawinen umkreisen täglich die beiden Fontänen und das Standbild in der Mitte. Einsam betrachtet hier König Dom Pedro IV. von seiner 23 m hohen Marmorsäule das Treiben auf dem "Treffpunkt Lissabons". Ihm schenken die meisten *Lisboetas* ebenso wenig Beachtung wie dem korrekten Namen des nach ihm benannten Platzes. Nach langen Jahren des Verfalls hat der Rossio wieder einen festen Platz bei den Lissabonnern – spätestens nachdem die Stadt dem Platz 2001 ein frisches Gewand verpasst, die Bürgersteige deutlich verbreitert und den Autoverkehr etwas gezähmt hat. Im Zuge des Umbaus hat man auch das berühmte schwarz-weiße Pflaster in Wellenform wieder hergestellt, das bereits Anfang des 20. Jahrhunderts den Platz schmückte und zum Inbegriff Lissabonner Pflasterkunst wurde. Verlegt haben es damals übrigens Sträflinge.

Stundenlang kann man im *Café Suiça* sitzen und bei Espresso und Sahnepastete über die Melancholie der Portugiesen sinnieren oder im *Nicola* gegenüber mit Milchkaffee und Quarktörtchen in der Kaffeehaustradition der 20er Jahre schwelgen. Bei gutem Wetter sind in den Straßencafés alle Tische belegt – fliegende Händler und Bettler schieben sich dennoch durch die dicht gedrängten Räume. Aus halbgeschlossenen Händen bieten sie mit gedämpfter Stimme falschen Schmuck und Marihuana an.

Nicht zu übersehen ist an der Nordseite des Platzes die prächtige neoklassizistische Fassade des **Teatro Nacional Dona Maria II**. Ursprünglich stand hier ein Palast, der vom Prinzregenten Pedro, einem Bruder Heinrichs des Seefahrers, im 15. Jh. errichtet wurde. Nachdem dieser durch einen Brand zerstört wurde, erbaute man von 1842 bis 1846 an seiner Stelle das Nationaltheater nach Plänen des italienischen Architekten Fortunato Lodi. Zu Ehren des Begründers des portugiesischen Dramas, Gil Vicente, ließ er eine Statue auf dem hohen Eingangsportal mit seinen sechs ionischen Säulen errichten. Heute treffen sich unter der Statue von Gil Vicente Arbeiter aus den ehemaligen afrikanischen Kolonien Portugals, um als Tagelöhner angeheuert zu werden. Mehrere Schuhputzer versuchen um die Ecke, ihr Einkommen zu finden.

Das reich verzierte Gebäude mit hufeisenförmigen Eingängen und Fenstern in pseudo-manuelinischem Stil neben dem Nationaltheater beherbergt den Bahnhof **Estação Central Rossio**. Früher diente das von José Luís Monteiro 1887 konstruierte Gebäude als Hauptbahnhof der Stadt, heute fahren aber nur noch Vorortzüge nach Sintra. Abfahrt ist im fünften Stock des Bahnhofs, dann verschwinden die Züge schnell im Tunnel von Campolide.

Anfahrt Metro Rossio.

Praça da Figueira

"Erkennungsmerkmal" des Nachbarplatzes des Rossio ist eine gurrende Taubenschar, die sich entweder auf dem Reiterstandbild von König Dom João I. aufhält oder zu dessen Füßen sitzt. Früher nahm den Platz fast vollkommen eine der schönsten Markthallen Lissabons ein, der 1885 erbaute *Mercado da*

Praça da Figueira. 1949 riss man die Halle mit ihrer eleganten Eisenkonstruktion ab, um zwischen dem Rossio und der Praça Martim Moniz eine weitere freie Fläche zu schaffen. Mit dem Markt ging nicht nur ein herrliches Baudenkmal, sondern übrigens auch 1.650 Arbeitsplätze verloren. Zumindest genießt man heute vom Platz aus einen guten Blick hinauf auf die Burg Castelo São Jorge – besonders schön im warmen Licht der Nachmittagssonne.
Anfahrt Metro Rossio.

> ### Lissabonner Paradoxen
>
> Es waren sich alle einig – von der Stadt Lissabon bis hin zum nationalen Architektur-Institut: Das Gebäude Nummer 39 in der Rua do Poço do Borratém in direkter Nähe zur Praça da Figueira ist nicht zu retten. Zu groß seien die Schäden am Haus, da bleibe nur der Abriss, so das vernichtende Urteil. Was für ein Zufall, dass der sozialistische Lissabonner Oberbürgermeister João Soares, Sohn des ehemaligen Präsidenten Mário Soares, genau an dieser Stelle einen monströsen Aufzug hinauf zur Burg errichten wollte. Der stieß bei den Lissabonnern aber nicht gerade auf allgemeine Begeisterung. Ein Sturm der Entrüstung ergoss sich über Stadt und Oberbürgermeister. So ließ dieser im Januar 2001 etwas nachhelfen. Kurzhand verwies man in einer Nacht-und-Nebel-Aktion die Bewohner und Geschäfte des Hauses. In gleicher ungewohnter Eile rissen Arbeiter große Teile des Inneren ein und beschädigten dabei auch die historische, mit Azulejos verkleidete Fassade. Das Entsetzen der Lissabonner war groß. Zu Tausenden trugen sie sich in Unterschriftenlisten gegen das Projekt ein. Oberbürgermeister João Soares musste den überdimensionierten Aufzug, mit dem er sich gerne in der Stadtgeschichte verewigt hätte, kleinlaut zurücknehmen. Blieb noch in direkter Sichtweite zur zentralen Praça da Figueira das halb ruinierte Gebäude als Schandfleck zurück. Die Stadt renovierte das angeblich doch nicht renovierbare Gebäude und eröffnete es im November 2001 in neuem Glanz. Die vernichtende Wahlniederlage am 16. Dezember 2001 gegen den Sozialdemokraten Pedro Santana Lopes konnte João Soares dadurch aber nicht mehr abwenden.

Igreja do Convento de São Domingos

Schenkt man der Beschreibung der Chronisten Glauben, muss die Kirche zu den prächtigsten Gotteshäusern des alten Lissabons gehört haben. Der Konvent, Mitte des 13. Jh. vom Dominikanerorden begründet, wurde über die Jahrhunderte langsam ausgebaut. Erst im 18. Jh. stellte ihn der deutsche Architekt Ludwig, bekannt als Bauherr des Klosters von Mafra, endgültig fertig. Das Erdbeben 1755 und ein Brand 1959 zerstörten allerdings große Teile des Inneren der Kirche, sodass sie heute leider nicht mehr in voller Pracht zu bewundern ist. Dennoch lohnt die restaurierte Kirche einen Besuch – gut zu sehen sind noch die vom Brand geschwärzten Wände, die von den Restauratoren absichtlich erhalten wurden.
Anfahrt Metro Rossio.

Coliseu dos Recreios

Im kreisrunden Kolosseum Lissabons in der Rua das Portas de Santo Antão finden Rock- und Pop-Konzerte, Fado-Nächte und Zirkus-Auftritte statt. Über 100 Jahre nach seiner Erbauung 1890 wurde das Coliseu 1994, als Lissabon Kulturhauptstadt Europas war, rundum renoviert. Seither erstrahlt die weiße, neoklassizistische Fassade in neuer Pracht. Auch das große Kuppeldach, das von keiner einzigen Säule gestützt wird, wurde neu gestrichen. Unter der Kuppel erstreckt sich der Innenraum (*plateia*), im eleganten Kreisrund sind mehrere Reihen Sitze und Logen angebracht – insgesamt ist Platz für 8.000 Besucher.
Anfahrt Metro Restauradores.

Spaziergang durch Baixa und Chiado

Ausgangspunkt ist die **Praça do Comércio** am südlichen Ende der Baixa (Metro Baixa/Chiado) und das nur wenige Meter entfernte Rathaus Lissabons, die **Câmara Municipal**. Durch die Rua Augusta, die Fußgängerzone der Baixa, zum **Rossio** und der **Praça da Figueira** mit ihren Caféhäusern. Zurück in die rechtwinklig angelegten Straßenzüge der Baixa geht es bis zum Aufzug **Elevador de Santa Justa**. Ein paar Schritte von der Bergstation entfernt ragen am Largo do Carmo die weißen Ruinen der **Igreja do Convento do Carmo** in den Himmel, heute sind hier im **Museu Arqueológico** archäologische Fundstücke ausgestellt (s. "Museen" S. 330). Nicht weit entfernt, in der Rua Garrett, ist das weltbekannte Café *A Brasileira* ansässig. Es eignet sich ideal für eine Kaffeepause (s. "Cafés" S. 175). Kunstinteressierte sollten unbedingt einen Abstecher zum **Museu do Chiado** mit seiner Sammlung zeitgenössischer Kunst unternehmen (s. "Museen" S. 334). Am **Largo do Chiado** ist der Spaziergang zu Ende. Hier führen Rolltreppen nach unten in die Metrostation Baixa/Chiado, ein gelungenes Beispiel moderner portugiesischer Architektur.

Chiado

Das einst sehr vornehme Intellektuellen-Viertel erstreckt sich oberhalb der Baixa um die Rua do Carmo und die Rua Garrett. Nach einer lang anhaltenden Phase des Verfalls hat der kleine Stadtteil inzwischen wieder einiges an Glanz gewonnen.

Paradoxerweise hat dazu ein Großbrand beigetragen, der 1988 die berühmten Kaufhäuser *Grandes Armazéns do Chiado* und *Grandella* sowie zahlreiche benachbarte Gebäude zerstörte. Die Schäden sind mittlerweile behoben worden, und trotz seines teilweise neuen Gewandes vermittelt der renovierte Chiado wieder einen Eindruck seiner einstigen Ehrwürdigkeit. In das Kaufhaus *Grandella* ist inzwischen eine Filiale des schwedischen Modekonzerns H&M eingezogen. Das Gebäude der *Grandes Armazéns do Chiado*, dessen Wiederaufbau sich aufgrund von Eigentumsstreitigkeiten über elf Jahre hingezogen hatte, beherbergt mittlerweile ein Einkaufszentrum, das nicht unerheblich zur Wiederbelebung des Einzelhandels der Gegend beigetragen hat. An Stelle des altehrwürdigen Kaufhaus haben inzwischen exklusive Modeboutiquen und ein kleines Luxushotel Einzug gehalten.

Kurios: der Elevador de Santa Justa

Heute lässt sich wieder gut erahnen, welche Bedeutung der Chiado im 19. Jahrhundert als Treffpunkt der obersten Zehntausend Lissabons hatte. Sie trafen sich hier in den Cafés, Theatern und den Kolonialwarengeschäften. Der Schriftsteller Eça de Queiroz, selbst begeisterter Besucher des Chiado, hat es damals folgendermaßen auf den Punkt gebracht: "Im Chiado entscheidet eine kleine Gruppe von Journalisten, Politikern, Großbürgern und Weitgereisten über die Zukunft Portugals."

Die schönste und bequemste Art, in den Chiado zu gelangen, ist eine Fahrt mit dem Aufzug **Elevador de Santa Justa** in der Rua Áurea. Die einzigartige Stahlkonstruktion wurde von dem Portugiesen Raúl Mesnier de Ponsard, einem Schüler von Gustav Eiffel, um die Jahrhundertwende geschaffen. Während die Fahrgäste den wunderschönen Ausblick genießen, werden sie in diesem ungewöhnlichen Fortbewegungsmittel 32 m hoch in den Chiado befördert.

Anfahrt Gut erreichbar mit der Metro (Station Baixa/Chiado).

Igreja do Convento do Carmo

Wenige Schritte von der Bergstation des Elevador Santa Justa entfernt ragen die weithin sichtbaren, strahlend weißen Ruinen der Igreja do Carmo in den Himmel. Der Konvent wurde ab 1389 im gotischen Stil errichtet und später von Karmeliter-Mönchen bewohnt. Der Bau des Klosters geht übrigens auf ein Gelübde des portugiesischen Nationalhelden Nuno Álvares Pereira zurück, der in der Schlacht von Aljubarrota 1385 gemeinsam mit König Dom João I. die Spanier besiegte. Später lebte Álvares Pereira zurückgezogen in dem Kloster, in dem er heute neben König Dom Fernando I. begraben liegt. Das Erdbeben 1755 zerstörte dann den größten Teil des Klosters und seiner Kirche. Zwar ließ Königin Dona Maria I. einen Teil des Konvents restaurieren (nicht immer originalgetreu), ganz hat man ihn jedoch nie wieder aufgebaut. Heute strahlt das dachlose Kirchenschiff mit seinen weißen, grazilen Säulen eine eigentümliche Eleganz aus.

Untergebracht ist hier seit 1864 die Vereinigung der portugiesischen Archäologen *Associação dos Arqueólogos Portugueses* mit ihrem **Museu Arqueológico** (s. "Museen" S. 330). Im ehemaligen Nebenflügel des Konvents

Manuelinisches Grab im Convento do Carmo

ist inzwischen die Nationalmiliz *Guarda Nacional Republicana* stationiert. In Gardeuniform bewachen GNR-Milizionäre in einem kleinen Häuschen den vor Konvent und Kirche gelegenen Largo do Carmo, ein kleiner Platz mit einem schönen Brunnen aus dem Jahre 1896, der zu einer Pause einlädt.

Anfahrt Largo do Carmo (Elevador Santa Justa, Metro Baixa/Chiado).

25. April 1974 – Belagerung der Kaserne am Largo do Carmo

Am Nachmittag des 25. April 1974, dem Tag der Nelkenrevolution, stand der Largo do Carmo im Mittelpunkt des revolutionären Geschehens. Hier hatte sich Diktator Marcello Caetano in der Kaserne der Nationalmiliz GNR verschanzt. Während die aufständischen Militärs die Kaserne umzingelten, fand sich trotz der Gefahr einer Schießerei eine riesige Menschenmenge auf dem kleinen Platz zusammen. Die Schaulustigen stiegen auf die Bäume, Telefonzellen und sogar auf die Kampffahrzeuge, um den Abgang des verhassten Caetano besser mitverfolgen zu können. Dieser war aber erst nach mehrstündigen Verhandlungen bereit, in einem Panzer abzuziehen. Zuvor hatte er darauf bestanden, die Macht an General António de Spínola zu "übergeben", damit diese nicht in die Hände der Volksmassen auf der Straße falle. Eine Übergabe an den rangniedrigeren Hauptmann Salgueiro Maia, der für das Kommando der revolutionären Truppen am Largo do Carmo verantwortlich war, hatte er als für einen Regierungschef unwürdig abgelehnt. Heute erinnert eine im Boden eingelassene Gedenk-Platte in der Nähe des Brunnens an den tapferen Hauptmann.

Largo do Chiado

Ein belebter Platz mit langer Tradition: Im Mittelalter stand hier einst das Stadttor Portas de Santa Catarina der fernandinischen Stadtmauer. Heute rahmen gleich zwei Kirchen den Platz ein: auf der Seite zum Tejo die **Igreja da Encarnação** und direkt gegenüber die **Igreja do Loreto**. Dazwischen wurde der Namensgeber des Stadtviertels, der Mönch und Volksdichter António Ribeiro Chiado (16. Jh.), in Form einer Statue verewigt. Die Igreja da Encarnação wurde Ende des 18. Jahrhunderts errichtet und fällt durch ihre neoklassizistische Fassade mit einem Rokoko-Portal auf. Dagegen wurde die Igreja do Loreto bereits Ende des 16. Jahrhunderts mit der finanziellen Unterstützung italienischer Händler erbaut. Auch heute dient sie noch der italienischen Gemeinde in Lissabon als Gotteshaus.

Hinter der Hausnummer 24 verbergen sich dagegen die Reste des Tabakladens **Casa Havaneza**. Zur Glanzzeit des Chiados, im ausgehenden 19. Jh., traf sich hier die Elite der Stadt, um sich mit den neuesten Zigarren aus Cuba zu versorgen. Dazu schlug man an dieser Stelle die Nachrichten-Telegramme aus dem Rest Europas an – ohne Funk und Fernsehen war dies in der portugiesischen Hauptstadt die schnellste Möglichkeit, um sich über das Weltgeschehen auf dem Laufenden zu halten.

Anfahrt Metro Baixa/Chiado.

Hauptgebäude der Staatssicherheit PIDE

Für die Gegner der Salazar-Diktatur war es das verhassteste Gebäude in ganz Lissabon, das Haus in der Rua António Maria Cardoso. Wer dagegen heute hier mit der Straßenbahn 28 von der Baixa kommend in Richtung Largo do Chiado um die Ecke biegt, wird angesichts der völlig heruntergekommenen Fassade kaum vermuten, über wie viele Schicksale hinter diesen Mauern entschieden wurde. Hier hatte die portugiesische Staatssicherheit PIDE (*Polícia Internacional e de Defesa do Estado*) ihren Sitz. Von hier spannte sie ihr Netz an Informanten, Spitzeln und V-Leuten über das ganze Land. Hier registrierte sie aufmerksam jede Opposition gegen das Regime, die sie säuberlich in ihre Akten notierte. Beendet wurde der Spuck erst mit der Nelkenrevolution am 25. April 1974. Allerdings nicht ohne Blutvergießen: Vor dem PIDE-Hauptsitz starben vier Menschen im Kugelhagel der Agenten.

Am 27. April besuchte dann eine Gruppe von 20 Intellektuellen zum ersten Mal das Gebäude. Vom Café Brasileira aus machten sie sich auf den Weg. Unter ihnen der deutsche Übersetzer Curt Meyer-Clason, damals Direktor des Goethe-Instituts Lissabon, der seine Eindrücke in dem lesenswerten Werk *Portugiesische Tagebücher* aufgezeichnet hat: "Wir sehen die nach kurzem unblutigem Schusswechsel hastig geräumten Kanzleien, Kasematten, Einzelzellen, Folterwerkzeuge, die vergitterten Gänge und Innenhöfe, aus denen es kein Entkommen gibt, die Karteikästen mit Hunderttausenden von Dossiers, die Fotoalben mit Hunderten von politischen Verdächtigen ... Wir sehen die langgestreckten Räume mit den unter der Beratung der Gestapo eingerichteten, bereits vernichteten Abhörgeräten, die jedes gewünschte Telefongespräch auf Band protokollierten."

Anfahrt/Öffnungszeiten Ecke Rua António Maria Cardoso und Rua Vítor Cordon (Metro Baixa/Chiado). Besuch nur jeden zweiten Sa im Monat. Treffpunkt um 11 Uhr vor dem Café A Brasileira. Organisiert vom Museu da República e Resistência, ✆ 217712310.

Alfama

Das älteste und schönste Stadtviertel Lissabon, gekrönt von der Burg São Jorge. Die verschlungenen Sträßchen und Sackgassen erinnern an historische Zentren arabischer Altstädte. Das Gewirr der Gassen stammt tatsächlich im Wesentlichen noch aus der maurischen Zeit. Der Name Alfama ist ebenfalls arabischen Ursprungs und bedeutet "heiße Quellen".

In den engen Gassen liegen sich die schmiedeeisernen Balkone so dicht gegenüber, dass Küsschen mit dem Nachbarn ausgetauscht werden können. Zu den Stadt-Festen im Juni schmücken die Bewohner ihre Straßen mit Girlanden; zusätzlich baumeln Lampions zwischen den Balkongittern. Nahezu jeder Hof und jeder Platz wird zum Straßenrestaurant, überall riecht es köstlich nach gegrillten Sardinen.

Mögen die zweistöckigen Häuschen in den Gassen auf viele Passanten einen sehr heimeligen Eindruck machen, so sollte nicht vergessen werden, dass das Leben in der Alfama nicht immer romantisch ist. Viele Häuser verfügen nur über sehr spärliche sanitäre Einrichtungen und durch manche der maroden

Dächer regnet es sogar in die Wohnungen hinein. Zwar saniert die Stadtverwaltung seit Jahren fleißig, doch wird es noch einige Jahre dauern, bis alle Häuser renoviert sind. Bisher bewohnen vor allem Unterschichten die Alfama, und wenn es nach der Stadt Lissabon geht, so sollen sie auch in Zukunft hier wohnen bleiben. Sie will die gut funktionierenden Sozialstrukturen des Viertels erhalten.

Ganz in der Nähe des Burggeländes führt am Ende der Rua do Chão da Feira ein Tor in den Hof **Pátio Dom Fradique**. Er ist einer der abgeschiedensten Plätze der Alfama. Eine gewisse Faszination muss er auch für den deutschen Regisseur Wim Wenders gehabt haben, schließlich hat er hier die meisten Szenen seines Films *Lisbon Story* gedreht.

Am Tejoufer liegt der alte Hauptbahnhof Lissabons, die **Estação Santa Apolónia**. 1856 wurde hier auf der Strecke Lissabon–Carregado die erste Eisenbahnlinie Portugals eingeweiht. Anfangs musste der alte Konvent von Santa Apolónia als Bahnhof herhalten, bis 1885 das heutige Bahnhofsgebäude eröffnet wurde.

Anfahrt Von der Baixa mit der Straßenbahn 28 ab Rua da Conceição (Richtung Martim Moniz oder Graça) bzw. ab der Praça da Figueira mit der Straßenbahn 12 oder Bus 37.

Mit der Straßenbahn 12 rund um den Burgberg
Praça da Figueira – Martim Moniz – São Tomé – Praça da Figueira (nur in dieser Richtung)

Die Fahrt mit der kürzesten aller Tramlinien führt um und auf den Burgberg. Ihren Rundkurs beginnt die Linie Nr. 12 an der Praça da Figueira (Metro Rossio). An der Praça Martim Moniz biegt sie in die engen Gassen der Mouraria hinein, um sich dann die Rua dos Cavaleiros hinaufzuquälen. Millimetergenau passiert die Bahn Bauzäune und eng an die Bordsteine geparkte Autos. Manchmal muss dennoch kurz angehalten werden, wenn ein Bierwagen Kneipen und Geschäfte an der Strecke beliefert. Ab und zu fährt der Straßenbahnfahrer langsamer, um Freunde und Bekannte direkt vor ihrer Haustüre abspringen zu lassen. Weniger beliebt bei den Tramfahrern sind die jugendlichen "Surfer", die hinten auf den Stufen des Ausstiegs mitfahren, ohne zu bezahlen. Meist werden sie aber widerwillig geduldet. Oben angekommen geht es durch die Rua São Tomé zum Miradouro Santa Luzia. Hier bietet es sich an, für einen Besuch der Burg die Bahn zu verlassen. Gleich nach dem Miradouro Santa Luzia fährt die 12 quietschend die Rua do Limoeiro hinunter. Kurz vor der Baixa, hält die Bahn vor der sehenswerten Kathedrale, der Sé. Durch die geschäftige Rua da Prata durchquert die Tram – nun deutlich schneller als in den engen Gassen der Alfama – die Baixa. An der Praça da Figueira endet der Rundkurs, ein neuer kann beginnen.

Casa dos Bicos

Den Namen verdankt die *Casa dos Bicos*, das "Haus der Spitzen", der außergewöhnlichen Fassade. Sie ist aus spitz zulaufenden Steinen aufgebaut. Erbaut wurde das Gebäude im Jahr 1523 durch Brás de Albuquerque, den unehelichen

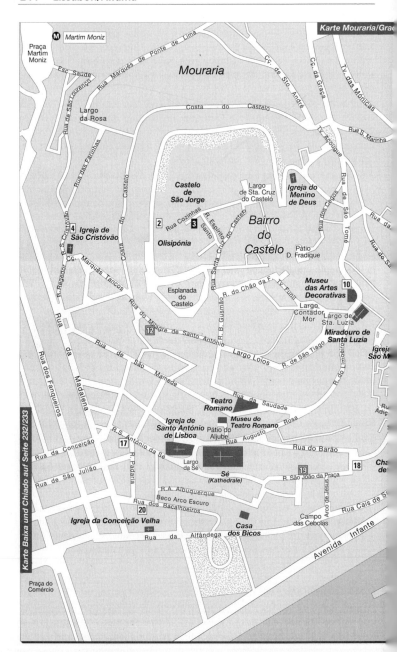

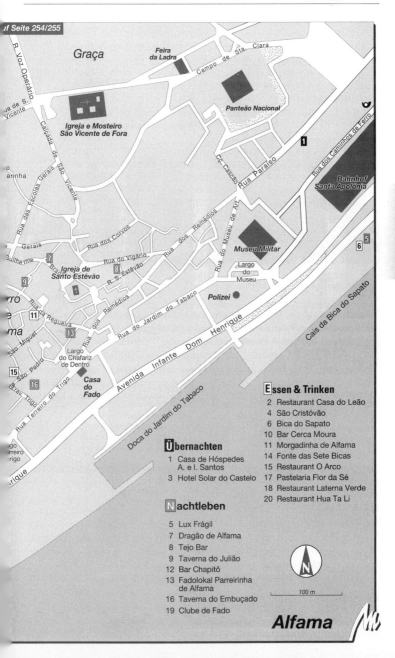

Exzentrische Fassade – Casa dos Bicos

Sohn des damaligen Vizekönigs von Indien, Afonso de Albuquerque. Er ließ die Vorderseite des im italienischen Stil errichteten Adelspalastes mit spitzigen Steinen verzieren – sie sollten geschliffenen Diamanten ähneln. Wie bei so vielen Gebäuden in Lissabon wurden auch hier große Teile beim Erdbeben 1755 zerstört. Erst 1983 vollendete man mit dem Aufsetzen der beiden oberen Stockwerke die Rekonstruktion der Fassade. Dabei entdeckte man im Inneren des Hauses übrigens Tanks, die während der römischen Zeit zum Einsalzen von Fisch dienten.

Anfahrt Campo das Cebolas, Metro Baixa/Chiado.

Chafariz d'El Rei

Der "königliche Brunnen" gilt als der erste moderne Wasserspender der Stadt. Er soll unter der Amtszeit König Dom Dinis (1279–1325) errichtet worden sein. Um das kostbare Nass gab es in späteren Jahrhunderten heftige Streitigkeiten, sodass man schlichtweg jede der sechs Brunnenhähne einer bestimmten Bevölkerungsgruppe zuteilte: Der erste ging an die männlichen schwarzen Sklaven, der zweite an die Matrosen, die damit ihre Schiffe versorgten, der dritte und vierte an die weißen Männer, der fünfte an schwarze Sklavinnen und der sechste und letzte an die weißen Frauen.

Anfahrt Rua Cais de Santarém. Bus 39 ab Rossio (Richtung Marvila) bis Halt Alfândega.

Sé Catedral (Kathedrale)

Weit sichtbar erheben sich die beiden Türme der Kathedrale Lissabons über der Alfama. Der Grundstein für die *Sé Catedral* wurde den alten Chronisten

> ### Kardinal Cerejeira
>
> Wie kaum ein anderer steht der Lissabonner Kardinal Emanuel Gonçalves Cerejeira (1888–1977) für die Kooperation zwischen der katholischen Kirche und der Salazar-Diktatur. Geboren wurde Cerejeira am 29. November 1888 in Lousado beim nordportugiesischen Braga, der katholischsten Stadt Portugals. Im Alter von 22 Jahren erhielt er am 1. April 1911 die Priesterweihe. Mit dem späteren Diktator Salazar verband Cerejeira bereits seit der Studienzeit eine persönliche Freundschaft. Gemeinsam gründeten sie 1917 das *Centro Católico Português*, eine konservativ-katholische Organisation, die gegen die republikanische Demokratie kämpfte. 1929 berief Papst Pius XI. Cerejeira zum Patriarchen von Lissabon. Ein Titel, den in der katholischen Kirche nur die Erzbischöfe Lissabons, Venedigs, Jerusalems und Goas führen dürfen. In den 42 Jahren seines Patriarchats war Cerejeira bemüht, die katholische Kirche auf Linientreue mit dem Salazar-Regime zu bringen. Ab 1968 wurde er unter dem Salazar-Nachfolger Marcello Caetano, der sich um eine vorsichtige politische Liberalisierung bemühte, zum Problem. Aus Altersgründen löste ihn an der Spitze des Erzbistums Lissabon schließlich 1971 der liberale Kardinal António Ribeiro ab, der eine Kurskorrektur einleitete. Die Nelkenrevolution 1974 und das Ende der Diktatur erlebte Cerejeira noch mit, bevor er am 2. August 1977 im hohen Alter von 88 Jahren starb.

zufolge 1147 auf den Ruinen einer Moschee gelegt – als Symbol für den Sieg des Christentums über den Islam. Sicher ist dies jedoch nicht. Klar ist aber, dass die im romanischen Stil erbaute Kathedrale – sie erinnert von außen eher an eine mittelalterliche Festung – die älteste Kirche Lissabons ist.

Mehrere Erdbeben im 14. Jh. zerstörten Teile der Kathedrale, die offiziell auch *Igreja de Santa Maria Maior* genannt wird. Bei der Behebung der Schäden wurden dem ursprünglich rein romanischen Gotteshaus gotische Stilelemente hinzugefügt. Verheerende Schäden richteten auch die Erdstöße 1755 an, die den Südturm und den heute nicht mehr existierenden Glockenturm im Ostteil der Kathedrale zum Einsturz brachten. Die herunterfallenden Trümmer begruben das Gewölbe der drei Kirchenschiffe unter sich. Die nach dem Erdbeben in ganz Lissabon um sich greifenden Feuer vernichteten zudem große Teile des unter König Dom Dinis im 13. und 14. Jh. errichteten Kreuzgangs. In der ersten Hälfte des 20. Jh. befreiten portugiesische Restauratoren die Kathedrale von barockem Schmuckwerk und versuchten das Gebäude möglichst weit zur ursprünglichen romanischen Gestalt zurückzuführen.

Sehenswert ist die berühmte Krippe des Bildhauers Joaquim Machado de Castro aus dem 18. Jh. im linken Flügel. Rechts neben dem Hauptgang geht es zur Schatzkammer, in der sakrale Gegenstände ausgestellt sind. Hinter dem Chor führt ein Tor zum sehenswerten Kreuzgang. Wer aufmerksam hinschaut, kann dort mehrere runde Fenster mit fünfzackigen Sternen – eigentlich ein Symbol des Islam – entdecken. Bei Grabungen im Kreuzgang während der 90er entdeckten die Archäologen einen kleinen Schatz maurischer Münzen, die dort wahrscheinlich 1147 während der Belagerung Lissabons durch die Christen in einem Kanalisationsrohr versteckt worden waren.

Anfahrt/Öffnungszeiten Straßenbahn 12 oder 28 bis Haltestelle Sé. ✆ 218866752. **Kirche:** Geöffnet So, Mo und an Feiertagen 9–17 Uhr, Di–Sa 9–19 Uhr. Eintritt kostenlos. Die Öffnungszeiten werden allerdings nicht gerade streng katholisch eingehalten. **Kreuzgang:** Mo–Sa 10–17 Uhr (Mai–September Di–Sa bis 18.30 Uhr), So und feiertags zu. Eintritt 0,50 €. **Schatzkammer:** Mo–Sa 10–17 Uhr, So und feiertags zu. Eintritt 2,50 €.

Igreja de Santo António

Im Vergleich zur mächtigen Fassade der Kathedrale kommt die gegenüberliegende Igreja de Santo António geradezu bescheiden daher. Die kleine Kirche ist dem hl. Antonius geweiht, dessen Geburtshaus dort gestanden haben soll, wo sich heute die Krypta befindet. Der Franziskanermönch, am 15. August 1195 als Fernando Bulhão in Lissabon geboren, wirkte besonders in Padua in Italien, wo er im Alter von 36 Jahren gestorben ist. Zum Ärger der Lissabonner, die ihn zum inoffiziellen Stadtpatron erkoren haben, ist er daher weltweit auch als Antonius von Padua bekannt. Im linken Kirchentrakt sind in der **Casa de Santo António** allerlei Gegenstände ausgestellt, die mit dem Heiligen in Verbindung gebracht werden. Die kleine Kirche wurde übrigens 1767–1812 im neoklassizistischen Stil erbaut, an der Fassade sind auch Rokoko-Einflüsse zu sehen. Neben dem Palácio Nacional de Queluz und der Basílica da Estrela ist die Kirche das dritte bekannte Bauwerk des Architekten Mateus Vicente de Oliveira.

Anfahrt/Öffnungszeiten Largo Santo António da Sé, 24, ✆ 218860447. Straßenbahn 12 oder 28 bis Haltestelle Sé. **Kirche:** Täglich 8–19 Uhr. Eintritt frei. **Casa:** Montags und an Feiertagen geschlossen, außerdem Mittagspause von 13–15 Uhr.

Teatro Romano

Etwa 5.000 Zuschauer sollen einst im römischen Theater Platz gefunden haben – das wäre deutlich mehr als in den meisten modernen Theatern Lissabons. Eine erste Version hat man unter Kaiser Augustus errichtet. Im Jahr 57 n. Chr. baute der Lissabonner Bürger Caius Heius Primus das Theater auf einen Durchmesser von ca. 60 Metern aus und weihte es dem damaligen Herrscher, Kaiser Nero.

Nach dem Ende der römischen Besatzung verfiel das Theater ab dem 4. Jh. n. Chr. Die Lissabonner trugen dessen Steine ab und verwendeten sie – ähnlich wie beim Kolosseum in Rom – zum Bau ihrer Häuser. Schließlich verdeckten Wohnhäuser und Straßenpflaster die letzten Reste, und das Theater geriet völlig in Vergessenheit. Erst 1798 wurde es im Zuge der Aufbauarbeiten nach dem gewaltigen Erbeben von 1755 wieder entdeckt. Systematische Ausgrabungen unternahm man aber nicht vor 1966, als das über dem Theater gelegene Haus an der Ecke der Rua de São Mamede mit der Rua da Saudade abgerissen wurde.

Erst 2001 – über 200 Jahre nach der Entdeckung des Theaters – errichtete die Stadt im Gebäude gegenüber ein Informationszentrum, das **Museu do Teatro Romano**, und präsentiert seitdem die Ruinen in einer angemessenen Weise. Schließlich ist das Theater eines der wenigen noch erhaltenen römischen Bauwerke in Lissabon. Hier zeigen Bildschirme, wie der Rundbau einmal ausgesehen haben könnte. Im ersten Stock des Museumsgebäudes kann man beim Blick auf die Fundamente entdecken, wo einige zweckentfremdete Steine des Theaters gelandet sind. Über die Terrasse im zweiten Stock mit schönem Tejo-Blick gelangen die Besucher dann in das eigentliche Theater. Bühne und Orchestergraben sind dort noch gut zu erkennen. Ebenso eine kreisförmige Vertiefung, die man für Theateraufbauten in die Bühne eingefräst hat.

Anfahrt/Öffnungszeiten Pátio do Aljube, 5. Straßenbahn 12 oder 28 bis Haltestelle Rua Augusto Rosa. Geöffnet Di–So 10–13 und 14–18 Uhr. Mo und feiertags zu. Eintritt frei.

Miradouro Santa Luzia

Ein Besuch des Aussichtspunkts Santa Luzia sollte nicht verpasst werden: Der Blick über das Dächermeer der Alfama und den Tejo ist traumhaft schön. Unter Weinreben treffen sich hier tagsüber die alten Männer und Frauen aus der Alfama für einen Plausch; abends sind die jungen Liebespaare an der Reihe. Früher befand sich nebenan am Largo das Portas do Sol das Sonnentor, eines der Tore, die Einlass in die maurische Altstadt gewährten.

Namensgeberin für den *Miradouro* war die benachbarte **Igreja de Santa Luzia**. Das Grundstück für die kleine Kirche hatte König Dom Afonso Henriques 1147 dem Malteser-Ritterorden als Dank für dessen Dienste bei der Eroberung Lissabons von den Mauren vermacht. Noch heute ist sie Sitz des Malteser-Ordens von Portugal. Nachdem die Kirche fast ein Vierteljahrhundert verfallen war, restaurierten sie die Malteser Ende der 90er Jahre. Seither ist die Igreja de Santa Luzia auch wieder allgemein zugänglich. Die Azulejos an der zum Miradouro gelegenen Außenwand der Kirche zeigt übrigens eine seltene Ansicht der Praça do Comércio vor dem Erdbeben von 1755.

Anfahrt Straßenbahn 12 oder 28 bis Haltestelle Miradouro Santa Luzia.

Miradouro Santa Luzia: der beste Blick auf die Alfama

Mächtige Burgmauern – Castelo São Jorge

Castelo São Jorge (Burg)

Die Festung hoch über den Dächern Lissabons bietet einen einzigartigen Rundblick über die gesamte Stadt und den Tejo bis zu dessen anderer Uferseite. Um dem hektischen Großstadttreiben zu entfliehen, ist ein beschaulicher Spaziergang durch die grüne Anlage mit dem wunderbaren Ausblick sicherlich das Richtige. Von der Burgmauer klingt der Stadtlärm nur noch wie ein weit entferntes Brummen.

Der geschichtliche Ursprung der Burg ist nicht ganz geklärt. Sicher ist, dass die Römer hier 137 v. Chr. eine befestigte Siedlung hatten. Im 5. Jh. eroberten die Westgoten die Stadt und errichteten die z. T. heute noch erhaltenen Mauern. Später kamen die Mauren (8.–12. Jh.), die weitere Befestigungsanlagen hinzufügten. 1147 wurde innerhalb der Mauern nach der Rückeroberung Lissabons durch Dom Afonso Henriques ein prunkvoller Königspalast erbaut. Bis Ende des 15. Jh. lebten hier die portugiesischen Könige, danach zogen sie als Wohnsitz den später im Erdbeben von 1755 völlig zerstörten Palast an der heutigen Praça do Comércio vor. Unter spanischer Herrschaft wurde das Kastell als Garnisonshaus und Gefängnis missbraucht, die Paläste verfielen. Den Rest erledigten das Erdbeben von 1755 und die französische Invasion von 1807. Ab 1919 errichtete hier die Nationalmiliz, *Guarda Nacional Republicana*, eine Kaserne. Erst Salazar ließ ab 1938 den Mauerring mit seinen zehn Wehrtürmen rekonstruieren, und trotz einiger Abweichungen vom Original ist das Resultat beeindruckend. 1997 war dann eine zweite Renovierung erforderlich, seitdem präsentiert sich die Burg in neuem Glanz.

Castelo São Jorge (Burg)

In der Nähe des Eingangs kann das Informationszentrum **Olisipónia** an der Stelle des einstigen Königspalastes besucht werden. Videobildschirme und große Reliefkarten präsentieren die Geschichte Lissabons in einer Multimedia-Show (auch auf Deutsch). Nebenan bietet sich das Café do Castelo mit seiner Terrasse für eine Pause an (Selbstbedienung).

Oben auf den Zinnen der Burg findet man in der Torre de Ulisses die **Câmara Escura** auf 110 Meter Höhe über dem Meeresspiegel. In der Dunkelkammer werden über ein Periskop Bilder Lissabons auf eine große Stein-Schüssel projiziert. Während der 20-minütigen "Rundfahrt" durch Lissabon und Almada auf der anderen Tejoseite eröffnen sich ganz neue Perspektiven der Stadt. Die Details sind überraschend genau zu erkennen – so sieht man Hunde auf Balkonen der Stadt und kann die Passagiere beobachten, wie sie die Fähren am Hafen verlassen. Am besten ist die Bildqualität übrigens an sonnigen und klaren Morgen.

- *Anfahrt/Öffnungszeiten* Bus 37 ab Praça da Figueira bis Castelo oder Straßenbahn 12 oder 28 bis Haltestelle Miradouro Santa Luzia. ✆ 218877244. **Burggelände** täglich 9–21 Uhr (November–Februar bis 18 Uhr). Eintritt ins Burggelände frei. Die Stadt plante 2003 aber, einen eintritt einzuführen. **Olisipónia** täglich außer an Feiertagen 10–13 und 14–17.30 Uhr (letzter Einlass 12 bzw. 17 Uhr). Eintritt 1,50 €, bis 14 J. 50 % Ermäßigung. ✆ 218877244. **Câmara Escura** täglich außer Di und an Feiertagen 10–13 und 14–17.30 Uhr (letzter Einlass 12.30 bzw. 17 Uhr). Aber nur vom 15. März bis 15. September offen. Vorführungen immer zur vollen und zur halben Stunde. Eintritt 2 €.

Spaziergang durch die Alfama

Die Tour beginnt an der Praça do Comércio (Metro Baixa/Chiado). Auf dem Weg durch die Rua da Alfândega kommt man an der **Igreja da Conceição Velha** vorbei, deren detaillierte Fassade eine kurzen Halt verdient (s. "Baixa" S. 234). Kurios ist dagegen die Vorderfront der nahe gelegenen **Casa dos Bicos**. Durch den Bogen Beco do Arco Escuro – hier stand zu maurischen Zeiten das Stadttor zum Meer, die Porta do Mar – geht es anschließend hinauf bis zur **Sé**, der Kathedrale Lissabons, und der benachbarten **Igreja de Santo António de Lisboa**. Etwas oberhalb erreicht man über die Treppen des Pátio de Aljube das **Teatro Romano**. Oben am **Miradouro Santa Luzia** angekommen, sollte man eine Pause einlegen, um den Ausblick auf Tejo und Alfama zu genießen. Über den Largo do Contador-Mor geht es weiter nach oben bis zur Burg, dem **Castelo de São Jorge**.

Auf dem Rückweg vom Burggelände führt am Ende der Rua do Chão da Feira ein Tor zum Palácio Belmonte und schließlich in den Hof Pátio Dom Fradique. Anschließend geht es die enge Rua dos Cegos entlang und nach rechts die Treppen des Beco do Funil hinunter. Nach wenigen Metern folgt man der Rua do Salvador rechts hinunter, um in das Gassengewirr der Alfama einzutauchen. Hier einen Weg zu empfehlen, ist eigentlich überflüssig. Wer im Labyrinth der Gassen aber das Fado-Museum **Casa do Fado e da Guitarra Portuguesa** (s. "Museen" S. 337) nicht verfehlen will, sollte sich möglichst geradeaus halten.

Beeindruckend – Igreja São Vicente de Fora in der Graça

Mouraria/Graça

Die Graça ist ein nordöstlich der Alfama gelegenes Arbeiterviertel, das viel von seinem ursprünglichen Charakter bewahrt hat. Hier bietet der Aussichtspunkt Miradouro Nossa Senhora do Monte den schönsten Blick auf Lissabon. Das alte Maurenviertel Mouraria liegt am Nordhang der Burg und begeistert die Besucher wie die Alfama mit ihren mittelalterlichen Gassen.

Nach der Eroberung Lissabons durch die Christen mussten sich Juden und Moslems in der **Mouraria** ansiedeln, daher der Name *Maurenviertel*. Bis heute ist die Mouraria ein Viertel der Ausgeschlossenen geblieben. Ende des 19. Jahrhunderts wurde hier der Fado in üblen Spelunken von Herumtreibern gesungen. Auch heute gehören die meisten Bewohner eindeutig den Unterschichten der Stadt an, darunter viele Einwanderer aus den ehemaligen afrikanischen Kolonien Portugals.

Früher erstreckten sich die malerischen Gassen der Mouraria von der Burg bis auf den gegenüberliegenden Santana-Hügel. In den 50ern hat der damalige Bauminister Salazars, Duarte Pacheco, die Unterstadt der Mouraria aber fast komplett zerstört. Die engen Gassen standen dem Autoverkehr im Weg. Übrig gelassen hat man nur die barocke Einsiedlerkapelle **Ermida de Nossa Senhora da Saúde e São Sebastião** – angeblich nach einer Intervention des strenggläubigen Katholiken Salazars. Die benachbarte Igreja do Socorro konnte dagegen den Abrissbirnen nicht entkommen.

Folge dieser größten Bausünde der modernen Geschichte Lissabons war der systematische Verfall der ganzen Gegend: Prostitution und Kriminalität machten sich breit. Die Praça Martim Moniz, die man auf der durch den Abriss gewonnenen Fläche errichtet hatte, bot mit ihren verfallenen Resten der abgerissenen Häuser und heruntergekommenen Einkaufszentren lange ein trauriges Bild. 1998 hat man zumindest den Platz neu gestaltet. Seitdem versprühen hier Springbrunnen ihr Wasser und geben der Praça Martim Moniz eine neue, viel angenehmere Atmosphäre. Seit 2002 versucht die Stadt, die immer noch vorhandenen Baulücken am Westrand des Platzes in Anlehnung an das historische Vorbild neu zu bebauen.

In der **Graça** hat der traditionsreiche Arbeiterverein *A Voz do Operário* (Stimme des Arbeiters) seine Heimat. Tabakarbeiter gründeten den Verein und die gleichnamige Zeitung 1879, um gegen lange Arbeitszeiten und gefährliche Arbeitsbedingungen zu protestieren. Seit 1931 residiert der Arbeiterverein in einer vom Architekten Manuel Joaquim Norte Júnior erbauten Jugendstilvilla gegenüber der Kirche São Vicente de Fora.

Anfahrt In die *Mouraria* geht es mit der Metro bis Martim Moniz. Wer nicht zu Fuß den Burgberg nach oben will, kann ab hier oder ab der Praça da Figueira mit der Straßenbahn 12 fahren. Richtung *Graça* fährt ab der Praça Martim Moniz die Straßenbahn 28.

Miradouro Nossa Senhora do Monte

Der schönste Aussichtspunkt Lissabons bietet einen umwerfenden Blick von Seixal über die Graça, das Castelo São Jorge, Mouraria, den Cristo Rei und die Baixa bis zum Norden der Stadt. Der Miradouro Nossa Senhora do Monte ist zugleich ein beliebter Wallfahrtsort mit einer Marienstatue und einer Kapelle. In der Kapelle befindet sich ein steinerner Thron, der früher im Besitz eines der ersten Lissabonner Bischöfe namens São Gens war. Der Legende zufolge sollen schwangere Frauen, die sich auf den Thron setzen, eine leichte Geburt haben.

Hoch über Lissabon: Miradouro Nossa Senhora do Monte

In unmittelbarer Nachbarschaft des Aussichtspunktes erstreckt sich das Arbeiterviertel Estrella d'Ouro zwischen der Rua da Senhora do Monte und der Rua Virgínia. In letzter Straße prangt am Haus mit der Nummer 22 ein großes Azulejobild, das an den Erbauer des Viertels, den Konditorei-Fabrikanten Agapito Serra Fernandes erinnert. Von 1907 bis 1909 hat in seinem Auftrag Manuel Joaquim Norte Júnior 120 zwei- bis dreistöckige Häuser angelegt.

Anfahrt Straßenbahn 28 bis Haltestelle Rua da Graça.

Igreja da Graça

Ein weiterer Aussichtspunkt mit einem schönen Blick über die Stadt am Südwestende des Largo da Graça: In der direkten Nachbarschaft die Igreja da Graça mit ihrem ehemaligen Augustinerkloster aus dem 13. Jh. Man hat sie 1556 im manieristischen Stil sowie nach dem Erdbeben von 1755 umgestaltet. Leider kann man den beeindruckenden Kreuzgang (*Claustro Nobre*) und die restlichen Räume des Klosters nicht besichtigen, da das dort untergebrachte Militär den Zugang verweigert. Die Kirche steht dagegen den Besuchern offen.

Auf der gegenüberliegenden Seite des Largo da Graça weist ein hohes, grünes Tor im Haus mit der Nummer 82 auf den Eingang zur **Vila Sousa** hin. Das Tor führt in den Innenhof eines 1889 zu einer Arbeitersiedlung erweiterten Palastes. Eine weitere, die 1902 vom Bauunternehmer Diamantino Tojal angelegte **Vila Berta**, kann über die Travessa da Pereira am östlichen Ende des Largo da Graça erreicht werden. Hier sind vor allem interessante Eisenkonstruktionen zu sehen.

Anfahrt Straßenbahn 28 bis Haltestelle Graça.

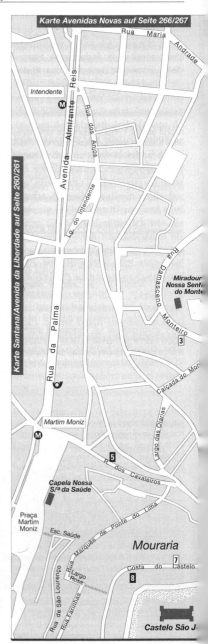

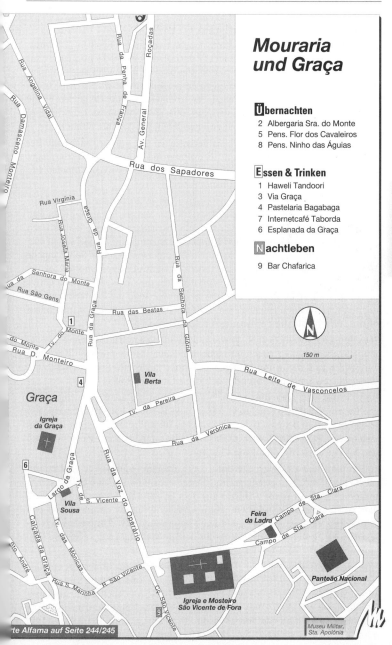

Igreja e Mosteiro São Vicente de Fora

Die Igreja São Vicente de Fora gilt als eine der schönsten Kirchen Lissabons. Auf den Resten eines Klosters, das 1147 unter Dom Afonso Henriques erbaut worden war, ließ Philipp II. von Spanien diese Kirche mit einem angeschlossenen Kloster 1582 errichten. Zu dieser Zeit herrschten die spanischen Könige in Personalunion auch über Portugal. Als Architekt der ursprünglichen Pläne gilt der Spanier Juan de Herrera, umgesetzt hat sie während der langwierigen, bis 1629 andauernden Bauarbeiten unter anderem der Italiener Filipe Terzi.

Die beeindruckende Fassade im manieristischen Stil entwarf allerdings der Portugiese Baltazar Álvares. Sie gilt als Prototyp des so genannten *Estilo Chão*, in dem man im 17. Jh. zahlreiche Kirchen in den portugiesischen Kolonien von Brasilien über Indien bis Macau erbaute.

Durch ihr lichtes Tonnengewölbe wirkt das Kircheninnere sehr leicht und luftig. Es besteht aus einem einzigen Längsschiff, an dessen Seiten Kapellen eingerichtet sind. Die Mitte, hier kreuzt sich das Längsschiff mit dem kurzen Querschiff, wird von einer großen Kuppel überspannt. Ein Baldachin auf vier Säulen überdacht den Altar. Rechts vorne befindet sich in einer Seitenkapelle das Grab des Kreuzritters Henrique o Alemão. Der Deutsche kämpfte 1147 bei der Einnahme Lissabons durch die Christen. Um das Grab ranken sich einige Legenden – so sollen Palmen aus ihm gewachsen sein, die Kranken zur Heilung verholfen haben. Nachzulesen übrigens in José Saramagos spannendem Roman "Geschichte der Belagerung von Lissabon".

Geweiht ist die Kirche dem hl. Vinzenz, dem offiziellen Stadtpatron von Lissabon. Das Stadtwappen zieren übrigens das Schiff, mit dem dessen Leichnam von Sagres an der Algarve bis nach Lissabon transportiert wurde, und zwei Raben, die das Schiff der Legende nach begleitet haben sollen.

Zum **Kloster** geht es rechts unterhalb der Treppen, die zur Kirche emporführen. Bis zur Säkularisierung 1834 war in dem Gebäude ein Augustinerkloster untergebracht, in dem auch der hl. Antonius lebte. Später diente es als Gymnasium, seit 1940 ist es wieder im Besitz des Bistums Lissabon. Heute residiert hier der Patriarch (Kardinal) von Lissabon.

Kurz hinter dem Eingang ins Kloster kann man zu einer Aussichtsplattform mit Blick auf den Tejo gelangen. Im Kloster selbst können eine tiefe Zisterne und prächtige blau-weiße Azulejos aus dem frühen 18. Jh. besichtigt werden. Die Fliesen erzählen von der Einnahme Lissabons von den Mauren, vom Bau des Klosters und zeigen Jagd- und Landschaftsszenen bzw. Motive aus den Fabeln von La Fontaine. In der Mitte der beiden Kreuzgänge des Klosters liegt eine sehenswerte Sakristei.

Außerdem befindet sich hier das Pantheon der Dynastie Bragança mit den Särgen der letzten portugiesischen Könige. Bis zu seiner Umbettung in das Ipiranga-Monument in São Paulo im Jahre 1972 lag hier auch der erste Kaiser Brasiliens, Dom Pedro (1798–1834). Auch der letzte König Rumäniens durfte an diesem Ort ruhen, bis ihm 1994 die Rückkehr in seine Heimat gestattet wurde. In einem weiteren Saal sind Lissabons Patriarchen begraben. Der

Lissabons berühmtestes Bauwerk: Kreuzgang des Mosteiro dos Jerónimos (JB)

▲▲ Bewacht die Tejomündung: Torre de Belém (JB)
▲ Leuchtturm neben dem Museu de Arte Popular in Belém (JB)

▲ Verschlungen: Fonte das 40 Bicas im Jardim Botânico da Ajuda (JB)

Neoklassizistisch: Igreja da Memória (JB) ▲▲
Azulejoverziert: Igreja Madre de Deus (FVL) ▲▲
Westflügel des Mosteiro dos Jerónimos (JB) ▲

▲▲ Benficas Paläste 1: Palácio do Beaus Séjour (JB)
▲ Benficas Paläste 2: Palácio dos Marqueses de Fronteira (JB)

Raum ist vollkommen ungeschmückt und macht einen unwirtlichen Eindruck, sodass man froh ist, gleich wieder im hellen Licht der weißen Kreuzgänge stehen zu dürfen.

Anfahrt/Öffnungszeiten Straßenbahn 28 bis Haltestelle Voz Operário. Kirche und Kloster täglich 9–12.30 und 15–18 Uhr (letzter Einlass Kloster 17.30 Uhr). Kirche: Eintritt frei. Kloster: 3 € Eintritt, bis 25 J. und ab 65 J. 50 % Ermäßigung, bis 12 J. kostenlos. ✆ 218853665.

Panteão Nacional

Am Campo de Santa Clara, dem Gelände der Feira da Ladra, erhebt sich dieses monumentale Bauwerk mit seiner weithin sichtbaren Kuppel. 1683 begann man mit dem Bau der Kirche. Sie hätte nach den Plänen des Architekten João Antunes die erste eindeutig barocke Kirche Portugals werden sollen. Die endgültige Fertigstellung zog sich jedoch über drei Jahrhunderte hin; erst unter Salazar setzte man ihr 1966 die Kuppel auf, vollendete den Bau und erklärte ihn zum Nationalpantheon. Die **Igreja de Santa Engrácia** steht mittlerweile sprichwörtlich für lange Bauzeiten: *"Obras de Santa Engrácia"* (Bauarbeiten der hl. Engrácia).

In den Nebenräumen des kreuzförmigen Baus sind mehrere Staatspräsidenten Portugals (Teófilo Braga, Sidónio Pais und Marschall Óscar Carmona) und der romantische Schriftsteller Almeida Garrett begraben. Im Jahr 2000 hat hier mit der Fadosängerin Amália Rodrigues auch die erste Frau ihre letzte Ruhestätte gefunden – ihr Sarg steht im Raum rechts neben dem Eingang. Die anderen Sarkophage haben nur symbolische Bedeutung und stehen leer. Mit einem Lift kann man unter die Kuppel fahren; oben genießt man von der Aussichtsplattform einen guten Blick über das Dächermeer der Alfama und den Tejo.

Anfahrt/Öffnungszeiten Campo de Santa Clara, ✆ 218854820. Straßenbahn 28 bis Haltestelle Voz Operário. Di–So 10–17 Uhr, Mo und an Feiertagen zu. Eintritt 2 €; Cartão Jovem 60 %, bis 25 und ab 65 J. 50 % Ermäßigung, bis 14 J. frei. So bis 14 Uhr generell frei.

Spaziergang durch Mouraria und Graça

Los geht es an der Praça Martim Moniz (Metro Martim Moniz). Über die Treppen Escadinhas da Saúde betritt man die Altstadt der Mouraria. Quer durch das ehemalige Maurenviertel geht es über die Rua Marquês de Ponte do Lima, den Largo das Olarias und die Calçada do Monte in den Nachbarstadtteil Graça zum Aussichtspunkt **Miradouro Nossa Senhora do Monte**. Auch neben der **Igreja da Graça**, der nächsten Station dieses Spaziergangs, kann man eine prächtige Aussicht genießen. In der Rua da Voz do Operário ist auf der rechten Seite der Sitz des Arbeitervereins Voz do Operário kaum zu übersehen.

Schräg gegenüber steht eine der schönsten Kirchen Lissabons, die **Igreja e Mosteiro São Vicente de Fora**. Besonders bei heißem Wetter empfiehlt sich ein Besuch der kühlen Kreuzgänge. Dienstags und samstags findet hinter der Kirche mit der **Feira da Ladra** Lissabons farbenprächtigster und größter Flohmarkt statt (s. "Einkaufen/Flohmärkte" S. 185). Den besten Blick auf das Gelände Feira hat man von der weißen Kuppel des **Panteão Nacional**. Etwas unterhalb liegt der alte Hauptbahnhof Santa Apolónia und die gleichnamige Metrostation im Nachbarstadtteil Alfama. Militärgeschichtlich Interessierte sollten sich einen Besuch des benachbarten **Museu do Militar** nicht entgehen lassen (s. "Museen" S. 341).

Santana/Avenida da Liberdade

Der vergessene Hügel Lissabons liegt direkt nördlich vom Rossio. Hübsche Gassen sind in seinem südlichen Bereich zu entdecken. Unterhalb des Santana-Hügels erstreckt sich die Avenida da Liberdade, die grüne Prachtallee der Hauptstadt.

Die Spitze des Hügels nimmt der Campo Santana ein, dessen offizielle Bezeichnung **Campo dos Mártires da Pátria** lautet. Im Mittelalter diente der vor den Stadtmauern gelegene Platz, um Märkte und Stierkämpfe abzuhalten. Heute residieren hier die deutsche Botschaft, das Goethe-Institut und die portugiesische Bischofskonferenz.

Unweit des Campo Santana erstrecken sich an der Bergstation des Elevador do Lavra die Grünanlagen des **Jardim do Torel**. Angelegt hat sie der Graf von Castro Guimarães, der nebenan mit seiner Familie residierte. Von dem Garten aus genießt man eine einzigartige Aussicht auf das gegenüberliegende Bairro Alto, den Jardim Botânico und das Tal der Avenida da Liberdade.

Anfahrt Mit dem Elevador do Lavra geht es ab dem Largo da Anunciada (Metro Restauradores) auf den Santana-Hügel.

Sousa Martins – ein Arzt als Volksheiliger

Hunderte Steintafeln, Kerzen und Blumensträuße umgeben am Südrand des Campo Santana die Statue des bekannten portugiesischen Arztes José Tomás de Sousa Martins. Der im Jahr 1843 in Alhandra nördlich von Lissabon geborene Arzt hatte sein Leben dem Studium der Tuberkulose verschrieben, eine Krankheit, der er selbst 1897 zum Opfer viel. Dabei kümmerte er sich vor allem um die Armen: Sie mussten keine Bezahlung für die Sprechstunden leisten, hin und wieder gab Sousa Martins ihnen sogar das Geld für die nötigen Medikamente.

Vielleicht lässt sich durch diese besondere Zuwendung für die Armen erklären, dass Sousa Martins nach seinem Tod zu einem "Volksheiligen" avancierte. Der Arzt war selbst nicht religiös gläubig und vertraute eher der Wissenschaft bei der Heilung von Krankheiten. Die Verehrer des von der katholischen Kirche niemals selig oder gar heilig gesprochenen Arztes sehen dies heute anders: Sie setzen auf die heilende Kraft seiner Person. Ob kranke Knie, kaputte Nieren oder chronische Kopfschmerzen, Sousa Martins wird's schon richten. Als Dank für erfolgte Wundertaten legen sie dann eine steinerne Votivtafel an der Statue ab.

Die Statue des Arztes vor der medizinischen Fakultät der Technischen Universität am Campo Santana ist so inzwischen eine wahre Pilgerstätte geworden – sicher auch zur Freunde der fliegenden Devotionalien-Verkäufer, die mit der "Heiligen-Verehrung" ihr Geschäft machen. Santana scheint übrigens in der Tat ein guter Ort für medizinische Wohltaten zu sein, denn mit drei Krankenhäusern ist das Viertel überdurchschnittlich gut versorgt. Am auffälligsten ist der große rote Bau des Hospitals São José – er ist auch von der Burg aus gut zu erkennen.

Jardim do Torel – Park und Aussichtspunkt des "vergessenen" Hügels Santana

Avenida da Liberdade

Lissabons Champs-Elysées erstrecken sich in einer imposanten Breite von 100 m auf einer Länge von 1,5 km. Die Prachtstraße wurde im Jahr 1885 angelegt; ihr Vorgänger, der Stadtgarten *Passeio Público*, wurde dabei zerstört. Startpunkt der Allee ist die **Praça dos Restauradores**. Den "Platz der Erneuerer" ziert ein 30 m hoher Obelisk, auf dem die Daten der wichtigsten Schlachten zur Befreiung Portugals von der spanischen Herrschaft verzeichnet sind.

In der Mitte der **Avenida** selbst liegen fünf Fahrspuren für Autos, gesäumt von zwei breiten Grünstreifen, an den beiden Rändern je eine weitere Fahrspur für den Autoverkehr. Auf den Grünstreifen kann man zwischen Brunnen und Cafés flanieren. Statuen ehren Simón Bolívar, den Befreier Lateinamerikas, sowie Almeida Garrett und Alexandre Herculano, zwei portugiesische Schriftsteller der Romantik. Auf dem linken Streifen, auf der Höhe der Metrostation Avenida, ist den portugiesischen Kämpfern des Ersten Weltkrieges ein Denkmal gewidmet. Direkt daneben steht die Botschaft Spaniens an der Ecke mit der Rua do Salitre. Ein kleines Paradoxon, denn der Name *Avenida da Liberdade* ("Freiheitsallee") wurde zum Gedenken an die Befreiung von der spanischen Herrschaft 1640 gewählt.

Auf der anderen Seite der Avenida, gegenüber der spanischen Botschaft, fällt das architektonisch im Stil des *Art déco* und des Modernismus gehaltene Haus mit der Nummer 170 ins Auge. Früher beherbergte das zwischen 1934 und 1936 vom Architekten Cassiano Branco errichtete Gebäude das **Hotel Vitória**, heute ist hier das Hauptquartier der PCP, der Kommunistischen Partei Portugals,

Santana und Avenida da Liberdade

Übernachten
1 Pensão Dublin
3 Hotel Britânia
5 Hotel Veneza
6 Hotel Tivoli/Hotel Tivoli Jardim
7 Hotel Ibis Lisboa Liberdade
11 Hotel Lisboa Plaza
13 Pensão Alegria
14 Casa de Hóspedes Nova Avenida
20 Hotel VIP Eden Lisboa

Essen & Trinken
2 PSI
4 Restaurant Clara
8 Restaurant Forno Velho
9 Restaurant Os Tibetanos
10 Cervejaria Ribadouro
15 A Tigelinha
17 Restaurant Jaipur
18 Restaurant Sol-Posto
19 Verde Minho

Nachtleben
12 Bar Hot Clube de Portugal
16 Enoteca/Chafariz do Vinho

Avenida da Liberdade 261

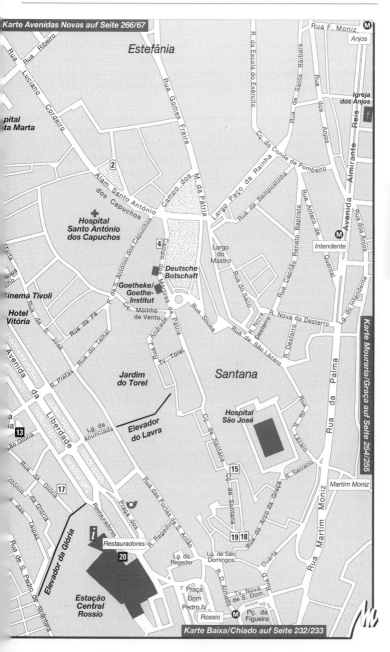

untergebracht. Ganz in dessen Nähe liegt mit der Nummer 182 das Kino **Cinema Tivoli** von Raul Lino aus dem Jahr 1924, das aber nur noch für besondere Veranstaltungen genutzt wird. Aus der Mitte des folgenden Blocks ragt das Gebäude mit der Nummer 206–218 hervor. Mit riesigen Erkern, gebogenen Balkonen und schmiedeeisernen Gittern hat der Architekt Manuel Joaquim Norte Júnior von 1915–16 eine faszinierende vom Jugendstil beeinflusste Fassade geschaffen.

Gleich mehrere Prachtbauten der Avenida da Liberdade hat der Vorzeigearchitekt des Estado Novo, Porfírio Pardal Monteiro, gestaltet. So auf der westlichen Seite der Avenida das Hotel Tivoli mit der Nummer 185 oder auf der östlichen Seite den Hauptsitz der Tageszeitung **Diário de Notícias** aus dem Jahr 1940 mit der Hausnummer 266. Liebhaber modernistischer Kunst sollten einen Blick in die mit Fresken des Künstlers José Almada Negreiros gestaltete

José Saramago

Im Gebäude der Tageszeitung *Diário de Notícias* an der Avenida da Liberdade hat der Literaturnobelpreisträger José Saramago 1975 als stellvertretender Chefredakteur gearbeitet. Eigentlich hatte der am 16. November 1922 im mittelportugiesischen Azinhaga geborene Saramago Maschinenschlosser gelernt. Doch er war nur kurz in diesem Beruf tätig und so es später vor, als Journalist zu arbeiten. 1944 heiratete er zum ersten Mal, aus dieser Ehe stammt auch seine Tochter Violante. 1966 erschien der erste Gedichtband *Os Poemas Possíveis* (dt. "Die möglichen Gedichte") des Autors mit der faltenreichen Stirn und der charakteristischen, großen Brille. Noch zu Zeiten der Diktatur trat er 1969 in die Kommunistische Partei Portugals (PCP) ein. Auch heute noch unterstützt er die Partei aktiv. Nach der Nelkenrevolution 1974 wurde für ihn das kommunistische Parteibuch zum Vorteil: So konnte er stellvertretender Chefredakteur der Zeitung *Diário de Notícias* werden, die sich damals noch in Staatsbesitz befand.

Bereits über 50jährig veröffentlichte Saramago 1977 seinen ersten Roman *Manual de Pintura e Caligrafia* (dt. "Handbuch der Malerei und Kalligraphie"). Der Durchbruch in Portugal gelang ihm 1980 mit *Levantado do Chão* (dt. "Hoffnung im Alentejo"), einer ergreifenden Familiensaga über die sozialen Probleme der südportugiesischen Landregion Alentejo. Internationalen Erfolg erreichte Saramago mit seinem Roman *Memorial do Convento* über den Bau des Konvents von Mafra (dt. "Das Memorial"), der in etwa 30 Sprachen übersetzt wurde. Spätestens hier werden sein ironischer, barocker Stil und die Vorliebe für historische Themen deutlich.

Sein siebter Roman *O Evangelho segundo Jesus Cristo* (dt. "Das Evangelium nach Jesus Christus") löste in Portugal nach seinem Erscheinen 1991 erhebliche Kontroversen aus. Manche hätten für Saramago gerne die Inquisition wieder eingeführt. Bereits mehrfach preisgekrönt erreichte Saramago 1998 den Höhepunkt seiner Karriere, als er als erster portugisischsprachiger Autor den Literaturnobelpreis erhielt. Heute lebt Saramago mit seiner zweiten Frau Pilar del Río, einer spanischen Journalistin, auf der kanarischen Insel Lanzarote.

Lobby werfen: Sie überspannt eine riesige, 64 Quadratmeter große Weltkarte, in die Almada Negreiros die zwölf Sternbilder des Sonnenkreises sowie die vier Elemente Wasser, Feuer, Erde und Luft integriert hat.

Am Endpunkt der **Praça Marquês de Pombal** scheint der Marquês de Pombal von seiner hohen Säule sein Lebenswerk, die wieder aufgebaute Baixa, zu betrachten. Während der Marquês de Pombal den Wiederaufbau der vom Erdbeben 1755 zerstörten Unterstadt schnell vorantrieb, ließen sich die Erbauer seines Denkmals viel Zeit. Von 1917 bis 1934 dauerten die Bauarbeiten! Und dass, nachdem man bereits 1882 zu Ehren des Marquis den Platz von Rotunda in Praça Marquês de Pombal umbenannt hatte.

Gelungen – Edifício Heron Castilho

Ein gelungenes Beispiel für die Verknüpfung von moderner und alter Architektur ist übrigens mit dem **Edifício Heron Castilho** nicht weit entfernt an der Ecke Rua Braamcamp und Rua Castilho zu sehen: Hier wurde die prächtige, alte Fassade erhalten und mehrere, verspiegelte Stockwerke aufgesetzt.

<u>Anfahrt</u> Metrostationen Restauradores, Avenida und Marques de Pombal.

Avenidas Novas

Hier pulsiert das Leben der portugiesischen Hauptstadt. Das verkehrstechnische Herz Lissabons ist die Praça Marquês de Pombal – von hier aus verzweigen sich die "Arterien", die Avenidas Novas. Moderne Bürogebäude prägen das Bild, aber auch alte Paläste und Grünanlagen wie der Stadtpark Parque Eduardo VII.

Unter der Woche schieben sich besonders während der Rush-hour lange Autoschlangen durch die Hauptverkehrsachsen. Am Wochenende dagegen, wenn die Büros geschlossen sind, fällt eine gewisse Schläfrigkeit über die sonst so quirligen Viertel. Bei gutem Wetter spielt sich das Leben dann in den vielen Grünanlagen ab: so im Stadtpark Parque Eduardo VII, am Campo Grande, um die Gulbenkian-Stiftung oder in einem der vielen kleinen Parks im grünen Stadtteil Estefânia. Hier sitzen die Rentner und spielen eine Partie *Sueca*, ein portugiesisches Kartenspiel, während die Kinder einem Fußball hinterher tollen.

Vielen Gebäuden ist es von außen nicht anzusehen, aber die Avenidas Novas gehören zu den teuersten Wohnvierteln der Stadt. Unter den reichen Lisboetas gilt besonders die Gegend um die Avenida de Roma als schick, vor allem wegen

Moderne Azulejos alten Stils in der Station Campo Grande

ihrer exklusiven Geschäfte. Der Ostteil der Avenidas Novas um die südliche Hälfte der Avenida Almirante Reis ist dagegen die "arme" Gegend der Avenidas Novas.

Die "Neuen Alleen" hat man Ende des 19. und Anfang des 20. Jahrhunderts nach Plänen des Ingenieurs Ressano Garcia angelegt, um Lissabon in die vom Tejo abgewandten Gegenden zu erweitern. Mit seinen großzügig geschnittenen Straßenzügen folgte Ressano Garcia dem Vorbild französischer Stadtplanung unter dem Pariser Präfekten Baron Georges-Eugène Haussmann. Im Gegensatz zu Haussmann zerstörte Ressano Garcia aber nicht die mittelalterlichen Stadtviertel, sondern legte seine "Neuen Alleen" auf bisher fast völlig unbebauten Ackerflächen an.

Spätestens mit dem Bau der Lissabonner U-Bahn ab 1959 mauserte sich die Gegend zum modernen Zentrum der portugiesischen Hauptstadt: Bürohochhäuser, Hotels und Einkaufszentren verdrängten die alten Villen aus der Jahrhundertwende. Leider sind die meisten historischen Gebäude inzwischen der Abrissbirne zum Opfer gefallen – unter ihnen auch zwölf mit dem *Prémio Valmor*, dem höchsten portugiesischen Architekturpreis, ausgezeichnete Häuser. Dennoch entdeckt man auch heute noch immer wieder schöne Altbauten wie den prächtigen Hauptsitz der Lissabonner Metro von Manuel Joaquim Norte Júnior an der Avenida Fontes Pereira de Melo, 28.

Neben der Praça Marquês de Pombal ist die **Praça de Espanha** ein weiterer Verkehrsknotenpunkt der Stadt. Der auffällige Steinbogen in der Mitte des Platzes stand übrigens ursprünglich direkt neben dem Parlament São Bento. Er transportierte dort als Ausläufer des Aquädukts Wasser über die Rua de São

> **Geisterstunde im Kinderkrankenhaus**
>
> Zu den zentralen Bereichen der Avenidas Novas gehört der Stadtteil Estefânia. Dessen Name geht zurück auf die deutsche Prinzessin Stephanie von Hohenzollern-Sigmaringen, die Gattin des Königs Pedro V. Auf ihre Initiative hat man 1877 hier das erste Kinderkrankenhaus Portugals errichten lassen. Erlebt hat es die Prinzessin nicht mehr, sie verstarb vor der Einweihung. Der Legende nach soll sie dort nachts immer noch durch die Gänge irren und ihr Werk bewundern. Andere wiederum glauben, dass hier nicht die Ärzte und Krankenpfleger die Kinder heilen, sondern das Hirten-Kind Jacinta aus Fátima. Jacinta war eines der drei Kinder, die dort die berühmte Marien-Erscheinung gehabt haben sollen, und ist im Estefânia-Krankenhaus gestorben.

Bento. 1938 baute man ihn ab, um die Straße zu verbreitern. Die Steine des Arco de São Bento gingen aber nicht verloren und wurden hier 61 Jahre später im Jahr 1999 neu aufgebaut.

Anfahrt Mit der schnellen und häufig verkehrenden Metro erreicht man alle Gebiete der Avenidas Novas.

Parque Eduardo VII/Estufa Fria

Lissabons "Central Park" ist mit seinen 400.000 m² nach dem Monsanto-Park die zweitgrößte Grünanlage der Stadt. Nach der Avenida da Liberdade, die direkt auf ihn zu führt, hieß er früher Parque da Liberdade. Anlässlich eines Besuchs des englischen Königs Edward VII. benannte ihn die Stadt 1903 um. In der Mitte des Parks erstreckt sich eine vom Architekten Keil do Amaral projektierte

Überrascht mit seinen herrlichen Azulejos – Pavilhão dos Desportos im Parque Eduardo VII

Avenidas Novas

Übernachten

1 Pensão Residencial Terminus
2 Hotel Alif
6 Hotel Marquês de Sá
8 Hotel Real Residência
14 Hotel Ibis Lisboa Saldanha
15 Pensão Pascoal de Melo
19 Jugendherberge
22 Hotel Miraparque
23 Hotel Meliá Confort
24 Le Meridien Park Atlantic
25 Pens. Casa Vila Nova
26 Ritz Four Seasons Hotel
27 Hotel Fénix
28 Pens. Casal Ribeiro
29 Residencial Astória

Essen & Trinken

3 Pastelaria Mexicana
4 Muito Bom
5 Clube dos Empresários
7 Café Versailles
10 Pastelaria Sequeira
11 Internetkiosk Navegar em Lisboa
12 Espiral
13 Restaurant Corlleoni
16 Internetkiosk Portugal Telecom
17 Cervejaria Portugália
18 Superfrutas Almeida
20 Pastelaria Centr.

Nachtleben

9 Galeto
21 Mussulo

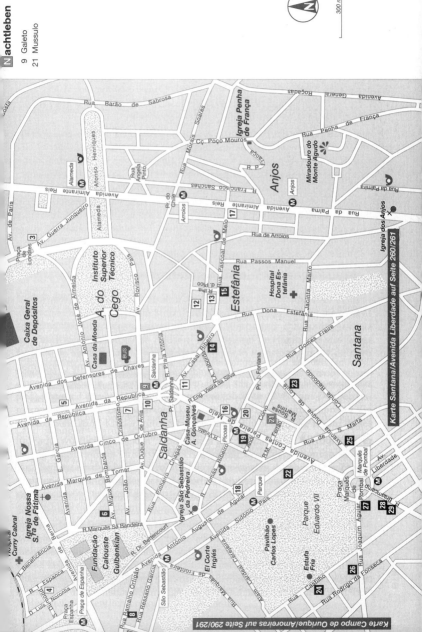

55 m breite Zentralallee 650 m lang nach oben. Besonders im oberen Bereich öffnet sich ein schöner Blick auf die Avenida da Liberdade und das andere Ufer des Tejo. Zwischen zwei, weit sichtbaren Säulen steht hier ein umstrittenes Denkmal des Künstlers Jorge Cutileiro zum Gedenken an die Nelkenrevolution 1974.

Im östlichen Teil des Parks sind am neoklassizistischen Sportpalast Lissabons, dem **Pavilhão dos Desportos Carlos Lopes** einige der schönsten Azulejobilder Lissabons zu besichtigen. An der Außenfassade ragen besonders die tiefblau gehaltenen Werke *Ala dos Namorados* und *Cruzeiro do Sul* des Malers Jorge Colaço aus den Jahren 1922 bis 1927 heraus. Innen finden sich weitere Azulejos und die stilvolle, ganz in Holz gehaltene Sporthalle.

Auf der Westseite des Parks befindet sich die **Estufa Fria**, ein riesiges, 1908 eröffnetes "Kaltes Gewächshaus" mit tropischen Pflanzen, Seen und allerlei Tieren. "Kalt" deswegen, weil die Sonne durch einen Lattenrost abgehalten wird – eine grüne Oase im hektischen Lissabon. Unmittelbar an die Estufa Fria angeschlossen ist das "Heiße Gewächshaus", die **Estufa Quente**. Dort gedeihen Kakteen und weitere tropische Pflanzen; außerdem werden einige Vögel in dunklen Volieren gehalten.

Anfahrt/Öffnungszeiten Metro Parque oder Marquês de Pombal. Die Estufa Fria ist täglich 9–17.30 Uhr geöffnet (Oktober bis März nur bis 16.30 Uhr). Eintritt 1,10 €; mit Cartão Jovem 50 % Ermäßigung.

Campo Pequeno (Stierkampfarena)

Die verspielt pseudo-maurische Stierkampfarena wurde am 18. August 1892 eröffnet. An den vier Ecken der Arena erheben sich große Türme, sie umge-

Lissabons Stierkampfarena am Campo Pequeno

Campo Pequeno (Stierkampfarena) 269

ben den kreisrunden Innenraum mit einem Durchmesser von 40,7 m. Um ihn reihen sich die Tribünen mit Platz für 8.500 Zuschauer. Seit mehreren Jahren finden hier jedoch keine Kämpfe mehr statt – zur Freude der Tierschützer. Stierkämpfe gibt es übrigens praktisch nur in Südportugal; in Nordportugal ist diese Tradition weitgehend unbekannt.

Anfahrt Metro Campo Pequeno.

Portugiesischer Stierkampf

Im Gegensatz zu Spanien und Südamerika wird in Portugal der Stier beim Kampf niemals getötet. Dieser Grundsatz wurde 1928 gesetzlich festgelegt. Eine unrühmliche Ausnahme bildet einzig das alentejanische Dorf Barrancos an der spanischen Grenze. Der portugiesische Stierkampf ist jedoch nicht unbrutal. Im Vergleich zu ihren spanischen Artgenossen bleiben den portugiesischen Stieren lediglich die Lanzenstiche der *picadores* und das Herumstochern von Anfänger-Toreros erspart, die es nicht schaffen, dem Stier den tödlichen Degenstoß zu versetzen.

Die Saison wird normalerweise an Ostern eröffnet und geht bis Oktober. Die Kämpfe beginnen in der Regel am späten Nachmittag, wenn die Arena durch den Sonnenstand in eine Schatten- und eine Sonnenseite geteilt ist. Die billigsten Plätze sind in der Sonne. Meist wird nacheinander mit sechs verschiedenen Stieren gekämpft. Der Kampf auf dem Pferd ist dabei der wichtigste, adlige Tradition hat sich hier erhalten. Die Reiter sind auch die einzigen Beteiligten, die es zu Ruhm bringen, wenngleich sie es nie zu einem landesweiten Kultstatus wie die spanischen *Toreros* schaffen. Der Stier wird von den *cavaleiros* (Reitern) angegriffen. Ein Wettkampf zwischen Reiter, Pferd und Stier beginnt, wobei der Reiter versucht, *farpas* (Pfeile mit bunten Bändeln) in den Nacken des Tieres zu stoßen, um es noch mehr zu reizen. Der Stier hat keine echte Chance, sich zu wehren, da seine Hörner mit Lederkappen versehen sind, damit die Pferde geschont werden. Anschließend betritt ein *matador* zu Fuß die Arena, um den Stier mit einem roten Tuch, der *muleta*, zu reizen und weiter zu ermüden. Danach müssen die *forcados* (Stiertreiber) den Stier zu Fuß ohne Waffen auf den Boden zwingen – verglichen mit den grausamen Praktiken der spanischen *matadores* eine fairere Art des Kampfes. Einer springt dem Stier todesmutig zwischen die Hörner, die anderen helfen von den Flanken, und ein weiterer zieht ihn schließlich am Schwanz zu Boden.

Wenn das geschafft ist, kommt das für den Stier unerwartete Ende. Indem nämlich mit Kuhglockengeläute mehrere Ochsen oder Kühe in die Arena geführt werden, wird der gerade noch wilde, tobende Stier wieder zum Rindvieh! Leicht verwirrt trottet er bereitwillig mit seinen Artgenossen hinaus. Allerdings sehen nur wenige Stiere jemals ihre heimische Weide wieder. Die allerbesten werden als Zuchtbullen verwendet, den Rest erwartet das traurige Schicksal des Schlachthofs. Die Stiere hatten jedoch zumindest ein weitaus besseres Leben als die Rinder aus der Massentierhaltung; die meiste Zeit ihres Lebens durften sie auf schönen Weiden verbringen.

Moderne Architektur

Da die historischen Stadtviertel Lissabons auf Grund des Denkmalschutzes für architektonische Experimente weitgehend tabu sind, entwickelten sich die Avenidas Novas seit Anfang des 20. Jahrhunderts zum beliebtesten "Spielfeld" der portugiesischen Architekten. Hier sind einige der charakteristischsten Bauten des portugiesischen Modernismus zu finden. Als Paradebeispiel für dessen Frühphase gilt die Technische Hochschule, das **Instituto Superior Técnico**. Die Universität, die zwischen 1927 und 1935 nach Plänen von Porfírio Pardal Monteiro entstanden ist, hat ihren Unicampus mittlerweile allerdings durch den Neubau zweier schwarz glänzender Glastürme arg verschandelt. Daher bekam sie den Status als Nationaldenkmal aberkannt. Auch die auf die Technische Universität zuführende Prachtallee **Alameda Dom Afonso Henriques** mit ihrem beleuchteten Springbrunnen wurde unter dem Diktator Salazar angelegt.
Anfahrt Metro Alameda.

Der streng katholische Salazar ließ auch die **Igreja de Fátima** an der Avenida de Berna neu errichten. Die ebenfalls von Pardal Monteiro entworfene Kirche präsentiert sich in einer teilweise etwas kruden Mischung aus modernen Neonröhren im Bauhaus-Stil und mittelalterlichen Stilelementen wie schwere, an Burgen erinnernde Holztüren. Von außen wirkt das von 1934–1938 errichtete Gotteshaus aber mit seinen vertikalen, schlichten Formen aus weiß gestrichenem Beton einheitlich modern. Meisterhaft sind die modernistischen Glasbilder von José Almada Negreiros im Inneren, die Kreuzweg und Kreuzigung Christi illustrieren. Durch ihren Modernismus verfehlte die Kirche den Geschmack zahlreicher Anhänger Salazars – daran konnte auch der Lissabonner Kardinal und Salazar-Intimus Emanuel Gonçalves Cerejeira nichts ändern, der die Kirche ausdrücklich verteidigte.
Anfahrt Metro Praça de Espanha.

Auch als Ergebnis der Diskussion über modernistische Entwürfe wie die Igreja de Fátima entwickelten Regierung und zahlreiche Architekten in den Folgejahren einen eigenen, modernen Stil, der in Portugal wegen seiner sanften, regelmäßigen Bauweise *Português Suave* ("Sanftes Portugiesisch") genannt wird. In Reinform zeigen ihn die Gebäude an der **Praça de Londres**. Die auffälligsten Gebäude des *Estado Novo*, des "Neuen Staates" Salazars, sind aber die ältesten Hochhäuser Lissabons an der **Praça do Areeiro**. Den Platz, der heute offiziell Praça Francisco Sá Carneiro heißt, hat der Architekt Cristino da Silva 1938–49 als krönenden Endpunkt der Avenida Almirante Reis entworfen. Er benutzte dabei nationale Symbole und Motive: Die Grundfläche des Platzes ist dem Wappen aus der portugiesischen Fahne entlehnt, die Hochhäuser greifen den Stil portugiesischer Adelspaläste auf.
Anfahrt Metro Areeiro.

Zu den architektonisch interessantesten Bauwerken der vergangenen Jahrzehnte gehört dagegen das halbrunde, stufenförmig angelegte Gebäude der zur Portugal Telecom (PT) gehörenden Telefongesellschaft **Marconi** an der Avenida 5 de Outubro. In der gleichen Straße steht das vom Stararchitekten Tomás

Taveira entworfene und 1983–89 erbaute Hauptgebäude des **Banco Nacional Ultramarino** (BNU) mit seinen merkwürdigen, sich nach oben verbreiternden Formen. Nicht weit entfernt beeindruckt an der Avenida João XXI der Hauptsitz der Nationalsparkasse **Caixa Geral de Depósitos** (CGD). Er erinnert mit seinem weißen Granit an eine gigantische Akropolis.

Anfahrt Metro Campo Pequeno.

Feira Popular

Die Feira Popular ist der Prater Lissabons. Der dauerhaft installierte Volksfestplatz bietet verschiedene Attraktionen wie Achterbahn, Autoskooter, Karussele, Riesenrad etc. Daneben sind auf dem Gelände mehrere Restaurants untergebracht. Es ist geplant, die Feira Popular an einen anderen Ort zu verlegen.

Anfahrt/Öffnungszeiten Avenida da República (Metro Entrecampos). Mo–Do von 19 bis 01 Uhr nachts, Fr und vor Feiertagen 19 bis 01.30, Sa/So und an Feiertagen von 15 bis 01.30 Uhr nachts. Eintritt auf das Gelände 2 €; mit Cartão Jovem 50 % Ermäßigung; bis 10 J. kostenlos. Die einzelnen Attraktionen müssen noch einmal extra bezahlt werden. ✆ 217934435.

Metrostationen

Beim Bau ihrer U-Bahn-Stationen hat die Metro so viel Wert auf die Gestaltung gelegt, dass wahre Kunstwerke entstanden sind. Es lohnt sich also durchaus, das ein oder andere Mal auszusteigen, um sich die Ergebnisse dieser Arbeit anzuschauen.

Linha amarela/gelbe Linie: Die Station Marquês de Pombal hat auf blauen Azulejos Stationen aus dem Leben des Marquês de Pombal festgehalten, dessen Statue auf dem Platz über der Station steht. Auch Goethe fand hier seine Würdigung. In Picoas zeigen Azulejos des Künstlers Martins Correia das Arbeitsleben Lissabonner Frauen. Der prächtige Südeingang mit seinem Jugendstilgitter ist übrigens der Pariser Metro nachempfunden. In Saldanha illustrieren klassische blau-gelbe Azulejos von Luís Filipe de Abreu die vier Jahreszeiten sowie die Themen "Warten", "Treffen" und "Abschied". Die Stierkampfmotive der Bilder in der Station Campo Pequeno sind dagegen aus Marmor gefertigt. Am Südausgang der folgenden Haltestelle Entrecampos kann man in Marmor eingeritzte Verse der beiden portugiesischen Dichter Fernando Pessoa (Ostseite) und Luís de Camões (Westseite) studieren – dabei inspirierte den Künstler Bartolomeu Cid dos Santos die nahe gelegene Nationalbibliothek. Den Ausgang der Station Cidade Universitária schmücken Repliken von Werken der Künstlerin Helena Vieira da Silva, die Weisheiten von Sokrates und Cesário Verde zeigen. Den oberirdischen Metrobahnhof Campo Grande hat Eduardo Nery mit interessanten verzerrten, blau-weißen Azulejos alten Stils gefliest.

Linha vermelha/rote Linie: Die vom Architekten Tomás Taveira gestaltete Station Olaias überrascht mit einer hohen Halle, gestützt durch dicke Stahlsäulen, die an den Beginn der Industrialisierung erinnern. Die Wände sind dagegen aus bunten Betonelementen zusammengesetzt. Wer sich nach oben in die reichlich überdimensionierte Eingangshalle begibt, kann futuristische Luftschiffe aus buntem Glas bewundern. Die Station Chelas, ähnelt mit ihren dunkelroten Säulen und dem hohen Dach etwas Olaias. An den Wänden entdeckt

272 Lissabon/Avenidas Novas

man interessante Vertiefungen, die mit dunkelblauen und weißen Azulejos verkleidet sind. Olivais präsentiert sich den Betrachtern dagegen mit futuristisch anmutenden Azulejos des Künstlers Nuno de Siqueira. Die Station wurde 1998 eingeweiht, genau 500 Jahre nach der Entdeckung des Seewegs nach Indien durch Vasco da Gama. Entsprechend geschichts- und symbolträchtig sind die Motive der Azulejos: aus der Abteilung Weltliches wird u. a. der berühmte Verteidigungsturm Torre der Belém gezeigt, aus der Abteilung Religiös-Mystisches die Marien-Erscheinung von Fátima. Mit graffitiähnlichen und von Comics inspirierten Azulejo-Bildern geht es an der Endstation der Linie, der Gare do Oriente, dann wieder etwas profaner zu. Sie stammen von insgesamt 11 Künstlern aus fünf Kontinenten, u. a. von Friedensreich Hundertwasser aus Österreich, dessen Bild den Untergang von Atlantis zeigt.

Linha verde/grüne Linie: Die Wände des U-Bahnhofs Martim Moniz sind mit Rittern aus Granit und Marmor verziert. Sie sollen die Kämpfer symbolisieren, die Lissabon 1147 von den Mauren erobert haben. Der Ritter Martim Moniz soll dabei den Christen das Stadttor geöffnet und so die Belagerung beendet haben. Oben in der Eingangshalle sind Azulejos mit stilisierten arabischen Schriftzeichen angebracht – sie erinnern an das ehemalige Maurenviertel Mouraria. Für die Doppelstation Baixa/Chiado entwarf dagegen der bekannte portugiesische Architekt Álvaro Siza Vieira ein hohes, in schlichtem Weiß gehaltenes Tonnengewölbe. Sie ist gleichzeitig mit 45 m unter der Oberfläche die am tiefsten gelegene Station.

Linha azul/blaue Linie: Die Station Jardim Zoológico gestaltete der Künstler Júlio Resende; er besprühte die Azulejos mit Zoomotiven in kindlichem Stil. Laranjeiras überrascht mit riesigen Azulejo-Orangen, die vom Maler Rolando Sá Nogueira mit Hilfe von Fotos vergrößert wurden und auf den Namen der Station ("Orangengärten") anspielen. In Alto dos Moinhos fertigte Júlio Pomar wohl eiligst ein paar Skizzen an, u. a. vom Dichter Fernando Pessoa, während uns in Colégio Militar-Luz der Künstler Manuel Cargaleiro mit seinem riesiges Buchstabenrätsel auf Azulejos scheinbar zum Knobeln herausfordert. In Carnide warten eine bunte Neonbeleuchtung und kleine Kaulquappen aus in den Boden eingelegten, kleinen Steinen auf interessierte Besucher.

Die allerschönste Station ist jedoch **Parque**. Hier kann man aussteigen und stundenlang die vielfältigsten Motive betrachten. Aus den Wänden ragen phantastische Metallfiguren, in den Gängen der Rolltreppen sind

Baixa/Chiado: wichtigste Umsteigestation

Sprüche großer Philosophen zu bewundern. Die dunkelblauen Wände zieren Zeichnungen mit Darstellungen der Geschichte der Sklaverei und der Entdeckungsfahrten; außerdem sind Schiffe, Pflanzen, geometrische Figuren und Landkarten abgebildet. Doch am beeindruckendsten ist die Decke: Buchstabe für Buchstabe ist auf je einem Azulejo die Erklärung der Menschenrechte verewigt. Die belgische Künstlerin Françoise Schein schuf hier 1994 mit Unterstützung von Frederica Matta und Cerole Fontaine ein wahres Meisterwerk. In Paris, Brüssel, Stockholm und in der Berliner U-Bahn-Station Westhafen hat Françoise Schein übrigens ähnliche Metrostationen gestaltet, die an die Menschenrechte erinnern sollen.

Penha de França

Der Penha de França-Hügel ist einer der besten Orte, um einen Überblick über die modernen Stadtteile zu bekommen. Vom Monsanto-Park im Westen über die Avenidas Novas bis zur neuen Tejobrücke Ponte Vasco da Gama reicht das Panorama. Ein Wasserturm sorgt für eine etwas skurrile Atmosphäre. Die benachbarte Barock-Kirche Igreja Penha de França aus dem Ende des 16. Jh. lohnt mit ihren Goldschnitzereien einen kleinen Abstecher. Im ehemals der Kirche angeschlossenen Augustiner-Kloster wacht heute die Polizei PSP über Lissabon und ganz Portugal, hier ist ihr nationales Hauptquartier untergebracht.

Anfahrt Metro Arroios. Von dort zu Fuß oder per Bus 107 (Richtung Cais do Sodré) den Berg nach oben bis Haltestelle Penha de França.

Etwas weiter südlich stößt man hoch über der Avenida Almirante Reis auf den verstecktesten Aussichtspunkt der Stadt. Kaum ein Lissabonner kennt den mit Säulen verzierten **Miradouro do Monte Agudo**. Der Blick ähnelt dem der Penha de França und reicht von der Cristo Rei-Statue in Almada bis in den Nordteil der Stadt. Unter den Besuchern sind leider zahlreiche rücksichtslose Hundebesitzer, deren Tiere mit ihren Hinterlassenschaften einen Teil des Aussichtspunkts verunstalten.

Anfahrt Metro Anjos. Oder ab Metro Arroios per Bus 107 (Richtung Cais do Sodré) bis Haltestelle Praça António Sardinha. Eingang zu erreichen über Calçada Penha de França und dann rechts in die Rua Helidoro Salgado, nach ca. 30m in eine unscheinbare Einfahrt.

Spaziergang durch die Avenidas Novas

Mit der Metro geht es bis zur Station Parque mit ihren modernen Azulejos, Lissabons schönste **Metrostation**. Über der Station liegt der Stadtpark **Parque Eduardo VII**. Ihn durchquert man auf dem Weg zu zwei der bedeutendsten Kunstmuseen Lissabons, dem **Museu Calouste Gulbenkian** und dem angeschlossenen **Centro de Arte Moderna**. Anschließend schlendert man zu Fuß die Avenida de Berna entlang, vorbei an der Kirche Igreja de Fátima mit ihrer modernistischen Architektur aus der Zeit des Diktators Salazar und dem modernen, verspielten Hauptgebäude des Banco Nacional Ultramarino. Endpunkt der Avenida de Berna ist der **Campo Pequeno** mit der prächtig verzierten Stierkampfarena Lissabons. Hier in der Nähe gibt es an der Avenida João XXI mit der Zentrale der Caixa Geral de Depósitos ein weiteres Beispiel der **modernen Architektur** Lissabons zu sehen. Mit der Praça de Londres und der Praça do Areeiro erreicht man das Lissabon der offiziellen Architektur des Estado Novo unter dem Diktator Salazar.

Miradouro São Pedro de Alcântara – viel Grün und eine herrliche Aussicht

Bairro Alto

In diesem Altstadtgebiet spielt sich ein Großteil des Lissabonner Nachtlebens ab. Rechtwinklig angelegte Gassen prägen das Viertel, aufgelockert durch mehrere schöne Aussichtspunkte und den Botanischen Garten. Hier sind auch die Geschäfte zahlreicher Modeschöpfer, die Musikhochschule und einige Zeitungsverlage zu finden.

Das Bairro Alto ("Oberstadt") entstand bereits im 16. Jh. Durch die Reichtümer aus den Kolonien erlebten der städtische Handel und das Handwerk einen enormen Aufschwung, neue Geschäftsviertel wurden benötigt. In der noch weitgehend brach liegenden Oberstadt bauten einfache Leute ihre Wohnhäuser, betrieben Handwerker ihre Werkstätten und eröffneten Gastronomen ihre Tavernen. Nachdem die Jesuiten hier 1553 ihren Lissabonner Hauptsitz einrichteten, zogen zunehmend auch Adelige in die Oberstadt und errichteten dort noble Paläste.

Noch heute hat das Viertel ein ganz besonderes Flair. Tagsüber herrscht im Bairro Alto ein buntes Durcheinander aus Handwerkern, modisch gekleideten Jugendlichen und alten Frauen, die auf dem Balkon ein Schwätzchen halten. Hier kann man in einem der vielen Antiquariate nach alten Büchern und Kunstdrucken oder in Antiquitätenläden nach alten Azulejos oder Möbelstücken stöbern. Wer eher auf Modernes steht, der sollte im Bairro Alto die neuesten Kollektionen der jungen Modedesigner, die sich hier niedergelassen haben, anprobieren. Für die Lissabonner hat das Bairro Alto jedoch vor allem eine Bedeutung: Nachtleben (s. S. 208).

Anfahrt Ab Praça dos Restauradores (Metro Restauradores) fährt der Elevador da Glória ins Bairro Alto hinauf.

I'm late = Estou atrasad?

An der Seite der 25 m breiten, unterirdischen Halle der Metrostation am Bahnhof **Cais do Sodré** hetzen meterhohe Azulejo-Hasen vorbei. Die in Anlehnung an das Buch "Alice im Wunderland" von Lewis Carroll gestalteten Tiere halten eine Stoppuhr in der Hand, und unten steht geschrieben *"Estou atrasad"* ("Ich bin zu spät dran"). Der letzte Buchstabe *o* oder *a* – je nach Geschlecht – fehlt, eigentlich müsste es *"Estou atrasado"* oder *"Estou atrasada"* heißen. Der Grund dafür ist kurios: Eigentlich hätte es nach den Plänen des vor Vollendung verstorbenen Künstlers António Dacosta auf Englisch heißen sollen: *"I'm late"*. Doch der danach mit dem Projekt beauftragte Maler Pedro Morais überlegte es sich anders, und dann fehlte – Grammatik hin, Grammatik her – der Platz für den letzten Buchstaben.

Miradouro São Pedro de Alcântara

Dieser Aussichtspunkt mit kleinem Park schließt sich direkt nördlich an die Bergstation des Elevador da Glória an. Von hier aus hat man eine wunderbare Sicht auf den gegenüberliegenden Santana-Hügel, die Avenida da Liberdade, auf die Graça und das Castelo São Jorge. Eine Azulejo-Tafel aus dem Jahr 1962 erläutert die einzelnen Gebäude. Besonders schön ist ein Besuch des Miradouro vor oder nach einer Kneipentour durchs Bairro Alto.
Anfahrt Rua São Pedro de Alcântara, Aufzug Elevador da Glória.

Igreja de São Roque

Die Lissabonner Jesuiten legten den Grundstein zu ihrer Prunkkirche 1566. Bietet sich dem Besucher zuerst eine eher schlichte Fassade im manieristischen Stil, so wird er beim Betreten der Kirche von der überladenen Inneneinrichtung schier erdrückt. Überdacht wird die einschiffige Kirche, deren Pläne wahrscheinlich von Afonso und Baltazar Álvares stammen, von einer perspektivisch bemalten Holzdecke. Neun Kapellen protzen mit barockem Überfluss: geschnitzte Heiligenfiguren, umgeben von rosafarbenen und goldenen Engeln, Reliquien- und Marmoraltäre. Besonders zu beachten ist die Kapelle Johannes des Täufers aus blauem Marmor ganz vorne links. Sie wurde komplett in Rom gefertigt, in Einzelteile zerlegt und nach Lissabon verschifft!

Der Kirche angeschlossen ist ein kleines Museum für Sakrale Kunst, das **Museu de São Roque**. In den Ausstellungsräumen gibt es Kultgegenstände, Priestergewänder und Heiligenbilder zu betrachten. Der Haupteingang des Museums liegt direkt rechts neben der Eingangstür der Kirche, ein weiterer Zugang befindet sich in der Kirche São Roque selbst. Vor der Kirche steht übrigens das Denkmal des Losverkäufers, des *cauteleiro*. Hier nebenan versorgen sich die Verkäufer bei der Wohlfahrtsorganisation *Santa Casa da Misericórdia*, die das einträgliche Losgeschäft betreibt, mit neuen Scheinen.

Anfahrt/Öffnungszeiten Largo Trindade Coelho, ✆ 213460361. Aufzug Elevador da Glória oder Metro Baixa/Chiado. **Kirche:** Geöffnet Mo–Fr von 8.30–17 Uhr, Sa/So erst ab 9.30 Uhr. Freier Eintritt. **Museum:** Di–So 10–17 Uhr. Montags und an Feiertagen geschlossen. Eintritt 1 €. Freier Eintritt So sowie generell für Kinder, Studenten, Lehrer und Rentner.

Bairro Alto

Übernachten

7 Pensão Londres
15 Casa de Hóspedes Duque

Essen & Trinken

1 Paço do Príncipe
2 Antiga Casa Faz Frio
3 Refeições Rápidas Tascardoso
4 Tascardoso
6 Boutique do Pão de São Roque
9 O Cantinho da Rosa
13 Web C@fé
21 O Cantinho das Gáveas
22 Cervejaria da Trindade
26 A Primavera do Jerónimo
29 Adega das Mercês
31 Restaurant Adega Dantas
34 La Brasserie de L'Entrecôte
39 Restaurant Portugália-Rio

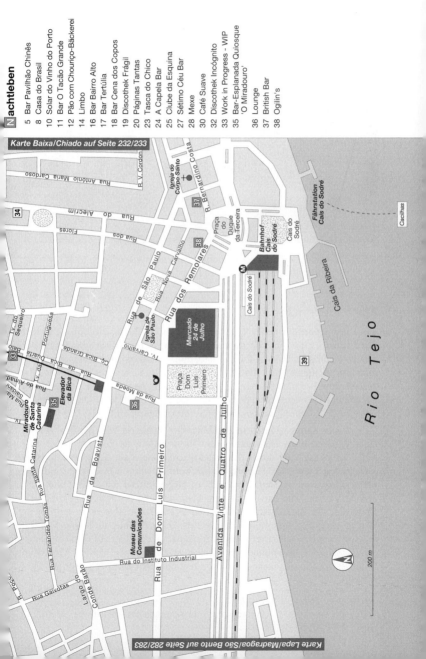

Nachtleben

- 5 Bar Pavilhão Chinês
- 8 Casa do Brasil
- 10 Solar do Vinho do Porto
- 11 Bar O Tacão Grande
- 12 Pão com Chouriço-Bäckerei
- 14 Limbo
- 16 Bar Bairro Alto
- 17 Bar Tertúlia
- 18 Bar Cena dos Copos
- 19 Discothek Frágil
- 20 Páginas Tantas
- 23 Tasca do Chico
- 24 A Capela Bar
- 25 Clube da Esquina
- 27 Sétimo Céu Bar
- 28 Mexe
- 30 Café Suave
- 32 Discothek Incógnito
- 33 Work in Progress – WIP
- 35 Bar-Esplanada Quiosque 'O Miradouro'
- 36 Lounge
- 37 British Bar
- 38 Ogilin's

Espresso-Kaffee, Arbeitsbesprechung oder Zeitungslektüre im Café O Paço do Príncipe inmitten der Praça do Príncipe Real

Praça do Príncipe Real

Einer der schönsten Plätze Lissabons im Norden des Bairro Alto. Um den Platz fallen einige sehenswerte Paläste ins Auge, besonders auffällig ist der pseudo-maurische Palácio Ribeiro da Cunha aus dem 19. Jh. mit der Hausnummer 26. In der Mitte des Platzes lädt eine Grünanlage mit einem auffällig ausladenden Baum und einem Terrassencafé zum Verweilen ein. Ein Denkmal aus Metallringen ist Antero de Quental, einem azorianischen Schriftsteller der *Geração de Coimbra* (portugiesische Literaturrichtung im 19. Jh.), gewidmet.

Neben dem Springbrunnen in der Mitte der Praça do Príncipe Real führen enge Treppenstufen nach unten zum **Reservatório da Patriarcal**. Das zwischen 1860 und 1864 durch den französischen Ingenieur Mary erbaute Wasserreservoir diente zur Versorgung der tiefer gelegenen Stadtteile Lissabons mit Trinkwasser. 31 Säulen mit 9,25 m Höhe stützen die Decke, unter der 880 m³ Wasser Platz hatten, die dem Speicher über das Aquädukt zuflossen. Heute hat der Raum seine Funktion verloren, das wenige noch verbliebene Wasser am Boden verleiht ihm aber ein erfrischend kühles Ambiente. Der Name des Wasserspeichers erinnert übrigens daran, dass hier auf dem Platz einst die Basilika der Lissabonner Patriarchen stand, bis sie 1769 ein Mesner in Brand setzte. An der Stelle der Kirche ließ die Stadt dann den heutigen Park anlegen.

Anfahrt/Öffnungszeiten Aufzug Elevador da Glória oder Metro Rato. Geöffnet Mo–Sa 10–18 Uhr, So und feiertags zu. Eintritt 2 €; ab 65 J., mit Cartão Jovem und Studenten 50 % Ermäßigung; Kinder bis 12 J. frei. Kombikarte mit Aqueduto das Águas Livres, Mãe d'Água und Museu da Água da EPAL 6 €. ✆ 218100215.

Jardim Botânico

Inmitten der Stadt stößt man an einem Abhang zwischen dem Bairro Alto und der Avenida da Liberdade auf den versteckt gelegenen Park des Jardim Botânico. Der Botanische Garten gehört zur Naturwissenschaftlichen Fakultät der *Universidade Clássica de Lisboa* und gilt als einer der bedeutendsten seiner Art in Europa. In dem 1873 angelegten Park wachsen verschiedenste Pflanzen aus der ganzen Welt, die fast alle genauestens etikettiert sind. Besonders hervorzuheben sind die tropischen und subtropischen Gewächse mit einer schönen Palmenallee und sehenswerten Kakteen. Von hier aus genießt man eine schöne Aussicht auf den gegenüberliegenden Santana-Hügel und das Tal der Avenida da Liberdade.

• *Anfahrt/Öffnungszeiten* Zwei Eingänge: Rua da Escola Politécnica, 58 (Nähe Príncipe Real, Metro Rato) und Rua da Alegria (Metro Avenida). Geöffnet im Winter Mo–Fr 9–18 Uhr, Sa/So und an Feiertagen 10–18 Uhr. Im Sommer jeweils bis 20 Uhr. Der Eingang in der Rua da Alegria ist Sa/So und an Feiertagen geschlossen, im Sommer schließt er Mo–Fr bereits um 18 Uhr. Eintritt 1,50 €; ab 65 J., Studenten, mit Cartão Jovem 0,60 €; Kinder frei.

Convento dos Cardais

Im Jahr 1677 begann der Bau des Convento da Nossa Senhora da Conceição dos Cardais, so der volle Name des Klosters. Schon drei Jahre später zogen die Ordensschwestern der barfüssigen Karmeliterinnen ein. Für die meisten war es ein Einzug für immer, da sie nie wieder das Gebäude verlassen sollten. Die Schwestern lebten hier in völliger Isolation. Nicht einmal zu Gottesdiensten zeigten sich die Schwestern der Öffentlichkeit: In der Kapelle nahmen sie hinter einem schweren mit Spitzen bewehrten Eisen-Gitter für die anderen Gläubigen unsichtbar an den Messen teil, die Kommunion empfingen sie über eine kleine Luke. Auch nach dem Tod blieben sie im Konvent: Die Nonnen wurden im Kreuzgang des Klosters begraben. In dessen Gang sind ihre in kleine Steine eingeritzten Namen noch zu erkennen.

Während der Konvent von außen durch seine schlichten, weiß gekalkten Wände kaum auffällt, beeindruckt er im Inneren durch reiche barocke Kunst. So ist die Kapelle mit blauweißen Azulejos des Holländers van Oort ausgefliest, die Szenen aus dem Leben der hl. Teresa von Ávila, der Gründerin des Karmeliter-Ordens, zeigen. Zu sehen sind auf dem Rundgang durch den Konvent auch zahlreiche sakrale Gegenstände wie Altäre,

Aufzug zum Bairro Alto

Kreuze und Reliquien. Kurios ist die Drehschublade im heutigen Museumsladen: Durch sie konnten die Schwestern Waren empfangen, ohne von den Lieferanten gesehen zu werden. Auch heute leben übrigens noch Ordensschwestern im Konvent, allerdings inzwischen acht Nonnen des weltoffeneren Dominikaner-Ordens, die sich um etwa 30 blinde Kinder kümmern.

Anfahrt/Öffnungszeiten Rua do Século, 123, ✆ 213427525. Aufzug Elevador da Bica oder Tram 28 bis Halt Elevador da Bica. Eintritt 1,25 €. Mo–Sa 14.30–17.30 Uhr. So und an Feiertagen zu. Wenn während der Öffnungszeiten geschlossen, kann man am Klostereingang um die Ecke in der Rua Eduardo Coelho, 1 nachfragen.

Miradouro Santa Catarina

Bäume umrahmen diesen schönen Aussichtspunkt mit Blick auf die gegenüberliegende Tejoseite, die Brücke des 25. April und die Hafenanlagen von Santos und Alcântara. Geprägt wird der *Miradouro* von einer großen Statue der vom Dichter Luís de Camões erfundenen literarischen Gestalt Adamastor. Nachts ist das Terrassen-Café am Aussichtspunkt ein beliebter Treffpunkt der Kneipengänger – vor allem in lauen Sommer-Nächten ein herrlicher Ort, um unter sternenklarem Himmel ein Bier zu genießen.

Anfahrt Straßenbahn 28 bis Haltestelle Calhariz-Bica. Oder Aufzug Elevador da Bica.

Spaziergang durch die Oberstadt

Von der Praça dos Restauradores (Metro Restauradores) ist mit dem Aufzug Elevador da Glória der Aussichtspunkt **Miradouro São Pedro de Alcântara** bequem zu erreichen. Nur wenige Meter sind es die Rua São Pedro de Alcântara hinunter bis zur Jesuiten-Prunkkirche **Igreja de São Roque**. Durch die Gassen des Bairro Alto – Travessa da Queimada und Rua da Rosa – kommt man zum elegantesten Platz der Oberstadt, der **Praça do Príncipe Real**. Unweit entfernt der botanische Garten **Jardim Botânico**.

Am Ostrand der Praça do Príncipe Real beginnt die Rua do Século, eine der interessantesten Straßen Lissabons. Schon das obere Ende der Rua do Século bietet eine Überraschung: Wer hier in die Gasse Alto do Longo einbiegt, gelangt auf einen Innenhof mit winzigen, eingeschossigen Häusern – das Ambiente wirkt ganz und gar nicht großstädtisch. Etwas weiter unterhalb liegt hinter weißen Mauern das Kloster **Convento dos Cardais** verborgen. Direkt daneben steht das Gebäude des portugiesischen Verfassungsgerichts, das Tribunal Constitucional. Im Eckhaus mit der Rua da Academia das Ciências wurde am 13. Mai 1699 der Premierminister Marquês de Pombal geboren, später residierte er auch in diesem Palast. Auf der anderen Straßenseite liegt der schlichte Chafariz do Século, einer der einst vom Aquädukt gespeisten Brunnen, an denen sich die Lissabonner früher mit Trinkwasser versorgten. Wer sich für Azulejos oder kunstvoll geknüpfte Teppiche interessiert, sollte die Galerien **Ratton Cerámicas** und **Tapeçarias de Portalegre** in der benachbarten Rua da Academia das Ciências besuchen (s. "Galerien" S. 197). Im Haus Nummer 51 der Rua do Século schließlich war einstmals die inzwischen eingestellte Tageszeitung *O Século* ("Das Jahrhundert") untergebracht, von der die Straße ihren Namen erhalten hat.

Wenn man am unteren Ende der Rua do Século die Calçada do Combro überquert, gelangt man fast automatisch zum Aussichtspunkt **Miradouro Santa Catarina**. Mit dem Elevador da Bica oder zu Fuß geht es schließlich zur Rua de São Paulo hinunter. Unten angelangt sollte man sich einen Besuch des ehemaligen Großmarkts **Mercado da Ribeira** nicht entgehen lassen. Gegenüber der Markthalle ist der Bahnhof Cais do Sodré mit der gleichnamigen Metrostation nicht zu übersehen.

Lapa/Madragoa/São Bento

Im Westen Lissabons liegen diese drei Stadtteile parallel zum Tejo. Die Lapa ist das aristokratischste und vornehmste Viertel der Stadt und Lieblingsort der Diplomaten. Südlich der Lapa durchziehen entzückende Gassen den kleinen Stadtteil Madragoa. Daneben erhebt sich in São Bento das portugiesische Parlament.

Ein Besuch der **Lapa** ("Höhle") kann zuweilen etwas frustrierend sein. Die zahlreichen Paläste mit ihren Gartenanlagen sind gut zu sehen, doch kommt man nirgendwo hinein. In vielen Gebäuden sind Botschaften untergebracht, die wenig Wert auf fremde Besucher legen. Mit Geschäften ist das Viertel eher spärlich gesegnet. Dafür finden sich eine Reihe erstklassiger Restaurants – sicher auch wegen der benachbarten Botschaften und des nahe gelegenen Parlaments. Nachts weithin sichtbar erhebt sich die blendend weiße Kuppel der Basílica da Estrela ("Sternenbasilika") über der Lapa in den Lissabonner Himmel.

Die **Madragoa** ist einer der ältesten Stadtteile Lissabons. Früher wohnten hier hauptsächlich Fischer und Fischverkäuferinnen – die berühmten *varinas* von Lissabon. Auch heute leben im Viertel vor allem einfache Leute, aber auch einige Studenten der benachbarten Wirtschaftsfakultät ISEG. Dem Charme der engen Gassen und kleinen Häuschen des gut erhaltenen Stadtteils kann sich kaum ein Besucher entziehen. Die meisten kommen jedoch nachts in die Madragoa, befindet sich hier doch in der berühmten Avenida 24 de Julho eines der Zentren des modernen Lissabonner Nachtlebens (s. S. 208). Madragoa bedeutet übrigens "Dirne", Rotlichtzonen gibt es hier aber keine.

Sehenswert im Viertel ist der prächtige, klassizistische Brunnen **Chafariz da Esperança** in der Avenida Dom Carlos II. Früher speiste das Aquädukt die zwei Becken des Brunnens, dabei war das obere als Trinkwasser für Menschen bestimmt, aus dem unteren hat man Pferde getränkt.

Östlich des großen Gebäudes des portugiesischen Parlaments erstrecken sich die Gassen und Straßen von **São Bento**.

Gassen der Madragoa

Lapa
Madragoa
São Bento

Übernachten

1 Pensão Casa de São Mamede
19 Lapa Palace
23 Res. York House
27 Res. As Janelas Verdes

Essen & Trinken

2 Comida de Santo
3 Conventual
4 Café Pão de Canela
5 Café República
6 Casa do México
8 Restaurant O Sapador
9 Aya
11 Sítio do Pica-Pau
12 Varina da Madragoa
14 A Mercearia
15 Carvoaria
25 Chá da Lapa
26 Picanha Janelas Verdes

Nachtleben

7 Fadolokal Sr. Vinho
10 Mufla
13 Bar B. Leza
16 Bar Alcool Puro
17 Absolut Bar
18 Café Santos
20 Porão de Santos
21 Merendeira de Santos
22 Bar Pérola de Santos
24 Disco Kapital
28 Bar Gringos
29 Bar Speakeasy

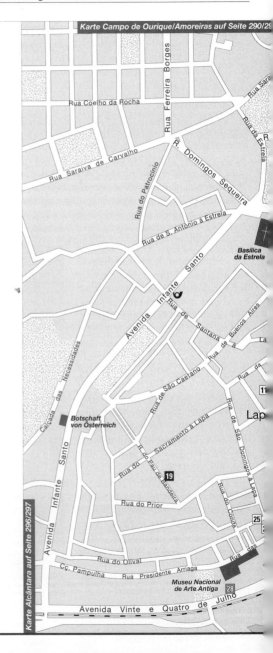

Lapa/Madragoa/São Bento 283

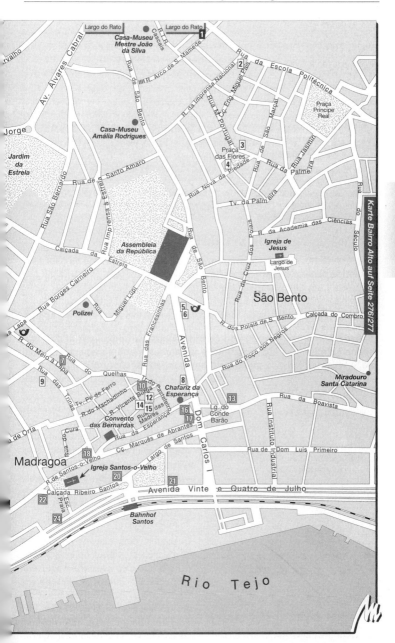

Neben dem Parlament sind vor allem das Hospital und die **Igreja de Jesus** am Largo de Jesus von architektonischem Interesse. Die Kirche stammt aus dem 16. Jh., wurde aber nach dem Erdbeben 1755 auf unglückliche Weise renoviert und barockisiert; die Rokoko-Fassade ist dennoch sehenswert.

Weiter südlich liegt die **Rua do Poço dos Negros** mit ihrem unübersehbaren afrikanischen Flair. Schon der Straßenname "Brunnen der Schwarzen" deutet auf afrikanische Einflüsse hin. Tatsächlich wurde hier früher ein Sklavenmarkt abgehalten, und trotz dieser unrühmlichen Vergangenheit wohnen noch heute zahlreiche Kapverdianer im Dreieck der Straßen Rua Poço dos Negros, Rua dos Poiais de São Bento und Rua de São Bento. Etwas weiter südlich haben sich um den Largo Conde Barão zahlreiche Eisenwarengeschäfte angesiedelt. Hier kann man noch einen guten Eindruck des Handwerks von Lissabon bekommen.

Anfahrt Richtung *São Bento* fährt man am besten mit der Linie 28 ab der Rua da Conceição (Nähe Praça do Comércio). Die *Madragoa* erreicht man ab der Praça do Comércio gut mit der Straßenbahn 15 (Haltestelle Santos). In die *Lapa* kommt man am besten mit der Straßenbahnlinie 25 ab der Praça do Comércio.

Basílica da Estrela/Jardim da Estrela

Die Architekten Mateus Vicente de Oliveira und Reinaldo Manuel haben die weiße Sternenbasilika zwischen 1776 und 1790 auf Initiative von Königin Dona Maria I. errichtet. Die Königin hatte ein Versprechen für den Bau dieser Kirche abgelegt, falls sie einen Sohn gebären würde. Das Ergebnis war eine der schönsten Kirchen der Stadt. Ihr Stil bewegt sich dabei zwischen dem Spätbarock und dem Neoklassizismus. Beeindruckend ist die prächtige Fassade mit Statuen aus der Schule von Mafra. Auch im Inneren sind deutliche Einflüsse der Basilika von Mafra zu erkennen. Hier finden sich das Grab von Maria I., Skulpturen von Machado de Castro und im Chorraum ein Gemälde des italienischen Malers Pompeo Battoni. Über der Kreuzung beider Kirchenschiffe erhebt sich – außen weithin sichtbar – die große Kuppel.

Anfahrt/Öffnungszeiten Largo da Estrela, ℡ 213960915. Straßenbahn 25 und 28 bis Haltestelle Estrela. Geöffnet täglich 7.30–13 und 15–20 Uhr.

Fassade der "Sternenbasilika"

Gegenüber dem Eingang der Basilika liegt ihr Park, offiziell heißt er *Jardim Guerra Junqueiro*, er wird aber von allen einfach **Jardim da Estrela** genannt. Mit 57.000 m² ist er der drittgrößte der Stadt. In der Parkanlage erwarten die Besucher eine Palmenallee, Schwanenteiche und ein Terrassencafé. Dazu gibt es zwei Kuriositäten zu bewundern: Die kleinste Bibliothek der Stadt, die in einem winzigen Kiosk untergebracht ist, und der berühmteste der noch existierenden sechs Musikerpavillons Lissabons. Diesen *coreto* genannten Pavillon hat man hier bereits 1896 aufgestellt. Im hinteren Bereich des Parks bietet übrigens eine künstlich angelegte Aussichtsplattform einen guten Ausblick; schließlich liegt der Jardim da Estrela auf einem der zahlreichen Hügel Lissabons.

Eça de Queiroz

Kein anderer Autor des 19. Jh. hat die portugiesische Sprache und Literatur so stark beeinflusst wie José Maria Eça de Queiroz, Portugals bekanntester Romanautor des realistischen Stils. Geboren wurde er am 25. November 1845 im nordportugiesischen Póvoa de Varzim als Sohn eines Verwaltungsbeamten. Während seines Jurastudiums im mittelportugiesischen Coimbra kam er in Kontakt mit anderen Schriftstellern der so genannten *Geração de 70* (Generation der 70er) oder *Geração de Coimbra*. Die jungen Mitglieder dieser Gruppe wandten sich gegen die ältere Schriftstellergeneration der Romantiker, denen sie harmlose Poesie und tränenreiche Rhetorik vorwarfen. Sie forderten eine Literatur, welche die Wirklichkeit ohne Aussparung ihrer hässlichen Aspekte wie der sozialen Probleme darstellen sollte, anstatt sie zu verklären. Die Mitglieder der *Geração de 70* wie Antero de Quental und Teófilo Braga legten damit die intellektuelle Grundlage zur Ausrufung der portugiesischen Republik 1910.

Eça de Queiroz schrieb 1871 seinen ersten realistischen Roman *O Crime do Padre Amaro* (dt. "Das Verbrechen des Paters Amaro") über die Leiden eines Pfarrers, der eine junge Frau schwängerte. Brillant ist auch die kurze Erzählung *O Mandarim* (dt. "Der Mandarin") über einen Lissabonner Angestellten, der durch einen Pakt mit dem Teufel zu Reichtum und Ansehen kommt. Bald plagen den Angestellten jedoch Gewissensbisse, da der Pakt den Tod eines ihm unbekannten chinesischen Mandarins zur Folge hatte. Eça de Queiroz' bekanntestes Werk ist aber *Os Maias* ("Die Maias, Episoden aus dem romantischen Leben"), ein Roman über die Dekadenz der Familie der Maias. In diesem Meisterwerk der portugiesischen Literatur schildert er auf humorvolle und detaillierte Weise das luxuriöse Leben der Lissabonner Oberschichten in der zweiten Hälfte des 19. Jh. Die Residenz der Maias befindet sich im Roman im Stadtteil Lapa – auch Eça de Queiroz lebte in diesem aristokratischsten Viertel Lissabons. Sein ehemaliges Haus in der Rua das Janelas Verdes Nummer 47 beherbergt heute die Pension *Residencial As Janelas Verdes*.

Neben seiner Tätigkeit als Schriftsteller und Anwalt war Eça de Queiroz als Diplomat im portugiesischen Dienst tätig, so in Havanna und als Konsul in Paris. Von dort verfasste er Kolumnen für portugiesische und brasilianische Zeitungen über England und Frankreich. Gestorben ist er in seiner Wohnung im Pariser Vorort Neuilly am 16. August 1900.

Das portugiesische Parlament tagt in São Bento

Assembleia da República (Parlament)

Pracht, Glanz und Glorie vermittelt der Anblick des portugiesischen Parlaments: Besonders beeindruckend ist die Säulenfront am Haupteingang, zusätzlich unterstrichen durch den breiten Treppenaufgang. Das Gebäude, auch *Cortes* oder *São Bento* genannt, wurde 1896 erbaut. Dabei nutzte der Architekt Miguel Ventura Terra Teile des alten Konvents *São Bento da Saúde* aus dem Jahr 1598, der an gleicher Stelle gestanden hatte und bereits im 19. Jh. als Plenarsaal für das portugiesische Parlament gedient hatte. Ventura Terra gestaltete das Gebäude im neoklassizistischen Stil zu einem beeindruckenden Parlamentspalast um. Die Bauarbeiten dauerten bis in die 40er Jahre des 20. Jh. als der Architekt Cristino da Silva die imposante Freitreppe vor dem Parlament anlegte.

Im Mittelteil der Fassade stellen vier Frauenstatuen Vorsicht, Gerechtigkeit, Kraft und Mäßigung dar (von links nach rechts). Der vom Bildhauer Simões de Almeida gestaltete dreieckige Giebel gibt dagegen die politische Philosophie des Estado Novo unter Salazar an: *Omnia pro Patria* ("Alles für das Vaterland"). 18 allegorische Figuren repräsentieren Gewerbe des Landes wie Handel und Industrie sowie Künste wie Architektur und Malerei. Auch in den prächtigen Innenräumen verewigten sich zahlreiche Künstler mit ihren Werken: So dominiert den Plenarsaal mit seinen Sitzen aus dunklem Nussbaumholz eine die Republik symbolisierende Steinstatue des Bildhauers Artur Gaspar dos Anjos Teixeira. Der hintere Teil des weitläufigen Gebäudes ist übrigens Amtssitz des portugiesischen Premierministers.

• *Anfahrt/Öffnungszeiten* Straßenbahn 28 bis Haltestelle Rua São Bento/Calçada da Estrela. Besichtigungen sind nur im Rahmen von Plenarsitzungen möglich, die in der Regel mittwochs und donnerstags am Nachmittag ab 15 Uhr sowie freitags am

Vormittag ab 10 Uhr stattfinden. Die Parlamentsdebatten können mitverfolgt werden, die restlichen Räume außer dem Plenarsaal bleiben aber verschlossen. Eingang für Besucher an der Nordostseite des Parlaments – Personalausweis oder Pass mitbringen! Von Mitte Juli bis Mitte September tagt das Parlament in der Regel nicht, dann ist auch kein Besuch für Einzelpersonen möglich.

Convento das Bernardas

Seine Geschichte zählt zu den interessantesten Lissabons: Zuerst diente der 1655 erbaute Konvent Zisterzienser-Nonnen als Kloster. Nach dem Verbot aller religiösen Orden 1834 waren hier später eine Schule und ein technisches Gymnasium untergebracht. Anfang des 20. Jh. bemächtigten sich dann über 100 arme Familien des ehemaligen Klosters. Sie wandelten die Zellen kurzerhand in Wohnungen um. Die neuen Bewohner gestalteten ihren Convento das Bernardas recht eigenwillig: Wintergärten, angebaute Balkone und Waschtröge machten sich im Kreuzgang breit. Dennoch, die Lebensbedingungen in den feuchten Gemäuern blieben für die auf engsten Raum lebenden Familien sehr schlecht. Ende der 90er Jahre renovierte die Stadtverwaltung schließlich den Konvent und befreite ihn von allen An- und Neubauten, um ihn wieder weitgehend in den Originalzustand zurückzuversetzen. Seitdem leben nur noch 34 Familien unter besseren sanitären Bedingungen im Kloster. Sie zahlen nur geringe Sozialmieten. Den anderen Familien hat die Stadt andere Wohnungen außerhalb angeboten.

Ein Besuch des Konvents lohnt sich nicht nur wegen dessen erhabener Architektur, sondern auch auf Grund der sonderbaren Kombination aus Wohnungen und Kreuzgang. Außerdem ist hier seit der Renovierung auch das Marionetten-Museum **Museu da Marioneta** untergebracht (siehe "Museen", S. 340).

Anfahrt Rua da Esperança, 146, ℅ 213942810. Straßenbahn 25 bis Haltestelle Largo Vitorino Damásio. Zugang in den Kloster-Kreuzgang über Museu das Marionetas, geöffnet Mi–So 10–13 und 14–18 Uhr (Einlass bis 30 Min vor Schluss). Mo, Di und Feiertags zu.

> ### Spaziergang durch Lapa, Madragoa und São Bento
>
> Am Anfang des Spaziergangs steht die prachtvolle Barockkirche **Basílica da Estrela** mit ihrem gegenüberliegenden Park, die mit der Tram 28 gut zu erreichen ist. Über die Rua de São Bernardo und die Rua de Santo Amaro geht es zur "Antiquitätenmeile" Rua de São Bento hinunter. Ein Besuch lohnt sich selbst nicht an Antiquitäten Interessierte, da hier auch das ehemalige Wohnhaus der berühmten Fado-Sängerin **Amália Rodrigues** liegt (s. "Museen" S. 342). Am Ende der Rua de São Bento erhebt sich das portugiesischen Parlament, die **Assembleia da República**. Über die Rua das Francesinhas erreicht man bald die hübsche Madragoa-Gasse Rua do Machadinho, in der viel Charme des ehemaligen Fischerviertels zu spüren ist. Auf dem Weg passiert man an der Ecke der Rua das Francesinhas mit der Travessa do Pasteleiro einen der letzten öffentlichen Waschplätze Lissabons. Tagsüber seifen, schrubben und spülen hier Frauen aus der Madragoa ihre Tischdecken, Bettlaken und Kleider in großen Waschtrögen. In der Rua da Esperança im Zentrum der Madragoa steht das ehemalige Kloster **Convento das Bernardas**. Von dort ist über die Rua da Janelas Verdes das Museum der alten Künste, das **Museu Nacional de Arte Antiga**, im Stadtteil Lapa schnell erreicht (s. "Museen" S. 330). Zum Entspannen bietet sich hier das schöne Museumscafé an. Unterhalb des Museums fährt die Straßenbahn 15 zurück ins Stadtzentrum.

Campo de Ourique/Amoreiras

Auf Grund der rechtwinkligen Anlage und seiner vielen Geschäfte wird der Stadtteil Campo de Ourique auch als die Baixa des Lissabonner Westens bezeichnet. Im romantischen Westfriedhof der Stadt kann man durch weite Graballeen entlang prächtiger Mausoleen spazieren. Über dem Stadtteil Amoreiras thronen das futuristische Einkaufszentrum Centro Comercial das Amoreiras und das elegante Aquädukt.

Hauptsächlich Arbeiter und Angehörige der Mittelschichten bewohnen das Stadtviertel **Campo de Ourique**, das mit seinen grünen Straßen ein sehr angenehmes Erscheinungsbild bietet. Dies schätzte schon der berühmte Dichter Fernando Pessoa, der hier den Lebensabend verbrachte. Seit einigen Jahren kann man sein ehemaliges Wohnhaus in der Rua Coelho da Rocha besichtigen.

Amoreiras ist das älteste Arbeiterviertel ganz Portugals. Premierminister Marquês de Pombal hat hier im 18. Jh. unter König Dom José I. die ersten Industrien des Landes anlegen lassen. Die königlichen Manufakturen stellten zum ersten Mal Kämme, Messer und Uhren in Massenfabrikation her. Die dafür notwendige kontinuierliche Wasserversorgung sicherte das 1748 fertig gestellte und hier in der Mãe d'Água zum Abschluss kommende Aquädukt. Der Name Amoreiras wird mittlerweile aber fast ausschließlich als Synonym für das Einkaufszentrum verwendet. Das *Centro Comercial das Amoreiras* war das erste große Einkaufszentrum Lissabons und gehört zu den größten Europas (s. auch "Einkaufen/Einkaufszentren" S. 181). Das 1985 fertig gestellte Werk des Architekten Tomás Taveira wirkt wie eine Mischung aus Spaceshuttle und Zuckerbäckerarchitektur. Über den Geschäften sind in verschiedenen Türmen Büros und Luxuswohnungen untergebracht. Neben den gut betuchten Bewohnern des Amoreiras-Zentrums trifft man im Amoreiras-Viertel heute vor allem auf einfachen Mittelstand.

Im Stadtteil **Campolide**, nördlich von Amoreiras, liegt neben dem Aquädukt auch einer der wichtigsten Eisenbahnknotenpunkte Lissabons. Hier beginnt der Eisenbahntunnel der *Linha de Sintra*, der zum Rossio-Bahnhof führt. Nördlich des Parque Eduardo VII erstreckt sich sternförmig das Gefängnis Lissabons, das *Estabelecimento Prisional de Lisboa* (EPL); dessen Eingang an eine Burg erinnert.

Anfahrt Campo de Ourique wird von den Straßenbahnen Nr. 28 (ab der Rua da Conceição in der Baixa) und Nr. 25 (ab Praça do Comércio) bedient. Nach *Amoreiras* kommt man mit der Metro bis Largo do Rato. Zum Einkaufszentrum weiter mit Bus 58.

Cemitério dos Prazeres (Westfriedhof)

Steigt man im Westen der Stadt an der Endstation der Linie Nr. 28 ("Prazeres") aus der Straßenbahn, steht man vor dem großen Eingangsportal des "Friedhofs der Vergnügungen". Der älteste Friedhof Lissabons existiert seit 1833 und ist eine kleine Stadt für sich. Unter den Baumalleen reiht sich ein Familienmausoleum an das andere, alle reich verziert und aus edelstem Stein. An der letzten Ruhestätte der Verstorbenen wird wahrhaftig nicht gespart. Vom hinteren Bereich des Friedhofs hat man einen guten Blick auf die Tejobrücke und

Weiße Marmorgruften und grüne Alleen – der Prazeres-Friedhof

Alcântara. Der sonderbare Name des Friedhofes soll übrigens aus einer Zeit stammen, in der hier häufig Feste stattfanden – bis diese verboten wurden. Eine ganz besondere Art der Totenehrung ...

Wer mehr über die Grabkultur Lissabons erfahren will, kann das Informationszentrum **Centro de Interpretação dos Cemitérios Municipais** besuchen. Dieses Dokumentationszentrum zur Grabgeschichte Lissabons ist in der Friedhofskapelle untergebracht und widmet sich in wechselnden Ausstellungen dem Thema Tod und Bestattung. Ausgestellt werden Gegenstände, die als Grabbeigaben den Verstorbenen mit in die Gruft gegeben wurden, Texttafeln informieren über die Rolle des Todes in der Gesellschaft und dessen Tabuisierung. Besonders interessant ist die alte Obduktionskammer.

<u>Anfahrt/Öffnungszeiten</u> Straßenbahn 25 und 28 bis Endhaltestelle Campo de Ourique (Prazeres). Geöffnet Oktober–April 9–17 Uhr, Mai–September 9–18 Uhr. Das Dokumentationszentrum ist Di–So von 10–16 Uhr geöffnet. Eintritt frei.

Casa Fernando Pessoa

Der bedeutendste portugiesische Dichter der Neuzeit, Fernando Pessoa hat hier von 1920–1935 gelebt (geboren wurde er übrigens im Haus gegenüber dem Eingang der São Carlos-Oper im Chiado). Sein ehemaliges Wohnhaus ist inzwischen modern umgestaltet worden und zeigt einige, wenige persönliche Gegenstände des Dichters. Darunter die berühmte Truhe, in der praktisch alle Manuskripte Pessoas verschwunden sind, bis sie teilweise erst 50 Jahre nach seinem Tod veröffentlicht wurden. Das ehemalige Zimmer Pessoas ist übrigens im zweiten Stock zu finden und wird regelmäßig von bildenden Künstlern neu gestaltet. Weiter sind das bekannte Gemälde *Fernando Pessoa no Café*

290 Lissabon/Campo de Ourique und Amoreiras

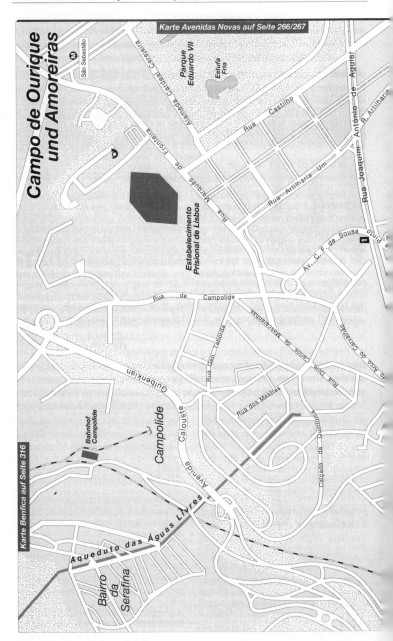

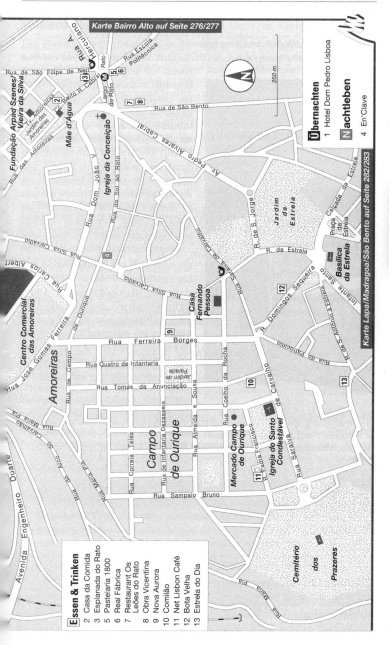

Irmãos Unidos von José Almada Negreiros sowie Zeichnungen von Júlio Pomar zu sehen. Neben einer ausführlichen Pessoa-Bibliothek, befindet sich im Innenhof ein schönes Restaurant-Café.

Anfahrt/Öffnungszeiten Rua Coelho da Rocha, 16–18, ✆ 213968190, 🖷 213968262 (s. Karte Campo de Ourique S. 290/291). Tram 25 (Richtung Prazeres) ab Praça do Comércio oder Tram 28 (Richtung Prazeres) ab Rua da Conceição bis Haltestelle Rua Saraiva Carvalho. Geöffnet Mo–Fr 10–18, Do nur 13–20 Uhr. Sa/So und an Feiertagen geschlossen. Eintritt frei.

Fernando Pessoa – obskur, verschroben, genial

Pessoa (1888–1935) schrieb unter insgesamt 17 verschiedenen Pseudonymen wie Ricardo Reis, Álvaro de Campos, Alberto Caeiro und Bernardo Soares sowie unter seinem eigenen Namen. Vielen seiner auch Heteronyme genannten Pseudonyme gab er einen völlig eigenen Stil, eine originäre Handschrift und sogar eine eigene Biographie. Der Dichter trieb das so weit auf die Spitze, dass er mit einigen seiner Heteronyme sogar Briefwechsel führte. Für fast alle Heteronyme hat Pessoa auch Horoskope entwickelt, da er – eine eher unbekannte Seite des Dichters – leidenschaftlicher Okkultismus-Experte war. Die Horoskope zweier bekannter Heteronyme Pessoas, Ricardo Reis und Alberto Caeiro, hat die Verwaltung der Casa Fernando Pessoa übrigens an der Wand des Durchgangs zum Restaurant aufgemalt.

Interessanterweise hat Pessoa auch zahlreiche Gedichte auf Englisch verfasst, außerdem den auch auf Deutsch erhältlichen Reiseführer *Mein Lissabon – Was der Reisende sehen sollte*. Zusammen mit den Eltern war Pessoa im Alter von fünf Jahren nach Süd-Afrika emigriert, wo er seine Schulausbildung erhielt. Nach seiner Rückkehr 1905 nach Portugal führte er ein sehr zurückgezogenes Leben. Pessoa lehnte ein Angebot ab, englische Literatur und Sprache an der Uni in Coimbra zu unterrichten. Vielmehr verdiente er seinen Lebensunterhalt, in dem er als Fremdsprachen-Sekretär für Handelsfirmen arbeitete.

Zum isolierten Wesen des Dichters passt auch, dass Pessoa zu Lebzeiten kaum etwas seiner zahlreichen Werke veröffentlichte. Der Großteil seines literarischen Schaffens verschwand in einer großen Truhe, die heute in seinem ehemaligen Wohnhaus, der Casa Fernando Pessoa, zu sehen ist. *Das Buch der Unruhe*, vielleicht sein bekanntestes Werk, erschien daher erst 1986, über fünf Jahrzehnte nach seinem Tod. Ganz zurückgezogen lebte der Dichter aber auch nicht. Gerne traf er sich mit seinen literarischen Freunden in den Cafés São Martinho da Arcada an der Praça do Comércio oder in der Brasileira im Chiado. Begraben liegt Pessoa übrigens im Kreuzgang des Mosteiro dos Jerónimos in Belém – ein passender Ort für den überzeugten Anhänger des portugiesischen Überseeimperialismus.

Aqueduto das Águas Livres

Das elegante Bauwerk wurde zwischen 1731 und 1748 auf Initiative des Stadtbevollmächtigten Cláudio Gorgel do Amaral unter der Leitung von Brigadier Manuel da Maia und Leutnant Custódio Vieira errichtet. Sein Bau half, den chronischen Wassermangel Lissabons zu überwinden. Die Kosten finanzierte das Königshaus, indem es eine spezielle Steuer auf nach Lissabon eingeführtes Fleisch und Wein erhob.

Wie durch ein Wunder überstand das Aquädukt das Erbeben 1755 unbeschädigt. Heute verlaufen in seinem Inneren zwar noch Wasserleitungen, die aber seit 1974 nicht mehr von den Wasserwerken EPAL für die Trinkwasserversorgung der Stadt verwendet werden. Das Aquädukt kann jedoch für einen schönen Spaziergang, dem *Passeio dos Arcos*, über dem Tal von Alcântara zwischen Amoreiras und Monsanto benützt werden. Inzwischen Gefahr frei, nachdem Anfang des 19. Jh. der legendäre Räuber Diogo Alves seine Opfer auf dem Weg über das Aquädukt ausgeraubt und sie nach begangener Tat ins Tal hinunter gestürzt haben soll.

Ehemalige Wasserquelle Lissabons: Aqueduto das Águas Livres

Insgesamt erstreckt sich das Aquädukt auf 19 km Länge von Queluz zur so genannten Mãe d'Água ("Mutter des Wassers") in Lissabon. Mit allen Nebenverzweigungen misst das Bauwerk insgesamt sogar 58 km. An der zu besichtigenden Stelle in Campolide überspannen 35 imposante Bögen das Tal von Alcântara auf 941 m Länge. Wer genau hinsieht, entdeckt 14 Spitz- und 21 Rundbögen. Der größte Bogen überbrückt 28 m und erreicht eine Höhe von 65 m. Damit ist er der höchste aus Stein gemauerte Spitzbogen der Welt.

• *Anfahrt/Öffnungszeiten* Eingang nur in der Calçada da Quintinha auf der Seite Amoreiras, zu erreichen mit Bus 2, 58 ab Cais do Sodré oder Metro Rato bzw. mit Bus 2, 12 ab Marquês de Pombal oder mit Bus 18, 42, 51 ab Metro São Sebastião. An der Haltestelle Campolide aussteigen, dann zu Fuß über Rua Marquês de Fronteira, Rua Dom Carlos Mascarenhas und Rua dos Mestres. Geöffnet Mo–Sa 10–18 Uhr, So und feiertags zu. November bis Ende Februar ganz geschlossen. Eintritt 2 €; ab 65 J., mit Cartão Jovem und Studenten 50 % Ermäßigung; Kinder bis 12 J. frei. Kombikarte mit Mãe d'Água, Reservatório da Patriarcal und Museu da Água da EPAL 6 €. ✆ 218100215.

Mãe d'Água

Mit der Mãe d'Água ("Mutter des Wassers"), einem großen, kastenförmigen Gebäude am Jardim das Amoreiras, findet das Lissabonner Aquädukt seinen oberirdischen Schlusspunkt. Entlang des kleinen Parks von Amoreiras erstrecken sich noch einige Aquädukt-Bögen, aber dann kommt der Wasserfluss in einem großen Becken zum Erliegen. Von hier wurde das Wasser früher auf die Privathäuser der reichen Bürger und die öffentlichen Brunnen (*chafarizes*) verteilt, die man parallel zum Bau des Aquädukts in der ganzen Stadt errichtet

Lissabon/Campo de Ourique und Amoreiras

Mãe d'Água: Endstation des Aquädukts

hatte. Einwanderer aus Galizien, die so genannten *Galegos*, sorgten für den Wasser-Transport zu den einfachen Bewohnern der Stadt. Um 1850 gab es 3.000 *Galegos*, die mit ihren 25 Liter fassenden Kanistern wie selbstverständlich zum Stadtbild gehörten.

Entworfen hat die Mãe d'Água der ungarische Architekt Carlos Mardel im Jahr 1746. Das beeindruckende, sieben Meter tiefe Reservoir hat eine Kapazität von 550.000 Liter und steht auch heute noch voll Wasser. Gelegentlich finden hier Kunstausstellungen und Konzerte statt, aber auch sonst sind Besichtigungen möglich und lohnend. Im hinteren Teil des Saales führt eine enge Treppe steil nach oben zu einer Plattform mit Aussicht auf den Tejo, die Burg und das Bairro Alto.

• *Anfahrt/Öffnungszeiten* Zugang über den Jardim das Amoreiras (Metro Rato). Geöffnet Mo–Sa 10–18 Uhr, So und feiertags zu. Eintritt 2 €; ab 65 J., mit Cartão Jovem und Studenten 50 % Ermäßigung; Kinder bis 12 J. frei. Kombikarte mit Aqueduto das Águas Livres, Reservatório da Patriarcal und Museu da Água da EPAL 6 €. ✆ 218100215.

Spaziergang durch Campo de Ourique und Amoreiras

Zum Startpunkt, dem grünen Friedhof **Cemitério dos Prazeres** geht es mit der Straßenbahn 28 bis Endhaltestelle Campo de Ourique/Prazeres (z. B. ab der Rua da Conceição in der Baixa). Über die Rua Saraiva de Carvalho erreicht man vom Friedhof das ehemalige Wohnhaus Fernando Pessoas, die **Casa Fernando Pessoa** mit dem Nachlass des Schriftstellers. Durch die Rua do Sol ao Rato kommt man zur nächsten Station des Spaziergangs, dem Wasserreservoir **Mãe d'Água**. Direkt gegenüber befindet sich das Museum der **Fundação Arpad Szenes/Vieira da Silva,** das Werke des gleichnamigen ungarisch-portugiesischen Künstlerehepaar ausstellt (s. "Museen" S. 343). Mit der Metro kommt man vom nahe gelegenen Largo do Rato zurück ins Stadtzentrum.

Alcântara

Das Zentrum des Lissabonner Hafens prägt den Arbeiterstadtteil Alcântara. Über dem Viertel schwingt sich erhaben die Brücke des 25. April, die Lissabon mit der Tejosüdseite verbindet. Tagsüber quirliges Verkehrszentrum, bringen nachts zahlreiche Bars und Diskotheken Leben in den Stadtteil.

Auch wenn die Zeiten Alcântaras als industrielles Zentrum Lissabons definitiv vorbei sind, ist die Arbeiteratmosphäre des Viertels dennoch weiter unverkennbar. Alte Fabrikhallen, Graffitis und linke politische Parolen auf großen Wandgemälden zeugen von Zeiten, in denen Alcântara Schauplatz heftiger Streiks war.

Man findet aber auch pompöse Paläste im Viertel, besonders an der Rua da Junqueira. Darunter der rosarote **Palácio Burnay** mit der Hausnummer 86. In dem Gebäude mit seiner charakteristischen Kuppel wohnte einst der Banker Henrique Burnay, später diente es der politikwissenschaftlichen Fakultät ISCSP der Technischen Universität Lissabons als Unterkunft. Als man den Palast im 18. Jh. erbaute, stand er noch direkt am Tejo-Strand. Durch Aufschüttungen zum Bau von Industrieanlagen, Straßen und der Zuglinie nach Cascais hat sich die Uferlinie inzwischen aber um 250 m nach Süden verschoben.

Nachts ist Alcântara eines der beliebtesten Ziele der Diskogänger (s. "Nachtleben" S. 214). Mehrere große Diskotheken sind in leer stehende Lagerhallen eingezogen. Direkt am Tejoufer, an der **Doca de Santo Amaro**, eröffneten seit 1995 ein Dutzend Bars in alten Hafenanlagen. Die Begeisterung der *Lisboetas* hat sicher etwas mit der Lage zu tun: Auf der einen Seite überspannt die Ponte

Die Brücke des 25. April – Verkehrsschlagader für den Süden

296 Lissabon/Alcântara

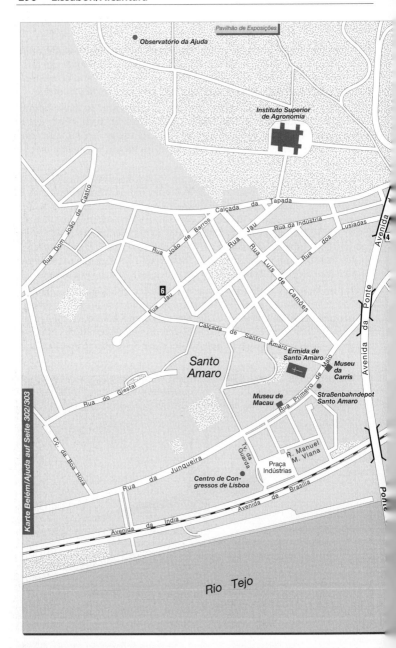

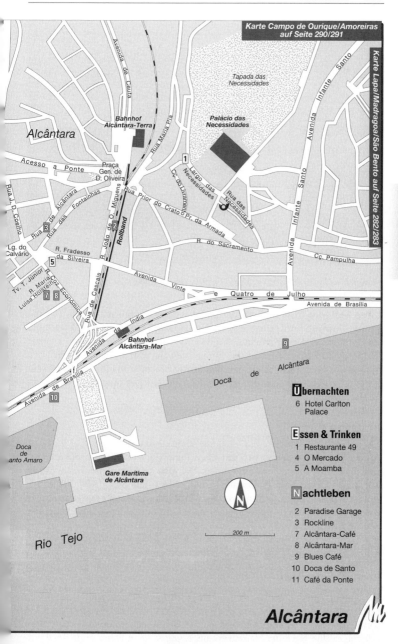

Außergewöhnliche Rundkapelle – Ermida de Santo Amaro

25 de Abril den Tejo, und auf der anderen Seite dominiert der von Porfírio Pardal Monteiro entworfene Hafenbahnhof **Gare Marítima de Alcântara** mit seiner interessanten Architektur aus den 40er Jahren die Szenerie. Im Zweiten Weltkrieg flüchteten von hier aus Emigranten aus ganz Europa vor den Nazis in die USA oder nach Lateinamerika. Später brachten Schiffe portugiesische Soldaten in die Kolonialkriege nach Afrika. Heute legen hier moderne Kreuzfahrtschiffe an.

<u>Anfahrt</u> Mit der Straßenbahn 15 ab Praça da Figueira (Metro Rossio).

Ermida de Santo Amaro

Bei der Kapelle handelt es sich um einen Rundbau, eine in Portugal recht seltene Bauform. Die im manieristischen Stil erbaute Ermida de Santo Amaro mit ihren wunderschönen Azulejos stammt aus dem Jahr 1549 und wurde vom Erdbeben 1755 verschont. Von der Plattform der Kapelle aus genießt man einen überwältigenden Blick auf die Tejobrücke des 25. April und den Hafen von Alcântara.

<u>Anfahrt</u> Straßenbahn 15 bis Haltestelle Santo Amaro. Der Treppe gegenüber dem Straßenbahndepot Santo Amaro nach oben folgen.

Ponte 25 de Abril

Die Anfahrt auf der 2,3 km langen Hängebrücke über den Tejo ähnelt einem Landeanflug – 70 m über Normalnull schwebt man in die Hauptstadt ein. 1966 wurde die damals *Ponte Salazar* genannte Brücke nach nur vierjähriger Bauzeit eingeweiht. Nach der Nelkenrevolution wurde sie in *Ponte 25 de Abril* umbenannt. Für die meisten heißt sie aber einfach *Ponte*. Die Brücke ermöglichte die massive Industrialisierung der Halbinsel von Setúbal. Ohne ihren schnellen Zugang nach Lissabon wären auch kaum die großen Wohnsiedlungen auf der Tejosüdseite entstanden. Beachtenswert ist, dass nur die beiden äußeren der insgesamt sechs Fahrspuren asphaltiert sind. Die mittleren Fahrstreifen bestehen aus Gitterrosten: Man kann bis zum Wasser hinunterschauen!

Schon beim Bau der Brücke im Jahr 1966 durch den amerikanischen Konzern US Steel wurden für eine Zugstrecke eine zweite Etage unter der Autofahrbahn und ein Tunnel unter der Mautstelle auf der Südseite eingerichtet. Obwohl es keine einzige Bahnverbindung von Lissabon über den Tejo gab, dauerte es noch über 30 Jahre, bis man tatsächlich eine Zugverbindung Richtung Süden baute. Am 25. April 1999, dem "Namenstag" der Brücke, war es endlich soweit: Die ersten Züge fuhren von Lissabon auf die Tejosüdseite. Vorher hatte man die Brücke noch komplett überholt und neu gestrichen. Ein zweites Haupttrageseil musste über das erste gespannt und neue Querverstrebungen eingezogen werden, damit die *Ponte* die zusätzliche Last der Züge tragen konnte.

Aber anstatt die Linie gleich direkt bis Pinhal Novo zu bauen, um Direktverbindungen nach Setúbal, in den Alentejo und zur Algarve zu ermöglichen, ließ die portugiesische Regierung die Stecke zuerst sechs Kilometer vorher in Fogueteiro enden. Erst 2004 soll das fehlende Streckenstück ergänzt werden. Der Grund: Die Regierung wollte für den Weiterbau zusätzliche EU-Subventionen ...

Palácio das Necessidades

Weit sichtbar ist der Glockenturm des Palastes. Bei der Anfahrt über die Brücke nach Lissabon fällt das Gebäude auf der rechten Seite sofort auf. An der Stelle, an der sich heute der Palácio das Necessidades befindet, hatten im 16. Jh. Matrosen aus der Mannschaft Vasco de Gamas eine kleine Einsiedlerkapelle gebaut, die der *Nossa Senhora das Necessidades* geweiht wurde. Zum Dank dafür, dass er nach Gebeten zu Maria von einer schweren Krankheit geheilt wurde, ließ König Dom João V. die Kapelle in eine barocke Kirche umgestalten. Direkt daneben errichtete er bis 1750 einen neuen Palast für seine Brüder, die Prinzen Dom Manuel und Dom António. Später lebte hier König Manuel II. Seit 1950 ist der von Caetano Tomás de Sousa entworfene Palast Sitz des Außenministeriums und für die Öffentlichkeit nicht zugänglich.

Frei zugänglich ist dagegen die **Tapada das Necessidades**, der ehemalige Wildpark des portugiesischen Königshauses. Heute ist zwar kein Wild mehr zu sehen, aber dennoch lohnt sich ein Besuch auf jeden Fall. Inzwischen dominieren exotische Pflanzen, Statuen und Teiche den Garten. In der Mitte des Parks findet sich die prächtige Glaskuppel eines ehemaligen Gewächshauses, etwas weiter oben ein großes Kakteen- und Agavenfeld. Vom Park aus öffnen sich immer wieder schöne Ausblicke auf Alcântara und die Ponte 25 de Abril.

Anfahrt/Öffnungszeiten Largo das Necessidades, ✆ 213901661. Straßenbahn 15 bis Haltestelle Alcântara (Av. 24 de Julho). Eingang zum Park auf der linken Seite des Palastes. Täglich 10–18 Uhr offen. Eintritt Mo–Fr frei, Sa/So 0,25 €, bis 18 J. 50 % Ermäßigung, bis 10 und über 65 J. frei.

Instituto Superior de Agronomia

Wie ein grüner Korridor zieht sich der Park der Landwirtschaftlichen Fakultät der Technischen Universität Lissabon parallel der Zufahrt zur Ponte 25 de Abril den Monsanto-Hügel nach oben. Hier warten 100 Hektar weite Äcker und Wälder darauf entdeckt zu werden! Wer das Tor an der quirligen Calçada da Tapada hinter sich gelassen hat, wähnt sich schnell in einer anderen Welt, die so gar nichts mit dem gewohnten Stadtleben zu tun haben will. Anfangs gelangt man an Alleen, landwirtschaftlichen Feldern und Universitätsgebäuden vorbei, in denen die Agronomie-Studenten ausgebildet werden. Im oberen Bereich des weitläufigen Areals hat König Pedro V. 1861 die Sternwarte **Observatório da Ajuda** anlegen lassen, die inzwischen von Kiefern und bis zu drei Meter hohen Kakteen umgeben ist. Noch weiter oben überrascht die prächtige gelb-blaue Ausstellungshalle **Pavilhão de Exposições**. In der filigranen Eisenhalle mit ihrer ausladenden Glasfront werden Bankette, Kunst-Auktionen und Konferenzen veranstaltet.

Anfahrt/Öffnungszeiten Calçada da Tapada, ✆ 213638161. Straßenbahn 18 bis Haltestelle Pavilhão da Ajuda. Mo–Fr 8–18 Uhr, Sa/So und an Feiertagen 10–19 Uhr.

Porto de Lisboa (Hafen)

Eigentlich kann man gar nicht von *einem* Hafen sprechen, denn die Anlagen ziehen sich auf einer Länge von über 10 km an fast der gesamten Uferlinie Lissabons entlang. Den Anfang macht der Fischereihafen in Algés und Pedrouços, dann folgen mehrere Fährbahnhöfe zwischen dem Cais do Sodré und Terreiro do Paço, bis die Hafenanlagen schließlich ab Santa Apolónia von einem Containerterminal vervollständigt werden. Die größten und tiefsten Docks liegen jedoch in Alcântara. Insgesamt umschließen die Docks des Lissabonner Hafens eine Wasserfläche von 430.000 m². Dazu kommen noch die Anlagen auf der Tejosüdseite in Trafaria, Porto Brandão, Almada, Seixal, Barreiro und Montijo.

Spaziergang durch Alcântara

Die Straßenbahn 15 (z. B. ab Praça do Comércio) fährt bis zur Haltestelle Estação de Santo Amaro am Straßenbahndepot von Alcântara, dem Ausgangspunkt dieses Spaziergangs. Hier lädt das **Museu da Carris** zu einem Besuch ein; präsentiert wird eine eindrucksvolle Sammlung historischer Busse und Straßenbahnen (s. "Museen" S. 334). Gegenüber dem Museumsausgang führen Treppen zur Kapelle **Ermida de Santo Amaro** hinauf. Dort eröffnet sich ein prächtiger Blick auf die Tejobrücke **Ponte 25 de Abril** und den **Hafen** von Alcântara. Liebhaber asiatischer Kunst sollten einen Besuch des Ostasien-Museums **Museu de Macau** anschließen (s. "Museen" S. 339). Das Tejoufer erreicht man über die Travessa da Guarda, vorbei am Centro de Congressos de Lisboa, dem modernen Kongresszentrum der Stadt. An der Doca de Santo Amaro geht es an Bars, Restaurants und dem Hafenbahnhof Gare Marítima de Alcântara entlang. Weiter durch die Fußgängerunterführung am Bahnhof Alcântara-Mar und über das Rollband bis zum Bahnhof Alcântara-Terra und der Calçada do Livramento, die nach oben zum **Palácio das Necessidades** führt. An der nahe gelegenen Praça da Armada fährt die Buslinie 60 (Richtung Martim Moniz) zurück ins Zentrum. Wer lieber mit der Straßenbahn 15 fährt, findet die nächste Haltestelle an der Ecke Av. 24 de Julho/Rua de Cascais.

Belém

Ein freundlicher Stadtteil am Tejo, etwa sieben Kilometer vom Zentrum entfernt. Viel Grün, gepflegte Parks, mehrere interessante Museen und das bemerkenswerteste Bauwerk Lissabons: das Jerónimos-Kloster im verspielten manuelinischen Stil der Entdeckerzeit. Nicht weit davon die alte Festung Torre de Belém im gleichen Baustil.

Vom nahen Ankerplatz in Restelo aus starteten die portugiesischen Seefahrer ihre Reisen ins Ungewisse: so Vasco da Gama im Juli 1497 auf dem Weg zur Entdeckung des Seewegs von Europa nach Indien. Ebenfalls Richtung Indien brach hier Anfang 1500 Pedro Álvares Cabral auf. Berühmt wurde er allerdings, weil er auf seiner Reise als erster Europäer nach Brasilien gelangte. Von Cabral wird die Anekdote erzählt, er sei nur deshalb dort angekommen, weil er bei der Umsegelung Afrikas einen zu großen Bogen Richtung Westen schlug. Die Seefahrer-Tradition des Stadtteils hielt sich bis ins 20. Jh., als Priester die portugiesischen Kabeljau-Fischer vor ihrer weiten Fahrt bis zur kanadischen Küste hier am Fährhafen segneten.

Bis 1886 war Belém noch ein selbstständiger Kreis, erst dann wurde Belém in die Stadt Lissabon eingemeindet. Aber schon immer zog es die Herrschenden Lissabons hierher. Während früher die Könige im Palácio de Belém lebten – sofern sie nicht gerade einen ihrer anderen Paläste in Ajuda, Queluz, Sintra oder Mafra vorzogen – residiert heute der portugiesische Staatspräsident im ehemaligen Königspalast. Nordwestlich von Belém liegt der Stadtteil **Restelo**, das vornehmste Wohnviertel Lissabons. In den Einfamilienhäusern mit Garten und Tejoblick leben zahlreiche Diplomaten.

Anfahrt Mit der Straßenbahn 15 ab der Praça da Figueira (Metro Rossio) oder Praça do Comércio. Ab dem Bahnhof Cais do Sodré fahren Züge nach Belém (Achtung: nicht alle Züge halten in Belém!).

Cordoaria Nacional

Auf dem Weg nach Belém wird kaum einem Besucher die knapp 400 m lange Fassade der ehemaligen Seilfabrik an der Rua da Junqueira verborgen bleiben. Der Marquês de Pombal gründete 1771 das schlichte, gelb gestrichene Gebäude als Real Fábrica da Cordoaria, um Seile und Segel für die portugiesische Kriegsmarine herzustellen. Später weitete man die Produktion auf Tischdecken, Bettlaken und Fahnen aus. Unter den Arbeiterinnen befanden sich von der Polizei verhaftete Prostituierte, die auf dem Fabrikgelände in einer Besserungsanstalt interniert waren. 1992 stellte man die Produktion in dem einstöckigen Gebäude endgültig ein. Seither dient es als Ort für Ausstellungen und Veranstaltungen.

Anfahrt Straßenbahn 15 bis Haltestelle Hospital Egas Moniz.

Palácio de Belém

Der rosarote Palast an der Praça Dom Afonso Albuquerque dient den portugiesischen Staatspräsidenten als Amtssitz und offizielle Wohnung. König Dom João V. hatte den Palast im Jahr 1726 erworben und ihn zur königlichen Residenz umbauen lassen. In einem Seitengebäude ist heute übrigens das Kutschenmuseum untergebracht (s. "Museen" S. 335).

Schon der Eingangssaal lässt den Luxus dieses Palastes erahnen: Hier befinden sich zwei schöne Brunnen sowie sehenswerte blau-gelbe Azulejos. Die nächsten Säle verzieren goldene Wandtücher, Kronleuchter und Wandgemälde. In den herrlichen Gärten liegt inmitten von gelben und roten Rosen und kunstvoll beschnittenen Buchshecken ein schöner Springbrunnen. Unterhalb des Palastbalkons mit herrlichem Tejoblick sind in einer kleinen Einbuchtung Reliefs römischer Kaiser zu sehen; so kann sich selbst der republikanische Präsident ein bisschen als Monarch fühlen.

Anfahrt/Öffnungszeiten Straßenbahn 15 bis Haltestelle Belém. Seit dem 11. September 2001 aus Sicherheitsgründen nicht mehr zu besichtigen. Jeden dritten Sonntag im Monat findet um 11 Uhr vor dem Präsidentenpalast der feierliche Wechsel des Wachregiments mit einer Reiterparade der Guarda Nacional Republicana statt.

Jardim do Ultramar

Inmitten schöner Palmenalleen und kleiner Teiche wachsen in diesem "Überseegarten", dem ehemaligen Park des Palácio de Belém, tropische und subtropische Pflanzen aus allen Erdteilen. Eine Ausstellung in einem kleinen Pavillon informiert über Herkunft der Pflanzen und ihre Nutzung. Im oberen Teil der sieben Hektar großen Anlage des Botanischen Gartens befindet sich der sehenswerte Palácio dos Condes da Calheta aus dem 18. Jh. Auf dessen Rosenterrasse lässt es sich gut entspannen. Picknicken ist leider verboten!

Anfahrt/Öffnungszeiten Straßenbahn 15 bis Haltestelle Mosteiro dos Jerónimos. Di–Fr 10–17 Uhr, Sa/So 11–18 Uhr (im Winter 10–17 Uhr). Mo und an Feiertagen geschlossen. Eintritt 0,50 €, Kinder bis 12 J. frei.

Igreja da Memória

Nördlich des Jardim do Ultramar liegt mit der vom Italiener Giovanni Bibienna entworfenen Igreja da Memória eine der schönsten neoklassizistischen Kirchen Portugals. Errichtet wurde das Gotteshaus zum Gedenken (*Memória*) an die angebliche Hilfe Marias beim Scheitern eines Attentats auf König Dom José I. Die Kirche ist exakt an der Stelle erbaut worden, an der in der Nacht des 3. September 1758 ein Mordversuch auf König Dom José verübt wurde, als dieser auf dem Weg zum Palácio da Ajuda war. Der Marquês de Pombal, Premierminister des Königs und faktischer Herrscher des Landes, rächte sich blutigst an den Hintermännern des Anschlags und ließ zahlreiche Mitglieder der ihm verhassten Adelsfamilien der Távoras und Mascarenhas hinrichten.

Igreja da Memória

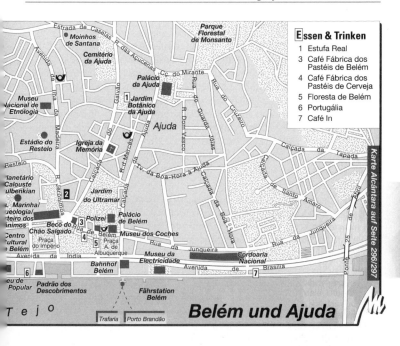

Essen & Trinken
1 Estufa Real
3 Café Fábrica dos Pastéis de Belém
4 Café Fábrica dos Pastéis de Cerveja
5 Floresta de Belém
6 Portugália
7 Café In

Außerdem verwies er die Jesuiten des Landes; dass sie am Anschlag beteiligt waren, konnte Pombal aber nicht beweisen. So war es nur logisch, dass man 1923 auch die sterblichen Überreste von Sebastião José de Carvalho e Melo, dem Marquês de Pombal, in die Kirche überführt hat.

Anfahrt Largo da Memória. Bus 27 oder 29 bis Haltestelle Igreja Memória.

Gesalzene Strafe – Beco do Chão Salgado

Von der Rua de Belém biegt kurz vor dem Mosteiro dos Jerónimos eine kleine Sackgasse mit einem steinernen Gedenkpfahl ab. Ihr Name, "Gasse des versalzenen Bodens", deutet schon die Geschichte der Gedenkstätte an: Der Pfahl erinnert an den am 12. Januar 1759 auf Befehl des Marquês de Pombal zerstörten Palast der Familie Mascarenhas. Dom José de Mascarenhas, Oberhaupt der Adelsfamilie und Fürst von Aveiro, hatte das gescheiterte Attentat vom 3. September 1758 auf König Dom José I. initiiert. Pombal ließ ihn und vier weitere Mitglieder der Familie am 12. Januar 1759 in Belém hinrichten – an die fünf Toten erinnern die fünf Ringe der Gedenksäule. Den Titel des Fürsten von Aveiro löschte Pombal aus, den Palast und sämtliche weiteren Güter der Familie ließ er bis auf die Grundmauern schleifen. Schlussendlich befahl Pombal, den Boden zu versalzen, damit in den Gärten nie wieder etwas wüchse.

Mosteiro dos Jerónimos

Das Hieronymiten-Kloster gilt als bedeutendstes Werk der Manuelinik, der portugiesischen Variante der Spätgotik. Der Besuch des Klosters ist ein absolutes Muss. Es gilt als *das* Bauwerk der portugiesischen Nation schlechthin und hat einen hohen Symbolwert: Hier ruhen die Könige der Dynastie Aviz, unter der Portugal seinen Höhepunkt an internationaler Bedeutung erreichte, mit Luís de Camões, Alexandre Herculano und Fernando Pessoa drei der wichtigsten portugiesischen Schriftsteller sowie der bedeutende Seefahrer Vasco da Gama. Seit 1984 ist das Kloster auch UNESCO-Weltkulturerbe. Zuletzt nutzte diese Symbolik der damalige Ministerpräsident Mário Soares, als er am 12. Juni 1985 im Kreuzgang des Klosters den Vertrag zum EU-Beitritt Portugals unterschrieb.

Laut einer weit verbreiteten Legende ließ König Manuel I. 1499 das Kloster zu Ehren der Entdeckung des Seewegs nach Indien durch Vasco da Gama bauen. Allerdings hat Papst Alexander VI. dem portugiesischen König bereits 1496 durch eine Bulle die Genehmigung für den Bau eines Hieronymiten-Klosters in Belém erteilt. Da war Vasco da Gama noch nicht einmal zu seiner Reise nach Indien aufgebrochen ...

Die Arbeiten an dem auch *Santa Maria de Belém* genannten Kloster begannen 1501. Während der etwa einhundertjährigen Konstruktionsphase leiteten insgesamt vier Architekten den Bau: Diogo de Boitaca, João de Castilho, Diogo de Torralva und Jerónimo de Ruão. Der lange Westflügel ist gar erst in der zweiten Hälfte des 19. Jh. vollendet worden, um dort das Marine- und das Archäologiemuseum unterzubringen.

Um den Bau zu finanzieren, stellte Manuel I. große Summen zu Verfügung: Der König zweigte einen Großteil des so genannten Pfeffer-Zwanzigsten für das Kloster ab, also 5 % der Einnahmen aus dem einträglichen Pfeffer-Handel mit Afrika und Asien. Boitaca hatte übrigens laut seinen Originalplänen noch Größeres vor: Er wollte das Kloster viermal so groß errichten. In den Konvent zogen Mönche vom Orden des hl. Hieronymus ein. Der Ordensgründer lebte im heutigen Syrien als Einsiedler, überarbeitete die lateinische Bibel (Vulgata) und starb in Bethlehem im Jahr 420. Die Mönche in Belém hatten die Aufgabe, für die Seele des Königs zu beten und den am Strand von Restelo abfahrenden Seeleuten geistlichen Beistand zu geben. Mit der Säkularisierung löste der Staat das Kloster im Jahr 1834 auf. Bis 1940 diente es als Waisenhaus der *Casa Pia de Lisboa*.

Das großartige **Südportal** auf der Tejo-Seite der 300 m langen Fassade ist mit Statuen der Apostel, Propheten und Engel geschmückt. Der Architekt João de Castilho hat das Portal in Form einer kunstvollen Reliquien-Monstranz entworfen. An der Spitze ist Maria mit dem Jesuskind dargestellt – eine Anspielung auf den Namen des Klosters (Belém=Bethlehem). Noch deutlicher wird dies am Haupteingang der Kirche, dem Westportal, das die Geburt Jesu zeigt. Es lohnt sich hier auch die beiden seitlichen Figurengruppen des Bildhauers

Architektonische Meisterleistung – das Südportal des Hieronymus-Klosters

Nicolau de Chanterène zu betrachten: Die linke zeigt König Manuel I. (kniend) mit dem hl. Hieronymus; rechts Königin Dona Maria, begleitet von Johannes dem Täufer.

Zitronengelbes Licht durchflutet das dreischiffige **Kirchenschiff** in Form eines lateinischen Kreuzes. Die Sonnenstrahlen fallen durch eine Rosette an der Westseite herein. Sechs reich verzierte, 25 m hohe Säulen erinnern an einen Palmengarten. Samstags (11–15 Uhr) und sonntags (13–15 Uhr) finden hier in der Kirche die prächtigsten Hochzeiten Lissabons statt.

Unter der Empore stehen zwei mächtige Sarkophage. Gleich links neben dem Eingang das Grabmal Vasco da Gamas mit Symbolen von Macht und Eroberung: Weltkugel, Karavelle und Kreuzritterzeichen. Auf der anderen Seite das Grabmal der Schönen Künste mit Buch, Federkiel und Leier. Letzteres wurde symbolisch zu Ehren des Dichters Luís de Camões geschaffen, der dort nicht wirklich beigesetzt werden konnte, da er 1580 als Opfer einer Pestepidemie seine letzte Ruhe in einem Massengrab fand.

Der **Chor** entstand einige Jahrzehnte später unter der Leitung der Architekten Diogo de Torralva und Jerónimo de Ruão. Er hebt sich mit seinem farbigen Marmor und klassisch-nüchternen italienischen Renaissancestil völlig von der übrigen Kirchengestaltung ab. 1551 erfüllte König João III. den testamentarischen Wunsch seines Vaters und Gründers des Klosters, Dom Manuel I., und ließ dessen Leichnam hierher überführen. Seitdem diente der Chor des Mosteiro dos Jerónimos als letzte Ruhestätte für die Toten der Dynastie Aviz.

Nicht alle sind aber tatsächlich hier beerdigt, so ist im rechten Teil des Chors ein symbolisches Grabmahl für König Dom Sebastião untergebracht. Sein Leichnam verschwand nach der verlorenen Schlacht von Alcácer-Quibir in Marokko – der Beginn vom Ende der Dynastie Aviz. Im Kopfteil des Chors finden wir ein Grab der Herzogin Dona Catarina de Bragança. Sie hatte nach dem Tod des letzten Königs der Dynastie Aviz, Kardinal Dom Henrique, vergeblich versucht, dem spanischen König Felipe II. den portugiesischen Thron streitig zu machen. Ein weiteres Grab, das etwas aus der Reihe fällt, ist das von Dom Afonso VI. Er ist der einzige König der Dynastie Bragança, der hier seine letzte Ruhe gefunden hat.

Kreuzgang des Hieronymus-Klosters

Märchenhaft verspielt ist der **Kreuzgang**. Dessen Untergeschoss wurde

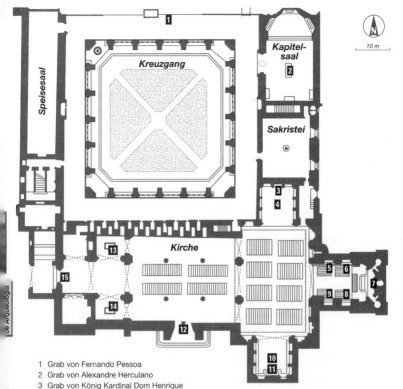

1 Grab von Fernando Pessoa
2 Grab von Alexandre Herculano
3 Grab von König Kardinal Dom Henrique
4 Gräber der Kinder von Dom Manuel I.
5 Grab von Königin Dona Maria de Castela
6 Grab von König Dom Manuel I.
7 Grab von König Dom Alfonso VI. und Herzogin Dona Catarina de Bragança
8 Grab von König Dom João III.
9 Grab von Königin Dona Catarina de Castela
10 Gräber der Kinder von Dom João III.
11 Symbolisches Grab von Dom Sebastião
12 Südportal
13 Grab von Vasco da Gama
14 Symbolisches Grab von Luís de Camões
15 Westportal

Mosteiro dos Jerónimos

1517 vom französischen Architekten Boytac (in Portugal Diogo de Boitaca genannt) im rein manuelinischen Stil entworfen. Einige Jahrzehnte später entstand das Obergeschoss unter dem Baumeister João de Castilho – es ist bereits deutlich sichtbar von Renaissance-Einflüssen geprägt. Im oberen Teil des Kreuzgangs befindet sich auch der Eingang zur Empore der Kirche. Neben einem beeindruckenden Blick in die Kirche sind hier Gemälde der zwölf Apostel und ein altes Holzkruzifix zu sehen.

Der **Kapitelsaal** im unteren Geschoss des Kreuzgangs wurde nach dem Erdbeben von 1755 rekonstruiert. Hier hat man die Klosterversammlungen abgehalten

– der Balkon diente als Rednertribüne. Heute steht in der Mitte des Raumes das Grabmal Alexandre Herculanos, eines berühmten Schriftstellers der portugiesischen Romantik. Gegenüber liegt der **Speisesaal** der Mönche (*refeitório*) mit schönen Azulejos. Auf dem Gang erinnert ein Monument an den berühmtesten Dichter Portugals der Neuzeit: Fernando Pessoa (1888–1935). In seinem 50. Todesjahr wurde er 1985 vom Friedhof Cemitério dos Prazeres hierher umgebettet.

Anfahrt/Öffnungszeiten Praça do Império, ✆ 213620034, ✆ 213639145. Straßenbahn 15 bis Haltestelle Mosteiro dos Jerónimos. Kirche und Kreuzgang täglich außer Mo und an Feiertagen zwischen 10 und 17 Uhr geöffnet (Mai bis September Kreuzgang bis 18.30 Uhr, Kirche bis 17.45 Uhr). Letzter Einlass bis 30 Min. vor Schließung. Eintritt für den Kreuzgang des Klosters 3 €, bis 25 J. und ab 65 J. 50 % Ermäßigung, mit Cartão Jovem 60 %, bis 14 J. frei. So bis 14 Uhr generell kostenlos. Eintritt für die Kirche frei.

Planetário Calouste Gulbenkian

Der auffällige Beton-Kuppelbau aus dem Jahr 1965 westlich des Jerónimos-Klosters beherbergt das Planetarium der portugiesischen Marine. Das Rund des Planetariums hat einen Durchmesser von 24 m und fasst bis zu 330 Personen. Ein Zeiss-Projektor illustriert den Sternenhimmel über Lissabon sowie die Planeten- und Kometen-Bewegungen.

Anfahrt/Öffnungszeiten Praça do Império, ✆ 213620002, ✆ 213636005. Straßenbahn 15 bis Haltestelle Centro Cultural de Belém. Sa/So 15.30 Uhr und 17 Uhr (Ostern und Juli–September auch Mi/Do um 11, 14.30 und 16 Uhr). So Kindermorgen. Eintritt 3 €, bis 18 J. 50 % Ermäßigung, bis 10 J. und über 65 J. frei. Vorführungen auch auf Englisch und Französisch (1 € Zuschlag).

Centro Cultural de Belém

Das Kulturzentrum in Belém ist der bedeutendste staatliche Neubau Portugals des 20. Jh. Der gigantische Komplex, ganz in leicht rosafarbenem Marmor aus dem Alentejo gehalten, übertraf die vorgesehenen Baukosten um mehr als 100 % und zog einen parlamentarischen Untersuchungsausschuss nach sich. Ursprünglich sollte das Gebäude zum Beginn der EG-Präsidentschaft Portugals im Januar 1992 fertig gestellt werden, doch erst zum abschließenden EG-Gipfeltreffen im Juni des gleichen Jahres konnten einige wenige Bereiche provisorisch eingeweiht werden.

Architektonisch scheiden sich an diesem Bau die Geister: Die einen finden das vom Italiener Vittorio Gregotti und dem Portugiesen Manuel Salgado entworfene Gebäude sehr schön und gelungen, andere halten es für ein hässliches Monstrum. Zu letzteren gehörte auch der Verantwortliche für das UNESCO-Weltkulturerbe in Portugal. Am liebsten hätte er sogar dem Mosteiro dos Jerónimos und der Torre de Belém die Einstufung als Weltkulturerbe aberkannt, da durch den Centro Cultural der Blick vom Turm zum Kloster versperrt wird.

Auf jeden Fall gelang es der *Fundação das Descobertas*, die den Centro Cultural betreut, das Kulturzentrum mit Leben zu erfüllen: In den Auditorien finden Konferenzen, Konzerte und Theateraufführungen statt; die Galerien zeigen gut besuchte Ausstellungen.

Anfahrt Praça do Império, ✆ 213612400, ✆ 213612705. Straßenbahn 15 bis Haltestelle Centro Cultural de Belém.

Padrão dos Descobrimentos

1940: 300 Jahre nach der Unabhängigkeit von Spanien. Ein guter Zeitpunkt, so schien es dem Diktator Salazar, um der ganzen Welt mit der so genannten Ausstellung der portugiesischen Welt, der *Exposição do Mundo Português*, Glanz und Glorie seines Kolonialreiches zu präsentieren. Den Kernpfeiler der Ausstellung bildete der Padrão dos Descobrimentos, "Denkmal der Entdeckungen" und Symbol Portugals als Entdeckernation: Von Landseite erscheint das Denkmal wie ein riesiges Schwert – das Wahrzeichen der Dynastie Aviz, unter die Kolonien erobert und unterworfen wurden. Betrachtet man das Denkmal dagegen von einem vorbeifahrenden Schiff aus, so sieht es wie der Bug einer echten Karavelle aus.

Die erste Version des "Denkmals der Entdeckungen" war für die Ausstellung 1940 noch aus schlecht haltbarem Material erbaut worden. 1960 rekonstruierte man es aber aus Stahlbeton zum Gedenken an den 500. Todestag Prinz Heinrich des Seefahrers, dessen Seefahrerschule die Keimzelle der überseeischen Expeditionsfahrten war. Vorne am "Bug" des Denkmals ist übrigens Prinz Heinrich dargestellt, hinter ihm reihen sich an der "Reeling" weitere berühmte portugiesische Entdecker, Seeleute und Missionare in Überlebensgröße. Man kann das Denkmal übrigens auch von innen erklimmen. Oben öffnet sich ein guter Ausblick auf Belém und den Tejo. Auf dem Platz vor dem Denkmal sind die Entdeckungsfahrten und alle ehemaligen portugiesischen Kolonien auf einer Windrose mit riesiger Marmorweltkarte eingearbeitet. Portugal erhielt die Karte als Geschenk der Republik Südafrika.

Anfahrt/Öffnungszeiten Av. Brasília, ✆ 213031950. Gegenüber dem Jerónimos-Kloster auf der anderen Seite der Bahnlinie (Fußgängerunterführung). Straßenbahn 15 bis Haltestelle Centro Cultural de Belém. Geöffnet 9.30–17 Uhr, Mo und an Feiertagen geschlossen. Eintritt 1,85 €, Studenten und mit Cartão Jovem 50 % Ermäßigung, bis 12 J. frei.

Torre de Belém

Der kunstvoll im manuelinischen Stil erbaute Verteidigungsturm an der Tejoeinfahrt ist *das* Fotomotiv Lissabons. Besondere Bedeutung kommt ihm als Symbol der nationalen portugiesischen Einheit und als Zeichen der Verbundenheit mit den ehemaligen Kolonien zu. Die Torre de São Vicente de Belém, so der volle Name der dem Lissabonner Stadtpatron hl. Vinzenz geweihten Festung, wurde zwischen 1514 und 1520 unter Leitung des Architekten Francisco de Arruda gebaut. Ab 1580 diente sie den spanischen Eroberern als Kerker für unbequeme Patrioten. Während der Napoleonischen Invasion wurde der Turm zerstört, 1846 unter Dona Maria II. und Kriegsminister Duque da Terceira rekonstruiert.

Früher stand der Turm mitten im Fluss, das Jerónimos-Kloster direkt am Ufer. Durch Aufschüttungen und das Erdbeben von 1755 trat das Ufer weiter vor, sodass der Turm nun vom Land aus zugänglich ist. Über eine Zugbrücke geht es ins Innere. Die Aussichtsplattform ganz oben bietet einen guten Blick auf die umliegenden Stadtteile sowie über den Tejo bis nach Trafaria.

Die Verteidigungsfunktion wird heute übrigens vom Forte de Pedrouços ausgeübt, das direkt neben der Torre de Belém liegt. Neben dem Turm findet sich noch ein Flugzeug zur Erinnerung an die beiden portugiesischen Piloten Sacadura Cabral und Almirante Gago Coutinho, denen 1922 die erste Südatlantiküberquerung gelang.

Ermida de Belém

Die kleine viereckige Einsiedelei ist im gotisch-manuelinischen Stil gehalten, wirkt aber vor allem durch ihre weiße Fassade im Gegensatz zu vielen anderen Bauwerken dieses Stiles sehr nüchtern. Die Kapelle auf dem Restelo-Hügel wurde 1514 nach einem Plan des berühmten Architekten Diogo de Boitaca erbaut. Eigentlich heißt sie *Capela de São Jerónimos*, da sie früher zum Jerónimos-Kloster gehörte. Wer den Aufstieg nach oben bis zur Ermida auf sich genommen hat, wird mit einem phantastischen Blick auf Belém und den Tejo bis weit hinaus aufs Meer belohnt.

Ermida de Belém: schlichte, dem Hlg. Hieronymus geweihte Kapelle

Anfahrt/Öffnungszeiten Straßenbahn 15 bis Haltestelle Largo da Princesa. Das Innere ist leider nicht öffentlich zugänglich.

Ajuda

Der nördlich von Belém gelegene Stadtteil Ajuda wirkt mit seinen einfachen, einstöckigen Häusern wie eine Kleinstadt oder sogar wie ein Dorf. Dazu passt, dass hier die einzigen noch erhaltenen Windmühlen der Stadt zu finden sind. Über Ajuda thront das unvollendete Königsschloss Palácio Nacional da Ajuda.

In diesem Viertel haben sich vor allem Angehörige der Mittelschichten Lissabons niedergelassen. Einen guten Eindruck des bunten Lebens bekommt man dienstag- bis samstagvormittags auf dem großen Markt fliegender Händler in der Travessa da Boa-Hora (s. "Einkaufen/Märkte" S. 186).

Anfahrt Mit der Straßenbahn 18 oder Bus 14 ab der Praça do Comércio.

Palácio Nacional da Ajuda

Inmitten großzügig angelegter Grünanlagen liegt der Palast der letzten portugiesischen Könige. Sein Grundstein wurde im Jahr 1795 gelegt. An seiner Stelle standen zuvor Holzbaracken, die so genannten *Barracas Reais*, in die sich die königliche Familie aus Angst vor Erdbeben zurückgezogen hatte. Die

Spaziergang durch Belém und Ajuda

Mit der Straßenbahnlinie 18 oder der Buslinie 14 (beide z. B. ab der Praça do Comércio) kann der Ausgangspunkt der Tour, der Königspalast **Palácio Nacional da Ajuda,** bequem erreicht werden. Gegenüber dem Ajuda-Palast bietet sich für eine erste Pause der **Jardim Botânico da Ajuda** an. Die Calçalda da Ajuda hinunter trifft man auf den zweiten Königspalast Lissabons, den rosaroten **Palácio de Belém.** In einem Seitenflügel ist das Kutschenmuseum, das **Museu Nacional dos Coches,** untergebracht. Es lohnt sich auch ein Abstecher ins Elektrizitätsmuseum **Museu de Electricidade,** das in einem ehemaligen Kohlekraftwerk untergekommen ist. (beide s. "Museen" S. 335 bzw. S. 336).
In der Rua de Belém empfiehlt sich unbedingt eine Besuch der Konditorei *Fábrica dos Pastéis de Belém* (s. "Cafés" S. 177). Nach dem Garten **Jardim do Ultramar** erreicht man Lissabons wichtigste Sehenswürdigkeit, das Hieronymiten-Kloster **Mosteiro dos Jerónimos.** Durch die weite Parkanlage vor dem 300 Meter langen Gebäude kommt die reich verzierte Kalksteinfassade voll zur Geltung. In Nebenflügeln des Klosters sind das **Museu Nacional de Arqueologia** (Archäologiemuseum) und das **Museu de Marinha** (Marinemuseum) untergebracht (beide s. "Museen" S. 330 bzw. S. 340).
Schräg gegenüber dem Kloster fällt ein in leicht rosafarbenem Marmor gehaltener Komplex mit ähnlichen Dimensionen wie das Hieronymiten-Kloster ins Auge. Es handelt sich um das **Centro Cultural de Belém,** in dem auch das **Museu do Design** (Designmuseum) seinen Platz gefunden hat. Eher volkstümliches Design gibt es auf der anderen Seite der Bahnlinie (Fußgängerunterführung) im Volkskunstmuseum **Museu de Arte Popular** zu sehen (beide s. "Museen" S. 335 bzw. S. 331). Daneben reckt sich der **Padrão dos Descobrimentos** in die Höhe. Weiter im Westen erhebt sich an der Tejoeinfahrt der Wehrturm **Torre de Belém.** Wer von hier aus zurück ins Zentrum will, kann die Straßenbahnlinie 15 (Richtung Praça da Figueira) ab der Haltestelle Largo da Princesa in der nahen Rua de Pedrouços nehmen. Wer dagegen noch Lust auf einen kleinen Spaziergang hat, kann den Hügel bis zur Einsiedelei **Ermida de Belém** erklimmen.

Originalpläne stammten von Manuel Caetano de Sousa; kurz nach Baubeginn modifizierten die Architekten Francisco Fabri und José da Costa e Silva aber den Entwurf nach der neuen neoklassizistischen Ästhetik.

Mit der Flucht von König João VI. vor den Napoleonischen Invasionstruppen nach Brasilien, stellte man die Bauarbeiten 1807 ein. Erst nach mehr als einem Jahrzehnt wurden sie wieder aufgenommen, der Westflügel allerdings nie ganz beendet. 1861 zog die königliche Familie unter König Dom Luís I. in den unvollendeten Palast. Heute wird er von den portugiesischen Präsidenten für Zeremonien und Festbankette genutzt. Immer wieder, zuletzt 1995 hat man die Arbeiten am Westflügel wiederaufgenommen. Geplant war die Fertigstellung für 1998, aber die Bauarbeiten wurden bald wieder eingestellt. Es wird wohl noch lange Jahre dauern, bis der Palast vollendet ist ...

Der große, weiße Bau ist mit einer Fülle von Möbelstücken und Kunstwerken des 19. Jh. ausgestattet. Im Osteingang stehen große Statuen aus der Schule von Machado de Castro, welche die verschiedenen Tugenden repräsentieren. Im unteren Geschoss kann man die Gemächer des Königs und der Königin bewundern; das Zimmer der Königin ist ganz in Blau gehalten und mit einem riesigen Himmelbett ausgestattet. Im oberen Stockwerk liegt die ganz in dunklem Holz gehaltene Kunstgalerie von König Dom Luís. Inspirieren ließ sich der

König vom Tejoblick. Anschließend folgen nach einem beeindruckenden Korridor von 130 Metern Länge, zwei Ballsäle und der Kronsaal mit hohen Decken, ausladenden Gemälden und glitzernden Kronleuchtern. In einem Seitenflügel befindet sich der Hauptsitz des portugiesischen Denkmalamtes IPPAR, das dort auch Kunstbücher verkauft.

• *Anfahrt/Öffnungszeiten* Calçada da Ajuda, ℡ 213620264. Straßenbahn 18 bis Haltestelle Calçada da Ajuda-GNR. Auch Busse 14 und 60. Täglich außer mittwochs und an Feiertagen 10–17 Uhr (letzter Einlass 16.30 Uhr). Eintritt 3 €, bis 25 J. und Rentner 50 % Ermäßigung, mit Cartão Jovem 60 %, Kinder unter 14 J. frei, So vor 14 Uhr generell kostenlos. Die Besucher werden durch den Palast geführt.

Jardim Botânico da Ajuda

Der Jardim Botânico da Ajuda gilt als ältester botanischer Garten Portugals. König Dom José I. ließ ihn bereits 1768 durch den italienischen Botaniker Domingos Vandelli anlegen. Zu seiner besten Zeit zeigte er 5.000 exotische Pflanzen aus aller Welt. Seit 1910 gehört der Botanische Garten der Landwirtschaftlichen Fakultät der Technischen Universität von Lissabon, die dem in der Zwischenzeit verfallenen Garten wieder zu alter Pracht verholfen hat. Die schönste Zeit für einen Besuch ist Ende Mai bis Anfang Juni, wenn im oberen Teil eine herrliche Allee von violetten Jacaranda-Bäumen blüht. Den unteren Teil prägen dagegen exakt gestutzte Buchshecken in Dreiecksform. Im Schatten der seltenen tropischen Bäume streiten sich alte Männer beim Kartenspiel und toben eine Menge Kinder herum. Spektakulärer Höhepunkt des Gartens ist der Brunnen *Fonte das 40 Bicas*, dessen 40 Wasseröffnungen in abenteuerlichen Tierformen gestaltet sind. Schlangen, Enten, Frösche, Fische und Seepferdchen speien um die Wette.

Anfahrt/Öffnungszeiten Calçada da Ajuda, ℡ 213653137, ℡ 213622503. Straßenbahn 18 oder Bus 14 bis Haltestelle Calçada da Ajuda-GNR. Täglich 9–17 Uhr (Sommer bis 20 Uhr). Mi geschlossen. Eintritt 1,50 €; Studenten, Rentner oder mit Cartão Jovem 50 % Ermäßigung; Kinder unter 14 J. frei.

Cemitério da Ajuda: Blick zum Cristo-Rei nach Almada

Cemitério da Ajuda

Einst von Königin Maria I. als Friedhof der Armen von Belém und Ajuda und der Bediensteten der Königspaläste angelegt, ist der Cemitério da Ajuda dennoch ein reiches Schmuckstück der portugiesischen Grabkultur. Der seit 1835 der Stadt Lissabon gehörende Cemitério da Ajuda wirkt mit seinen romantischen Grabkapellen und grünen Alleen ein bisschen wie eine kleine Ausgabe des Prazeres-Friedhofs. Während der vordere Bereich mit seinen Mausoleen einen wohlhabenden Eindruck vermittelt, geht es auf den Grabfeldern weiter hinten einfacher zu. Dafür hat man dort einen umso prächtigeren Blick auf den Palácio Nacional da Ajuda, den Tejo und die Brücke des 25. April.

Anfahrt/Öffnungszeiten Calçada do Galvão. Tram 18 oder Bus 60 ab Praça do Comércio bis Endstation Cemitério da Ajuda. Täglich geöffnet 9–17 Uhr (Mai–September bis 18 Uhr). Letzter Einlass 30 Min. vor Schluss.

Parque Urbano dos Moinhos de Santana

Windmühlen mitten Lissabon? Auf den ersten Blick hört sich das an wie ein schlechter Scherz von Dom Quixote, aber die Mühlen gibt es tatsächlich. Nur 150 m hinter dem Ajuda-Friedhof drehen zwei Windmühlen ihre Segel im Tejo-Wind. An den Verstrebungen befestigte Tonkrüge sorgen für ein pfeifendes Geräusch. 1762 errichtet, um Mehl für die Bewohner Lissabons zu mahlen, hat man sie 1965 renoviert. Eines der beiden runden Mühlgebäude kann auch von innen besichtigt werden. Außenrum hat die Stadt einen kleinen Park mit Trimm-dich-Pfad angelegt. Wer den Weg hierher gefunden hat, wird mit dem besten Blick im Westen Lissabons belohnt: Von der Brücke des 25. April über den weiten Atlantik bis hin zum Palácio Nacional da Pena im 30 km entfernten Sintra reicht das phantastische Panorama. Das Szenario wäre perfekt, wenn da nicht die hässlichen Hochhäuser in der Nachbarschaft stünden. Leider hat die Stadt auch noch neue genehmigt, anstatt die bisherigen abzureißen.

Anfahrt/Öffnungszeiten Estrada de Caselas, ✆ 217786035. Tram 18 oder Bus 60 ab Praça do Comércio bis Endstation Cemitério da Ajuda. Täglich geöffnet. Oktober bis März: 08.30–18 Uhr, April–September 9–19.30 Uhr.

Benfica

Mit seinen ca. 70.000 Einwohnern ist Benfica im Nordwesten der Stadt heute eines der wichtigsten Viertel Lissabons. Aus der ländlichen Vergangenheit Benficas ist noch einiges zu sehen, so der prächtige Palácio dos Marqueses de Fronteira. Auch der Zoo und der Monsanto-Park gehören zu den Attraktionen Benficas.

Das Viertel erstreckt sich entlang der längsten Straße Lissabons, der Estrada de Benfica, die am Zoologischen Garten Sete Rios beginnt und an den Portas de Benfica, den Stadttoren an der Grenze zum Kreis Amadora, endet. Bis 1886 gehörte Benfica zum Kreis Belém und war nicht mehr als eine Ansammlung weniger Bauernhöfe und Paläste der Reichen Lissabons. Ab den 60er Jahren und besonders in den 70er Jahren des 20. Jh. wandelte sich das Bild des Stadtteils völlig. Überall schossen mehrgeschossige Wohnblöcke und Bürogebäude aus Beton und Glas aus dem Boden und verdrängten die traditionellen Bauernhöfe und Landgüter fast vollständig. Heute leben in Benfica vor allem Angestellte und Beamte sowie andere Angehörige des Mittelstands.

Anfahrt Ab Praça do Comércio oder Rossio mit dem Bus 46 (Richtung Damaia oder Portas de Benfica). Bestimmte Bereiche sind gut mit der Metro zu erreichen, z. B. der Zoo (Station Jardim Zoológico).

António Lobo Antunes

In seinen Romanen hat António Lobo Antunes immer wieder den Wandel Benficas von einem ländlichen Viertel zu einem von Wohnsilos geprägten Stadtteil beklagt. So schreibt er in *Der Tod des Carlos Gardel*, dem dritten Roman seiner Benfica-Trilogie: *"Benfica, das waren die Störche, das war die Fabrik, das waren die Züge, das war der Park, das waren die wunderschönen Villen, es gab Leute, die kamen nur im Sommer dorthin, so wie man heute in den Schnee oder an den Strand fährt."*

Antunes selbst hat nach seiner Geburt 1942 die Kindheit in Benfica verbracht. Sein Großvater, ein brasilianischer Kautschukhändler, gehörte zur Aristokratie Portugals, wogegen seine Großmutter Deutsche war. Bereits als Kind wollte António Lobo Antunes Schriftsteller werden. Dennoch studierte er Medizin – inspiriert durch seinen Vater João Lobo Antunes, einen berühmten portugiesischen Mediziner. Nach dem Studium musste António Lobo Antunes von 1968–72 Wehrdienst leisten. 27 Monate davon zur Zeit des Kolonialkriegs als Chirurg in Angola. Nach dem Wehrdienst spezialisierte sich Antunes auf Psychiatrie und wurde Chefarzt einer Lissabonner Nervenklinik.

Die Erfahrungen des Kolonialkriegs spiegeln sich in Antunes' ersten Romanen wieder, so in seinem zweiten Buch *Os Cus de Judas* (dt. "Judaskuss"). In dem 244seitigen Monolog rechnet der Erzähler während einer Nacht, die er mit einer unbekannten Frau in einer Lissabonner Bar verbringt, mit dem Krieg in Angola ab. Trotz des enormen Erfolgs – der Roman ist seit seinem Erscheinen 1979 etwa 20-mal neu aufgelegt worden – entschloss sich Antunes erst 1985 dazu, nur noch als Schriftsteller zu arbeiten und die Psychiatrie aufzugeben.

Dem Stadtteil Benfica hat Antunes eine ganze Roman-Trilogie gewidmet. *Tratado das Paixões da Alma* (dt. "Die Leidenschaften der Seele") handelt von der Beziehung zwischen einem Terroristen aus der wohlhabenden Familie der "Antunes" und einem auf ihn angesetzten Ermittlungsrichter, dem Sohn des ehemaligen Hausmeisters des Antunes-Anwesens. Ebenfalls gute Kritiken erhielt der zweite Teil der Benfica-Trilogie *A Ordem Natural das Coisas* (dt. "Die natürliche Ordnung der Dinge). Auch diese Erzählung über die Schattenseiten des modernen Portugal spielt in Benfica und zwar in der Calçada do Tojal. Bei der Beschreibung seiner Orte bleibt Antunes dabei stets genau und realitätsnah, so auch in seiner Romanreihe zum Thema Macht, die er 1996 mit *O Manual dos Inquisidores* (dt. "Handbuch der Inquisitoren") begann. Unverwechselbar ist sein dichter Erzählstil, in dem er mehrere Zeitebenen und Erzähler ineinander verwebt.

In Portugal sorgt der Autor regelmäßig durch sein exzentrisches Verhalten für Aufsehen. So lästerte er: "Die meisten Schriftsteller können nicht schreiben, und die meisten Kritiker nicht lesen." Nachdem sein Intimfeind José Saramago 1998 den Literaturnobelpreis erhalten hat, wird nun Antunes als aussichtsreichster portugiesischer Anwärter auf diesen Titel gehandelt.

Vor allem bei Kindern beliebt: Zoo Lissabon

Jardim Zoológico (Zoo)

Der Jardim Zoológico wurde 1884 als erster Zoo der Iberischen Halbinsel gegründet, seit 1905 befindet er sich auf dem Gelände in Benfica. Länger als andere zoologische Gärten Europas behielt er das alte, nicht artgerechte Prinzip bei, die Tiere in Käfigen auszustellen. Seit den 80er Jahren ist der Lissabonner Zoo aber Schritt für Schritt modernisiert worden. Auf einer Fläche von 18 Hektar sind 370 verschiedene Arten zu sehen, darunter Davidshirsche, Pinguine, Lamas, Raubvögel und Giraffen. Besonders beliebt bei den jährlich mehr als 900.000 Besuchern ist ein Elefant, der für eine Münzspende mit einer Glocke läutet. Weitere Hauptattraktionen sind das Reptilienhaus, eine Gondelbahn und ein Delphinarium – obwohl die Meeressäuger kaum artgerecht in Gefangenschaft gehalten werden können.

• *Anfahrt/Öffnungszeiten* Estrada de Benfica, 158, ✆ 217268041 (Metro Jardim Zoológico). Täglich 10–18 Uhr (Sommer bis 20 Uhr). Eintritt 11 €, ab 65 J. 8,75 €, bis 11 J. 8,25 €, Kinder bis 2 J. frei, mit Cartão Jovem 12 % Ermäßigung. Für jeden Erwachsenen 1 Kind bis 11 J. frei. Der vordere Bereich des Zoos mit den Gartenanlagen und Restaurants ist kostenlos.

Palácio dos Marqueses de Fronteira

Der herrschaftliche Palast mit seinen schönen Grünanlagen erstreckt sich direkt am Fuße des Monsanto-Parks. Gebaut wurde der **Palast** im 17. Jh. von Dom João de Mascarenhas, dem ersten Marquês de Fronteira. Anlass war die Wiedererlangung der portugiesischen Unabhängigkeit. In der *Sala das Batalhas* stellen Azulejos die acht wichtigsten Schlachten gegen die Spanier nach 1640 dar. Die *Sala dos Panéis* ist dagegen ausnahmsweise mit holländischen Azulejos ausgestattet, und im Kaminsaal hängt sogar ein Bild von El Greco. In der kleinen, schönen Bibliothek können antike Bücher aus dem 17. Jh. bewundert werden.

316 Lissabon/Benfica

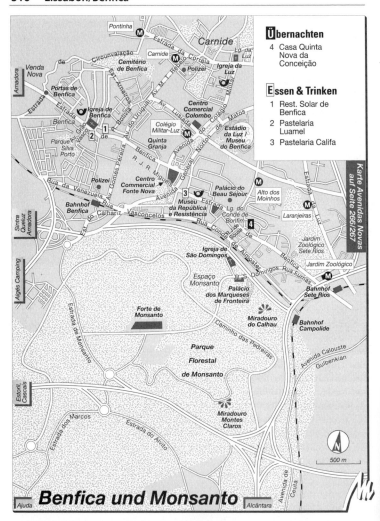

Übernachten
4 Casa Quinta Nova da Conceição

Essen & Trinken
1 Rest. Solar de Benfica
2 Pastelaria Luamel
3 Pastelaria Califa

Benfica und Monsanto

Nach draußen gelangt man über einen Balkon, dessen Azulejos man auf Grund der witzigen Motive beachten sollte. Am Ende des Balkons liegt eine kleine Kapelle, deren Eingang man kunstvoll mit Muscheln und zerbrochenen Porzellantellern ausgekleidet hat. Um die Teller rankt sich die Legende, dass es sich dabei um das Geschirr handele, von dem der König bei der Einweihung des Palastes gegessen habe. Weiter unten liegt der herrliche Erfrischungsraum, in dem sich die Grafen im Sommer auszuruhen pflegten.

Im **Garten** mit seinen exotischen Pflanzen erzeugt das einzigartige Licht der dunkelblauen Mauern ein ganz besonderes, romantisches Flair. Den unteren

Teil dominiert eine große Galerie mit den Büsten fast aller Könige Portugals, die sich in einem Teich spiegeln. Um exakt zurechtgestutzte Buchshecken gesellen sich Statuen und Azulejos mit Motiven, die für die einzelnen Monate des Jahres typisch sind.

Anfahrt/Öffnungszeiten Largo São Domingos de Benfica, 1, ✆ 217782023, ✆ 217784599. Zwischen Zoo und Monsanto-Park. Mit der Metro bis zur Station Jardim Zoológico. Weiter zu Fuß über die Rua das Furnas und die Rua de São Domingos de Benfica, die Bahnlinie über die Fußgängerüberführung querend bis zum Palast. Bus 70 Mo–Sa morgens und abends alle 30 Min. ab Metro Sete Rios. Führungen durch Palast und Garten Juni-September 10.30, 11.00, 11.30 und 12.00 Uhr, Oktober-Mai nur 11 und 12 Uhr. An Sonn- und Feiertagen geschlossen. Eintritt Palast und Garten Mo–Fr 5 €, Sa 7,50 €. Nur Gartenbesichtigung Mo–Fr 2 €, Sa 2,50 €. Keine Ermäßigungen.

Igreja do Convento de São Domingos de Benfica

Geprägt wird diese Kirche durch zwei hohe Schiffe, wobei das Querschiff mit sehr schönen blauen Azulejos aus dem 18. Jh. ausgekleidet ist. Die Kirche der portugiesischen Luftwaffe, offiziell *Igreja da Nossa Senhora do Rosário* genannt, stammt aus dem Mittelalter und wurde Anfang des 17. Jh. im Renaissance-Stil umgestaltet. Ab dem 15. Jh. diente sie auch als Kloster des Dominikanerordens. Durch den Altarraum mit barockem Schnitzwerk ist der Chorraum zu erreichen. Der berühmte Geschichtsschreiber und Dominikanermönch Frei Luís de Sousa liegt hier begraben, ebenso der bekannte Rechtsgelehrte Dom João dos Regras, dessen gotischer Sarkophag mitten im Chor steht.

Anfahrt/Öffnungszeiten Largo São Domingos de Benfica (Metro Jardim Zoológico). Wegbeschreibung s.o. Palácio dos Marqueses de Fronteira. Geöffnet täglich 9–12 und 13–18.30 Uhr.

Miradouro do Calhau

Am Rand des Monsanto-Parks liegt der Miradouro do Calhau inmitten von mit vereinzelten Kiefern bestandenen Wiesen. Vom Aussichtspunkt blickt man auf Benfica, den Zoo Sete Rios und Amoreiras. Nebenan kann das mitgebrachte Picknick an Holzbänken verzehrt werden. Das benachbarte, sehr abgeschiedene Viertel Bairro do Calhau erinnert noch sehr an die ländliche Vergangenheit Benficas.

Anfahrt Mit der Metro bis zur Station Jardim Zoológico. Weiter zu Fuß über die Rua das Furnas und die Rua de São Domingos de Benfica, die Bahnlinie über die Fußgängerüberführung querend. Am Beginn der Palastmauer des Palácio dos Marqueses de Fronteira links in die Straße Sítio do Calhau. Anschließend sind es noch ca. 700 m Fußweg bis zum Aussichtspunkt (halb links halten).

Parque Florestal de Monsanto

Der Monsanto-Park ist die grüne Lunge der gesamten Stadt und dominiert Lissabons Westen. Mit dem Fort von Monsanto auf 230 Metern über dem Meer ist hier auch der höchste Punkt der Stadt zu finden. Auf Grund der hohen Lage findet man allenthalben Aussichtspunkte. Zum Spazierengehen ist der Park jedoch wenig geeignet, da er von mehreren Autobahnen durchzogen wird. Allerdings gibt es einige Fahrradwege, die quer durch den Park führen.

Anfahrt zu den Aussichtspunkten Das *Forte de Monsanto* und der *Miradouro de Monsanto* hinter der Base de Paraquedistas sind beide mit dem Bus 11 ab Praça do Comércio/Rossio und Bus 29 ab Belém zu erreichen. Zum Aussichts-Restaurant *Montes Claros* fährt Bus 23 ab Praça Marquês de Pombal und Bus 29 ab Belém.

Espaço Monsanto

Im nordöstlichen Teil des Monsanto-Parks hat die Stadt Lissabon 1996 einen Naturpark angelegt. Die 50 Hektar große Anlage dient hauptsächlich der Umwelterziehung von Kindern und Jugendlichen. Umgeben wird der eingezäunte Naturpark von einfachem Wald, durch den Trimm-dich-Pfade führen.

• *Anfahrt/Öffnungszeiten* Estrada do Barcal, Monte das Perdizes, Parque Florestal de Monsanto (s. Karte Benfica S. 316), ✆ 217743224, 🖂 217743229. Bus 70 Mo–Sa (nur April bis Ende September) morgens und abends alle 30 Min. ab Metro Sete Rios. Wer den Park zu Fuß erreichen will, geht am besten ab der Metro Jardim Zoológico über die Rua das Furnas und die Rua de São Domingos de Benfica (die Bahnlinie über die Fußgängerüberführung queren). Am Palácio dos Marqueses de Fronteira vorbei, von dort ist es noch etwa 1 km. Interpretationszentrum geöffnet Di–Fr 9.30–17 Uhr, Sa 9.30–18 Uhr, So/Feiertage 14–18 Uhr, Mo zu. Geschlossen von Mitte September bis Mitte März.

Palácio do Beau Séjour

Inmitten der Wohnhaus-Blocks von Benfica stößt man auf diesen herrlichen romantischen Palast. 1849 erbaute ihn die Gräfin von Regaleira als Landsitz. Die späteren Besitzer, die Enkel des Barons von Glória, ließen das Innere durch bekannte Künstler der Romantik Portugals wie die Geschwister Bordalo Pinheiro verzieren. Romantisch ist auch der Palast-Garten mit seinen exotisch anmutenden Pflanzen, Teichen und interessanten Lichtspielen. 1992 hat die Stadt Palast und Garten renovieren lassen und hier das *Gabinete de Estudos Olisiponenses*, ein Studienzentrum zur Geschichte Lissabons, untergebracht. Seitdem ist die prächtige Anlage öffentlich zugänglich.

Anfahrt Estrada de Benfica, 368, ✆ 217712420 (Metro Alto dos Moinhos). Mo–Fr 9–18 Uhr.

Estádio da Luz

Die Bauarbeiten für das "Stadion des Lichtes" begannen am 1. Dezember 1954. Erst nachdem man den dritten Zuschauerring 1985 vollständig geschlossen hatte, war die Arena vollendet und Platz für bis 120.000 Zuschauer geschaffen – damals das größte Stadion Europas. Das reine Fußballstadion war aber fast nie ausverkauft und litt nach Ansicht der Cluboberen unter der fehlenden Überdachung. Zur Europameisterschaft 2004 in Portugal ließ der Verein das Estádio da Luz daher komplett abreißen, neu aufbauen und überdachen. Dabei sank allerdings die Zahl der Sitzplätze auf 65.000. Verloren ging damit leider auch das herrliche, offene Rund des alten Stadions, das zu den schönsten Europas zählte, auch wenn es vielleicht den "modernen" Erfordernissen von VIPs und Presse nicht genügte.

Auf dem Vorplatz steht eine Statue des Fußballers Eusébio, Benficas berühmtester Spieler aus der ehemaligen portugiesischen Kolonie Moçambique und schon zu Lebzeiten eine Legende. Er erzielte in seinen 715 Spielen für Benfica 727 Tore und galt seinerzeit als der beste Spieler Europas. Mit ihm hat der Verein von 1961 bis 1975 einige seiner größten Erfolge erzielt, in diesen Jahren gewannen die "Roten" alleine 10-mal die Meisterschaft. Die bedeutendsten der

15.000 Pokale, die Benfica gewonnen hat, sind im **Museu do Benfica** ausgestellt. Darunter auch zwei Europapokale der Landesmeister aus den Jahren 1961 und 1962.
Anfahrt/Öffnungszeiten Av. Norton de Matos, ℡ 217219500 (Metro Colégio Militar/Luz). Kartenverkauf für Spiele: s. "Unterhaltung/Fußball" S. 197.

Sport Lisboa e Benfica

Der überall schlicht und einfach unter *Benfica* bekannte Club ist der erfolgreichste Fußballverein Portugals. Er hat etwa die Hälfte aller nationalen Meisterschaften und Pokale gewonnen, konnte zweimal den begehrten Europapokal der Landesmeister mit nach Hause nehmen und brachte es darüber hinaus auf fünf weitere Endspielteilnahmen in diesem Wettbewerb. Doch Benfica heißt nicht nur Fußball: In fast allen in Portugal praktizierten Sportarten hat Benfica schon portugiesische Meisterschaften gewonnen.

Seit dem Pokalsieg von 1995/96 kriselt es jedoch im Verein, der den stolzen Adler als Wappentier trägt. Ohnmächtig mussten die *Benfiquistas* mit ansehen, wie der *FC Porto* aus Nordportugal Meisterschaft für Meisterschaft mit großem Abstand gewann. Ab 1999 sollte der deutsche Trainer Jupp Heynckes für ein Ende der sportlichen Misere sorgen. Nicht lange, denn frustriert vom im Verein herrschenden Chaos warf er ein Jahr später das Handtuch. So hatte Benfica zwar Spieler von anderen Clubs eingekauft, sie aber einfach nie bezahlt.

In der Saison 2000/2001 passierte das Undenkbare: Man schaffte nicht einmal mehr die als sicher geltende Qualifikation für den UEFA-Cup. Als sechster lag man hinter Provinzclubs wie dem Sporting Clube de Braga und União Leiria. Auch finanziell bewegte sich der Verein schnell in Richtung Abgrund: Der damalige Vereinspräsident João Vale e Azevedo soll den Club in 14 Fällen zu seinen Gunsten betrogen und das Geld in die eigene Tasche abgezweigt haben. Nach seinem Abgang 2000 wurden erhebliche Unregelmäßigkeiten in der Buchhaltung festgestellt, wofür die Justiz Vale e Azevedo später auch verhaften ließ. Sein schlimmstes Erbe ist aber der hohe Schuldenberg von etwa 200 Millionen Euro, der langfristig die Existenz des Vereins bedroht.

Quinta Granja

Dieser Bauernhof ist einer der wenigen sichtbaren Überbleibsel der landwirtschaftlichen Vergangenheit Benficas. Um die weiße Quinta, die durchaus mitten in der südportugiesischen Provinz Alentejo stehen könnte, grasen die Schafe im Schatten der umstehenden Wohnblöcke. Wenn die Bauern ihre Felder vor der Quinta bestellen, fällt ihr Blick direkt auf das modernste Einkaufszentrum Lissabons, das Centro Comercial Colombo. Mit 189.000 m² Fläche ist es das größte Einkaufszentrum der Iberischen Halbinsel (s. Einkaufen S. 182). Man kann geradezu spüren, wie hier das alte und das neue Portugal frontal aufeinanderprallen.
Anfahrt Metro Colégio Militar/Luz

Igreja da Nossa Senhora da Luz: Hier soll Maria erschienen sein

Carnide/Lumiar

Carnide ist der einzige Stadtteil Lissabons mit vollständig erhaltenem altem Dorfkern. Ebenfalls im Norden Lissabons liegt Lumiar mit seinen schönen Palästen. Sehenswert ist hier vor allem der Parque do Monteiro-Mor, einer der schönsten Parks Lissabons mit dem Theater- und dem Trachtenmuseum.

Carnide macht mit seinen ein- bis zweistöckigen Häuser zwischen dem Largo da Luz und der Estrada da Correia auch heute noch einen ländlichen, geradezu dörflichen Eindruck. Dass der Stadtteil durchaus sehenswert ist, scheint jedoch kaum bekannt zu sein – die Touristen jedenfalls kann man hier an einer Hand abzählen.

Weiter östlich liegt der Stadtteil **Lumiar**. Auch wenn viele alte Gebäude dem Bauboom der 90er Jahre zum Opfer gefallen sind, so finden sich doch besonders entlang der Alameda das Linhas de Torres und im Bezirk Paço do Lumiar noch mehrere schöne Paläste.

<u>Anfahrt</u> Nach *Carnide* mit der Metro bis zur gleichnamigen Station. Nach *Lumiar* ab Rossio mit Bus 36 (Richtung Odivelas) oder Bus 1 ab Cais do Sodré (Richtung Charneca). Schneller ab Metro Campo Grande mit Bus 3 (Richtung Bairro Santa Cruz).

Igreja da Nossa Senhora da Luz

An diesem Ort soll Maria erschienen sein, worauf man 1575 diese Wallfahrtskirche erbaut hat. Die Entwürfe stammen vom Architekten Jerónimo de Ruão, der auch den Bau des Mosteiro dos Jerónimos in Belém vollendet hat. Das Erdbeben von 1755 zerstörte einen Teil der Kirche und ließ nur die Hauptkapelle, den Kreuzbogen und einige Seitenwände stehen. Später wurde die Kirche

Carnide und Lumiar

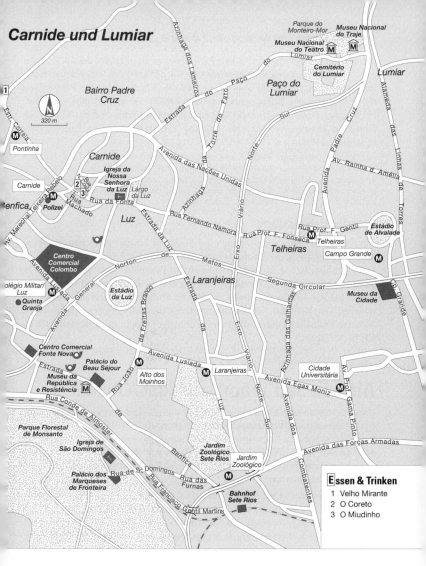

wieder aufgebaut. Auf dem Vorplatz, dem Largo da Luz, findet im September ein großer Markt, die *Feira da Luz*, statt (s. Einkaufen S. 186). Gegenüber befindet sich die Militärschule Lissabons, das *Colégio Militar*.

Anfahrt Largo da Luz (Metro Colégio Militar/Luz).

Parque do Monteiro-Mor

Ganz im Norden Lissabons und abseits der touristischen Pfade erstreckt sich auf über elf Hektar im Stadtteil Lumiar einer der schönsten Parks Lissabons. Pedro de Noronha, der dritte Marquês de Angreja und Nachfolger des

Premierministers Pombal, ließ den Park in der zweiten Hälfte des 18. Jh. anlegen. Neben Ulmen und Eschen pflanzte er nach Plänen des italienischen Botanikers Domenico Vandelli eine Fülle exotischer Bäume, darunter Palmen und die erste Araukarie (Schuppentanne) Portugals. Heute sind im Park außerdem ein Skulpturengarten sowie das **Museu Nacional do Traje** und das **Museu Nacional do Teatro**, das Trachten- und das Theatermuseum, zu finden (siehe Museen S. 344).

• *Anfahrt/Öffnungszeiten* Largo Júlio Castilho. Bus 3 ab Metro Campo Grande (Richtung Bairro Santa Cruz) bis Haltestelle Igreja do Lumiar. Geöffnet täglich 9–19 Uhr, außer montags und an Feiertagen. Eintritt in den Park (ohne Museen) 1,25 €. Für Rentner und Studenten 50 % Ermäßigung, mit Cartão Jovem 60 % Ermäßigung, bis 14 J. frei. So bis 14 Uhr generell kostenlos.

Estádio de Alvalade

Das Estádio de Alvalade im Süden des Stadtteils Lumiar gehört zum zweiten Lissabonner Club, dem *Sporting Clube de Portugal*, kurz *Sporting* genannt. Die komplett überdachte Arena fasst etwa 50.000 Zuschauer und wurde zur Europameisterschaft 2004 in Portugal komplett neu errichtet. Das alte Stadion nebenan hat der Verein abgerissen. Im **Museu do Sporting** sind die Pokale und anderen Trophäen des Vereins ausgestellt. Zu den Erfolgen des Vereins zählen mehrere Fußballmeisterschaften und zahlreiche Siege in der Leichtathletik sowie im Radsport.

Anfahrt Rua Francisco Stromp, 2, ✆ 217514000 (Metro Campo Grande). Kartenverkauf für Spiele: s. "Unterhaltung/Fußball" S. 197.

Alto de São João/Xabregas/Olivais

Diese im Osten von Lissabon gelegenen Viertel sind von einer merkwürdigen Mischung aus Wohnblocks, Fabrikhallen, Hafenanlagen und alten Palästen geprägt. Die wichtigsten Sehenswürdigkeiten sind der Ostfriedhof Alto de São João, die Kirche Madre de Deus mit dem Azulejomuseum und das ehemalige Weltausstellungsgelände, der Parque das Nações mit seinem herrlichen Ozeanarium.

Früher wurde diese Gegend weitgehend landwirtschaftlich genutzt. Einige der damals erbauten Konvente und Paläste sind noch heute zu sehen. Zu den alten Klöstern zählt der Convento dos Barbadinhos in der Rua do Alviela, der heute das sehenswerte Wassermuseum **Museu de Água** (s. "Museen" S. 329) beherbergt. Nach dem Beginn der Industrialisierung in Portugal baute man vor allem nördlich des Bahnhofs Santa Apolónia Fabriken, um von der Nähe der Bahnlinie zu profitieren. Die Fabriken stehen heute aber weitgehend leer.

Wie viele andere Viertel am Stadtrand war auch der bevölkerungsreichste Stadtteil Lissabons, **Olivais**, früher ein Dorf. Davon übrig geblieben ist lediglich der alte Ortskern Olivais Velho um die Praça da Vila dos Olivais nördlich der Avenida de Berlim. 1885 wurde der Kreis Olivais in die Stadt Lissabon eingemeindet. Lange Zeit blieb dies ohne Konsequenzen, bis die portugiesische Regierung zwischen 1955 und 1960 begann, hier in großem Stil Sozialwohnungen zu errichten. Unter dem Diktat der Beamten des Salazar-Staates *Estado*

Stadtteile im Osten Lissabons

Novo wurden zwei Bebauungspläne für die Besiedelung von Olivais Nord und Süd aufgestellt und rigoros umgesetzt. Auch das Bairro da Encarnação neben dem Flughafen ist zur Zeit Salazars entstanden. In den Ein- und Zweifamilienhäusern wohnten allerdings die oberen Schichten der Diktatur.

Die EXPO 98 brachte einen neuen Entwicklungsschub in die bis dahin völlig heruntergekommene Gegend am östlichen Tejoufer. Rund um das Ausstellungsgelände, das heute **Parque das Nações** genannt wird, entstand ein komplett neues Stadtviertel für Bezieher mittlerer bis gehobener Einkommen. Vor dem Beginn der Weltausstellung wurde das Viertel völlig umgestaltet: Eine Ölraffinerie, ein Müllplatz sowie ein Schlachthof mussten den Pavillons der Weltausstellung weichen.

Südlich von Olivais erstreckt sich das große Sozialwohnungsviertel **Chelas**. Hier fanden viele ehemalige Slumbewohner nach dem Abriss ihrer alten Unterkünfte in hässlichen, anonym durchnummerierten Wohnblocks eine neue Bleibe. Kein Wunder, dass dies der Stadtteil mit den größten sozialen Problemen ist. Hohe Analphabeten- und Kriminalitätsquote, zahlreiche Jugendbanden und Vandalismus prägen das triste Bild.

Anfahrt Mit der roten Linie der Metro. Außerdem Bus 28 (Richtung Moscavide) ab Praça do Comércio den Tejo entlang.

Cemitério Alto de São João (Ostfriedhof)

Der größte Friedhof der Stadt bietet beeindruckende Grabkapellen und einen schönen Ausblick auf das Binnenmeer des Tejo. Die Stadt legte ihn 1841 nach den Choleraepidemien von 1830–1835 an. Zuvor waren die Toten in den Kirchen bestattet worden, was der Ausbreitung von Seuchen förderlich war. Nicht zu übersehen ist gleich links neben dem Haupteingang die reich verzierte neo-manuelinische Grabkapelle der katholischen Wohlfahrtsorganisation *Santa Casa da Misericórdia* aus dem Jahr 1900. Rechts gegenüber liegt die 1905 errichtete, kaum weniger prächtige Gruft des Grafen von Valbom.

Geradeaus geht es zum einzigen Krematorium Portugals – in Portugal hat die Feuerbestattung keine Tradition. Wer sich am Krematorium links hält, erreicht bald das inmitten herrlicher romantischer Grabkapellen gelegene Monument für die Toten des 5. Oktober 1910, dem Tag der Errichtung der Republik. Ganz hinten links steht die *Cripta dos Combatentes*, in der Marechal Gomes da Costa begraben ist; er putschte am 28. Mai 1926 gegen die demokratische Republik (s. "Geschichte" S. 41). Nebenan liegen die Gräber der Toten des Ersten Weltkriegs. Im südlichen Teil des Friedhofs, der sich den Hügel hinunter erstreckt, befinden sich dagegen die einfacheren Gräber und Beinhäuser.

Anfahrt/Öffnungszeiten Ab der Rua Morais Soares (Metro Arroios) mit den Bussen 18 (Richtung Chelas) oder 42 (Richtung Bairro Madre de Deus) bis Haltestelle Alto São João. Geöffnet 10–17 (Winter) und 10–18 Uhr (Sommer), Einlass bis 30 Min. vor Schluss. Führungen jeden 3. Sa im Monat um 11 Uhr. Treffpunkt Warteraum links neben dem Haupteingang. Organisiert vom Museu da República e Resistência (✆ 217712310).

Igreja Madre de Deus

Diese typisch portugiesische Kirche stammt aus dem Jahr 1509 und wurde auf Initiative von Königin Leonor erbaut. An der Stelle der heutigen Kirche war zuvor ein Marienbildnis gefunden worden, das die lokale Bevölkerung verehrte. Außen sind ein schlichtes, aber dennoch schönes Portal und Fenster in manuelinischem Stil zu bewundern. Innen ist die Kirche mit interessanten Azulejos, die Darstellungen des alten Lissabons zeigen, ausgefliest. Nebenan wurde später ein Konvent erbaut, in dem heute das sehr sehenswerte Azulejomuseum **Museu Nacional do Azulejo** untergebracht ist (s. "Museen" S. 332). Baumeister des Kloster-Kreuzgangs war übrigens Diogo de Torralva, einer der vier Architekten des Mosteiro dos Jerónimos in Belém. Bei einem Besuch des Museums besteht übrigens auch die Möglichkeit, durch eine große Glasscheibe einen Blick in die Kirche zu werfen. Dem Charme der Kirche konnte sich auch die bekannte portugiesische Musikgruppe Madredeus nicht entziehen: Sie hat sich nach ihr benannt.

* *Anfahrt/Öffnungszeiten* Ab der Rua Morais Soares (Metro Arroios) mit den Bussen 18 (Richtung Chelas) oder 42 (Richtung Bairro Madre de Deus) bis Haltestelle Igreja Madre Deus. Oder ab der Praça do Comércio mit den Bussen 104 (Richtung Chelas) und 105 (Richtung Encarnação) ebenfalls bis Haltestelle Igreja Madre Deus. Geöffnet 10–12.30 und 14.30–17 Uhr.

Parque das Nações

Das Ausstellungsgelände der EXPO 1998 am Tejoufer im Osten Lissabons heißt heute Parque das Nações (Park der Nationen). Hier an der Doca dos Olivais ist mit dem Ozeanarium eine der Hauptsehenswürdigkeiten Lissabons zu finden.

Pünktlich zur EXPO eröffneten die portugiesischen Eisenbahnen direkt neben dem Ausstellungsgelände den neuen Hauptbahnhof Lissabons **Gare do Oriente**. Entworfen hat ihn der valencianische Architekt Santiago Calatrava. Bei der Auswahl der Überdachung hat sich Calatrava von Bäumen inspirieren lassen und ein "waldartiges" Glasdach über die Bahnsteige gespannt. Entstanden ist ein herrliches Gebäude, das fast zu schweben scheint. In Punkto Sicherheit ist der Bahnhof ebenfalls Spitze: Als einzige europäische Station erhielt er von der Stiftung Warentest die Note "gut". Nebenan sind inzwischen zahlreiche moderne Hochhäuser erbaut worden. Im obersten Stock des Gebäudes mit dem auffälligen Dach neben dem Vasco da Gama-Einkaufszentrum wohnt übrigens Belmiro de Azevedo, Chef des SONAE-Konzerns und einer der reichsten Männer Portugals.

Im Gegensatz zu Sevilla 1992 hatte sich die Regierung bereits im Vorfeld der Weltausstellung Gedanken über die weitere Nutzung des ca. 50 Hektar großen Geländes gemacht. Die Regierung ging mit gutem Beispiel voran und wählte den ehemaligen Pavillon Portugals als neues Domizil des Ministerrats, allerdings gab man die Pläne später wieder auf. Ausgesucht hatte man den Pavillon sicher auch wegen dessen eigenwilliger Vorplatzüberdachung: ihn überspannt ein beeindruckendes, 1.400 Tonnen schweres Stahlbetonsonnensegel des portugiesischen Star-Architekten Álvaro Siza Vieira.

Ansonsten klappte der Übergang von alter zu neuer Nutzung aber reibungsloser. Die Nordhallen, in denen die meisten Länderpavillons untergebracht waren, dienen nun der **Feira Internacional de Lisboa** (FIL) als neues Messegelände Lissabons. In den Haupteingang der EXPO wurde mit dem Centro Comercial Vasco da Gama gar eins der größten Einkaufszentren der Stadt eingebaut (s. Einkaufen S. 182). Und in den ehemaligen Pavilhão do Conhecimento ist das Technikmuseum **Ciência Viva** eingezogen (s. Museen S. 345). Trotz der Weiterverwertung blieb als Saldo der EXPO 98 immerhin ein beachtliches Defizit von etwa 550 Millionen Euro – und dies obwohl auch in Portugal nach Aussagen der Politiker die Weltausstellung den Steuerzahler eigentlich nichts hätte kosten sollen ...

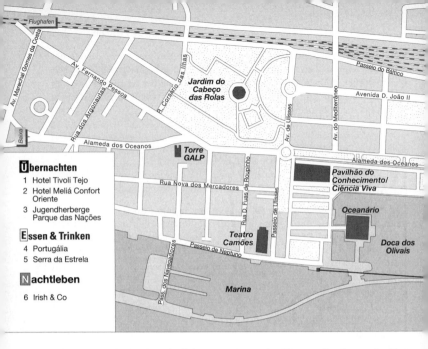

Neben der Uferpromenade laden im Parque das Nações die Gärten **Jardins Garcia de Orta** zum Verweilen ein. Sie sollen die Landschaften darstellen, welche die portugiesischen Entdecker auf ihrer Reisen vorfanden. Neben den Pflanzen aus Macau, São Tomé und den Azoren finden wir kleine Wasserfälle, Bäche und Gartenlauben. Im Nordteil werden auf der **Praça Sony** regelmäßig Konzerte veranstaltet.

• *Anfahrt/Öffnungszeiten* Infoposten in der Alameda dos Oceanos gegenüber dem Centro Comercial Vasco da Gama, ✆ 218919333 (Metro Oriente), geöffnet täglich 9.30–20 Uhr. Der Parque das Nações selbst ist bis 1 Uhr nachts geöffnet (Fr/Sa bis 3 Uhr nachts). Eintritt frei. Die Messe Lissabon (FIL) hat die ✆ 218921000.

• *Cartão do Parque* Mit dieser Karte erhält man kostenlosen Eintritt in das Ozeanarium, zur Torre Vasco da Gama und der Seilbahn, dazu gibt es weitere Ermäßigungen. Preis 13 €, bis 12 J. und über 65 J. 50 % Ermäßigung. Verkauf im Ozeanarium, der Torre Vasco da Gama oder am Infoposten.

Pavilhão Atlântico

Von außen sieht das merkwürdig-elliptische Gebäude wie ein abgestürztes Raumschiff aus, innen überspannt die beeindruckende Mehrzweckhalle eine gebogene Holzdecke, die aus 5.600 Kubikmetern schwedischem Kiefernholz zusammengesetzt wurde. In der zur Weltausstellung 1998 errichteten Halle ist auf zwei Ringen Platz für 12.000 bis 16.000 Zuschauer. Die einem umgekippten Schiffsbauch nachempfundene Konstruktion hat neben dem ästhetischen auch einen energiesparenden Wert. Die Sonne auf der Tejoseite kann das Gebäude erhitzen, während es von den Winden auf der Landseite abkühlt wird. Zur Kühlung wird auch Wasser aus dem nahen Tejo verwendet.

Anfahrt Alameda dos Oceanos (Metro Oriente). ✆ 218918409

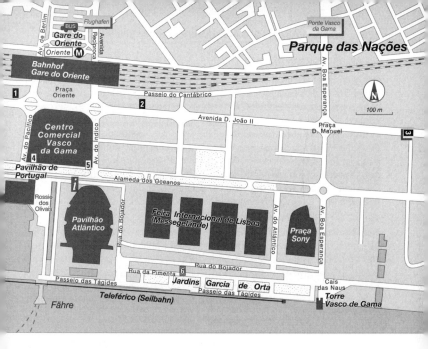

Oceanário

Das zweitgrößte Ozeanarium der Welt war Glanzstück der Weltausstellung von 1998 und ist nun eine der Hauptsehenswürdigkeiten Lissabons. Hier können sich die Besucher Fische aus fünf verschiedenen Klimazonen der Erde hinter Glasscheiben ansehen – manchmal hat man jedoch den Eindruck, dass es eher die Fische sind, die sich Besucher aus fünf Kontinenten anschauen. Der auffällige, quadratische Bau des englischen Architekten Peter Chermayeff ragt aus der Wasserfläche der Doca dos Olivais heraus. Die Besucher erreichen das Ozeanarium über einen langen Steg.

Im Haupttank, an vielen Stellen durch große Glaswände einsehbar, ist die typische Flora und Fauna des offenen Meeres nachempfunden. Hier tummeln sich neben großen Makrelenschwärmen, Stachelrochen und Barracudas. An die vier Ecken des Haupttanks schließen sich Nachbildungen felsiger Küstenregionen der Weltmeere an. Der Nordatlantik wird durch die Azoren vertreten. Hier finden wir den Kabeljau, Grundlage für das Lieblingsgericht der Portugiesen, den *Bacalhau*, und den Lachs. Die Antarktis (Falkland-Inseln) bietet Pinguine und Seevögel, der Pazifik (kalifornische Küste) Fischotter, Seeigel und Seesterne. Der Nebentank des Indischen Ozeans stellt ein Korallenriff der Seychellen mit seinen typischen Tropenfischen dar. Insgesamt sind 15.000 Tiere etwa 200 verschiedener Arten von Fischen über Vögel, Säugetiere bis hin zu Reptilien zu sehen.

Anfahrt/Öffnungszeiten Doca dos Olivais, ✆ 218917002, ✉ 218955762 (Metro Oriente). Täglich 10–19 Uhr (Sommer bis 20 Uhr). Letzter Einlass 1 Std. vor Ende. Eintritt 9 €, bis 17 J. und ab 65 J. 5 €, bis 12 J. 50 % Ermäßigung, bis 3 J. frei. Familienticket 20 €.

Jardim do Cabeço das Rolas

Wer sich einen Überblick über den Parque das Nações verschaffen möchte, findet ihn in den Gärten Jardim do Cabeço das Rolas, gelegen auf einer Anhöhe im Süden des Geländes. Mit seinen schrägen, rot geziegelten Terrassen erinnert die Anlage etwas an Festungen des 19. Jh. Ein Aufstieg lohnt sich vor allem wegen der guten Aussicht auf die Gare do Oriente, die Tejo-Bucht und die Ponte Vasco da Gama. Nach einem anstrengenden Rundgang kann man sich hier auf einer schattigen Bank in Ruhe erholen. Oben befindet sich auch das Wasserreservoir, das den Parque das Nações mit frischem Nass versorgt. Die Grünanlagen selbst sind eher bescheiden. Da die Pflanzen erst zur und nach der EXPO eingesetzt wurden, brauchen sie noch einige Zeit, um sich richtig zu entwickeln.

Nebenan steht mit der **Torre GALP** eines der wenigen Relikte aus der Zeit, als hier noch Industrieanlagen, Schlachthöfe und Mülldeponien das Bild prägten. Der etwa 100 m hoher Öl-Raffinerie-Turm der staatlichen Petroleum-Firma GALP hat das große Aufräumen überlebt. Leider gelangt man nur auf die Panorama-Plattform in 22 m Höhe, der Weg ganz nach oben bleibt versperrt.

Anfahrt/Öffnungszeiten Metro Oriente. Der Garten ist 9–20 Uhr geöffnet (Oktober bis März nur bis 18 Uhr).

Torre Vasco da Gama

Mit 145 m ist dieser zur EXPO errichtete, schlanke Betonturm das höchste Gebäude Lissabons. Auf der Fahrt mit dem Aufzug nach oben breitet sich vor den Augen der Besucher langsam der majestätisch dahin fließende Tejo samt Binnenmeer aus. Von der Freiluftebene auf 104 m Höhe genießt man eine herrliche Aussicht auf die nördlichen Vororte Lissabons, die Südseite des Tejo und den besten Blick auf die Ponte Vasco da Gama, die in unmittelbarer Nähe den Tejo zwischen Sacavém und Montijo überspannt.

Anfahrt/Öffnungszeiten Doca dos Olivais (Metro Oriente), ℡ 218918000. Mo–Fr 10–18, Sa/So und feiertags 10–20 Uhr. Erwachsene 2,50 €, für Kinder unter 15 J. und Senioren ab 65 J. 50 % Ermäßigung.

Teleférico (Seilbahn)

Am schnellsten bewegt man sich im Parque das Nações mit dem Teleférico. Die einen Kilometer lange Seilbahn beginnt an der Torre Vasco da Gama, schwebt in etwa 20 Metern Höhe entlang des Tejoufers über die Gärten Jardins Garcia de Orta und endet in der Nähe des Ozeanariums. Während der Fahrt genießt man einen schönen Blick auf das Binnenmeer des Tejo und das ehemalige EXPO-Gelände.

Anfahrt/Öffnungszeiten Metro Oriente. Mo–Fr 11–19 Uhr, Sa/So und feiertags 10–20 Uhr. Preis 3 € pro Fahrt, hin und zurück 5 €. Bis 15 J. und ab 65 J. 50 % Ermäßigung, bis 4 J. frei.

Ponte Vasco da Gama

Unweit nördlich des Parque das Nações verbindet die längste Brücke Europas Lissabon mit der Südseite des Tejo. Die Ponte Vasco da Gama mit ihren 18 Kilometern Länge wurde anlässlich der Weltausstellung 1998 errichtet. Zum Bau waren insgesamt 3.300 Arbeiter und 900 Millionen € nötig. Im Gegensatz zur Ponte 25 de April liegt die Fahrbahn hier weit tiefer. Nur an zwei Stellen

Schiffspassage: erhöhter Mittelteil der Ponte Vasco da Gama

schwingt sich die ausschließlich dem Auto- und LKW-Verkehr dienende Brücke nach oben, um den Weg für den Schiffverkehr frei zu machen. Ansonsten schwebt die Ponte Vasco da Gama nur knapp über der Wasserfläche. Am Horizont verschmilzt das fast endlos wirkende Binnenmeer des Tejo mit der Skyline des fernen Lissabon.

Anfahrt Die Buslinien ab der Gare do Oriente Richtung Setúbal überqueren die Brücke (s. Südlich von Lissabon/Setúbal S. 487).

Museen

Um die fast 50 Museen Lissabons alle zu besuchen, sollte man von vornherein zwei Wochen zusätzlich einplanen. Wer nicht so viel Zeit mitbringt, trifft besser eine Auswahl. Der Stadtteil Belém eignet sich für Museumsbesuche besonders gut, da hier einige der wichtigsten Museen Lissabons in unmittelbarer Nähe nebeneinander liegen.

Die sehenswertesten Museen sind: das Museum der alten Künste Museu Nacional de Arte Antiga, das Azulejomuseum Museu Nacional do Azulejo, das Museum der zeitgenössischen Kunst Museu do Chiado, das Stadtmuseum Museu da Cidade, das Kutschenmuseum Museu Nacional dos Coches, das Gulbenkian-Kunstmuseum Museu de Calouste Gulbenkian und das Marinemuseum Museu de Marinha. Wer bei den Eintritten sparen will, der sollte sonntags morgens auf Museumstour gehen, dann sind einige kostenlos.

Museu da Água da EPAL: Das Wassermuseum ist im ehemaligen Convento dos Barbadinhos aus dem Jahr 1739 untergebracht. Der Konvent diente nach 1880 als erste dampfbetriebene Pumpstation Lissabons, welche die Stadt mit Wasser aus dem 100 km entfernten Rio Alviela versorgte. Übrigens kommt das Lissabonner Wasser z. T. auch heute noch daher, allerdings erledigen die Arbeit kleinere Elektromotoren im benachbarten Neubau. Das alte Gebäude ist eine der wenigen Industrieanlagen aus dem 19. Jh., die heute noch zu sehen sind – sogar die Dampfkessel sind noch vorhanden! Außerdem sind hier Gegenstände ausgestellt, die mit der Wasserversorgung des Großraums Lissabon in Zusammenhang stehen, z. B. Wasserzähler, Armaturen und Laborinstrumente zur Analyse des Wassers. Zum Wassermuseum gehören noch das Aquädukt, die Mãe d'Água (beide s. Amoreiras S. 292/293) und das Reservatório da Patriarcal (s. Bairro Alto/Praça do Príncipe Real S. 278).

• *Anfahrt/Öffnungszeiten* Rua do Alviela, 12, ✆ 218135522, ℻ 218129134 (s. Karte Osten S. 323). Busse 104, 105 ab Praça do Comércio bis Haltestelle Calçada de Santa Apolónia nach dem Bahnhof Santa Apolónia. Geöffnet Mo–Sa 10–18 Uhr, So und feiertags zu. Eintritt 2 €; ab 65 J., mit Cartão Jovem und Studenten 50 % Ermäßigung; Kinder bis 12 J. frei. Kombikarte mit Aqueduto das Águas Livres, Reservatório da Patriarcal und Mãe d'Água 6 €. ✆ 218100215, ℻ 218100231.

Museu Nacional de Arqueologia: Im Nationalmuseum für Archäologie sind Fundstücke aus der Bronzezeit, der Eisenzeit, der römischen Epoche und dem hohen Mittelalter zu sehen – alles gut aufgebaut. Darüber hinaus gibt es eine eigene Abteilung für die Geschichte Ägyptens und wechselnde Ausstellungen. Untergebracht ist das Museum im Hauptgebäude des Jerónimos-Klosters in Belém.

• *Anfahrt/Öffnungszeiten* Praça do Império, ✆ 213620000, ℻ 213620016 (s. Karte Belém S. 302/303). Tram 15 ab Praça do Comércio bis Haltestelle Centro Cultural de Belém. Geöffnet Di 14–18 Uhr, Mi–So 10–18 Uhr. Mo und an Feiertagen geschlossen. Eintritt 3 €, bis 25 J. und Rentner 50 % Ermäßigung, mit Cartão Jovem 60 %, bis 14 J. frei. So generell bis 13 Uhr gratis.

Museu Arqueológico: Dieses zweite, kleinere archäologische Museum Lissabons ist in dem 1755 vom Erdbeben zerstörten Kloster-Komplex der Igreja do Carmo untergebracht. Im Kirchenschiff hat die portugiesische Archäologen-Vereinigung, die *Associação de Arqueólogos Portugueses*, seit 1864 mittelalterliche Säulen und Grabsteine zusammengetragen. Sie sind leider kaum beschriftet. Außerdem steinzeitliche Beile, Grabsteine aus römischer, maurischer und westgotischer Zeit sowie eine Mumien-Sammlung aus Peru. Wer wissen möchte, wie die Kirche vor dem Erdbeben ausgesehen hat, findet im Chorraum ein entsprechendes Modell.

• *Anfahrt/Öffnungszeiten* Ruínas da Igreja do Carmo, Largo do Carmo, ✆ 213478629, ℻ 213244252 (Metro Baixa/Chiado, s. Karte Baixa/Chiado S. 232/233). Direkt neben der Bergstation des Aufzug Santa Justa. Geöffnet Mai–September 10–18 Uhr und Oktober–April 10–17 Uhr. Montags und an Feiertagen geschlossen. Eintritt 2,50 €, Studenten und über 65 J. 50 % Ermäßigung, unter 14 J. frei.

Museu Nacional de Arte Antiga: Bereits 1884 eröffnet, zählt das Museum der alten Künste zu den ältesten Museen Portugals. In seiner Sammlung hat der portugiesische Staat vor allem die Kunstschätze der bei der Säkularisierung 1834 aufgelösten Klöster zusammengetragen. Hier ist die bedeutendste Kunstsammlung Portugals vereint: sakrale Gold- und Silberarbeiten, portugiesische Keramik, asiatisches Porzellan, antike Möbel, Skulpturen, persische Teppiche, Knüpfteppiche aus Arraiolos im Alentejo sowie afrikanische Kunst.

Untergebracht ist das Museum im mehrfach erweiterten und umgebauten Alvor-Palast aus dem 16. Jh. Nach seinen grünen Fenstern wird das Gebäude auch *Janelas Verdes* genannt. Ins Museum hat man die barocke Capela das Albertas mit ihren Schnitzarbeiten und Azulejos integriert, ein Relikt eines für die Museumserweiterung abgerissenen Albertiner-Klosters.

Interessanteste Abteilung ist die umfangreiche Bildergalerie mit Gemälden portugiesischer und anderer Meister der verschiedenen europäischen Schulen aus dem 14.–19. Jh. Herausragende Einzelstücke sind das Triptychon mit der Versuchung des hl. Antonius von Hieronymus Bosch und das Poliptychon von São Vicente des portugiesischen Malers Nuno Gonçalves. Vertreten sind neben anderen namhaften europäischen Künstlern außerdem Lucas Cranach, Hans Holbein und Albrecht Dürer. Nicht verpassen sollte man beim Besuch auch die japanischen Wandschirme, welche die Ankunft der ersten Portugiesen in Japan zeigen, sowie Arbeiten des portugiesischen Künstlers Domingos António de Sequeira aus dem 19. Jh. und den schönen Museumsgarten, der mit seinem Café zum Verweilen einlädt.

• *Anfahrt/Öffnungszeiten* Rua das Janelas Verdes, ✆ 213912800, ✆ 213973703 (s. Karte Lapa S. 282/283). Mit Tram 15 von der Praça do Comércio bis Haltestelle Cais da Rocha. Geöffnet Di 14–18 Uhr, Mi–So 10–18 Uhr (letzter Eintritt 17.15 Uhr). Mo und an Feiertagen geschlossen. Eintritt 3 €; Rentner, und bis 25 J. 50 % Ermäßigung; mit Cartão Jovem 60 %; Kinder bis 14 J. frei. Sonntags bis 14 Uhr generell frei.

Museu de Arte Popular: Ausgestellt sind typische Erzeugnisse volkstümlicher Kunst aus verschiedenen portugiesischen Provinzen, wie Webdecken und Ackergeräte aus dem Norden, geflochtene Palmenkörbe und Trachten aus dem Süden. Sehenswert der Nachbau eines gemütlichen Monsanto-Hauses mit Wohnzimmeratmosphäre. Entstanden ist das Volkskunstmuseum 1940 zur Ausstellung der portugiesischen Welt *Exposição do Mundo Português*, mit der sich die Salazar-Diktatur samt ihren Überseekolonien der Welt präsentieren wollte. Auch heute merkt man dem Gebäude die Ästhetik des damaligen *Estado Novo* deutlich an.

Reliefs am Volkskunstmuseum

• *Anfahrt/Öffnungszeiten* Avenida de Brasília, ✆ 213011675, ✆ 213011128 (s. Karte Belém S. 302/303). Straßenbahn 15 ab Praça de Comércio bis Haltestelle Centro Cultural de Belém. Geöffnet Di–So 10–12.30 und 14–17 Uhr. Montags und an Feiertagen geschlossen. Eintritt 1,75 €; mit Cartão Jovem, Studenten und Rentner 50 % Ermäßigung.

Museu das Artes Decorativas/Fundação Ricardo Espírito Santo Silva: Eingerichtet ist das Museum der dekorativen Künste im sehenswerten Azurara-Palast aus dem 17. Jh. direkt neben dem Miradouro Santa Luzia in der Alfama. Ausstellungsstücke sind vor allem Möbel, Teppiche aus Arraiolos, portugiesische Silberjuwelierskunst sowie chinesisches Porzellan, alle größtenteils aus der Zeit des 17. bis 19. Jh. Zu bewundern gibt es auch wertvolle Intarsienarbeiten in Tischen und Kommoden sowie prächtige Kronleuchter und Lampenschirme. Die Sammlung des Bankiers Ricardo Espírito Santo Silva umfasst ebenso Gemälde nationaler und internationaler Künstler wie dem Portugiesen Domingos António de Sequeira aus dem 18. Jh. Wer will, kann im Museumscafé gemütlich Kuchen essen.

• *Anfahrt/Öffnungszeiten* Largo das Portas do Sol, 2, ✆ 218814600 (s. Karte Alfama S. 244/245). Straßenbahn 12 oder 28 bis Haltestelle Largo Portas do Sol. Mo geschlossen, Di–So 10–17 Uhr geöffnet. Eintritt 5 €; ab 65 J. 50 % Ermäßigung, Studenten 2 €, Kunststudenten und Kinder bis 12 J. frei.

Museu Nacional do Azulejo: Das Azulejomuseum im ehemaligen Konvent Madre de Deus dokumentiert die Geschichte der typisch portugiesischen Fliesen und ihrer Fertigung. Zu bewundern sind viele kunstvolle Exemplare aus Portugal und anderen Ländern. Besonders eindrucksvoll ist ein über 20 Meter langes Stadtbild Lissabons vor dem Erdbeben 1755 aus blau-weißen Azulejos im Kreuzgang des Klosters. Es hing zuvor im Palast der Condes de Tentúgal in der Rua de São Tiago à Sé (Alfama). Auch wechselnde Ausstellungen mit modernen Keramiken finden im Azulejomuseum ihren Platz. Auf dem Rundgang durch das Museum kann man zudem einen Blick in die barocke Klosterkirche Madre de Deus werfen (s. Igreja Madre de Deus S. 324).

• *Anfahrt/Öffnungszeiten* Rua Madre de Deus, ✆ 218147747, ✆ 218149534 (s. Karte Osten S. 323). Ab der Rua Morais Soares (Metro Arroios) mit den Bussen 18 (Richtung Chelas) oder 42 (Richtung Bairro Madre de Deus) bis Haltestelle Igreja Madre Deus. Oder ab der Praça do Comércio mit den Bussen 104 (Richtung Chelas) und 105 (Richtung Encarnação) ebenfalls bis Haltestelle Igreja Madre Deus. Mo u. an Feiertagen geschl. Di 14–18 Uhr und Mi–So 10–18 Uhr geöff. Eintritt 2,25 €, Rentner 50 % Erm., mit Cartão Jovem 60 %.

Oase im Grünen: Café Oasis de Azulejosmuseums

Azulejos

U-Bahnhöfe, Autobahnbrücken und Sporthallen sind damit ebenso gefliest wie Klöster, Paläste und Bürgerhäuser. Im 14./15. Jh. fand diese Art der Malerei ihren Weg von den maurischen Werkstätten in Südspanien nach Lissabon. Darauf deutet auch der Ursprung des Namens *Azulejo*, der von dem arabischen Wort *al zulaique* abstammt, was in etwa "polierter Stein" bedeutet. Beispiele für Fliesen aus dieser Zeit finden sich im Königspalast Palácio Nacional von Sintra.

In der zweiten Hälfte des 16. Jh. setzte sich die aus Italien stammende *majólica*-Technik durch. Sie erlaubte es, direkt auf die emaillierten Azulejos zu malen, ohne dass die einzelnen Farben ineinander liefen. Zuvor hatte man die unterschiedlichen Farbflächen mühsam mit in den Ton gegrabenen Furchen oder kleinen Erhöhungen trennen müssen. Die portugiesischen Künstler nutzten die neue Technik, um an Wandteppiche erinnernde Azulejo-Bilder zu malen. Dabei setzten sich die einzelnen Motive zumeist aus Gruppen von jeweils vier Fliesen zusammen.

Im 17. Jh. entwickelte sich zunehmend ein eigener portugiesischer Stil. Das geometrische Design nach arabischem Vorbild wurde nun endgültig von naturalistischen und exotischen Motiven verdrängt – Fliesenszenen in den Farben Blau, Gelb und Grün auf weißem Grund bedeckten ganze Häuserwände. Ein anschauliches Beispiel sind die Fliesenbilder des Palácio dos Marqueses de Fronteira in Benfica mit seinen fremd anmutenden, nahezu phantastischen Motiven (s. Benfica S. 315).

Ende des 17. Jh. kamen die feingezeichneten, flämischen Fliesen in Blau-Weiß immer mehr in Mode. In Deutschland sind diese unter dem Namen "Delfter Kacheln" bekannt. Damals herrschten in Portugal zwei konkurrierende Fliestechniken vor: Entweder man verwendete die jeweils mit einer einzelnen Figur bemalten Azulejos *de motivo solto*, oder man fügte monumentale Wandbilder aus einer Vielzahl einzelner Fliesen zusammen (vorwiegend Szenen aus dem Leben der Jungfrau Maria, den Leiden Christi, aber auch ländliche Motive). Zu den bedeutendsten Künstlern dieser Zeit zählen António de Oliveira Bernardes und sein Sohn Policarpo.

Da der Bedarf an Azulejos in der Wiederaufbauphase nach dem Erdbeben von 1755 gewaltig anstieg, gründete der damalige Ministerpräsident Marquês de Pombal in Lissabon eine königliche Manufaktur, die *Real Fábrica* am Largo do Rato, mit der die Massenproduktion begann. Die industrielle Herstellung wurde um 1860 vollendet, als man das Siebdruckverfahren einführte. Dadurch mussten die Fliesen nicht mehr von Hand bemalt werden, im Ergebnis verarmte aber die Motivvielfalt.

Erst der Ende des 19.Jh. aufkommende Jugendstil brachte neue künstlerische Dynamik. Wohlhabende Bürger, Cafés und Restaurants ließen ihre Gebäude mit Azulejos verkleiden. In der zweiten Hälfte des 20. Jh. sorgte dann besonders die Lissabonner Metro für Großaufträge und einen neuerlichen Aufschwung der Azulejo-Kunst: Sie ließ ganze Stationen von modernen Künstlern mit Fliesen gestalten (s. Metrostationen S. 271).

Museu da Carris: Die erste Abteilung des Straßenbahnmuseums stellt Dokumente zur Geschichte der Lissabonner Verkehrsbetriebe Carris aus, die 1870 kurioserweise in Rio de Janeiro gegründet wurden. Alte Uniformen, Fahrkarten und Fotografien runden die Ausstellung ab. Besonders interessant ist ein Modell des Elevador do Carmo aus dem Jahr 1872, das per Schwungrad angetrieben wird. Mit einer historischen Straßenbahn gelangt man in den zweiten Teil des Museums. Hier können Trams und Busse aus allen Epochen von 1901 bis zur Gegenwart bewundert werden. Darunter das letzte Exemplar der offenen Straßenbahnen aus dem Jahr 1902. Man beachte übrigens den ausgestellten Spiegel aus dem Betriebshof Santo Amaro, der die Fahrer zu Reinlichkeit ermuntern sollte und die Aufschrift trägt: "Achtung! Ist der Bart rasiert und der Anzug richtig sauber?" ("*Atenção! A barba está feita e o fato bem limpo?*"). Eine Visite der benachbarten Straßenbahn-Werkstätten schließt den Besuch ab.

* *Anfahrt/Öffnungszeiten* Rua Primeiro de Maio, 101/103, ✆ 213632021 (s. Karte Alcântara S. 296/297). Am einfachsten mit der Tram 15 ab Praça do Comércio bis Haltestelle Santo Amaro zu erreichen. Mo–Sa 10–17 Uhr. So und an Feiertagen zu. Eintritt 2,50 €; bis 25 J. und Rentner 50 % Ermäßigung.

Museu do Chiado: Kern des Museu do Chiado sind Kunstwerke aus der Zeit von 1850–1950. Dementsprechend nannte sich das Museu do Chiado früher "Museum der zeitgenössischen Kunst", im Kontrast zum "Museum der alten Künste" (Museu Nacional de Arte Antiga) von dem es 1911 abgespalten wurde. Vor allem Gemälde von portugiesischen Künstlern wie Columbano Bordalo Pinheiro, Almada Negreiros und José Malhoa, aber auch französische Plastiken von Auguste Rodin. Es findet sich Romantisches und Naturalistisches ebenso wie Modernistisches und Symbolistisches. Zusätzlich ist Raum für wechselnde Ausstellungen. Die Präsentation der Werke in den hohen, kellergewölbeartigen Hallen ist sehr gut gelungen. Sie gehörten ehemals zu einem Franziskanerkonvent, der bei der Säkularisierung 1834 aufgelöst wurde. Später befanden sich in den Räumen eine Keksfabrik, von der heute noch die Öfen zu sehen sind, und eine Druckerei. Gut Entspannen kann man übrigens im günstigen Museumscafé auf der Skulpturenterrasse.

* *Anfahrt/Öffnungszeiten* Rua Serpa Pinto, 6, ✆ 213432148, ✆ 213432151 (Metro Baixa/Chiado, s. Karte Baixa/Chiado S. 232/233). Am Südrand des Chiado. Geöffnet Di 14–18 Uhr, Mi–So 10–18 Uhr. Mo und feiertags geschlossen. Eintritt 3 €, bis 25 J. und Rentner 50 %, mit Cartão Jovem 60 % Ermäßigung. So bis 14 Uhr generell gratis.

Museu da Cidade: Alleine der Palácio Pimenta aus dem 18. Jh., in dem sich das Stadtmuseum befindet, ist einen Besuch wert. Das Museum dokumentiert in interessanter und anschaulicher Weise die wechselhafte Geschichte der Stadt Lissabon von der prähistorischen Zeit bis zur Errichtung der Republik 1910 anhand von archäologischen Funden, Zeichnungen und Keramiken. Wer wissen will, wie Lissabon vor dem Erdbeben von 1755 aussah, sollte sich das große Stadtmodell anschauen. Es zeigt jedes einzelne Haus Lissabons der damaligen Zeit.

* *Anfahrt/Öffnungszeiten* Campo Grande, 245, ✆ 217513200, ✆ 217571858 (Metro Campo Grande, s. Karte Av. Novas S. 266/267). Am Nordende des Campo Grande. Geöffnet 10–13 und 14–18 Uhr. Mo und an Feiertagen geschlossen. Eintritt 1,90 €. Unter 18 J., über 60 J. sowie mit Cartão Jovem gratis.

Museu do Design 335

Museu de Ciência: Das Museum strahlt noch den Charme eines altehrwürdigen Technikmuseums aus. Es gehört zur *Universidade de Lisboa* und ist im Gebäude der naturwissenschaftlichen Fakultät *Faculdade de Ciências* im Bairro Alto untergebracht. In der Eingangshalle kann ein Foucaultsches Pendel – es demonstriert die Auswirkung der Erdrotation – bewundert werden. Über Gänge mit Marmorböden und schönen Azulejos gelangt man in die Museumssäle. Hier sind Instrumente aus Lehre und Forschung ausgestellt. Auf eigene Versuche warten ein Stroboskop, ein Pendel und ein Riesenkaleidoskop, in das man sich selbst hineinstellen kann. Gut für Kinder geeignet.

• *Anfahrt/Öffnungszeiten* Rua da Escola Politécnica, 56, ✆ 213921800 (Metro Rato, s. Karte Bairro Alto S. 276/277). Mo–Fr 10–13 und 14–17 Uhr, Sa 15–18 Uhr. So und an Feiertagen zu. Eintritt 2 €, für Studenten, Rentner 50 % ermäßigt. Kinder frei. Sa generell gratis.

Museu Nacional dos Coches: Mit seinen 400.000 Besuchern pro Jahr ist das Kutschenmuseum das meistbesuchte portugiesische Museum überhaupt. Die weltweit einzigartige Kutschen-Sammlung wurde von Königin Amélia 1905 ins Leben gerufen und in der ehemaligen Reithalle des Königsschlosses von Belém untergebracht. Gezeigt werden 54 glitzernde Gefährte aus dem 16.–19. Jh., die von der Prunksucht und Verschwendung früherer Zeiten zeugen. Ihre Gestalter haben sich teilweise eher um extravagante Formen denn um Zweckmäßigkeit und Fahrkomfort bemüht. So besonders bei den drei prächtigen Kutschen, mit denen König João V. Papst Clemens XI. beeindrucken wollte. Eine der ausgestellten Kutschen hat sogar eine Toilettenschüssel unter dem Sitzpolster versteckt.

• *Anfahrt/Öffnungszeiten* Praça Afonso de Albuquerque, ✆ 213610850, ✆ 213637246 (s. Karte Belém S. 302/303). Ab Praça do Comércio mit Tram 15 bis Haltestelle Belém. Di–So 10–18 Uhr geöffnet (letzter Einlass 17.30 Uhr). Mo und an Feiertagen geschlossen. 3 €, bis 25 J. und Rentner 50 % Ermäßigung, mit Cartão Jovem 60 %, bis 14 J. und So bis 14 Uhr generell kostenlos.

Museu das Comunicações: Inmitten eines ehemaligen Industriegebietes auf einer dem Tejo abgerungenen Fläche ist das Kommunikations-Museum in einem schönen Gebäude aus der Zeit des Estado Novo untergebracht. Leicht zu erkennen an den großen Steinbögen. Vor allem wechselnde Ausstellungen werden in dem 1997 eröffneten Museum gezeigt. Es gibt aber auch eine permanente Präsentation der Geschichte von Post und Telefonie, sehr anschaulich dargestellt anhand von Morsesendern, Radioempfängern und kompletten, funktionstüchtigen Telefonzentralen. Philatelisten finden eine Galerie mit portugiesischen Briefmarken.

• *Anfahrt/Öffnungszeiten* Rua do Instituto Industrial, 16, ✆ 213935107, ✆ 213935006 (Metro Cais do Sodré, s. Karte Bairro Alto S. 276/277). Mo–Fr 10–18 Uhr, Sa 14–18 Uhr, So geschlossen. Im August teilweise geschlossen. Eintritt 2,50 €, Cartão Jovem, Studenten und ab 65 J. 50 % Ermäßigung, bis 12 J. frei.

Museu do Design: In den großzügig bemessenen, hohen Hallen des Designmuseums sind über 350 Ausstellungsstücke zum Design des 20. Jh. aus der Sammlung *Colecção Capelo* zu sehen. Untergebracht ist das Museum in der *Galeria Cruzeiro do Sul* des Kulturzentrums von Belém. Der erste Teil der Ausstellung präsentiert Objekte von 1937–1960. Darunter besonders Vasen und Krüge aus Venedig und Finnland, u. a. vom bekannten Designer Alvar

336 Lissabon/Museen

Früher Kohlekraftwerk, heute sehenswertes Elektrizitätsmuseum

Aalto. Der zweite Abschnitt ist dem Design von 1960–1970 gewidmet. Viele Stühle und Sessel sind hier zu sehen, aber auch der berühmte Braun-Radio-Plattenspieler "Phono-Super SK 4" aus Deutschland. Erst im dritten und letzten Teil, der sich mit dem Design seit 1970 befasst, sind dabei zum ersten Mal mehrere portugiesische Ausstellungsstücke zu finden, so z. B. vom Architekten Álvaro Siza Viera. Auch große Namen des internationalen Designs wie Philippe Starck fehlen nicht.

* *Anfahrt/Öffnungszeiten* Galeria Cruzeiro do Sul, Centro Cultural de Belém, ✆ 213612400 (s. Karte Belém S. 302/303). Mit Straßenbahn 15 ab Praça do Comércio bis Haltestelle Centro Cultural de Belém. Täglich 11–20 Uhr (letzter Einlass 19.15 Uhr). Eintritt 3 €, bis 25 J. und ab 65 J. 50 %, bis 12 J. 75 % Ermäßigung.

Museu da Electricidade: Das Elektrizitätsmuseum des ehemaligen Strommonopolisten EDP befindet sich in einem sehenswerten, alten E-Werk direkt am Tejo, neben der Bahnstation Belém. Das frühere Kohlekraftwerk namens *Central Tejo* war 1914 erbaut worden und versorgte Lissabon mit Strom, bis es 1951 vom Wasserkraftwerk Castelo do Bode abgelöst wurde. Tejoschiffe lieferten die Kohle an, die dann Förderbänder ins Kraftwerk transportierten. Heute noch ist viel aus dieser Zeit zu sehen: Hochdruckkessel, Generatoren und Kommandotische. Dazu sind Kraftwerks-Modelle sowie die Turbinen eines Wasserkraftwerks ausgestellt. Auch von außen hat das aus Backsteinen erbaute Gebäude die typische Industrie-Architektur gut bewahrt.

* *Adresse/Öffnungszeiten* Central Tejo, Av. de Brasília, ✆ 213631646 (s. Karte Belém S. 302/303). Ab Praça do Comércio mit Tram 15 bis Haltestelle Belém. Di–So 10–12.30 und 14–17.30 Uhr. Mo und an Feiertagen geschlossen. Eintritt 1,50 €; Studenten, Rentner und mit Cartão Jovem 50 % Ermäßigung. Zum Recherchezeitpunkt wegen Renovation geschlossen.

Casa-Museu Dr. Anastásio Gonçalves 337

Museu Nacional de Etnologia: Das Völkerkunde-Museum ist nördlich des Klosters von Belém in einem Betonbau aus dem Jahr 1960 untergebracht. Früher diente es der Politikfakultät der Technischen Universität als Studienzentrum und nannte sich Übersee-Ethnologiemuseum, bis es 1974 nach der Nelkenrevolution und dem Verlust der Kolonien umgetauft wurde. Schwerpunkte der wechselnden Ausstellungen sind Afrika, Brasilien und die portugiesisch beeinflussten Gebiete Asiens.

- *Adresse/Öffnungszeiten* Av. Ilha da Madeira, ✆ 213041160, 📠 213013994 (s. Karte Belém S. 302/303). Bus 32 ab Rossio (Richtung Caselas) bis Haltestelle Av. Ilha da Madeira im Stadtteil Restelo. Di 14–18 Uhr, Mi–So 10–18 Uhr geöffnet. Mo geschlossen. Eintritt 3 €; bis 25 J. und über 65 J. 50 %; mit Cartão Jovem 60 % Ermäßigung.

Casa do Fado e da Guitarra Portuguesa: Das Ende 1998 eröffnete Fado-Museum ist in einem ehemaligen Wasserwerk aus dem 19. Jh. untergekommen und vermittelt einen stets von musikalischen Beispielen begleiteten Einblick in die Geschichte der Lissabonner Volksmusik. Der Rundgang beginnt und endet in einem nachgestellten Fado-Lokal. Zu sehen gibt es Porträts und Schallplatten berühmter Sänger, in Vitrinen ausgestellte Kleidungsstücke nicht minder berühmter Sängerinnen und eine Gitarrensammlung. Wer Lust hat, kann sich diverse Fado-CD's anhören oder Fado-Filme ansehen. Außerdem ist die *Casa da Mariquinhas* nachgebildet, ein Bordell, das in einem bekannten Fado-Titel von Alfredo Marceneiro besungen wird.

- *Adresse/Öffnungszeiten* Largo do Chafariz de Dentro, ✆ 218823470 (s. Karte Alfama S. 244/245). Vom Rossio oder Praça do Comércio mit Bus 9, 39, 46 oder 90 bis Haltestelle Alfândega. Täglich außer Di 10–13 und 14–18 Uhr. Einlass bis 30 Min. vor Schluss. 2,50 €, Studenten und Rentner 50 % Ermäßigung, Kinder bis 14 J. 0,75 €.

Museu Geológico: Das Geologiemuseum zeigt die ersten in Portugal systematisch gesammelten geologischen Funde. Im Dachboden des ehrwürdigen Gebäudes der Akademie der Wissenschaften, der *Academia da Ciências*, sind unglaubliche Mengen an Mineralien sowie Pflanzen- und Reptilienfossilien ausgestellt, darunter versteinerte Seeschnecken, Anemonen und Dinosaurierknochen. Höhepunkte sind ein versteinerte Baumstumpf neben dem Eingang, die mittelsteinzeitlichen Funde aus Muge im Tejotal sowie römische Werkzeuge aus den Minen von Ajustrel im Alentejo. Mit seinen alten Holzvitrinen und den vergilbten, handgeschriebenen Zettelchen, mit denen die Fundstücke beschriftet sind, ist das zum Geologie- und Menninstitut *Instituto Geológico e Mineiro* gehörende Museum eine Reise in die Museumsgeschichte des 19. Jh. Man wird das Gefühl nicht los, dass hier seit der Gründung 1859 nichts mehr verändert wurde.

- *Adresse/Öffnungszeiten* Rua da Academia das Ciências 19–2°, ✆ 213463915, 📠 213424609 (s. Karte Bairro Alto S. 276/277). Ab Praça do Comércio mit Bus 100 (Richtung São Bento) bis Haltestelle Praça das Flores. Mo–Fr 10–17 Uhr geöffnet. An Wochenenden und Feiertagen geschlossen. Eintritt 1,25 €.

Casa-Museu Dr. Anastásio Gonçalves: Schwerpunkt des Museums ist blau-weißes chinesisches Porzellan der Ming-Dynastie (16.–17. Jh.) mit einer der international bedeutendsten Sammlungen ihrer Art. Der zweite Schwerpunkt sind naturalistische Gemälde und Aquarelle bekannter portugiesischer Künstler des 19. und 20. Jh., darunter Silva Porto, Columbano Bordalo Pinheiro,

Lissabon/Museen

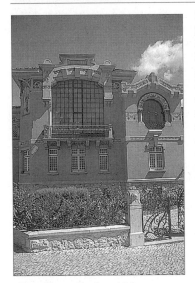

Casa-Museu Dr. Anastásio Gonçalves – Malerei und Keramiken in einem sehenswerten Haus

Domingos António de Sequeira und José Malhoa. Untergebracht ist das Museum im ehemaligen Haus des Malers José Malhoa, das 1904 im Jugendstil erbaut wurde. Der Architekt Manuel Joaquim Norte Júnior erhielt dafür 1905 den bedeutendsten portugiesischen Architekturpreis, den *Prémio Valmor*. Später wohnte hier der Arzt und Kunstsammler Dr. Anastásio Gonçalves, aus dessen Sammlung die etwa 2.000 Ausstellungsstücke stammen. Eingerichtet ist das Museumshaus übrigens mit stilvollen Möbeln des 17. und 18. Jh. aus Portugal, Frankreich, England und den Niederlanden.

• *Adresse/Öffnungszeiten* Av. 5 de Outubro, 6–8, ✆ 213540823, 🖷 213548754 (Metro Saldanha, s. Karte Avenidas Novas S. 266/267). Di 14–18 Uhr, Mi–So 10–18 Uhr geöffnet. Mo geschlossen. Eintritt 2 €; bis 25 J., Lehrer und Rentner 50 %, mit Cartão Jovem 60 % Ermäßigung; bis 14 J. frei.

Museu de Calouste Gulbenkian: Erbaut und eingerichtet hat man dieses führende Kunstmuseum mit den Ölmilliarden des Armeniers Calouste Sarkis Gulbenkian. Das speziell für die 6.000 Werke umfassende Kunstsammlung Gulbenkians errichtete Museumsgebäude wurde 1969 samt einem schönen Park eröffnet. Die Ausstellung gibt den persönlichen Geschmack des Kunstliebhabers wieder. Er zog zwar die klassische Kunst vor und hielt nur wenig vom Impressionismus, aber dennoch repräsentiert die Sammlung einen guten Überblick über die Kunstgeschichte vom Jahr 2800 v. Chr. bis zur Mitte des 19. Jh. Der Rundgang gliedert sich in einen Abschnitt östlicher Kunst und einen weiteren mit abendländischen Kunstwerken. Eigene Säle hat man beispielsweise Ägypten, Assyrien, Griechenland und Armenien gewidmet. Ausgestellt sind chinesisches Porzellan, arabische Azulejos, französische Möbelantiquitäten, Teppiche, Skulpturen, Schmuck und vor allem Gemälde. Darunter Rubens, Renoir, Rembrandt, La Tour, van Dyck und viele andere europäische Meister.

• *Adresse/Öffnungszeiten* Av. de Berna, 45, ✆ 217823000, 🖷 217823021 (Metro Praça de Espanha, s. Karte Avenidas Novas S. 266/267). Moderner Bau an der Praça de Espanha. Geöffnet Di–So 10–18 Uhr. Mo und an Feiertagen geschlossen. Eintritt 3 €. Kostenlos für Studenten, Lehrer und Rentner. So generell gratis.

Centro de Arte Moderna: Ein Neubau der Gulbenkian-Stiftung aus dem Jahr 1983, der die erste permanente Ausstellung von Werken portugiesischer Maler des 20. Jh. beherbergt. Darunter der von Paul Cézanne beeinflusste Eduardo Viana (1881–1967), der Pionier des Surrealismus Portugals António Dacosta (1914–1990) oder José de Almada Negreiros (1893–1970), einer der bekanntesten und vielseitigsten portugiesischen Künstler des 20. Jh. Dazu gibt es wechselnde Ausstellungen weiterer Werke. Preiswerte Menüs bietet die angeschlossene Cafeteria (s. "Essen" S. 166). Zum Verweilen lädt auch der Gulbenkian-Park mit seinen ruhig gelegenen Grünanlagen ein.

Anfahrt/Öffnungszeiten Rua Dr. Nicolau Bettencourt (Metro São Sebastião, s. Karte Avenidas Novas S. 266/267). Tel., Öffnungszeiten und Preise wie im Gulbenkian-Museum.

Mister Five Percent – Calouste Sarkis Gulbenkian

Geboren wurde der Ölmilliardär als Sohn armenischer Eltern am 14. April 1869 in Konstantinopel. Aufgewachsen ist er in Marseille und London, wo er 1902 die englische Staatsbürgerschaft erwarb. Die langen Aufenthalte in verschiedenen Ländern haben bei Calouste Sarkis Gulbenkian zu einer ungewöhnlichen Sprachkenntnis geführt: Er sprach neben Armenisch, Türkisch, Arabisch, Englisch und Französisch auch Deutsch und Italienisch. Als Vermittler für den amerikanischen Ölkonzern Standard Petroleum erreichte er kurz vor dem 1. Weltkrieg die alleinigen Bohrrechte in den damaligen türkischen Gebieten und gründete die Turkish Petroleum. An ihr war er, wie auch an der Nachfolgefirma Iraq Petroleum und der in Saudi-Arabien tätigen Arabian American Oil Company (Aramco), mit 5 Prozent beteiligt. Das brachte ihm den Spitznamen "Mister Five Percent" ein. Neben Öl handelte Gulbenkian mit Kupfer, Kautschuk und Motoren. Zeitweise galt er mit einem auf zwischen 600 Millionen und 2,4 Milliarden Euro geschätzten Vermögen sogar als der reichste Mann der Welt. Bis zum 2. Weltkrieg lebte der Armenier in Paris und begann dort seine riesige Kunst- und Münzensammlung anzuhäufen. Dann zog er nach Lissabon ins Hotel Aviz, das heute nicht mehr sichtbar ist, das es dem Betonbau des Sheraton-Hotels weichen musste. Im Alter von 86 Jahren verstarb Gulbenkian am 20. Juli 1955 in Lissabon. Sein Vermögen hinterließ er zum größten Teil der Gulbenkian-Stiftung.

Museu de Macau: Wer sich für China und seine Kunst interessiert, ist hier richtig. Reproduktionen alter Karten, Schiffsmodelle sowie religiöse Figuren und Gemälde illustrieren die Geschichte Macaus, eines ehemaligen portugiesischen Gebiets gegenüber von Hongkong. Daneben gibt es die größte Sammlung chinesischer Kunst in Portugal zu sehen: Porzellan, Silberarbeiten, Fächer aus dem 18. bis 20. Jh. Zeitlich weiter zurück reichen die Sammlung an Terracotta-Figuren sowie die umfangreiche Kollektion von 1.200 Münzen, die im 11. Jh. vor Christus beginnt. Sehenswert ist auch die Abteilung mit Opiumpfeifen und Zubehör. Alles modern präsentiert, portugiesisch und englisch beschriftet. Finanziert hat das Museum der chinesische Millionär Stanley Ho, der seinen Reichtum als Besitzer der Spielbanken in Macau und Estoril gemacht hat. Die Porzellan-Sammlung hat der Kunstliebhaber António Sapage in Macau während mehrerer Jahrzehnte zusammengetragen.

• *Adresse/Öffnungszeiten* Rua da Junqueira, 30, ✆ 213617570 (s. Karte Alcântara S. 296/297). Tram 15 ab Praça do Comércio bis Haltestelle Rua da Junqueira. Geöffnet Di–Sa 10–17 Uhr, So 12–18 Uhr, Mo und Feiertags zu. Eintritt 2,50 €, Cartão Jovem, Studenten und ab 65 J. 50 % Ermäßigung, bis 14 J. frei.

Museu de Marinha: In den Ausstellungsräumen des Marinemuseums kann man viel Wissenswertes über die portugiesische Seefahrt und die Entdeckungsfahrten erfahren. Zu sehen sind Schiffsmodelle, Karten, Uniformen und weiteres mehr zur Geschichte der portugiesischen Marine, Fischerei und Seefahrt. Am interessantesten sind die Karavellen der alten portugiesischen Entdecker. In einer Nebenhalle auf der anderen Seite des Hofes (*Pavilhão das Galeotas*) können traditionelle Fischer- und Fährboote, Yachten, Galeeren, Kanus und alte Walfangboote von den Azoren im Original bewundert werden. Am imposantesten ist der königliche Zweimaster aus dem Jahr 1780. In der Nebenhalle hat man außerdem das Original-Wasserflugzeug ausgestellt, mit dem die portugiesischen Flieger Sacadura Cabral und Gago Coutinho 1922 als erste den Südatlantik überquerten.

- *Adresse/Öffnungszeiten* Praça do Império, ✆ 213620010, ℻ 213631987 (s. Karte Belém S. 302/303). Im Westflügel des Jerónimos Klosters. Mit der Tram 15 ab Praça do Comércio bis Haltestelle Centro Cultural de Belém. Di–So 10–17 Uhr geöffnet (Juni bis September bis 18 Uhr). Montags und an Feiertagen geschlossen. Eintritt 3 €; bis 17 J., ab 65 J. und Studenten 50 % Ermäßigung; bis 6 J. frei.

Museu da Marioneta: Der Besucher lernt beim Rundgang durch das im Convento das Bernardas in der Madragoa untergebrachte Marionetten-Museum die Geschichte dieser bewegten Figuren und ihrer Spieler kennen. Beginnend mit historischen Schatten-Marionetten aus Indonesien bis zum modernen Animations-Kurzfilm *A Suspeita* (Der Verdacht), seines Zeichens der meistausgezeichnete portugiesische Film aller Zeiten. Schwerpunkt sind die portugiesischen Marionetten: Lebendig dargestellt ist das Leben ihrer Artisten wie Joaquim Pinto, der in den 30ern/40ern mit seinen klobigen Figuren in Begleitung eines kleinen "Orchesters" durch das Land reiste. Man kann sich gut vorstellen, welche Rolle die Marionetten-Spieler in Portugal vor dem Beginn des Fernsehens hatten. Der Künstler António José da Silva hat damals sogar ganze Opern für Marionetten geschrieben. Unter den Ausstellungsstücken auch zahlreiche Kuriositäten wie eine Skelett-Marionette. Die Beschriftungen sind leider nur auf Portugiesisch, zu sehen gibt es aber – besonders für Kinder – trotzdem eine Menge. Im Kreuzgang des Klosters findet man übrigens ein gemütliches Museumscafé.

- *Adresse/Öffnungszeiten* Rua da Esperança, 146, ✆ 213942810, ℻ 213942819 (s. Karte Madragoa S. 282/283). Tram 25 ab Praça do Comércio bis Haltestelle Santos-o-Velho. Geöffnet Mi–So 10–13 und 14–18 Uhr. Mo, Di und Feiertags zu. Eintritt 2,50 €, unter 14 J., Studenten und Rentner 1,50 €, bis 5 J. 0,75 €.

Casa-Museu Fundação Medeiros e Almeida: Eine wahre Sammelsucht muss den Bankier António Medeiros e Almeida (1895–1986) getrieben haben. Anders ist kaum zu erklären, wie er zu dieser gigantischen Antiquitäten-Kollektion gekommen ist, die heute in seinem ehemaligen Privathaus nahe der Avenida da Liberdade ausgestellt ist. Ein Teil der sehenswerten, prächtig geschmückten Villa ist dabei noch so belassen, wie sie der Bankier bewohnt hat. Von zerbrechlichen, chinesischen Vasen der Ming-Dynastie über flandrische Wandteppiche des 16. Jh. bis hin zu kunstvollen, französischen Sekretären aus dem 19. Jh. – kaum eine Antiquität, die Medeiros e Almeida nicht auf einer Auktion gekauft hätte. Etwas mühevoll und zeitraubend für den Besucher ist

Museu da República e Resistência   341

nur die Zuordnung der vielen ausgestellten Stücke in den einzelnen Sälen anhand von Beschreibungen auf losen Blättern (auch auf Englisch). Vollendeter Kitsch ist die Sammlung von 47 Zahnstocher-Behältern der prestigereichen Firma *Vista Alegre*: Zwerge, Hühner und Wildschweine – sie alle halten die Zahnstocher. Überall in den 25 von zahlreichen Sicherheitsleuten bewachten Sälen klingeln, läuten und schlagen zur richtigen wie zur falschen Zeit hunderte Stand-, Steh- und Taschenuhren.

• *Adresse/Öffnungszeiten* Rua Rosa Araújo, 41, ☎ 213547892, 🖷 213561951 (Metro Marquês de Pombal, s. Karte Av. da Liberdade S. 260/261). Geöffnet Mo–Sa 13–17.30 Uhr. So und Feiertags zu. Eintritt 5 €, unter 16 und über 65 J. 3 €, unter 10 J. frei.

Museu Militar: Das Museum des portugiesischen Heeres ist seit 1905 in einem prächtigen Gebäude aus dem 18. Jh. untergebracht. Früher befand sich hier ein Waffendepot, später eine Pulverfabrik. Der Museumsrundgang geht durch insgesamt 32 Säle, die auch ohne Ausstellungsstücke sehenswert wären, da sie mit Gemälden und Skulpturen bedeutender portugiesischer Künstler des 18. bis 20. Jh. ausgeschmückt sind. Darunter Werke von Machado de Castro, José Malhoa und Columbano Bordalo Pinheiro. Sehenswert ist auch der Innenhof mit seinen weiß-blauen Azulejos, die Schlachtszenen aus der ganzen portugiesischen Geschichte darstellen. Ausgestellt sind verschiedene Kriegsutensilien wie Ritterrüstungen, Uniformen, Gewehre und Kanonen. Sehr interessant ist die Nachbildung der *Linhas de Torres Vedras*, der Verteidigungslinien gegen die französische Invasion zu Beginn des 19. Jh. Wer im Abschnitt zum Zweiten Weltkrieg genau hinsieht, kann ein deutsches Holzkreuz für einen gefallenen Portugiesen entdecken. Im Saal der Überseekriege, der so genannten *Campanhas do Ultramar* von 1961–74, fühlt man sich schließlich in die Zeit vor der Nelkenrevolution zurückversetzt.

• *Adresse/Öffnungszeiten* Largo do Museu de Artilharia, ☎ 218842569, 🖷 218842556 (s. Karte Alfama S. 244/245). Gegenüber dem Bahnhof Santa Apolónia. Bus 39 ab Rossio (Richtung Marvila). Geöffnet Di–So 10–17 Uhr. Montags und an Feiertagen geschlossen. Eintritt 2,50 €. Bis 10 J. frei, unter 18 J. und über 65 J. 50 %, mit Cartão Jovem 60 % Ermäßigung. Mittwochs unter 18 und über 65 J. frei.

Museu da Música: Über 130 wertvolle Musikinstrumente sind hier ausgestellt: darunter Harfen, Lauten und Gitarren aus dem 16. bis zum 20. Jh. aus Italien, England, Frankreich und Portugal. Beispielsweise ein Cello des italienischen Geigenbauers Antonio Stradivari aus dem Besitz von König Dom Luís. Sehenswert eine spanische Posaune mit Drachenrachen aus dem 19. Jh. Unter den Raritäten ragt eine im 18. Jh. von Johann Heinrich Eichentopf in Leipzig gebaute Oboe heraus. Das 1994 gegründete Musik-Museum ist kurioserweise auf zwei Etagen der Metrostation Alto dos Moinhos untergebracht. Die Sammlung hat der Musikwissenschaftler Michael'angelo Lambertini ab 1911 zusammengetragen.

• *Adresse/Öffnungszeiten* Untergebracht in der Metrostation Alto dos Moinhos, Rua João de Freitas Branco, ☎ 217710998, 🖷 217710999 (s. Karte Benfica S. 316). Di–Sa 13.30–20 Uhr, So und Mo geschlossen. Eintritt 2 €; bis 25 J. und ab 65 J. 50 % Ermäßigung, mit Cartão Jovem 60 %; Kinder bis 14 J. frei.

Museu da República e Resistência: Das Museum des Widerstandes und der Republik ist in einem alten Palast in Benfica untergebracht. Neben einer

Bibliothek ist im ersten Stock Raum für wechselnde Ausstellungen, die in erster Linie die portugiesische Zeitgeschichte wie z. B. die Nelkenrevolution illustrieren. Das Museumsgebäude ist übrigens Teil der interessanten Arbeitersiedlung Vila Grandella, zu der das Museum Führungen anbietet. Der Textilfabrikant Francisco Almeida de Grandella errichtete das Viertel Anfang des Jahrhunderts für seine Beschäftigten. Es gehört zu den besterhaltenen Arbeitersiedlungen Lissabons.

• *Adresse/Öffnungszeiten* Estrada de Benfica, 419, ✆ 217712310 (Metro Alto dos Moinhos, s. Karte Benfica S. 316). Mo–Fr 10–18 Uhr, Sa 11–17 Uhr geöffnet. So und feiertags zu. Normalerweise Eintritt frei. Führungen ins Grandella-Viertel jeden letzten Sa im Monat um 11 Uhr ab Museum.

Casa-Museu Amália Rodrigues: Sie steht wie niemand anders für den Fado, die am 23. Juli 1920 in Lissabon geborene Amália Rodrigues. Als Amália, wie sie kurz genannt wird, am 6. Oktober 1999 starb, gab es kaum eine gesellschaftliche Gruppierung, die es versäumt hätte, auf ihre besonderen Beziehungen zu der Fado-Ikone hinzuweisen. Selbst die portugiesischen Kommunisten der PCP entdeckten, dass sie von ihr Spenden erhalten hatten. In dem schlichten Wohnhaus mit der Nummer 193 in dre Rua de São Bento hat sie die letzten 45 Jahre ihres Lebens verbracht. Das Haus ist noch so zu sehen, wie Amália es zuletzt bewohnt hat: bis zum Dach gefüllt mit unglaublichen Mengen an Kram und teilweise etwas geschmacklos kombinierten Antiquitäten. Ihre Nachttische bersten geradezu vor kleinen Figuren, die sie dort zusammengestellt hat. Beeindruckend der Blick in die riesige Kleiderkammer, die bis oben mit Kostümen, Taschen und Schuhen gefüllt ist. Zu sehen sind außerdem Porträts der Sängerin, ihr verliehene Orden, wie die Ehrenlegion Frankreichs, und eine kostbare portugiesische Gitarre aus dem Jahr 1622. Im Hintergrund ertönen konstant Fados, natürlich gesungen von Amália. Wer sich für das Leben der Fado-Diva interessiert, ist hier richtig, ansonsten ist man mit dem Fado-Museum in der Alfama besser bedient.

Ehemaliges Bühnenkleid der Fadolegende Amália

• *Adresse/Öffnungszeiten* Rua de São Bento, 193, ✆ 213971896, ✆ 213975062 (Metro Rato, s. Karte São Bento S. 282/283). Geöffnet Di–So 10–13 und 14–18 Uhr, Mo und Feiertags zu. Einlass nur bis 30 Min. vor Schluss. Eintritt 5 €, bis 6 J. frei.

Ein ungewöhnliches Multitalent

João da Silva war eine der herausragendsten Künstlerpersönlichkeiten Portugals: Schon als Kind zeichnete sich der am 1. Dezember 1880 geborene Bildhauer durch seine außergewöhnliche gestalterische Begabung aus. Mit 13 Jahren wurde er Schüler der Gewerbeschule Príncipe Real, gleichzeitig begann er eine Ausbildung als Goldschmied und Graveur. Bereits mit 15 Jahren studierte da Silva an der Akademie der Bildenden Künste in Lissabon. Um die Jahrhundertwende ging er nach Paris, um eine Kupferstichausbildung zu beginnen, die er, hochtalentiert wie er war, schon nach zwei statt fünf Jahren erfolgreich zum Abschluss brachte. Genauso schnell absolvierte er das Studium der dekorativen Künste in Genf, das er mit Hilfe eines Stipendiums finanzierte. Zurück in Lissabon wurde ihm die Gründung einer Technischen Zeichenschule verwehrt, worauf er abermals nach Paris ging. Dort lebte und arbeitete er 36 Jahre, um auf zahlreichen Ausstellungen erste und zweite Preise zu gewinnen. Heutzutage sind seine Arbeiten über die ganze Welt verstreut, nach Deutschland kamen aber, glaubt man den Unterlagen des Museums, bislang noch keine.

In Portugal musste João da Silva zweimal ins Gefängnis, nachdem er Salazar im Streit über den Entwurf einer Büste vorgeworfen hatte, nichts von Kunst zu verstehen. Im Gefängnis entwarf er sein nüchtern und funktional gehaltenes Wohnhaus und Atelier, wie es heute zu besichtigen ist. Das Multitalent starb an seinem Arbeitsplatz am 6. März 1960. Seinem Konservator José Mantas hinterließ er die lebenslange Aufgabe, sein umfangreiches Werk zu betreuen.

Casa-Museu Mestre João da Silva: Im Atelier des vielseitig begabten Künstlers Mestre João da Silva sind 300 Stücke des etwa 6.000 Arbeiten umfassenden Werkes auf engem Raum ausgestellt. Zu den Arbeiten des berühmten Bildhauers zählen Skulpturen, Medaillen, Münzen, Goldschmiedearbeiten, Zeichnungen und Mobiliar. Alle zwei Jahre wechseln die Exponate. Zu seinem selbst entworfenen Haus und Atelier gehört auch eine Bibliothek.

• *Adresse/Öffnungszeiten* Rua Tenente Raul Cascais, 11 r/c, ✆/℡ 213961396 (Metro Rato, s. Karte São Bento S. 282/283). Zwischen Rato und Bairro Alto versteckt in einer kleinen Sackgasse unterhalb der Rua da Escola Politécnica. Geöffnet Di–So von 14–18 Uhr, Mo und feiertags geschlossen. Am 1. Sa im Monat Führungen nur für Blinde. Eintritt 2,50 €, Rentner 1,75 €.

Fundação Arpad Szenes/Vieira da Silva: Im Haus der Arpad-Szenes/Vieira-da-Silva-Stiftung sind auf zwei Stockwerken über 80 Werke des ungarisch-portugiesischen Künstlerehepaars Arpad Szenes und Maria Helena Vieira da Silva (s. Kasten S. 344) zu besichtigen. Beide lebten Mitte des 20. Jh. in Paris und Rio de Janeiro. Ihre Kunst war vom Surrealismus und dem Kubismus sowie von Matisse und Cézanne beeinflusst.

• *Adresse/Öffnungszeiten* Jardim das Amoreiras, 56/58, ✆ 2138800-44/-53 (Metro Rato, s. Karte Amoreiras S. 290/291). Mo und Mi-Sa 12–20 Uhr, So 10–18 Uhr. Di und an Feiertagen zu. Eintritt 2,50 €; Cartão Jovem, Studenten, über 65 J. 1,25 €; unter 14 J. und Mo kostenlos.

Maria Helena Vieira da Silva

Die bekannteste portugiesische Künstlerin kam am 13. Juni 1908 in Lissabon zur Welt. Ihr Vater, ein Zeitungsdirektor, förderte ihr künstlerisches Talent durch Museumsbesuche und Kunstunterricht. Ab 1928 studierte Maria Helena Vieira da Silva in Paris an der *Académie de la Grande Chaumière* Bildhauerei und Malerei. Hier an der Akademie lernte sie den jüdischen Ungarn Arpad Szenes (1897–1985) kennen, den sie 1930 heiratete. Auf einer Reise nach Marseille soll sie beim Anblick der Schwebefähre *Le Pont Transbordeur* ein visuelles Schlüsselerlebnis gehabt haben. Fortan entwickelte sie ihren eigenen Stil der Vereinfachung von Formen. Sie selbst bezeichnete ihre von Linien geprägte Malerei als "mathematische Klarheit" – gut sichtbar ist dies beispielsweise in der von ihr gestalteten Lissabonner Metrostation Cidade Universitária. 1933 stellte Vieira da Silva in der Pariser Galerie *Jeanne Bucher* zum ersten Mal aus. Auf Grund der Herrschaft der Nationalsozialisten gingen Vieira da Silva und Arpad Szenes 1939 nach Rio de Janeiro ins Exil. Nach dem Krieg kehrte das Ehepaar 1945 wieder nach Paris zurück. Dort schuf Vieira da Silva 1949 mit *Gare Saint-Lazare* ihr bekanntestes Gemälde. 1956 wurde sie französische Staatsbürgerin und gründete mit anderen Künstlern (u. a. mit Hans Hartung) die Schule von Paris (*École de Paris*). Sie bezeichneten sich als "Lyriker" und lehnten es ab, ihre Werke als "Abstraktionen" zu bezeichnen. Im Alter von 83 Jahren starb Maria Helena Vieira da Silva am 6. März 1992 in ihrem Haus in Yévre-le-Chatel bei Paris. Ihre Werke sind heute in vielen amerikanischen und europäischen Museen ausgestellt, so im Museum of Modern Art in New York, der Tate Gallery in London und dem Centre Pompidou in Paris.

Museu Nacional do Teatro: Im nationalen Theatermuseum sind Requisiten, Bühnenausstattungen und Fotografien aus der Welt des portugiesischen Theaters zu sehen. Darunter besonders viele farbenprächtige Kostüme. Es werden ausschließlich wechselnde Ausstellungen gezeigt, die das Theatermuseum aus seinen 250.000 vorhandenen Exponaten zusammenstellt. Untergebracht ist das Museum im Palácio do Monteiro-Mor aus dem 18. Jh., der dem Duque de Palmela als Residenz diente – der liberale Herzog war 1834 unter Königin Maria I. Ministerpräsident. Um das Museum erstreckt sich der Parque do Monteiro-Mor, einer der schönsten Parks Lissabons. Dort lädt auch das stilvolle Museumscafé zu einer Pause ein.

• *Anfahrt/Öffnungszeiten* Estrada do Lumiar, 10–12, ✆ 217567410, ✉ 217575714 (s. Karte Carnide/Lumiar S. 321). Bus 3 ab Metro Campo Grande (Richtung Bairro Santa Cruz) bis Haltestelle Igreja do Lumiar. Di 14–18 Uhr, Mi–So 10–18 Uhr geöffnet. Mo geschlossen. Eintritt 3 €, gleichzeitig gültig auch für Museu Nacional do Traje und Parque do Monteiro-Mor! Für Rentner und Studenten 50 % Ermäßigung, mit Cartão Jovem 60 % Ermäßigung, bis 14 J. frei. So bis 14 Uhr generell kostenlos.

Museu Nacional do Traje: In den prächtigen Rokkoko-Sälen des Palácio do Marquês de Angreja aus dem 18. Jh. kommen die Ausstellungsstücke des nationalen Trachtenmuseum voll zur Geltung. Das Museum zeigt portugiesische

Der sehenswerte Parque do Monteiro-Mor umgibt das Theatermuseum

Trachten und Textilien vom 4. bis zum 20. Jh. Besonders elegant die höfischen Kleider aus dem 18. Jh. Insgesamt sind 30.000 thematisch und chronologisch gegliederte Ausstellungsstücke zu sehen, darunter Webstühle und Textildruckstempel. Kern der Sammlung sind jedoch 7.000 Trachten und Kostüme, die größtenteils einst dem portugiesischen Königshaus gehörten. Vom ursprünglichen Palast kann man noch eine barocke Kapelle zu besichtigen. Dem Museum ist eine Restaurationswerkstatt für Textilien angeschlossen.

• *Anfahrt/Öffnungszeiten* Largo Júlio de Castilho, Parque do Monteiro-Mor, ✆ 217590318, ✉ 217591224 (s. Karte Carnide/Lumiar S. 321). Bus 3 ab Metro Campo Grande (Richtung Bairro Santa Cruz) bis Haltestelle Igreja do Lumiar. Di–So von 10– 18 Uhr geöffnet. Mo geschlossen. Eintritt 3 €, gleichzeitig gültig auch für Museu Nacional do Teatro und Parque Monteiro-Mor! Für Rentner und Studenten 50 % Ermäßigung, mit Cartão Jovem 60 % Ermäßigung, bis 14 J. frei. So bis 14 Uhr generell kostenlos.

Pavilhão do Conhecimento/Ciência Viva: Der "Pavillon des Wissens" präsentiert wechselnde Ausstellungen zu wissenschaftlichen Themen. Sie sind allgemeinverständlich und kindgerecht aufbereitet. Dabei kann auch selbst experimentiert werden. Da kein eigener Fundus vorhanden ist, werden nur fremde Ausstellungen gezeigt, so z. B. aus dem Deutschen Museum in München. Der von João Luís Carrilho da Graça entworfene Pavillon ist mit seinem großen Innenhof, um den sich lange Aufgänge nach oben erstrecken, auch architektonisch sehr interessant.

• *Anfahrt/Öffnungszeiten* Parque das Nações, Alameda dos Oceanos, Lote 2.10.01, ✆ 218917100, ✉ 218917171 (Metro Oriente, s. Karte Osten S. 323). Di–Fr 10–18 Uhr, Sa/So und an Feiertagen 11–19 Uhr. Mo geschlossen (ebenso Weihnachten und Neujahr). Eintritt 5 €, bis 17 J. und ab 65 J. 50 % Ermäßigung, bis 5 J. frei. Familienkarte 11 €.

Architektonische Schmuckstücke an der Linha de Cascais

Linha de Cascais

Die Linha de Cascais erstreckt sich entlang der Küste im Westen Lissabons. Hier befinden sich die teuersten Wohngebiete in der Umgebung der Metropole. Ihr angenehmes Klima und die Lage an der Küste in nächster Nähe zu Lissabon machen diese Region so attraktiv. Die Gegend hat nur wenige Sehenswürdigkeiten im eigentlichen Sinn zu bieten, doch beeindruckt sie in ihrer Gesamtheit.

An der Linha de Cascais wohnt die Oberschicht der Region Lissabon. Zahlreiche Paläste und Villen mit großen Gärten gibt es hier zu entdecken. Mehrere Golfclubs und Luxus-Restaurants ergänzen die exklusive Szenerie. Auch viele Ausländer haben sich hier und nicht direkt in Lissabon niedergelassen. Besonders Engländer und Deutsche leben an der Linha de Cascais, vor allem in Estoril, wo es sogar eine deutsche Grundschule gibt.

Das Klima ist angenehm: Der Atlantik sorgt dafür, dass es im Winter nicht zu kalt und im Sommer nicht zu warm wird; auch die Temperaturschwankungen zwischen Tag und Nacht halten sich so in Grenzen. Die Serra de Sintra im Norden hält zudem viele Wolken und Regengüsse fern – so ist die meiste Zeit des Jahres Badewetter an den kleinen Sandstränden entlang der Küste.

Anfahrt Die Region ist über eine Bahnlinie zum Sackbahnhof Cais do Sodré und über die enge, vierspurige Uferstraße Avenida Marginal (Nationalstraße EN 6) an Lissabon angebunden. Dazu verläuft im Landesinneren die gebührenpflichtige Autobahn A 5.

Algés   (mit Carnaxide 79.800 Einwohner)

Als erster Vorort im Westen Lissabons liegt Algés direkt neben den Stadtteilen Belém und Restelo. Die Hauptattraktion des Ortes ist das Meeresaquarium Aquário Vasco da Gama.

Wie viele Ortsnamen der Region kommt auch Algés aus dem Arabischen und bedeutet "Gips". Ende des 19. Jahrhunderts war der Ort ein beliebter Luxusbadestrand der Lissabonner Aristokratie, die sich von ihren Ärzten Bäder im Meer verordnen ließ. Heute braucht man eher nach dem Bad an der **Praia de Algés** einen Arzt, da das Wasser hochgradig verschmutzt ist.

Aus der Zeit als Badeort stammen noch einige herrschaftliche Häuser, die besonders an der Straße nach Cruz Quebrada zu finden sind. Sehenswert ist der **Palácio Anjos**, der heute die städtische Galerie von Oeiras beherbergt. Policarpo Anjos, ein reicher Händler, hat 1866 den Palast als Wohnhaus erbaut. Um ihn herum ließ er einen großen, romantischen Garten anlegen, der durch Neubauten der 60er Jahre jedoch z. T. zerstört wurde. Heute kann man im Park auf einer guten Anlage **Minigolf** spielen.

Öffnungszeiten Der Park ist täglich von 10–19 Uhr geöffnet (im Sommer auch länger). Eintritt frei. Minigolf kann täglich von 10–12.30 und 14–19 Uhr gespielt werden; eine Runde kostet 2 €.

Neben dem Palácio Anjos liegt der **Palácio Ribamar**, davor ein schönes steinernes Wegkreuz von 1727. Der Palast aus dem 18. Jh. diente früher als Wohnhaus für die Grafen von Vimioso und Lumiar, später als Casino. Heute ist hier die Stadtbibliothek von Oeiras untergebracht.

Palácio Anjos: grünes Zentrum von Algés

348 Linha de Cascais

Am **Tejoufer** empfängt die nach Lissabon einfahrenden Schiffe der moderne Kontrollturm des Lissabonner Hafens, unverwechselbar durch seine "schiefe" Konstruktionsweise. Um den vom Architekten Gonçalo Byrne entworfenen Turm soll in den kommenden Jahren ein großer Uferpark angelegt werden.

Verbindungen/Diverses

* *Zug* Ab *Lissabon/Cais do Sodré*: Alle Züge halten in Algés. In der Rush-hour alle 5 Min., sonst alle 10–30 Min. Fahrzeit 10 Min. Nach *Cascais* (via Caxias, Paço de Arcos, Oeiras, Carcavelos, Parede und Estoril): Züge alle 15–30 Min. Fahrtdauer 30 Min.
* *Straßenbahn* Ab *Lissabon*: Mit der Tramlinie 15 ab Praça da Figueira über Praça do Comércio, Alcântara und Belém nach Algés.
* *Bus* Ab *Lissabon*: Die Busse Nr. 23 (Desterro, Rotunda, Amoreiras, Monsanto, Restelo), 29 (Bairro Padre Cruz, Pontinha, Benfica, Monsanto, Restelo), 50 (Gare do Oriente, Campo Grande, Benfica, Campingplatz Lissabon), 51 (São Sebastião, Campo de Ourique, Belém, Restelo) halten alle am Bahnhof von Algés.
Nach *Amadora* (Bahnhof der Linha de Sintra): Bus 114 der Lisboa Transportes (LT) jede halbe Stunde vom Bahnhof in Algés. Fahrzeit ca. 30 Min.
* *Post* Rua Dr. Manuel Arriaga, 17-A. Mo–Fr 8.30–18 Uhr.
* *Polizei* PSP, Rua Sport Algés e Dafundo, ✆ 214113140.

Essen & Trinken

Le Petit, Rua Maior Afonso Pala, 37, ✆ 214117456. In der Fußgängerzone am Bahnhof. Das erstklassige Restaurant ist die Nr. 1 in Algés. Sehenswerte Azulejos an der Fassade. Noble Inneneinrichtung. Sehr gute Fischgerichte, auch französische Küche. Hauptgerichte ab 10 €. Gegenüber in der Rua Maior Afonso Pala, 36 liegt ein weiteres Le Petit-Restaurant, etwas weniger nobel eingerichtet und mit Hauptgerichten ab 7,50 € auch günstiger. Beide Restaurants stehen täglich 10–24 Uhr offen.
Zinia, Rua Damião de Góis, 48-A, ✆ 214112345. An der Straßenbahnlinie unweit des Bahnhofs. Mo–Sa Mittagessen von 12–15 Uhr im Self-Service-Restaurant im Keller des Lebensmittelladens. So geschlossen. Kantinenatmosphäre. Reichhaltige Portionen, gute Nachtische. Hauptgerichte ab 4,50 €. Mini-Teller bereits für 3,50 €.
You Yuan, Rua Dr. António Granjo, 30, ✆ 214103161. Täglich offen. Wenige Meter nördlich des Zentrums, auf dem Weg nach Algés de Cima. Großes chinesisches Restaurant mit 2 Speisesälen, vornehm eingerichtet mit dunklem Holz sowie Milchglasscheiben. Hauptgerichte ab 4 €. Mittags auch Schnellgerichte mit Frühlingsrolle (*crêpe*), Hauptgericht und Nachtisch für 3,60 €.
* *Cafés* **Pastelaria Nortenha**, Rua Damião de Góis, 36. Neben der Straßenbahnhaltestelle Algés. Eine weit bekannte Konditorei. Auch Eisverkauf.

Einkaufen

* *Markthalle* in der Rua Ernesto da Silva.
* *Wein* aus der Region um Torres Vedras (Dois Portos) zu äußerst günstigen Preisen (1-l-Flasche ab 1 €, 5 l *garrafão* für 3 €) im Laden der Weinkooperative *Adega Cooperativa de Dois Portos*, Rua de Olivença, 22. So und Sa nachmittags geschlossen.
* *Antiquitätenflohmarkt* jeden 4. Sonntag im Monat am Palácio Anjos.

Aquário Vasco da Gama

In dem schönen Museumsbau findet man eine große Vielfalt von Fischen und anderen Meerestieren mit über 200 Arten in 93 Süß- und Salzwasseraquarien. Darunter ragen die Zitteraale heraus, deren elektrische Spannung auf einem Oszilloskop angezeigt wird. Weitere Tiere sind in Glasbehältern konserviert, die größtenteils aus der Privatsammlung Königs Carlos I. stammen; auch

Haie, die vor der portugiesischen Küste gefangen wurden, sowie ausgestopfte Seevögel und Robben sind zu bewundern. Eine Hauptattraktion ist die 8,20 m lange Krake. Besonders Kinder haben Spaß an diesem Museum, das übrigens 1898 auf Anregung Königs Carlos I. gegründet wurde.

• *Adresse/Öffnungszeiten* Rua Direita, Dafundo (Carris-Bus 76 ab Algés oder 300 m zu Fuß ab Endstation Tram 15), ✆ 214196337, geöffnet täglich das ganze Jahr über von 10–18 Uhr. Einlass bis 17.30 Uhr. Eintritt: Erwachsene 3 €, über 65 J. 50 % Ermäßigung, Kinder bis 17 J. 1,25 €, bis 6 J. frei.

Caxias

Ein grüner Ort an der Bahnlinie zwischen Lissabon und Oeiras. Die Gärten und den künstlichen Wasserfall der ehemaligen königlichen Quinta von Caxias sollte man sich nicht entgehen lassen.

An der Praia de Caxias sollte man ebenso wie an der Praia da Cruz Quebrada wegen der schlechten Wasserqualität nicht baden.

• *Zug* Ab *Lissabon*: Nicht alle Züge vom Bahnhof Cais do Sodré (Metro Cais do Sodré) halten in Caxias. Tagsüber bedienen nur die Züge nach Oeiras den Bahnhof. Takt in der Hauptverkehrszeit alle 15 Min., sonst 20–30 Min. Fahrzeit 20 Min.

Nach *Cascais* (via Paço de Arcos, Oeiras, Carcavelos, Parede und Estoril): Züge alle 15–30 Min. Fahrtdauer 20 Min. Tagsüber in Oeiras umsteigen.

• *Bus* Nach *Queluz/Bahnhof Massamá* (via Barcarena): Mo–Fr 2-mal stündlich Bus der Lisboa Transportes (LT), Sa/So stündlich. Abfahrt am Bahnhofsvorplatz.

Jardim da Quinta Real de Caxias

Die herrlichen Gärten des Jardim da Quinta Real wurden im 18. Jh. durch Prinz Dom Francisco, dem Sohn von Dom Pedro II. und Dona Maria Sofia, angelegt. Fertig gestellt hat man sie jedoch erst im 19. Jh. Das Königspaar Dona

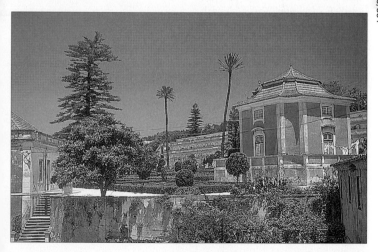

Königliche Gärten – Quinta Real de Caxias

Maria II. und ihr deutscher Gatte Ferdinand von Sachsen-Coburg-Koháry sowie später Königin Dona Amélia nutzten das Landgut als Sommerresidenz. Mit dem Ende der Monarchie verfiel der herrliche Park zusehends – das Militär hatte sich hier breit gemacht –, bis ihn die Stadt Oeiras 1997 renovieren ließ und öffentlich zugänglich machte.

Nach einem Hof mit mehreren Gebäuden der Militärakademie gelangen die Besucher über zwei Treppen in den eigentlichen Park mit seinen akribisch zugeschnittenen Buchshecken – der Park wurde nach dem Vorbild der Gärten von Versailles angelegt. Die Statuen im Garten stammen von dem bekannten portugiesischen Bildhauer Machado de Castro und stellen eine Szene der griechischen Mythologie dar.

Am Ende der Grünanlagen erstreckt sich eine lange Galerie, die in ihrem Inneren von kühlen Gängen durchzogen wird. In der Mitte fällt ein künstlich angelegter Wasserfall nach unten, dessen Felsen an Korallen erinnern. Im Pavillon auf der oberen Ebene der Galerien breitet sich vor den Augen der Besucher ein schönes Panorama auf Tejo und Atlantik aus.

Anfahrt/Öffnungszeiten Estrada da Gibalta, ✆ 214410276/81 (direkt gegenüber dem Bahnhof). Di–Sa 9.30–13 und 14–17.30 Uhr. So/Mo zu, aber feiertags offen. Eintritt frei, jedoch Registrierung im Empfangsgebäude rechts vor dem Eingangstor notwendig.

Paço de Arcos (16.800 Einwohner)

Der Ort ist nach dem auffälligen, gelb gestrichenen Palast an der Avenida Marginal benannt. Zwischen Bahnhof und Hafen findet sich der schöne, historische Kern von Paço de Arcos.

Leicht zu erkennen ist der für den Ort namensgebende **Paço dos Arcos** aus dem 15. Jh.: Zwischen zwei Ecktürmen spannen sich drei Bögen, auf denen der Balkon des Obergeschosses ruht. Um ihn herum findet man einen kleinen Fischer-Hafen sowie den historischen Ortskern mit mehreren empfehlenswerten Restaurants. Am nahe gelegenen Strand Praia de Paço de Arcos sollte man auf Grund der Wasserqualität nicht baden.

Nördlich der Bahnlinie von Lissabon nach Cascais zeigt das **Museu do Automóvel Antigo** ein gutes Dutzend Oldtimer in einem etwas heruntergekomme-

Paço de Arcos

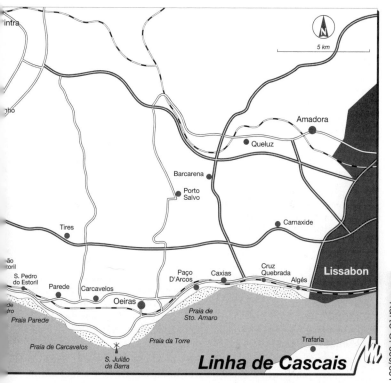

nen Betongebäude. Den Vergleich mit ähnlichen Museen wie im französischen Mülhausen hält das Museum nicht stand, es ist daher eher etwas für hartgesottene Oldtimer-Fans.

Verbindungen/Diverses

- *Züge* Ab *Lissabon*: Takt in der Hauptverkehrszeit alle 8 Min., sonst alle 15–30 Min. Fahrzeit 20 Min. Achtung: Tagsüber halten die Schnellzüge vom Bahnhof Cais do Sodré (Metro Cais do Sodré) mit Ziel Cascais nicht in Paço de Arcos, sondern nur die nach São Pedro und Oeiras.

Nach *Cascais* (via Oeiras, Carcavelos, Parede und Estoril): Züge alle 15–30 Min. Fahrtdauer 20 Min. Tagsüber in Oeiras oder São Pedro umsteigen.

- *Post* Praceta Dionísio Matias.
- *Markthalle* Praceta Dionísio Matias.
- *Antiquitätenflohmarkt* jeden 3. Sonntag im Monat im Park von Paço de Arcos. Von Mai bis September hier auch jeden 1. So im Monat ein Kunstflohmarkt.

- *Adresse/Öffnungszeiten* **Museu do Automóvel Antigo:** Quinta da Terrugem, Alameda Calouste Gulbenkian, 7, ☎ 214410633. 10 Min. zu Fuß vom Bahnhof: Die Station Richtung Landseite verlassen, nach rechts in die Rua José Ferrão Castelo Branco, dann halb rechts in die Av. Salvador bis zu Wohnblöcken, wo es links in die Alameda Calouste Gulbenkian geht. Geöffnet Mo–Fr 10–13 und 15–18 Uhr, Sa/So 10–18 Uhr. Erwachsene 1,75 €, bis 14 J. und über 65 J. 1 €, bis 10 J. frei.

Übernachten

**** Hotel Sol Palmeiras, Av. Marginal, ℡ 214468300, ℡ 214468399. Direkt an der Avenida Marginal liegt dieses 1994 eröffnete Hotel. Etwa 15 Min. zu Fuß zum Bahnhof. Früher war der aus dem 19. Jh. stammende Palast im Besitz der Gräfin Condessa de Cuba. Vor dem Hotel eine hübsche Terrasse mit Schwimmbecken und Tejoblick. Palmen, wie der Name des Hotels andeutet, sind auch vorhanden. 35 geräumige und komfortable Zimmer mit Telefon, Sat-TV, Klimaanlage, Tresor, Minibar und Haartrockner. Die Hälfte der Zimmer hat Meerblick. Garage vorhanden. Viele Geschäftsreisende. DZ 150 € (inkl. Frühstück).

Essen & Trinken

Casa Gallega, Av. Patrão Joaquim Lopes, 7-C, ℡ 214432400. Gehobenes Restaurant etwas unterhalb des Bahnhofs am Beginn des historischen Ortszentrums. So Ruhetag. Der Boden im Inneren ist mit schwarzweißem Pflaster ausgelegt. Roher Stein ziert die Wände. Ein kleiner, zweigeteilter Speiseraum. Portugiesische Küche. Hauptgerichte ab 10 €.

A Marítima, Rua Costa Pinto, 59, ℡ 214420931. Im historischen Ortskern. Di Ruhetag. Einfaches Restaurant, aber hübsch eingerichtet. Zum Couvert werden *pastéis de bacalhau* (Bacalhau-Pasteten) gereicht, die nicht günstig, aber sehr schmackhaft sind. Große Auswahl an Gerichten ab 5,50 €, reichhaltige Portionen. Wer nicht so hungrig ist, sollte eine halbe Portionen ordern.

Oeiras (43.400 Einwohner)

Die kleine Kreishauptstadt liegt auf halbem Weg zwischen Lissabon und Cascais. Hier mündet der Tejo ins offene Meer. Der Park Marquês de Pombal trennt die Stadt in zwei Teile: Oeiras und Santo Amaro de Oeiras. Hauptsehenswürdigkeiten sind der Palast und die Gärten des Marquês de Pombal. Außerdem erstrecken sich reizvolle Grünanlagen vom Strand bis zum Palast des Marquês de Pombal.

Bei Oeiras fließt der Tejo in den Atlantik; der ganze Schiffsverkehr muss sich in zwei engen Fahrrinnen durch das flache Mündungsgebiet quälen. Dementsprechend wurde an dieser Stelle die vorletzte Befestigungslinie Lissabons errichtet (die letzte Linie war die Torre de Belém). Am Tejoufer zwischen Oeiras und Carcavelos ist das mächtige **Forte São Julião da Barra** aus dem Jahr 1508 noch Zeuge einst kriegerischer Zeiten. Errichtet und ausgebaut wurde es nach Attacken von nordafrikanischen Piraten und französischen Korsaren auf die portugiesische Küste. Übrigens wird hier auch heute noch die Verteidigung Portugals organisiert: Im Forte São Julião da Barra residiert der Verteidigungsminister des Landes, gegenüber liegt *Cinciberlant*, das NATO-Hauptquartier von Portugal.

Zwischen 1578 und 1640 erbaute man etwa 2,5 km entfernt auf einer kleinen Insel mitten im Meer ein weiteres Fort, das **Forte São Lourenço da Barra**. Von den beiden Festungsanlagen aus war die Einfahrt in den Tejo, die nur von erfahrenen Schiffsleuten bewältigt werden konnte, bequem zu kontrollieren. Inzwischen dient die Anlage nur noch als Leuchtturm, der Farol do Bugio genannt wird.

Die Wasserqualität an den **Stränden** in Oeiras ist schlecht – von einem Bad an den Sandstränden Praia de Santo Amaro in der Nähe des Bahnhofs Santo Amaro und an der Praia da Torre beim Forte São Julião da Barra ist daher abzuraten. Surfer schätzen die Praia de Santo Amaro dagegen auf Grund ihrer Wellen.

Alameda dos Oceanos: grüner Korridor im Osten Lissabons (JB)

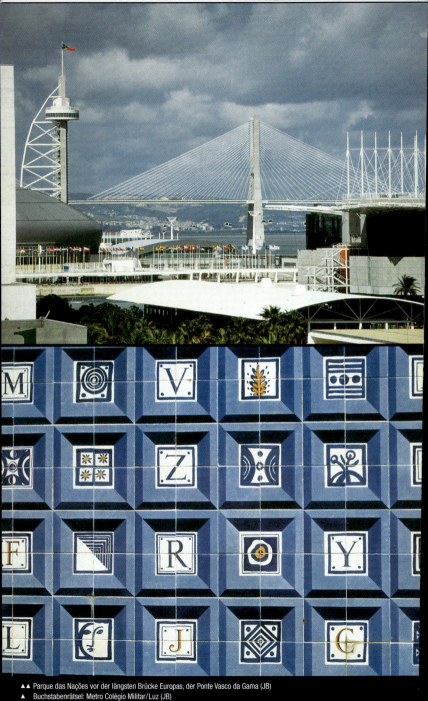

▲▲ Parque das Nações vor der längsten Brücke Europas, der Ponte Vasco da Gama (JB)
▲ Buchstabenrätsel: Metro Colégio Militar/Luz (JB)

Praia de Santa Marta in Cascais (JB) ▲▲
Capela da Gandarinha: Kleinod aus dem 17. Jh. (JB) ▲

▲▲ Cascais: Blick auf die Praia da Ribeira (JB)
▲ Kleinster Strand Estorils: Praia da Azarujinha (JB)
▲ Innenhof des Museo do Conde de Castro Guimarães in Cascais (JB)

Oeiras 353

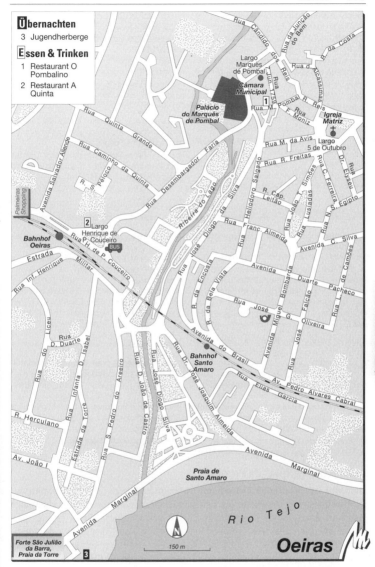

Linha de Cascais Karte S. 350/351

Information/Verbindungen/Diverses

• *Information* Kein Turismo mehr vorhanden. Infos nur per ☎ 214408587 oder am Jardim Real in Caxias.

• *Zug* Oeiras hat 2 Bahnhöfe: Oeiras und Santo Amaro.

Ab *Lissabon*: Alle Züge vom Bahnhof Cais do Sodré (Metro Cais do Sodré) halten in Oeiras. Den Bahnhof Santo Amaro bedienen dagegen tagsüber nur die langsamen Züge mit Endziel Oeiras. Takt in der

354 Linha de Cascais

Hauptverkehrszeit etwa alle 10 Min., sonst alle 15–30 Min. Fahrpreis 1,05 €. Fahrzeit mit den Schnellzügen 18 Min., mit den langsamen Zügen, die an allen Stationen halten, 25 Min.

Nach *Cascais* (via Carcavelos, Parede und Estoril): Züge alle 15–30 Min. Fahrtdauer 15 Min.

* *Bus* Die Busse fahren vor dem Bahnhof Oeiras ab. Wer öfter fährt, kann Vorverkaufs-Fahrkarten für die ScottURB-Busse im Container neben der Tankstelle erwerben, die Tickets für die Lisboa Transportes (LT) gibt's an einem zweiten Container neben der Haltestelle. Einzelne Fahrkarten auch in den Bussen.

Nach *Queluz* (via Barcarena): Bus 106 (Richtung Amadora) der Lisboa Transportes. Mo–Fr alle 40 Min., Sa/So stündl. Fahrzeit ca. 30 Min.

Nach *Sintra*: Die Linie 467 der ScottURB fährt täglich jede Stunde zum Bahnhof Portela de Sintra (über Bahnhof Sintra). Fahrzeit 50 Min.

* *Taxi* Multitáxis – Rádio Táxis de Oeiras, ✆ 214155310.
* *Post* Avenida Miguel Bombarda.
* *Polizei*   PSP, Rua do Espargal, 18, ✆ 214410935.
* *Stadtfeiertag Dia de Oeiras* am 7. Juni. Am Wochenende davor und in der Woche danach finden Feste statt.
* *Kino*   *Palmeiras-Shopping*, Rua Quintas das Palmeiras, Stadtteil Nova Oeiras (Richtung Carcavelos), ✆ 214759144.

Übernachten (s. Karte S. 353)

Jugendherberge: Pousada de Juventude de Catalazete (3), Estrada Marginal junto ao INATEL, ✆ 214430638, ✉ 214419267. Die Jugendherberge von Oeiras liegt direkt am Meer im INATEL-Ferienglände (ca. 1 km zum Bahnhof Oeiras). Sie ist im alten Fort von Catalazete untergebracht und rustikal eingerichtet. 70 Betten in Mehrbettzimmern und 7 DZ. Einige Zimmer haben Meerblick auf den Leuchtturm in der Bucht von Oeiras, bis zur Costa da Caparica und zur Ponte 25 de Abril. Die Jugendherberge steht für Nachtschwärmer auch um die Uhr offen. Rezeption 8–24 Uhr geöffnet. Zeitig kommen oder vorbuchen, da die Herberge sehr beliebt ist. Preis in 4-Bett-Zimmern pro Person 8,50 €, in der Hauptsaison 10,50 €. DZ 24 bzw. 29 €. Frühstück jeweils inkl.

Essen & Trinken (s. Karte S. 353)

A Quinta (2), Largo Henrique Paiva Couceiro, 36, ✆ 214430566. Gegenüber dem Bahnhof in einem schönen rosa Gebäude. Do Ruhetag. Bis 24 Uhr warme Küche. Innen mit Azulejowänden eingerichtet. Auch die Möglichkeit auf der Terrasse zu sitzen. Hauptgerichte ab 7,50 €.

O Pombalino (1), Rua 7 de Junho, 6, ✆ 214430144. In der Gasse hinter dem Rathaus. Mo geschlossen. Bis 2 Uhr nachts offen (So nur bis 22 Uhr). Recht beliebt, man kann auch draußen essen. Einfache, schmackhafte Küche der Region in sehr reichhaltigen Portionen. Innen mittelgroßer Speiseraum mit weiß-blauen Azulejos und einer lange Bartheke. *Vinho Verde* aus dem Krug. Tagesgerichte ab 6,50 €.

Palácio do Marquês de Pombal

Der opulent gestaltete **Palastgarten** ist besonders wegen seiner Brunnen äußerst sehenswert. Den Brunnen der Dichter beispielsweise hat der ehemalige Hausherr Marquês de Pombal mit Büsten von Camões, Vergil, Homer und Tassus dekorieren lassen – in der Mitte thront Neptun. Von oben hat man einen schönen Blick über den Park. Etwas weiter stößt man auf zwei Teiche, in denen die Adligen zum Freizeitvertreib gerne fischten. Dafür wurden extra Fische aus dem Meer in die beiden kleinen Teiche gebracht, wo sie die edlen Herren mühelos angeln konnten. Mitten im Park liegt der Brunnen der vier Jahreszeiten: Die Frühlingsseite ist dabei dem Palast zugewandt als Zeichen für die erneuernde Kraft des Marquis.

Den **Palast** selbst entwarf der ungarische Architekt und Freimaurer Carlos Mardel in der zweiten Hälfte des 18. Jh. – auf seine Hilfe vertraute Pombal

Einst opulente Residenz des Marquês de Pombal, heute Bürogebäude

auch beim Wiederaufbau der Lissabonner Baixa nach dem Erdbeben von 1755. Zu sehen sind großartige Statuen vom bekanntesten portugiesischen Bildhauer, Machado de Castro. Die Veranda des Palastes ist mit sehr sehenswerten Azulejos in Gelb und Blau, die Szenen aus dem Palastleben darstellen, verziert. In der Kapelle Capela da Nossa Senhora das Mercês kann man Stuckarbeiten des Mailänder Künstlers Giovanni Grossi bewundern. Heute nützt das Nationale Verwaltungsinstitut, das *Instituto Nacional de Administração*, den Palast als Bürogebäude. Früher war er im Besitz der Gulbenkian-Stiftung, die heute am Rande des Gartens ein biologisches Forschungsinstitut unterhält. In einem Nebengebäude auf der anderen Straßenseite ist das Rathaus von Oeiras untergebracht.

<u>Öffnungszeiten</u> Nur sehr unregelmäßig geöffnet, meist einmal pro Monat. Termine kann man beim Instituto Nacional de Administração (INA) unter ✆ 214465300 erfragen.

Die Komplexe des Marquis

Überall in Palast und Garten des Marquês de Pombal stößt man auf den achtzackigen Stern, der auch das Wappen des Marquis ziert. Nicht umsonst wird Pombal eine gewisse Geltungssucht nachgesagt. Vielleicht hängt sein zwanghafter Geltungsdrang damit zusammen, dass er erst 1759 von König José I. den Titel des *Conde de Oeiras* (Grafen von Oeiras) erhielt. Zuvor hatte sich Sebastião José de Carvalho e Melo, so lautete sein Geburtsname, als Kleinadeliger bis zum Premierminister hervorgearbeitet. 1770 "beförderte" ihn der König dann endlich zum *Marquês de Pombal* (Marquis von Pombal, einem Ort in Mittelportugal) – mit diesem Titel sollte er dann in die Geschichtsbücher eingehen.

Forte São Julião da Barra: Sitz des Verteidigungsministers

Carcavelos (18.000 Einwohner)

Der Ort kann mit dem längsten Sandstrand der Estoriler Küste aufwarten. Berühmt wurde Carcavelos durch den bekannten Süßwein, der hier angebaut wird. Die Lissabonner kennen Carcavelos auch aufgrund seines Marktes, der als größter Kleidermarkt Portugals gilt.

Der **Strand** von Carcavelos ist besonders bei Surfern und Strand-Volleyball-Spielern beliebt. Von einem der zahlreichen Strandcafés entlang der Promenade lässt sich gut beobachten, wie sich die Surfer von den Wellen tragen lassen.

Wer dagegen den allseits bekannten schweren, roten **Süßwein** des Ortes kosten möchte, wird Schwierigkeiten haben. Der 15–22prozentige, etwas nach Mandeln schmeckende Carcavelos ist inzwischen zu einer seltenen Spezialität geworden, die pro Flasche leicht 50 € kosten kann. Der edle Tropfen wird nur noch auf zwei äußerst kleinen Weingütern angebaut: der zur Firma *Casa Manuel Boullosa* gehörenden Quinta do Peso und der Quinta de Cima, die im Besitz der Stadt Oeiras ist. Im Gegensatz zu seinen "großen Brüdern", dem Portwein und dem Moscatel aus Setúbal, hat sich durch den Bauboom der vergangenen Jahrzehnte die Anbaufläche immer weiter verringert, sodass der seit 1370 existierende Wein zwischenzeitlich sogar vom Aussterben bedroht war.

Der nächste Ort an der Bahnlinie nach Cascais ist **Parede** mit 20.000 Einwohnern, das praktisch mit Carcavelos zusammengewachsen ist. Hier findet man einen weiteren schönen Strand, die Praia da Parede, und zwei bekannte orthopädische Kliniken.

Carcavelos

Verbindungen/Diverses

- **Verbindungen** Ab *Lissabon*: Die Züge vom Bahnhof Cais do Sodré (Metro Cais do Sodré) nach Cascais und São Pedro halten in Carcavelos; in der Rush-hour allerdings nur die Züge nach São Pedro, evtl. also in Oeiras umsteigen. Takt in der Hauptverkehrszeit alle 15 Min., sonst alle 20–30 Min. Fahrzeit mit den Schnellzügen 20 Min., mit den langsamen Zügen, die überall halten, 28 Min. Nach *Cascais* (via Parede und Estoril): Zug alle 15–30 Min. Fahrtdauer 12 Min. Zur Rushhour muss man in São Pedro umsteigen.
- **Post** Rua José Relvas, 160, Carcavelos.
- *Polizei* PSP, Rua João da Silva, Lote 2, r/c, Carcavelos, ✆ 214570228 und Rua de Timor, Parede, ✆ 214575978.
- *Kino* Atlântida Cine, ✆ 214565653. 2 kleine Säle im Untergeschoss des Centro Comercial de Carcavelos direkt am Bahnhof. Mo Kinotag mit ermäßigtem Preis.

Übernachten

**** Hotel Praia Mar, Rua do Gurué, 16, ✆ 214585100, 🖷 214573130. Ca. 200 m vom Strand entfernt. Höheres Gebäude mit schlicht eingerichteten, mittelgroßen Zimmern. Teilweise mit Terrasse und Meerblick. Klimaanlage, Sat-TV, einfache Bäder. Schwimmbad mit 3-m-Sprungbrett. DZ mit Frühstück je nach Saison 70–120 €. Meerblick 10–15 € Aufschlag.

** Hotel São Julião, Praça do Junqueiro, 16, ✆ 214572102, 🖷 214566993. An einem ruhigen Platz hinter dem Hotel Praia Mar gelegen und ebenfalls in Strandnähe. Kleines Haus mit 20 mittelgroßen, schön eingerichteten Zimmern, die über TV, Klimaanlage und Telefon verfügen. Kleine Badezimmer mit Duschkabinen. DZ je nach Saison 45–67 € (inkl. Frühstück).

Essen & Trinken

Cervejaria Eduardo, Rua Capitão Leitão, Lote 8, Parede, ✆ 214573303. Bis 2 Uhr nachts offen. Mi Ruhetag. Wenige Meter vom Bahnhof Parede entfernt: Einfach den landseitigen Bahnsteig parallel der Schienen Richtung Lissabon verlassen, schon steht man vor der 1965 von Eduardo dos Santos gegründeten Cervejaria. Bekannt für ihre guten Meeresfrüchte. Schlicht eingerichteter Speiseraum, in dem es in allen Ecken knackt, wenn die Gäste ihre Krabben und Muscheln öffnen. Auch Terrassenservice auf dem Bürgersteig. Hauptgerichte ab 5,50 €.

- *Cafés* **Pastelaria Lua de Mel**, Av. da República, 1382, Parede, ✆ 214571088. Reichhaltige Auswahl an leckeren Gebäckspezialitäten. Langer Tresen, hinter dem die süßen Köstlichkeiten aufgestapelt werden. Modern und funktional eingerichtet. Außerdem Brot- und Eisverkauf.

Gelataria Celly, Rua Dr. Manuel de Arriaga, Carcavelos. Direkt am Bahnhof Carcavelos gelegene Eisdiele. Große Portionen.

Gelataria Parmalat, Praça 5 de Outubro, 4. Im Zentrum von Parede, unweit des Bahnhofs. Gutes italienisches Speiseeis.

Einkaufen

Feira de Carcavelos: Dieser weithin bekannte Kleider-Markt findet jeden Do morgen bis ca. 14 Uhr in der Nähe des Bahnhofs von Carcavelos statt. Dazu den Bahnhof Richtung Meer verlassen und sich dann links halten. Auf dem Markt preisen die Händler von echten Levis 501-Jeans zu Billigstpreisen bis zu günstigen portugiesischen Schuhen und Stoffen lautstark ihre Produkte an und versuchen dabei, dem Nachbarstand die Aufmerksamkeit der Kunden zu stehlen. Der größte Bekleidungsmarkt Portugals ist durch sein buntes, chaotisches Treiben ein Tipp für alle, die in Lissabon und Umgebung Urlaub machen. Achtung: Die auf den Jeans aufgedruckten Größen stimmen oft nicht, da es sich um Mängelware handelt. Ausprobieren oder nachmessen lassen. Trotz der kleinen Mängel kann sich der Kauf einer Hose bei den Niedrigpreisen aber durchaus lohnen. Der Markt schließt um 14 Uhr, man sollte aber besser am Morgen hingehen, da dann die Schnäppchen noch nicht weg sind.

Estoril
(24.000 Einwohner)

Der Nobelbadeort Portugals mit viel Grün und Luxus, Hotels der gehobenen Kategorie und aufwendig gebauten, herrschaftlichen Villen aus den 30er Jahren. Der Ort mit dem größten Spielcasino Europas wird gerne als Beverly Hills von Lissabon bezeichnet.

Hier in Estoril begann Anfang des 20. Jh. der moderne Tourismus Portugals. Fausto de Figueiredo, der Erbauer des Hotels Palácio, verwandelte diesen fast ausschließlich von Kiefern bestandenen Küstenstreifen in einen luxuriösen Ferienort nach Vorbild der französischen Côte d'Azur. Zu den ersten Touristen an der Lissabonner *Costa do Sol* zählte der portugiesische Adel, später gesellten sich abgedankte Könige hinzu, als viele Länder Europas in der ersten Hälfte des 20. Jh. den Schritt von der Monarchie zur Republik schafften.

Entscheidend für den Erfolg Estorils war der Bau des **Casinos** im Jahr 1916, der Glücksspieler aus ganz Europa anzog. Ein Gesetz aus dem Jahr 1927 machte die Estoriler Spielbank gar zum einzigen Casino auf dem portugiesischen Festland, dem ganzjähriger Betrieb gestattet war. Inzwischen gehört die Spielbank der Gesellschaft Estoril Sol. Sie ist wiederum zu 57 % im Besitz des chinesischen Glücksspiel-Zaren Stanley Ho aus Macau und zu 32 % des portugiesischen Konzerns Amorim.

Mit seinem Palmengarten dominiert der Glasbetonbau des Casinos das Zentrum Estorils. Nebenan steht das moderne Kongresszentrum, der *Centro de Congressos*. Nachts ist der Palmengarten eine von vier Millionen Lämpchen erhellte Oase, an dessen oberen Ende die Spielbank thront. Täglich von 21.30–22.00 Uhr könnte man fast glauben, in einem Zockerparadies wie Las Vegas gelandet zu sein. Dann tauchen Strahler die Wasser-Fontänen vor dem Casino in buntes Licht und projizieren Bilder auf das Gebäude. Majestätische Hymnen untermalen das Wasserspiel und beschallen den ganzen Park.

Eigentlich gibt es nur eine kunsthistorische Sehenswürdigkeit in Estoril: Das **Salesianerkloster** mit seiner Schule, unweit des Turismo an der Avenida Marginal gelegen. In seiner Kirche Igreja de Santo António sind schlichte blau-weiße Azulejos mit Szenen aus dem Leben des hl. Antonius zu bewundern. Im Kontrast dazu steht der barocke, goldüberladene Hochaltar.

Besonders im Stadtteil **Monte Estoril**, auf einem Hügel zwischen Estoril und Cascais gelegen, sind zahlreiche Villen in allen möglichen Baustilen zu entdecken. Die Palette reicht von neo-manuelinisch bis norwegisch. Einige der Paläste stehen leider leer und schon zu viele mussten großen hässlichen Appartement- und Hotelneubauten weichen.

Das quirlige Leben während der Badesaison im Sommer spielt sich vor allem entlang der 300 m langen **Praia do Tamariz** ab. Der saubere Sandstrand wird von Felsplatten durchzogen, zusätzlich ist noch ein mit einer Mauer vom Meer abgetrenntes Schwimmbecken vorhanden, sodass auch Kinder bei höheren Wellen bedenkenlos baden können. Zu erreichen ist der Strand durch eine Fußgängerunterführung am Bahnhof. Durch sie kommt man auch zur befestigten **Strandpromenade**, dem *paredão*. Sie eignet sich wunderbar für Spa-

Um die Spielbank mit ihrem Garten ist das moderne Estoril entstanden

ziergänge in Richtung Osten nach São João do Estoril oder nach Westen zur Praia da Conceição in Cascais. Zum Ausruhen kann man sich in eines der Strandcafés an der Promenade setzen und das bunte Treiben an den verschiedenen Stränden beobachten.

Folgt man der Promenade Richtung Osten um die Felsspitze herum, so gelangt man an die **Praia da Poça**, einen weiteren langen und schmalen Sandstrand, der bei Bodyboardern recht beliebt ist. Über dem Strand thronen zwei Festungen: das Forte Velho, mittlerweile eine Diskothek, und das Forte de São João da Cavadeira.

Geht man weiter um die nächste Felsspitze, so trifft man auf den schönsten Strand Estorils, die **Praia da Azarujinha** in São João do Estoril. Der winzige Sandstrand liegt in einer engen Felsenbucht, bei Flut verschwindet er zuweilen völlig unter dem Wasser. Die Praia da Azarujinha gilt als der beste Surfstrand an der Costa do Estoril, da hier die Wellen sehr "clean", also sauber, brechen. Umgeben wird der Strand von hohen Klippen und Mauern mit mehreren schönen Palästen und einer modernen Appartementanlage. Hier endet die Strandpromenade; will man weiter Richtung Osten, muss man die Stufen zur Avenida Marginal hinaufsteigen und dann der Uferstraße folgen. Bald erblickt man am Ortsausgang das weiße Fort von São João do Estoril, es ist in Armeebesitz und leider nicht zu besichtigen. Ab hier besteht die Küste aus unzugänglichen Felsklippen, unterbrochen nur vom langen Sandstrand **Praia de São Pedro**, an dem man ebenfalls gut surfen kann.

Die Strände von Monte Estoril erreicht man über die Strandpromenade, wenn man von der Praia do Tamariz in Richtung Cascais nach Westen geht. Die **Praia Monte Estoril** und die **Praia das Moitas** sind beide kleine Sandstrände mit

Estoril

Übernachten
1 Pensão Pica-Pau
2 H. de Inglaterra
3 Estalagem Amazónia Lennox Estoril
4 Smart
5 Marylus
6 Palácio
7 Grande Hotel
9 Vila Galé
10 Estoril Eden
11 Paris

Essen & Trinken
8 Yate Snack Bar
12 Gordinni
15 Pastelaria Girassol
16 Derrapagem

Nachtleben
13 Bar Absurdo
14 Bar Caramba

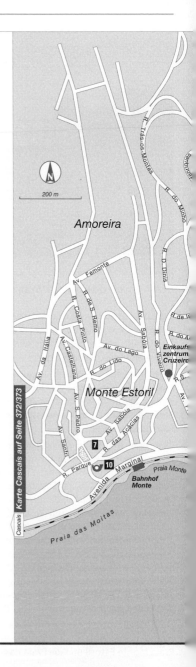

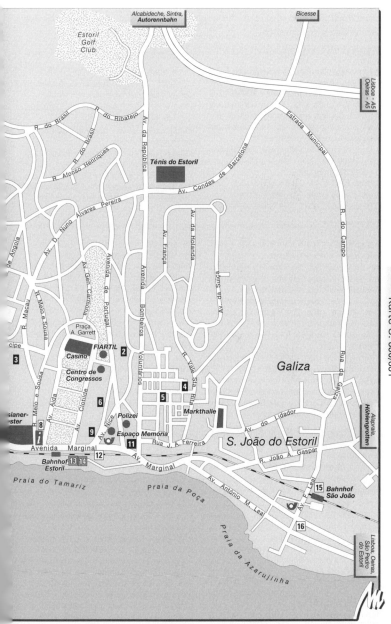

niedrigen Felsen. Wenn die Wellen an den Stränden zu flach sind, kann man manchmal Surfer beobachten, die wagemutig direkt vor den Felsen oder der Strandmauer wellenreiten.

Information/Diverses

- *Information* Der Turismo befindet sich in der Nähe des Bahnhofs: Arcadas do Parque, ✆ 214678230 und 707207707, ✉ 214678213. Geöffnet Mo–Sa 9–19 Uhr (im Sommer bis 20 Uhr), So und an Feiertagen 10–18 Uhr. Hier ist neben einem Stadtplan auch ein Veranstaltungskalender erhältlich.
- *Post* Estoril: Av. Marginal, 7152 (neben dem Hotel Vila Galé). Mo–Fr 8.30–18.30 und Sa 9–12.30 Uhr geöffnet.
  Monte Estoril: Av. Sabóia, 233 (neben dem Hotel Estoril Eden). Nur Mo–Fr offen.
  São João do Estoril: Rua Nova da Estação (neben dem Bahnhof). Nur Mo–Fr offen.
- *Telefon* Portugal Telecom-Gebäude an der Av. Marginal neben dem Bahnhof.
- *Polizei* PSP, Avenida de Portugal, ✆ 214681396.
- *Markthalle* unweit der Praia da Poça in der Rua J. A. Ferreira.
- *Supermarkt* Günstige Supermärkte findet man vor allem im Stadtteil São João do Estoril, z. B. Minipreço in der Rua Diogo Cão, 17 am Bahnhof oder Polisuper beim Einkaufszentrum Grande Galiza in der Avenida do Lidador.

Verbindungen

- *Zug* Estoril hat vier Bahnhöfe: São Pedro, São João, Estoril und Monte.
  Ab *Lissabon*: Die Züge vom Bahnhof Cais do Sodré (Metro Cais do Sodré) mit Ziel Cascais halten an allen Bahnhöfen von Estoril. In der Rush-hour gibt es zusätzliche Schnellzüge nach São Pedro do Estoril. Takt pro Hauptverkehrszeit Mo–Fr alle 15 Min., sonst alle 20–30 Min. Fahrzeit 30 Min. Fahrpreis 1,25 €.
  Nach *Cascais*: Alle 15–30 Min. Fahrtdauer 3 Min. Preis 0,90 €.
- *Bus* Alle Busse fahren vom Bahnhofsvorplatz in Estoril ab. Wer viel Bus fährt, kann dort auch im Container der ScottURB Vorverkaufskarten (*módulos*) kaufen.

Ab *Lissabon/Flughafen*: Die Expressbuslinie 498 der Gesellschaften ScottURB und Rodoviária de Lisboa fährt stündlich von 6 bis 22 Uhr vom Flughafen Lissabon zum Bahnhof Estoril. Fahrpreis 7 € (gilt als Tageskarte im ganzen ScottURB-Netz). Fahrtdauer 35 Min.
Zum *CascaiShopping* nach Alcabideche: Bus 406, Richtung Bahnhof Cascais. Mo–Fr stündlich, Sa/So alle 30 Min.
Nach *Sintra* (via Alcabideche und São Pedro de Sintra): Bus 418 stündlich jeden Tag zu den Bahnhöfen Sintra und Portela de Sintra. Fahrzeit 40 Min.
- *Taxi* Rádio Táxis Costa do Sol, ✆ 214659500.

Übernachten (siehe Karte S. 360/361)

Das Angebot an Hotels ist vor allem im Ortsteil Monte Estoril und rund um das Casino überwältigend. Günstige Pensionen liegen eher in Richtung São João do Estoril. **Achtung**: Sollte es wieder Formel-1-Rennen in Estoril geben, können die Preise der Hotels in der Rennwoche um bis zu 100 % steigen!

***** **Hotel Palácio (6)**, Av. de Nice, ✆ 214648000, ✉ 214684867. Exklusive Lage im Herzen Estorils, in unmittelbarer Nähe zu Casino und Park. Der gepflegte Hotelbau entstand 1930 und ist bis heute die erste Adresse in Estoril. Die hohen Salons rechtfertigen die Bezeichnung "Palast". Im Garten wird ein Swimmingpool von einer Mineralquelle gespeist. Die Zimmer sind edel eingerichtet und ausgestattet mit Sat-TV, Radio, Telefon, Klimaanlage. Hoteleigener Golfclub. DZ je nach Saison ab 200–225 €, Suiten ab 300–325 € (jeweils inklusive Frühstück). Ein Kind bis 12 J. im Zimmer zweier Erwachsener kostenlos.

**** **Hotel Estoril Eden (10)**, Av. Sabóia, Monte Estoril, ✆ 214667600, ✉ 214667601. Modernes Hotel mit 162 Appartements in direkter Nähe des Bahnhofs von Monte Estoril. Diskothek mit Bar nur für Gäste, 2 Schwimmbäder (innen und außen), Sauna, Solarium und Jacuzzi (Sprudelbad). Große Zimmer mit kleiner Küchenecke, Bad und Sat-TV. Von den kleinen Terrassen sehr guter Blick auf Estoril und das Meer. DZ je nach Saison 72–124 €. Meerblick 15–19 € extra, Frühstück 7 € pro Person.

**** Hotel Vila Galé (9), Av. Marginal, ✆ 214648400, ℻ 214648432. In unmittelbarer Nähe des Bahnhofs an der Av. Marginal gelegen. 1997 nach einer kompletten Renovierung neu eröffnet, früher nannte sich das Hotel Estoril Praia. Die 126 sehr geräumigen Zimmer verfügen über Sat-TV, Telefon, Schreibtisch und Marmorbäder mit Badewanne. Der Fußboden ist in hellroten Teppichen gehalten. An den Wänden bunte Gemälde, auch sonst hell und freundlich eingerichtet. Health Club, Türkisches Bad, Jacuzzi (Sprudelbad) und Konferenzräume. DZ mit Frühstück je nach Saison 86–118 €.

**** Estalagem Amazónia Lennox Estoril (3), Rua Engenheiro Álvaro Pedro de Sousa, 5, ✆ 214680424, ℻ 214670859. Die 2 Gebäude des Country Clubs und das zugehörige kleine Schwimmbad liegen auf einem Hügel über dem Casino. Die Zimmer tragen Namen englischer Golfplätze. Luxuriöse Innenausstattung, ruhige Lage. Zimmer mit Minibar, Klimaanlage, Sat-TV, Veranda und großen Bädern. DZ mit Frühstück je nach Saison ab 74–110 €. Ein Kind bis 12 J. im Zimmer zweier Erwachsener kostenlos.

*** Hotel de Inglaterra (2), Rua do Porto, 1, ✆ 214684461, ℻ 214682108. Herrschaftliche, alte Villa in exponierter Lage am Hang mit schönem Blick von den Balkons. Schwimmbad im Garten. Treppenaufgang und Salons sind noch original mit viel Holz ausgestattet. Zimmer und Bar-Einrichtung zeigen nicht mehr ganz so viel Geschmack. DZ mit Bad und Frühstück je nach Saison 68–110 €.

*** Hotel Paris Sana Classic (11), Av. Marginal, 7034, ✆ 214670322, ℻ 214671171. Unweit des Bahnhofes an der stark befahrenen Marginal gelegen, dadurch etwas laut. Die 94 kleinen Zimmer sind hübsch eingerichtet, die meisten haben Balkon mit Meerblick. Klimaanlage, Sat-TV, Telefon, Minibar, Tresor und Bäder mit Haartrocknern inklusive. Schwimmbad und Health Club im Hotel. DZ mit Frühstück je nach Saison zwischen 55–110 €. Kinder bis 12 J. im Zimmer zweier Erwachsener 50 % Ermäßigung.

*** Grande Hotel (7), Av. Sabóia, 488, Monte Estoril, ✆ 214649700, ℻ 214684834. In der Nähe des Hotels Eden. Altes, traditionsreiches Hotel in einem Gebäude aus dem letzten Jahrhundert. Viel Marmor. 4 kleine Konferenzsäle, verschiedene Aufenthaltsräume, kleines Schwimmbad. Große, teilweise etwas altmodisch eingerichtete Zimmer mit Bad, Sat-TV und Telefon, einige mit Terrasse und Meerblick. DZ mit Frühstück in der Nebensaison ab 55 €, sonst 110 €. Meerblick plus 5 €.

*** Pensão Residencial Smart (4), Rua Maestro Lacerda, 6, ✆ 214682164, ℻ 214649030. Schöne Familienpension aus dem Jahr 1901 im Osten Estorils, früher im Besitz einer englischen Dame namens Mrs. Smart. 2001 durch die port. Familie Bandarra komplett renoviert. Gepflegter Garten mit englischem Rasen, Brunnen und einem kleinen Schwimmbecken unter einer Palme. Schöner Frühstücksraum mit blau-weißen Azulejos. Privatgarage. 26 große und saubere Zimmer, alle mit Tel., Kabel-TV und eigenem Bad. Teilweise kleiner Balkon, einige Zimmer im 2. und 3. Stock haben Meerblick. DZ je nach Saison 50–80 €. Frühstück inklusive.

*** Pensão Pica-Pau (1), Rua Dom Afonso Henriques, 48, Monte Estoril, ✆ 214667140, ℻ 214680803. Neben dem Einkaufszentrum Cruzeiro in einer schönen Villa. Oben gemütliche Sonnenterrasse mit Schwimmbad und Café. Innen mit vielen Azulejos ausgekleidet. 35 geräumige Zimmer mit Steinboden und eigenem Bad. Viele haben Balkon. DZ mit Frühstück je nach Saison 40–75 €.

** Pensão Marylus (5), Rua Maestro Lacerda, 13, ✆ 214682740. Nördlich des Hotels Paris in ruhiger Lage. Kleines Zweifamilienhaus mit Garten. Einfache Zimmer, die keinen besonderen Komfort bieten. DZ ohne eigene Dusche 35 €, mit Dusche 40 €. Nur im Sommer ist ein Frühstück inklusive.

Essen & Trinken (siehe Karte S. 360/361)

Estoril kann längst nicht mit so vielen guten Restaurants aufwarten wie Cascais, deshalb empfiehlt es sich, im Nachbarort essen zu gehen.

Gordinni (12), Av. Marginal, 7191–2°, ✆ 214672205. Direkt neben dem Bahnhof von Estoril. Pizzeria im zweiten Stock eines Hauses mit schöner Aussicht über die Bucht von Cascais. Mo Ruhetag. 2 mittelgroße Speiseräume. Pizza Margherita für 6,75 €. Andere Hauptgerichte mit Nudeln, gegrilltem Fleisch oder Fisch deutlich teurer.

Yate Snack Bar (8), Arcadas do Parque, ✆ 214682661. Neben dem Turismo. Täglich

Privatwohnung – Kastell über der Praia do Tamariz in Estoril

außer Mi bis 2 Uhr nachts offen. Snack-Bar mit preisgünstigen Menüs. Wenn die vielen Tische am Platz besetzt sind, haben die Kellner Schwierigkeiten, die Bestellungen schnell und zügig auszuführen. Als Vorspeise gut zubereitete Gemüsesuppen (*sopa de legumes*), als Hauptgang z. B. gegrillte Sardinen (*sardinhas assadas*) mit Salat und Pommes frites. Hauptgerichte ab 6,25 €. Das Nachbarrestaurant *Deck-Bar* (unterschiedliche Tischfarbe) hat in etwa die gleiche Speisekarte und Preise.

Derrapagem (16), Rua Florinda Leal, 14-A, São João do Estoril, ✆ 214687363. Etwa 50 Meter südlich des Bahnhofs in São João. So Ruhetag. Eine Bar im Eingangsraum, weiter hinten der Speisesaal. Familienbetrieb mit regionaler Küche. Kleine Auswahl an Tagesgerichten und günstige Menus. Vor allem von Gästen aus der Nachbarschaft besucht. Hauptgerichte ab 6 €.

• *Café* **Pastelaria Girassol (15)**, Av. Florinda Leal, 22-A, São João do Estoril, ✆ 214685589. 100 m vom Bahnhof São João entfernt. Täglich ab dem frühen Morgen geöffnet. Das Café ist Treffpunkt vieler Jugendlicher. Die Küche bietet am Mittag auch günstige Tagesgerichte. Lecker ist die *alheira de Mirandela* (Knoblauchteigring mit Schweine- und Hähnchenfleisch).

Nachtleben (siehe Karte S. 360/361)

Das Flair von Cascais, wo man nachts durch die Fußgängerzonen des Zentrums flaniert, kommt in Estoril nicht auf. Die nächtlichen Attraktionen liegen hier etwas weiter auseinander – wie mangels historisch gewachsenem Zentrum überhaupt alles in Estoril. Geprägt wird das Nachtleben von Nobeleinrichtungen für älteres Publikum mit dickem Geldbeutel – z. B Casinobesucher.

• *Spielbank* **Casino do Estoril**, ✆ 214667700. Oberhalb des Bahnhofs von Estoril. Täglich von 15 bis 3 Uhr nachts offen. Zum Geldverlieren werden Baccara, Roulette (französisch und amerikanisch), Chemin-de-Fer und Black-Jack angeboten; dafür benötigt man jedoch eine Eintrittskarte, die am Eingang ausgestellt wird. Auch Europas größter Saal mit "Slot-machines" ist hier im Casino zu bewundern (Eintritt kostenlos). Der Anblick der 700 Maschinen, voll besetzt mit Leuten, die Münze für Münze einwerfen, ist faszinierend und erschreckend zugleich. Durch die Gänge fahren Angestellte mit schweren Wagen voller Wechselgeld. Ab 23 Uhr Varietétheater im Casino-Restaurant. Im Konzertsaal, der leider eine schlechte Akustik hat, finden oft musikalische Veran-

Estoril während des Zweiten Weltkriegs

In den 30er und 40er Jahren war Estoril einer der bevorzugten Schauplätze von Spionage und Gegenspionage verschiedener Geheimdienste der Alliierten sowie der Achsenmächte. Die deutsche Auslandsabwehr bezog über das neutrale Portugal zudem wichtige Informationen ihrer Spione in den USA oder Großbritannien. Gestapo und Sicherheitsdienst (SD) pflegten ein gutes Verhältnis zu ihrer portugiesischen Partnerorganisation PVDE. Darüber hinaus unterhielt die deutsche Seite Kontakte zur Industrie und zum portugiesischen Staat, um sich mit dem kriegswichtigen Schwermetall Wolfram zu versorgen.

Dabei richtete sich die Kooperation nicht nur gegen vom Naziregime geflohene Kommunisten. Anfang 1940 war geplant, den Herzog von Windsor (der frühere englische König Edward VIII.) bei seinem Besuch in Estoril zu entführen, um ihn im Fall einer deutschen Landung in Großbritannien als politische Schachfigur bereitzuhalten. Für die Entführung standen dem Chef der deutschen SD-Auslandsabteilung, Walter Schellenberg, rund um die Uhr achtzehn PVDE-Agenten zur Verfügung. Letztendlich scheiterte der Plan, da Schellenberg Skrupel hatte, seinen Auftrag auszuführen. Er schickte dem Herzog anonyme Briefe, sodass dieser nach Nordamerika weiterreiste und sich der Gefahr entzog.

Als Hochburg der Agenten der Achsenmächte galten die 1939 gegründete deutsche Schule in Estoril und das Hotel Atlântico neben dem Bahnhof von Monte Estoril – im Espaço Memória kann ein Foto des Hotels mit gehisster Hakenkreuzflagge betrachtet werden. Die alliierten Agenten zogen dagegen das Hotel Palácio als sichere Residenz vor.

Für einen durchaus politische Wellen schlagenden Skandal sorgten mehrere Exilantinnen, die sich im damals noch äußerst prüden Portugal im gewagten Zweiteiler an den Strand legten. Hier verhielt sich der portugiesische Staat alles andere als neutral: Er sperrte einige der Frauen wegen Angriffs auf die guten Sitten kurzzeitig ins Gefängnis und beendete diese "freizügige" Phase an den Stränden Estorils.

---

staltungen statt. Im Bereich des Nordeingangs liegen ein Bingo, eine Kunstgalerie sowie eine Piano-Bar.

- *Bars* **Absurdo (13) / Caramba (14)**, Praia do Tamariz, ✆ 214675418 bzw. 214661926. Direkt am Strand beim Bahnhof. Im Sommer täglich von 11 Uhr mittags bis 4 Uhr morgens oder später geöffnet. Im Winter geschlossen. Zweistöckige Bar: Unten das Absurdo, eine mit einer Holz- und Glas-Wand vor Wind geschützten Bar, oben das Caramba unter Segeldächern mit Grünpflanzen schön eingerichtet. Etwas störend ist, dass man an manchen Tischen zwei verschiedene Musikrichtungen hört. Im Sommer der In-Treffpunkt in Estoril. Viel Livemusik: Dixiebands, Rock und Salsa. Bier 3 €.
- *Theater* **Teatro Municipal Mirita Casimiro – Teatro Experimental de Cascais**, Av. Fausto Figueiredo, Monte Estoril, ✆ 214670320. Das Stadttheater von Cascais im Norden des Ortsteils Monte Estoril.

Ereignisse

- *Kunsthandwerksausstellung* Seit 1964 findet im Juli und August an der Avenida de Portugal neben dem Casino die *Feira Internacional de Artesanato – FIARTIL* statt, die internationale Kunsthandwerksausstellung Estorils. Hier werden nicht nur handwerkliche

Erzeugnisse gezeigt; das Ausstellungsgelände wird, besonders abends und nachts, zum Volksfest mit Folkloregruppen. Zum Essen gibt es leckeres Brot mit Räucherwurst (*pão com chouriço*) und die zu jedem portugiesischen Volksfest gehörenden *farturas* (Fettgebäck).

• *Sport (Tennis, Formel 1)* Herausragendes Sportereignis ist das berühmteste Tennisturnier von Portugal, die *Estoril-Open* Anfang April mit guter internationaler Beteiligung. Es findet inzwischen allerdings in Cruz Quebrada am Estádio Nacional statt. Früher gab es auf der Rennbahn bei Linhó auch regelmäßig Formel 1-Rennen. Seit Ende der 90er finden hier aber nur noch Trainingsläufe von Michael Schuhmacher und anderen Formel 1-Piloten statt. Dennoch hoffen die Estoriler weiter, Ihren "*Grande Prémio da Formula Um*" wiederzubekommen. Eine gewisse Entschädigung ist der Motorrad-Grand Prix, der zahlreiche Besucher anzieht.

Espaço Memória dos Exílios

Im ersten Stock des Postgebäudes von Estoril sind Fotos und Dokumente aus dem Zweiten Weltkrieg zu sehen, darunter vor allem Pässe und Hotelregister über die Zeit Cascais' und Estorils als Exil vieler Vertriebener. Unter den Exilanten waren bekannte Schriftsteller wie Antoine de Saint Exupéry, Diplomaten oder gar gekrönte Häupter wie König Humberto von Italien, Carol II. von Rumänien und die Großherzöge von Habsburg, die sich in Carcavelos niederließen. Viele Flüchtende kamen mit dem Süd-Express aus Paris, der zeitweise seinen Endbahnhof in Estoril hatte. Auch der rechtmäßige spanische Thronfolger Don Juan, Graf von Barcelona und Vater des jetzigen Königs Juan Carlos I., wählte nach Ende des Zweiten Weltkriegs 1946 Estoril als Exil und organisierte von hier aus den monarchistischen Widerstand gegen die Franco-Diktatur in Spanien.

Anfahrt/Öffnungszeiten Av. Marginal, 7152-A – 1. Stock, ✆ 214825022. Di–Fr 10–18 Uhr, Sa 10–13 und 14–18 Uhr, So und Mo zu. Eintritt frei.

Spaziergang durch Estoril und Cascais

Gegenüber dem Bahnhof von Estoril fällt sofort das **Casino** mit seinem Palmenpark ins Auge. Etwas östlich davon liegt die Post mit der Ausstellung **Espaço Memória dos Exílios** über die Geschichte der hiesigen Exilanten. Ebenfalls an der Avenida Marginal, aber westlich des Casino-Parks, liegt das **Salesianerkloster** mit der Igreja de Santo António. Vom Hauptstrand von Estoril, der Praia do Tamariz, bietet sich über die **Strandpromenade** ein herrlicher Spaziergang zur Praia da Conceição in der Nachbarstadt Cascais an. Dort angekommen, kann man sich ins Getümmel der belebten Fußgängerzone in der Rua Frederico Arouca stürzen. Beachtung verdient die Azulejo-Fassade des Rathauses (Câmara Municipal).

Etwas außerhalb des Stadtzentrums präsentiert das **Museu do Mar** eine sehenswerte Sammlung zur Fischereigeschichte Cascais. erstreckt sich der erfrischend grüne **Parque Municipal da Gandarinha**. Dort steht vor einer der schönsten Paläste von Cascais, in dem heute das **Museu do Conde de Castro Guimarães** untergebracht ist.

Über die Avenida Rei Humberto II de Itália – am neuen Marinehafen von Cascais, dem kleinen Strand Praia de Santa Marta und einem alten Leuchtturm vorbei – ist es nur noch knapp einen Kilometer bis zur **Boca do Inferno**, dem "Höllenschlund". Von der Boca do Inferno bietet sich ein Rückweg entlang herrschaftlicher Villen über die Avenida Vígia do Facho und die Avenida da República an. Zum Bahnhof Cascais geht es dann über die Rua Marquês Poncada, Rua dos Navegantes, Rua Alexandre Herculano und Avenida Valbom. Alternativ fährt der Stadtbus BusCas ab der Avenida da República zum Bahnhof.

Cascais (27.700 Einwohner)

Der Ort ist von einer felsenreichen Küste umgeben, an der sich nur ab und zu kleine sandige Buchten finden. Das etwa 20 Kilometer westlich von Lissabon gelegene Cascais war früher ein Fischernest und zeigt heute eigenwillige Kontraste: Im Hafenbecken liegen bunt bemalte Fischerboote neben stromlinienförmigen Aluminium-Yachten, im Ort stehen alte Prunkvillen vor modernen Appartementanlagen.

Mittlerweile hat Cascais Estoril als nobelsten Wohnort im Großraum Lissabon den Rang abgelaufen. Der Ort kann eine Vielzahl schöner **Paläste** und herrschaftlicher Häuser vorweisen. Erwähnenswert ist z. B. die Offiziersmesse der Portugiesischen Marine westlich der Praia da Ribeira. Weitere prachtvolle Paläste sind über der Praia da Conceição und an der Straße zur Boca do Inferno zu sehen. Eine hübsche kleine Villa aus dem Jahr 1916 mit einem Turmdach aus Azulejos steht in der Travessa do Visconde da Luz, 16. Bemerkenswert sind auch die städtischen Parkanlagen wie der **Parque de Palmela** an der Avenida Marginal am Ortseingang (geöffnet 10–19 Uhr).

In der belebten Fußgängerzone von Cascais zwischen Bahnhof und Zentrum und in den umliegenden Straßen finden sich zahlreiche Restaurants und Geschäfte. Sehenswert ist die weitgehend erhaltene, pittoreske **Altstadt** von Cascais mit ihren Kirchen, die leider aber meist geschlossen sind.

Direkt unterhalb des Bahnhofs von Cascais liegen die ersten beiden **Strände** des Ortes, die Praia da Conceição und die Praia da Duquesa, zwei benachbarte mittelgroße Sandstrände. Wer weiter Richtung Estoril um den Felsenvorsprung herumgeht, stößt auf ein kleines Ozeanschwimmbad.

Unweit der Fußgängerzone führen Treppen zur kleinen Praia da Rainha herunter; leider ist der "Strand der Königin" mit seinen interessanten Klippen sehr verschmutzt. Die Praia da Ribeira im Stadtzentrum ist durch den benachbarten Fischerhafen ebenfalls etwas verunreinigt. Weiter westlich bis nach Guincho folgt fast nur Felsenküste bis auf den kleinen Strand Praia de Santa Marta an einer Flussmündung neben dem Palast des Museu do Conde de Castro Guimarães.

In der *Doca Pesca*-Halle neben der Praia da Ribeira kann man **Fischauktionen** miterleben. Fisch und Meeresfrüchte landen nebenan die Boote an der Praia da Ribeira an. In roten Plastikkisten auf Eis gelegt schleifen sie Arbeiter auf ein Förderband, das die Ware bis zu einer Waage transportiert. Ist das genaue Gewicht bestimmt, zeigt eine große Leuchttafel Gewicht, Fischart und Herkunfts-Schiff an. Sofort beginnt der Preis auf der Tafel nach unten zu laufen, bis einer der Bieter auf der Tribüne als erstes über einen Knopfdruck die Ware ersteigert. Kiste für Kiste werden so Sardinen, Brassen, Garnelen fast lautlos versteigert, um kurz danach im einem der Restaurants zum Abendessen serviert zu werden.

Anfahrt/Öffnungszeiten Av. Combatentes da Grande Guerra. Täglich außer So 17 bis ca. 18.30 Uhr. Die Halle am besten durch den Seiteneingang am Nebenplatz mit der Statue, dem Largo Mestre Henrique Anjos betreten. Um die Gitter herum gelangt man auf die Tribüne.

Geschichte

Die ersten Spuren menschlicher Besiedlung in der Region sind auf etwa 2000 v. Chr. zu datieren. Gefunden wurden sie in den Höhlen von Alapraia bei São João do Estoril. Durch seine geschützte Bucht, die fischreichen Gewässer und die Nähe zum Tejo sowie zur Hauptstadt Lissabon bietet Cascais ideale Voraussetzungen zum Fischfang, früher Haupteinnahmequelle der Bewohner. Das Meer hat auch den Namen des Ortes geprägt: Man nimmt an, dass der Name *Cascais* vom Plural des Wortes *Casca* (Schale) kommt – Muschelschalen finden sich in großen Mengen an den umliegenden Stränden.

Mit Beginn der portugiesischen Entdeckungsfahrten wurde Cascais im 15. Jh. zum Vorposten Lissabons. Hier kamen die Schiffe von Afrika und Amerika an, ehe sie in das Binnenmeer von Lissabon einliefen. Auch Christoph Columbus erblickte bei seiner Rückkehr vom "entdeckten" Kontinent Amerika zuerst Cascais. Da Cascais als Ankunftsort der Expeditionen große Bedeutung hatte, wurde hier im 16. Jh. auf Befehl von König Manuel I. der erste Leuchtturm Portugals in Guia an der Straße nach Guincho errichtet. Auch heute noch steht an gleicher Stelle ein Leuchtturm.

Nach dem Ende der Blütezeit des portugiesischen Imperiums und dem Aussterben der Dynastie Aviz durch den Tod von König Heinrich, Erzbischof von Lissabon, landete 1580 der Duque de Alba in Cascais, um Portugal für die spanische Krone zu erobern. Somit war Cascais vom Vorposten der Entdeckungsfahrten zum Vorboten des Endes der portugiesischen Unabhängigkeit geworden.

Das Erdbeben von Lissabon 1755 richtete auch in Cascais erhebliche Schäden an: Klöster, Paläste und Häuser verwandelten sich innerhalb von wenigen Minuten in Ruinen. Während der napoleonischen Invasionen ab 1805 errichtete der französische Kommandeur Junot hier sein Hauptquartier. 1871 erkor dann die königliche Familie unter Dom Luís I. Cascais zu ihrem Sommersitz. Sein Nachfolger Dom Carlos I. hielt sich ebenfalls sehr häufig in Cascais auf. Mit dem Hof kamen viele reiche bürgerliche und adlige Familien in den Ort und ließen hier ihre prächtigen Paläste erbauen. Der Name *Praia da Rainha* (Strand der Königin) erinnert noch heute an die Zeit als königliches Seebad. Die *Belle Epoque* von Cascais dauerte allerdings nur bis 1910, als die Republik Portugal ausgerufen wurde. Dafür begann aber ab 1930 der moderne Badetourismus, der sich besonders auf Estoril konzentrierte.

1941 folgte eine weitere Naturkatastrophe: Ein Zyklon zog durch Cascais und richtete große Verwüstungen an. Immer wieder zerstört das Meer in sturmreichen Wintern große Teile der Strandpromenade, so geschehen z. B. im Winter 1995/96. Zerstörung durch einen beispiellosen Bauboom brachten die 90er Jahre unter dem sozialistischen Bürgermeister José Luís Judas. In den acht Jahren seiner Amtszeit genehmigte er den Bau von über 12.000 neuen Wohnungen. Als er auch die letzten Grünflächen an der Linha de Cascais betonieren wollte, stieß Judas aber auf großen Widerstand in der Bevölkerung und seiner eigenen Partei PS. Diese stellte ihn schließlich bei den Kommunalwahlen 2001 nicht mehr als Kandidaten auf. Die Wahlen gingen dennoch an die Sozialdemokraten des PSD verloren. Der neue Oberbürgermeister António Capucho versuchte umgehend, die Bauwut zu dämpfen. Er entdeckte dabei "merkwürdige" Geschäftsbeziehungen seines Vorgängers mit Baufirmen.

Information/Diverses

- *Information* Turismo in der Rua Visconde da Luz, ✆ 214868204. Geöffnet Mo–Sa 9–19 Uhr (im Sommer bis 20 Uhr), So und an Feiertagen 10–18 Uhr.
- *Post* Av. Marginal, 9302. Neben dem Centro Comercial Cascais Villa.
- *Polizei* PSP-Touristenpolizei, Rua Visconde da Luz, 14-D, ✆ 214863929, 214863932. Neben dem Turismo. Täglich 10–20 Uhr geöffnet.

Verbindungen

- *Zug* Ab *Lissabon* (über Oeiras, Estoril): Häufige Züge vom Bahnhof Cais do Sodré (Metro Cais do Sodré) bis spät in die Nacht. Takt in der Hauptverkehrszeit Mo–Fr alle 15 Min., sonst alle 20–30 Min. Fahrpreis 1,25 €. Fahrzeit ca. 35 Min.
- *Bus* Die Busse von ScottURB fahren vom Busbahnhof Cascais im Untergeschoss des Einkaufszentrums Centro Comercial Cascais Villa ab – vom Bahnhof über eine Unterführung zu erreichen. Im Busbahnhof auch Verkaufsstand für Vorverkaufskarten (*módulos*) sowie Tages- und Wochenkarten.

Ab *Lissabon/Flughafen*: Die Expressbuslinie 498 der Gesellschaften ScottURB und Rodoviária de Lisboa fährt stündlich 6–22 Uhr vom Flughafen Lissabon nach Cascais. Dort halten sie in der Nähe des Bahnhofs an der Av. 25 de Abril (vor der Bank Nova Rede). Teilweise auch Stopp an Hotels wie Quinta da Marinha, Estalagem da Guia, Atlantic Gardens und Cidadela (genaues beim Fahrer erfragen). Preis 7 € (gilt als Tageskarte im ScottURB-Netz). Dauer 40 Min.

Zum *CascaiShopping* nach Alcabideche: Bus 406 (Ziel Bahnhof Estoril) Mo–Fr stündlich, Sa/So alle 30 Min. Oder Bus 462 Richtung Carcavelos Mo-So stündlich. Auch Bus 417 nach Sintra (s. u.)

Nach *Guincho*: Busse 405 und 415. Beide Busse fahren einen Rundkurs. Bus 405: Bahnhof – Guia – Oitavos – Cabo Raso – Guincho – Areia – Birre – Quinta da Marinha – Vila da Bicuda – Bahnhof. Bus 415 die umgekehrte Richtung. Beide Busse fahren jeweils im Zweistunden-Takt. Fahrzeit bis Guincho etwa 20 Min. Auf dem Streckenteil Areia – Birre – Cascais fahren beide Busse jeweils im Stundentakt (von Areia sind es zu Fuß 1,2 Kilometer bis zum Strand von Guincho).

Nach *Malveira da Serra*: Bus 402 Mo–Fr alle 30 Min., Sa/So etwa stündlich. Oder Bus 403 (Richtung Sintra) Mo–Fr 11-mal, Sa 10-mal und So 8-mal. Fahrzeit 15 Min.

Nach *Sintra* (via Alcabideche): Bus 417 Mo–Fr stündlich, Sa 9-mal, So 6-mal. Schnellere und preisgünstigere, aber weniger schöne Strecke nach Sintra als via Cabo da Roca. Halt in Sintra an beiden Bahnhöfen Sintra und Portela de Sintra. Fahrtdauer 45 Min.

Nach *Sintra* (via Malveira da Serra, Azóia, Cabo da Roca und Colares): Bus 403 vom Bahnhof, Mo–Fr 11-mal, Sa 10-mal und So 8-mal. Etwa 8 Busse fahren täglich direkt bis ans Cabo da Roca, die anderen nur bis

Die Altstadt von Cascais wird durch kleine Gassen geprägt

370　Linha de Cascais

Azóia. Halt in Sintra an den Bahnhöfen Sintra und Portela de Sintra. Fahrzeit ca. 70 Min.
- *Stadtbusse* Innerhalb Cascais verkehrt der Stadtbus *BusCas* alle 7 Min. auf einem Rundkurs: Bahnhof – Hospital – Rua Jaime Thompson – Praça de Touros – Av. da República – Zitadelle – Rathaus – Bahnhof. Als einzige Buslinie fährt der *BusCas* nicht vom Busbahnhof, sondern nur direkt vor dem Bahnhof ab. Fahrpreis einfach 0,70 €, hin und zurück 1,20 €.

In die Stadtteile *Bairro do Rosário* und *Torre* (z. B. Praça de Touros): Bus 404 Richtung Torre Mo–Fr alle 20 Min., Sa/So alle 30 Min. Auch Bus 416 Richtung Bairro Rosário Mo–Fr alle 30 Min, Sa/So keine Busse. Fahrzeit jeweils 10 Min.
Zur *Quinta da Marinha*: Mo–Fr alle 2 Stunden Bus 425 und 432, Sa/So keine Busse.
- *Taxi* Rádio Táxis Cascais, ℡ 214864731.

Mit dem Rad durch Cascais
In Cascais bietet die Stadt einen Verleih von Rädern an. Die so genannten *BiCas* kann man gegen die Vorlage eines Personalausweises für 1 € am Tag an verschiedenen Orten ausleihen, u. a. gegenüber dem Bahnhof vor der BCP-Bank, neben dem Hotel Baía und der Stierkampfarena Praça dos Touros. Auf der Strandpromenade und durch die Parks darf aber nicht geradelt werden. Die Räder haben übrigens keine Schlösser.

Übernachten (siehe Karte S. 372/373)

Cascais bietet eine große Auswahl an Hotels: Von der intimen Estalagem mit 10 Zimmern bis zum riesigen Hotelblock ist alles vorhanden. In der Regel bekommt man in Cascais für sein Geld mehr geboten als im international bekannteren Estoril mit seinem Preis treibendem Casino. **Achtung**: Sollte es wieder Formel-1-Rennen in Estoril geben, können die Preise der besseren Hotels in der Rennwoche um bis zu 100 % steigen!

***** **Hotel Albatroz (8)**, Rua Frederico Arouca, 100, ℡ 214847380, ℻ 214844827. In einer Seitenstraße 50 m vom Bahnhof entfernt. Wunderschöne Lage über den Felsenklippen der Praia da Conceição. Das beste Hotel in Cascais. 1873 wurde es als Palast des Herzogs Duque de Loulé erbaut. Seit 1963 ist hier das edle Hotel mit seinen 40 mittelgroßen Zimmern und 6 Suiten untergebracht. Die Räume sind stilvoll eingerichtet; sie verfügen über Sat-TV, Minibar, Tresor und Klimaanlage. Manche haben einen Balkon mit herrlichem Meerblick. Auf der kleinen Terrasse kann man im Schwimmbad planschen oder ein Sonnenbad nehmen. DZ je nach Saison 160–185 €, mit Meerblick 185–262 €. Suiten 315–480 €. Frühstück 11,50 € pro Person.

***** **Hotel Quinta da Marinha (15)**, Quinta da Marinha, ℡ 214860100, ℻ 214869488. Etwa 3 km westlich des Zentrums von Cascais. Busse 425 und 432 halten direkt vor dem Hotel, Busse 405 und 415 ca. 200 m weiter an der Vila Bicuda. Modernes Hotel am Rande des bekannten Golfplatzes (Ermäßigungen für die Gäste). Großzügige, zum Garten hin geöffnete Anlage in U-Form. Viel Naturlicht, breite Gänge, weite Innenhöfe. Drei Außen-Schwimmbäder, ein überdachtes Becken, Sauna, Kraftraum, Tennisplätze, Friseur, Konferenzräume, Garage. 200 geräumige Zimmer mit großem Balkon, Minibar, Sat-TV, Klimaanlage. Nur wenige zur Straße. Teilweise behindertengerecht DZ 185 € (inkl. Frühstück). Kinder bis 12 J. im Zimmer zweier Erwachsener kostenlos. Neben dem Hotel liegen noch 45 Appartement-Häuser im portugiesischen Landstil. Die geräumigen Appartements verfügen über mehrere Badezimmer, Küche, offenen Kamin, Terrassen und einen Garten. Appartementhaus für 2 Pers. 210 €, für 4 Pers. 300 € pro Tag (inkl. Frühstück).

***** **Estalagem Senhora da Guia (13)**, Estrada do Guincho, ℡ 214869239, ℻ 214869227. Etwas außerhalb der Stadt an der Küstenstraße nach Guincho. Die Busse 405 und 415 halten vor dem Haus. 39 Zimmer und zwei Suiten in luxuriösem Landhausstil mit edlen Möbeln, Minibar, Sat-TV, Telefon, Tresor und Klimaanlage. Zum stilvollen Haus gehören auch ein Konferenzraum, eine Bar mit schöner Terrasse, ein Meerwasserschwimmbecken und ein gepflegter Garten. Gäste bekommen auf den Golfplätzen im Großraum Lissabon Sondertarife.

DZ mit Frühstück je nach Saison zwischen 115–215 €. DZ mit Meerblick 10 € Zuschlag.

***** **Farol Design Hotel (27)**, Av. Rei Humberto II de Itália, 7, ✆ 214830173, ✉ 214836461. Direkt über dem Meer am Leuchtturm in der Nähe der Boca do Inferno. Ein altes stilvolles Wohnhaus aus dem 19. Jh., dem 2002 ein Flügel im modernen Design hinzugefügt wurde. Der Kontrast zwischen alt und neu gibt dem Hotel eine sehr reizvolle Spannung. 34 Zimmer und Suiten mit Wasser-Massage-Bad, Kabel-TV, Telefon, Minibar, Tresor und Klimaanlage. Zumeist mit herrlichem Meerblick, am besten im fast komplett verglasten Zimmer 215. Die Zimmer im obersten Stockwerk dekorierten bekannte Modeschöpfer Portugals wie Ana Salazar, Fátima Lopes und Manuel Gonçalves. Konferenzräume, Bar mit Blick über den Atlantik, das Restaurant im Möbel-Design der 60er. Türkisches Bad und Salzwasser-Schwimmbecken mit Sonnen-Terrasse. Direkt nebenan die Disko Coconuts – für Gäste Eintritt frei. Das Hotel hat Geschichte: Hier traf sich im "heißen Sommer" 1975 die Gruppe um den späteren Präsidenten Ramalho Eanes, um dem Abdriften des Landes in Richtung Kommunismus ein Ende zu bereiten. DZ mit Frühstück je nach Saison 168–190 €.

***** **Estalagem Villa Cascais (17)**, Rua Fernandes Tomás, 1, ✆ 214863410, ✉ 214844680. In zentraler Lage, direkt neben der Praia da Ribeira gelegen. Altehrwürdiges, weiß getünchtes Haus, an den roten Ziegeldächern leicht zu erkennen. Im 19. Jh. im Besitz der Grafen von Palmela, später gehörte es der Schriftstellerin Maria Amália Vaz de Carvalho. Heute in der gleichen Hotelgruppe wie das Albatroz. Familiäre Atmosphäre, da lediglich 10 geräumige Doppelzimmer. Hell und freundlich eingerichtet mit Holzboden, Möbeln in antikem Stil, Klimaanlage, Minibar und TV. Luxuriöse Badezimmer mit handbemalten Azulejos. Alle Zimmer mit Meerblick, ebenso das Restaurant und die Terrasse mit schöner Azulejo-Verkleidung. DZ je nach Saison ab 143–187 €. Frühstück pro Person 10 €.

**** **Hotel Cidadela (2)**, Av. 25 de Abril, ✆ 214827600, ✉ 214867226. Etwas außerhalb des Zentrums in der Nähe des Krankenhauses, aber nicht allzu weit vom Bahnhof entfernt. Mit 104 Zimmern, 8 Suiten und 18 Appartements eines der größeren Hotels, aber dennoch nicht zu unpersönlich oder gar hässlich. Hell und freundlich eingerichtet. Schwimmbad mit schönem Garten. Zimmer mit Terrasse (Meerblick), Bad, Azulejos und Sat-TV. DZ zwischen 88 (Nebensaison) und 138 € (Hochsaison). Frühstück 7,50 € pro Person.

Quinta da Marinha: Luxus-Hotel mit angeschlossenem Golfplatz

**** **Aldeamento Turístico Vila Bicuda (14)**, Vila Bicuda, Rúa dos Faisões, ✆ 214860020, ✉ 214860029. Am Westrand von Cascais, kurz vor dem Hotel Quinta da Marinha. Zirka 3 km zum Zentrum. Bus 405, 415, 425 und 432 halten direkt vor der modernen Feriensiedlung. Über 80 kleine Ferienhäuser. Etwas steril, aber dem regionalen Baustil gut nachempfunden. Zentraler Platz mit Café und Supermarkt. Schwimmbad. Gut für Familien mit Kindern geeignet. Geräumige Appartements mit Klimaanlage, Bad, Terrasse, Kabel-TV und Tresor. Komplett ausgestattete Küchen mit Spülmaschine. Ferienhaus-Appartements für 2 Pers. je nach Saison 90–130 €, für 4 Pers. 130–175 € (ohne Frühstück).

372 Linha de Cascais

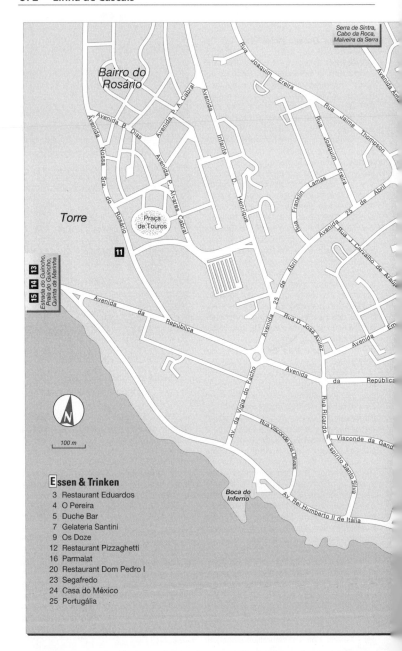

Essen & Trinken
- 3 Restaurant Eduardos
- 4 O Pereira
- 5 Duche Bar
- 7 Gelateria Santini
- 9 Os Doze
- 12 Restaurant Pizzaghetti
- 16 Parmalat
- 20 Restaurant Dom Pedro I
- 23 Segafredo
- 24 Casa do México
- 25 Portugália

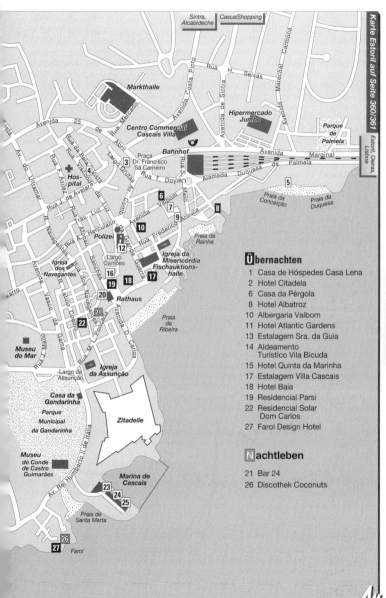

Linha de Cascais

**** Hotel Atlantic Gardens (11), Av. Manuel Júlio Carvalho e Costa, 115, ☎ 214825900, 📠 214825977. Modernes Hotel außerhalb des Zentrums im Bairro do Rosário direkt hinter der Stierkampfarena Praça de Touros, zu der auch der Stadtbus BusCas fährt. 149 freundlich eingerichtete, große Zimmer in hellen Pastellfarben. Ruhige Lage mit Meerblick. Fitnesszentrum und diverse Schwimmbäder. DZ je nach Saison zwischen 70–134 €. Meerblick 11–16 € Zuschlag pro DZ. Frühstück 8,30 € pro Person. Extra-Bett für Kinder bis 12 J. frei.

*** Hotel Baía (18), Av. Marginal, ☎ 214831033, 📠 214831095. Im Zentrum von Cascais thront dieses Hotel mit 113 Zimmern über der Praia da Ribeira. Gänge etwas altmodisch dunkel. Geräumige Zimmer mit gut ausgestatteten Bädern. Die Zimmer nach vorne haben Balkon. Auf dem Dach ein beheiztes Hallenschwimmbad und eine Terrasse mit gutem Blick auf den Strand. Parkplatz für Gäste. DZ mit Bad und Frühstück je nach Saison von 63–110 €.

**** Albergaria Valbom (10), Av. Valbom 14, ☎ 214865801, 📠 214865805. Nur 100 Meter vom Bahnhof entfernt, aber ruhige Lage. Ohne persönliche Note, dafür sehr zentral. Gepflegter, dreigeschossiger Bau mit 40 geräumigen, sauberen Zimmern. Vor dem Haus Parkmöglichkeit. DZ mit Bad und Frühstück je nach Saison von 35 bis 68 €.

*** Pensão Residencial Solar Dom Carlos (22), Rua Latino Coelho, 8, ☎ 214828115, 📠 214865155. Neben dem Teatro Gil Vicente in der Altstadt. Ehemaliger Sommersitz des Königs Dom Carlos. Aus dieser Zeit stammen noch der Garten, die sehenswerte 400 Jahre alte Kapelle und der wunderschöne Speisesaal. Große Zimmer. Besser vorher reservieren, da sehr oft ausgebucht. DZ mit Bad und Frühstück je Saison zwischen 35 und 65 €.

Casa de Hóspedes Casa Lena (1), Av. Engenheiro Adelino Amaro da Costa, 121, ☎/📠 214868743. Schlichte Pension in einem Einfamilienhaus hinter dem Hotel Cidadela. Ca. 10 Min. zu Fuß bis zum Bahnhof. Straße vor der Tür recht stark befahren, daher teilweise etwas laut. 20 einfach eingerichtete, mittelgroße Zimmer mit eigenem Bad und TV. Sauberer Parkettfußboden. Kostenloser Parkplatz. Kleiner Garten um das Haus. DZ je nach Saison 40–60 € (außer in der Nebensaison ist das Frühstück inklusive).

Residencial Parsi (19), Rua Afonso Sanches, 8-I, ☎ 214845744, 📠 214837150. Direkt im Zentrum von Cascais in einer ruhigeren Seitenstraße hinter dem Rathaus. Einfache, gepflegte Pension. Keine Sterne, da nicht bei der Tourismus-Generaldirektion registriert. Zimmer sauber, schön eingerichtet und mit TV. DZ mit Bad je nach Saison 35–40 €, mit Meerblick 40–60 € (jeweils inkl. Frühst.)

Turismo de Habitação: Casa da Pérgola (6), Av. Valbom, 13, ☎ 214840040, 📠 214834791. In nächster Nähe zum Bahnhof. Eines der wenigen Häuser des Turismo da Habitação mit zentraler Lage. Schönes Haus aus dem 19. Jh. mit einer herrlichen, mit Azulejos verzierten Fassade. Seit über hundert Jahren in Familienbesitz. Entzückender, kleiner Garten. Auch innen sehr stilvoll. 10 Zimmer, alle mit eigenem Bad. Mobiliar in antikem Stil. Im Winter zeitweise geschlossen. Auch sonst besser vorher nachfragen, da oft ausgebucht. DZ je nach Saison 58–92 €, mit Balkon 68–102 € (jeweils inkl. Frühstück). Wer das Haus nur so kennen lernen möchte, kann Di–So von 16–19 Uhr zur Teestunde kommen, die für alle offen steht.

Essen & Trinken (siehe Karte S. 372/373)

Casa do México (24), Marina de Cascais, ☎ 214818010. Am Yacht-Hafen mit Blick über die stromlinienförmigen Schiffe auf die Bucht von Cascais. Täglich Abendessen 20–1 Uhr (Do–Sa bis 2 Uhr), Sa/So auch mittags offen. Mexikanische Küche, Ableger des gleichnamigen Restaurants in Lissabon. Hinter einer wuchtigen Holzschiebetür ein bunt eingerichteter Speiseraum. Terrassenservice. Hauptgerichte ab 9 €.

Eduardos (3), Largo das Grutas, 3, ☎ 214831901. Recht unscheinbar und versteckt in einem Hinterhof nahe dem großen Kreisverkehr (Praça Dr. Francisco Sá Carneiro). Mi geschlossen. Von außen durch das dunkle Holz an der Fassade gut zu erkennen. Kleiner Speiseraum im Inneren. Täglich wechselnde portugiesische Gerichte, sonst belgische Küche. Hauptgerichte ab 8,50 €. Mittags auch günstige Gerichte ab 4,50 €.

Portugália (25), Marina de Cascais. Restaurant im Segelhafen. Täglich 12–24 Uhr. Innen heller Speiseraum, vor der Tür eine ausladende Terrasse mit Blick auf die Schiffe der Marina und die Bucht von Estoril. Ausladende Schirme dämpfen die Sonnenstrahlen. Vor allem Steaks und Meeresfrüchte ab 7,25 € pro Hauptgericht.

Praia da Rainha: beliebter Strand im Zentrum von Cascais

O Pereira (4), Rua da Bela Vista, 92, ✆ 214831215. In einer Seitenstraße oberhalb des Turismo. Do Ruhetag. Hübsch eingerichtetes, einfaches Restaurant. Gelb gestrichener Speiseraum, in dem mittags die Büroangestellten aus der Nachbarschaft speisen. Spezialität des Hauses sind auf dem Holzgrill zubereitete Fische und zahlreiche andere Fischgerichte wie *açorda de mariscos* (Brotbrei mit Meeresfrüchten). Hauptgerichte ab 6 €.

Pizzaghetti (12), Rua Frederico Arouca, 5, ✆ 214822360. Hinter dem Hotel Baía liegt dieses rustikal eingerichtete Restaurant. Recht unscheinbarer, leicht zu übersehender Eingang. Speiseraum im 1. Stock. Mo Ruhetag. Wie der Name schon besagt, gibt es Pizzen aus dem Holzofen und Spaghetti ab 6 € (Mittagsmenu mit Getränk für 5,50 €).

Os Doze (9), Rua Frederico Arouca, 71, ✆ 214865334. Mitten in der Fußgängerzone am Bahnhof. Di abends und Mi ganztags geschlossen. Mit Torbögen aus roh behauenen Steinen, Ritterrüstungen und Wappen rustikal eingerichtet. Regionale Hausmannskost. Vorwiegend portugiesisches Publikum. Mittags gibt es auch einen "Snack-Bar-Serviço", das sind an den normalen Tischen erhältliche Tellergerichte ab 3 €. Die sonstigen Hauptgerichte beginnen bei 6 €.

Duche Bar (5), Praia da Conceição, ✆ 214831379. Einfaches Strandrestaurant in der Nähe des Bahnhofs. Dezember und Januar ganz geschlossen, sonst täglich offen. Für die schöne Lage direkt am Strand mit Blick auf die Bucht moderate Preise: Gebratene Sardinen schon ab 5 €.

Dom Pedro I (20), Beco dos Inválidos, 32, ✆ 214833734. In einer kleinen Gasse rechts hinter dem Rathaus von Cascais. So Ruhetag. Innen kleiner Speiseraum mit blau-weißen Azulejos und bunten Gemälden. Auch draußen kann gegessen werden. Große Auswahl an Gerichten, täglich wechselnd. Gute Fischspeisen. Reichliche Gerichte, es gibt aber auch halbe Portionen. Hauptgerichte ab 4,90 €.

Cafés & Eisdielen (siehe Karte S. 372/373)

Café Segafredo (23), Marina de Cascais. Einfaches Café der italienischen Kaffee-Firma am Segelhafen von Cascais. Kleiner Innenraum und ein paar Tische auf der Terrasse. Hier kann man stundenlang sitzen, sich die Meeresbrise um die Ohren wehen lassen und das Treiben der Marina beobachten.

Hier liegen die luxuriösesten Yachten der Region: Marinehafen Cascais

Gelateria Santini (7), Av. Valbom, 28-F, ✆ 214872504. Versteckt in einer Parallelstraße der Fußgängerzone. Geöffnet 10–24 Uhr (So nur bis 20 Uhr), Mo Ruhetag, im Winter ganz geschlossen. Vom italienischen Einwanderer Attilio Santini 1949 gegründete Eisdiele. Zu seinen Stammkunden zählte der exilierte italienische König Umberto II. Das Eis gilt als das beste im ganzen Großraum Lissabon. Ob es allerdings das beste der Welt ist ("I gelati piú fini del mondo"), sei mal dahingestellt.

Gelataria Parmalat (16), Rua do Beco Torto, 1, ✆ 214844296. Mitten in der Altstadt zwischen dem Rathaus und dem Largo Luís de Camões. Di Ruhetag. Innen mit viel Aluminium modern eingerichtet. Man kann draußen auf Tischen in der Fußgängerzone sitzen. Selbstbedienung. Neben Eis auch Kaffee.

Nachtleben/Kino/Ereignisse (siehe Karte S. 372/373)

Cascais hat ein attraktives Nachtleben zu bieten. Besonders viel los ist abends in den Gassen der Altstadt um den Largo Luís de Camões, wo zahlreiche Kneipen bis spät in die Nacht offen haben. Dazu kommen noch einige Bars im Yacht-Hafen, der Marina.

- *Bars* **Bar 24 (21)**, Rua Marquês Poncada, 24. Täglich von 21 bis 24 Uhr geöffnet (am Wochenende bis 4 Uhr morgens). Happy Hour 21–23 Uhr. Kleine, etwas alternativere Bar.

- *Diskotheken* **Coconuts (26)**, Av. Rei Humberto II de Itália, 7, ✆ 214844109. Stranddisko am Leuchtturm in der Nähe der Boca do Inferno. Täglich 23–6 Uhr. Gemischtes Publikum. Typische 08/15-Diskomusik. Nicht zu übertreffende Lage: Blick aufs Meer, eigener Zugang zum Strand. Mittwochs Ladies' Night (nur für Frauen und mit Männer-Strip). Mindestverzehr 10 €.

- *Kino* **Castello Lopes**, Centro Comercial Villa Cascais, Av. Marginal. Im Einkaufszentrum neben dem Bahnhof. 5 moderne Kino-Säle.
  Warner-Lusomundo, CascaiShopping, Alcabideche, ✆ 214600420. Im Einkaufszentrum in Alcabideche zwischen Cascais und Sintra. Mo Kinotag. 7 klimatisierte Säle zwischen 183 und 295 Plätzen. Aktuelle Hollywoodfilme.

- *Estoril Jazz* Das renommierte Jazz-Festival findet seit über 20 Jahren im Parque de Palmela statt. Jedes Jahr im Juli treten dort internationale Jazzmusiker auf.

Einkaufen

- *Einkaufszentren* **Centro Comercial Cascais Villa**, Av. Marginal. Einkaufszentrum direkt gegenüber dem Bahnhof. Lichte Architektur, aber etwas überdimensioniert für seine zentrale Lage. Das übliche Spektrum von Mode über Schmuck bis zu CDs. Dazu mehrere Kinos. Von einigen Tischen der Restaurants im Obergeschoss gute Aussicht auf Estoril und das Meer. Man kann auch auf einer Terrasse sitzen.
CascaiShopping, Alcabideche. Ca. 5 km nördlich von Cascais (Bus ab Bahnhof Cascais alle 30 Min.) Eines der größten Einkaufszentren Portugals. Ein riesiger Continente-Hipermercado mit 67 Kassen, diverse Mode-Geschäfte wie C&A, Restaurants und Kinos. Außerdem gibt es noch das Divertlândia, eine Ansammlung von Spielautomaten und sonstigen Vergnügungseinrichtungen.
- *Keramik* **Ceramiarte**, Largo da Assunção, 3. Nach alten Techniken handgemachte Keramiken in modernem Stil. Große Auswahl, gehobene Preisklasse.
- *Märkte* **Feira da Praça de Touros** jeden 1. und 3. So neben der Stierkampfarena im Bairro do Rosário. Zahlreiche Textilien und Trödel. Gefälschte Markenartikel wie Jeans zu günstigen Preisen. Viele illegale Händler, die ihre schnell auf einem Tuch am Boden ausgebreitete Ware ebenso schnell wieder zusammenpacken, sollte die Polizei wieder einmal kontrollieren.
Mercado Municipal, Av. 25 de Abril (Rua do Mercado). Hier findet jeden Mittwochmorgen ein Bauernmarkt statt.
- *Supermarkt* **Hipermercado Jumbo**, Av. Marginal. Neben dem Bahnhof. Der Supermarkt mit den günstigsten Preisen.

Sehenswertes

Museu do Mar: Das Museum dokumentiert die Natur-, Fischerei- und Seefahrtsgeschichte von Cascais. Ausgestellt sind traditionelle Fischertrachten und -ausrüstungen, ausgestopfte Fische, Miniaturboote aus Cascais, Ericeira und Nazaré sowie Kunstwerke zum Thema Meer. Ein weiteres, etwas morbideres Thema sind Schiffskatastrophen auf hoher See.
Anfahrt/Öffnungszeiten Rua Júlio P. Mello, ✆ 214825400. Geöffnet Di–So 10–17 Uhr (letzter Einlass 16.30 Uhr). Montags und an Feiertagen geschlossen. Eintritt 1,50 €; bis 18 J., ab 60 J. und Studenten frei.

Parque Municipal da Gandarinha: Das heimische Publikum nutzt diesen beliebtesten Park von Cascais besonders gern für Wochenendspaziergänge. Die weitläufige, vogelreiche Anlage gehörte früher Marschall Óscar Carmona, dem ehemaligen Staatspräsidenten unter Salazar. Obwohl die Stadt ihn bereits 1941 gekauft hat, wird er noch heute gerne *Parque Marechal Carmona* genannt. Neben dem Park liegt das rot-gelbe Kulturzentrum *Centro Cultural de Cascais*, das Raum für wechselnde Ausstellungen bietet. Untergebracht ist es in der ehemaligen Privatresidenz des Grafen von Gandarinha aus dem 19. Jh.
Anfahrt/Öffnungszeiten Eingänge in den Park beim Sportpavillon und beim Museu do Conde de Castro Guimarães. Der Park ist täglich zwischen 8.30 und 19.30 Uhr geöffnet (im Winter nur bis 18 Uhr). Mo morgens zu. Eintritt frei. Das Kulturzentrum in der Avenida Rei Humberto II de Italia ist Di–So 10.30–18.30 Uhr geöffnet (Mo zu), ✆ 214848900.

Cidadela: In direkter Nachbarschaft zum Park thront die mächtige Zitadelle über der Bucht von Cascais. In dem Gebäude, dessen Ursprünge bis ins Jahr 1642 zurückgehen, ist heute ein Luftabwehr-Regiment stationiert. Als Anschauungsobjekte aus der "Arbeit" der portugiesischen Luftabwehr stehen im kleinen Garten vor dem Fort Raketen und Kanonen. Nach 1963 verbrachten die portugiesischen Präsidenten ein paar Jahre lang ihre Sommerferien in einem kleinen Palast innerhalb der Zitadelle. Hinter der markanten, dreieckigen

Romantischer Palast: Museu do Conde de Castro de Guimarães

Zitadelle schunkeln moderne Segelboote in der *Marina*, dem Segelhafen von Cascais, im Wasser. Er gilt als der modernste Yachthafen der Region Lissabon.

Museu do Conde de Castro Guimarães: Einer der schönsten Paläste von Cascais, am Rand des Parque Municipal da Gandarinha gelegen. In dem Palast mit der auffälligen Goldkuppel findet man neben verschiedenartigen Azulejos einen schönen Kreuzgang mit einem Löwenbrunnen. Auch die einzelnen Zimmer des Palastes sind sehr stilvoll antik eingerichtet. Nebenan ist mit dem *Núcleo Lapidar Felix Alves Pereira* eine Ausstellung von Steinfunden aus dem Kreis Cascais zu sehen, die von der prähistorischen Zeit über die römische Epoche bis zur Gegenwart reichen. Sehenswert ist auch die alte, schlichte *Capela da Gandarinha* aus dem 17. Jh. mit ihren schönen Azulejos. Die kleine Kapelle liegt direkt gegenüber dem Museu do Conde de Castro Guimarães.

Anfahrt/Öffnungszeiten Parque Municipal da Gandarinha, ✆ 214825407. Di–So 10–17 Uhr, Mo und an Feiertagen geschlossen. Eintritt 1 €.

Boca do Inferno: Der "Höllenschlund" liegt an der Küstenstraße nach Guincho, ca. 2 km vom Stadtzentrum entfernt: ein großer, vom Meer ausgewaschener Felsenkessel mit kleinen Höhlen. Er wirkt besonders reizvoll, wenn die hohe Brandung das Felsenloch zum Überschäumen bringt, begleitet vom wild tosenden Geräusch der Wellen. Wem der Tag für einen Strandbesuch zu windig ist, der sollte unbedingt einen Ausflug zur Boca do Inferno unternehmen.

Anfahrt Der Stadtbus BusCas fährt vom Bahnhof bis zur Avenida da República in der Nähe der Boca do Inferno. Als Alternative sehr schöner Fußweg vom Zentrum entlang der Küste. Auch für eine kleine Radtour bietet sich die Strecke an.

Forte de São Jorge de Oitavos: Einst war das kleine Fort Teil des Befestigungssystems, das die Küste um Lissabon vor der Landung feindlicher Truppen sichern sollte. Schließlich waren die spanischen Truppen 1580 in Cascais an Land gegangen. So baute man 1641 das Fort – nur ein Jahr nachdem Portugal die Unabhängigkeit von den Spaniern zurück gewonnen hatte. Die an der Küste verteilten Festungsanlagen kommunizierten untereinander mit Hilfe eines ausgeklügelten Systems von Kanonenschüssen und Flaggen. Das Forte de Oitavos hatte dabei das Kommando inne. Im Fort sind Repliken diverser Kanonen zu besichtigen, außerdem bietet sich ein schöner Blick auf die Felsküste. Kurios ist die Latrine in der Ecke hinten rechts.

Anfahrt/Öffnungszeiten Estrada do Guincho, ✆ 214825452. An der Straße von Cascais nach Guincho, ca. 5 km vom Zentrum entfernt. Busse 405 und 415 vom Busbahnhof. Mo und an Feiertagen zu. Sonst täglich 11–18 Uhr im Sommer, bzw. 10–17 Uhr im Winter.

"Höllenschlund" – Boca do Inferno

Guincho

Für viele ist die Praia do Guincho der beste Strand Europas. Eines steht zumindest fest: Der "Strand der Möwe" ist neben dem spanischen Tarifa bei Gibraltar das beste Windsurfgebiet Europas, jedes Jahr finden hier Wettkämpfe des Windsurf-Weltcups statt. Große Sanddünen inmitten mediterraner Vegetation prägen das Bild.

Die Attraktivität des Strandes von Guincho liegt in den selten unter 1,5 m hohen Wellen und dem stetigen Wind. Er weht meist "sideshore", d. h. parallel zur Küste und nicht landeinwärts = "onshore" oder landabwärts = "offshore". Deswegen fällt es erfahrenen **Windsurfern** leicht, aufs Meer hinaus- und wieder Richtung Land zu fahren und dabei die Wellen in einem 90°-Winkel zu nehmen. Anfänger sollten jedoch von diesem Strand lassen: Selbst bei Profis brechen öfter mal die Masten, und so mancher Windsurfer wurde schon zwischen Guincho und den Azoren von Fischerbooten eingesammelt (kein Witz!).

Zum **Baden** ist der große, breite Hauptstrand gut geeignet. Gegen den manchmal sandstrahlartigen Wind können Windfänge gemietet werden. Es ist natürlich nicht jedermanns Sache, sich von meterhohen Wellen durchs Wasser schleudern zu lassen. Nichtschwimmer und kleine Kinder sollten auch deshalb hier nicht baden, da sehr gefährliche Strömungen herrschen, die gleichzeitig in Süd-Nord-Richtung und auf die hohe See hinausgehen. Auf keinen Fall hinter die letzten Wellen schwimmen oder mit dem Surfbrett (Wellenreiten) zu weit hinauspaddeln: Die Strömung der zurückflutenden Wellen zieht auf das offene Meer hinaus, und durch die hohe Brandung wird man vom Strand aus nicht mehr gesehen.

380 Linha de Cascais

Guincho: wilde Atlantikstrände

Etwas weniger gefährlich ist die weiter südlich gelegene **Praia da Galé**, ebenfalls ein großer Sandstrand. Für Wellenreiter und Windsurfer ist sie jedoch wegen der vielen Felsen im Wasser nicht so gut geeignet. Wellengang und Windstärke in Cascais lassen übrigens keine Schlüsse auf die Situation in Guincho zu. Denn direkt nördlich des Cabo Raso ändert sich oft schlagartig die Situation: Der Wind bläst viel stärker, kombiniert mit wesentlich höheren Wellen.

Verbindungen

• *Bus* Ab *Cascais*: Busse 405 und 415. Beide Busse fahren einen Rundkurs. Bus 405: Bahnhof – Guia – Oitavos – Cabo Raso – Guincho – Areia – Birre – Quinta da Marinha – Vila da Bicuda – Bahnhof. Bus 415 die umgekehrte Richtung. Es ist also gleichgültig, welchen Bus man wählt. Allerdings empfiehlt es sich, einen Blick auf den Fahrplan zu werfen, um zu wissen, auf welcher Straßenseite in Guincho der Bus zurückfährt. Der Fahrplan hängt in Guincho an der Rezeption der Estalagem Muchaxo aus. Beide Busse fahren jeweils im Zweistunden-Takt. Fahrzeit bis Guincho etwa 20 Min. Auf dem Streckenteil Areia – Birre – Cascais fahren beide Busse jeweils im Stundentakt (von Areia sind es zu Fuß 1,2 Kilometer bis zum Strand von Guincho).

• *Rad* Entlang der felsigen Steilküste von der Boca do Inferno bis nach Guincho hat die Stadt Cascais einen Radweg angelegt. Eine sehr lohnenswerte Alternative, zumal man unterwegs auch noch das Forte de Oitavos (s.o.) besichtigen kann.

Übernachten

Außer einem Campingplatz und Fünf-Sterne-Luxushotels hat Guincho leider nichts zu bieten.

***** **Hotel Fortaleza do Guincho**, Praia do Guincho, ✆ 214870491, ✉ 214870431. Auf Felsen über dem Strand von Guincho. Das Fort aus dem 17. Jh. wurde im Stil einer maurischen Burg ausgebaut und dient jetzt als Luxushotel. Alle 31 Zimmer haben Bad, Sat-TV, Telefon, Minibar und teilweise einen fantastischen Meerblick. DZ mit Frühstück je nach Saison ab 165–250 €.

• *Camping* *** **Parque de Campismo do Guincho/Orbitur**, Areia, Guincho, ✆ 214870450, ✉ 214872167. Ca. 800 m oberhalb der Praia do Guincho neben dem Dorf Areia. Die Busse 405 und 415 kommen hinter bzw. kurz vor Guincho an dem Platz vorbei. Ganzjährig geöffnet. Sehr schattiges, mit Pinien bewachsenes Dünengebiet. Sanitäre Anlagen in Ordnung und sauber. Zur Infrastruktur gehören Supermarkt, preiswertes Restaurant, Kinderspielplatz, Aufenthaltsraum mit TV und Tennisplatz. Es werden auch kleine Bungalows vermietet. Im Sommer sehr belebt. Preis pro Person je nach Saison 2,30–4,40 €, Zelt 1,95–3,50 €, Auto 2,10–4 €.

Essen & Trinken

Porto Santa Maria, Estrada do Guincho, ✆ 214870240, ✆ 214879458. Mo Ruhetag. Helles, einladendes Restaurant direkt über dem Strand mit sehr gutem Meerblick. Großes Holzdach. Gilt als eine der besten Küchen in Guincho, dementsprechend häufig verkehrt hier die Lissabonner Prominenz. Hauptgerichte ab 11 €.

O Púcaro, Estrada do Guincho, 13, ✆/✆ 214870497. Täglich offen. Ca. 500 m nördlich vom Strand von Guincho, an der Straße nach Malveira da Serra, liegt das günstigste Restaurant von Guincho. Trotzdem bekommt man die sehr guten Hauptgerichte erst ab 9,50 €. Die *cataplana de mariscos* (Meeresfrüchte in der Kupfer-Kasserolle) und die Fischgerichte – teilweise aus lokalem Fang – sind sehr zu empfehlen. Als Vorspeise kann man sich *linguiça*, eine flambierte Wurst, bringen lassen. Zwei schön eingerichtete Säle mit Platz für 80 Personen. Dazu im Sommer eine große, schattige Terrasse. Gute Weinauswahl.

Malveira da Serra

Das hübsche, unverbaute Dorf zieht sich kilometerlang den Südhang der Serra de Sintra nach oben. Der Geruch von Eukalyptus-Bäumen liegt in der Luft.

Hier treffen Straßen aus allen Richtungen zusammen: von Cascais, Guincho, dem Cabo da Roca, der Serra de Sintra und Alcabideche. Der Besuch des ca. 7 km von Cascais entfernt liegenden Malveira lohnt sich hauptsächlich als Ausgangspunkt für eine **Wanderung** in die Serra de Sintra (s. "Sintra" S. 410) oder um hier essen zu gehen.

Verbindungen

Ab *Cascais*: Bus 402 Mo–Fr alle 30 Min., Sa/So etwa stündlich. Oder Bus 403 Mo–Fr 11-mal, Sa 10-mal und So 8-mal. Fahrzeit 15 Min. Nach *Sintra* (via Azóia, Cabo da Roca und Colares): Bus 403 Mo–Fr 11-mal, Sa 10-mal und So 8-mal. Etwa 8 Busse fahren täglich direkt bis ans Cabo da Roca, die anderen nur bis Azóia. Halt in Sintra an den Bahnhöfen Portela de Sintra und Sintra. Fahrzeit 55 Min.

Essen & Trinken

Farta Pão, Estrada Malveira da Serra, Alcorvim de Baixo, ✆ 214870568. Mo Ruhetag. Versteckt links unterhalb einer Kurve am Ortsausgang von Aldeia do Juso Richtung Malveira da Serra. Direkt daneben liegt eine Haltestelle der Busse Cascais–Malveira da Serra, zwei Haltestellen vor dem Endhalt in Malveira da Serra. Von Malveira sind es etwa 1,2 km zu Fuß Richtung Cascais. Kein Schild weist auf das Restaurant hin, selbst am Haus sind keine Schilder angebracht! Man sollte auf einen großen Bauernhof mit rotem Ziegeldach achten. Im Garten eine Veranda mit Strohdach. Innen 120 Sitzplätze, rustikal, typisch portugiesisch eingerichtet, jedoch nicht im Geringsten kitschig. Die Küche ist gut und reichhaltig. Günstiges Grundcouvert (Brot, Butter, Oliven), die Beigaben (Käse, Champignons und Schinken) sind dagegen recht teuer. Der Wein vom Fass (*vinho do barril*) ist nicht nur wegen des günstigen Preises ein Tipp. Große Auswahl an teuren Flaschenweinen. An Gerichten (ab 10 €) zu empfehlen sind *arroz de tamboril* (Reiseintopf mit Seeteufel) und *carne de porco à Alentejana* (Schweinefleisch mit Muscheln). Zum Nachtisch den *bolo de bolacha* (Kekskuchen) probieren.

Das portugiesische Neuschwanstein – Palácio da Pena

Linha de Sintra

Grüne Gebirgszüge, ländliche Idylle, aber auch monotone Schlafstädte – die Linha de Sintra überrascht mit ihren Kontrasten und zahlreichen Sehenswürdigkeiten. Darunter alleine drei ehemalige Königsschlösser. Spektakulär auch die Natur: Hier an Sintras Küste findet Europa an den Felsenklippen des Cabo da Roca sein westliches Ende. Nördlich davon liegen schöne Sandstrände und das Dorf Azenhas do Mar, das wie ein Schwalbennest in den Klippen hängt.

Entlang der Eisenbahnlinie *Linha de Sintra* liegen die Schlafstädte Lissabons (*dormitórios*). Direkt an die Hauptstadt grenzt Amadora, mit seinen über 175.000 Einwohnern – nach Lissabon und Porto rein rechnerisch die drittgrößte Stadt Portugals. Amadora besteht aus einer Ansammlung trister Wohnblocks und hat sich im 20. Jh. stürmisch entwickelt: Von 1920 bis 1990 erhöhte sich die Einwohnerzahl um das 40fache von 4.000 auf 160.000.

Am Fuß des grünen Gebirges der Serra de Sintra erstrecken sich die Altstadt, Paläste und Schlösser von Sintra – ein wohltuender Kontrast zu den Betonvororten. In der Gegend um Colares wird noch viel Landwirtschaft und Weinbau betrieben. Zwar haben sich auch hier schon viele Einfamilienhäuser breit gemacht, deren Bewohner regelmäßig nach Lissabon pendeln, aber Mietskasernen gibt es dort glücklicherweise nicht.

Anfahrt Erschlossen wird die Linha de Sintra durch die Eisenbahnlinie Lissabon/Rossio–Sintra und die dazu parallel verlaufende Autobahn IC 19.

Queluz
(60.400 Einwohner)

Auf halbem Weg zwischen Lissabon und Sintra liegt Queluz. Eigentlich eine der wenig einladenden Schlafstädte Lissabons, bietet Queluz aber zwei der herausragenden Sehenswürdigkeiten der Region: Zum einen das prächtige Rokoko-Königsschloss Queluz, das man sich keinesfalls entgehen lassen sollte, und die südwestlich von Queluz gelegene Pulverfabrik in Barcarena, ein einzigartiges Relikt der Industriegeschichte.

"Portugals Klein-Versailles" wird das Schloss von Queluz gerne genannt. Obwohl solche Vergleiche oft hinken, in diesem Fall passt er: Prunk und Klunker, eigens aus der ganzen Welt zusammengetragen, blenden den Besucher, und wohl zu Recht heißt *Queluz* in der Übersetzung: "Welch ein Glanz!". Zwar sind die Zeiten, in denen sich die Könige und Königinnen Portugals hier inmitten weiter grüner Wiesen und absoluter Ruhe in ihrer Sommer-Residenz erholt haben vorbei – der Schlosspark wird inzwischen von Wohnblocks und der Autobahn Lissabon–Sintra umgeben. Dennoch bleibt der Palast mit seiner Rokoko-Architektur äußerst sehenswert.

Verbindungen

- *Zug* Queluz hat 2 Bahnhöfe, Queluz-Belas und Queluz-Massamá – für touristische Zwecke ist Queluz-Belas von Interesse.

Ab *Lissabon/Rossio* (Metro Restauradores): tagsüber alle 15 Min., in der Rush-hour alle 7,5 Min., nachts alle 30 Min. Fahrzeit 23 Min. Preis 0,90 €.

Ab *Lissabon/Entrecampos* (Metro Entrecampos): Mo–Fr alle 15 Min., Sa/So alle 30 Min. über Sete Rios (Metro Jardim Zoológico). Teilweise schon ab Gare do Oriente. Fahrzeit 20 Min.

Nach *Sintra*: Züge alle 15 Min., nachts alle 30 Min. Fahrtdauer ca. 25 Min.

- *Bus* Alle Busse halten im Zentrum an der Haltestelle Quatro Caminhos in der Avenida Elias Garcia; von dort ist es nicht mehr weit bis zum Nationalpalast.

Ab *Lissabon/Colégio Militar* (Metro Colégio Militar-Luz): Bus 163 (Richtung Massamá) Mo–Fr alle 20 Min., Sa/So alle 30 Min. Bus 105 (Richtung Monte Abraão) Mo–So alle 30 Min. Bus 101 (nur die Busse Richtung Tercena, nicht Richtung Queluz de Baixo) Mo–Sa alle 30 Min. Fahrtdauer ca. 25 Min.

Ab *Lissabon/Bahnhof Belém* (über Amadora): Linie 144 (Richtung Cacém, Queluz oder Belas) Mo–Fr 10-mal, Sa/So 7-mal (ca. alle 2 Std., zur Rush-hour stündlich). Fahrzeit 31 Min.

Ab *Oeiras* und *Carcavelos Praia*: Bus 106 der Lisboa Transportes Mo–Fr alle 40 Min., Sa/So stündlich. Fahrzeit 30 Min.

- *Post* Av. António Correia de Sá. Nordwestlich des Zentrums, in der Nähe der Bahnlinie nach Sintra.

- *Polizei* PSP, Rua Adriano C. Oliveira, Casal das Quintelas, ☎ 214350644.

Übernachten

Pousada Dona Maria I, Largo do Palácio Nacional de Queluz, ☎ 2143561-58/-72, ✉ 214356189. Direkt gegenüber dem Palast von Queluz im ehemaligen Gebäude der königlichen Palastwache. Ein vollkommen renovierter Bau aus dem 18. Jh. Schöner Frühstücksraum und helle Bar in der Nähe der Rezeption. Im Untergeschoss befindet sich ein kleines Theater. Alles wirkt etwas kühl, aber stilvoll. Die 22 geräumigen Zimmer und 2 Suiten sind modern eingerichtet. TV, Minibar, Klimaanlage und Marmorbadezimmer mit Musik. Im oberen Geschoss sind die Zimmer nicht ganz so hoch, haben dafür aber Blick auf den Palast. Preis DZ mit Frühstück in der Nebensaison 112 €, in der Hochsaison 168 €.

Linha de Sintra Karte S. 384/385

Essen & Trinken

Cozinha Velha, Palácio Nacional de Queluz, ℡ 214356158. In der ehemaligen Hofküche im rechten Flügel des Palastes, befindet sich dieses zur benachbarten Pousada gehörende Luxusrestaurant. Das Ambiente ist zwar nicht ganz so nobel wie in den Festsälen des Palastes, doch keineswegs zu verachten. Spezialitäten: *linguado suado Cozinha Velha* (geschwitzte Seezunge) und *tournedó Cozinha Velha* (Rinderfilet). Couvert 3 €. Hauptgerichte ab 12 €.

Pastelaria Bijou, Rua António Enes, 34. Kleines Konditorei-Café auf dem Weg vom Bahnhof zum Palast. Große Auswahl an günstigem Gebäck, *empadas* (Pasteten) und *pão com chouriço* (Brot mit Räucherwurst). Nur Stehplätze.

Palácio Nacional de Queluz

Queluz ist ein **Schloss** kühnster Träume: Florentiner Marmor, französische Möbelantiquitäten, glitzernde Kronleuchter, zahllose Spiegel, brasilianisches Jacarandaholz, mit Azulejos und Fresken geschmückte Wände und Decken. Nach den prunkvollen Festsälen betritt man die einzelnen Gemächer. Besonders beachten sollte man den Azulejo-Korridor mit bunten, asiatischen Szenen aus den Jahren 1764 und 1784 sowie den Botschaftersaal mit einem Marmorboden im Schachbrettmuster und chinesischen Vasen. Das Zimmer des Königs, die *Sala Dom Quixote*, wirkt trotz seines rechtwinkligen Grundrisses durch die Anordnung der Säulen und der Decke überraschenderweise rund.

Die Bauarbeiten begannen ab 1747 und zogen sich bis Ende des Jh. hin. Für die ursprüngliche Planung verantwortlich zeichnete Mateus Vicente de Oliveira, ein Schüler des deutschen Architekten und Konstrukteurs des Palastes von Mafra Ludovice. Nach ihrer Hochzeit mit Dom Pedro 1760 ließ die Königin Maria I. Queluz durch den französischen Architekten Jean-Baptiste Robillion zur Sommerresidenz ausbauen und großzügige Gärten anlegen. Die Königin selbst verfiel hier später der Schwermut.

1794 verlegte man den Sitz des Königshauses ganz nach Queluz, da die königliche Holzbaracke im Lissabonner Stadtteil Ajuda (*Real Barraca da*

Queluz 385

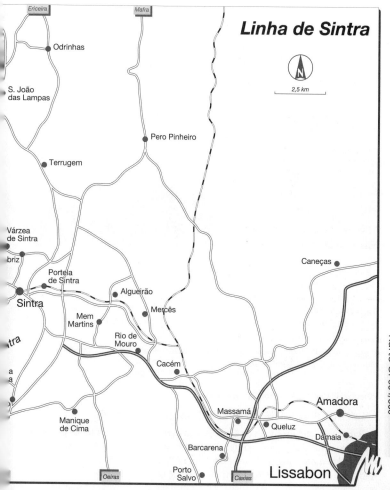

Linha de Sintra

Ajuda), Zufluchtsort der Könige nach dem Erdbeben von 1755 und Vorläuferin des heutigen Palácio da Ajuda, abgebrannt war. Heute dient der Palast für ausgesuchte Staatsbankette und als Residenz für ausländische Staatsgäste der portugiesischen Republik.

Der große, entzückende **Garten** wurde im Stil von Versailles angelegt; dort finden sich zahlreiche Steinstatuen und reich verzierte Brunnen. Besonders beachtenswert ist der mit Azulejos geschmückte Kanal im hinteren Teil des Gartens. Hier finden sich auch schöne Parkbänke.

Der Königspalast von Queluz

Einen kleinen Eindruck des höfischen Lebens kann man in den Sommermonaten jeden Mittwoch um 11 Uhr vor dem Palast erhaschen. Dann präsentieren die **Dressur-Reiter** der portugiesischen Reitschule *Escola Portuguesa de Arte Equestre* ihre Künste.

•*Öffnungszeiten* täglich außer dienstags und an einigen Feiertagen (u. a. am Stadtfeiertag 29. Juni) 10–17 Uhr. Einlass bis 30 Min. vor Schluss. Die Gärten sind Mai–Oktober bis 18 Uhr offen. Eintritt 3 €; bis 25 J., Studenten und ab 65 J. 50 % Ermäßigung; mit Cartão Jovem 60 %. Unter 15 J. frei. So bis 14 Uhr generell gratis. Nur Gartenbesichtigung: 0,50 €. ✆ 214343860, ✆ 214343878.

Fábrica da Pólvora de Barcarena (Schwarzpulverfabrik)

In Barcarena, südwestlich von Queluz und bereits zum Kreis Oeiras gehörend, stößt man auf die faszinierenden Reste der königlichen Schwarzpulverfabrik *Real Fábrica da Pólvora*. Bereits im Jahr 1729 begann sie mit der Fabrikation und blieb bis ins Jahr 1988 in Betrieb – damit gehört sie zu den ältesten, noch erhaltenen Fabriken in Portugal. Die Ursprünge der Pulver- und Waffenherstellung an diesem Ort reichen jedoch noch weiter zurück bis in das 15. Jh., als die Expansion nach Übersee einen deutlich höheren Verbrauch an Pulver verursachte. Schließlich mussten die Völker Amerikas, Afrikas und Asiens teilweise erst einmal von ihrem "Glück" überzeugt werden. Außerdem hatten andere Kolonialmächte Appetit auf das ausgedehnte Netz portugiesischer Handelsposten bekommen, die es unter dem Einsatz von Waffengewalt schützen galt. Ein schönes Azulejobild zeigt links vom Eingang der Fabrik die Verschiffung von Pulverfässern nach Goa und Damão in Portugiesisch Indien.

Heute informiert das sehenswerte Pulvermuseum **Museu da Pólvora Negra** über die Geschichte des Schwarzpulvers und der Pulverfabrik. Gezeigt wird, wie man das durch die Chinesen im 8. Jh. erfundene Schwarzpulver aus Schwefel, Salpeter und Kohle herstellte. Untergebracht ist das Museum übrigens im ehemaligen Mühlenraum. Diese Mühlen wurden durch große Wasserräder angetrieben, die noch hinter dem Museum zu sehen sind.

Auch außerhalb des Museums ist auf dem weitläufigen Gelände noch viel von den **alten Fabrikanlagen** zu sehen. Vom Uhrenturm rechts neben dem Eingang ließ die Firmenleitung die Arbeitszeit ihrer bis zu 160 Beschäftigten kontrollieren. Die Direktoren selbst hatten nebenan ihre Unterkunft. Beim Spaziergang entlang des Baches, der Ribeira da Barcarena, der das Gelände durchzieht, entdeckt man den Platz **Praça do Sol**, auf dem man anfangs das Pulver trocknen ließ. Später benutzte man den benachbarten **Pátio do Enxugo** zum Trocknen, der an seinen Springbrunnen gut zu erkennen ist und heute als Amphitheater dient. Die Galerie oben bietet den besten Überblick auf das ehemalige Firmengelände.

Wer genau hinschaut, entdeckt, dass viele Gebäude dicke Wände aber nur dünne Decken haben. Das sollte die Wucht bei Explosionen nach oben ableiten und ein Übergreifen auf andere Gebäude verhindern. Dazu hat man auch die Bauten über das ganze Gelände verstreut und nicht direkt nebeneinander gebaut. Dennoch kam es in der Geschichte der Fabrik mehrmals zu verheerenden Unglücken: 1805 starben 30 Arbeiter; der letzte, tödliche Unfall ereignete sich 1972, als das Dampfmaschinenhaus **Oficinas a Vapor** in die Luft flog und 6 Arbeiter tötete. Wer sich ein Bild über die Wucht der Explosion machen möchte, kann die Ruinen der nie wieder aufgebauten Gebäude im Südteil des Geländes besuchen.

Azulejo verzierter Kanal im Garten des Palácio Nacional de Queluz

Noch weiter südlich steht das beeindruckendstes Ausstellungsstück: die alten Pulver-Mühlen im **Edifício das Galgas** mit ihren stählernen Zahnrädern. Vier schwere Krupp-Mahlräder aus Magdeburg haben das Pulver fein zerquetscht. Angetrieben wurden sie durch ein Wasserkraftwerk aus dem Jahr 1925 – bei Wasserknappheit konnte auch eine Dieselturbine zugeschaltet werden. Der Fluss diente aber nicht nur als Energiequelle, so hatte man bei Bränden sofort Wasser zur Hand, um zu löschen.

• *Anfahrt/Öffnungszeiten* Mit dem Zug der *Linha de Sintra* bis zur Station Barcarena. Den Bahnhof Richtung Süden verlassen, über die Av. Aurora unter der Autobahn hindurch in die Av. Infante Dom Henrique. Hier kann man einen Bus der folgenden Linien nehmen und an der fünften Haltestelle direkt vor der Pulverfabrik aussteigen: 117 (Richtung Oeiras), 120, 141 und 171. Alternativ 10 Min. zu Fuß geradeaus weiter über die Av. Infante Dom Henrique, dann nach rechts in die Av. Santo António de Tercena und erneut nach rechts in die Estrada das Fontainhas (ausgeschildert). Di–So 10.30–13 Uhr und 13.30–18 Uhr. Mo geschlossen. Erwachsene 1,25 €, unter 25 und ab 65 J. 0,50 €, unter 16 J. frei. So bis 14 Uhr generell frei. ✆ 214381400, ✉ 214371165.

Sintra (20.800 Einwohner)

Das 20 km nordwestlich von Lissabon gelegene Sintra ist der sehenswerteste Ort in der Umgebung der portugiesischen Hauptstadt und sollte in keinem Besuchsprogramm fehlen. Die Stadt zeichnet sich durch ihre malerische Lage im Gebirge der Serra de Sintra und ihr angenehmes Klima im Sommer aus. Besonders sehenswert sind die Altstadt, die Maurenburg sowie die beiden Königspaläste Palácio Nacional de Sintra und Palácio Nacional da Pena.

Um den Königspalast Palácio Nacional, das Herzstück der Stadt, sind zahlreiche **Paläste** zu sehen. Besonders eindrucksvolle Bauten stehen entlang der Estrada de Monserrate, die am Rande der Serra de Sintra nach Colares führt: Direkt hinter dem Ortsausgang von Sintra liegt der neo-manuelinische Palácio da Regaleira, der zusammen mit seinen mysteriösen Gartenanlagen besichtigt werden kann (s. u.). Kurz darauf folgt der Palácio de Seteais auf der rechten Straßenseite, heute ein Luxushotel. Etwa 4 km nach Sintra erreicht man dann die wunderschönen Gärten des Palácio de Monserrate, die ausführlicher unter "Serra de Sintra" (s. S. 404) beschrieben sind.

Das prunkvoll neomanuelinisch ausgestattete **Rathaus**, die *Câmara Municipal de Sintra*, aus dem Jahr 1908 erinnert am Beginn der Volta do Duche eher an einen Palast aus vergangenen Jahrhunderten als an ein modernes Verwaltungsgebäude. Weithin sichtbar ist die Spitze des schönen Rathaus-Turms, gekrönt von einer Sphärenkugel, einem der Wahrzeichen der portugiesischen Nation.

Tipp: Nehmen Sie auch im Hochsommer eine Windjacke oder einen Pullover mit, da es in Sintra zu fast jeder Jahreszeit kühl und windig werden kann. Besonders in der Serra de Sintra ist es oft auch nebelig. Mit der geeigneten Kleidung sollte dies aber kein Hinderungsgrund für einen Besuch sein, dann wirkt die Stadt nur noch romantischer und geheimnisvoller.

Geschichte: Zu größerer Bedeutung kam der Ort erst unter den Mauren, die zwei Burgen an der Stelle des heutigen Palácio Nacional und in der Serra de

Sintra errichteten. Den entscheidenden Entwicklungsschub bekam Sintra, das man früher auch als *Monte da Lua* (Mondberg) bezeichnete, aber erst unter König Dom Dinis (1279–1325). Er ließ den Palácio Nacional zur königlichen Sommerresidenz ausbauen. Mit dem Ende der Dynastie Aviz und dem Beginn der spanischen Herrschaft im Jahr 1580 war dann auch Sintras Ära als Sommerresidenz vorbei. Später übernahm Queluz diese Funktion. 1839 ließ Dom Fernando II. aber auf einem der Berggipfel der Serra de Sintra an der Stelle eines Bergklosters eine neue Königsresidenz errichten, den Palácio da Pena – der königliche Hof kehrte nach Sintra zurück. Dem Königshof folgten viele Aristokraten in die Stadt, um hier ihre eigenen Paläste zu errichten. Sie zogen es vor, dem heißen Sommer Lissabons ins kühle Sintra zu entfliehen.

Hoch über Sintra: Castelo dos Mouros

Im 19. Jh. entdeckten die Romantiker Sintra für sich, darunter bekannte Schriftsteller wie Lord Byron. Auch heute noch zieht das romantische Ambiente in und um Sintra viele Künstler an. Anstelle der Aristokraten leben heutzutage vor allem reiche Industriellen- und Bankiersfamilien in den prächtigen Palästen an den Berghängen Sintras. Auch unter Ausländern erfreut sich die Stadt großer Beliebtheit, und so werden besonders an Wochenenden große Touristenströme durch Sintras Altstadt geschleust. Seit 1996 ist diese in ihrer Gesamtheit UNESCO-Weltkulturerbe. Da der Kreis Sintra neben der Kernstadt alle Orte an der Linha de Sintra außer Amadora umfasst, kommt er auf insgesamt 350.000 Bewohner und ist damit nach Lissabon und noch vor Porto der portugiesische Kreis mit den zweitmeisten Einwohnern.

Information/Diverses

- *Information* Es gibt 2 Turismos im Zentrum der Altstadt an der Praça da República, 23 (✆ 219231157 und 219241700, ✉ 219235176) und im Bahnhof Sintra (✆/✉ 219241623). Beide Turismos haben täglich 9–19 Uhr (Oktober-Mai) bzw. 9–20 Uhr (Juni–September) geöffnet. Hier ist ein kostenloser Stadtplan erhältlich, außerdem bekommt man Hinweise zu Unterkunftsmöglichkeiten und Veranstaltungen. Auskünfte auch zu den anderen Orten der *Linha de Sintra*.

- *Post* Vor dem Turismo an der Praça da República, 26, und in der Av. Movimento das Forças Armadas, 1.
- *Polizei* PSP in der Rua João de Deus, 6, ✆ 219230761. GNR am Largo do Palácio, ✆ 219230417 und 219234016.
- *Markt* Jeden 2. und 4. Sonntag des Monats findet der große Straßenmarkt *Feira de São Pedro* im Stadtteil São Pedro de Sintra statt. Die Bauern und Händler reisen extra von weit her an, um hier Lebensmittel,

390 Linha de Sintra

Tiere, Antiquitäten, Kleidung und Trödel zu verkaufen. Interessante Atmosphäre und günstige Preise.
● *Supermarkt* Av. Heliodoro Salgado, 47.
● *Ereignisse* Bezirksfeiertag ist am 29. Juni mit der *Festa de São Pedro* und einem großen Markt. Dann haben alle Paläste und Museen geschlossen.
Jedes Jahr im Sommer findet das *Sintra-Festival* mit hochkarätig besetzten Klassik-Konzerten und Ballett-Nächten statt.

Verbindungen

● *Zug* Der Bahnhof Sintra befindet sich im Stadtteil Estefânia; von dort erreicht man die Altstadt in ca. 10 Min. zu Fuß. Ein zweiter Bahnhof, Portela de Sintra, liegt ca. 10 Gehminuten entfernt in der Neustadt. Von dort fahren auch die meisten Busse ins Umland ab.
Von *Lissabon/Rossio* (Metro Restauradores): tagsüber alle 15 Min., nachts alle 30 Min. Fahrzeit 42 Min. Preis 1,25 €.
Von *Lissabon/Entrecampos* (Metro Entrecampos): mit Umsteigen in Queluz-Massamá alle 15–30 Min. über Sete Rios (Metro Jardim Zoológico). Teilweise schon ab Gare do Oriente.
● *Bus* Die meisten Busse unterhält die britische Gesellschaft ScottURB (Ausnahmen sind vermerkt). ScottURB-Informationen gibt es gegenüber vom Ausgang des Bahnhofs Sintra in der Av. Miguel Bombarda, 59. Ein weiterer Infokiosk steht vor dem Bahnhof Portela de Sintra.
Nach *Almoçageme*: Bus 403 ab beiden Bahnhöfen Sintra und Portela de Sintra Mo–Fr 11-mal, Sa 10-mal, So 8-mal. Dazu Bus 438 ab Portela de Sintra 2-mal täglich. Fahrzeit 25 Min. Außerdem Bus 439 ab Bahnhof Portela de Sintra ca. 6-mal täglich. Fahrzeit 45 Min. (Umweg über Várzea de Sintra).
Nach *Azenhas do Mar*: Busse 440, 441. Bus 441 ab Bahnhof Portela de Sintra via Colares, Praia das Maçãs und teilweise Praia Grande Mo–Fr ca. alle 45 Min., Sa/So stündlich. Fahrzeit ca. 40 Min. Bus 440 via Janas Mo–Fr 7-mal, Sa/So 4-mal täglich.
Nach *Cascais* (via Azóia, Cabo da Roca und Malveira da Serra): Bus 403 Mo–Fr 11-mal, Sa 10-mal und So 8-mal. Etwa 8 Busse fahren täglich direkt bis ans Cabo da Roca, die anderen nur bis Azóia. Abfahrt an beiden Bahnhöfen Portela de Sintra und Sintra. Fahrzeit 70 Min.
Nach *Cascais* (via Alcabideche): Bus 417 Mo–Fr stündlich, Sa 9-mal, So 6-mal.

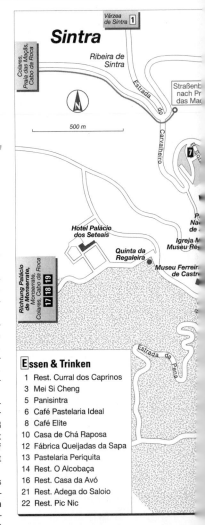

Schnellere und billigere, aber weniger schöne Strecke nach Cascais als via Azóia. Abfahrt an beiden Bahnhöfen Portela de Sintra und Sintra. Fahrtdauer 45 Min.
Nach *Colares*: Busse 403, 438 und 441 ab Bahnhof Portela de Sintra. Etwa jede halbe Stunde. Fahrzeit 20 Min.
Nach *Ericeira*: Mit der Busgesellschaft Mafrense ab Bahnhof Portela de Sintra Mo–Fr stündl., Sa/So alle 2 Stunden. Fahrzeit 45 Min.

Sintra

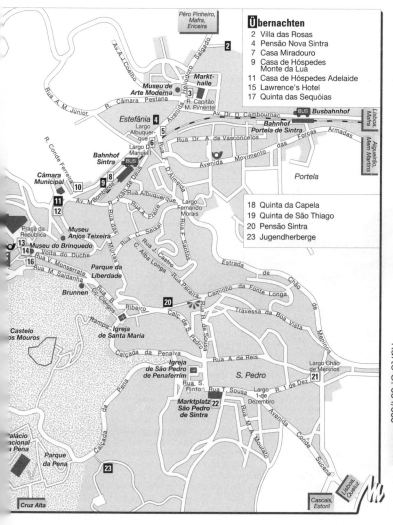

Übernachten

- 2 Villa das Rosas
- 4 Pensão Nova Sintra
- 7 Casa Miradouro
- 9 Casa de Hóspedes Monte da Lua
- 11 Casa de Hóspedes Adelaide
- 15 Lawrence's Hotel
- 17 Quinta das Sequóias
- 18 Quinta da Capela
- 19 Quinta de São Thiago
- 20 Pensão Sintra
- 23 Jugendherberge

Linha de Sintra Karte S. 384/385

Nach *Estoril* (via Alcabideche): Bus 418 stündlich jeden Tag. Abfahrt an beiden Bahnhöfen Portela de Sintra und Sintra. Fahrzeit 40 Min.

Nach *Mafra*: Mit Mafrense ab Bahnhof Portela de Sintra Mo–Fr 10-mal, Sa/So 6-mal. Fahrzeit 45 Min.

Nach *Oeiras*: Bus 467 stündlich ab Bahnhof Portela de Sintra. Fahrzeit 45 Min.

Zur *Praia das Maçãs*: Bus 441 ab Bahnhof Portela de Sintra Mo–Fr ca. alle 45 Min., Sa/So stündlich. Fahrzeit 35 Min.

Zur *Praia Grande* (via Colares): Bus 441 ab Bahnhof Portela de Sintra im Sommer Mo–Fr 14-mal, Sa/So 11-mal. Im Winter 4-mal täglich. Dazu Bus 438 das ganze Jahr über 2-mal täglich. Fahrzeit 30 Min.

Zur *Praia do Magoito*: Bus 444 ab Bahnhof Portela de Sintra. Mo–Fr 13-mal, Sa/So 9-mal. Die meisten Busse fahren nur bis Magoito-Ort,

392   Linha de Sintra

im Sommer fährt etwa jeder zweite Bus bis Magoito-Strand (im Winter nur jeder vierte).
Zur *Praia da Samarra*: Bus 443 ab Portela de Sintra bis ins 1,5 Kilometer entfernte Catribana. Mo–Fr 11-mal, Sa/So 7-mal. Fahrtdauer 40 Min.

* *Stadtbus*   Zwischen Bahnhof Portela de Sintra, Bahnhof Sintra, Altstadt (Sintra Vila) und São Pedro de Sintra verkehrt der Bus 433 (Sintra Line) alle 20 Minuten. Tickets nur an Bord. Fahrpreis 0,55 €.

Zum *Palácio da Pena* sowie *Castelo dos Mouros* und zurück fahren täglich alle 40 Min. Busse der Linie 434 (Circuito da Pena) alle 20 Min. Abfahrt ab Bahnhof Sintra und Altstadt (Sintra Vila). Fahrpreis gilt für beliebig viele Hin- und Rückfahrten an einem Tag und kostet 3,20 €.

Zu den Ortsteilen *Várzea de Sintra* und *Cabriz*: Bus 442 ab Bahnhof Portela de Sintra täglich jede Stunde. Ebenfalls ab Bahnhof Portela de Sintra fahren die Busse 439 (Richtung Almoçageme) und 440 (Richtung Azenhas do Mar) insgesamt 13-mal Mo–Fr, 10-mal Sa/So.

* *Straßenbahn*   Zur Praia das Maçãs und Colares geht es ab dem Stadtteil Ribeira de Sintra auch mit der historischen Tram der Stadt Sintra. Nur Sa/So jeweils 5-mal täglich. Preis pro Fahrt 1 €. Fahrtdauer ca. 30 Min. Zum Beginn der Tramstrecke in Ribeira de Sintra kommt man mit allen Bussen, die nach Colares fahren (s. o.).

* *Taxi*   Rádio-Taxis, ✆ 219138018.

Übernachten (siehe Karte S. 390/391)

***** **Hotel Palácio de Seteais**, Rua Barbosa du Bocage, 8, ✆ 219233200, ℻ 219234277. Ca. 1,5 km außerhalb Sintras Richtung Monserrate gelegen. Ein romantischer Palast aus dem 18. Jh., umgebaut und erweitert zu einem exquisiten Luxushotel mit einzigartigem Ambiente. Dazu gehören ein gepflegter französischer Garten mit Blick auf den Palácio de Pena, Sandtennisplätze und ein Swimmingpool. Pompöse Säulen und Treppenaufgänge. Pompejanische Wandmalereien, Stuck verzierte Decken, schwere Brokatvorhänge und Mobiliar im Empirestil schmücken die Gesellschaftsräume, eine Bar und das Restaurant sowie die 30 Zimmer mit Marmorbad, WC, Satelliten-TV, Telefon und Safe. Der Luxus hat seinen Preis: DZ je nach Saison 240–285 € (Frühstück inkl.).

***** **Lawrence's Hotel (15)**, Rua Consiglieri Pedroso, 38–40, ✆ 219105500, ℻ 219105505. Am Rand des historischen Stadtkerns. Das zweitälteste Hotel der Iberischen Halbinsel, 1764 gegründet und vom Schriftsteller Eça de Queiroz in seinem Meisterwerk "Os Maias" verewigt. Auch Lord Byron ist hier 1809 abgestiegen und wurde vermutlich zu seinem Gedicht "Childe Harold's Pilgrimage" inspiriert, in dem er Sintra als "glorreiches Eden" bezeichnet hat. 1961 schloss das Hotel, und 1989 erwarben es die Holländer Jan Willem und Coreen Bos. Damals lag das Hotel aber völlig in Ruinen und sie benötigten 10 Jahre und 2,5 Millionen €, bis sie das Hotel 1999 wieder eröffnen konnten. Sehr stilvolle Einrichtung mit Ziegel- und Dielenböden, Möbel im antiken Stil. Kleine Bar, Aufenthaltsraum und Bibliothek. Familiäre Atmosphäre, da nur 17 Zimmer und 5 Suiten. Die beste Aussicht haben die Suiten. Die Bäder zieren Marmorplatten und Azulejos. Die oben genannten Schriftsteller finden sich übrigens in Form von Zimmernamen wieder. DZ je nach Saison 160–220 € (inkl. Frühstück a la carte).

*** **Pensão Sintra (20)**, Travessa dos Avelares, 12, S. Pedro de Sintra, ✆ 219230738, ℻ 219230738. Grafenvilla aus dem Jahr 1880 am Berghang. Insgesamt nur 8 sehr geräumige und 2 kleinere Zimmer mit Dielenboden und alten Betten. Die Bäder sind mit Azulejos verkleidet. Einige Zimmer mit Blick auf das Castelo dos Mouros. Fernsehzimmer und geräumiger, blau-gelber Frühstücksraum mit Holzkamin. Im 6.000 qm großen, schönen Park lockt ein Pool. Es wird Deutsch gesprochen: Die Privatpension wird von Frau Rosner und ihrer Tochter geführt. Voranmeldung empfehlenswert. DZ mit Frühstück je nach Saison 45–75 €. Mit Kreditkarte 5 € Aufschlag.

** **Pensão Nova Sintra (4)**, Largo Afonso de Albuquerque, 25, ✆ 219230220, ℻ 219107033. In der Nähe des Bahnhofs Sintra. Altehrwürdige Pension aus dem Jahr 1875, seit 1999 in neuem Glanz und der Tradition entsprechend stilvoll eingerichtet. Von einigen Zimmern und der großen Terrasse mit Skulpturenpark zeitgenössischer Bildhauer (Volker Schnüttgen, Matthias Contzen). Teilweise herrlicher Blick in die Umgebung. Auch ein schmuckes Restaurant, in dem

Gut erhalten: historischer Ortskern von Sintra

das Frühstücksbuffet und Mittagessen serviert werden. DZ je nach Saison 40–70 € (mit Frühstück).

Casa de Hóspedes Monte da Lua (9), Av. Miguel Bombarda, 51, ✆/✉ 219241029. Direkt gegenüber dem Bahnhof. So sauber und gut ausgestattet, dass das Haus locker eine 2-Sterne-Pension sein könnte. Alles frisch gestrichen. Zimmer mit eigenem Bad, Zentralheizung, TV und Telefon. Einige Zimmer mit sehr gutem Blick Richtung Colares, andere Richtung Castelo dos Mouros. DZ ohne Frühstück je nach Saison 35–50 €.

Casa de Hóspedes Adelaide (11), Rua Guilherme G. Fernandes, 11, ✆ 219230873. Hinter dem Rathaus. Freundliche Besitzer, ein altes Ehepaar. Zimmer etwas dunkel, schöner Garten. 4 Zimmer mit Dusche, die restlichen Zimmer haben Dusche auf dem Gang. DZ ohne Frühstück für 25 €.

Turismo de Habitação: Quinta da Capela (18), Estrada Velha de Colares/Estrada de Monserrate, ✆ 219290170, ✉ 219293425. Etwa 500 m nach dem Palácio de Monserrate auf der rechte Seite der Straße. Die Quinta da Capela wurde im 16. Jh. vom Fürsten von Cadaval gegründet. Ihr Name rührt von der Kapelle, die sich auf ihrem Grundstück befindet. In ihr werden jeden So öffentliche Messen gelesen. Schlichtes Haupthaus mit verschiedenen Nebenhäusern. Blick auf den Palácio da Pena und den nahegelegenen Palácio de Monserrate. Pfauen im Garten, weitere Vögel in einer Voliere. Innen stilvolle ländliche Einrichtung und moderne Kunst. Helle, lichte Gänge und ein schöner Aufenthaltsraum in Grün. 9 Zimmer mit eigenem Bad. DZ mit Frühstück 160 €. Von Anfang November bis Ende Februar geschlossen.

Quinta de São Thiago (19), Estrada de Monserrate, ✆ 219232923, ✉ 219234329. Biegt man 500 m nach dem Bogen, der die Estrada de Monserrate überspannt, nach rechts ab, erreicht man am Ende eines 1,5 km langen, schlechten Feldweges ein herrschaftliches, massives Haus inmitten eines herrlichen Gartens. Die Quinta de São Thiago war im 16. Jh. ursprünglich ein Kloster der Hieronymiten. Trotz einiger Umbauten hat das Haus den früheren Charakter vollständig bewahrt. Angesichts massiver Möbel, Reliquien an den Wänden, riesiger Balken und dunkler Gänge fühlt man sich wie in einer alten Burg. Pflanzenliebhaber finden innen sehr schöne Blumenarrangements und draußen einen verwunschenen Garten mit Schwimmbad und Tennisplatz. Vom Balkon und von einigen der 10 Zimmer aus hat man einen schönen Blick auf das nahe Colares. In der Kapelle und im Garten finden gelegentlich Hochzeiten statt; in der Bibliothek des Hauses kann man kostbare alte Bücher studieren. Die englische Familie unter Leitung von Mrs. Teresa Braddell empfängt ihre Gäste wie Freunde. Die Zimmer sind unterschiedlich gehalten, aber alle haben sehr schöne Azulejos in den Badezimmern. DZ mit Frühstück ab 130 €, Suite 160 €. In der Nebensaison ca. 20 % Ermäßigung.

Villa das Rosas (2), Rua António Cunha, 2–4, ✆/✉ 219234216, Reservierungen ✆ 219279390, ✉ 219279415. In der Nähe des Bahnhofs Portela. Kleines, mit Azulejos verziertes Haus am Nordende des Stadtteils Estefânia. Nicht so herrschaftlich wie die anderen Häuser des Turismo de Habitação in Sintra, da "neueren" Datums (Ende 19. Jh.). Etwas Lärm durch die Straße vor dem Haus. Garten mit Vogelvoliere, Schwimmbad und Tennisplatz. Die 5 Zimmer und 2 Appartements sind mit dunklen Möbeln eingerichtet. Einige Zimmer geben Blick auf die Burg frei. Fernseh- und Lesezimmer mit Kamin. Reich geschmückter Frühstücksraum mit Stuckdecke. DZ je nach Saison 125–150 € (inkl. Frühstück).

Quinta das Sequóias (17)/Casa da Tapada, Estrada de Monserrate, ✆ 219243821 und 219230342, ✉ 219106065. Hinter dem Bogen, der die Estrada de Monserrate vor dem Palácio de Monserrate überspannt, nach links abbiegen. Anschließend geht es 2 km durch das riesige Privatgrundstück der Quinta (hier gibt es sogar Wanderwege für die Gäste). Sie heißt zu Recht auch "Waldhaus", da sie inmitten der Serra de Sintra, abgeschieden vom Rest der Welt liegt. Von der Terrasse und den Zimmern aus genießt man einen phantastischen Blick auf den Palácio da Pena. Gepflegter englischer Rasen auf der Terrasse mit einem Schwimmbad. Die 6 Zimmer sind alle unterschiedlich ausgestattet. Alles sehr gepflegt und nobel. Nur Nichtraucher erwünscht. Mindestaufenthalt zwei Nächte. DZ mit Frühstück je nach Saison zwischen 120 und 145 €.

Casa Miradouro (7), Rua Sotto Mayor, 55, ✆ 219235900, ✉ 219241836. Am unteren Rand der Altstadt gelegen. Sehr ruhige Gegend. Die Casa Miradouro wird ihrem Namen "Haus Ausblick" vollauf gerecht. Wunderschöner Blick über das ländliche Umland Sintras. Schweizer Eigentümer. Stilvoll eingerichtet. Unten Salon mit Stuckdecke und im Keller der hübsche Frühstücksraum. Eine alte Holztreppe führt nach oben zu den geräumigen Zimmern. Mobiliar in antikem Stil. Große Bäder mit Dusche. DZ je nach Saison 85–122 € (Frühstück inklusive). Im Januar und Februar teilweise geschlossen.

Jugendherberge: Pousada de Juventude de Sintra (23), Santa Eufémia, São Pedro de Sintra, ✆ 219241210, ✉ 219233176. Ca. 2 km oberhalb von São Pedro, in der Nähe des Palácio da Pena. Mit dem Bus 434 (Circuito da Pena) vom Bahnhof Sintra bis zum Eingang des Parque da Pena/Palácio da Pena fahren, anschließend ein Stück die Straße bergab und dann den Weg nach rechts nehmen. Rezeption von 8–12 und 18–24 Uhr geöffnet. Das Haus selbst ist von 8–24 offen. 48 Betten in Schlafsälen und 5 DZ. Gemeinschaftsbad und Fernseher sind vorhanden. Reitmöglichkeit. Auch Mahlzeiten werden angeboten. Preis pro Person im Mehrbettzimmer je nach Saison 8,50–10,50 €. DZ ohne eigene Toilette 20,50–25 €, mit eigener Toilette 24–29 €.

• **Privatzimmer** Ein großes Angebot in und am Rand der Altstadt für 20 bis 50 € pro DZ. Zahlreiche Unterkünfte auch in der Rua João de Deus hinter dem Bahnhof. Vermittlung über den Turismo.

Essen & Trinken *(siehe Karte S. 390/391)*

Curral dos Caprinos (1), Cabriz/Várzea de Sintra, ✆ 219233113, ✉ 219235583. Im Ortsteil Cabriz ca. 2,5 km außerhalb des Zentrums (Busse Richtung Várzea de Sintra). In Cabriz an der Kreuzung nicht nach links Richtung Várzea de Sintra, sondern nach rechts abbiegen, Restaurant liegt nach 100m links. Tägl. geöffnet. 3 große Speisesäle für 250 Pers. Großes, rustikal eingerichtetes Restaurant. Am Eingang blaue Azulejos mit ländlichen Motiven. Von der Decke baumeln Knoblauchbündel und Schinken. Schon über 25 Jahre alt, weit bekannt und beliebt für seine gute Küche. Große Auswahl, darunter die Spezialitäten des Hauses: diverse Fleisch-Spieße (*espetadas*) und *maranhos à moda de Oleiros* (Hammeleingeweide). Hauptgerichte ab 10,50 €.

Adega do Saloio (21), Largo do Chão de Meninos, São Pedro de Sintra, ✆ 219231422. In der Nähe der Straße nach Cascais. Zwei Speisesäle auf beiden Seiten der Straße, zumindest einer der beiden ist normal geöffnet. Auch außerhalb der Saison meist voll besetzt mit Portugiesen. Rustikale Einrichtung in dunklem Holz, von der Decke baumeln Knoblauchgebinde. Regionale portugiesische Küche. Empfehlenswert die

Tagesgerichte ab 9 €. Es gibt auch halbe Portionen ab 6,25 €.

Casa da Avó (16), Rua Visconde Monserrate, 46, ✆ 219231280. Neben dem Spielzeugmuseum. Do Ruhetag. Einfach eingerichteter Familienbetrieb ("Haus der Oma") mit kleinem Speiseraum. Wenige Gerichte regionaler portugiesischer Küche zur Auswahl. Hauptgerichte ab 8 €. Sehr reichhaltige Portionen, die halben Portionen ab 4,50 € sind daher auch sättigend.

O Alcobaça (14), Rua das Padarias, 7, ✆ 219231651. In einer Seitenstraße schräg gegenüber dem Palácio Nacional. Eines der wenigen empfehlenswerten Lokale mitten in der Altstadt. Täglich geöffnet. Einfach eingerichtet mit blau-weißen Azulejos. Ein zweiter Speiseraum im Obergeschoss. Familienbetrieb. Typisch portugiesische Küche der Region. Hauptgerichte ab 5 €.

Mei Si Cheng (3), Rua Capitão Mário Pimentel, 1, ✆ 219242666. Im Stadtteil Estefânia gegenüber dem Museu de Arte Moderna. Täglich geöffnet. Chinesisches Restaurant. Großer Speiseraum mit Spiegeln und beleuchteten Glasbildern. Dunkelrote Holzvertäfelung. Hauptgerichte ab 4,50 €, Reis ab 1,15 €. Wein relativ teuer.

Pic Nic (22), Largo D. Fernando II, 10, São Pedro de Sintra, ✆ 219241047. Am Marktplatz in São Pedro de Sintra gelegen. Täglich 12–15 und 18–24 Uhr. Der freundliche, indische Inhaber hat sein Handwerk in Frankfurt erlernt und bietet original italienische Küche mit importierten Zutaten. Einfache, sympathische Inneneinrichtung. Man kann auch auf der Terrasse Platz nehmen. Große Auswahl an Gerichten, ab 4,50 €. Auch zum Mitnehmen.

Cafés (siehe Karte S. 390/391)

Auf keinen Fall sollte man sich die süße Spezialität Sintras, die *queijadas*, entgehen lassen: süße Törtchen, die mit einer Mischung aus Frischkäse, Eigelb, Zucker und Zimt gefüllt und in mehreren Konditoreien in Sintra hergestellt und verkauft werden. Die Queijadas werden auch in Café und an Ständen am Straßenrand angeboten. Die zweite Spezialität Sintras sind die *travesseiros*, ein süßes Blätterteig-Gebäck, ebenfalls in fast allen Cafés erhältlich.

Café Elite (8), Av. Miguel Bombarda, 69–71, ✆ 219230222. Gegenüber dem Bahnhof gelegen. So Ruhetag. Sympathisches und günstiges Café.

Café Pastelaria Ideal (6), Largo Afonso de Albuquerque, 9, ✆ 219230364. Zwischen Bahnhof und Neustadt Estefânia am Beginn der Rua Dom Francisco d'Almeida. So Ruhetag. Schön eingerichtetes Café, gegründet 1936. Massive Holzstühle und Tische mit Marmorplatten. *Bica* am Tresen 0,45 €, Tisch 0,50 €, Terrasse 0,70 €. Auch großes Angebot an Gebäck, z. B. gute *queijadas* aus eigener Herstellung.

Pastelaria Periquita (13), Rua das Padarias, 1 und 3, ✆ 219230626. Zu Beginn der Altstadtgasse schräg gegenüber dem Palácio Nacional. Täglich außer Mi 9–23 Uhr. Eines der ältesten und bekanntesten Cafés Sintras. Nicht nur vorzügliche *queijadas* (können auch im Pack zum Mitnehmen gekauft werden), sondern auch *travesseiros* und anderes mehr. Schöne Einrichtung mit weißgrünen Azulejos und Marmorboden. Wer keinen Platz findet kann es auch 50m gassenaufwärts in der Filiale Periquita 2 probieren. Bica am Tresen 0,45 €, am Tisch 0,55 €.

Padaria Panisintra (5), Largo Afonso de Albuquerque, 5 und 7. Gegenüber dem Café Ideal. So geschlossen. Bäckerei, gut für ein günstiges Frühstück im Stehen. Einfache Inneneinrichtung.

Casa de Chá Raposa (10), Rua Conde Ferreira, 29, ✆ 219244482. In einer Seitenstraße unweit des Rathauses. Mo Ruhetag. Di–Fr von 12–19 Uhr, Sa/So 16–21 Uhr geöffnet. Teehaus und Dekorationsgeschäft zugleich. In einem schönen stuckverzierten Saal werden in esoterischem Wohnzimmerambiente Tee, Kaffee und Gebäck kredenzt. Daneben versuchen die Inhaber, Einrichtungsideen zu vermarkten: daher werden auch Kunstwerke, leicht kitschige Dekorations-Gegenstände und sogar das Mobiliar verkauft. Kännchen Tee ab 2,50 €.

Fábrica das Verdadeiras Queijadas da Sapa (12), Volta do Duche, 12, ✆ 219230493. Neben dem Rathaus von Sintra auf dem Weg vom Bahnhof in die Altstadt. Der älteste, seit 1756 bekannte Fabrikant der köstlichen *queijadas*. In den kleinen Räumen der traditionsreichen *Queijada*-Fabrik können diese auch gleich gegessen oder zum Mitnehmen gekauft werden. Im Sommer stehen auch auf der Terrasse Tische. Preis pro *queijada* 0,60 €.

Sehenswertes

Parque da Liberdade

Mit seinen weitläufigen Grünanlagen eignet sich der Parque da Liberdade ("Park der Freiheit") ideal dafür, im Schatten der Bäume und vieler exotischer Gewächse sein Picknick zu verzehren oder sich von anstrengenden Besuchstouren zu erholen. Neben dem Jardim do Ultramar in Belém ist der Parque da Liberdade das beliebteste Motiv für Hochzeitsfotos. Am Rand der Volta do Duche fällt der prächtig mit Stuck und Azulejos verzierte Brunnen **Fonte Mourisca** ins Auge. Die maurische Pracht täuscht über den wahren Ursprung des Brunnens – der Künstler José da Fonseca hat ihn erst 1922 geschaffen.

Anfahrt/Öffnungszeiten Volta do Duche. Täglich 9–20 Uhr (im Winter bis 18 Uhr). ✆ 219238811.

Palácio Nacional de Sintra

Schon zu maurischen Zeiten stand hier eine Burg (*Alcácer*), die nach der Eroberung durch die Christen unter Dom João I. (1385–1433) erweitert und zur Sommerresidenz ausgebaut wurde. Seither ist der Königspalast mit seinen beiden auffälligen konischen Küchenkaminen das Wahrzeichen Sintras. Dom Manuel I. (1495–1521) brachte das manuelinische Element in die Architektur des Palastes ein. Aufgrund der vielen Umbauten wirkt der Palast heute uneinheitlich und etwas zusammengewürfelt. Dennoch ist er der letzte noch erhaltene mittelalterliche Königspalast Portugals.

Die Besucher erwartet beim Rundgang eine Abfolge verschiedenster Gemächer und Säle verschiedener Epochen. Nach dem Eingangssaal geht es links zunächst in den Schwanensaal, benannt nach den Deckengemälden aus dem 15. Jh. Über einen malerischen Innenhof mit Brunnen gelangt man in den Els-

Eindrucksvolle Küchenkamine des Königspalastes in Sintra

ternsaal, welcher als Empfangs- und Audienz-Zimmer diente und mit schönen Azulejos und Deckengemälden aus dem 15. Jh. verziert ist. Zu sehen ist auch ein wertvoller astronomischer Globus aus dem Jahr 1575. Anschließend betreten die Besucher das ehemalige Schlafzimmer von Dom Sebastião. Im Saal Cäsars zeigt ein wertvoller flämischer Wandteppich Szenen aus Cäsars Leben. Durch eine manuelinische Tür gelangt man in den Wappensaal, dekoriert mit schönen, blauen Azulejos und einer überbordend vergoldeten Decke. Ein Blick aus einem der Fenster eröffnet eine gute Aussicht auf die umliegende Landschaft.

Es folgt chinesische Elfenbeinkunst im Chinasaal und der Raum, in dem König Afonso VI. neun Jahre bis zu seinem Tode als Gefangener seines Bruders Pedro II. einsaß. Der Boden ist – angeblich vom vielen Hin- und Herlaufen erzählen die Führer – stark beschädigt. Anschließend gelangt man in die königliche Kapelle mit einer Decke aus dem 14. und 16. Jh. im so genannten arabisch beeinflussten Mudéjar-Stil. Daran schließt sich im ältesten Teil des Palastes der Arabische Saal an, der mit außergewöhnlich alten grün-weiß-blauen Azulejos aus dem 15. Jh. aufwarten kann. Den letzten Höhepunkt bietet die imposante Großküche mit den zwei gigantischen Kaminen. Durch sie zog der Rauch der riesigen Kessel und Drehspieße nach oben.

• *Öffnungszeiten* täglich außer mittwochs und an Feiertagen von 10–17.30 Uhr. Eintritt 3 €; mit Cartão Jovem 60 % Ermäßigung; unter 25 und über 65 J. 50 %. Unter 15 J. frei. So bis 14 Uhr generell gratis. Ticketverkauf links. Eingang rechts die Treppen hoch. Einlass nur bis 30 Minuten vor Schließung. ☎ 219230085, ✉ 219234118.

Quinta da Regaleira

Wer immer schon einmal wissen wollte, woher die geheimnisvolle Romantik Sintras kommt, erhält die Antwort in einer Kurve der Estrada de Monserrate. Dort steht die prachtvolle neo-manuelinische Quinta da Regaleira mit ihrem mysteriösen Labyrinth-Garten. Entworfen hat den Palast zu Beginn des 20. Jh. der italienische Architekt Luigi Manini, der auch für die Lissaboner Oper São Carlos und das Palace Hotel in Buçaco bei Coimbra verantwortlich zeigte. Ihn unterstützen zahlreiche Skulpturenmeister wie José da Fonseca und João Machado, der per Zug fertig bearbeitete Steine aus Coimbra zulieferte.

Manini baute einen bereits bestehenden Palast aus dem 18. Jh. nach den Vorstellungen des aus Brasilien nach Portugal zurückgekehrten Multimillionärs António Augusto Carvalho Monteiro (1848–1920) um. Gotik, Manuelinik und Renaissance verschmelzen mit nationalen, portugiesischen Motiven zu einem prachtvollen Zeugnis der Glorie Sintras. In Anspielung auf die Finanzkraft des durch Kaffee- und Edelsteinhandel reich gewordenen Bauherren heißt der Palast im Volksmund denn auch *Palácio dos Milhões* ("Millionenpalast").

Nach dem Tod Monteiros ging die Quinta da Regaleira in den Besitz seines Sohnes über, der das Vermögen des Vaters innerhalb kurzer Zeit verprasste und das Anwesen an die Familie d'Orey weiterverkaufte, die mit ihren 18 Kindern hier einzog. Für den symbolischen Preis von 1,5 Millionen € wurde die Quinta 1997 schließlich an die Stadt Sintra verkauft.

Zu Beginn der **Gartenanlage**, die in ihrem unteren Teil von exotischen Pflanzen und in ihrem oberen von heimischen Gewächsen dominiert wird, passieren die Besucher den Patamar dos Deuses, einen von Statuen griechischer Götter gesäumten Weg. Auf dem weiteren Weg stößt man immer wieder auf schöne Brunnen, dunkle Grotten und Wasserfälle.

Ganz oben angekommen, kann man hinter einer steinernen Drehtüre einen geheimnisvollen Brunnen ohne Wasser betreten. Eine Wendeltreppe führt über neun Ebenen auf seinen Grund hinunter – eine Anspielung an Dantes neun Stufen zur Hölle. Dieser weltweit wohl einzigartige Poço Iniciático wurde als Initiationsstätte für Freimaurer errichtet, die dort mit verbundenen Augen einen der beiden Ausgänge finden mussten. So führen am Grund des Brunnens, in dem ein acht zackiger Stern eingelassen ist, und auf einer der mittleren Ebenen unterirdische Felsengänge zu entfernten Punkten des Gartens. Unklar ist jedoch, ob der Brunnen jemals tatsächlich für Initiationsriten verwandt wurde und wer ihn errichten ließ.

Immer wieder öffnen sich inmitten des Gartengrüns herrliche Blicke auf Sintra, den Palácio da Pena und das Castelo dos Mouros. Die beste Aussicht hat man jedoch auf der Spitze des Turms Torre da Regaleira, dem der Palast seinen Namen verdankt. Ganz in der Nähe des Palastes steht die neo-manuelinische **Capela da Santíssima Trindade**. Auch hier Symbole der Freimaurerei: ein Dreieck mit einem Auge am Eingang. Unter der Kapelle befindet sich eine Krypta, rundum umgeben von unterirdischen Gängen, die den einstigen Besitzer, Carvalho Monteiro, trockenen Fußes in den Palast führen sollten.

Der **Palast** selbst beeindruckt neben seiner herrlichen neo-manuelinischen Fassade mit Mosaikböden und Deckenbemalungen. In den Räumen erzählen alte Photos von der Geschichte des Hauses. Die hier ausgestellte Sammlung *Exposição Maçónica* eines der ehemals führenden Freimaurers Portugals, José Eduardo Pisani Burnay (1924–1998), illustriert anhand von Keramiken, Schwertern und Medaillen die Geschichte der Freimaurer in Portugal. Aufmerksame Beobachter entdecken an der Fassade unter den Fenstern ein verschlungenes, stilisiertes CM – mit diesem Monogramm verewigte sich der Bauherr Carvalho Monteiro.

• *Anfahrt/Öffnungszeiten* Estrada de Monserrate, etwa zehn Minuten zu Fuß vom Turismo entfernt. Besuch nur im Rahmen von zweistündigen Führungen in Gruppen von ca. 20–30 Personen. Vorherige tel. Anmeldung sehr zu empfehlen. Täglich geöffnet. Dezember–Februar 11–15.30 Uhr, sonst 10– 16 Uhr (Juni bis September bis 18 Uhr). Eintritt 10 €, bis 25 J. und über 65 J. 50 % Ermäßigung, bis 7 J. frei. Familienkarte 15 €. ✆ 219106650, ✆ 219244725. Der Rundgang führt über zahlreiche Stufen, daher für Kinderwägen o. Ä. nicht geeignet. Rauchen und Photographieren mit Blitz verboten!

Museen

Museu de Arte Moderna: Mit der *Colecção Berardo* stellt das Museum der Modernen Kunst eine der besten Sammlungen zeitgenössischer Kunst in Portugal aus. Untergebracht ist das Museum im prächtigen, historischen Casino von Sintra aus dem Jahr 1924. Gezeigt werden Gemälde und Skulpturen aus den 30er Jahren bis zur Gegenwart, die meisten aus Europa und den USA (überraschend viele auch aus Deutschland, Portugal ist dagegen eher unterrepräsentiert). Die Liste der ausgestellten Künstler ist beeindruckend: Max Ernst, Joan Miró, Pablo Picasso, Andy Warhol, Gerhard Richter und Roy Lichtenstein. Schwerpunkte der Sammlung sind der Neo-Realismus mit der *École de Paris* (1945–60, z. B. Hans Hartung, Maria Helena Vieira da Silva), die amerikanische Malerei aus den 40er Jahren (Joan Mitchell, Franz Kline) sowie die Pop-Art, der Neo-Realismus und die Arte Povera aus Italien. Ganz oben warten eine Dachterrasse und eine farbenfroh gestaltete Cafeteria mit günstigen Preisen auf die Besucher. Im Eingangsbereich der Cafeteria fällt eine Reproduktion eines Bildes aus dem bekannten Café *A Brasileira* in Lissabon ins Auge.

• *Adresse/Öffnungszeiten* Av. Heliodoro Salgado, ✆ 219248170, ✉ 219248177. Geöffnet Di–So (auch an Feiertagen) 10–18 Uhr, Mo geschlossen. Eintritt 3 €, für Studenten und Rentner 50 % Ermäßigung, Kinder bis 10 J. frei. Eintritt zur Cafeteria frei.

Der Beginn einer großen Sammlerkarriere

Besitzer der im Museu de Arte Moderna ausgestellten *Colecção Berardo* ist der Unternehmer Joe Berardo, seines Zeichens auch Eigentümer des Weinkonzerns J.P. Vinhos. Er erzählt, wie er begonnen hat, Kunstwerke zu sammeln: "Eines Tages sah ich eine Reproduktion des Gemäldes einer sehr schönen Frau und dachte mir dabei, dass ich das Original besitzen müsse." Also fragte Berardo beim Besitzer der Kunsthandlung nach, wo man denn dieses Bild im Original erstehen könne. Der Eigentümer antwortete ihm lapidar: "Im Louvre-Museum in Paris." Bei dem Gemälde hatte es sich um eine Reproduktion Mona Lisas gehandelt. Für Berardo, heute Besitzer einer umfangreichen Kollektion moderner Kunst, ein Zeichen dafür, dass es nicht nötig ist, große Kenntnisse zu besitzen, um Kunst schätzen und lieben zu lernen.

Museu do Brinquedo: Das sehenswerte Museum beherbergt die fast unüberschaubare Menge von 20.000 Spielzeugen aus aller Welt. Sie hat der portugiesische Sammler João Arbués Moreira in 50 Jahren akribischer Kleinarbeit zusammengetragen. Darunter Heerscharen von Zinnsoldaten, Spielzeugautos, Dampfmaschinen sowie Brett- und Computerspiele. Am Eingang stoßen die Besucher auf eine Modellbahn-Anlage, ein Café und eine Buchhandlung. Die Beschriftungen sind auf Portugiesisch, am Eingang ist aber eine englische Beschreibung erhältlich. Ausgestellt sind die Spielzeuge in den oberen Stockwerken; ganz oben findet man eine liebevoll eingerichtete Puppenstube. Besonders sehenswert ist das mechanische Blechspielzeug, fabriziert in Deutschland in den 20er und 30er Jahren.

• *Adresse/Öffnungszeiten* Rua Visconde Monserrate, ✆ 219242171, ✉ 219241322. Am Ende der Volta do Duche und ganz in der Nähe des Palácio Nacional. Geöffnet täglich außer Mo 10–18 Uhr. Eintritt 3 €, Kinder, Studenten, Rentner 50 % Ermäßigung.

Museu Regional de Sintra: Das Regionalmuseum von Sintra befindet sich im Gebäude des Turismo. Es umfasst die städtische Gemäldegalerie mit Werken über Sintra und einen Saal für wechselnde Ausstellungen.

• *Adresse/Öffnungszeiten* Praça da República, 23, 1. und 2. Etage, ✆ 219244772. Mo geschlossen; Di–Fr 9–12 und 14–18 Uhr, am Wochenende und an Feiertagen 14.30–19 Uhr. Eintritt frei.

Casa-Museu Atelier Anjos Teixeira: Obwohl nur wenige Meter unterhalb der Volta do Duche und damit am Weg fast aller Touristen gelegen, finden nur wenige die Zeit für einen kurzen Abstecher in dieses sehenswerte Museum. Es ist den beiden portugiesischen Bildhauern (Vater und Sohn) Artur Gaspar dos Anjos Teixeira (1880–1935) und Pedro Augusto Franco dos Anjos Teixeira (1908–1997) gewidmet. Der Sohn hat hier bis zu seinem Tod 1997 sein Atelier unterhalten. Zahlreiche Skulpturen, die hier als Modelle ausgestellt sind, sind in Lissabon und Umgebung als Originale zu bewundern. So z. B. die Statue der Republik im Parlament São Bento oder das Denkmal für den Landarbeiter an der Hauptstraße in São João das Lampas nördlich von Sintra.

- *Adresse/Öffnungszeiten* Volta do Duche/ Azinhaga da Sardinha – Rio do Porto, ℡ 219238827. Direkt unterhalb der Volta do Duche (s. Schild). Di–Fr 9.30–12 und 14–18 Uhr, Sa/So und an Feiertagen 14–18 Uhr, Mo zu. Eintritt frei. An der Türe klingeln.

Museu Arqueológico de São Miguel de Odrinhas: In dem 15 km von Sintra entfernten Örtchen Odrinhas findet sich eines der bedeutendsten Archäologiemuseen Portugals. Bereits im 16. Jh. hat man hier alte römische Inschriften der Region zusammengetragen. Heute ist hier nach Angaben des Museums die drittgrößte Sammlung römischer Inschriften der Welt (nach Rom und Athen) zu sehen. Das umfangreiche Ausstellungsgelände erstreckt sich über 15.000 m², darunter ein römisch-mittelalterlicher Begräbnisplatz und die kleine Kirche Ermida de São Miguel de Odrinhas, deren Ursprünge in das 12. Jh. zurück reichen.

Die Museums-Gebäude selbst sind, auch wenn das nicht so aussieht, Neu-Konstruktionen. Sie sind um einen Innenhof, die *Ágora*, gruppiert und beherbergen die archäologischen Fundstücke aus den verschiedenen Epochen. Zu Beginn des Rundgangs stößt man auf die einzigen etruskischen Sarkophage Portugals. Francis Cook hat sie im 19. Jahrhundert für seinen Palácio de Monserrate gekauft. Dort standen sie im Garten, bis die Sarkophage 1984 durch einen Erdrutsch verschüttet und anschließend nach Odrinhas in Sicherheit gebracht wurden.

Alle anderen Ausstellungsstücke stammen dagegen aus der Region Sintra: Im Saal der "Römischen Basilika" reihen sich römische Grab-, Altar- und Wegsteine beinahe endlos aneinander. Der folgenden Saal, die "Westgotische Kirche" zeigt deutlich den drastischen Verfall der allgemeinen Bildung nach dem Ende der römischen Herrschaft: Die Inschriften sind fehlerhaft und wackelig. Römische Sarkophage wurden zu christlichen Taufsteinen umfunktioniert, andere dienten den Westgoten als "Kühlschrank" oder dazu, um mit ihnen Olivenöl zu pressen oder um aus ihnen Pferde zu tränken. In den drei abschließenden Räumen sind Tempelritter-Grabsteine aus der Igreja Santa Maria de Sintra und Grenzsteine der Region ausgestellt.

- *Adresse/Öffnungszeiten* Av. Prof. Dr. D. Fernando de Almeida, São Miguel de Odrinhas, ℡ 21961357-4/-7, ✉ 219613578. Ca. 15 km nördlich von Sintra. Die Busse Richtung Ericeira halten im Ort. Öffnungszeiten 10–13 und 14–18 Uhr. Mo und Di zu. Die Besucher werden geführt. Eintritt 2,50 €.

Die alte Maurenfestung über Sintra

Serra de Sintra

In der ganzen Serra de Sintra stößt man immer wieder auf interessante Felsformationen und auf einsame, verlassene Forsthäuser. Hoch über Sintra thronen das Maurenkastell und das romantische Königsschloss Palácio da Pena. Im Wald der Serra de Sintra liegen verschiedene Kostbarkeiten wie das verträumte Felsenkloster Capuchos oder der ausladende Park des Palácio de Monserrate.

Das üppige Grün regte den englischen Poeten Lord Byron zu einem Vergleich mit dem "Garten Eden" an. Tatsächlich findet man auf der regenreichen Nordseite des Gebirges eine reiche Vegetation, dagegen ist die regenarme, Cascais zugewandte Südseite eher felsig.

Castelo dos Mouros

Die Burg auf 450 m Höhe wurde unter arabischer Herrschaft im 8. oder 9. Jh. angelegt. 1147 ergab sich das Maurenkastell nach der Eroberung Lissabons durch Dom Afonso Henriques widerstandslos dem christlichen Heer. Danach verfiel es zusehends und wurde erst unter Dom Fernando II. (1816–85) restauriert. Die nationale Denkmalverwaltung gab der Burg in der 40er Jahren ihr heutiges Gesicht, nicht unbedingt getreu historischer Vorgaben.

Von den ausgedehnten Befestigungsmauern bietet sich ein ausgezeichneter Blick auf Sintra und das Hinterland bis zur Küste der Praia das Maçãs. Links neben dem Eingang ist einige Stufen weiter unten eine Zisterne aus dem

Mittelalter zu besichtigen. Einer Legende zufolge liegt dort ein maurischer König in einem bronzenen Grab begraben. Er soll mit seinem Grabschatz von bösen Geistern bewacht werden.

Öffnungszeiten Täglich 9–20 Uhr (im Winter bis 19 Uhr). Einlass bis 1 Stunde vor Schluss. Nur am 25. Dezember geschlossen. Eintritt 3 €, unter 18 und über 65 J. 2 €. Unter 6 J. frei. ✆ 219237300.

Parque da Pena

In diesem Wald aus hundertjährigen Kiefern und Eukalyptus-Bäumen liegt das Märchenschloss Palácio da Pena. Im Schatten der hohen Baumkronen lässt sich gut spazieren gehen. Dabei stößt man auf exotische Pflanzen, versteckte Teiche und große Steinstatuen. Etwa 800 m vom Palácio da Pena entfernt krönt die Cruz Alta den höchsten Punkt der Serra de Sintra auf 529 Metern über dem Meer. Das "hohe Kreuz" ist auf der Straße, die einst für die Könige angelegt wurde, leicht zu erreichen. Den fabelhaften Rundblick auf Guincho, Cascais, Estoril und Lissabon sollte man sich nicht entgehen lassen.

Öffnungszeiten Tägl. 9–20 Uhr (im Winter bis 19 Uhr), Einlass bis 1 Stunde vor Schluss. Nur am 25. Dezember geschlossen. Der Eingang Portão dos Lagos schließt jeweils 15 Minuten früher. ✆ 219237300. **Eintritt nur in den Park:** 3 €, unter 18 und über 65 J. 2 €. Unter 6 J. frei. **Kombinierter Eintritt mit Palácio Nacional da Pena:** 5 €, unter 18 und über 65 J. 3,50 €. Unter 6 J. frei.

Palácio Nacional da Pena

Der märchenhaft verspielte Königspalast hoch über Sintra erinnert mit seiner Mischung verschiedenster Architekturstile auf den ersten Blick an das Schloss Neuschwanstein. Tatsächlich wurde der Palácio da Pena aber bereits 1839 erbaut, knapp 30 Jahre vor seinem bayrischen Gegenstück. Ganz frei von deutschem Einfluss ist er aber dennoch nicht: In Auftrag gab ihn Dom Fernan-

Bunter Stilmix am Palácio Nacional da Pena

Palácio Nacional da Pena

do II., der deutsche Gemahl von Königin Dona Maria II. Architekt war mit Wilhelm Baron von Eschwege ebenfalls ein Deutscher.

Nach seiner Heirat mit Dona Maria II. 1836 fand Fernando schnell an Sintra Gefallen. Während seines ersten Aufstiegs in die Serra kam er an den Ruinen eines manuelinischen Bergklosters aus dem Jahr 1511 vorbei. Das Erdbeben 1755 hatte es so stark beschädigt, dass nur die Kapelle intakt geblieben war. Das brachte den König auf die Idee, hier das Schloss seiner Träume zu errichten. Kapelle und Kreuzgang des alten Klosters ließ Fernando in seinen neuen Palast integrieren. Der alte Kreuzgang und die Kapelle mit ihrem vom Bildhauer Nicolau de Chanterenne äußerst prachtvoll gestalteten Hochaltar aus Marmor und Alabaster sind dort noch heute zu sehen.

Architekt Eschwege bediente sich beim Bau des Palastes klassischer, romanischer, gotischer, manuelinischer, barocker, maurischer und indischer Stilelemente. Das Ergebnis ist ein Horror für jeden Stilpuristen. Sozusagen ein wahrer "Palast der Strafe", so lautet zumindest die wörtliche deutsche Übersetzung von "Palácio da Pena". Liebhaber etwas unkonventioneller Bauweisen werden an dem Schloss dagegen ihre wahre Freude haben. Den Mitgliedern des Königshauses selbst hat es in ihrem Palast offenbar nicht sonderlich gefallen. Sie bewohnten ihn recht selten, da es ihnen hier zu windig und zu neblig war.

Am Palácio da Pena angekommen, passieren die Besucher zuerst zwei mit Korallen, Muscheln und Weinblättern reich verzierte Tore, in einer manuelinisch-maurischen Stilmischung. Die Plattformen um den Palast bieten eine herrliche Sicht auf Lissabon, Sintra und Colares. Im Palast selbst sind die komplett eingerichteten Gemächer der königlichen Familie zu besichtigen, deren Zustand seit der Flucht des Königs aus Portugal 1910 nicht mehr verändert wurde – sogar das Geschirr steht noch.

Auf Grund ihrer Kunstfertigkeit fallen besonders die pseudo-maurischen Deckenornamente im Zimmer der Königin und die perspektivische Bemalung im arabischen Saal auf. Mit feinstem Stuck kann der große Festsaal aufwarten. Eher kurios ist die ausgestellte Sonnenuhr mit einer pünktlich zur Mittagszeit zündenden Kanone. Überraschend auch ein Blick auf die Stammtafel der Dynastie Bragança vor den Treppen zur Küche hinunter: Man beachte die große Anzahl der bei der Geburt gestorbenen Kinder, die mit *N.E.F. = Nascido e Falecido* markiert sind.

● *Öffnungszeiten* Täglich außer montags und an Feiertagen 9–20 Uhr (im Winter bis 19 Uhr). Letzter Einlass 1 Stunde vor Schluss (wird rigoros durchgesetzt, also pünktlich kommen). Fotografieren verboten. ✆ 219237300, ✆ 219237350. **Kombinierter Eintritt mit Parque da Pena: 5 €, unter 18 und über 65 J. 3,50 €. Unter 6 J. frei.**

Wandertipp zum Castelo dos Mouros und Palácio da Pena

Durch die Altstadt von Sintra (s. Karte S. 391) und dann entlang der Rua Marechal Saldanha gelangt es zum Brunnen Fonte da Sabuga, dessen klares Wasser von den Einheimischen gerne in Flaschen abgefüllt wird. Nach den lokalen Legenden soll das Wasser Heilkräfte besitzen. Am Brunnen geht es dann nach rechts in die Calçada dos Clérigos. An der nächsten Straßenkreuzung führt die Rampa do Castelo nach oben – gegenüber dem Anfang der Rampe liegt übrigens das Haus, in dem der dänische Schriftsteller Hans-Christian Andersen gelebt hat. Durch den Wald erreicht man die Maurenburg **Castelo dos Mouros** (dabei eher nach rechts orientieren). Insgesamt sind es von der Altstadt bis zur Maurenburg ca. vier Kilometer und 30 Min. Wanderung. Nach dem Besuch des Castelo dos Mouros geht es den Weg entlang nach rechts bis nach einem Drehtor eine Straße erreicht wird. Hier sind es noch ca. 200 m nach links bis zum Haupteingang (Portão Principal) des **Parque da Pena** (s. Karte S. 402).
Hier geht es den Berg zum Königsschloss **Palácio Nacional da Pena** hinauf. Anschließend sollte ein Abstecher zum besten Aussichtspunkt der ganzen Region, der **Cruz Alta** nicht versäumt werden. Zurück am Haupteingang des Parque da Pena, dem Portão Principal, geht es über die Calçada da Pena in den schönen Ortsteil **São Pedro de Sintra** mit seinem jeden 2. und 4. Sonntag im Monat stattfindenden Markt, historischen Villen und Palästen.
Von São Pedro zurück zum Bahnhof Sintra empfiehlt sich folgender Weg: Calçada de São Pedro, nach etwa 200 m halb rechts in die Rua Dr. Higino de Sousa. An deren Ende liegt ein besonderer Aussichtspunkt: Einer der wenigen Orte in der Stadt, an denen man gleichzeitig einen guten Blick auf Castelo dos Mouros und Palácio da Pena genießt. Anschließend nach links in die Rua Rodrigo Pereira, um nach 150 m an der Quinta do Arrabalde in den Fußweg Caminho da Alba Longa einzubiegen. An dessen Ende rechts in die Rua Conde de Seisal und gleich links in die Escadinhas da Alba Longa. An der folgenden Gabelung links die Stufen hinunter bis zur Rua Augusto Freire und dann nach links in die Rua João de Deus, die zum Bahnhof Sintra führt.

Palácio de Monserrate

Die romantischsten Gartenanlagen der Region Sintras – umgeben vom Grün der Serra de Sintra: wuchernde Farne, blühende Magnolien, plätschernde Wasserfälle. Der erste Vicomte von Monserrate, Sir Francis Cook, ließ hier in der 2. Hälfte des 19. Jh. ein Palais in orientalischem Stil erbauen und es von ausgedehnten Gartenanlagen mit hunderten exotischer Pflanzen aus Japan,

China, Australien, Neuseeland, Mexiko, Brasilien und Südafrika umgeben. Dabei halfen ihm der Landschaftsmaler William Stockdale, der Botaniker William Nevil und der Gärtner James Burt. Später stand der seit 1949 dem portugiesischen Staat gehörende Palast über 40 Jahre lang leer, die Gärten verwilderten zusehends, bis sie erst in den 90er Jahren in langwierigen Arbeiten restauriert wurden.

Der Palácio de Monserrate erinnert mit seinem Stuck, Ornamenten und Spitzbögen an indische Paläste. Markant stechen die Rundbauten an den beiden Enden hervor. Der Palast selbst ist im Gegensatz zu den ausgedehnten Gärten dem Besucherverkehr nicht zugänglich, aber von außen kann man wunderschön verzierte Räume im arabischen Mudejar-Stil sowie einen Brunnen erspähen.

• *Adresse/Öffnungszeiten* Estrada de Monserrate, ℡ 219237300, ℻ 219237350. Keine direkte Busverbindung. Zu Fuß sind es knapp 2 Kilometer von Sintra-Altstadt entlang der romantischen Estrada de Monserrate. Täglich 9–20 Uhr (im Winter bis 19 Uhr). Einlass bis 1 Stunde vor Schluss. Eintritt 3 €, unter 18 und über 65 J. 2 €. Unter 6 J. frei. Picknick im Park ist verboten!

Convento dos Capuchos

Das verträumte, zwischen Felsen versteckte Kloster liegt 7 km von Sintra entfernt inmitten üppiger Wälder. In diesem einzigartigen Waldkloster führten Mönche des Ordens der Alcântariner, der von São Pedro de Alcântara als Abspaltung der Franziskaner gegründet worden war, ein karges, Welt abgeschiedenes Leben. Sie blieben der Idee der Bettelorden treu und lehnten weltlichen Besitz ab. 1560 errichtete Dom Álvaro de Castro das Kloster aufgrund eines Gelübdes seines verstorbenen Vaters Dom João de Castro, dem Vizekönig von Indien. Als Philipp II. von Spanien (damals in Personalunion auch König von Portugal) den Convento dos Capuchos besuchte, machte er die folgende anekdotisch überlieferte Bemerkung: Es gebe in seinem Reich zwei Kostbarkeiten – das reichste Kloster der Christenheit, den Escorial in Spanien, und das ärmste Kloster, den Convento dos Capuchos in Portugal. Bis zur seiner Säkularisierung im Jahre 1834 bewohnten Mönche den Konvent.

Bis zu 14 Mönche lebten hier in winzigen, aus dem Fels gehauenen Zellen, die zur Wärmeisolierung mit Korkrinde verkleidet wurden. Im kalten und feuchten Winter "heizten" sie so ihre Zellen mit der eigenen Körperwärme. Die Räume sind so eng, dass sie sich gerade quer ausstrecken konnten, und die Türen so niedrig, dass sie nur auf Knien zu "durchschreiten" sind. Die Platzverhältnisse sollten die Brüder daran erinnern, dass Gott selbst im engsten Raum immer anwesend ist. Im ganzen Kloster stößt man immer wieder auf Kork, z. B. im Speiseraum, wo Decke, Tür und Bänke mit diesem Material überzogen sind. Nur

> **Die Leiden eines Mönches**
> Am weitesten ging der Mönch Honório mit seiner Buße. Er hatte die vage Versuchung einer Frau gespürt, die ihm auf der Straße begegnet war. Daraufhin erlegte er sich selbst die Strafe auf, 30 Jahre in einer winzigen, Höhlen ähnlichen Grotte zu büßen. Man findet diese im Klostergarten gleich unterhalb des südlichen Hügels, ca. 50 m vom Eingang entfernt.

die Kirche am Klostereingang ist etwas prachtvoller geraten, vor allem der Marmoraltar aus Rom fällt etwas aus dem ansonsten so spartanischen Ambiente.

Auch ein Gang in den Garten lohnt sich: Vom hinteren Teil mit seinen interessanten Felsformationen hat man einen schönen Blick auf Colares und die Praia das Maçãs. Wer Durst hat, kann übrigens ohne Sorgen das glasklare Wasser des Brunnens am Eingang zum Kloster trinken.

• *Adresse/Öffnungszeiten* Die nächste Bushaltestelle ist 3 km weiter westlich im Örtchen Pé da Serra zu finden (Bus 403 Sintra–Cascais via Cabo da Roca). Geöffnet täglich 9–19 Uhr (im Winter bis 17 Uhr). Die Besucher werden etwa alle 15–30 Min. in Gruppen durch den Konvent geführt. Nur am 25. Dezember geschlossen. Eintritt 3 €, bis 17 J. und ab 65 J. 2 €, unter 6 J. frei. ☎ 219237300, ✉ 219237350.

Capela da Peninha

In 486 Metern Höhe thront die Capela de Nossa Senhora da Peninha über der Serra de Sintra. An die kleine Kapelle aus dem 17. Jh. hat António de Carvalho Monteiro, besser bekannt als Besitzer der Quinta da Regaleira, 1918 einen romantischen Palast anbauen lassen. Letzten Endes hat er aber doch nie hier oben gewohnt. Schade für ihn, denn der Ausblick ist nur schwer zu schlagen: Von der Terrasse der Kapelle breitet sich ein Panorama der ganzen Küste von Guincho im Süden bis Ericeira im Norden aus. In der Ferne schimmert der wenige Kilometer entfernte Leuchtturm am Cabo da Roca. Durch den hohen Blickwinkel erstreckt sich das Meer unglaublich weit in Richtung Horizont. Dahinter warten nur noch die Azoren und Amerika...

Anfahrt Nächster Bushalt etwa 2,5 km entfernt am Abzweig von der Hauptstraße nach Azóia (Bus 403 Sintra–Cascais via Cabo da Roca). Die Kapelle selbst ist nicht zu besichtigen, die Terrasse ist aber frei zugänglich.

Wanderungen in der Serra de Sintra

Ob durch grüne Gebirgslandschaften, entlang mysteriöser Felsklöster, idyllischer Stauseen oder über die hoch aufragende Steilküste der Atlantikküste nördlich des Cabo da Roca – in der Serra de Sintra ist für zahlreiche Wander-Geschmäcker etwas dabei.

Leider sind die Wege nicht markiert, mit den unten angegebenen Beschreibungen sollten sie aber gut zu finden sein. Immer erforderlich sind festes Schuhwerk und Pullover oder besser noch eine wärmende Regenjacke, auch im Hochsommer, da es in der Serra de Sintra schnell empfindlich kalt werden kann. Wer es lieber ruhiger mag, sollte unter der Woche die Wanderstiefel schnüren, da am Wochenende zahlreiche Tagesausflügler aus Lissabon mit ihren Autos einfallen. Die Anfangs- und Endpunkte der Wanderrouten sind alle gut mit dem Bus zu erreichen (Verbindungen siehe Sintra S. 390).

Die folgenden Wanderungen wurden mittels GPS kartiert.
Waypoint-Dateien zum Downloaden unter:
www.michael-mueller-verlag.de/portugal/lissabon

• *Karten* Aus den Militärkarten der Serie M888 im Maßstab 1:25.000 passen die Blätter 415 (Wanderungen 2, 3, 4, 5), 416 (Wanderungen 1, 2, 3) und 429 (Wanderung 4). Bezugsquelle siehe A-Z/Karten S. 82.

• *Mountainbike* Die Wanderungen 1–4 lassen sich gut auf dem Rad zurücklegen (Gelände gängig sollte es aber schon sein). Wanderung 5 ist dagegen nicht Fahrrad tauglich.

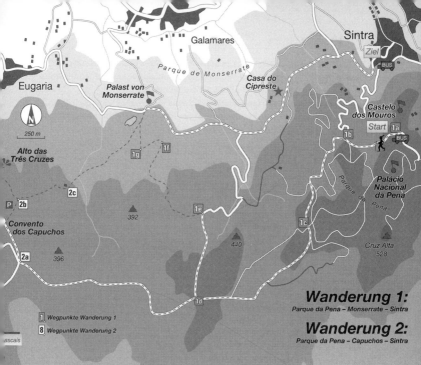

Wanderung 1: Parque da Pena – Monserrate – Sintra

Von der Maurenburg zu den romantischen Monserrate-Gärten
Länge: 8 km, Dauer: 3 Std., Schwierigkeit: einfach

Mit dem Bus 434 vom Bahnhof Sintra oder zu Fuß bis zum Eingang des Castelo dos Mouros (Streckenvorschlag s. S. 404). Hier am Startpunkt **(1a)** befindet man sich auf etwa 410 m über dem Meer. Auf der Straße die Mauer des Parque da Pena Richtung Westen umrunden (an der Abzweigung nach 600 m links und nicht Richtung Sintra **(1b)**. Nach 1,5 km ist man auf der entgegengesetzten Seite des Parks angelangt und überquert auf einem Damm eine andere Straße **(1c**, s. Karte Parque da Pena S. 403, Tapada do Mouco). Kurz danach macht die Straße eine Rechtskurve Richtung Westen. Nach weiteren 1,3 km erreicht man ein Tor auf der rechten Straßenseite (bis hierher verlaufen Weg 2 und 3 parallel).

Hier **(1d)** rechts in die – für Autos gesperrte – Straße abbiegen. Nach etwa 750 m macht diese Straße einen scharfen Knick nach rechts. Hier **(1e)** nach links durch ein weiteres Tor in einen Waldweg einbiegen. Links halten und nach ca. 150 m durch ein weiteres Tor nach rechts abbiegen. Nun immer nach unten gehen bis man nach ca. 800 m auf einen größeren Weg stößt **(1f)**. An der nach ca. 30 m folgenden Weggabelung links halten. Nach ca. 150 m rechts in einen schmalen Weg entlang eines kleinen Tals einbiegen **(1g)**. Dort liegt ein Teich, der auf seiner östlichen Seite passiert werden kann. Am Ende des Teichs gelangt man direkt zum Eingang des Palastes von Monserrate. Von hier

Linha de Sintra
Karte S. 384/385

408 Linha de Sintra

aus kann man in ca. 2,5 km über die asphaltierte Straße Estrada de Monserrate wieder zurück nach Sintra. Auf dem Weg passiert man linker Hand die beachtenswerte Casa do Cipreste aus den Jahren 1907–13, das komplett begrünte Wohnhaus des portugiesischen Architekten Raul Lino. Das Gebäude ist ein gelungenes Beispiel für die Philosophie Linos (1879–1974), Landschaft und Natur in der Architektur aufzugreifen.

Wanderung 2: Parque da Pena – Capuchos – Sintra (s. Karte S. 407)

Zum einsamen Korkkloster inmitten der Serra
Länge: 11 km, Dauer: 3,5 Std., Schwierigkeit: einfach

Eine etwas längere Variante der Wanderung 1 über das Korkkloster Convento dos Capuchos. Den Parque da Pena umrunden, wie bei Weg 1 beschrieben. Allerdings nicht in das Tor (**1d**) auf der rechten Straßenseite hinein, sondern auf der asphaltierten Straße weitere 2 km geradeaus bis zur Straßenkreuzung in der Nähe des Capuchos-Klosters (**2a**, hier führen auch Weg 3 und 4 vorbei). Nach rechts in die Straße zum Convento einbiegen und noch 400 m der leicht abschüssigen Straße bis zum Felsenkloster folgen. Wer will, kann einen Besuch anschließen. Ansonsten um den eingezäunten Parkplatz des Klosters herum und dann dem Weg Richtung Osten folgen. Nach ca. 250 m (**2b**) folgt ein kurzer Abstecher nach links zur Höhe Alto das Três Cruzes auf 344 m über dem Meer, von der man eine phantastische Sicht auf die Umgebung hat.

Zurück zum Weg und weiter Richtung Osten. Nach etwa 500 m immer geradeaus erreicht man ein kleines Haus (**2c**), ab hier geht es in Forstschneisen den Berghügel hinunter (tendenziell eher etwas links halten). Nach 1 km trifft man unten auf einen kleinen Teich an der Estrada de Monserrate. Auf der anderen Straßenseite liegt der Eingang zum Palácio de Monserrate. Zurück bis nach Sintra siehe Weg 1.

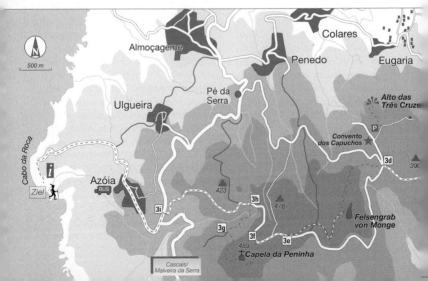

Wanderung 3: Parque da Pena – Peninha – Cabo da Roca

> Quer über die Serra de Sintra bis ans Westende Europas
> Länge: 14 km, Dauer: 4,5 Std., Schwierigkeit: einfach

Der Beginn ist bis zur Kreuzung in der Nähe des Convento dos Capuchos identisch mit Weg 2. An der Kreuzung (**3d**) aber nicht nach rechts in die Straßen Richtung Convento dos Capuchos oder Pé da Serra und auch nicht nach links Richtung Malveira da Serra, sondern den Feldweg geradeaus entlang (dem Schild Tolos do Monge folgen).

Den wenig schattigen Weg geht es beginnend bei einem Höhenniveau von 340 m nach oben. Schöne Aussicht: Rechter Hand liegt Colares unten im Tal, linker Hand Cascais, Estoril und der Stausee des Ribeiro da Mula. Wer zurück schaut, entdeckt das Castelo dos Mouros am Horizont. Auf dem Weg passiert man auf der linken Seite eine Gedenktafel an einem Felsen. Sie erinnert an 25 Soldaten, die hier bei einem Waldbrand-Einsatz am 7.9.1966 ums Leben kamen. Ab hier spenden Kiefern und Eukalyptus-Bäume etwas Schatten.

1,2 km nach der Straßenkreuzung erreicht man einen so genannten geodätischen Orientierungspunkt auf 490 Metern Höhe an der höchsten Stelle dieser Wanderung. Direkt hinter der Betonsäule liegt das neolithische, also jungsteinzeitliche Felsengrab von Monge, das auf 2500 v. Chr. datiert wird. Zeit, eine Pause zu machen und in Ruhe den herrlichen Blick vom Cabo Espichel bis zum Palácio da Pena zu genießen.

Nun geht es 800 m über einen von alten Kiefern gesäumten Waldweg leicht abwärts bis zur geteerten Straße Capuchos-Azóia (**3e**), der man nach rechts Richtung Peninha folgt. Diese Gegend ist von Waldbränden weitgehend verschont geblieben. 300 m weiter erreicht man ein erstes Straßendreieck, hier geradeaus. Nochmal 300 m weiter folgt ein zweites Straßendreieck (**3f**), an dem es nach links hinauf bis zur Capela da Peninha geht. Oben auf der Plattform in 489 m Höhe belohnt eine herrliche Aussicht erneut für die Mühen.

Von der alten Kapelle geht es über den Vorplatz und an einem alten Wirtschaftsgebäude vorbei Richtung Westen nach unten. Hier muss ein niedriges Mäuerchen überquert werden, um in einen engen Waldweg einzutauchen. Immer geradeaus, bzw. rechts haltend nach unten, bis man nach etwa 500 m auf einen breiteren Weg stößt. Hier (**3g**) rechts durch einen schattigen Kiefernwald bis nach weiteren 500 m ein kleiner Bach überquert wird. Dann geht es kurz nach oben und 100 m weiter stehen wir erneut auf der Straße Capuchos-Azóia (**3h**).

Auf der Straße nach links Richtung Westen halten, bis man nach 1,8 km auf

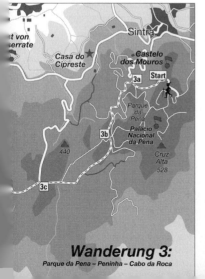

Wanderung 3:
Parque da Pena – Peninha – Cabo da Roca

die Straße Sintra-Cascais stößt. Hier **(3i)** links Richtung Cascais und nach 100 m gleich nach rechts in Richtung Azóia abbiegen. Immer geradeaus durch das Dorf hindurch; bis man 2,8 km weiter am "Ende der Welt" oder doch zumindest am westlichsten Punkt Europas, dem Cabo da Roca angekommen ist. Wer noch fit ist, kann hier entlang der Küste dem Weg Nr. 5 folgen. Ansonsten hier und bereits in Azóia Busse nach Sintra und Cascais.

Wanderung 4: Malveira da Serra – Capuchos – Colares

> Vom Stausee Ribeira da Mula zum Weinort Colares
> Länge: 10 km, Dauer: 3,5 Std., Schwierigkeit: einfach

Dieser Wanderweg beginnt im Dorf Malveira da Serra auf 150 m über dem Meeresspiegel. Entlang der Straße Richtung Alcabideche und noch im Ort nach links auf die Straße in Richtung des ausgeschilderten Golfplatzes Penha Longa abbiegen. Auf der nicht so stark befahrenen, einigermaßen schattigen Straße geht es nun steil den Berg nach oben. 400 m nach dem höchsten Punkt der Straße auf 290 Höhenmetern geht in einer Rechtskurve ein Waldweg links ab (**4a**, an der Abzweigung steht eine Gruppe hoher Kiefern). Nach etwa 300 m stößt man erneut auf eine Gruppe Kiefern, hier (**4b**) geht es geradeaus einen stark abschüssigen Weg nach unten bis zur Staumauer der Barragem do Ribeiro da Mula auf 150 m über dem Meer. Von hier aus wird Cascais mit frischem Trinkwasser versorgt.

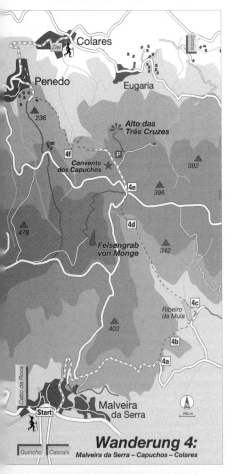

Unterhalb der Staumauer entlang, kommt man zum Parkplatz (**4c**) auf der Ostseite des Stausees. Gegenüber dem Parkplatz beginnt ein Feldweg Richtung Norden, der sich immer entlang des Stausees schlängelt. Am Ende des Sees überquert man dessen Ausläufer Richtung Westen. Wenige Meter nach dem See an der nächsten Abzweigung geradeaus. Der folgende, schattige Weg führt im östlichen Teil des Bachtales des Ribeiro da Mula die Serra de Sintra nach oben. Eukalyptus-Bäume spenden vor allem im oberen Teil viel Schatten.

Nach etwa 1,5 km stößt man auf einen von Eukalyptus-Bäumen umstandenen, kleinen Platz (**4d**). Hier die Abzweigung nach links nehmen, um durch eine Öffnung die Mauer der Quinta de Saldanha zu durchqueren. Nach 20 m gelangt man auf einen breiteren Waldweg (hier kann man zurück bis Estoril blicken), den es nach rechts hoch bis auf die geteerte Straße geht. Ein paar Meter weiter rechts befindet sich die Straßenkreuzung in der Nähe des Convento dos Capuchos in 340 m Höhe über Meeresniveau (**4e**, Weg 2 und 3 kreuzen hier).

Auf der anderen Seite der Kreuzung führt eine Straße 500 m nach unten bis zum Convento dos Capuchos. Um den eingezäunten Parkplatz des Klosters herum, um die nicht-asphaltierte Verlängerung der Straße, auf der man zum Kloster gelangt ist, zu erreichen. Diesem Weg in Richtung Nordwesten nach unten folgen. Die ersten beiden Wegkreuzungen geradeaus. An der dritten dann nach links abbiegen. Nach wenigen Metern gelangt man an ein Flüsschen (**4f**) in einem kleinen Tal. Dieses muss man überqueren und folgt dann dem Weg (rote Pfeile) 800 m immer geradeaus, bis man ins Dorf Penedo kommt.

Hier kann man dem engen Fußweg weiter folgen oder gleich die Straße Richtung Colares nach unten gehen. In beiden Fällen hat man einen exzellenten Blick auf die umliegende Landschaft, bevor man unten im Tal am Ziel der Wanderung im berühmten Weinort Colares angekommen ist (s. S. 412).

Wanderung 5: Cabo da Roca – Praia Grande – Azenhas do Mar

Entlang den Felsklippen hoch über dem Atlantik
Länge: 12 km, Dauer: 4,5 Std., Schwierigkeit: schwer

Dieser Weg ist nur für Personen geeignet, die etwas Erfahrung im Bergwandern haben und einigermaßen schwindelfrei sind (für Kinder gefährlich)! Es empfiehlt sich unbedingt festes Schuhwerk.

Los geht es am Cabo da Roca, dem westlichsten Punkt Europas. Nach der Besichtigung der beeindruckenden Felsenlandschaft des Kaps geht es zuerst 1 km auf der Straße zurück Richtung Azóia, bis links ein Feldweg abzweigt (**5a**, Schild: Ursa). Diesen Weg entlang. Nach 600 m erreicht man zwei kleine Plätze ca. 150 m über dem Meer (**5b**). Nun geht es bis zur Praia da Ursa hinunter: Der Weg verläuft von den Plätzen aus gesehen rechts. Beim Abstieg dabei nicht komplett ins Flusstal der Ribeira da Ursa hinuntersteigen, sondern sich etwas links davon halten. Im letzten Teil des Abstieges zum Strand muss man etwas klettern.

Anschließend wieder auf dem Weg zurück nach oben klettern, aber nach etwa 20 m das Flussbett Richtung Norden überqueren und den sich anschließenden Hügel hinaufsteigen. Etwa 100 m über dem Meer geht es an den steil abfallenden Felsklippen entlang nach Norden. Auf dem Weg findet man einen von der Ferne merkwürdig anmutenden Kreis aus großen Steinen. Bei näherer Betrachtung wird man feststellen, dass es sich um ein großes Loch handelt, das bis zum Meeresniveau abfällt (**5c**). Der Fojo da Adraga ist Teil der Grottensysteme der Praia da Adraga (Vorsicht: Nicht zu weit über den Abgrund lehnen, um auf das Wasser zu schauen!).

Anschließend den Hügel hinunter zur Praia da Adraga: Am einfachsten und ungefährlichsten ist es, wenn man sich eher ins Landesinnere orientiert und dann ein Stückchen die Straße Richtung Strand zurückgeht. Es bietet sich ein kurzer Abstecher zur einsamen Praia da Adraga mit ihren herrlichen Felsformationen an. Im Anschluss beginnt kurz hinter der Wendeschleife des Restaurants auf der linken Seite der Straße ein Pfad Richtung Norden **(5d)**. Auf diesmal nur noch 80 m Höhe (die Klippen werden merklich niedriger) folgt man etwa 1 km der Steilküste, bis man oberhalb der Praia Grande angelangt ist. Hier muss man sich den Weg über Wiesen teilweise selber suchen, um hinunter zum Strand zu kommen. Auch hier ist es hilfreich, sich etwa 150 m in Richtung Landesinnere zu bewegen, um einen Weg zu finden.

Wanderung 5:
Cabo da Roca – Praia Grande – Azenhas do Mar

Wer will, kann bereits ab Praia Grande einen Bus zurück nach Sintra nehmen. Sonst folgt man der Straße, die an der Praia Grande beginnt, bis man oben an der ersten Kreuzung kurz vor dem Campingplatz in den Feldweg nach links Richtung Praia Pequena abbiegt **(5e)**. Nach 500 m erreicht man den Aussichtspunkt Vígia de Colares mit schönem Blick auf die gegenüberliegende Praia das Maçãs. Nach dem kurzen Abstieg muss man entweder baren Fußes den Bach Ribeira de Colares überqueren oder flussaufwärts bis zur nächsten Brücke **(5f)** gehen, um den Strand Praia das Maçãs zu erreichen. Auch hier gibt es Busanschluss nach Sintra. Es lohnt sich aber, der Straße noch weitere 1,7 km bis zum Endpunkt der Tour, Azenhas do Mar, zu folgen: Vom links der Straße gelegenen Aussichtspunkt genießt man den besten Blick auf den kreisförmig in die Felsen gebauten Ort. Auch von hier fahren Busse nach Sintra.

Colares   (7.000 Einwohner)

Der Ort ist bekannt für seine guten Weine und hat sich noch viel ländlichen Charme bewahrt. Wie der Name "Hügel" schon andeutet, erstreckt sich Colares über eine sehr hügelige Landschaft. Ein wunderschönen Blick kann man genießen, wenn man die steile, enge Straße in den deutlich höher gelegenen Ortsteil Penedo hinauffährt.

Sehenswert ist die Hauptkirche **Igreja Matriz** im Ortskern. Sie stammt aus dem 15. Jh., wurde aber nach dem Erdbeben 1755 stark verändert. Im Inneren sind vielfarbige Azulejos aus dem 17. und 18. Jh. zu sehen. Im Ortszentrum

Keine Chance für die Reblaus

Colares ist zwar ein sehr kleines Weinanbaugebiet, aber dafür umso einzigartiger. Die Winzer müssen hier tiefe Löcher in den sandigen Boden graben, um bis zur Tonschicht unter dem Sand zu gelangen, in die sie dann die Rebstöcke pflanzen können. So tief, dass die Stämme der Reben meist komplett im Boden bleiben und nur die Zweige an die Oberfläche hinausragen. Während der katastrophalen Reblausepidemie in der zweiten Hälfte des 19. Jh. erwies sich diese aufwändige Anbaumethode als außerordentlicher Glücksfall: Die Rebläuse konnten durch den sandigen Boden nicht an die Wurzeln der Pflanzen gelangen. In Westeuropa entkamen so nur die Reben von Colares der Verwüstung durch diesen aus Amerika eingeschleppten Schädling. Daher können die Winzer von Colares auch heute noch direkt die eigenen Reben in den Boden pflanzen, während im restlichen Europa die Reben auf Reblaus resistente, amerikanische Rebstöcke aufgepfropft werden.

steht auch noch ein manuelinischer Schandpfahl (*pelourinho*) aus der Zeit, als Colares von Dom Manuel I. der Status einer Kleinstadt (*vila*) zuerkannt wurde.

Ein Erlebnis ist die Fahrt mit der uralten **Straßenbahn**, die in den Sommermonaten zwischen Ribeira de Sintra über Colares zur Praia das Maçãs verkehrt. Als man sie 1904 einweihte, führte die Strecke sogar bis zum Bahnhof von Sintra. 1974 nach der Nelkenrevolution verstaatlichte die Regierung die Tram und legte sie Anfang 1975 still. Es folgten lange Jahre des Verfalls, während denen nur der kleine Abschnitt Banzão–Praia das Maçãs ab 1979 betrieben wurde. 1997 renovierte die Stadt Sintra dann die restliche Strecke bis Ribeira de Sintra, in einigen Jahren soll es auch wieder bis ins Zentrum Sintras gehen.

Vor dem Atlantikwind schützt man die Weinberge in Colares durch aufgehäufte Mauern aus Natursteinen – diese kleinen Schutzwälle geben der Region ihr charakteristisches Aussehen. Die lokal produzierten Weine kann man in der Kellerei **Adega Regional de Colares** erwerben. Das weiß gestrichene Gebäude erstreckt sich neben der Straßenbahn-Strecke Richtung Praia das Maçãs im Ortsteil Banzão. Zahlreiche Eichenfässer umgeben die 120 m lange Halle der Kellerei – hier werden neben Weinproben auch Kongresse und Gala-Diners veranstaltet.

Anfahrt/Öffnungszeiten Adega Regional de Colares – *Coisas do Vinho*, Alameda Coronel Linhares, 32, Banzão, ✆ 219291210, ✉ 219288083. Mo–Fr 9–12 und 14–18 Uhr.

Linha de Sintra
Karte S. 384/385

Verbindungen/Diverses

- *Bus* Vorverkaufskarten (*módulos*) für die Busse der ScottURB gibt es am Kiosk neben dem GNR-Polizeiposten. Dort warten auch die Taxis ihre Kunden.

Von *Sintra*: Busse 403, 438 und 441 etwa jede halbe Stunde. Abfahrt am Bahnhof Portela de Sintra. Fahrzeit ca. 20 Min.

Nach *Almoçageme*: Bus 403 Mo–Fr 11-mal, Sa 10-mal und So 8-mal. Fahrzeit 10 Min.

Nach *Azenhas do Mar* (via Praia das Maçãs): Bus 441 Mo–Fr ca. alle 45 Min., Sa/So stündlich. Fahrzeit 15 Min.

Nach *Cascais* (via Azóia, Cabo da Roca und Malveira da Serra): Bus 403 Mo–Fr 11-mal,

Sa 10-mal und So 8-mal. Etwa 8 Busse fahren täglich direkt bis ans Cabo da Roca, die anderen nur bis Azóia. Fahrzeit 50 Min.

Zur *Praia Grande*: Bus 441 im Sommer Mo–Fr 14-mal, Sa/So 11-mal. Im Winter aber nur 4-mal täglich. Bus 438 fährt das ganze Jahr über 2-mal täglich. Fahrzeit ca. 7 Min.

• *Straßenbahn* Die historische Tram Ribeira de Sintra–Colares–Praia das Maçãs fährt nur Sa/So jeweils 5-mal täglich. Preis pro Fahrt 1 €.

• *Polizei* GNR-Posten an der Hauptstraße Rua dos Bombeiros Voluntários, 77, ✆ 219290129.

• *Post* Gegenüber dem Feuerwehrgebäude an der Hauptstraße.

Übernachten

**** Estalagem de Colares, ✆ 219282942, 📠 219282983. An der Brücke im Ortskern gelegen. Die Estalagem verfügt über 13 relativ einfach eingerichtete, aber sehr geräumige Zimmer. Kleiner Garten und eine am Flüsschen gelegene Terrasse. DZ mit Frühstück ab 80 €.

** Hotel Miramonte, Av. do Atlântico, 155, Pinhal, Colares. ✆ 219288200, 📠 219291480. An der Straße nach Praia das Maçãs. Gehört zur VIP-Kette. Die meisten Zimmer befinden sich in den Häusern hinten im ruhigen Garten. Dort auch ein Schwimmbecken. Blick auf die Serra de Sintra. Geräumige Zimmer mit etwas altmodischer Einrichtung. DZ mit Frühstück je nach Saison 44–67 €. Kinder bis 4 Jahre kostenlos im Zimmer der Eltern.

Turismo no Espaço Rural: Casa Romana, Rua A. Mendes 35/37, Mucifal, Colares, ✆ 219288470, 📠 219288479. Kleines Landwirtschaftsgut in einer ruhigen, abgelegenen Gartenlandschaft am Fuß der Serra de Sintra. Mit dem Bus nach Colares, im Ortsteil Banzão aussteigen. Dann noch etwa 1 km zu Fuß: bis ins Zentrum von Mucifal, dann links Richtung Nafarros, am Ortsende Mucifal rechts in einen Feldweg. Seit Mitte der 70er Jahre wird hier der ökologische Anbau, vor allem von Obst und Gemüse gepflegt. Das neu erbaute Unterkunfts-Haus verfügt über 8 Zimmer – wie wir fanden etwas nüchtern und steril für ein Landhaus. Grosser Garten mit Schwimmbad, mit Brom an Stelle von Chlor desinfiziert. Reitmöglichkeit in der Nähe. Hin und wieder sind Spitzenpolitiker der deutschen Grünen zu Gast. Als Besonderheit wird chinesische Heilkunde und Akupunktur angeboten. DZ mit Frühstück 80 €.

Cabo da Roca

An den geographischen Koordinaten 38°47 Nord, 9°30 West endet Europa. 140 m über dem Meer liegt der westlichste Punkt des europäischen Kontinents. "Onde a terra acaba e o mar começa" (Wo die Erde endet und das Meer beginnt), beschrieb der Nationaldichter Luís de Camões das Felskap. Die unwirtliche Felslandschaft steht in starkem Kontrast zur grünen Serra.

Abgesehen vom Leuchtturm und einem Seefunksender gibt es nichts außer einem Fremdenverkehrsbüro. Hier kann man sich mit einer kunstvoll gestalteten Urkunde den Besuch am Kap bestätigen lassen (gegen eine kleine Gebühr, versteht sich). Geht man ein Stück Richtung Süden, erblickt man bizarre Felsformationen. Den Abstieg zum Meer sollten aber nur Geübte mit gutem Schuhwerk wagen (Einstieg in den sehr steilen und rutschigen Weg ca. 100 m südlich des Kreuzes). Unten herrscht immer starker Wellengang, und oben auf den Klippen weht auch im Hochsommer oft ein kalter Wind, sodass man besser Pullover und lange Hosen mitnehmen sollte.

In **Azóia**, etwa 2 km vom Cabo da Roca entfernt, findet man mehrere Restaurants, ein Hotel und einige Läden mit Kunsthandwerk. In dieser Touristenfalle ist jedoch alles recht teuer.

Bizarre Felslandschaft am Cabo da Roca

Information/Verbindungen

- **Information** Turismo-Büro am Cabo da Roca, ℅ 219280081. Geöffnet 9–19 Uhr (Oktober-Mai) bzw. 9–20 Uhr (Juni–September).
- **Verbindungen** Bus 403 von den Bahnhöfen Cascais, Portela de Sintra und Sintra (via Colares): Mo–Fr 11-mal, Sa 10-mal und So 8-mal. Etwa 8 Busse fahren täglich direkt bis ans Cabo da Roca, die anderen nur bis Azóia. Fahrzeit ca. 40 Min. von Sintra und 30 Min. von Cascais aus.

Übernachten

*** Hotel Aldeia da Roca, Azóia, ℅ 21928000-1/3, 📠 219280163. Mehrere eingeschossige, rustikal eingerichtete Häuser. Schöner Blick auf den Wald der Serra de Sintra. Ruhige Lage. Große Zimmer mit TV, Telefon, Minibar, Klimaanlage und geräumigen Badezimmern. Schwimmbad, Tennisplatz, Wäscherei, Restaurant und Bar für die Kunden. Parkplätze direkt vor den Häusern. DZ mit Frühstück je nach Saison 70–90 €. Extra-Bett für Kinder bis 12 J. kostenlos. Bei längeren Aufenthalten teilweise deutliche Ermäßigungen.

Café

Bar Moinho Dom Quixote, Azóia, ℅ 219292523. Am Ortseingang von Azóia nach 150 m links abbiegen. Täglich 12 bis 2 Uhr nachts. Die Bar liegt neben einer alten Windmühle, daher auch der Name. Guter Blick nach Guincho und weit auf das Meer hinaus. Zwei gemütliche, düstere Innenräume mit Korbstühlen und Holztischen. Davor ein geräumiger Wintergarten. Zahlreiche Sitzmöglichkeiten auch in der mehrstufigen Garten-Terrasse. Im Publikum fast ausschließlich Touristen. Bier 2 €.

Praia da Adraga

Nördlich des Cabo da Roca liegt der Felsenstrand Praia da Adraga mit interessanten Grotten. In der Nähe findet man den hübschen Ort Almoçageme.

Die recht isoliert gelegene **Praia da Adraga** ist fast vollständig von hohen Felsklippen eingeschlossen – ein schönes Strand-Panorama. In den südlich des Strandes gelegenen Klippen sind bei Ebbe tiefe Felsgrotten zu erkunden. Eine Taschenlampe kann dabei gute Dienste leisten. Am Strand selbst findet sich nur ein kleines, einsam gelegenes Fisch-Restaurant. Obwohl die Praia da Adraga nur etwa 300 m lang ist, tummeln sich hier im Sommer doch meist nicht so viele Badende wie an den Stränden weiter nördlich.

Verbindungen

Es gibt keine direkten Busse bis zur Praia da Adraga. Von Almoçageme (Haltestelle Largo im Ortskern) führt aber eine relativ wenig befahrene Straße zum Strand hinunter. Die ca. 2 km lange Strecke ist recht hübsch, hat aber nur wenig Schatten.

Von *Sintra* nach Almoçageme (via Colares): Bus 403 Mo–Fr 11-mal, Sa 10-mal und So 8-mal. Abfahrt an beiden Bahnhöfen Portela de Sintra und Sintra. Fahrzeit ca. 25 Min. Bus 438 ab Portela de Sintra 2-mal täglich (über Praia Grande). Außerdem Bus 439 ab Bahnhof Portela de Sintra ca. 6-mal täglich. Fahrzeit ca. 45 Min. (Umweg über Várzea de Sintra).

Von *Cascais* nach Almoçageme (via Cabo da Roca): Bus 403 Mo–Fr 11-mal, Sa 10-mal und So 8-mal. Fahrzeit ca. 45 Min.

Essen & Trinken

Restaurante da Adraga, Praia da Adraga, ℅ 219280028. Jeden Tag bis 24 Uhr geöffnet. Schlichtes Strandrestaurant, das vom schönen Panorama profitiert. Fischernetze zieren die Wände. Empfehlenswert *chocos grelhados* (gegrillter Tintenfisch) und der Wein aus Azenhas do Mar. Hauptgerichte ab 6 €.

Berühmt für lange Wellen - die Praia Grande

Praia Grande

Beinahe endlose und sauber brechende Wellen: Kein Wunder, dass dieser lang gezogene, schmale Strand vor allem bei Wellenreitern zu den besten Tipps gehört. Aber auch "normale" Wasserratten können sich angesichts des ungewöhnlich schwarzen Sandes und der hohen Felsen für den "großen Strand" begeistern.

Die beste Aussicht auf die waghalsig mit den Wellen gleitenden Surfer bieten die Terrassen der diversen Restaurants, die sich wie eine Perlenkette entlang der Uferpromenade reihen. Am Wochenende drängen sich hier die Autos in der glühend heißen Sonne auf der Suche nach dem letzten Parkplatz. Surf- und Bodyboardbretter stapeln sich auf dem Bürgersteig. Unter der Woche geht es dagegen etwas ruhiger zu. An manchen Tagen verlieren sich die Badegäste geradezu an dem langen Sandstrand.

Praktisch nie überlaufen ist die nahe gelegene **Praia Pequena**, die man über einen holprigen Feldweg erreicht (an der Kreuzung vor der Praia Grande nach rechts abbiegen). Über dem "Kleinen Strand" sind die Küstenfelsen ins Rutschen gekommen. Wegen des drohenden Felsschlags ist der Strand so gefährlich, dass man hier besser nicht badet.

Verbindungen

Von *Sintra/Bahnhof Portela de Sintra* (via Colares): Bus 441 im Sommer Mo–Fr 14-mal, Sa/So 11-mal. Im Winter aber nur 4-mal täglich. Bus 438 fährt das ganze Jahr über 2-mal täglich. Fahrzeit ca. 30 Min. Weitere Busse fahren ab der ca. 1,5 km vom Strand entfernten Abzweigung an der Straße Colares-Praia das Maçãs.

Nach *Azenhas do Mar* (via Praia das Maçãs): Bus 441 im Sommer Mo–Fr 14-mal, Sa/So 11-mal., im Winter nur 4-mal täglich. Fahrzeit 10 Min.

"Schwalbennest" in der Felsküste: Azenhas do Mar

Übernachten

*** **Hotel Arribas**, Av. Alfredo Coelho, ✆ 219289050, 📠 219292420. Direkt über dem Meer am Zugang zur Praia Grande gelegen. 37 Zimmer und 21 Suiten (für bis zu 6 Pers.). Alle klimatisiert, mit Kühlschrank, Satelliten-TV und sehr gutem Meerblick. Moderne und geräumige Inneneinrichtung. Die Zimmernummern sind in Azulejos ausgeführt. Saal für bis zu 400 Pers. Das Hotel besitzt eines der größten Salzwasser-Schwimmbecken Portugals. DZ mit Frühstück je nach Saison 60–105 €.

•*Camping* *** **Parque de Campismo e Caravanismo da Praia Grande**, Av. Maestro F. Freitas, 28, ✆ 219290581, 📠 219291834. Am Ortseingang von Praia Grande gelegen, ca. 800 m zum Strand bzw. zur Abzweigung an der Straße Colares-Praia das Maças. Die Busse zur Praia Grande fahren direkt vor dem Platz vorbei. Ganzjährig geöffnet. Viele Dauercamper. Der große Platz bietet wenig Schatten für die Zelte, ist aber gut ausgestattet mit Mini-Mercado, Bar und Aufenthaltsraum. Saubere sanitäre Anlagen. Im Sommer kann es recht staubig werden, und im August ist der Platz meist voll belegt. Da keine tel. Voranmeldung möglich ist, am besten früh kommen. Erwachsene 2,90 €, Zelt 2,70 €, Autos 2,10 €. Zeltcamper sollten stabile Heringe mitbringen, da der Boden sehr steinig ist.

Essen & Trinken

Nortada, Praia Grande, ✆ 219291516. Ca. 200 Meter vor dem Strand von Praia Grande über dem Meer gelegen. Tägl. 11–24 Uhr geöffnet (im Winter Mi Ruhetag). Mit Terrasse und gutem Meerblick. Hin und wieder bläst hier oben über dem Meer der kräftige Nordwind (*nortada*), den die Segler so sehr schätzen. Innen geräumiger Speisesaal. Spezialität *açorda de gambas* (Brotbrei mit Garnelen). Auch sonst viele Fische und Meerestiere im Angebot. Hauptgerichte ab 10 €.

Angra, Praia Grande, ✆ 219290069. Über dem Strand gelegen. Täglich bis 24 Uhr offen. Von der Terrasse schöne Aussicht aufs Meer. Unten ein Café, geprägt von einem langen Tresen. Im Obergeschoss findet man einen großen Speisesaal und eine zweite Terrasse. Spezialität sind Barsch, Seezunge sowie Miesmuscheln. Hauptgerichte ab 7,50 €.

Praia das Maçãs

Der nicht sehr große "Strand der Äpfel" ist die nächstgelegene Badebucht von Sintra und in den Sommermonaten dementsprechend gut besucht. Im Herbst, wenn der Trubel vorbei ist, taucht die Herbstsonne die Felsen und den Sandstrand in ein romantisches Licht.

Surfer sollten übrigens besser zur Praia Grande weiterfahren, da in der Praia das Maçãs recht gefährliche Felsen im Wasser versteckt sind.

Verbindungen

- *Bus* Von *Sintra* (via Colares): Bus 441 ab Bahnhof Portela de Sintra Mo–Fr ca. alle 45 Min., Sa/So stündl. Fahrzeit 35 Min.
Nach *Azenhas do Mar*: Bus 441 Mo–Fr ca. alle 45 Min., Sa/So stündl. Fahrzeit 4 Min.
Zur *Praia Grande*: Bus 441 im Sommer Mo–Fr 14-mal, Sa/So 11-mal. Im Winter aber nur 4-mal täglich. Fahrzeit 10 Min.

- *Straßenbahn* Zur Praia das Maçãs geht es ab Ribeira de Sintra (via Colares-Banzão) auch mit einer uralten Straßenbahn. Nur Sa/So jeweils 5-mal täglich. Fahrtdauer bis Ribeira de Sintra 30 Min. Preis pro Fahrt 1 €.

Übernachten

Pensão Residencial Real, Rua Fernão de Magalhães, ☎ 219292002. Etwas versteckt und parallel zur Hauptstraße gelegen. Die Pension liegt direkt über dem Meer und bietet von der Terrasse und vom schönen Aufenthaltsraum einen fabelhaften Blick auf die See. Schon seit 1889 existiert diese Pension. Der langen Tradition entsprechend gibt es sehr viele Dauergäste. Freundliche Zimmer mit Korkfußboden. DZ in der Hauptsaison 50 €, Nebensaison 40 €.

Azenhas do Mar

Knapp zwei Kilometer nördlich der Praia das Maçãs liegt das wie ein Schwalbennest in die Klippen gebaute Dorf Azenhas do Mar. Die kleinen, weißen Häuschen über dem Meer bieten einen einzigartigen Anblick. In der Umgebung findet man zwischen Sandsteinklippen immer wieder versteckte Sandstrände.

Den besten Blick auf das malerische Dorf hoch über dem Meer hat man von der gegenüberliegenden Aussichtsplattform, die an der Straße nach Praia das Maçãs liegt. Ein Abstieg durch die engen Gässchen mit den kleinen Häusern und den steilen Treppen ist ebenfalls sehr lohnend. Unten am Strand angekommen, findet man ein Naturschwimmbad, das sich durch die hohen Wellen bei Flut selbst auffüllt. Der eigentliche Strand verschwindet aber bei Flut und ist Steinschlag gefährdet.

Über das 2 km nördlich von Azenhas do Mar gelegene Dorf Fontanelas kann man die **Praia da Aguda** erreichen, die nochmals 1 km von Fontanelas entfernt ist. Vom 70 m über dem Meer gelegenen Parkplatz führt eine Holztreppe nach unten an den schmalen Sandstrand.

- *Verbindungen* Von *Sintra/Bahnhof Portela de Sintra*: Bus 441 (via Colares und Praia das Maçãs) Mo–Fr ca. alle 45 Min., Sa/So stündl. Fahrzeit 40 Min. Bus 440 (via Janas) Mo–Fr 7-mal, Sa/So 4-mal täglich.
Nach *Fontanelas*: Bus 441 7-mal täglich. Fahrzeit 5 Min.

> ### Geheimnisvolle Rundkapelle von Janas
>
> Wer von Azenhas do Mar über das Dorf Janas nach Sintra fährt, kann dort die sehenswerte Rundkapelle Capela de São Mamede aus dem 16. Jh. besichtigen. Die Kapelle in der seltenen Rundform strahlt eine merkwürdige Stimmung aus und soll früher Platz heidnischer Kulte gewesen sein. Später wurde sie Ziel der Wallfahrt *Romaria de São Mamede*, die jährlich am 17./18. August abgehalten wird. Dabei wurde früher alles Vieh, das im vergangenen Jahr krank gewesen war, dreimal gegen den Uhrzeigersinn um die Kapelle getrieben. Während sich die Stiere dabei angeblich stets friedlich verhalten haben sollen, nutzte die Jugend aus den nahe gelegenen Dörfern die Feierlichkeiten, um mit üblen Keilereien alte Rechnungen zu begleichen. Diese Praxis konnte erst 1930 durch das entschlossene Einschreiten der Nationalmiliz GNR beendet werden, die der lokale Pfarrer zu Hilfe gerufen hatte. Heute geht es bei der Wallfahrt friedlich zu, und auch das Vieh kann sich ausruhen, da es nur noch kollektiv gesegnet wird und nicht mehr um die Kapelle hetzen muss.

Magoito

Dieser Sandstrand ist von hohen Klippen umgeben, auch im Wasser finden sich einige Felsen. Über dem Strand thront ein Beobachtungsposten der Zollbehörde Guarda Fiscal.

2 Kilometer vom Strand entfernt liegt der Ort Magoito, ein kleines Dorf ohne besondere Sehenswürdigkeiten. Den folgenden Strand in Richtung Norden, die **Praia da Samarra**, erreicht man nach 3 km über die Straße von Magoito via Tojeira. Die nächsten Dörfer sind ein gutes Stück entfernt, die Straßen staubig, und so wird man hier das Gefühl nicht los, irgendwo im Niemandsland gelandet zu sein.

• *Verbindungen* Von *Sintra* nach *Magoito*: Bus 444 ab Bahnhof Portela de Sintra Mo–Fr 13-mal, Sa/So 9-mal. Die meisten Busse fahren nur bis Magoito-Ort, im Sommer fährt etwa jeder zweite Bus bis Magoito-Strand (im Winter nur jeder vierte).

Zur *Praia da Samarra*. Bus 443 ab Portela de Sintra bis ins Örtchen Catribana. Von da sind es über einen Fußweg nur 1,5 Kilometer bis zum Strand. Mo–Fr 11-mal, Sa/So 7-mal. Fahrtdauer 40 Min.

Einsame Strände im Norden Lissabons – Foz do Lizandro bei Ericeira

Nördlich von Lissabon

Im Norden Lissabons hat sich noch viel Charme der Estremadura bewahrt. Man stößt auf hübsche Dörfer, malerische Windmühlen und Reste der gegen Napoleon erbauten Forts der Linhas de Torres Vedras. Die größte Sehenswürdigkeit ist der Klosterpalast von Mafra. Doch auch die Kleinstadt Torres Vedras mit ihrer Burg hoch über den Gassen der Altstadt und die Strände um das malerische Fischerdorf Ericeira sollte man sich nicht entgehen lassen.

Landschaftlich wird die Region im Norden Lissabons von Hügeln dominiert. Lediglich im östlichen Bereich herrscht die flache Ebene des Tejotals vor. Der Norden Lissabons ist die traditionelle Kornkammer der Hauptstadt, und noch heute versorgen die Bauern der Region, die so genannten *Saloios*, die Metropole mit Lebensmitteln. Besonders gut schmeckt ihr "Brot der Fleischwerdung" (*Pão da Encarnação de Mafra*). Es wird aus Weizen- und Roggenmehl hergestellt, ist lang haltbar und wird inzwischen sogar schon in manchen New Yorker Bäckereien verkauft. Nahe der Stadtgrenze zu Lissabon haben sich aber auch hier die scheinbar unvermeidlichen Schlafstädte wie Odivelas, Loures oder Sacavém ausgebreitet.

Anfahrt Neben der Zuglinie nach Vila Franca fahren in den Norden vor allem Busse ab dem Terminal Campo Grande. Dazu erschließen die Autobahnen A1 nach Porto und A8 nach Torres Vedras die Region. Engpass auf dem Weg zur A8 ist allerdings die chronisch verstopfte Calçada de Carriche von Lissabon nach Odivelas.

Nördlich von Lissabon

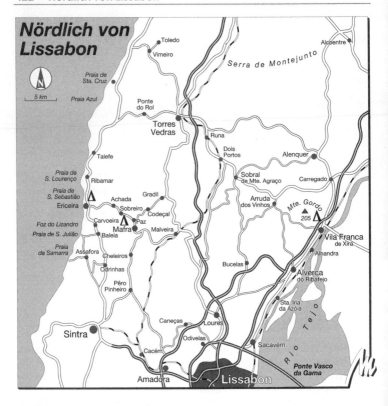

Bucelas
(5.100 Einwohner)

Der Weinort wird von den karstigen Bergen der Serra de Loures umgeben, die Lissabon nach Norden abschirmen. Bucelas hat noch viel dörflichen Charme bewahrt. Am zweiten Wochenende im Oktober findet hier ein bekanntes Weinfest statt.

Höhepunkt der Festivitäten, mit dem das Ende der Erntesaison in diesem traditionellen Weißweinanbaugebiet gefeiert wird, ist ein Umzug am Sonntagnachmittag. Die Winzer pflanzen auf den harten Kalksteinböden der Region in erster Linie Reben der Sorte Arinto. Der aus ihnen gewonnene trockene Wein entwickelt mit dem Alter einen tiefen Goldton und galt früher als König der portugiesischen Weißweine. Schon William Shakespeare erwähnte 1594 in seinem Drama "Heinrich VI. – Zweiter Teil" den damals noch als *Charneco* bekannten Wein. In den vergangenen Jahrzehnten hat der Bucelas aber seine Spitzenstellung verloren.

Das ganze Jahr über kann man die dreischiffige Kirche am Hauptplatz besichtigen. Die **Igreja de Nossa Senhora da Purificação** wurde bereits 1569 gegründet und kann einen Chorraum mit sehenswerten Azulejos vorweisen. Die beiden Seitenaltäre sind in barockem Stil gehalten. Von außen ist in der Nähe des Chors eine römische Grabsäule zu sehen.

Verbindungen/Diverses

- *Bus* Die Busse halten am Hauptplatz neben der Kirche.
Ab *Lissabon*: Bus 331 der Rodoviária de Lisboa ab Busterminal Campo Grande (Metro Campo Grande) alle 30 Min. Dazu Mo–Sa stündlich (zur Rush-hour öfter) schnellere Direktbusse der Linie 344. Fahrzeit 30 Min.

Nach *Arruda dos Vinhos*: mit Boa Viagem Mo–Fr 9-mal, Sa/So kein Bus. Dauer 50 Min.
Nach *Torres Vedras*: mit Boa Viagem Mo–Fr 3-mal, Sa/So 2-mal.
- *Post* Rua João Camilo Alves, 11-B.

Essen & Trinken

O Retiro do Raposo, Rua Vasco da Gama, 32, ✆ 219694109. Mi Ruhetag. Am Rand der Altstadt und schwer zu finden: vom Hauptplatz mit der Kirche zum Nebenplatz Praça Tomás José Machado mit dem Musikpavillon, dort die hintere Straße neben der Feuerwehr rechts hoch und dann gleich links in die Rua Guilherme Gomes Fernandes. Nach ca. 100 m rechts in die Rua Vasco da Gama, wo eine Hofeinfahrt zum Restaurant führt. Langer, dreigeteilter Speiseraum. Etwas antiquiert wirkende Inneneinrichtung. Auch Terrassenservice unter Weinreben. Blick auf die umliegenden Berge. Reichhaltiges Couvert, gute Karte mit Weißweinen aus der Region Bucelas. Viele Fleischgerichte, aber auch einige ausgefallene Fischspeisen wie *feijoada de choco* (Bohneneintopf mit Tintenfisch). Sehr sättigende Portionen, die auch für zwei genügsame Esser reichen. Hauptgerichte ab 7,50 €.

Mafra

(10.700 Einwohner)

Das kleine Städtchen wird völlig vom weithin sichtbaren, gigantischen Nationalpalast dominiert. Schon allein wegen seiner schieren Größe sollte der Klosterpalast in keinem Besuchsprogramm der Umgebung Lissabons fehlen. Das monumentale Gebäude gilt als bedeutendstes Bauwerk des portugiesischen Barock.

Hinter dem Palast liegt der von einer langen Mauer umgebene Wildpark Tapada Nacional de Mafra, den König João V. 1747 für sein königliches Jagdvergnügen anlegen ließ. Heute gehen in den 819 Hektar Wald der Tapada de Mafra aber nur noch die Touristen auf die Pirsch. Wem das zu blutrünstig ist, kann sich aber auch auf eine reine Wanderung im Gelände beschränken, in dem Füchse, Hirsche und Wildschweine leben.

Information/Verbindungen/Diverses

- *Anfahrt/Öffnungszeiten Wildpark* Der Eingang befindet sich im Dorf Codeçal, ca. 4 km nordöstlich von Mafra. Erreichbar zu Fuß oder per Auto (leider keine öffentlichen Verkehrsmittel). ✆ 261817050 und 261814240, ✉ 261814984. Wanderungen täglich mit Beginn um 10 und 14 Uhr. Es stehen mehrere Rundwege zwischen 7,5 und 11 km offen. Dauer etwa 3,5 Std. Eintritt 4 bis 5 €. Es muss eine Kaution von 10 € hinterlegt werden. Alternativ eine 15 km lange Reittour für 30 € (Voranmeldung empfohlen). Von Februar bis Ende November starten am Wochenende um 10.15 und 15 Uhr auch Minibus-Fahrten für 8,50 € pro Person (Rentner 6,50 €, bis 10 J. 4,50 €, bis 3 J. frei).
- *Information* Turismo im Auditório Municipal Beatriz Costa, Av. 25 de Abril, ✆ 261812023, ✉ 261815104. Geöffnet Mo–Fr 9–19 Uhr, an Wochenenden sowie Feiertagen 9.30–13 und 14.30–18 Uhr.
- *Bus* Es fahren Busse der Gesellschaft Mafrense, die vor dem Nationalpalast und in der Av. 25 de Abril halten.

Nördlich von Lissabon

Von *Lissabon* (via Malveira): Mo–Sa stündlich, So alle 1,5 bis 2 Std. (im Sommer öfter) ab der Metrostation Campo Grande. Fahrzeit ca. 70 Min.

Von *Sintra*: ab Bahnhof Portela de Sintra Mo–Fr 10-mal, Sa/So 6-mal. Fahrzeit 45 Min.

Nach *Ericeira* (via Sobreiro): Mo–Sa stündlich, So alle 1,5 bis 2 Std. (im Sommer öfter). Fahrzeit 18 Min.

Nach *Ericeira* (über Senhora do Ó): 2- bis 4-mal täglich. Fahrzeit 30 Min.

Nach *Gradil* (über Tapada de Mafra): Täglich ein Bus am Abend.

Nach *Torres Vedras*: Mo–Fr 8-mal, Sa 4-mal, So 3-mal. Dauer 60 Min.

• *Bahn* Der Bahnhof Mafra an der Strecke Lisboa/Rossio–Figueira da Foz liegt ca. 9 km außerhalb des Ortes (keine Busverbindung!) Besser in Malveira aussteigen, da dort die Busse aus Lissabon vorbeifahren.

• *Post* Av. 25 de Abril.

• *Polizei* GNR-Posten in der Rua Elias Garcia, ✆ 261815124.

• *Markt* Einer der größten Wochenmärkte Portugals findet jeden Do in Malveira bei Mafra statt.

Übernachten

** Hotel Castelão (5), Av. 25 de Abril, ✆ 261816050, ✆ 261816059. An der Hauptstraße am Ortsausgang nach Ericeira gelegen. Altmodisch eingerichtete, etwas laute Zimmer mit eigenem Bad. DZ mit Frühstück je nach Saison zwischen 46 und 69 €.

Privatzimmer: Margarida Nunes (8), Rua Tomás da Fonseca, 8, ✆ 261814183. Neben dem Haus von Jacinta Marques. Im Obergeschoss drei DZ, alle hell und geräumig sowie mit eigenem Bad. Eine Gemeinschafts-Küche mit Kühlschrank kann benutzt werden. Die Besitzer lebten lange Zeit in Heinsberg und sprechen gut Deutsch. DZ 27,50–32,50 €. Bei mehreren Nächten Ermäßigungen möglich.

Jacinta Marques (7), Rua Aquilino Ribeiro, 2, ✆ 261815085. Hinter dem Hotel Castelão in einer ruhigen Nebenstraße. 3 schön eingerichtete, geräumige Zimmer und ein Appartement mit 3 Zimmern und Küche. DZ 20–25 €, Appartement 25–40 €. Vorher anmelden. Bei längerem Aufenthalt sind auch günstigere Preise möglich.

Turismo de Habitação: Quinta de Sant'Ana (3), Gradil, ✆ 261961224, ✆ 261962486. Im Dorf Gradil zwischen Mafra und Torres Vedras gelegen (nur sehr sporadische Busse). Das noble Landgut baute König Fernando II. 1850 für seine Liebhaberin, eine Opernsängerin. Heute gehört es dem Fürst von Fürstenberg (Hauptsitz dieses Adelshauses ist in Donaueschingen/Deutschland) und wird von seiner Tochter Ann und ihrem Mann James Frost geleitet. Zur Quinta gehören ein Schwimmbad und 45 ha Land, auf dem Wein angebaut wird. Die 5 großen DZ haben alle eigenes Bad und sind sehr stilvoll eingerichtet. Preis 70–73 € pro Übernachtung inkl. Frühstück. Zudem gibt es 2 Appartementhäuser mit 4 und 6 Betten, die pro Woche zwischen 480 und 700 € kosten. Außerdem wird eine komplette Villa für 1.610 bis 1.828 € pro Woche vermietet (jeweils ohne Frühstück).

Turismo no Espaço Rural: Casal da Paz (1), Rua Coronel Calado, 2-A, Paz, ✆/✆ 261812899 und 212043792. Im kleinen Dorf Paz, nur einen Kilometer vom Klosterpalast Mafra in Richtung Ericeira. Das hübsche, gelbe Gebäude stammt ursprünglich aus dem 16. Jh., wurde aber stark umgebaut. 6 geräumige Zimmer mit Parkettboden, dunklen Möbeln und eigenem Bad mit Badewanne. Ein Zimmer ist für Rollstuhlfahrer geeignet. Einfacher Frühstücksraum, Fernsehzimmer sowie eine Spielecke für Kinder. Kapelle aus dem 17. Jh. Sonnenterrasse mit Blick auf das entfernte Meer und die Basilika. Großer Garten an der Grenze zur Tapada de Mafra. Parkplatz. Geleitet von der Deutschen Hildegard-Maria Mundel-Calado. Nur Mai bis Oktober offen, bei Voranmeldung evt. auch außerhalb dieser Zeit. DZ je nach Größe 59–65 € (mit Frühstück).

• *Camping* **** Parque de Campismo do Sobreiro (2)**, Cabeço do Pinheiro, Sobreiro, ✆ 261815525, ✆ 261813333. Der Campingplatz befindet sich zwischen Mafra und Ericeira im Dorf Sobreiro kurz vor dem Kunsthandwerksdorf mit der Windmühle (die Busse Mafra-Ericeira halten hier). Ganzjährig geöffnet. Kleiner, schattiger Platz mit Blick auf das Kloster in Mafra. Einfache sanitäre Anlagen. Für Zelte findet sich auch im Sommer immer ein Plätzchen. Clubcampingplatz des Clube Estrela. Erwachsene 3,80 €, Zelt 2,30 €, Pkw 2,30 €. Von Oktober-April 50 % Ermäßigung, außerdem günstiger mit nationaler oder internationaler Campingkarte.

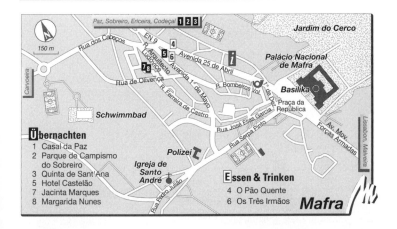

Essen & Trinken

Os Três Irmãos (6), Av. 25 de Abril, ✆ 261812909. Einfaches Restaurant neben dem Hotel Castelão, zum dem es auch gehört. Niedrige und mit dunklem Holz dekorierte Speiseräume. Fernseher in der Ecke. Gegessen wird auf Holzbänken. Reichliche Portionen, von denen bei mäßigem Appetit auch zwei Personen satt werden. Auch Hähnchen vom Grill zum Mitnehmen. Hauptgerichte ab 7 €.

O Pão Quente (4), Av. 25 de Abril, ✆ 261812231. Gegenüber dem Hotel Castelão, mit dem es auch den Eigentümer gemein hat. Schlichte Inneneinrichtung mit einem großen Azulejobild. Pizzen ab 5 €. Am Eingang eine Bäckerei, oben Cafébetrieb mit günstigen Preisen.

Palácio Nacional de Mafra

Betrübt über seine Zeugungsunfähigkeit, legte König João V. auf Vorschlag eines Mönches das Gelübde ab, ein Kloster zu errichten, falls ihm doch noch ein Nachfolger "gelänge". Nach drei Jahren Ehe klappte es endlich. Am 26. November 1711 hielt der König sein Gelübde und gab den Befehl, in Mafra einen dem hl. Antonius geweihten Konvent zu errichten. Dadurch wurde aus dem kleinen Städtchen Mafra ein fast unscheinbares Anhängsel des alles dominierenden, riesigen Konvents. Der Klosterpalast ist sogar größer geraten als der Escorial in Spanien – beim ewigen Zweikampf Portugal-Spanien ein nicht unerhebliches Detail.

Der König beauftragte einen Architekten aus Regensburg, Johann Friedrich Ludwig (er nannte sich später Ludovice), mit der Leitung des Baus. Ludwig ließ sich dabei vom Barock Italiens inspirieren, wo er auch seine Ausbildung erhalten hatte. Einige deutsche Einflüsse sind dennoch in den Palast eingegangen. Um die Basilika als zentrales Element gruppierte er weite Flügel, Innenhöfe und zwei ausladende Türme zum Abschluss der beeindruckenden Fassade. Zum Bau des Palastes benötigte man bis zu 50.000 Arbeiter. Die mörderischen Arbeitsbedingungen, die fast 2.000 Menschen das Leben kosteten, hat

Dominiert Mafra mit seiner gigantischen Fassade: Palácio Nacional de Mafra

José Saramago in seinem Roman "Memorial do Convento" eindrucksvoll beschrieben. Pünktlich zum 41. Geburtstag des Königs am 22. Oktober 1730 weihte man schließlich in einer prächtigen Zeremonie die Basilika ein.

In ihrer Maßlosigkeit hatte sich die portugiesische Krone aber finanziell völlig übernommen und musste fast den Staatsbankrott erklären, obwohl der Bau größtenteils mit Waren aus der Kolonie Brasilien finanziert wurde. So konnten einige der ursprünglich noch geplanten zusätzlichen Mammut-Projekte nicht mehr realisiert werden. Der König hätte damals noch gerne vom Vorplatz des Klosters eine breite Avenida zum Meer anlegen lassen ... Die hätte der letzte König Portugals, Dom Manuel II., gut gebrauchen können. Er weilte gerade im Palast von Mafra, als am 5. Oktober 1910 in Lissabon die Republik ausgerufen wurde. Von Mafra flüchtete er sofort nach Eintreffen der Nachricht nach Ericeira, um von dort mit seiner Familie über Gibraltar nach England ins Exil zu gehen. Erst als Leichnam kehrte er wieder nach Portugal zurück und liegt heute im Kloster São Vicente de Fora in Lissabon begraben.

Wegen seiner enormen Ausmaße – die Grundfläche beträgt 40.000 m² – wirkt der Klosterpalast unpersönlich kalt. Besucher stehen erst einmal klein und verloren davor. Das Gebäude verfügt allein über 4.500 Türen und Fenster. Zwischen den Gemächern des Königs im linken Flügel und den Räumen der Königin im rechten Teil des Palastes liegen sage und schreibe 250 m Entfernung. Offenbar fühlte sich das Ehepaar körperlich nicht so sehr angezogen, was durchaus auch einer der Gründe für das Nachwuchsproblem gewesen sein könnte.

Während der etwa einstündigen Führung wird lediglich ein Viertel des ganzen Palastes besichtigt, da er z. T. noch anderweitig genutzt wird. Im Klosterflügel hat sich das Militär breit gemacht, sodass vom ehemaligen Franziskaner-Konvent kaum etwas zu sehen ist. Früher waren noch das Rathaus von Mafra, das Kreisgericht, ein Postamt, eine Polizeistation, eine Sparkassenfiliale und sogar ein Kino im Palast untergebracht. Einer der Höhepunkte der Führungen ist die **Palastbibliothek**. Sie zählt zu den schönsten Bibliotheken Europas und ist mit ihren 88 m länger als die Palast-Basilika. Unter den 40.000 Bänden der kreuzförmig angelegten Bibliothek befinden sich diverse Prunkstücke wie eine Erstausgabe der *Lusiaden* von Camões (Studien sind mit Genehmigung Mo–Fr möglich).

Genau in der Mitte des Palastes liegt die **Basilika** aus rosa und weißem Marmor mit barocken und neoklassizistischen Elementen. In und vor der Basilika beeindrucken riesige Heiligenstandbilder, geschaffen von portugiesischen und italienischen Künstlern. Sie hatten ihr Handwerk in der von 1753–70 im Konvent untergebrachten Bildhauerschule erlernt. Diese wurde vom Italiener Alessandro Giusti geleitet. Unter dessen Schülern befand sich auch Machado de Castro, einer der bedeutendsten portugiesischen Bildhauer. Beeindruckend sind neben den Statuen auch die sechs großen Orgeln. Sie erklingen nach ihrer Restauration durch das Denkmalamt IPPAR nun wieder häufiger anlässlich von Orgelkonzerten.

Italienisch inspirierte Statuen an der Basilika

Jeden Sonntag kann man ab 16 Uhr einem Konzert der 114 Glocken des **Palastglockenspiels** lauschen. Das Glockenspiel ertönte zum ersten Mal bei der Weihung des Palastes und zählt zu den komplexesten der Welt – zusammen wiegen die aus Antwerpen und Lüttich stammenden Bronze-Glocken 217 Tonnen!

• *Anfahrt/Öffnungszeiten* **Palast** 10–17 Uhr (letzter Einlass 16.30 Uhr). Dienstags und an Feiertagen geschlossen. Eintritt 3 €. Cartão Jovem 60 %, bis 25 J. und Rentner 50 % Ermäßigung. Kinder bis 14 Jahre gratis. Die Besucher werden in Gruppen durch den Palast geführt. Der Eingang befindet sich links vom Eingang zur Basilika. ✆ 261817550, ℡ 261811947. Die **Basilika** ist täglich 10–13 und 14–17 Uhr kostenlos zu besichtigen. Das **Glockenspiel** kann sonntags um 15.15 Uhr besucht werden.

Links vom Palast liegt der schöne barocke Park **Jardim do Cerco**. Im vorderen, sehr gepflegten Teil ist ein kleiner botanischer Garten angelegt. Der hintere Teil beherbergt einen verwunschenen, naturbelassenen Garten. Dort kann man über eine Reihe von mit Steinstatuen geschmückten Wegkreuzungen spazieren, an denen sich jeweils sechs Wege vereinen. Im Park gibt es auch gute Picknickmöglichkeiten.

Öffnungszeiten täglich 9–17 Uhr (im Sommer bis 19 Uhr). Eintritt frei.

Aldeia de Artesanato de José Franco

Dieses sehenswerte Kunsthandwerksdorf kann auf halbem Weg zwischen Mafra und Ericeira im Ort Sobreiro besichtigt werden. Auf die Besucher wartet ein liebevoll gestaltetes Mini-Portugal mit Windmühle, Burg, Tanzplatz, Brunnen und Schule. Besonders für Kinder, die überall herumklettern und -tollen können, ist das ein großer Spaß. Wer will, kann es den Portugiesen gleichtun und sich in der Bäckerei frische Brötchen mit Räucherwurst (*pão quente com chouriço*) holen und diese dann im Weinkeller (*adega*) mit einem großen Krug Wein verzehren. Am Eingang wird in einem Geschäft schönes, rustikales Tongeschirr zu günstigen Preisen verkauft.

Anfahrt/Öffnungszeiten Sobreiro, ✆ 261815420. An der Buslinie Mafra-Ericeira. Täglich 10–18 Uhr. Eintritt frei.

Ericeira (4.400 Einwohner)

Das 40 km nordwestlich von Lissabon gelegene Fischerdorf ist ein beliebter Badeort. Ericeira hat besonders bei Wellenreitern einen glanzvollen Namen, da sich hier einige der besten Surfstrände Europas befinden. Neben den zahlreichen, sehr vielfältigen Stränden lockt die Besucher eine gut bewahrte Altstadt.

Die über dem Meer gelegene Altstadt ist mit ihren hübschen, blau-weiß angestrichenen Häuschen schon allein einen Besuch wert. Neben dem alten Ortskern Ericeiras haben sich in den vergangenen Jahren Appartementsiedlungen breit gemacht, die hier aber in erträglichem Ausmaß geblieben sind. Sehenswert sind die beiden Kapellen des Ortes **Capela de Santo António** und **Capela de São Sebastião**, beide vollständig mit Azulejos ausgefliest. Letztere stammt aus dem 16. Jh. und fällt durch ihre außergewöhnliche, achteckige Rundform auf.

Öffnungszeiten Zumeist sind die Kirchen von 10–17 Uhr geöffnet.

Geschichte: Man nimmt an, dass der Name *Ericeira* von *Ouriço* (= Seeigel) kommt. Tatsächlich werden an den Stränden von Ericeira häufig Seeigel angespült. Für einige jüdische Emigranten wurde Ericeira während des Zweiten Weltkriegs zur unfreiwilligen Zwischenstation. Sie waren vor den Nationalsozialisten nach Portugal geflüchtet und konnten von dort aus aber nicht in ein Drittland weiterreisen, da ihnen Visa oder das Geld für die Reise fehlten. Um die Flüchtlinge besser kontrollieren zu können, ließ sie die portugiesische Regierung hier internieren. Zurück nach Deutschland mussten sie aber nicht.

Information/Verbindungen/Diverses

- *Information* Turismo in der Rua Dr. Eduardo Burnay, 33-A, ✆ 261863122, ✉ 261864136. So–Fr 9.30–19 Uhr, Sa 9.30–22 Uhr geöffnet. Im Sommer täglich 9.30–22 Uhr. Hier gibt es einen Stadtplan und eine detaillierte Wegbeschreibung für Ortstouren. Außerdem werden Räder verliehen, ideal für eine Strandtour!
- *Regionalbusse* Ericeira wird von der Gesellschaft Mafrense angefahren. Der Busbahnhof befindet sich in der Rua dos Bombeiros Voluntários. Die Fahrpläne liegen auch im Turismo aus.

Ab *Lissabon* (via Mafra und Sobreiro): Vom Busbahnhof an der Metrostation Campo Grande Mo–Sa stündlich, So alle 1,5 bis 2 Std. (im Sommer öfter). Fahrzeit 80 Min.

Ab *Sintra*: ab Bahnhof Portela de Sintra Mo–Fr stündlich, Sa/So alle zwei Stunden. Fahrtdauer 45 Min.

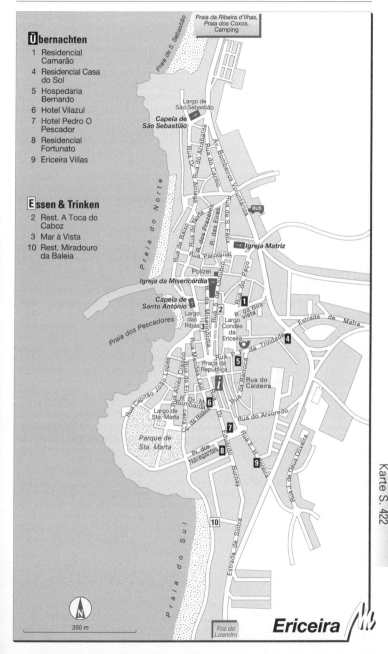

430   Nördlich von Lissabon

Nach *Mafra* (über Sobreiro): Mit den Bussen, die nach Lissabon fahren, Mo–Sa stündlich, So alle 1,5 bis 2 Std. (im Sommer öfter). Fahrtdauer 18 Min.

Nach *Mafra* (über Nossa Senhora do Ó, nicht über Sobreiro): 2- bis 4-mal täglich, Fahrzeit 30 Min.

Nach *São Lourenço* (via Ribamar): Mo–Fr 11-mal, Sa 9-mal, So 7-mal. Fahrtzeit 25 Min. Die Busse haben folgende Fahrtziele: Casais de São Lourenço, Chãos, Aranha und Torres Vedras.

Nach *Torres Vedras*: Mo–Fr 5-mal, Sa 3-mal, So 1-mal. Fahrzeit 1 Std.

• *Stadtbusse* Die *Carreira Urbana de Ericeira* verbindet Mo–Fr etwa stündlich den Campingplatz mit dem Largo São Sebastião und der Praça dos Navegantes. Sa/So keine Busse. Im Juli und August fährt der Stadtbus 2-mal täglich zur Foz do Lizandro und zur Praia São Julião (nur Mo–Fr).

• *Taxistand* Largo dos Condes da Ericeira. ✆ 261865567.

• *Post* Largo dos Condes da Ericeira.

• *Polizei* GNR in der Rua 5 de Outubro, ✆ 261863533.

• *Einkaufen* Frisches Obst und Gemüse gibt es in der städtischen Markthalle in der Rua do Paço. Das Einkaufszentrum Galerias São Sebastião ist in der Av. Bombeiros Voluntários gegenüber der Capela de São Sebastião zu finden.

Kino Cine Estúdio Ericeira, im Centro Comercial an der Praça da República. Wechselndes Programm. 1 Saal mit 210 Plätzen.

Übernachten (siehe Karte S. 429)

** Hotel Vilazul (6), Calçada da Baleia, 10, ✆ 261860000, ℻ 261862927. Hübsches, modern ausgestattetes Hotel mit 21 Zimmern. Bad oder Dusche, Klimaanlage, Telefon und Satelliten-TV. Zwei Bars und ein schönes Restaurant. DZ mit Frühstück in der Hauptsaison 70 €, in der Nebensaison 53 €.

** Hotel Pedro O Pescador (7), Rua Dr. Eduardo Burnay, 22, ✆ 261864032, ℻ 261862321. Das kleine, blau gestrichene Hotel liegt im Ortszentrum. Helle, einfach eingerichtete Zimmer mit Holzfußboden. DZ mit eigenem Bad und Frühstück je nach Saison 30–60 €.

Residencial Fortunato (8), Rua Eduardo Burnay, 7, ✆/℻ 261862829. Die meisten der 12 Zimmer sind altmodisch und mit wenig Geschmack eingerichtet. DZ je nach Saison 30–48 €. Nur um Ostern und von Mai bis Mitte Oktober ist das Frühstück inkl. Zimmer mit Meerblick kosten 3 € mehr, mit Terrasse nochmals 2 €.

Residencial Casa do Sol (4), Rua Prudêncio Franco da Trinidade, ✆ 261864400, ℻ 261864402. Neben der EN 247 gelegen. Das schöne, alte Haus kann mit einem großen Garten aufwarten. Geschmackvoll ausgestatteter Wohnraum. Die ruhigen Zimmer (Doppelfenster) sind in unterschiedlichen Stilen eingerichtet, manche haben Meerblick. Die Besitzer lebten 15 Jahre lang als Gastarbeiter in Köln und sprechen perfekt Deutsch. Die Preise sind für die gebotene Qualität günstig: DZ mit Frühstück je nach Saison zwischen 30–45 €.

Residencial Camarão (1), Travessa Espírito Santo, ✆ 261862665, ℻ 261864402. In einer ruhigen Nebenstraße neben dem Markt. Schön eingerichtete Zimmer mit Sat-TV, Telefon, Radio, Minibar, teilweise mit Meerblick. Gutes, reichhaltiges Frühstück. Gleiche Besitzer wie Casa do Sol. Supermarkt nebenan. DZ mit Frühstück je nach Saison zwischen 30–45 €.

Hospedaria Bernardo (5), Rua Prudêncio Franco da Trindade, 17, ✆/℻ 261862378. Gegenüber der Post. Sehr einfache Zimmer und zwei Appartements, die um einen kleinen Innenhof herum gruppiert sind. Teilweise mit Meerblick. DZ mit eigenem Bad je nach Saison 25–45 €, mit Gemeinschaftsbad 20–35 € (jeweils ohne Frühstück). Appartements 35–50 €. Weitere Ferienwohnungen in der Nähe können vermittelt werden.

• *Privatzimmer/Ferienwohnungen* Großes Angebot im Ort. Eine Liste hat der Turismo. DZ ca. 20–50 € je nach Saison.

Ericeira Villas (9), Rua Eduardo Henriques Pereira, Lote 3, ✆ 261862336, ℻ 261863737. Etwas südöstlich der Altstadt. Büro geöffnet Mo–Fr 9.30–2.30 und 14–18 Uhr. Vermittlung von zahlreichen Ferienwohnungen für 2 bis 8 Personen. Appartements für 4 Personen je nach Saison ab 210–410 € pro Woche.

• *Camping* **** Parque de Campismo Municipal de Mil Regos**, ✆ 261862706. Ganzjährig geöffnet. Etwa 1 km nördlich von Ericeira gelegen. Etwa stündliche Verbindung zum Ort durch den Stadtbus. 200 m zum nächsten Strand. Auf dem 260.000 m² großen Campingplatz ist Platz für 1.800 Pers. Fußballplatz, Bar und Supermarkt. Direkt

Ericeiras Häuser sind typischerweise weiß-blau gestrichen

neben dem Campingplatz liegt das öffentliche städtische Schwimmbad. Gute sanitäre Anlagen in mehreren Gebäuden. Außerdem steht eine Windmühle auf dem mit Kiefern bewachsenen Platz. Günstig: Erwachsene 1,50 €, Zelt 1,25 €, Pkw 0,50 €. Oktober-April pro Person, Zelt und Auto nur 0,50 €.

Essen & Trinken (siehe Karte S. 429)

Mar à Vista (3), Rua de Santo António, 16, ✆ 261862928. Mi Ruhetag. Mitten in der Altstadt, direkt oberhalb der Praia dos Pescadores. Von einigen Tischen Blick auf das Meer, daher auch der Name des Restaurants. Die Wände sind mit vom Meereswasser rund geschliffenen Steinen "verputzt". Von der Decke baumeln rote Boien und machen das Fischerambiente komplett. Ausschließlich Meeresfrüchte wie *gambas* (große Garnelen) oder Muscheln im Angebot. Hauptgerichte ab 10 €, das meiste wird aber nach Gewicht berechnet.

A Toca do Caboz (2), Rua 5 de Outubro, 20, ✆ 261862248. Täglich außer Di geöffnet. Unweit des Turismo. Einfaches Lokal mit zwei Speiseräumen: Der Saal im 1. Obergeschoss wird von Touristen selten gefunden. Spezialität ist Seezunge (*linguado*). Hauptgerichte ab 8 €.

Miradouro da Baleia (10), Praia do Sul, ✆ 261863981. Di Ruhetag, sonst bis 22 Uhr geöffnet. Direkt am Strand Praia do Sul. Zweistöckiges Fischrestaurant mit schönem Blick aufs Meer. Schlichte Einrichtung mit "Naturstein"-Wänden. Im Sommer auch Terrassenservice. Fisch-, aber auch Fleischgerichte vom Holzkohlegrill ab 6,50 €.

Strände in und um Ericeira

In und um Ericeira gibt es über zehn, teilweise völlig unterschiedliche Strände. Hier ist für jeden Geschmack etwas dabei. Außerdem findet man an Ericeiras Küste das jodhaltigste Wasser Portugals.

Im Ortskern: Direkt auf Höhe des Zentrums stößt man neben dem Fischerhafen auf die Praia dos Pescadores, an der sich die königliche Familie 1910 ins Exil nach England einschiffte. Weiter nördlich schließt sich die Praia do Norte an, auch Praia do Algodio genannt. Das ist ein breiter, gut zum Surfen geeigneter Sandstrand, den der Hafen mit einer langen Mole von der Praia dos Pescadores trennt. In der Nähe der Igreja São Sebastião erstreckt sich der kleine Sandstrand Praia de São Sebastião. Im Südteil des Zentrums, liegt der von hohen Klippen umgebene, lange Strand Praia do Sul. Die Ortsansässigen nennen den Sandstrand auch Praia da Baleia (Wal-Strand), seit hier 1872 ein großer Wal angespült wurde.

Südlich vom Ortskern: Etwa drei Kilometer vom Zentrum entfernt erstreckt sich an der Mündung des Flusses Lizandro die schöne, einsam gelegene Praia da Foz do Lizandro. Dort kann man in Süß- und Salzwasser baden, da sich der Strand sehr weit an der Flussmündung entlang erstreckt. Noch ein gutes Stück weiter südlich erreicht man die Praia de São Julião an der Mündung des nächsten Flusses Falcão. An der Südseite dieses sehr feinsandigen Strandes befinden sich einige kleine Felsengrotten.

Anfahrt Die Busse nach Sintra (s.o.) fahren am Parkplatz nördlich über der Praia Foz do Lizandro vorbei, außerdem halten sie kurz hinter Carvoeira in Baleia. Von da aus sind es noch ca. 2 km zur Praia de São Julião (nach rechts abbiegen), zu der im Sommer auch sporadisch direkte Stadtbusse fahren.

Nördlich vom Ortskern: Knapp ein Kilometer nördlich des Zentrums liegt die von schönen Felsen umgebene Praia da Empa. Daran schließen sich die Praia da Orelheira und die Praia da Ribeira d'Ilhas an, die man beide gut von einem Aussichtspunkt neben der Straße 100 m über dem Meer bewundern kann. Die Praia da Ribeira d'Ilhas an der Mündung des Rio do Cuco zählt zu den besten Surfstränden Europas und hat Ericeira zum Wellenreit-Mekka Portugals gemacht. Hier kämpften die Surfer im April 1977 beim ersten Surfwettbewerb Portugals um den Sieg. Heute finden hier regelmäßig Weltcup-Wettbewerbe statt. Die Wellen brechen an diesem Strand sehr sauber, aber Achtung: Eine starke Strömung kann Surfer schnell von Nord nach Süd auf die Felsen treiben!

Folgt man der Straße noch weiter Richtung Norden, kommt man nach Ribamar. Dort biegt man in die Straße links neben der Windmühle ein und gelangt so an die Praia dos Coxos. Der Strand ist zweigeteilt: Der nördliche Teil ist eine enge, von Felsen eingefasste Bucht; am südlichen Teil, der über einen kurzen Feldweg zu erreichen ist, gibt es die höchsten Wellen von Ericeira und Umgebung. Daher ist auch dieser Strand bei Surfern sehr beliebt. Anfänger sollten sich jedoch

Hohe Klippen: Strände nördlich von Ericeira

besser fernhalten, da das Ufer zum größten Teil aus Felsen besteht. Noch weiter nördlich liegt an der Mündung des Flusses Safarujo die weitläufige Praia de São Lourenço mit grobkörnigem Sand. Eine kleine Hängebrücke führt über das grüne Flussdelta.

<u>Anfahrt</u> Die Busse nach São Lourenço fahren an oder nahe der Strände vorbei (s.o.)

Torres Vedras (19.000 Einwohner)

Über den Gassen der hübschen Altstadt thront majestätisch eine Burg. Auf zahlreichen Hügeln der Umgebung findet man Reste der Befestigungsanlagen, die im 19. Jh. gegen die napoleonischen Invasionen errichtet wurden und als "Linhas de Torres Vedras" in die Geschichte eingingen.

Zentrum der modernen Stadt ist die **Praça 25 de Abril** mit dem Jardim da Graça. Mitten auf dem Platz erhebt sich ein schlanker Obelisk zur Erinnerung an das portugiesisch-britische Heer, das von 1808–1814 in der *Guerra Peninsular* gegen die Franzosen kämpfte.

Noch etwas weiter nördlich liegen die beiden zentralen Plätze Praça de São Pedro und Largo Wellington, in deren Mitte die **Igreja de São Pedro** zu finden ist. Die Kirche wurde im 16. Jh. errichtet und mehrere Male umgebaut. Das Ergebnis ist eine wilde Mischung verschiedener Stile. Die Azulejos aus dem 16., 17. und 18. Jh. wollen ebenso gar nicht zueinander passen. Wirklich schön ist aber das manuelinische Eingangstor mit Renaissance-Einflüssen.

Das Wahrzeichen der Stadt, der **Chafariz dos Canos**, steht in der Rua Cândido dos Reis. Dieser Brunnen ist Endpunkt des Aquäduktes, das hinter dem Bahnhof beginnt. Im Jahre 1561 ließ ihn Prinzessin Dona Maria erbauen. Er besteht aus einem Halbkreis von fünf großen gotischen Bögen. Auf dem Dach erblickt man Burgzinnen. Nebenan existiert noch eines der alten Stadttore, das aber nur für Prozessionen geöffnet wird.

In der Umgebung stößt man auf die Ruinen hunderter **Windmühlen**. Insgesamt soll es nördlich von Lissabon etwa 1.000 dieser alten Mühlen geben, alleine 400 davon im Kreis Torres Vedras. Merkwürdig, dass dennoch die Niederlande und nicht Portugal als Land der Windmühlen bekannt geworden sind. Heute werden die Hügel bei Torres Vedras jedoch in erster Linie zum Weinbau genutzt.

Die Burgkirche in Torres Vedras

Nördlich von Lissabon

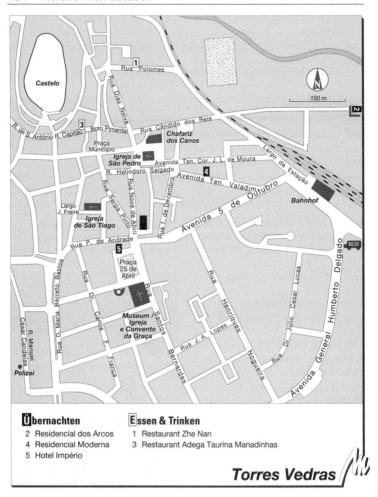

Übernachten
2 Residencial dos Arcos
4 Residencial Moderna
5 Hotel Império

Essen & Trinken
1 Restaurant Zhe Nan
3 Restaurant Adega Taurina Manadinhas

Torres Vedras

Feste: Berühmt ist der **Karneval** von Torres Vedras, die einzige "ernst zunehmende" Fastnachtsveranstaltung in der Region Lissabon. Ende Juni/Anfang Juli findet an der Rua D. Maria Barreto Bastos außerdem die **Feira de São Pedro** statt. Seit über 700 Jahren gibt es diesen großen Jahrmarkt. Diente er früher vor allem dem Tausch landwirtschaftlicher Güter, so ist er heute vor allem ein Volksfest. Der **Stadtfeiertag** ist der 11. November; ebenfalls im November wird auch die Weinkönigin von Torres Vedras gewählt.

Strand: Zum Baden fahren die Einheimischen an den am nächsten gelegenen Strand von Santa Cruz. Die Praia de Santa Cruz gehört zu den meist besuchten Stränden der Region und ist daher im Sommer recht überlaufen.

Torres Vedras 435

Information/Verbindungen/Diverses

- *Information* Rua Nove de Abril, ✆ 261314094, 🖰 über die Stadtverwaltung (para Turismo) 261336660. Mo–Sa 10–13 und 14–18 Uhr. So zu.
- *Zug* Die Strecke nach Lissabon führt bis Cacém durch eine schöne, hügelige Landschaft.
Ab *Lissabon/Rossio*: täglich 13-mal. Man muss zuerst mit den S-Bahnen der Linha de Sintra bis Cacém fahren, wo dann umgestiegen wird. Fahrzeit 30 Min. bis Cacém, dann noch mal ca. 45–70 Min. bis Torres Vedras.
- *Bus* Der Busbahnhof liegt ca. 100 m südlich des Bahnhofs auf einem kleinen Hügel. Es fahren vor allem Busse der Barraqueiro-Gruppe der Marken Barraqueiro Oeste, Boa Viagem und Mafrense:
Ab *Lissabon*: Mo–Fr 2- bis 5-mal stündlich, Sa/So stündlich ab der Metrostation Campo Grande. Fahrzeit ca. 60 Min.
Neben diesen Regionalbussen gibt es täglich auch noch 11 Express-Busse der *Rede Expressos* der Linie Lissabon – Torres Vedras – Peniche ab dem Busbahnhof in der Av. Defensores de Chaves, Ecke Av. Duque de Ávila (Metro Saldanha, Av. Novas). Fahrzeit 55 Min.
Nach *Bucelas*: 3-mal täglich, Fahrzeit 80 Min.
Nach *Ericeira*: Mo–Fr 5-mal, Sa 3-mal, So 1-mal. Fahrzeit etwa 60 Min.
Nach *Mafra*: Mo–Fr 8-mal, Sa 4-mal, So 3-mal. Fahrzeit 60 Min.
Zur *Praia de Santa Cruz*:: täglich jede Stunde. Fahrzeit 30 Min.
Nach *Vila Franca de Xira* (via Arruda dos Vinhos): Mo–Fr 13-mal, Sa/So 7-mal. Fahrzeit 50 Min. bis Arruda und 80 Min. bis Vila Franca.
- *Post* Praça 25 de Abril.
- *Polizei* PSP, Rua Manuel César Candeias, ✆ 261330770.
- *Markthalle* Av. Tenente Coronel João Luís de Moura. Hier gibt es frischen Fisch, Fleisch, Obst und Gemüse.

Übernachten

** Hotel Império (5), Praça 25 de Abril, ✆ 261314232 und 261314853, 🖰 261321901. Direkt im Zentrum gelegen. Komfortable Zimmer mit Sat-TV und Klimaanlage. Blick auf die Burg oder den Convento da Graça. Badezimmer mit Dusche oder Wanne. 47 Zimmer auf fünf Stockwerken, dazu Konferenzräume und ein Restaurant. DZ mit Frühstück 45 €.

**** Residencial dos Arcos (2), Bairro Arenses, ✆ 261312489, 🖰 261323870. Etwas außerhalb des Zentrums, ca. 500 m hinter dem Bahnhof. Den Namen hat die Pension vom nahe gelegenen Aquädukt aus dem 16. Jh. Die Zimmer sind mit eigenem Bad, Radio und Telefon ausgestattet. Garage vorhanden. DZ mit Frühstück 40 €.

** Residencial Moderna (4), Avenida de Tenente Valadim, 18, ✆ 261314146. Familienpension in der Nähe der Markthalle. Einfache, kleine Zimmer mit Sat-TV, Klimaanlage, Schrank, Teppichböden und eigenem Badezimmer. Etwas altmodisch eingerichtet, aber sauber. DZ ohne Frühstück 35–40 €.

Essen & Trinken

Man sollte sich die leckere Gebäckspezialität der Region, die *pastéis de feijão* (Bohnenpasteten), nicht entgehen lassen. Verkauft werden sie in der **Fábrica Coroa** (Praça 25 de Abril, 11-A, ✆ 261323494), die sich auf ihre Herstellung spezialisiert hat. Wer sie auch zu Hause genießen will, der kann sich im Turismo das Rezept holen.

Adega Taurina Manadinhas (3), Rua Capitão Luís Boto Pimentel, 12, ✆ 261324294. So geschlossen. Unterhalb der Burg zwischen den Straßen Rua de Santo António und Rua Mouzinho de Albuquerque gelegen. In 2 getrennten Speisesälen fühlt sich der Gast in die Welt des Stierkampfs versetzt. Fotografien von Stierkämpfern, Stierköpfe und Weinfässer zieren die Wände. Zu den reichlich portionierten Speisen, die bei 7,25 € liegen, wird viel Wein getrunken. Es gibt halbe Portionen für 4,75 €.

Zhe Nan (1), Rua dos Polomes, 10-A, ✆ 261322735. Mo Ruhetag. Östlich unterhalb der Burg gelegen, wenige Meter außerhalb des historischen Stadtkerns. Gutes chinesisches Restaurant. Schön mit Glasbildern eingerichtet. Hauptgerichte ab 4,50 €, Reis 1 €.

Castelo (Burg)

Die Burg von Torres Vedras wurde mit großer Wahrscheinlichkeit bereits von den Westgoten oder den Alanen angelegt, vielleicht sogar schon von den Römern. Später wurde sie in mehreren Etappen weiter ausgebaut: zunächst von den Mauren, später dann unter den portugiesischen Königen. Seit dem Erdbeben von 1755 stehen aber nur noch Ruinen. Auf dem Burggelände befindet sich noch die kleine Kirche Igreja de Santa Maria do Castelo mit Resten eines alten romanischen Portals sowie schönen Azulejos und Gemälden im Inneren.

Öffnungszeiten Täglich 9–19 Uhr (im Sommer bis 20 Uhr). Eintritt frei.

Igreja e Convento da Graça

Im Jahre 1578 gründeten Augustiner-Mönche die Kirche und den Konvent auf den Trümmern eines alten Hospitals aus dem 13. Jh. In der Kirche finden sich barocke Heiligenbilder und Schnitzereien aus der ersten Hälfte des 17. Jh. Die Mauern des Kreuzgangs sind mit schönen Azulejos aus dem 18. Jh. verziert, auf denen Stationen aus dem Leben von São Gonçalo de Lagos, dem ersten Prior des Augustiner-Konvents, dargestellt sind.

Im ehemaligen Klostergebäude des Convento da Graça ist das **Stadtmuseum** untergebracht. Fossilien, Werkzeuge und Jagdgeräte aus der Kupfer- und Bronzezeit dokumentieren die Frühgeschichte der Region um Torres Vedras. Auch Zeugnisse aus der Zeit des römischen *Turres Veteres* sind zu besichtigen. Der Besucher erfährt zahlreiche Einzelheiten über die französische Invasion und die erfolgreiche Verteidigung durch die portugiesisch-britischen Truppen mittels der *Linhas de Torres Vedras*. Schlachtmodelle, zeitgenössische Waffen und ein Modell der Verteidigungslinien veranschaulichen die Kämpfe.

Anfahrt/Öffnungszeiten Praça 25 de Abril. Di–So 10–13 und 14–18 Uhr. Mo und Feiertags geschlossen. Eintritt 0,75 €, mit Cartão Jovem 0,50 €, Kinder bis 12 J., Studenten und ab 65 J. frei, ebenso generell sonntags. Zugang zu Kreuzgang und Kirche frei.

Illustrieren das Leben von São Gonçalo de Lagos: Azulejos im Kreuzgang des Convento da Graça

Linhas de Torres Vedras

Auf den Hügeln der Umgebung wurden Anfang des 19. Jh. zur Abwehr der napoleonischen Invasionen zwei Ketten von Befestigungsanlagen zwischen dem Tejo und dem Atlantik errichtet, die als *Linhas de Torres Vedras* in die Geschichte eingegangen sind. Obwohl mit ihrem Bau 1808 und damit schon zwei Jahre vor der dritten französischen Offensive auf Lissabon begonnen worden war, wussten die Truppen des französischen Generals *Masséna* nichts von deren Existenz. Portugiesen und Engländer hatten die beiden Festungsreihen in einem wahren Kraftakt von der Atlantikküste bei Santa Cruz über die Hügel von Torres Vedras, Sobral de Monte Agraço und Arruda dos Vinhos bis zum Tejo bei Vila Franca de Xira gebaut. Ausgerüstet waren die Forts mit Signalmasten, mit deren Hilfe Nachrichten in sieben Minuten vom Atlantik bis an den Tejo übermittelt werden konnten. Unwissend rannten die napoleonischen Armeen in die schwer befestigten Anlagen und wurden dort in mehreren Schlachten geschlagen. Die letzte, entscheidende Niederlage erlitten die Franzosen 1810 am *Grande Forte de Alqueidão*, 4 km von Sobral de Monte Agraço entfernt. Ein klassischer Fall des vollständigen Versagens von Spionage und Feindaufklärung.

Arruda dos Vinhos (10.400 Einwohner)

Inmitten sanfter Hügel liegt Arruda dos Vinhos. Wie der Zusatz "dos Vinhos" schon besagt, wird in dieser ländlich geprägten Region vor allem Wein angebaut. In dem kleinen Städtchen findet man eine schöne Altstadt und eine wohltuende Ruhe. Diese schätzte auch der spanische Regisseur Fernando Trueba, der hier 1992 den mit einem Oscar ausgezeichneten Film Belle Époque drehte.

Arruda (aus arab. *al* und lat. *ruta* = Weg) hat zwar keine Sehenswürdigkeiten großen Stils zu bieten, aber immerhin einige kleinere Attraktionen. Direkt im Zentrum, an der Praça dos Combatentes, liegt gegenüber dem neuen Rathaus ein großer, barocker Brunnen (*Chafariz*) aus dem Jahr 1789. Betritt man die Altstadt, so trifft man nach wenigen Metern auf die Kirche **Igreja Nossa Senhora da Salvação (Igreja Matriz)** mit ihrem manuelinischen Portal von 1531. Hübsche, blaue Azulejos aus dem 17. und 18. Jh. zeigen Szenen aus dem Leben des hl. Christopherus. Geprägt wird die Kirche durch schlanke, romanische Bögen. Der Hochaltar wurde – wie so oft in alten portugiesischen Kirchen – mit viel Blattgold barockisiert.

Feste: Alljährlich am 15. August ist Arruda dos Vinhos anlässlich des Stadtfestes Schauplatz von Stierhatzen (*largadas de touros*). Schon im Vorfeld werden dann Gebäude und Schaufenster mit schweren Holzbarrieren niet- und nagelfest gemacht.

Information/Verbindungen/Diverses

- *Information* Die Touristenauskunft befindet im Gebäude rechts vom Brunnen an der Praça dos Combatentes da Grande Guerra. Adresse: Praça Miguel Bombarda, ✆ 263974004, ✉ 263977002.

438 Nördlich von Lissabon

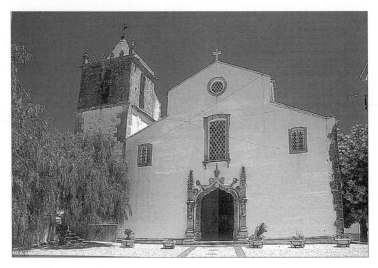

Manuelinische Fassade – Igreja Matriz in Arruda dos Vinhos

• *Verbindungen* Busse ab der Praça dos Combatentes da Grande Guerra im Zentrum (Platz am Brunnen). Dort befindet sich auch ein Informationsbüro von Boa Viagem/Rodoviária da Estremadura.
Ab *Lissabon/Campo Grande* (Metro Campo Grande): Mo–Fr 14-mal, Sa 8-mal, So 6-mal. Fahrzeit etwa 60 Min. Die Busse fahren über Alverca.

Nach *Bucelas*: Mo–Fr 9-mal, Sa/So kein Bus. Fahrtdauer 50 Min.
Nach *Torres Vedras*: Mo–Fr 13-mal, Sa/So 7-mal. Fahrzeit ca. 50 Min.
Nach *Vila Franca de Xira*: Mo–Fr 16-mal, Sa 11-mal, So 7-mal. Fahrzeit 30 Min.
• *Polizei* GNR in der Altstadt im alten Rathaus neben der Kirche Nossa Senhora da Salvação, ✆ 263975234.

Übernachten

Turismo de Habitação: Quinta de São Sebastião, ✆ 219512340, ✆ 219512389. An einer holprigen Nebenstraße zwischen Arruda und Alverca gelegen (ca. 1 km von Arruda entfernt). Sehr ruhige Lage. Weißes, herrschaftliches Gebäude aus dem 17. Jh. mit Kapelle, Schwimmbad, Tennisplatz und diversen Pferdestallungen. In der Mitte des Hofes ein über 1.000 Jahre alter, uriger Baumstumpf. Bezaubernde Stimmung. In den Stallungen stehen neben den Pferden, auf denen die Gäste reiten dürfen, einige sehr wertvolle Lusitaner. Zur Quinta gehört ein 68 ha großes Gelände, auf dem sich neben den Pferdekoppeln auch Weinreben und ein Brunnen befinden. Vom hauseigenen Berg hat man eine gute Sicht auf die Umgebung bis Santarém. Die 5 sehr geräumigen Zimmer mit offenem Kamin, Badezimmer, TV und Ziegelsteinboden befinden sich in einem alten Stallgebäude. DZ mit Frühstück in der Hochsaison 41 €, in der Nebensaison 36 €.

Essen & Trinken

Fuso, Rua Cândido dos Reis, 94, ✆ 263975121. Nicht weit vom Zentrum liegt diese ehemalige Weinkellerei, in der heute ein Restaurant untergebracht ist. Täglich außer So offen. Urige, rustikale Einrichtung: Direkt am Eingang beeindrucken riesige Weinfässer unter einer dunklen Holzdecke. Mehrere Speisesäle. Hauptgerichte ab 7 €. Das Restaurant hat den Ruf, so riesige Portionen zusammenzustellen, dass niemand es schafft, alles aufzuessen. Entsprechend werden auch halbe Portionen angeboten.

Nazareth, Rua Cândido dos Reis, 57, ✆ 263975503. So Ruhetag. Nicht weit vom Fuso entfernt. Innen ein kleiner Speiseraum mit Weinflaschen an der Wand, man kann aber auch draußen auf der Terrasse essen. Tagesgerichte ab ca. 4,50 € (reichliche Portionen). Günstiger Wein im Krug.

Vila Franca de Xira (19.000 Einwohner)

Die Stadt liegt an mehreren wichtigen Verkehrswegen 30 km nordöstlich von Lissabon. Landschaftlich bietet sich ein starker Kontrast zwischen den karstigen Bergen im Norden und den weiten Tejoniederungen auf der Südseite der Stadt. Vila Franca ist eine der wichtigsten Städte der Region Ribatejo sowie die Hauptstadt des portugiesischen Stierkampfes und der portugiesischen Reitkunst.

Durch die Stadt läuft nahezu der gesamte Verkehr von Lissabon Richtung Porto einschließlich der Schnellzugstrecke und der Autobahn A1, die sich hier über das Tal spannt. Früher war die Stadt als Verkehrsknotenpunkt sogar noch bedeutender, da die örtliche Tejobrücke zwischen ihrer Errichtung 1951 und dem Bau der Lissabonner Ponte 25 de Abril im Jahr 1966 die einzige Straßenverbindung von Lissabon in Richtung Süden war.

Neben der Altstadt, die mit neueren Gebäuden durchsetzt ist und so leider etwas an Reiz verloren hat, verdient der **Bahnhof** in Vila Franca einen Besuch. Der Künstler Jorge Colaço hat ihn in den 20er und 30er Jahren des vergangenen Jahrhunderts mit schönen blauen Azulejos verziert, die ländliche Motive der Region zeigen. Von Colaço stammen auch die Azulejos am Sportpalast im Lissabonner Parque Eduardo VII und im Bahnhof São Bento von Porto.

Azulejos mit Landidylle am Bahnhof von Vila Franca de Xira

Auf der anderen Seite der Bahngleise kann man im Stadtpark **Jardim Municipal** einen schönen Blick auf die Tejobrücke und das andere Ufer des Flusses genießen. Hier legt auch das bunt bemalte Segelschiff *Barco Varino Liberdade* zur Tejofahrt ab. Nachdem das Schiff seit seinem Bau im Jahr 1945 von Salz bis Müll so ziemlich alle möglichen Güter transportiert hatte, dient es heute nur noch Ausflugsfahrten auf dem Tejo.

Fahrtzeiten Das Schiff verkehrt April–September. Infos und Fahrkarten beim Turismo. Preis: 3,75 €; bis 18, ab 65 Jahren 2,10 €; bis 10 Jahre kostenlos.

Über Vila Franca de Xira thront der **Monte Gordo**, der "fette Berg". Von seinem Aussichtspunkt bietet sich eine herrliche Aussicht auf die *Lezírias* genannten Flussniederungen des Tejo. An Tagen mit guter Sicht reicht der Blick bis weit in den Alentejo. Ein Flugfunksender und drei stillgelegte Windmühlen sorgen für eine etwas sonderbare Atmosphäre.

> ### Stierhatzen – Esperas e Largadas de Touros
>
> Die ganze Stadt ist verbarrikadiert, Stiere rennen orientierungslos umher, vor ihnen laufen einige besonders Mutige und versuchen, sich vor der anstürmenden Rinderhorde in Sicherheit zu bringen. Zwei Mal jährlich – Anfang Juli und Anfang Oktober – kann man in Vila Franca de Xira ein merkwürdiges Schauspiel erleben. Dabei werden aus den traditionellen Stierzuchtgebieten des Ribatejo Stiere in die Stadt gebracht und dort durch die engen Straßen getrieben. Die Gassen sind mit Gattern abgeriegelt, die Schaufenster mit Holzbrettern und Balken stierfest vernagelt. Der ganze Wettlauf geschieht dann in furchtbarer Panikstimmung. Chaos und Gebrüll überall. Wenn die Stiere kommen, versuchen eher ängstliche Läufer und überraschte Zuschauer, die Bretter an den Häusern hinaufzuklettern und dort den Ansturm außer Reichweite vorbei rauschen zu lassen; manchen gelingt es, andere fallen vor die tobende Meute: blaue Flecken, Knochenbrüche und schlimmere Verletzungen kommen vor. Manchmal sind auch Tote zu beklagen. Diese *Espera e Largada de Touros* ähnelt dem in Deutschland bekannteren und wesentlich brutaleren Fest in Pamplona, der Hauptstadt der spanischen Provinz Navarra. Ähnliche lokale Ereignisse finden in den Städten Alcochete, Arruda dos Vinhos und Montijo statt, die bekannteste Stierhatz ist jedoch die von Vila Franca.

Feste: Das größte Fest in Vila Franca ist die **Festa do Colete Encarnado**, die jedes Jahr am ersten Wochenende im Juli veranstaltet wird. Dann finden in den Straßen Stierhatzen und – leider scheinbar unverzichtbare – Stierkämpfe in der *Praça de Touros Palha Blanco* genannten Arena am Südende des Ortes statt. Das "Fest der roten Weste", benannt nach der Bekleidung der *forcados*, der Fußtruppen der Stierkämpfe, lockt alljährlich große Besuchermassen in die Stadt. Die Stierkampfarena diente übrigens schon verschiedensten Zwecken: 1941 rettete man hier das Vieh vor den Fluten des Tejo-Hochwassers und in den 40ern sperrte das Salazar-Regime demonstrierende Arbeiter kurzerhand in der Arena ein.

Vila Franca de Xira 441

Während der **Feira de Outubro** in der ersten Oktoberwoche ergießen sich weitere Besucherströme über die Stadt. Auch für sie werden erneut Stiere in *largadas de touros* durch die Gassen und Straßen getrieben. Wegen diesem ausgeprägten Faible für Stierhatzen und -kämpfe bezeichnen manche Lokalpatrioten Vila Franca gerne als "portugiesisches Sevilla", was allerdings vollkommen übertrieben ist.

Information/Verbindungen/Diverses

• *Information* Turismo in der Rua Almirante Cândido dos Reis, 147, ℅ 263276053, ℡ 263270788. Mo–Fr 10–13 und 14–18 Uhr, Sa 10–13 Uhr.

• *Zug* Ab *Lissabon/Santa Apolónia* (über Gare do Oriente): Mo–Fr alle 30 Minuten ein Vorortzug (*Suburbano*), Sa/So stündlich. Dazu jeden Tag stündlich ein Regionalzug (*Regional*). Fahrzeit etwa 30 Min.
Ab *Lissabon/Alcântara-Terra*: Mo–Fr alle 30 Min. ein Zug über Campolide, Sete Rios (Metro Jardim Zoológico), Entrecampos (Metro Entrecampos), Areeiro (Metro Areeiro) und Gare do Oriente (Metro Oriente). Sa/So keine Züge. Fahrzeit ab Alcântara-Terra 50 Min., ab Entrecampos 40 Min.

• *Bus* Die Gesellschaften Boa Viagem, Barraqueiro Oeste und Rodoviária da Estremadura fahren vom Bahnhofsvorplatz sowie der angrenzenden Rua Serpa Pinto:
Ab *Lissabon/Campo Grande*: Vom Busbahnhof an der Metrostation Campo Grande Mo–Fr 13-mal, Sa 8-mal, So 4-mal. Fahrzeit 45 Min.

Nach *Arruda dos Vinhos*: Mo–Fr 16-mal, Sa 11-mal, So 7-mal. Fahrzeit 30 Min.
Nach *Torres Vedras* (via Arruda dos Vinhos): Mo–Fr 13-mal, Sa/So 7-mal. Fahrzeit 80 Min.

• *Post* In der Nähe des Hauptplatzes am Largo Rodrigues Cesar Pereira.

• *Polizei* PSP-Posten in der Rua Pedro Victor, 7, ℅ 263273334. GNR in der Rua Luís de Camões, 110, ℅ 263273335.

• *Einkaufen* Centro Comercial Vilafranca Centro, Rua Alves Redol. Zwischen dem Bahnhof und der Praça 25 de Abril. Ein modernes Einkaufszentrum mit 180 Geschäften. Das von einer blauen Kuppel gekrönte Gebäude erinnert ein wenig an eine Moschee.

• *Markt* Städtische Markthalle in der Rua Miguel Esguelha mit hübschem Eisendach und sehr schönen Azulejos im Jugendstil, welche die vier Jahreszeiten darstellen.

• *Kino* Warner Lusomundo im 2. Stock des Centro Comercial Vilafranca Centro, Rua Alves Redol. ℅ 263271670. 2 Säle à 150 Plätze.

Übernachten (siehe Karte S. 442/443)

*** Pensão Flora (3), Rua Noel Perdigão, 12, ℅/℡ 263271272. Nicht weit vom Stadtzentrum. Etwas laut wegen der nahen Straße. Gänge mit Azulejos verkleidet. Innen ein gehobenes Restaurant mit regionaler ribatejanischer Küche. Zimmer mit eigenem Bad, Radio, TV und Telefon. DZ mit Frühstück 50 €.

** Pensão Residencial Ribatejana (5), Rua da Praia, 2-A, ℅ 263272991. Direkt am Bahnhof und dementsprechend laut. Kleine, saubere Pension mit 11 Zimmern, die in verschiedenen Farben eingerichtet sind. Alle Zimmer mit Dusche und Waschbecken. DZ ca. 28 € (ohne Frühstück).

Turismo no Espaço Rural: Quinta de Santo André (1), Estrada Monte Gordo, ℅ 263272143, ℡ 263272776. Ein im Stil des 17. Jh. erbautes, modernes Landgut. Es gibt die Möglichkeit hier Reiterferien in Zusammenarbeit mit dem Centro Equestre da Lezíria zu verbringen. Die Quinta liegt auf einem 8 ha großen Grundstück auf dem Monte Gordo über Vila Franca de Xira. Schwimmbecken. 5 große Gästezimmer und ein Appartement. DZ mit Frühstück 60 €.

Camping: ** Parque Municipal de Campismo (2)/Clube de Campismo "As Sentinelas", ℅ 263275258, ℡ 263271516. Ca. 1,5 km vom Bahnhof entfernt Richtung Norden am Berg gelegen, wenige 100 m westlich der A1. Ganzjährig geöffnet. Einige schattige Zeltplätze. Kaum Dauercamper, da der Platz durch die nahe Autobahn recht laut ist. Auf dem Gelände 3 Schwimmbecken mit Sprungturm, deren Benutzung für Campinggäste kostenlos ist. Tennisplätze, Bar, Restaurant und Kinderspielplatz. Schöner Blick auf das flache Schwemmland des Tejo. Pro Person 3,05 €, Zelt 1,55 €, Pkw 1,55 €.

Essen & Trinken/Nachtleben

Regionale Spezialitäten sind Flussfische wie der Maifisch (*sável*), der aber im März gegessen wird, oder die Aale (*enguia*), die gerne im Fischeintopf (*caldeirada*) serviert werden.

Restaurante Regional (6), Rua Serpa Pinto, 92, ✆ 263273096. In der Nähe des Bahnhofs. Sa Ruhetag. Gute regionale Küche in reichlichen Portionen. An den Wänden Korkeichenstücke mit Abdrucken von Pferdebrandeisen und Schwarzweißfotos der *Festa do Colete Encarnado*. Hauptgerichte ab 5 €.

Fartazana (4), Rua Almirante Cândido dos Reis, 133, ✆ 263282943. Neben dem Turismo. Schlichtes, hellgekacheltes Restaurant, aber gute und große Portionen. Regionale Küche und Meeresfrüchte. Hauptgerichte ab 5 €.

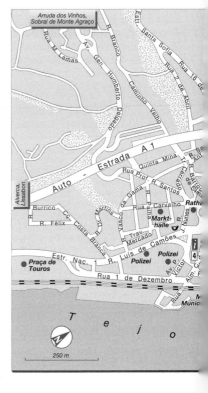

Museu do Ar: Das einzige Luftfahrtmuseum Portugals liegt neben dem Bahnhof von Alverca zwischen Lissabon und Vila Franca de Xira. In der Ausstellungshalle der portugiesischen Luftwaffe wird auf ca. 3.000 Quadratmetern die Geschichte der internationalen und der portugiesischen Fliegerei anhand von Flugzeugen, Flugzeugmodellen und vielen anderen Exponaten rund ums Fliegen dokumentiert. Ausgestellt sind Fluggeräte namhafter Hersteller und Flugpioniere wie Havilland, Blériot und Spitfire. Eine Besonderheit stellt eine Fairey III D dar, jener Flugzeugtyp, mit dem Sacadura Cabral und Gago Coutinho 1922 die erste Südatlantiküberquerung gelang, welche dann aber an der brasilianischen Küste abstürzten und überlebten. Darüber hinaus ist Technisches wie Motoren, Triebwerke und Sextanten sowie Flugkarten, Uniformen und Photographien verdienter portugiesischer Piloten zu bestaunen. Raketen als auch viele Waffen verleihen dem Museum einen etwas militaristischen Anstrich.

• *Anfahrt/Öffnungszeiten* Largo dos Pioneiros, ✆ 219582782, ✆ 219571937. Bis auf die Interregionais (IR) halten alle Züge zwischen Lissabon und Vila Franca de Xira in Alverca. Museum direkt neben dem Bahnhof auf der Tejoseite. Täglich außer Mo und an Feiertagen 10–17 Uhr geöffnet (von Juli bis September bis 18 Uhr). Eintritt 1,50 €, über 65 Jahre 0,75 €, Studenten bis 18 Jahre 0,50 €.

Museu da Cerâmica: Das Museum in der alten Keramikfabrik von Sacavém dokumentiert eindrucksvoll Geschichte und Technik der industriellen Keramikproduktion seit dem 19. Jahrhundert in Portugal. Die wenige Kilometer nördlich der Stadtgrenze von Lissabon gelegene Fabrik wurde 1856 gegründet und war Portugals bedeutendste Produktionsstätte alltäglicher Gebrauchske-

Vila Franca de Xira 443

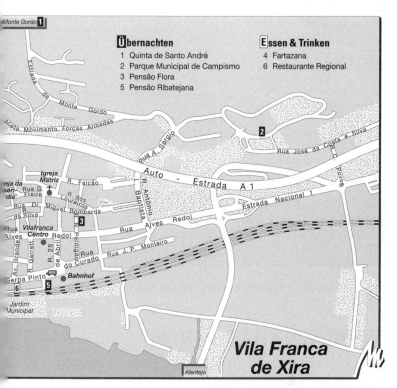

Übernachten
1 Quinta de Santo André
2 Parque Municipal de Campismo
3 Pensão Flora
5 Pensão Ribatejana

Essen & Trinken
4 Fartazana
6 Restaurante Regional

ramik von Geschirr über Azulejos bis zur Toilettenschüssel. Keramik aus Sacavém war auch über die Landesgrenzen hinaus bekannt: Bereits 1878 erhielt das Unternehmen ein Bronzediplom auf der Weltausstellung in Paris. Nach dem Ende der Produktion 1989 errichtete man das Museum um einen der alten Brennkamine herum. Auf zwei Etagen präsentieren halbjährlich wechselnde Ausstellungen einen Teil der 5.000 Stücke umfassenden Sammlung. Ein Video zeigt die Geschichte der Fabrik. Ein kleines Atelier lädt zum Modellieren ein – vor allem für Kinder ein Vergnügen.

• *Anfahrt/Öffnungszeiten* Urbanização Real Forte, ✆ 219409800, ✉ 219499898. Direkt gegenüber des Bahnhofs von Sacavém inmitten eines Neubauviertels gelegen. Mit den Zügen von Lissabon Richtung Alverca oder Vila Franca Xira zu erreichen (außer IR-Züge). Di–Fr von 10–20 Uhr, Sa/So von 14.30–20 Uhr geöffnet (im Winter nur bis 18 Uhr). Eintritt 1,50 €. Senioren und Kinder bis 12 J. frei. Studenten 50 % ermässigt.

Die Lagoa de Albufeira und ihre weitläufigen Sanddünen

Südlich von Lissabon

Das Gebiet auf der Südseite des Tejo vermittelt sehr unterschiedliche Eindrücke: Einerseits unschöne Industrieanlagen und Raffinerien, große Hafendocks und monotone Wohnsilos. Anderseits die Kleinstadtidylle von Alcochete neben dem Naturschutzgebiet der Tejomündung und die Costa Azul mit ihren langen Sandstränden und malerischen Strandbuchten inmitten des Gebirges der Serra da Arrábida.

Am Wochenende sind die Strände beliebtes Ausflugsziel der Lissabonner. Auf der Ponte 25 de Abril, der Verkehrsschlagader Richtung Süden, geht dann gar nichts mehr. Aber auch wochentags ist die Brücke wegen der vielen Pendler insbesondere zu den Hauptverkehrszeiten hoffnungslos verstopft.

Im Osten der Halbinsel von Setúbal, wie das Gebiet zwischen des Flüssen Tejo und Sado bezeichnet wird, erstreckt sich das Gebirge der Serra da Arrábida. Auf dessen Nordseite gedeihen in einer sanften Hügellandschaft um Azeitão und Palmela Wein und Oliven. Den Westen der Halbinsel von Setúbal durchziehen dagegen weite Pinienwälder. An der Südwestspitze fallen spektakuläre Felsklippen am Cabo Espichel ins Meer ab.

<u>Anfahrt</u> Zwei Brücken verbinden Lissabon mit der Südseite des Tejo: die Ponte 25 de Abril im Westen (inkl. Zugstrecke) und die Ponte Vasco da Gama im Osten. Alternative sind die zahlreichen Schifflinien über das Binnenmeer des Tejo, das "Strohmeer" *Mar de Palha*.

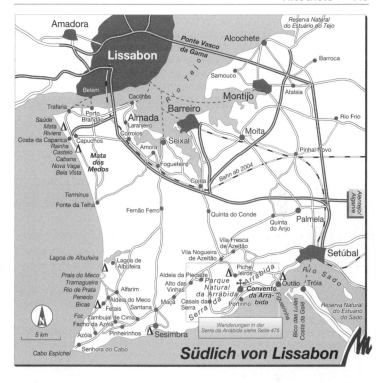

Alcochete

(13.000 Einwohner)

Ländliche Kleinstadtidylle direkt gegenüber von Lissabon. Eine äußerst sehenswerte Altstadt und eine Ruhe, die sich wohltuend von der ewigen Hektik der quirligen Metropole abhebt.

Bei einem Besuch von Alcochete fallen zuerst die beiden Kirchen am Rande der Altstadt ins Auge. Am westlichen Ende des historischen Stadtkerns liegt die **Igreja da Misericórdia**, in der mittlerweile das Museum für Sakrale Kunst **Museu Municipal/Núcleo de Arte Sacra** untergebracht ist. Die vollständig restaurierte Kirche aus dem 16. Jh. war früher Teil eines nicht mehr existierenden Palastes, in dem auch König Dom Manuel I. geboren wurde. Besonders beachtenswert sind der Hochaltar und die Deckengemälde. Das Museum stellt religiöse Kunstgegenstände und auch die älteste Bruderschaftsfahne Portugals aus. Vor der Kirche kann man auf einem langen Bootsanlegesteg mit teilweise sehr farbenprächtigen Fischerbooten entlang spazieren. Hier fuhren früher einmal die Fähren nach Lissabon ab.

Anfahrt/Öffnungszeiten Largo da Misericórdia, ✆ 212348654. Museums-Eingang an der Ostseite der Kirche. Di–So 14–18 Uhr. Mo und feiertags zu. Eintritt frei.

Südlich von Lissabon

Auf der entgegengesetzten Seite der Altstadt steht die gotisch-manuelinische Hauptkirche, die **Igreja Matriz**, mit blau-weißen Azulejos. Sie hat man auf den Ruinen einer Moschee erbaut. In der Nähe befindet sich am Tejoufer die Palmenallee Avenida dos Combatentes da Grande Guerra, von der man einen schönen Blick auf die andere Flussseite genießt. Der Ort eignet sich gut zum Verweilen, zumal es ein günstiges Café mit Terrassenservice gibt.

Ausstellungsstücke aus der Geschichte der Stadt und ihrer Umgebung seit der Römerzeit werden im Stadtmuseum **Museu Municipal** gezeigt.

Anfahrt/Öffnungszeiten Rua Dr. Ciprião Figueiredo, ✆ 212348653. Di–So 14–18 Uhr. Mo und feiertags zu. Eintritt frei.

Gut zum Windsurfen eignet sich die **Praia dos Moinhos** an der Straße Richtung Samouco. Das Baden sollte man an dem "Strand der Windmühlen" allerdings tunlichst unterlassen, da das Wasser ziemlich verschmutzt ist. Seit dem 17. Jh. wird hier in der Nähe Salz in Salinen gewonnen. Mittlerweile liegen diese allerdings zum größten Teil brach.

Information/Verbindungen/Diverses

- *Information* Turismo am Largo da Misericórdia im Museu Municipal/Nucleo de Arte Sacra, ✆ 212348655, ✉ 212348695. Di–Fr 9–12.30 und 14–18 Uhr, Sa/So 9–13 und 14–18 Uhr. Mo und feiertags zu.
- *Schiff/Bus* Schöne Fahrt mit modernen Katamaranbooten von *Lissabon* (Fährstation Terreiro do Paço) nach Montijo: Mo–Fr stündlich (zur Hauptverkehrszeit alle 30 Min.), Sa/So alle 2 Std. Fahrtdauer 20 Min. Dort weiter mit der Buslinie 412 der Transportes Sul do Tejo nach Alcochete: Mo–Fr alle 30 Min., Sa/So zumindest stündlich. Fahrtdauer ca. 20 Min.
Der Preis für das kombinierte Schiff-Bus-Ticket auf der Strecke Lissabon–Alcochete beträgt 1,75 €. Es ist an der Fährstation in Lissabon und in den Bussen erhältlich. Das Kombiticket kommt billiger als getrennte Tickets der beiden Gesellschaften.
- *Bus* In Alcochete fahren die Busse der Transportes Sul do Tejo (TST) in der Rua do Padre Cruz vor der Igreja Matriz ab.
Ab *Lissabon*: Mit der Linie 431 direkt ab der Gare do Oriente (Metro Oriente) über die Ponte Vasco da Gama (Richtung Montijo). Mo–Fr etwa stündlich, Sa/So alle 2 Std. Dauer ca. 30 Min.
Nach *Montijo*: Schnellbusse der Linien 413 und 431 Mo–Fr 2-mal stündlich, Sa/So etwa stündlich. Dauer 15 Min. Achtung: Das Schiff-Bus-Kombiticket Lissabon–Alcochete gilt in diesen beiden Linien nicht! Außerdem langsame Busse der Linie 412 über Samouco, in denen das Kombiticket gilt: Mo–Fr alle 30 Min., Sa/So mindestens stündlich. Dauer 20 Min.
Nach *Setúbal* (über Montijo): Linie 413 Mo–Fr jede Stunde, Sa 12-mal, So 9-mal. Dauer 1 Std.
- *Post* Rua Ruy de Sousa Vinagre.
- *Polizei* GNR, Rua Dona Maria Teresa de Noronha, ✆ 212348071.
- *Markthalle* Mercado Municipal, Rua do Mercado.
- *Feste* Am zweiten Wochenende im August und an den darauf folgenden Tagen findet in der Stadt die *Festa do Barrete Verde e das Salinas* statt. Hauptattraktion dieser einwöchigen Veranstaltung sind die täglichen Stierhatzen (*largadas de touros*), die Freitag und Samstag nachts sowie Sonntag, Montag und Dienstag morgens stattfinden. Die Stiere werden von Reitern auf den Feldern zusammen getrieben und durch die Straßen der Stadt gejagt (Av. 5 de Outubro, Rua José André dos Santos und Rua Dr. Ciprião de Figueiredo). Ein gefährliches Spektakel, bei dem es fast jährlich Verletzte gibt. In der Arena (*Praça de Touros*) finden außerdem Stierkämpfe statt.

Übernachten

*** Hotel Al Foz (3), Av. Dom Manuel I, ✆ 212341179 bzw. 212341182, ✉ 212341190. Etwa 600 m außerhalb des Stadtzentrums in Richtung Montijo. Alle 30 Zimmer sehr ansprechend eingerichtet und mit Telefon, Sat-TV, Radio, Klimaanlage und Minibar

Alcochete

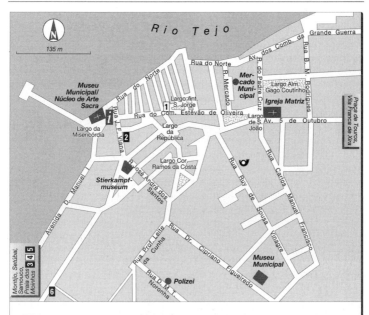

Übernachten
2 Hospedaria Casablanca
3 Hotel Al Foz
5 Jugendherberge
6 Turismo de Habitação:
   Quinta da Praia das Fontes

Essen & Trinken
1 Rest. Tasca O Marítimo
4 Rest. Al Foz

Alcochete

ausgestattet. Zum Hotel gehört auch ein Schwimmbad und eine Bar am Tejoufer. DZ mit Frühstück 81 €.

Hospedaria Casablanca (2), Rua Senhora de Santana, 2, ✆/✉ 212340583. Einfache, aber gepflegte Pension in der Nähe der Igreja da Misericórdia. Saubere, helle Zimmer mit Korkboden. DZ mit eigenem Bad 37,50 €, mit Gemeinschaftsbad 32,50 € (kein Frühstück).

Turismo de Habitação: Quinta da Praia das Fontes (6), Largo do Marquês de Soydos, ✆/✉ 212340191 und ✆ 213875702. Am Tejoufer-Park zwischen der Igreja da Misericórdia und dem Restaurant Al Foz. Der Palast aus dem 16. Jh. bietet ein herrschaftliches Ambiente in 3 luxuriös eingerichteten Zimmern und in 4 Appartements mit eigener Küche. Die Quinta besticht durch ihre Lage mit Blick auf Lissabon sowie durch einen schönen Garten mit Orangenbäumen. Außerdem Schwimmbecken, Pferdekoppel und Tennisplatz. DZ 100 €, das Appartement für 120 € (jeweils mit Frühstück).

• *Jugendherberge* **Centro de Estágio e Albergue de Juventude de Alcochete (5)**, Rua da Liberdade, Quinta do Valbom, ✆/✉ 212342508. Rezeption geöffnet von 9–12 und 18–24 Uhr. Etwa 1 km außerhalb des Zentrums gelegen. Wegbeschreibung: die Avenida Dom Manuel I bis zum Hotel Al Foz, dort nach links in die Rua da Liberdade einbiegen, dann noch ca. 400 m bis zum Sportkomplex mit der Juhe. Wer mit dem Bus aus Montijo kommt, kann am Kreisverkehr am Ortseingang aussteigen. Von da sind es über die Rua Cerradinho da Praia nur noch ein paar Meter bis zur Rua da Liberdade. Die unabhängige Jugendherberge ist nicht dem internationalen Juhe-Verband angeschlossen. Schönes, modernisiertes Haus mit einfachen Großschlafräumen. Diverse Sportmöglichkeiten direkt am Haus, zur Praia dos Moinhos ist es etwa einen halben Kilometer. Übernachtung je nach Saison 8,50 bzw. 10 €.

448 Südlich von Lissabon

Kleinstadtidylle in Alcochete

Essen & Trinken (siehe Karte S. 447)

Al Foz (4), Av. Dom Manuel I, ✆ 212342226. Gehobenes Restaurant ca. 600 m vom Stadtzentrum entfernt. Mo und So abends zu. Direkt am Tejo, daher sehr guter Blick über das Binnenmeer bis Lissabon. Schöner Innenraum mit hoher Holzdecke und rotem Tonziegelboden. Hauptgerichte ab 12 €.

Tasca O Marítimo (1), Rua Comendador Estêvão de Oliveira, 41, ✆ 212342625. Mitten in der Altstadt-Fußgängerzone. Auf der Gasse stehen bei gutem Wetter auch einige Tische. Mo und So kein Abendessen. Traditionelle portugiesische Küche. Spezialität sind *caldeiradas* (Fischeintöpfe). Dazu wird Warsteiner ausgeschenkt. Tagesgerichte ab 6,50 €.

Reserva Natural do Estuário do Tejo

Das Naturschutzgebiet des Tejo-Deltas erstreckt sich am östlichen Ende des Tejobinnenmeeres *Mar de Palha* auf über 14.560 ha. Zugvögel nutzen das größte Flussmündungsgebiet Portugals als wichtige Zwischenstation auf dem Weg zwischen Afrika und Nordeuropa. Die lohnendste Besuchszeit sind daher die Monate September bis April: Im Januar halten sich in den weitläufigen Sumpfgebieten bis zu 120.000 Vögel auf. Im Herbst und im Frühjahr kann man sogar Flamingos beobachten, die von den beiden einzigen europäischen Flamingo-Kolonien in der französischen Camargue und dem andalusischen Lago Fuente de Piedra hierher geflogen kommen.

Aus dem deutschen Wattenmeer ziehen die Säbelschnäbler zwischen November und Februar ans Tejo-Delta – zeitweise befinden sich hier bis zu 50 Prozent der in ganz Westeuropa vorkommenden Exemplare. Die etwa taubengroßen Vögel gehören mit ihren säbelförmigen Schnäbeln, dem schwarz-weißen Kopf sowie ihren hohen Beinen zu den auffälligsten Arten. Mit ihrem Schnabel durchpflügen sie während der Ebbe das schlammige Flachwasser und filtern Krebse, Würmer und Insekten aus dem Schlick. Das auch bei Flut nur wenige Meter tiefe Wasser nutzen zahlreiche Fische wie Seebarsche, Seezungen oder Rabenfische als Laichplatz. Außerdem sind Reiher, Strandläufer und Mäusefalken zu beobachten. Als ökologisch bedeutendstes Feuchtgebiet Portugals wurde das Tejo-Delta 1976 zum Naturschutzgebiet erklärt.

* *Besuche* Centro de Interpretação da Reserva Natural do Estuário do Tejo, Av. dos Combatentes da Grande Guerra, 1, ✆ 212341742, ✉ 212341654. Im öffentlich zugänglichen Informationszentrum sind Fotos und Dokumente über das Naturschutzgebiet ausgestellt.

Câmara Municipal de Alcochete, Turismo, Largo da Misericórdia, ✆ 212348655, ✉ 212348695. Regelmäßig organisiert die Stadt Segeltouren ans Naturschutzgebiet auf der Alcatejo, einem ehemaligen Tejo-Transportschiff. Die genauen Fahrttermine kann man beim Turismo erfragen. Der Preis pro Person beträgt 3,90 €, unter 18 J. und über 65 J. 2,60 €. Das Schiff kann auch für Gruppen reserviert werden. Der Turismo informiert auch über weitere Besuchsmöglichkeiten des Naturschutzgebietes per Jeep.

Montijo
(39.000 Einwohner)

Diese typisch portugiesische Kleinstadt liegt in einer Bucht des Tejo-Binnenmeeres. Sie ist eine Art Verbindungsglied zwischen der Industrie- und Dienstleistungsregion Lissabon und den Landwirtschaftsregionen Alentejo und Ribatejo.

Wirtschaftlich bedeutend ist Montijo vor allem wegen seiner Schweinebörse, an der die Fleischpreise für ganz Portugal festgelegt werden. In der Stadt selbst werden pro Jahr zudem mehr als 200.000 Schweine vor allem aus dem Alentejo geschlachtet. Ebenso führend ist Montijo in der Korkherstellung und der Blumenzucht. Außerdem hat die Stadt durch den NATO-Flughafen auf

Coreto und Igreja Matriz in Montijo

der Halbinsel vor Montijo eine gewisse militärische Bedeutung. An Sehenswürdigkeiten findet man den Stadtpark **Parque Municipal** und die Hauptkirche **Igreja Matriz do Espírito Santo** aus dem 15. Jh. mit schönen Azulejos. Im nahe gelegenen **Museu Municipal** werden Ausstellungsstücke zur Geschichte der Stadt und des Kreises gezeigt. Untergebracht ist das Stadtmuseum im durchaus sehenswerten, ehemaligen Privathaus der Familie Tavares Mora aus dem Jahr 1875. Hier gibt es auch Informationen zum restaurierten Fischerboot *Canoa Deolinda Maria*, mit dem Gruppen ab zehn Personen Ausflüge in die Tejobucht unternehmen können. Außerdem kann man nach Absprache mit dem Museum die restaurierte Windmühle *Moinho de Vento do Esteval* an der Avenida de Olivença in der Nähe des Ortsausgangs Richtung Alcochete besichtigen.

Anfahrt/Öffnungszeiten Av. dos Pescadores, 52, ✆ 212323021. Mo–Fr von 9–12.30 und 14–17.30, Sa 14–18 Uhr (Juli bis Sept. 20–24 Uhr), So 14–18 Uhr geöffnet, Feiertags geschlossen. Eintritt frei.

Korkeichen in Gefahr

Früher führten Montijo und der Nachbarort Alcochete ein recht beschauliches Leben, da sie von der Hauptstadt Lissabon durch das Binnenmeer des Tejo, das *Mar de Palha*, getrennt waren. Mit der Abgeschiedenheit ist es aber weitgehend vorbei, seit am 29. März 1998 die neue, 18 km lange Tejo-Brücke Ponte Vasco da Gama eröffnet wurde. Seit der Inbetriebnahme der sechsspurigen, 900 Millionen Euro teuren Autobahnbrücke sind die Einwohnerzahlen beider Städte rapide angestiegen. Besonders negative Folgen hatte der Autobahnbau für die südlich des Tejo sehr zahlreichen Korkeichen (wissenschaftlicher Name Quercus suber). Alleine um die Autobahn A2 nach Alcácer do Sal zu verlängern, fällte man 7.000 der charakteristischen Korkeichen. Immerhin sind inzwischen die Pläne vom Tisch, den neuen internationalen Flughafen Lissabons bei Rio Frio zu bauen. Dafür hätten bis zu 85.000 Korkeichen gefällt werden müssen.

Zwar hat man in Portugal in den 90ern zahlreiche neue Korkeichen gepflanzt, doch benötigen die Bäume bis zu 40 Jahre, um voll erntefähig zu werden. Bis dahin könnte sich aber ein Trend der Verpackungsindustrie negativ ausgewirkt haben: Immer mehr Wein- und Sektflaschen werden inzwischen mit Plastikpfropfen statt mit echten Korken verschlossen. Die Weinindustrie ist aber einer der wichtigsten Abnehmer der portugiesischen Korkindustrie. Fällt sie weg, dann werden zahlreiche Kork-Plantagen, die so genannten *montados*, unwirtschaftlich. Das hätte katastrophale Folgen für die lokale Tierwelt, warnen die Umweltschützer der britischen Royal Society for the Protection of Birds. Sie haben 42 Vogelarten wie den vom Aussterben bedrohten Iberischen Kaiseradler oder den seltenen Mönchsgeier gezählt, die von den Korkeichen abhängen. Den Erhalt dieses einzigartigen Lebensraums könne man daher fördern, indem man beim Weinkauf auf echte Korken achte.

Montijo 451

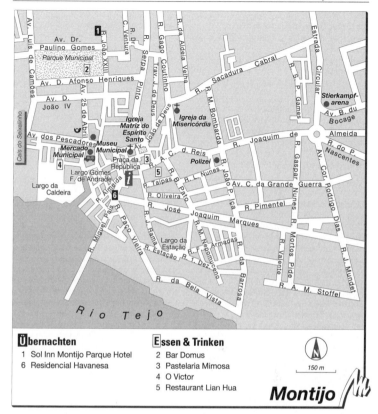

Übernachten
1 Sol Inn Montijo Parque Hotel
6 Residencial Havanesa

Essen & Trinken
2 Bar Domus
3 Pastelaria Mimosa
4 O Victor
5 Restaurant Lian Hua

Montijo

Information/Verbindungen/Diverses

• *Information* Ein Turismo ist in einem Seitenflügel des Stadtmarktes Mercado Municipal geplant. Ansonsten Infos nur per ✆ 212313486 und ✉ 212327786.

• *Schiff* Mit modernen Katamaranen kann man eine wunderschöne Boots-Fahrt von der Fährstation Terreiro do Paço in *Lissabon* aus unternehmen. Mo–Fr stündlich (zur Hauptverkehrszeit alle 30 Min.), Sa/So alle 2 Std. Fahrtdauer 20 Min. Preis 1,50 €. Die Schifffahrt lohnt sich allein schon wegen des herrlichen Blicks auf die Alfama.

Der Fährhafen am Cais do Seixalinho liegt etwa 3 km westlich des Stadtzentrums von Montijo. Ins Zentrum fahren die Busse der TST Richtung Alcochete, Barreiro und Setúbal sowie die Stadtbusse in die Viertel Bela Vista, Areias und Esteval. Preis 1,05 €.

• *Bus* Die Busse der Transportes Sul do Tejo (TST) fahren sowohl von der Fährstation als auch vom Busbahnhof am Largo Gomes Freire de Andrade ab.

Ab *Lissabon*: Direktbusse der Linie 431 ab Gare do Oriente (Metro Oriente) über die Ponte Vasco da Gama und Alcochete. Mo–Fr etwa stündlich, Sa/So alle 2 Std. Dauer ca. 40 Min.

Nach *Alcochete*: Linie 412 via Samouco Mo–Fr alle 30 Min. Sa/So zumindest jede Stunde ein Bus. Fahrtdauer 20 Min. Zusätzliche Schnellbusse der Linien 413 und 431 fahren Mo–Fr 2-mal stündlich, Sa/So etwa stündlich. Dauer 15 Min.

Nach *Rio Frio*: Nur sehr sporadische Busse der Linie 417. 2002 fuhren die Busse ab Busbahnhof Montijo 06.55 Uhr (Mo–Sa), 13.30 Uhr (täglich) und 19.40 Uhr (Mo–Fr).

Nach Setúbal: Linie 413 Mo–Fr stündlich, Sa 12-mal, So 9-mal. Dauer 45 Min.
- *Post* Av. 25 de Abril, Ecke Av. dos Pescadores.
- *Polizei* PSP, Rua Joaquim de Almeida, 70, ✆ 212310144.
- *Markthalle* Mercado Municipal, Av. dos Pescadores.
- *Kino* Centro Comercial Parque (Nähe Stadtpark), Av. 25 de Abril, ✆ 212300184. Mo Kinotag. Ein Saal mit 285 Plätzen.
- *Nachtleben* Bar Domus (2), Parque Municipal, ✆ 212311302. Mo geschlossen. Schöne, exotisch eingerichtete Pavillon-Bar, mitten im Stadtpark gelegen. Es gibt Snacks, Longdrinks und Cocktails und manchmal Live-Musik.
- *Ereignisse* Insbesondere im Rahmen lokaler Feste finden Kämpfe in der Stierkampfarena (*Praça de Touros*) statt; wichtige Bestandteile der diversen Feierlichkeiten sind zudem Stierhatzen. Nur bei der *Festa de São Pedro* am 29. Juni verzichtet man auf diese Attraktionen – stattdessen wird der Tag des Heiligen Petrus, des Schutzpatrons der Fischer, mit einer farbenprächtigen Bootsparade auf dem Tejo gefeiert.

Übernachten (siehe Karte S. 451)

*** Sol Inn Montijo Parque Hotel (1), Av. João XXIII, 193, ✆ 212313374, 📠 212315261. Buchung in Deutschland: 01802/121723. Westlich des Zentrums in sehr ruhiger Lage hinter dem Stadtpark. 84 hell eingerichtete Zimmer mit viel Holz, alle mit Sat-TV, Minibar, Telefon und Bad mit Haartrockner. Einige Zimmer mit Parkblick. 4 behindertengerechte DZ. Großes, freundlich eingerichtetes Restaurant A Fragata im Erdgeschoss. DZ mit Frühstück 84 €.

*** Residencial Havanaga (6), Rua Manuel Neves Nunes Almeida, 7, ✆ 212308590, 📠 212308599. Im Stadtzentrum unweit des Rathauses. Saubere, kleine bis mittelgroße Zimmer mit Telefon, TV und Klimaanlage. DZ 42,50 € (mit Frühstück).

Turismo de Habitação: Palácio de Rio-Frio, Rio Frio, Pinhal Novo, ✆ 212319701, 📠 212319633. Ca. 10 km südöstlich von Montijo. Sporadische Busse der Linie 417. Herrlicher Palast im Zentrum des zweitgrößten, privaten Landgutes Portugals. Ein großes Hauptgebäude, davor ein Garten mit Buchshecken und Pool. Nur vier Zimmer zu vermieten. Hohe Stuckdecken, Holzböden, antike Möbel sowie eigene Bäder mit Wannen. Prächtige Gemeinschaftsräume, eine Privatkapelle und der schönste Frühstücksraum der Region: eine große Holztafel, die Wände komplett ausgefliest mit blau-weißen Azulejos, die ländliche Szenen zeigen. Um den Palast zahlreiche, teilweise verfallene landwirtschaftliche Anlagen, die praktisch ein eigenes Dorf bilden. Schräg gegenüber kann man Reitstunden in einem Reitzentrum nehmen. Die Zeit scheint fast still zu stehen, Schwalben durchpflügen die Luft auf der Suche nach Insekten, zahlreiche Korkeichen spenden etwas Schatten in der sengenden Sonne. Man wird das Gefühl nicht los, am Ende der Welt gelandet zu sein. DZ 90 €, Suite 100 € (je inkl. Frühstück).

Essen & Trinken (siehe Karte S. 451)

O Victor (4), Largo da Caldeira, 5, ✆ 212321388. Etwas versteckt in einer Seitenstraße hinter dem Markt. Das Motto des Hauses *do mar ao grelhador* (vom Meer auf den Grill) ist durchaus wörtlich zu nehmen. Beim Betreten des Restaurants wählen die Gäste im Eingangsraum an einer Theke wie im Fischgeschäft ihren Fisch bzw. ihre Muscheln aus, die dann umgehend in die Küche wandern. Die Preise sind übrigens außen an der Tür ausgehängt. Dann lässt man sich an einem der langen Tische im großen Speisesaal nieder. Viel lokale Kundschaft, hin und wieder ist es etwas laut. Zu den Fischen gibt es einen gemischten Salat, der extra berechnet wird. Hauptgerichte ab ca. 7,50 €. Mo ist Ruhetag, auch das konsequent "da es dann keinen frischen Fisch gibt".

Lian Hua (5), Rua Almirante Cândido dos Reis, 66, ✆ 212320203. Chinesisches Restaurant in der Fußgängerzone. Täglich geöffnet. Schöne Innenausstattung mit einem großen Spiegel an der Decke. Chinesische Besitzer. Mo–Fr mittags Tagesgerichte mit Reis für nur 3,50 €. Sonst Hauptgerichte ab 4 €, Reis 0,80 €.

- *Cafés* **Pastelaria Mimosa (3)**, Rua Almirante Cândido dos Reis, 41, ✆ 212311799. Mo Ruhetag. Beliebtes Café in der Fußgängerzone. Große Auswahl an leckerem Gebäck.

Almada hat den besten Blick nach Lissabon

Almada (54.000 Einwohner)

Lissabons unmittelbarer Nachbar auf der Südseite des Tejo. Wahrzeichen der Stadt ist die weithin sichtbare Christkönig-Statue "Cristo-Rei". Neben der Aussichtsplattform der Statue bietet auch die Altstadt von Almada einen herrlichen Blick auf Lissabon.

Im Stadtteil **Cacilhas** mit seinem hübschen, aber kleinen historischen Ortskern befand sich einst das Zentrum des portugiesischen Schiffsbaus. Der große Busbahnhof neben den beiden Fährstationen ist Drehscheibe für den gesamten Regionalverkehr in die südlichen Vorstädte Lissabons. Der Ortsname Almada geht übrigens auf das arabische Wort für Mine *al ma'din* zurück, höchstwahrscheinlich auf Grund der seit 1832 stillgelegten Goldmine südlich von Fonte da Telha an der Küste. Bewohnt wird Almada vor allem von Zuwanderern aus der südportugiesischen Provinz Alentejo. Dazu kommen viele Menschen aus den ehemaligen portugiesischen Kolonien Afrikas. Die meisten Einwohner Almadas gehören den mittleren und unteren Einkommensklassen an. Viele von ihnen, die so genannten *Cacilheiros*, pendeln täglich mit der Fähre nach Lissabon zur Arbeit.

Im tristen Häusermeer Almadas mit seinen hohen Wohnblocks geht der kleine, historische Ortskern **Almada Velha** fast unter. Sehenswert ist er dennoch. Von der Burg Almadas, dem Castelo, ist allerdings nicht mehr viel erhalten geblieben. Außerdem ist hier die Nationalmiliz GNR untergebracht, sodass das Burggelände nicht zu besichtigen ist.

Lohnend ist in Almada Velha auch ein Besuch des **Palácio da Cerca** mit dem **Centro de Arte Contemporânea**, in dem wechselnde Ausstellungen zeitgenössischer Kunst präsentiert werden. Der Palast aus dem 18. Jh. ist aber schon

454 Südlich von Lissabon

allein wegen seiner exponierten Lage hoch oben über dem Tejo und seiner architektonischen Schönheit einen Besuch wert.

Anfahrt/Öffnungszeiten Rua da Cerca, 2, ✆ 212724950. Die Busse der Linie 101 von Cacilhas zum Cristo-Rei halten unweit entfernt am Largo Luís de Camões. Di–Fr 10–18 Uhr, Sa/So 13–18 Uhr; Mo, feiertags und im August geschlossen. Eintritt frei.

Der benachbarte Aussichtspunkt **Miradouro Luís de Queirós** lässt auf den still dahinfließenden Tejo und das gegenüberliegende Lissabon blicken. Hier führen Stufen bis zum Cais do Ginjal an den Tejo und den dort gelegenen Restaurants hinunter. Wer will, kann auch mit dem Aufzug **Elevador da Boca do Vento** die 50 m Höhenunterschied zwischen Almada Velha und dem Cais do Ginjal überwinden. Nur wenige Aufzüge dürften ein ähnlich atemberaubendes Panorama bieten wie dieser gläserne Lift an der Küste Almadas.

Öffnungszeiten Der Aufzug verkehrt täglich von 8 bis 23.45 Uhr. Der Fahrpreis beträgt 1 € und gilt für eine Auf- und Abfahrt.

Lisnave – Tankerkrise in Almada

Im Jahr 1861 lief in den Werftanlagen Almadas das erste Eisenschiff Portugals vom Stapel, zahlreiche weitere folgten. In den 60er Jahren des 20. Jh. errichtete der portugiesische Konzern *Companhia União Fabril* (CUF) der Industriellen-Familie José de Mello dann eine der weltweit größten Trockendockanlagen in Cacilhas. Mit der *Lisnave* getauften Werft wollte man vom damaligen Öltankerboom profitieren. Doch die Nachfrage nach neuen Schiffen brach 1973 mit der durch den Yom-Kippur-Krieg zwischen Israel und Ägypten ausgelösten Ölkrise überraschend schnell zusammen. Es folgten lange Jahre, in denen die Anlagen in Cacilhas selten voll ausgelastet waren. Seit Ende 2000 werden nun in Almada keine Frachter und Tanker mehr gebaut oder aufgemöbelt. Geblieben ist das riesige, 300 Tonnen schwere Kranportal als weithin sichtbares Industrie-Denkmal.

Information/Verbindungen/Diverses

- *Schiff* Ab *Lissabon*: Mit der Fähre ab Cais do Sodré (Metro Cais do Sodré) alle 10 bis 30 Min. Die Fähren verkehren von frühmorgens bis spät in die Nacht. Fahrzeit ca. 15 Min. Preis 0,58 €.
- *Zug* Mit den Zügen der Gesellschaft Fertagus ab den Lissaboner Bahnhöfen Entrecampos (Metro Entrecampos), Sete Rios (Metro Jardim Zoológico) und Campolide über die Brücke des 25 Aprils zum Bahnhof im Stadtteil Pragal. Mo–Fr alle 7,5 bis 15 Min. Nachts sowie Sa und So alle 30 Min. Preis 1,35 €. Die Fahrt lohnt sich alleine wegen der Aussicht. Vom Bahnhof Pragal erreicht man alle 5–10 Minuten mit den Bussen 124, 125, 126 und 127 der Transportes Sul do Tejo (TST) das Zentrum von Almada und Cacilhas.
- *Bus* Der zentrale Busbahnhof der Gesellschaften Transportes Sul do Tejo (TST) und Setubalense liegt direkt neben dem Fährhafen von Cacilhas. Mehrfahrtenkarten für die Busse (*módulos*) gibt es am Kiosk in der Mitte.

Nach *Aldeia do Meco*: Nur ein Bus der Linie 226 Mo–Fr abends von Cacilhas nach Azóia über Aldeia do Meco (ab 18.15 Uhr).

Zur *Costa da Caparica*: Alle 15 Minuten Busse der Linie 124. Die Busse fahren über den Bahnhof Pragal. Fahrzeit 30 Min. Zusätzlich fahren stündlich Schnellbusse der Linie 135 ohne Zwischenhalt über die Autobahn (*via rápida*).

Nach *Sesimbra*: ca. alle 30 Min. ein Bus der Linie 203. Fahrzeit 45 Min.

Nach *Setúbal*: Busse der Gesellschaft Setubalense über Azeitão Mo–Fr stündlich, Sa/So alle 2 Std. Fahrzeit 1 Std. Zusätzlich Mo–Fr stündlich Schnellbusse ohne Stopp in Azeitão.

Nach *Trafaria*: Alle 20 Min. mit der Linie 125

Almada

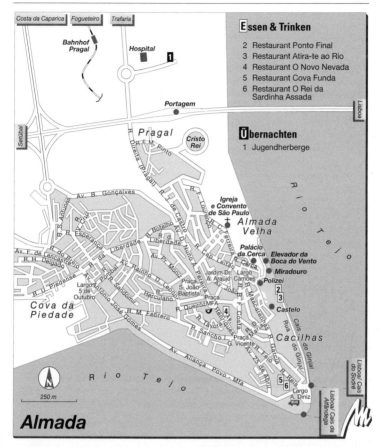

Essen & Trinken

2 Restaurant Ponto Final
3 Restaurant Atira-te ao Rio
4 Restaurant O Novo Nevada
5 Restaurant Cova Funda
6 Restaurant O Rei da Sardinha Assada

Übernachten

1 Jugendherberge

ab Cacilhas. Die Busse fahren über den Bahnhof Pragal.
- *Stadtbus* zum *Cristo-Rei*: Die Busse der Linie 101 verkehren alle 20 Minuten und fahren über den Largo Luís de Camões in der Altstadt. Preis pro Fahrt 0,55 €.

Übernachten

- *Jugendherberge* **Pousada de Juventude de Almada (1)**, Quinta do Bucelinho, Pragal, Almada, ✆ 212943491, ✉ 212943497. Die 1997 neu eingerichtete Jugendherberge liegt am Ende des Stadtteiles Pragal, der von Lissabon per Fertagus-Zug ab den Bahnhöfen Entrecampos (Metro Entrecampos) oder Sete Rios (Metro Jardim Zoológico) zu erreichen ist. Den Bahnhof Pragal Richtung

- *Post* Praça Movimento das Forças Armadas.
- *Polizei* PSP, Rua Direita do Pragal, 1, ✆ 212746558. GNR, Ponte 25 de Abril, ✆ 212951412.
- *Kino* Academia Cine-Teatro, Rua Capitão Leitão, 64, ✆ 212729750. Großer Saal im Stil der 50er Jahre für etwa 700 Personen.

Ausgang Hospital Garcia de Orta verlassen. Ca. 400 m auf der Straße bis zum Hospital. Am Kreisverkehr direkt hinter dem Krankenhaus dem Schild "Junta Autónoma de Estradas" folgen. Geradeaus ca. 100 m bis zur Schranke – hier links. Zum Hospital fahren auch Busse ab dem Fährhafen in Cacilhas (Linien 124, 125, 126 und 127). Die Jugendherberge ist rund um die Uhr offen, die

Fernão Mendes Pinto

Der berühmteste Bewohner Almadas war der portugiesische Asienreisende und Abenteurer Fernão Mendes Pinto. Unklar ist, wann er genau geboren wurde, am wahrscheinlichsten ist ein Datum um 1510. Aufgewachsen zunächst im mittelportugiesischen Montemor-o-Velho, kam er bereits mit etwa elf Jahren nach Lissabon, um als Diener eines Adeligen zu arbeiten. Ab 1537 reiste Fernão Mendes Pinto über 20 Jahre lang durch Asien. Der Portugiese besuchte Indien, Siam, China und erreichte als einer der ersten Europäer Japan. Dabei war er in den verschiedensten Funktionen unterwegs: als Händler, Soldat, Botschafter des portugiesischen Vizekönigs von Goa und als Missionar im Dienste der Jesuiten, von denen er sich aber 1557 wieder trennte. Nach eigenen Angaben ist Fernão Mendes Pinto auf seinen Reisen insgesamt 13-mal gefangen genommen und 17-mal verkauft worden. So musste er als Sklave für Araber und als Zwangsarbeiter an der chinesischen Mauer arbeiten. Trotz dieser Missgeschicke kehrte er schließlich 1558 als reicher Mann nach Lissabon zurück. Er begann als Richter in Almada zu arbeiten, heiratete und baute sich ein Landgut in Pragal. Über zehn Jahre nach seiner Rückkehr verfasste der Abenteurer schließlich von 1569–78 seinen Roman *Peregrinação* ("Pilgerreise"). Doch nach seinem Tod 1583 sollten noch über 30 Jahre vergehen, bis das Werk veröffentlicht wurde. 1603 erteilte das *Santo Ofício* (die Inquisition) die Lizenz für die *Peregrinação* und 1614 konnte das Buch endlich gedruckt werden. Mit insgesamt 19 Ausgaben und mehreren Übersetzungen wurde es ein "Bestseller" des 17. Jh.

Das Geheimnis des Erfolgs liegt wohl zum einen darin, dass Fernão Mendes Pinto als einziger Portugiese seinen Reiseberichten eine kritische Note gibt. Zum anderen ist die Form der *Peregrinação* als Mischung zwischen erlebter Autobiographie und erfundenem Abenteuerroman sehr spannend. Die Übertreibungen des Buches wurden in Portugal zum geflügelten Wortspiel: "*Fernão, mentes? Minto!*" ("Fernão, lügst Du? Ja, ich lüge!") Mittlerweile ist Fernão Mendes Pinto von der Forschung aber teilweise rehabilitiert worden. Zwar sind die von ihm angegebenen Zahlen nicht immer korrekt, aber dennoch ist sein Werk zur wertvollen Geschichtsquelle geworden. Heute erinnert ein Straßenname in der Nähe des Cristo-Rei an ihn.

Rezeption allerdings nur von 8–24 Uhr. Neben sehr großzügig ausgelegten Aufenthalts- und Speiseräumen sind Waschgelegenheit und Terrasse vorhanden. Herrlicher Blick auf Lissabon, den Tejo und die Christus-Statue. 94 Betten in Mehrbettzimmern. Auch 13 DZ mit Balkon und Tejoblick. Mehrbettzimmer je nach Saison 10–12,50 €. DZ 28–35 € (jeweils inkl. Frühstück).

Essen & Trinken (siehe Karte S. 455)

In Cacilhas findet man mehrere empfehlenswerte Fischrestaurants. Einige Bars liegen in der Altstadt zwischen dem Largo Camões und dem Miradouro Luís de Queirós.

Atira-te ao Rio (3), Rua do Ginjal, 69/70, ℅ 212751380. Über den Weg ab der Fährstation in Cacilhas entlang des Tejos zu erreichen, ca. 10 Min. immer geradeaus gehen. Alternative Wege: Vom Miradouro in Almada die Stufen herabsteigen oder mit dem Aufzug Elevador da Boca do Vento hinunterfahren. Di–Fr 16–24 Uhr und Sa/So 13–24 geöffnet. Mo Ruhetag. Brasilianisches Restaurant in extravaganter Lage. Untergebracht neben verfallenen Hafenanlagen mit einem sehr schönen Blick auf Lissabon. Rustikales Interieur. Mi, Fr und Sa brasilianische Live-Musik. Spezialität am Sa ist brasilianische *feijoada* (Eintopf mit schwarzen Bohnen und Fleisch) für 13 €. Hauptgerichte ab 9 €.

Ponto Final (2), Rua do Ginjal, 72, Tel 212732856 und 212760743. Neben dem Atira-te ao Rio und ebenfalls direkt am Tejo gelegen. Di geschlossen. Sehr stilvoll, mit einer von der Seefahrt inspirierten Dekoration, schöne Schiffsmodelle. Von der Terrasse vor allem nachts überwältigende Aussicht auf das gegenüberliegende Lissabon. Ein kleiner Strand vor der Tür, das Wasser ist allerdings für ein Bad zu verschmutzt. Hauptgerichte ab 8 €.

O Novo Nevada (4), Av. Dom Afonso Henriques, 18-A, ✆ 212750521. An der Hauptstraße im modernen Zentrum Almadas gelegen. 12–24 Uhr geöffnet. Di geschlossen.

Am Eingang Barbereich, hinten hell eingerichteter Speiseraum. Gehobenes Restaurant mit großem Angebot an leckeren Fisch- und Fleischgerichten ab 6 €.

Cova Funda (5), Rua Cândido dos Reis, 103, Cacilhas, ✆ 212764035. In der Straße, die am Busbahnhof Cacilhas nach oben führt. So Ruhetag. Sehr kleiner, enger und mit Fliesen ausgeschmückter Speiseraum. Zur Mittagszeit vor allem von Einheimischen besucht. Der Wirt brät die Fische, die im Kühlschaufenster zu sehen sind, in einer kleinen Grillecke auf der Straße. Günstiger Wein frisch vom Fass. Hauptgerichte ab 5 €.

O Rei da Sardinha Assada (6), Rua Cândido dos Reis, 51-B, ✆ 212740105. Di geschlossen. Kurz vor dem Cova Funda gelegen. Einfacher, gut besuchter Speisesaal mit Veranda. Zu empfehlen die große Portion *bacalhau à Brás* (Stockfisch mit Pommes frites und Eiern). Auch Sardinen sind beim "König der gebratenen Sardine" selbstverständlich im Angebot. Hauptgerichte ab 5 €.

Cristo-Rei

Die 1959 geschaffene Christkönig-Statue ist der berühmten Cristo-Redentor-Statue in Rio de Janeiro nachempfunden. Während in Rio die Christus-Statue auf dem Corcovado-Berg steht, dient in Almada ein 82 m hoher Betonsockel als Plattform für die 28 m große Jesus-Figur des Bildhauers Francisco Franco. Ein Lift bringt die zahlreichen Besucher zur Aussichtsebene mit ihrem phantastischen Panorama auf Lissabon und die Brücke des 25. Abril. Allein schon aufgrund des Blicks lohnt sich der Abstecher zur Statue. Seine Entstehung verdankt der Cristo-Rei von Almada übrigens einem Gelübde, das die portugiesischen Bischöfe 1942 in Fátima abgelegt haben: Die Statue sollte gebaut werden, wenn Portugal von den Wirren des Zweiten Weltkriegs verschont bliebe. Geplant war auch die Errichtung eines großen Wallfahrtszentrums, das sich von der Statue bis an den Tejo hinunter erstrecken sollte. In dieser Hinsicht ist allerdings – wohl mangels Nachfrage – bis heute nichts Konkretes getan worden.

Soll Lissabon schützen: Cristo-Rei

Anfahrt/Öffnungszeiten Von Cacilhas mit Stadtbus 101. Täglich 9.30–18 Uhr. Eintritt 2 €.

Costa da Caparica (6.900 Einwohner)

Wenn die Lisboetas von "der Costa" sprechen, meinen sie diesen lebendigen Badeort vor den Toren Lissabons. Wegen seiner Nähe zur Hauptstadt und seinen weiten Sandstränden mit sauberem Wasser ist er ein ideales Ziel für den Wochenendausflug. Dementsprechend ist der Ort durch viel Trubel, hohe Appartementhäuser und zahlreiche Campingplätze geprägt.

Das kleine Städtchen unterscheidet sich deutlich von den noblen Badeorten Cascais und Estoril an der feudalen Linha de Cascais. Mit acht bis zehn Millionen Besuchern jährlich ist die Costa da Caparica inzwischen eindeutig der bedeutendste Badeort der Region Lissabon. Vor allem an Sommerwochenenden hat man das Gefühl, halb Lissabon sei angereist; in der Nebensaison herrscht dagegen oft Tristesse.

Eine kleine Strandeisenbahn bringt Ausflügler ganz unterschiedlicher Couleur an die 24 Strände der knapp 20 km langen Küste. Jeder **Strand** – oft nur durch einen Wellenbrecher vom nächsten getrennt – hat ein eigenes, ganz "spezielles" Publikum: Reggae-Fans, Surfer, Homosexuelle, Dauercamper ... Die Praia da Bela Vista im Süden ist einer der wenigen offiziell ausgewiesenen FKK-Strände Portugals.

Auf den Klippen über der Stadt liegt das ehemalige Franziskaner-Kloster **Convento dos Capuchos**. Die Familie Távora gründete es im Jahr 1558. Offiziell heißt es Convento da Nossa Senhora da Piedade, nach der charakteristischen Bekleidung der Mönche ist es im Volksmund aber nur als "Kapuzen-Kloster" bekannt. Das Erdbeben von 1755 zerstörte große Teile des Gebäudes, später wurde es aber wieder aufgebaut. Hier finden im Juli und August Jazz- und Klassikkonzerte statt (Veranstaltungskalender beim *Turismo* erhältlich). Sehenswert sind neben dem manieristischen Portal auch die Klostergärten, in denen zahlreiche frisch getraute Paare ihre Hochzeitsfotos schießen lassen. Von der Terrasse neben dem Kloster hat man eine herrliche Aussicht über die Costa da Caparica.

Information/Verbindungen/Diverses

- *Anfahrt Convento dos Capuchos* Mit Bus 124 (Richtung Cacilhas) bis zum Ortseingang von Capuchos. Von dort sind es noch ca. 150 m zu Fuß über die Rua de Lourenço Pires de Távora bis zum Kloster (einen Fußweg von der Costa da Caparica gibt es leider nicht). Nachts sollte man das Kloster-Gebiet allerdings meiden, da es häufiger zu Überfällen kommt. ✆ 212720515, Führungen möglich nach Anmeldung unter ✆ 212724980.
- *Information* Turismo in der Av. da República, 18, ✆ 212900071, ✉ 212900210. Öffnungszeiten Mo–Sa 9.30–13 und 14.30–17.30 Uhr (Sa nachmittags nur im Sommer), So und feiertags zu.
- *Bus* Ab *Lissabon*: Mit dem Direktbus der Linie 153 der Transportes Sul do Tejo ab der Praça de Espanha (Metro Praça de Espanha) über Alcântara. Alle 40 Min. ein Bus. Fahrzeit je nach Stau auf der Ponte 25 de Abril ca. 30–45 Min. Karten sollten am Vorverkaufsposten gekauft werden.

Nach *Almada/Cacilhas*: Alle 15 Minuten Busse der Linie 124 der Transportes Sul do Tejo (TST) Richtung Cacilhas bis spät in die Nacht. Die Busse fahren über Capuchos und den Bahnhof Pragal. Fahrzeit ca. 30 Min. Zusätzlich stündlich Schnellbusse der Linie 135 ohne Zwischenhalt über die Autobahn *(via rápida)*.

- *Schiff/Bus* Ab *Lissabon*: Sehr schöne Fahrt ab Belém mit in Hamburg-Harburg von Scheel & Jöhnk gebauten Schiffen nach Trafaria. Immer zur vollen und zur hal-

Costa da Caparica 459

Essen & Trinken
1 Rest. O Barbas
5 Rest. Calafate
6 Rest. A Merendeira
7 Rest. O Capote
13 Rest. O Boiadeiro

Übernachten
2 Hotel Costa da Caparica
3 Hotel Praia do Sol
4 Residencial Real
8 Pensão Residencial Colibri
9 Camping Praia da Saúde
10 Hotel Maia
11 Camping Clube de Campismo de Lisboa
12 Camping Orbitur

Costa da Caparica

---

ben Stunde, nur Sa/So nachmittags lediglich ein Schiff pro Stunde. Von Trafaria alle 20 Min. weiter mit dem Bus der Linie 129 nach Costa da Caparica (Richtung Fonte da Telha). Im Sommer gibt es auf der Strecke auch ein Schiff-Bus-Kombiticket für 2,10 €. Die Fährfahrt alleine kostet 0,60 €.

Alternativ mit der Fähre ab Cais do Sodré (Metro Cais do Sodré) nach Cacilhas, von dort mit dem Bus 124 der Transportes Sul do Tejo (TST) über Almada Richtung Costa da Caparica. Zwischen Costa da Caparica und Cacilhas verkehren die Busse alle 15 Minuten. Hier kostet das nur im Sommer erhältliche Schiff-Bus-Kombiticket 2,85 €.

• *Zug/Bus* Mit den Zügen der Gesellschaft Fertagus ab *Lissabon* von den Bahnhöfen Entrecampos (Metro Entrecampos), Sete Rios (Metro Jardim Zoológico) und Campolide über die Brücke des 25 Aprils zum Bahnhof von Almada im Stadtteil Pragal. Mo–Fr alle 7,5 bis 15 Min. Nachts sowie Sa und So alle 30 Min. Preis 1,35 €. Vom Bahnhof Pragal erreicht man die Costa da Caparica alle 15 Minuten mit den Buslinien 124 und 194 der Transportes Sul do Tejo (TST).

• *Strandbahn* Eine kleine Strandeisenbahn pendelt zwischen Costa da Caparica und *Fonte da Telha* jede halbe Stunde (9–19.30 Uhr). Die halbe Strecke bis zur Praia da Riviera kostet hin und zurück 2 €, die gesamte Strecke 3,25 €. Betrieb ab Ostern bei gutem Wetter am Wochenende, von Juni bis September täglich. In den anderen Monaten bleibt nur Bus 129 der Linie Trafaria – Costa da Caparica – Fonte da Telha.

• *Post* Praça 9 de Julho.

• *Polizei* PSP, Travessa António Correia, an der Kreuzung zur Autobahn nach Almada/Lisboa. ✆ 212901461.

Südlich von Lissabon

- *Einkaufen* An der Praça da Liberdade kann man frischen Fisch und Obst kaufen.
- *Nachtleben* Zahlreiche Bars befinden sich an der Av. General Humberto Delgado. Dazu haben noch einige der Strandbars hin und wieder auch nachts auf.

Übernachten (siehe Karte S. 459)

**** Hotel Costa da Caparica (2), Av. General Humberto Delgado, 47, ℡ 212918900, ℻ 212906404. Moderner Hotelbau direkt am Hauptstrand. 353 Zimmer, davon 7 speziell für Schwerbehinderte. Blick vom Balkon über den Strand bis nach Cascais. Minibar, Sat-TV, Radio, Tresor, Telefon. DZ mit Frühstück je nach Saison 88–120 €, mit Meerblick 10 € Zuschlag. Ein Kind bis 12 J. im Zimmer zweier Erwachsener frei, auch ansonsten deutliche Kinder-Ermäßigungen.

** Hotel Maia (10), Av. Dr. Areste Branco, 22, ℡ 212904948, ℻ 212901276. Direkt im Zentrum an einer lauten Straße gelegen, dennoch eine der besseren Unterkünfte im Ort. 5-stöckiger Betonbau mit großen, braun getönten Scheiben im Stil der 70er. Die 28 Zimmer sind etwas altmodisch eingerichtet. Sat-TV, Telefon, Minibar, Klimaanlage, Tresor und Bad. DZ mit Frühstück in der Hauptsaison 80 €, Nebensaison 50 €.

** Hotel VIP Praia do Sol (3), Rua dos Pescadores, 12, ℡ 212900012, ℻ 212902541. Vierstöckiger Eckbau mitten im Ortskern an der Fußgängerzone. 100 m zum Strand. Schlichte Fassade. Die Inneneinrichtung hat schon ein paar Jahrzehnte auf dem Buckel. 54 Zimmer mit eigenem Bad, Klimaanlage, Telefon und TV. DZ mit Frühstück je nach Saison 35–55 €.

*** Pensão Residencial Real (4), Rua Mestre Manuel, 18, ℡ 212918870, ℻ 212918879. Zentral in Strandnähe gelegen. Kleine, gepflegte Pension in einer etwas ruhigeren Parallelstraße zur Fußgängerzone. Insgesamt 20 Zimmer mit eigenem Bad, Tel., Sat-TV und Klimaanlage. Manche Zimmer mit Meerblick. DZ mit Frühstück je nach Saison 42–63 €.

** Pensão Residencial Colibri (8), Av. 1° de Maio, 10, ℡ 212919100, ℻ 212919106. In Zentrumsnähe an der Verlängerung der Straße aus Lissabon. Daher sind die Zimmer zur Straße hin trotz Doppelglasfenster teilweise etwas laut. Helle Gänge. Mittelgroße Zimmer mit Teppichboden, Kabel-TV, Telefon, Spiegelschrank und eigenem Bad mit Wanne. Einfach, aber sehr sauber. Zimmer im ersten Stock mit Balkon. Erst 2001 eröffnet, daher besser in Schuss als andere Unterkünfte im Ort. DZ je nach Saison 45–75 € (ohne Frühstück).

- *Camping* ***** Camping Orbitur (12)**, Av. Afonso de Albuquerque, Quinta de Santo António, Monte de Caparica, ℡ 212903894, ℻ 212900661. Ganzjährig geöffnet. Ca. 1 km nördlich des Ortskerns an der Straße Richtung Trafaria gelegen. Die Busse der Linie 129 Costa da Caparica–Trafaria halten praktisch direkt vor dem Eingang. Sehr großes Gelände, nur teilweise schattig, in unmittelbarer Nähe zum Strand gelegen. Kleiner Supermarkt, Restaurant, Diskopavillon und Tennisplatz. Im Sommer oft sehr voll und laut. Die sanitären Anlagen sind akzeptabel, es könnte aber mehr davon geben. Warme Duschen. Pro Person je nach Saison 2,30–4,40 €, Zelt 1,95–3,70 €, Pkw 2,10–4 €.

Clube de Campismo de Lisboa – CCL (11), ℡ 212900100 und 212900374, ℻ 212902848. Ganzjährig geöffnet. Direkt neben Orbitur. Wenig freie Plätze, da der Platz überwiegend von Lissabonner Dauercampern und Clubmitgliedern beansprucht wird. Großes Gelände, schattig und sauber. Gehört den ältesten portugiesischen Campingclub CCL. Campen nur mit portugiesischer oder internationaler Campingkarte möglich. Wer mit der internationalen Karte einen Platz ergattert, bezahlt 4,40 € pro Nacht sowie je 4,70 € fürs Zelt und Pkw.

Clube de Campismo do Concelho de Almada – Camping Praia da Saúde (9), ℡ 212902272 und 212901862, ℻ 212911633. Ganzjährig geöffnet. Ca. 1 km südlich des Zentrums von Costa da Caparica und ebenfalls in Strandnähe gelegen. Halbschattiges, sehr großes Gelände. Sanitäre Anlagen in Ordnung. Supermarkt und Restaurant vorhanden. Ebenfalls Übernachtung nur mit portugiesischer oder internationaler Campingkarte. Preise mit int. Campingkarte: Erwachsene 4,50 €, Zelt 3,20 €, Auto 4,50 €.

Essen & Trinken (siehe Karte S. 459)

Boiadeiro (13), Varandas do Atlântico, 2, ℡ 212911816. Am dritten Kreisverkehr Richtung Trafaria, ca. 1,5 km nördlich des Zentrums (Bushalt der Linie 129 vor der Tür). Di mittags zu, sonst täglich 12–23.30 Uhr geöffnet. Großes brasilianisches Restaurant mit schöner Einrichtung. Es gibt *rodízio de carne*, bei dem verschiedene Sorten gegrilltes Fleisch serviert werden, von denen man unbegrenzt viel essen kann. In einem wintergartenähnlichen Nebenraum befindet sich ein Swimmingpool. Der Gast kann die Badehose mitbringen und ein paar Verdauungsrunden schwimmen, wenn er dazu nach einer Auswahl von 16 Fleischvarianten, 30 verschiedenen Salaten und 20 Nachtischen noch in der Lage ist. Und das alles zum Preis von 17 €. Kinder bis 6 J. essen gratis. Auch Tagesgerichte à la carte ab 9,50 €. Jede Nacht außer Di brasilianische Livemusik.

O Capote (7), Rua dos Pescadores, 40-B, ✆ 212901274. An der Fußgängerzone im Zentrum. Mi Ruhetag. Klein, gemütlich, an den Wänden eine Kollektion internationaler Speisekarten, darunter eine aus dem Kaufhof am Marienplatz in München. An der Decke hängt Knoblauch, Paprika und anderes Gemüse. Eine kleine Terrasse in der Fußgängerzone. Zu empfehlen sind die Muschelgerichte, die in einem Topf serviert werden. Hauptgerichte ab 10,50 €.

Calafate (5), Rua Dr. Francisco Inácio, 21, ✆ 212914482. In einer ruhigen Nebenstraße zur Fußgängerzone. Mo Ruhetag, Di–Fr nur 18–22.30, Sa/So 12.30–15 und 19–22.30 Uhr. Gediegene, angenehme Einrichtung im Landhausstil, draußen ein schöner Innenhof mit Tischen. Eine gute Alternative zu den lauten Promenadenrestaurants. Hauptgerichte ab 8 €.

O Barbas (1), ✆ 212900163. Direkt am Strand gelegen. Di abends geschlossen. 3 große, fast immer volle Speisesäle. Abends des Öfteren Live-Musik. An den Wänden Fußballposter von Benfica neben modernen Fischer- und Heiligen-Azulejos. Benannt nach dem beeindruckenden Vollbart des Wirtes. Spezialitäten des Hauses sind *caldeirada* (Fischeintopf) und *arroz de marisco* (Reiseintopf mit Meeresfrüchten). Hauptgerichte ab 8 €. Angeschlossen sind eine Karaoke-

Legendäres Costa da Caparica-Restaurant

Bar und eine Disco. Ein paar Meter weiter Richtung Fußgängerzone liegt das zweite, etwas günstigere Restaurant Taberna do Barbas.

A Merendeira (6), Rua dos Pescadores, 20-A. Mitten im Zentrum an der Fußgängerzone. Täglich durchgehend 10.30 Uhr mittags bis 2 Uhr nachts. Für einen kleinen, typisch portugiesischen Imbiss als Alternative zu den zahlreichen Hamburgerbuden zu empfehlen. Aus großen Backöfen kommt *pão com chouriço*, Weißbrot mit Räucherwurst gefüllt für 1,25 €, dazu gibt es noch die leckere Kohlsuppe *caldo verde* für 1,10 €. Als Nachtisch mundet der süße Milchreis *arroz doce* für 0,90 €.

Arriba Fóssil da Costa da Caparica

Von Trafaria bis zur Lagoa da Albufeira erheben sich die rötlich schimmernden Sandsteinklippen der *Arriba Fóssil da Costa da Caparica*. In grauer Vorzeit reichten diese zwischen 60 und 110 Meter hohen Klippen einmal bis ans Meer heran; heute erstrecken sie sich kilometerweit parallel zur Küste und sind so ein eindrucksvolles Zeugnis der urzeitlichen Steilküstenformation. Wind und Regen setzen die Felsen einer permanenten Erosion aus. Vor allem südlich der Costa da Caparica in der Nähe des Ortes Fonte da Telha ist der Anblick der tief zerfurchten Sandsteine beeindruckend.

Fossilien im Zeitraffer: Arriba Fóssil da Costa da Caparica

Im tiefer gelegenen Bereich der Klippen haben Wissenschaftler bis zu 15 Millionen Jahre alte Fossilien aus dem Miozän gefunden. Nach oben verjüngt sich das Alter der Fossilien, bis sie nur noch etwa 2.000 Jahre alt sind. Weit jünger sind die Kiefernwälder der *Mata Nacional dos Mêdos* oberhalb der Klippen, die König João V. im 18. Jh. anlegen ließ, um das Vordringen der Sanddünen zu stoppen.

Lagoa de Albufeira / Aldeia do Meco

Lang gezogene Sandstrände und ausgedehnte Pinienwälder prägen die Region um das stille Gewässer der Lagune von Albufeira. Während der Nordteil der Lagune weitgehend unbesiedelt und von Schilf sowie Kiefernwäldern bewachsen ist, reihen sich an der Südseite zahlreiche Campingplätze aneinander.

Über vier Kilometer lang zieht sich die **Lagoa de Albufeira** ins Hinterland. Man nimmt an, dass hier vor etwa drei Millionen Jahren während des so genannten Pliozäns ein Tejo-Arm ins Meer mündete. Heute speisen drei kleine Bäche, die Ribeira da Apostiça, die Ribeira da Ferraria und die Ribeira da Aiana die Lagune. Eine kleine Öffnung verbindet die Lagoa mit dem offenen Meer: Zahlreiche Badende machen sich einen Spaß daraus, sich von der Strömung durch den Kanal treiben zu lassen. Dabei sollte man aber vorsichtig sein: Die starke Strömung kann einen weit auf das offene Meer hinausziehen! Ungefährlicher ist da ein Bad an einem der zahlreichen, flachen Sandstrände um die Lagune. Auch bei Windsurfern ist die ruhige Lagoa de Albufeira als Alternative zum rauen Atlantik sehr beliebt.

Lagoa de Albufeira / Aldeia do Meco

Südlich der Lagune folgen um das Dorf **Aldeia do Meco** zahlreiche Sandstrände. Eine kleine Stichstraße führt vom Dorf in die etwa 2 km entfernte Praia do Meco, einen wunderschönen Sandstrand mit spektakulären Felsformationen am Südende. Bei guter Sicht erblickt man im Norden die Linha de Cascais, nach Westen hin breitet sich das weite Meer beinahe unendlich in Richtung Azoren und Amerika aus. Nur ein paar Fischerboote sind am Horizont zu erspähen. Außer zwei Strandrestaurants und der Endstation einiger Unterwassertelefonleitungen herrscht Natur pur.

Bei Paraglidern steht die **Praia das Bicas** hoch im Kurs. Auf den etwa 50 m hohen Felsenküsten nehmen sie Anlauf, um über den langen Sandstrand mit seinen vom Meer deformierten Dünen zu schweben. In den Sommermonaten bevölkern vor allem die Gäste des nahe gelegenen Campingplatzes Campi-Meco den Strand. Die Brandung ist hier schon etwas höher als an der Praia do Meco. Richtung Süden beendet die Felsküste des Cabo Espichel die von der Costa da Caparica ununterbrochen bis hierher reichenden Sandstrände. Als letzte Badegelegenheit vor dem Kap folgt die etwa 3,5 km südlich von Aldeia do Meco an einer Flussmündung gelegene Praia da Foz.

Verbindungen

- *Anfahrt Praia das Bicas* Zur Praia das Bicas sind es von Aldeia do Meco zu Fuß oder per Pkw 2 km über eine schwach befahrene Straße nach Südwesten (Hinweisschild Campimeco folgen). Wer zur Praia da Foz will, muss nach ca. 2 km an der Abzweigung zur Praia das Bicas nicht nach rechts abbiegen, sondern der Staubpiste geradeaus folgen.
- *Verbindungen* Während es nach Aldeia do Meco zahlreiche direkte Busse ab Sesimbra gibt, ist die Lagoa da Albufeira mit öffentlichen Verkehrsmitteln leider nur schlecht zu erreichen. Am besten nimmt man einen Bus von Sesimbra Richtung Aldeia do Meco und steigt im Ort Alfarim aus. Von dort sind es noch ca. 4 km bis zur Lagune, die man zu Fuß oder per Taxi zurücklegen kann (Taxistand neben der Kirche in Alfarim).

Von Norden her kann man mit der Strandeisenbahn der Costa da Caparica bis zur Endstation in Fonte da Telha fahren. Dann sind es noch 7 km schöner Fußmarsch entlang des fast endlosen Sandstrandes, bis man die Lagune erreicht.

Ab *Sesimbra*: Busse nach Aldeia do Meco über Santana und Alfarim. Mo–Sa etwa stündlich, So etwa alle 2 Std. (im Sommer öfter). Einige Busse fahren weiter bis Facho de Azóia. Dauer ca. 30 Min.

Nach *Cacilhas*: Linie 226 Azóia – Aldeia do Meco – Cacilhas. 2002 fuhr nur ein Bus morgens von Azóia nach Cacilhas (ab 06.30 Uhr) und ein Bus abends von Cacilhas nach Azóia (ab 18.15 Uhr). Beide nur Mo–Fr.

Übernachten

- *Camping* *** **CampiMeco**, Praia das Bicas, Aldeia do Meco, ☎ 212683393, ✉ 212683844. Ganzjährig geöffnet. 2,5 km vom Ort Aldeia do Meco entfernt (dort Bushalt). Sehr großer, halbschattiger bis schattiger Platz, mit Pinien bewachsen, in unmittelbarer Nähe zur 500 m entfernten Praia das Bicas, dort auch ein Restaurant. Sanitäre Anlagen befriedigend. Schwimmbad, Tennis, Minigolf, Supermarkt und Snackbar vorhanden. Erwachsene je nach Saison 2–2,90 €, Zelt und Pkw je 1,80–2,50 €. Es werden auch Bungalows und Wohnwagen vermietet.

* **Fetais**, Fetais, Aldeia do Meco, ☎ 212682978, ✉ 212685098. Geöffnet Mai–September. Am südlichen Ende des Ortes Aldeia do Meco. Etwa 500 m zum Ortszentrum (dort fahren auch Busse). 1 km Fußweg zur Praia do Rio da Prata und über die Straße 2 km zur Praia das Bicas. Einfacher, kleinerer Platz mit viel Rasen und ausreichend Schatten. Zur Infrastruktur gehören ein kleiner Supermarkt und ein Restaurant. Pro Person und Zelt 3 €, Pkw 1,50 €.

Lagoa – Clube Português de Caravanismo, Lagoa de Albufeira, ☎ 212684872, ✉ 212684777. Ganzjährig geöffnet. In hübscher

Lage nahe der Lagoa de Albufeira. Nächster Bushalt erst im 4 km entfernten Ort Alfarim. Sehr ruhig gelegenes, schattiges und abschüssiges Gelände mit Pinien. Sanitäre Anlagen zufrieden stellend. Restaurant, Minisupermarkt und Café. Clubcampingplatz, daher nur für Gäste mit portugiesischer oder internationaler Campingkarte. Mit internationaler Karte pro Person 2,20 €, Zelt 1,90 €, Pkw 1,75 €.

Cabo Espichel

Eine bizarre Steilküste lässt die Costa Azul im Westen enden. Die zwischen 135 m und 150 m hohe Felswand am Kap fällt hier steil ins Meer ab. Eine Wallfahrtskirche und ein Leuchtturm trotzen dem starken Wind.

Am letzten Sonntag im September wird in Cabo Espichel das älteste Fest des Bezirks gefeiert, die **Festa da Nossa Senhora do Cabo**, die an eine Erscheinung der Mutter Gottes im 15. Jh. erinnert. In einer feierlichen Prozession tragen die lokalen Würdenträger eine Marienstatue bis ans Kap. Dabei danken die Fischer ihrer Patronin, der Nossa Senhora do Cabo, für den Schutz.

Viele nutzen das Fest auch, um der **Igreja da Nossa Senhora do Cabo** mit ihren Deckengemälden, weiß-blauen Azulejos und barocken Seitenaltären einen Besuch abzustatten. Die 1701 erbaute Wallfahrtskirche war früher die bedeutendste Pilgerstätte des Landes; mittlerweile hat ihr Fátima in Mittelportugal allerdings eindeutig den Rang abgelaufen. Um die Kirche gruppieren sich die dem Verfall preisgegebenen, spartanischen Pilgerunterkünfte. Staubwolken wehen durch die verlassenen Häuserzeilen, die Sonne brennt unaufhörlich – eine Atmosphäre wie im Westernfilm.

Öffnungszeiten Kirche täglich 9.30–13.30 und 14.30–18.30 Uhr.

Verlassen: ehemalige Pilgerherbergen am Cabo Espichel

Hinter der Kirche fällt die Küste in herrlichen Felsformationen steil ins Meer ab. Besonders bei starkem Wind sollte man sich nicht zu nah an den Abgrund des Kaps wagen. Die Klippen sind absolut ungesichert, immer wieder rutschen kleinere Felsstücke ab, wie man gut an der gegenüberliegenden Steilwand sehen kann. Ein Leuchtturm markiert die Südwestspitze der Halbinsel von Setúbal auch bei Nacht.

Verbindungen

Ab *Sesimbra*: Bus 201 der Transportes Sul do Tejo (TST) nur 2-mal täglich direkt ans Kap. 2002 war Abfahrt in Sesimbra um 13.30 und 14.50 Uhr. Zurück vom Cabo Espichel 14.05 und 15.30 Uhr. Fahrtdauer 30 Min. Außerdem täglich 7–10 zusätzliche Busse bis nach Azóia, dem letzten Ort vor dem Kap. Von dort sind es 3 Kilometer zu Fuß zum Cabo Espichel.

Übernachten

**** **Estalagem dos Zimbros**, Pinheirinhos-Cabo Espichel, ✆ 212684954, ℻ 212684956. In der Nähe des Ortes Pinheirinhos, auf halbem Weg von Sesimbra ans Kap (der Bus fährt direkt am Hotel vorbei). Moderner, weißer Rundbau, der in der schönen Landschaft befremdlich wirkt. Innen sehr ansprechender Komfort. Hübsch eingerichtete Zimmer mit Telefon, Sat-TV und Klimaanlage. Reizvoller Rundblick bis zum Meer und zu den Hügeln von Sesimbra. Im Garten ein Schwimmbad. DZ mit Frühstück je nach Saison 56–82 €.

Sesimbra (37.600 Einwohner)

Der alte Fischerort liegt zu Füßen einer steilen Hügelkette an einer windgeschützten Bucht. Auf einer Anhöhe oberhalb des Ortes thront die teilweise restaurierte Maurenburg. Der Ort selbst bewahrte sich mit seinen engen Gassen den Charme eines Fischerstädtchens, lediglich die an den Berghängen errichteten Appartementblocks stören die Idylle.

Besonders am Wochenende tummeln sich viele Tagesausflügler aus Lissabon am etwa 1,5 km langen, feinen **Sandstrand**. Das Wasser ist glasklar und eignet sich wegen der vielen Fische und Felsen hervorragend zum Schnorcheln. Durch die geschützte Lage bleiben die Wellen niedrig, und auch kleine Kinder können ihren Badespaß unbeschwert genießen.

Im Zentrum des langen Sandstrandes erhebt sich die **Fortaleza**. Es lohnt sich, einen kurzen Blick hinein zu werfen, sollte der Eingang offen stehen. Gut zu erkennen ist die Residenz des Festungs-Kommandanten. Das Fort hat der Jesuitenpater und Militäringenieur João Cosmander 1648 an Stelle einer Festung anlegen lassen, die englische Schiffe bei einer Attacke im Jahr 1602 zerstört hatten. Im 18. Jh. diente es den so genannten *Meninos de Palhavã*, den unehelichen Kindern von König Dom João V., als Sommerresidenz. Seit 1879 ist die Finanzbehörde *Guarda Fiscal* im Fort untergebracht, die Stadt würde aber gerne hier ein Museum einrichten.

Vom **Castelo**, der 240 Meter über der Stadt gelegenen Burg, hat man einen ausgezeichneten Blick auf Sesimbra und die umliegenden, karstigen Steilhügel der Serra da Arrábida. Ein Fußweg führt über die nachts hell erleuchteten Burgzinnen. In der Mitte der in den 30er Jahren des vergangenen Jahrhunderts

466 Südlich von Lissabon

Mittagsruhe in Sesimbra

gründlich restaurierten Burgmauern liegt die kleine Kapelle **Igreja Santa Maria do Castelo**. Ihre Ursprünge reichen bis in das Jahr 1160 zurück, nur 13 Jahre nachdem König Dom Afonso Henriques mit Hilfe von Kreuzrittern die Burg von den Mauren erobert hatte. Neben der Kapelle kann man in einem Terrassen-Café vom anstrengenden Aufstieg Erholung finden.

• *Anfahrt/Öffnungszeiten* An der Kreuzung der Rua Conselheiro Ramada Curto mit der Av. Combatentes führt eine steile Rampe Richtung Burg nach oben, die bald in einen schmalen Fußweg mündet. Wem der Aufstieg zu steil ist, der kann eine der zahlreichen Buslinien ab Sesimbra nehmen, die alle über den höher gelegenen Ort Santana fahren. Von dort geht es über die Straße noch gut 1 km zur Burg. Geöffnet täglich 7–19 Uhr (Fr/Sa bis 20 Uhr).

Mit Subventionen über Wasser halten

Schon seit Jahren steckt die Fischerei in Sesimbra in der Krise. Nachdem die Fangboote die traditionell sardinenreichen Gewässer der Region stark überfischt hatten, wichen sie in den 90ern Richtung Marokko aus, um dort Degenfisch zu fangen. Doch die marokkanische Küste ist seit Ende 1999 tabu, da das nordafrikanische Land seine Verträge mit der EU über die gemeinsame Nutzung der Fischgründe nicht erneuert hat. In der Folge konnten zahlreiche Boote nicht mehr auslaufen. Einige der lokalen Fischer haben sich seitdem auf den Fang von Schwertfischen auf hoher See spezialisiert, andere halten sich nur noch mit EU-Subventionen "über Wasser". Die Staatshilfen erhalten letztendlich aber nur die Überkapazitäten aufrecht und verlängern damit die chronische Überfischung des Atlantiks. Im Endeffekt schadet dies auch den Fischern, da sich so die Fisch-Bestände nicht erholen können.

Information/Verbindungen/Diverses

• *Information* Largo da Marinha 26–27, ✆ 212288540, ✉ 212288265. Im unteren Bereich des Platzes westlich der Fortaleza. Geöffnet 9–12.30 und 14–17.30 Uhr, in den Sommermonaten (Juni–September) durchgehend von 9–20 Uhr.

• *Schiff/Bus* Ab *Lissabon:* Mit dem Schiff über den Tejo ab Cais de Sodré (Metro Cais do Sodré) nach Cacilhas. Von dort Bus 203 Mo–Fr alle 30 Min. nach Sesimbra, Sa/So alle 45 Min. Fahrzeit 45 Min.

• *Bus* Ab *Lissabon:* Direktbusse der Transportes Sul do Tejo fahren 9-mal täglich ab der Praça de Espanha (Metro Praça de Espanha) über Alcântara (Haltestelle gegenüber dem Bahnhof Alcântara-Terra).

Nach *Aldeia do Meco* (über Alfarim): Mo–Sa etwa stündlich, So etwa alle 2 Std. (im

Sesimbra

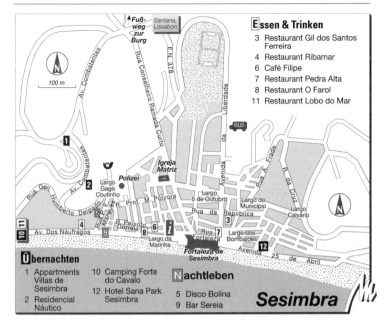

Sommer öfter). Einige Busse fahren weiter bis Facho de Azóia. Dauer 30 Min.

Zum *Cabo Espichel*: Bus 201 der Transportes Sul do Tejo (TST) nur 2-mal täglich direkt ans Kap. Abfahrt war 2002 in Sesimbra um 13.30 und 14.50 Uhr. Zurück vom Cabo Espichel 14.05 und 15.30 Uhr. Fahrtdauer 25 Min. Außerdem täglich 7–10 weitere Busse bis nach Azóia, dem letzten Ort vor dem Kap.

Nach *Portinho da Arrábida*: Nur im Juli und August eine sehr sporadische Busverbindung. Lediglich Sa/So und an Feiertagen um 9.30 und 16.40 Uhr hin bzw. 10.15 und 17.40 Uhr zurück (Stand 2002).

Nach *Setúbal* (via Aldeia da Piedade und Azeitão): Mo–Fr 9-mal, Sa/So 6- bis 8-mal.

• *Stadtbus* Die Linie 228 fährt Mo–Sa alle 30 Min. ab Busbahnhof und Largo da Marinha zum Fischerhafen Porto de Abrigo. So und an Feiertagen keine Busse.

• *Post* Largo Gago Coutinho.

• *Polizei* GNR, Largo Gago Coutinho, 18. ✆ 212230269.

• *Feste* Stadtfeiertag ist der 4. Mai, der mit Prozessionen, Messen und Festen begangen wird. Auch an den Tagen davor und danach finden Feierlichkeiten statt. Sie erinnern an die Erscheinung eines Jesus-Bildes. Das Bild soll im 16. Jh. während eines Unwetters am Strand von Sesimbra auf einem Felsen aufgetaucht sein, den das Meer nie überspült haben soll. Seitdem haben die lokalen Fischer mit dem Senhor Jesus das Chagas ihren Patron gefunden.

Übernachten

**** Hotel Sana Park Sesimbra (12), Av. 25 de Abril, ✆ 212289000, ✎ 212289001. In Zentrumsnähe direkt an der Uferpromenade. Das ehemalige Hotel Espadarte war das erste Hotel in Sesimbra. Um die Jahrtausendwende komplett renoviert, zählt es inzwischen 97 Zimmer und 3 Suiten. Durch ihre charakteristische Rundform dürfte die Hotel-Lobby den meisten Passanten auffallen. Fast alle der geräumigen, modern eingerichteten Zimmer haben einen kleinen Balkon. Dazu Kabel-TV, Minibar, Klimaanlage und große, schlicht gehaltene Bäder mit Badewannen. Konferenzräume, Garage, Sauna, türkisches Bad sowie ein Schwimmbad auf der obersten Etage. Auf dem Dach auch die öffentlich zugängliche Panorama-Bar mit herrlichem Blick auf

468 Südlich von Lissabon

Sesimbra. DZ mit Frühstück je nach Saison 75–95 €. Meerblick 10–25 € Zuschlag.

**** Villas de Sesimbra (1), Altinho de São João, ✆ 212280005, ✉ 212231533. Appartementhotel in Hanglage über dem Ort. Hübsch eingerichtete Appartements für 2 bzw. 4 Pers. mit Miniküche, Sitzgruppe, Sat-TV und Balkon, z. T. mit Meerblick. Zum Haus gehören 2 Schwimmbäder, Sauna, Tennisplatz, Bar und Restaurant. Studio für 2 Pers. je nach Saison 45–113 €, Appartement für 4 Pers. zwischen 82 und 164 €. Frühstück 6 €/Pers.

*** Residencial Náutico (2), Av. dos Combatentes, Bairro Infante D. Henrique, 3, ✆/✉ 212233233. Einfache Pension nordwestlich über dem Stadtzentrum. Kleiner, zweistöckiger Bau. Alle Zimmer mit eigenem Bad, Fernseher und Telefon. Teilweise sehr schöne Sicht auf Sesimbra und das Meer. DZ mit Frühstück je nach Ausstattung 35–75 €.

• *Privatzimmer/Ferienwohnungen* Großes Angebot im Ort. Die Touristeninformation stellt auf Anfrage eine Liste zur Verfügung.

• *Camping* **** Forte do Cavalo (10)**, Porto de Abrigo, ✆ 212288500, ✉ 212288265. Städtischer Campingplatz oberhalb des Fischerhafens Porto de Abrigo, ca. 1,5 km außerhalb von Sesimbra. Stadtbusse bis Porto de Abrigo. Von Anfang April bis Ende Oktober geöffnet. Schattiges, terrassenförmig angelegtes Gelände. Sanitäre Anlagen einigermaßen akzeptabel. Ein kleiner Supermarkt ist vorhanden. Übernachtung pro Person 1,30 €, Zelt 2 €, Pkw 0,65 €. Internationale oder nationale Campingkarte notwendig.

Essen & Trinken (siehe Karte S. 467)

Pedra Alta (7), Largo de Bombaldes, 13, ✆ 212231791. Täglich 12–23 Uhr geöffnet. Sehr gemütliche, rustikale Einrichtung, Fotos aus alten Zeiten schmücken die Wände. Große Terrasse mit ausladenden Sonnenschirmen. Grill in Form eines Schiffes. Die Fische liegen teilweise in einer Vitrine aus. Fisch- und Fleischgerichte ab 12 €.

Ribamar (4), Av. dos Náufragos, 29, ✆ 212234853. Täglich bis 23 Uhr geöffnet. Im Dezember teilweise geschlossen. Gehobenes Restaurant an der Strandpromenade mit ansprechendem Ambiente, das es seit über einem halben Jahrhundert gibt. Man kann auf der Terrasse, auf dem verglasten Balkon oder innen Platz nehmen. Fischgerichte diverser Zubereitungsarten vom Grill über den Eintopf bis zum Ofen. Hauptgerichte ab 11,50 €.

O Farol (8), Largo da Marinha, 4 und 5, ✆ 212233356. Am Platz über der Touristeninformation zentral gelegen. Di Ruhetag. Kleines, gemütliches Fischrestaurant mit Terrasse und appetitlicher Fischauslage. Fischgerichte ab 7,50 €. Zu empfehlen ist *peixe espadarte* (Schwertfisch).

Café Filipe (6), Largo da Marinha, 15, ✆ 212231653. Neben der Weinlaube am Platz über dem Turismo. Mi Ruhetag. Einfacher Speiseraum mit großem Azulejobild und Aquarium. In erster Linie Terrassenbetrieb: Zahlreiche Tische, die teilweise von aufgesägten Bootsbugen eingefasst sind. Schöner Blick Richtung Meer. Tagesgerichte ab 7 €.

Lobo do Mar (11), Porto de Abrigo, ✆ 210812059. Einfache, typische Fischerpinte auf halbem Weg zum Campingplatz. Mit den Stadtbussen zum Porto de Abrigo zu erreichen. Täglich mittags geöffnet, nur im Sommer auch abends. Ein paar Stühle auf der blau-weiß gestrichenen Terrasse. Innen ein Speiseraum mit Korkdecke. Sehr leckere Fischsuppe. Hauptgerichte ab 6 €.

Gil dos Santos Ferreira (3), Rua da República, 2, ✆ 212280045. Mo geschlossen. Winziges, sehr einfaches Familienrestaurant, aber so beliebt, dass sich abends vor der Tür oft Warteschlangen bilden. Besonders lecker sind die *sardinhas assadas* und der *peixe espadarte* (Schwertfisch), beide in großen Portionen. Guter Rotwein vom Fass. Der unaufgefordert servierte Salat muss extra bezahlt werden. Gerichte ab 5 €.

Nachtleben (siehe Karte S. 467)

Bar Sereia (9), Av. dos Náufragos 20–22, ✆ 212281544. Eine der zahlreichen Bars an der Strandpromenade. Man kann sich auf der Terrasse oder innen am langen Holztresen setzen.

Discoteca Bolina (5), Rua Professor Fernandes Marques, 3, ✆ 212235973. In einer Querstraße zur Uferpromenade. Die Diskothek hat von 23 bis 2 Uhr nachts geöffnet. Eintritt frei, Bier ca. 2,50 €. Sämtliche Musikrichtungen von Hardrock bis Techno.

Gepflastert mit dem typischen Wellenmuster: Gassen in Sesimbra

Azeitão (8.500 Einwohner)

Das idyllische Örtchen liegt inmitten einer lieblichen Hügellandschaft auf der Nordseite der Serra da Arrábida zwischen Setúbal und Sesimbra. Olivenbäume und Weinstöcke gedeihen hier vortrefflich, bereits die Araber kultivierten das fruchtbare Gebiet intensiv. Die Gegend bietet sich auch für ausgedehnte Wanderungen an.

Der Ort besteht aus den beiden Ortsteilen Vila Nogueira de Azeitão und Vila Fresca de Azeitão. Übrigens leitet sich der Name *Azeitão* von *azeitona* (= Olive) ab. In **Vila Nogueira de Azeitão**, dem touristisch interessanteren Ortsteil, ist ein Besuch der 1344 erbauten Igreja São Lourenço lohnenswert. Auf ihren sehenswerten blau-weißen Fliesen aus dem 18. Jh. sind Szenen aus dem alten Testament dargestellt.

Gegenüber dem Kirchlein erstreckt sich das altehrwürdige **Weingut José Maria da Fonseca**. Gegründet hat es José Maria da Fonseca bereits 1834, heute befindet es sich in sechster Generation immer noch in Familienbesitz. Mit einer maximalen Jahresproduktion von 18 Millionen Liter, von denen vier Fünftel in den Export gehen, eine der größten und berühmtesten Weinfirmen Portugals. Das Unternehmen ist der älteste Produzent des schweren, 18-prozentigen *Moscatel de Setúbal*, ein Likörwein aus Muskatellertrauben, dem Portwein von Herstellungsverfahren und Geschmack nicht unähnlich. Daneben stellt Fonseca auch Sekt, Brandy und normale Weine her, darunter den spritzigen Weißwein *Lancers* oder den in Eichenfässern gereiften Weißwein *Pasmados*. Sehr lohnenswert ist die Führung durch das Weingut. Sie beginnt im ehemaligen Wohnhaus der Besitzer aus dem 18. Jh., heute das Museum des Unternehmens. Anschließend geht es durch den schönen Garten in die erfrischend kühlen Weinkeller. In den imposanten Hallen lagern bis 26 Millionen Liter, darunter Kostbarkeiten wie über 100 Jahre alte Muskateller. Über die uralten Mahagoni- und Eichenfässer haben sich schon zahlreiche Spinnweben ausgebreitet. Der Wein lagert hier übrigens nur, abgefüllt wird er in einem modernen Neubau einen Kilometer weiter Richtung Vila Fresca. Zum Schluss der Führung besteht Gelegenheit, einige Weine zu verkosten und zu erwerben.

Anfahrt/Öffnungszeiten Rua José Augusto Coelho, 11/13, ☏ 212197500, ✉ 212198940. Mo–Fr 9–12 und 14–16 Uhr, Sa/So zu. Kein Eintritt.

Im zwei Kilometer entfernten Ortsteil **Vila Fresca de Azeitão** liegt gegenüber dem Busbahnhof der Palácio da Bacalhoa, einer der schönsten Renaissancepaläste Portugals. Das Landgut mit seinen auffälligen Bögen ließ Brás de Albuquerque, Sohn des indischen Vizekönigs Afonso de Albuquerque, von 1534 und 1570 errichten. Brás de Albuquerque nutzte dafür sein Vermögen aus dem Pfefferhandel: Er hatte Anrecht auf ein Fünftel des Pfeffers, der aus Indien nach Portugal kam. Seit 2000 ist das Gebäude im Besitz des portugiesischen Unternehmers Joe Berardo; seitdem sind leider auch keine Besuche mehr möglich. Berardo gehört die Weinfirma *J.P. Vinhos*, mit einer maximalen Jahresproduktion von zwölf Millionen Litern das zweite Großunternehmen des Ortes und bekannt für preiswerte Qualitäts-Weißweine. Im Gegensatz zu José Maria da Fonseca setzt die 1922 gegründete Firma J.P. Vinhos aber eher auf

Azeitão

Moderne statt auf Tradition. Deutlich sichtbar ist dies an den riesigen, im Sonnenlicht glänzenden Edelstahltanks, die von Lissabon kommend am Ortseingang von Vila Nogueira ins Auge fallen.

Verbindungen/Diverses

- *Bus* Es fahren in erster Linie Busse der Gesellschaften Setubalense und TST. Mit Ausnahme der Linie nach Palmela bedienen alle Linien beide Ortsteile.

Ab *Lissabon*: Mit den Bussen der Linie Lissabon-Setúbal, die über die Landstraße fahren ("normal"). Abfahrt ist die Praça de Espanha (Metro Praça de Espanha) und Alcântara-Terra. Täglich mindestens ein Bus pro Stunde. Fahrzeit ca. 40 Min. Karten am besten am Vorverkaufsschalter kaufen. Achtung: Die schnellen Direktbusse Lissabon-Setúbal ("via rápida") fahren nicht über Azeitão.

Nach *Cacilhas* (über Fogueteiro und Laranjeiro): Mo–Fr stündlich, Sa/So alle 2 Std. Fahrzeit ca. 40 Min. In Cacilhas Anschluss an die Fähren nach Lissabon.

Nach *Fogueteiro*: Mit SulFertagus bis zum Bahnhof von Fogueteiro, wo Anschluss an die Fertagus-Züge nach Lissabon besteht. Mo–Fr stündlich, zur Rush-hour alle 30 Min. Sa/So keine Busse von SulFertagus, dann kann man aber stündlich mit den Bussen der Setubalense-Linie Richtung Cacilhas bzw. Laranjeiro fahren. Für die SulFertagus-Busse und den Zug nach Lissabon gibt es ein Kombi-Ticket für 3,40 €.

Nach *Palmela*: Mo–Fr jede Stunde ein Bus, Sa/So alle 2 Std. Abfahrt nur ab dem Dorfplatz von Vila Nogueira de Azeitão, dem Rossio.

Nach *Sesimbra* (via Aldeia da Piedade): Mo–Fr 9-mal, Sa/So 6- bis 8-mal.

Nach *Setúbal*: Mo–Fr alle 30 Min. ein Bus, Sa/So mindestens stündlich. Fahrzeit 20 Min.

- *Post* Rua José Augusto Coelho, Vila Nogueira (Straße Richtung Sesimbra).

Übernachten

**** Estalagem Quinta das Torres, Vila Nogueira de Azeitão, ✆ 212180001, ✉ 212190607. An der Nationalstraße EN 10 in Richtung Vila Fresca, 500 m vom Ortszentrum Vila Nogueira de Azeitão entfernt (Bushalt der Linie nach Setúbal vor der Hofeinfahrt). Der Renaissancepalast aus dem 16. Jh. liegt inmitten eines weitläufigen Parkgeländes und bietet eine luxuriöse Unterkunft. Im prunkvollen, Efeu bewachsenen Hauptgebäude findet man einen herrschaftlichen Empfangssalon. Vom Waffensaal, der als Kongressstätte genutzt wird, gelangt man zur vornehmsten Suite des Hauses: Große Rundbogenfenster, eine edle Holzdecke, Kamin, Azulejos und wertvolle Möbel zieren das Gemach. Alle Zimmer sind luxuriös und stilvoll eingerichtet. Angeschlossen ein mit Azulejos ausgestattetes Restaurant, das einen schöner Blick auf einen großen Teich mit Pavillon bietet. DZ je nach Saison ab 55–99 € (mit Frühstück).

Hotel Clube d'Azeitão, Quinta do Bom Pastor, Vila Fresca de Azeitão, ✆ 212198590, ✉ 212191629. Hotel im Ortsteil Vila Fresca inmitten eines weitläufigen Landgutes in der Nähe der Quinta da Bacalhoa. Als "ländliches Hotel" ausnahmsweise ohne Sterne klassifiziert. Eine sehr herrschaftliche Anlage aus dem 17. Jh., früher im Besitz der Grafen von Carvalhais. Innen ist der alte Glanz nicht mehr ganz so deutlich zu spüren, die Einrichtung des 1993 eröffneten Hotels ist nüchtern-modern gehalten. 30 sehr großzügig geschnittene Zimmer mit Sat-TV, Minibar, Klimaanlage, Schreibtisch, gekachelten Böden und schönen Bädern mit Wanne. Außerdem noch kleinere Zimmer mit Dachschräge, die so genannten Quartos Lisboa Antiga. Großes Restaurant, in dem am Wochenende oft Hochzeiten gefeiert werden, dazu Garten mit Schwimmbad und Joggingpfad. DZ mit Frühstück je nach Saison 72–112 €, die Zimmer unter dem Dach kosten 40–60 €.

** Pensão Quinta do Rio, Quinta do Rio, Alto das Vinhas, ✆ 212189343, ✉ 212189442. Etwa 4 km von Vila Nogueira de Azeitão entfernt, an der Straße nach Sesimbra. Einfahrt von Azeitão kommend linker Hand in einer scharfen Rechtskurve kurz vor dem Ort Alto das Vinhas. Die Busse von Azeitão nach Sesimbra fahren an der Einfahrt vorbei. Landschaftlich schön gelegenes Landhaus inmitten von Weinbergen, Feldern und Pferdekoppeln. Schwimmbad, Tennisplatz, Minigolf und Reitmöglichkeit. 30 etwas altmodisch eingerichtete Zimmer. DZ mit Frühstück je nach Saison ab 25–35 €.

Südlich von Lissabon

Turismo no Espaço Rural: Quinta da Arrábida, Casais da Serra, ☎ 218402269, ℻ 212181266. Bei Casais da Serra, etwa auf halbem Weg zwischen Azeitão und Sesimbra an der Landstraße 379. Ein enger, staubiger Weg führt zum Anwesen. Nur an Sommerwochenenden einige Busse der Linie Sesimbra-Portinho da Arrábida, daher Pkw nötig. Abgeschiedene, extrem ruhige Lage inmitten der Hügel der Serra da Arrábida. Weitläufiges, sehr grünes Grundstück mit Swimmingpool. Unterhalb des Herrenhauses der Besitzer liegen 2 kleine, architektonisch gelungene Ferienhäuser. Sehr lieblich im Landhausstil eingerichtet. Eines der Häuser verfügt über 2 Schlafzimmer und ein Wohnzimmer mit Kamin und schönen Möbeln, im anderen gibt's nur ein Schlafzimmer. Beide haben eine kleine Küche. Übernachtung mit Frühstück im kleinen Haus je nach Saison 60–88 €, im größeren Haus 75–88 € (inkl. Reinigung).

Quinta da Piedade, Aldeia da Piedade, ☎ 212189381, ℻ 212198778. Ca. 3 km von Vila Nogueira de Azeitão entfernt findet man an einer Nebenstraße das Weindörfchen Aldeia da Piedade (zu erreichen mit den Bussen nach Sesimbra). Die Quinta da Piedade liegt etwas abseits, von Weinbergen umgeben. Schwer zu finden, da nicht ausgeschildert: Durch Aldeia da Piedade bis zur Rua da Escola, dann links der Rua da Vitória bis zum Ende folgen. Dort rechts und gleich links auf einem schmalen Weg zum Haus. Das Grundstück ist nicht sehr weitläufig, besticht aber durch seine exponierte Lage. Von der großen Veranda, die an die 4 Zimmer anschließt, hat man einen wunderbaren Blick auf die Serra da Arrábida. Alle Gästezimmer des Landhauses sind in jeweils unterschiedlichen Farbtönen eingerichtet. Helles und freundliches Ambiente. Die Badezimmer befinden sich gegenüber auf dem Flur. Im Erdgeschoss großes Speise- und Wohnzimmer mit Kamin und Sitzgruppe. Schwimmbad im Garten. DZ mit Frühstück 80 €.

• *Agroturismo* **Quinta de Santo Amaro**, Aldeia da Piedade, ☎ 212189230, ℻ 212189390. Das stattliche Landgut liegt am Rande des Weinörtchens Aldeia da Piedade (zu erreichen mit dem Bus der Linie Setúbal-Sesimbra). Anfahrt: Durch den Ort Aldeia da Piedade, dann geradeaus in die Rua Mariana Serpa, nach ca. 200 m ist das Gut auf der linken Seite nicht zu übersehen. Die 1755 völlig zerstörte und wieder aufgebaute Quinta hat nicht nur den Charme eines Landguts, der Gast fühlt sich auch in längst vergangene Zeiten zurückversetzt: eine Küche aus Urgroßmutters Zeiten mit wuchtigen Kupferkesseln, dazu antike Möbel, Azulejo verzierte Wände und geschnitzte Holzdecken. Außerdem ein großer Saal, der als Wohnzimmer für die Gäste dient und in dem es neben Gemälden, alten Büchern und schweren Kronleuchtern auch einen Kamin gibt. Dazu noch ein Badezimmer mit altertümlich wirkenden Waschschüsseln. Im Garten Brunnen, Schwimmbecken und Tennisplatz. Sehenswert ist die eigene, mit Azulejos ausgekleidete Kapelle, die sonntags als Dorfkirche fungiert. Mindestaufenthalt sind 3 Tage. Das Hauptgebäude kann komplett für 175 € gemietet werden (7 Betten, 2 Bäder). DZ mit Frühstück 78 €.

• *Camping* * **Picheleiros**, Estrada dos Picheleiros, Azeitão, ☎ 212181322. Ganzjährig geöffnet. Abgeschieden in schöner Umgebung an den nördlichen Ausläufern der Serra da Arrábida gelegen, 4 km südlich von Vila Nogueira. Keine Busverbindung, aber schöner Fußweg. Supermarkt und Snack-Bar sind vorhanden. Stellenweise wenig Schatten auf dem abschüssigen, terrassenförmig angelegten Gelände. Sanitäre Einrichtungen in gutem Zustand. Erwachsene zahlen 2,25 €, Zelt 2 €, Pkw 1,65 €. Für Portugiesen ist eine Campingkarte Pflicht, für Ausländer nicht.

Essen & Trinken

Probieren sollte man unbedingt die beiden regionalen Gebäckspezialitäten von Vila Nogueira de Azeitão: *tortas*, gerollter Biskuitteig mit Eigelb-Zucker-Füllung, und *queijinhos de Azeitão*, wörtlich zwar "Azeitão-Käslein", tatsächlich aber sehr süße Eigelb-Nuss-Küchlein. Um richtigen Käse handelt es sich dagegen bei der dritten kulinarischen Spezialität des Ortes, dem *queijo de Azeitão*, ein 100 bis 250 Gramm schwerer, kreisrunder Schafskäse, der nur in der Region produziert werden darf. Der weiche Azeitão-Käse reift 20 Tage lang und erinnert mit seinem würzigen Aroma an die Gebirgskäse der mittelportugiesischen Serra da Estrela. Tatsächlich soll ein Käser aus dieser Region um 1830 die Herstellungs-Technik nach Azeitão gebracht haben.

Restaurante Azeitão, Praça da República, 8 (Rossio), Vila Nogueira de Azeitão, ✆ 212188310. Gehobenes Restaurant in einem versteckten Winkel des Dorfplatzes von Vila Nogueira. Di Ruhetag, sonst 12–23 Uhr. Hoher Saal, geschmackvoll rustikal eingerichtet und in angenehm gedämpftes Licht getaucht. An den zitronengelben Wänden Landwirtschaftsutensilien wie Dreschschlegel. Im Sommer auch Terrassenservice. Zu empfehlen die Fischsuppe mit frischem Koriander (*sopa de peixe*), gereicht in tiefen Tonschüsseln. Als Nachtisch die lokale Spezialität *tortas de Azeitão*. Hin und wieder auch Fado-Abende. Hauptgerichte ab 9 €.

• *Café* **Pastelaria Cego**, Rua José Augusto Coelho, 150, Vila Nogueira de Azeitão, ✆ 212180301. An der Straße Richtung Sesimbra. Di Ruhetag. Sonst 8–23 Uhr. Kleine, dunkle Konditorei. Hinten in der Küche werden die leckeren *tortas* und *queijinhos de Azeitão* in Massen produziert.

Serra da Arrábida

Eindrucksvoller Gebirgszug entlang der Küste zwischen Setúbal und Sesimbra. Das üppige Grün des bis zu 500 m hohen Gebirges wird immer wieder von Sandbuchten unterbrochen, z. T. fällt die Küste steil ins Meer ab. Auf der Nordseite wachsen Wein und Oliven auf ockerfarbenen Böden. Vegetation und Klima muten mediterran an. Zahlreiche Wanderrouten führen zu herrlichen Aussichtspunkten.

Hier in der Serra da Arrábida sind noch Reste der ursprünglich sehr ausgedehnten mediterranen Wälder erhalten geblieben, die es in ihrem eigentlichen Verbreitungsgebiet, dem Mittelmeerraum, kaum mehr gibt. Ihr Erhalt ist nicht nur auf die günstigen klimatischen Bedingungen zurückzuführen, sondern auch auf alte Schutzdekrete der lokalen Fürsten, die ihr Jagdrevier verteidigen wollten. Den Geologen zufolge ist der Gebirgszug vor etwa 180 Millionen Jahren entstanden, als die Gegend noch unter Wasser stand. Die unregelmäßige

Sanfte Hügel in der Serra da Arrábida

Südlich von Lissabon

Form der Berglandschaft hat zahlreiche verschiedene Mikroklimen mit einer reichen Flora entstehen lassen, darunter Steineichen, Meerkirschen und Lorbeerbäume.

Doch obwohl mittlerweile Teil des Naturschutzgebiets Parque Natural da Arrábida, ist auch diese Idylle heute bedroht. Achtlos weggeworfene Zigaretten oder vorsätzlich verursachte Waldbrände, ein boomender Wochenendautoverkehr und zahlreiche Steinbrüche stellen eine Gefahr für das sensible Ökosystem dar. Insbesondere die monströse Secil-Zementfabrik von Outão westlich von Setúbal ist ein wahres optisches Attentat in dieser ansonsten so harmonischen Region. Seit 1904 existiert die mit einer Jahresproduktion von 2 Millionen Tonnen größte Zementfabrik Portugals an dieser Stelle, immer wieder wird ihre Betriebsgenehmigung verlängert. Im Jahr 2001 hatte die alte PS-Regierung sogar geplant, in den Öfen der Zementfabrik Giftmüll zu verbrennen. Und das, obwohl man die Serra da Arrábida der UNESCO als Weltnaturerbe vorschlagen möchte.

Die eigentliche Serra da Arrábida ist mit etwa acht Kilometern Ausdehnung nicht sehr groß. Dazu kommen aber ihre Ausläufer: die Serra do Risco im Westen bei Sesimbra sowie im Osten die Serra de São Luís, die Serra dos Gaiteiros und zwischen Setúbal und Palmela die Serra do Louro. Insgesamt umfasst der Parque Natural da Arrábida 10.800 Hektar. Immer wieder beeindruckt der Kontrast zwischen Meer und Gebirge: In der Serra do Risco fallen die Klippen bis zu 380 Meter tief ins Meer ab – die höchste Steilküste Portugals, nur auf Madeira gibt es höhere Klippen.

Information/Verbindungen

- *Informationen* Parque Natural da Arrábida, Praça da República, Setúbal, ℡ 265541140, 📠 265541155.
- *Bus* Leider gibt es weder über die Gebirgs- noch über die Küstenstraße durchgehende Busverbindungen.
Zur *Praia da Figueirinha*: ab Setúbal 8-mal tägl., im Juni u. die erste September-Hälfte stündl., Juli und August jede halbe Stunde.
Zum *Portinho da Arrábida*: nur im Juli und August eine sehr sporadische Busverbindung ab Sesimbra. Lediglich Sa/So und Feiertagen um 9.30 und 16.40 Uhr hin bzw. 10.15 und 17.40 Uhr zurück (Stand 2002).

Strände in der Serra da Arrábida

Von Setúbal aus kommend geht es Richtung Westen sechs Kilometer an der Küste entlang zur **Praia da Figueirinha**, die sich um eine "Nase" des Gebirgszuges herum erstreckt. Wer sich im grobkörnigen Sand des breiten Strandes in der Sonne aalt, kann fast vergessen, dass die Betonfabrik nur ein paar Minuten entfernt ist. Lediglich in drei Kilometer Luftlinie Distanz, aber unerreichbar liegt die Halbinsel Tróia auf der anderen Seite des tiefblauen Meeres.

Weiter Richtung Westen stößt man in der nächsten Bucht auf den nächsten Sandstrand, die ebenfalls traumhafte, aber deutlich kleinere **Praia de Galapos**.

Der spektakulärste Strand ist jedoch **Portinho da Arrábida**, zu dem eine kleine Abzweigung von der Küstenstraße führt. Über der runden Bucht mit ihrem langen Sandareal thronen die Berge der Serra da Arrábida. Ein paar vorgelagerte Felsinseln sorgen für meist ruhige See. In einem alten Fort aus dem Jahr 1670 am Südende der Bucht ist inzwischen das Meeresmuseum **Museu Ocea-**

nográfico untergebracht. Von 1932 bis 1976 diente das Gebäude als staatliches Pousada-Hotel. Heute sind hier präparierte Fische, Schildkröten und Meeresvögel aus der Region in Vitrinen ausgestellt.
Öffnungszeiten Di–Fr 10–16 Uhr, Sa 15–18 Uhr, So/Mo und an Feiertagen. ✆ 265524032. Eintritt 1,75 €.

250 Meter hoch über Portinho schmiegt sich der **Convento da Arrábida**, auch *Convento Novo* genannt, wie ein Schwalbennest an den Berg. Die einsame Klosteranlage stammt aus dem Jahr 1542. Den umliegenden dichten Wald nannten die Mönche früher *Mata do Solitário* (= "Wald des Einsamen"). Er ist ein Stück ältesten portugiesischen Urwaldes und darf nicht betreten werden.
Anfahrt/Öffnungszeiten Nur per Auto bzw. Fahrrad über die malerische Bergstraße mit herrlichen Ausblicken auf die Strände zu erreichen. Der Convento Novo befindet sich im Privatbesitz der Fundação Oriente und ist nur in Ausnahmefällen und ausschließlich nach Anmeldung einige Tage im Voraus zu besichtigen. ✆ 212180084.

Wanderungen in der Serra da Arrábida

Herrliche Wanderrouten ziehen sich durch die Ausläufer der Serra da Arrábida. Ob Serra do Louro, Serra de São Luís oder die Hügel um Azeitão, immer wieder öffnen sich phantastische Panorama-Blicke. Auch die mediterran anmutende Hügellandschaft kann begeistern.

Erforderlich sind einigermaßen festes Schuhwerk und eine wärmende Regenjacke, da das Wetter auch im Sommer ab und zu schnell umschlagen kann. Unter Woche ist es ruhiger, aber auch am Wochenende wird man kaum viele Wanderer treffen. Bis auf Wanderung 4 sind alle Wanderungen auch mit dem Mountainbike befahrbar.

> Die folgenden Wanderungen wurden mittels GPS kartiert.
> Waypoint-Dateien zum Downloaden unter:
> www.michael-mueller-verlag.de/portugal/lissabon

• *Verbindungen* Die Anfangs- und Endpunkte der Wanderrouten sind alle sehr gut mit Bussen zu erreichen. Zu den genauen Angaben siehe unter den Orten Setúbal S. 487, Palmela S. 485, Azeitão S. 471 und Sesimbra S. 466.

• *Karten* Aus den Militärkarten der Serie M888 im Maßstab 1:25.000 passen die Blätter 454 (Wanderungen 1, 2, 3, 4, 5), 464 (Wanderung 5) und 465 (Wanderung 5). Bezugsquelle siehe A-Z/Karten S. 82.

• *Hunde* Vor allem in der Gegend von Azeitão bereiten immer wieder Hunde Probleme. Leider lassen hin und wieder manche Besitzer die Einfahrtstore zu ihren Gehöften offen stehen und ihre Hunde frei laufen. Trifft man einen bellenden Hund auf dem Weg, sollte man zuerst in möglichst großen Abstand zur Hofeinfahrt versuchen, langsam an ihm vorüber zu gehen. Manchmal hilft aber auch das nicht, dann bleibt nur, einen Umweg zu laufen.

Wanderung 1: Setúbal – Palmela (s. Karte S. 476/477)

> Die besten Aussichten auf Meer, Gebirge und die Städte
> Länge: 14 km, Dauer: 5 Std., Schwierigkeit: mittel (zahlreiche Anstiege mit insgesamt 600 Höhenmeter Differenz)

Los geht es in Setúbal: Die Stadt verlässt man über die Estrada do Castelo de São Filipe in Richtung Burg. Kurz vor dem Einfahrtstor zur Burg (**1a**) der Straße nach rechts folgen, es sei denn man möchte noch einen kurzen Abstecher

476 Südlich von Lissabon

zum Castelo unternehmen. Linker Hand der Straße eröffnet sich ein herrlicher Blick auf die Burg und Tróia inmitten des dunkelblauen Meeres, rechts auf der Bergkuppe stehen mehrere aufgelassene Windmühlen. Das Ende des Anstiegs ist an der Kreuzung beim Casal Moinho do Forte auf 140 Höhenmetern erreicht **(1b)**. Hier geradeaus nach unten – nach 100 m geht die Teerstraße in einen Feldweg über. Rechts unterhalb des Weges erstreckt sich die Grube eines alten Steinbruchs, im Hintergrund ist die Burg von Palmela gut zu sehen. Niedrige Kiefern säumen den Weg, der nach weiteren 400 m eine Kreuzung erreicht **(1c)**: Hier halb links durch das Tor zur Quinta do Viso Grande.

Die Quinta linker Hand liegen lassen und geradeaus dem steinigen Feldweg durch schöne Olivenhaine und Schafherden bis ins Tal zum Dorf Grelhal auf 100 Höhenmetern folgen. Dort am Ende des Wegs nach links in die Teerstraße abbiegen **(1d)**. Diese mündet bald in einen schattigen, schmalen Fußweg. Auf diesem ehemaligen Römerweg erreicht man nach 500 m die Nationalstraße EN10 (hier auch Bushalt der Linie Azeitão-Setúbal). Die EN 10 etwa 400 m nach links Richtung Azeitão entlang, dann nach rechts **(1e)** in die Nebenstraße zur Capela de São Luís da Serra. Der steile Anstieg auf der wenig schattigen Kiesstraße ist mühevoll, wird aber oben auf einer Höhe von 175 Metern über dem Meer durch eine wunderbare Aussicht belohnt: Setúbal, das Meer und die Hügellandschaft der Serra da Arrábida liegen einem zu Füßen. Ein Picknickbereich unter schattigen Kiefern, neben der blau-weißen Kapelle bietet sich für eine Pause an.

Anschließend den Weg, auf dem man zur Kapelle gekommen ist, 150 m zurückgehen und dann nach links in einen Fußweg einbiegen **(1f)**, der auf der Höhe der Kapelle das Bergmassiv der Serra de São Luís in Richtung Nordosten umläuft. Während der Umrundung der Serra de São Luís eröffnen sich immer wieder schöne Blicke auf Setúbal und das Sado-Delta. Der Duft von Eukalyptusbäumen liegt in der Luft.

An der Abzweigung nach 400 m geht es den steinigen Weg links hoch **(1g)**; an der nächsten Abzweigung dagegen geradeaus. Nach 500 m stößt man auf einen der zahlreichen stillgelegten Steinbrüche in der Region. An der Gabelung hinter dem Steinbruch den Weg

Wanderung 1:
Setúbal – Palmela

Wanderung 2:
Setúbal – Azeitão

Wanderung 3:
Palmela – Azeitão

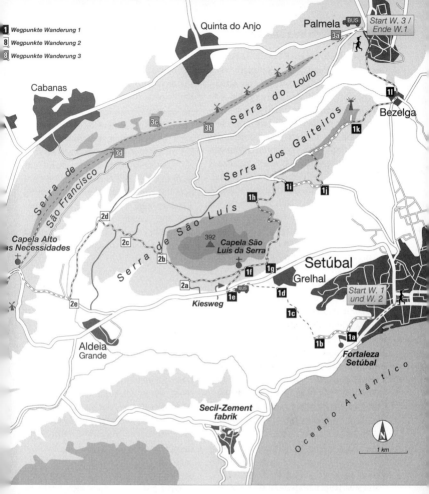

nach links hoch zu einem zweiten Steinbruch. An der folgenden Abzweigung dagegen nach rechts. Im Osten ist das nächste Zwischenziel gut zu erkennen: die Antennen auf der Spitze der Serra dos Gaiteiros.

Nach 150 m an der nächsten Gabelung geradeaus. Hier hat man 221 Höhenmeter erreicht – der Weg geht nun nach unten. Dabei passiert man einen dritten Steinbruch: Hier (**1h**) nach rechts auf der teilweise geteerten Straße ins Tal hinunter. Unten im Tal auf die Schotterpiste nach rechts einbiegen. Durch Getreidefelder und Olivenhaine sind es noch 700 m bis zur Straße, der man nach rechts Richtung Osten folgt (**1i**). Setúbal liegt nun wieder zum Greifen nahe. Nach 800 m zweigt in einer lang gezogenen Linkskurve ein steiniger Fußweg nach links Richtung Norden (**1j**) ab. Es folgt der Aufstieg in die Serra dos Gaiteiros von 110 auf 210 Höhenmeter: Mit ihrem niedrigen Gebüsch könnte die Landschaft der Macchia Sardiniens oder einer kroatischen Insel entsprungen sein.

Oben auf dem Kamm der Serra dos Gaiteiros angekommen, der Straße nach rechts folgen, bis nach 800 m Antennen erreicht werden. Am Parkplatz etwa 100 m vor dem Tor zur zweiten Antenne nach rechts in den Fußweg **(1k)**. Orchideen säumen den Pfad – einige Meter weiter hat man den bestmöglichen Blick auf das Castelo von Palmela, das majestätisch den gegenüberliegenden Hügel beherrscht. Weiter geradeaus dem kleinen, teilweise recht abschüssigen Pfad folgen, bis dieser auf einen breiteren Feldweg stößt. Hier links ins Tal hinab bis zum Dorf Bezelga.

An der Landstraße in Bezelga gleich links über die Brücke. Die zweite Abzweigung links rein **(1l)**. Es kostet einige Mühe, auf der staubigen, kurvenreichen Straße von 40 auf 170 Höhenmeter aufzusteigen, um schließlich nach etwa 1,5 km Palmela zu erreichen.

In Palmela angekommen kann man am Ende der Rua Afonso de Albuquerque nach links abbiegen, um zum Busbahnhof zu gelangen. Lohnenswert ist aber ein Abstecher nach rechts hinauf zur Burg auf 232 Höhenmetern. Oben auf dem höchsten Punkt dieser Wanderung angekommen, wird man für alle Strapazen mit einem phantastischen Abschiedsblick weit ins Land hinein und aufs Meer hinaus entschädigt.

Wanderung 2: Setúbal – Azeitão (s. Karte S. 476/477)

Durch Kiefernwälder, Olivenhaine und Korkeichenfelder
Länge: 13 km, Dauer: 4 Std., Schwierigkeit: einfach

Der Anfang von Setúbal bis zur Capela de São Luís da Serra ist identisch mit Wanderung 1 (alternativ kann man auch erst am Bushalt der Linie Lissabon-Azeitão-Setúbal im Dorf Grelhal starten). Beide Wanderungen trennen sich an der Capela de São Luís da Serra: Hier folgt diese Wanderung dem Weg Richtung Westen, der am Picknickbereich neben der Kapelle beginnt. Anfangs verläuft der steinige Weg auf gleicher Höhe wie die Kapelle, dann geht es nach unten. Nach 400 m erreicht man einen größeren Feldweg, in den man nach rechts einbiegt. Parallel zur weiter südlich verlaufenden Nationalstraße EN 10 geht es nun Richtung Westen.

Libellen schweben in der Luft, immer wieder huschen Kaninchen durch die Strauchlandschaft, zahlreiche Patronen am Wegesrand zeugen von der letzten Jagdsaison. Nach 700 m mündet der Feldweg in eine Schotterpiste – hier geht es nach rechts **(2a)**. 800 m weiter, ca. 100 m hinter einem Wassertank auf der linken Seite und kurz vor dem Ende der Steigung, biegt ein Weg nach links **(2b)** in Richtung eines Kiefernwäldchens ab. Er folgt der Grenzlinie zwischen den Kreisen Setúbal und Palmela – aufmerksame Beobachter können die Grenzsteine am Wegesrand entdecken. Immer dem Hauptweg entlang, bis man nach etwa 700 m den höchsten Punkt der Wanderung auf 179 Höhenmetern erreicht hat – es öffnen sich herrliche Ausblicke auf die gegenüberliegende Serra de São Francisco. Kurz nach dem Beginn des Abstiegs stößt man in einer Rechtskurve auf einen grünen Metallzaun an einer Weggabelung: hier links in den kleinen abschüssigen Pfad **(2c)**. 90 m weiter an der nächsten Gabelung erneut nach links und dann immer geradeaus bis nach einem 600 m langen, schattigen Weg das Tal erreicht ist.

Unten im Tal des Baches Ribeira do Alcube angekommen, dem Feldweg nach links folgen **(2d)**. Durch prächtige Korkeichen, Orangengärten und Olivenhaine

Auf dem Weg nach oben: Wanderung in der Serra de São Luís

wandert man immer parallel zur Ribeira do Alcube, bis nach 1,6 km eine Teerstraße erreicht wird, der man nach rechts folgt (**2e**). Die Teerstraße führt stetig aufwärts, beginnend bei 50 Höhenmetern, bis man auf 162 Höhenmetern die Capela do Alto das Necessidades und die Kreuzung mit der Nationalstraße EN 10 erreicht hat.

Die Nationalstraße überqueren (Vorsicht starker Verkehr) und nach wenigen Metern in den Feldweg halb links einbiegen. An der Gabelung nach 200 m rechts halten. An der folgenden Abzweigung halb links, bis man nach 500 m das Busdepot von Vila Fresca de Azeitão erreicht (wer in den Ortsteil Vila Nogueira de Azeitão will, kann hier geradeaus weiter – siehe Wanderung 3). In die Straße am Busdepot rechts rein: Nach wenigen Metern hat man die EN 10 und den Busbahnhof von Vila Fresca de Azeitão erreicht. Auf der anderen Straßenseite ist die Quinta da Bacalhoa nicht zu übersehen (s. Azeitão).

Wanderung 3: Palmela – Azeitão (s. Karte S. 476/477)

> Windmühlen-Wanderung auf dem Kamm der Serra do Louro
> Länge: 15 km, Dauer: 3,5 Std., Schwierigkeit: einfach

Startpunkt ist der Busbahnhof von Palmela. Am Kreisverkehr auf dessen Westseite geht es die Rua Helena Cardoso in Richtung Serra do Louro nach oben. Nach etwa 300 m links dem kleinen, ansteigenden Feldweg folgen (**3a**). Eine Windmühle reiht sich hier an die andere. Auch wenn es sehr nach Privatgelände aussieht, kann man an der vierten Mühle vorbeigehen. Dann spaziert man auf dem felsigen, spärlich bewachsenen Grat der Serra do Louro entlang. Schmetterlinge flattern durch die Luft, Eidechsen bringen sich aufgeschreckt in Sicherheit, Heuschrecken zirpen inmitten blühender Disteln. Auf beiden Seiten eröffnen sich weit reichende Aussichten: auf der Südseite zur Serra dos Gaiteiros, zur Serra de São Luís und bis nach Setúbal, auf der Nordseite zur Quinta do Anjo und hinten im Dunst bis zum Tejo-Delta mit Lissabon. Während der Kupfer- und Steinzeit wohnten hier oben Menschen in der längst verfallenen Siedlung Chibanes – wer Glück hat, kann den Archäologen bei ihrer Arbeit zusehen.

Nach etwa 3 km, kurz hinter der letzten aus einer Gruppe von fünf Windmühlen, verlässt man den Grat und folgt einem breiteren Weg nach unten (**3b**). Nun verläuft die Route immer parallel zum Grat, etwas unterhalb auf dessen Nordseite (phasenweise haben ihn die Nationalpark-Wächter weiß-rot markiert). Nach 900 m entlang vereinzelter, knorriger Korkeichen geht es an einer Abzweigung nach links (**3c**). Am Wegesrand einige Picknickbänke unter hohen Kiefern.

1 km weiter stößt der Feldweg auf eine kleine Teerstraße: hier nach links (**3d**). Nach 50 m auf der Straße gleich rechts unter einer Überlandstromleitung hindurch und auf den Grat der Serra de São Francisco hinauf. Beim Blick zurück sieht man eine weitere Windmühle – insgesamt stehen 14 Windmühlen entlang dieser Wanderung. Die Serra de São Francisco ist die Verlängerung der Serra do Louro mit ähnlich guter Aussicht: links erstreckt sich die Halbinsel Tróia zwischen Atlantik und Sado, rechts ist in der Ebene die Coca-Cola-Fabrik von São Gonçalo zu sehen. Auf diesem Wegabschnitt können ein paar bellende Hunde anzutreffen sein, die aber normal nur ihre Grundstücke verteidigen und Fußgänger durchlassen.

Nach 3 km endet der Weg an der Capela do Alto das Necessidades und mündet in die Nationalstraße EN 10. Diese stark befahrene Straße überqueren und ein paar Meter nach rechts folgen, bis man nach links in den ersten Feldweg einbiegt. An der nächsten Gabelung rechts, die übernächste dann halb links. Nach 300 m passiert man die Hinterhöfe des Busdepots von Vila Fresca de Azeitão. Wer will, kann hier am Busbahnhof von Vila Fresca de Azeitão die Wanderung beenden (zur Haltestelle geht es nach rechts).

Es lohnt sich aber, noch bis zum Ortsteil Vila Nogueira weiter zu wandern, sowohl wegen der schönen Weinberge als auch um dort die lokalen Gebäckspezialitäten zu kosten (s. Azeitão). Dazu biegt man nach dem Ende der Umzäunung des Busdepots links ab (**3e**). Hinter einigen Villen erreicht man nach 800 m vier Kiefern auf einem freien Feld. Dort rechts (**3f**) in die Rua da Califórnia abbiegen und 1,5 km immer geradeaus durch die Weinberge.

Die Kreuzung mit der Landstraße Richtung Picheleiros überqueren – nun ist der Ortsteil Vila Nogueira erreicht. In die dritte Straße nach dieser Kreuzung rechts abbiegen (**3g**, Rua Helena da Conceição dos Santos e Silva). Bald stehen wir im Zentrum von Azeitão am Weingut José Maria da Fonseca. Zu den Bussen sind es noch 200 m nach rechts bis zum Hauptplatz von Azeitão, dem Rossio.

Wanderung 4: Azeitão – Picheleiros – Azeitão (s. Karte S. 482/483)

Rundweg durch die sanften Hügel von Azeitão
Länge: 13 km, Dauer: 3 Std. 30 Min., Schwierigkeit: einfach

Start ist am Busbahnhof von Vila Fresca de Azeitão. Direkt neben dem Busbahnhof nach rechts Richtung Süden von der Hauptstraße abbiegen. An der ersten, hinteren Ecke des Busdepotgeländes nach rechts und nach 100 m

Portugals Versailles: Palácio Nacional de Queluz (JB) ▲▲
Maurisch inspiriert: Palast an der Estrada de Monserrate in Sintra (JB) ▲

▲▲ Mysteriöser Brunnen ohne Wasser – Poço Iniciático der Quinta da Regaleira (JB)
▲ Schwalbennest in der Serra da Arrábida: Convento Novo (JB)

Steilküste am Cabo Espichel südlich Lissabons (JB) ▲

Symbolisiert die Stadtrechte: Pelourinho auf dem ▲▲
Hauptplatz in Vila Franca de Xira (JB)
Allee mit Blick auf das Tejo-Binnenmeer in Alcochete (JB) ▲

▲▲ Costa da Caparica: 'Hausstrand' der Lissabonner (JB)
▲ Auf der Burg hoch über Sesimbra (JB)

gleich in die erste Abbiegung nach links **(4a)**. Diesem Weg folgt man 400 m geradeaus nach oben. Wenn linker Hand einige verlassene Windmühlen stehen, an der Abzweigung rechts rein **(4b)**. Es geht noch ein Stück weiter nach oben, bis auf 212 Höhenmetern die verlassene Windmühle von Cuco erreicht ist. Hier öffnet sich ein fast perfekter Rund-Blick von der Sado-Mündung über die Serra da Arrábida zu den Hügeln von Picheleiros und Azeitão.

An der nächsten Wegkreuzung in 600 m Entfernung links abbiegen **(4c)**, um den Hang nach unten zu gelangen. Unten am Landgut Quinta do Paraíso angekommen rechts abbiegen und etwa 600 m geradeaus bis zur Teerstraße in Alto das Rosas. Dieser nach links Richtung Picheleiros folgen. An der nächsten Straßenabzweigung links abbiegen **(4d)**. 200 m weiter aber in den nächsten Feldweg rechts rein **(4e)**. Hier immer geradeaus, bis man wieder auf die asphaltierte Straße stößt.

Auf der Straße 100 m nach rechts **(4f)** bis zu einer Kreuzung, wo man sich links in Richtung des ausgeschilderten Campingplatzes Picheleiros hält. Die Straße führt steil nach oben. Wenn sie wieder abschüssig ist, geht es in einer Linkskurve kurz vor einer kleinen Brücke von der geteerten Straße nach rechts in einen Feldweg **(4g)**. Der steile Weg ist in einem recht schlechten Zustand und führt bis zu einem Eukalyptuswäldchen. Während der Jagdsaison im Oktober ist diese Gegend sehr beliebt, um Hasen zu schießen – das zeigen auch die Unmengen Schrotpatronen überall im Wald. Dann sollte man etwas vorsichtiger sein und die Wege nicht verlassen.

Oben an den Eukalyptusbäumen angekommen, geht es geradeaus bis zu einer Kreuzung von fünf Feldwegen, an der man rechts zu einem Kiefernwald abbiegt. Ab hier ist der Weg etwas schwer zu finden: An der folgenden Kreuzung rechts, nach etwa 300 m an der Gabelung nach links. An der nächsten Kreuzung nach rechts. Nach 100 m an der nächsten Kreuzung geradeaus. Die darauf folgende Gabelung halb rechts. Man verlässt nun den Kiefernwald und überquert einen mit Büschen bewachsenen Hügel. Nach 100 m oben auf dem Hügel der Kurve nach links folgen und nicht rechts abbiegen. Wenige Meter weiter geht es nach rechts in einen abschüssigen Pfad hinein **(4h)**.

Durch Büsche und Kiefern führt der bei Regen glitschige Pfad nach unten (Vorsicht mit den zahlreichen stacheligen Pflanzen!), bis er dort auf einen breiteren Weg stößt, dem man nach links folgt **(4i)**. An der nächsten Abzweigung geradeaus, an der darauf folgenden zwischen zwei Korkeichen hindurch nach rechts. Nun immer geradeaus an Felsklippen vorbei nach oben. Dort geht es nach rechts auf einen Feldweg in besserem Zustand. Hier oben hat man einen schönen Blick auf die Serra da Arrábida und bis nach Lissabon. An der nächsten Abzweigung nach 100 m halb links und dann immer geradeaus, bis nach 1,3 km das Dorf Aldeia de Irmãos erreicht ist **(4j)**.

In Aldeia de Irmãos stößt man auf die Hauptstraße von Sesimbra nach Azeitão. In diese nach rechts, um nach 50 m links zum Ortskern des Nachbardorfes Oleiros abzubiegen. Am hübschen Ortsplatz rechts halten, nach etwa 500 m gelangt man erneut auf die Hauptstraße Sesimbra-Azeitão, der man nun nach links folgt (Achtung Verkehr!). Einige Schritte weiter erreicht man Vila Nogueira de Azeitão. Hier bietet es sich am Ende der anstrengenden Wanderung an, in einem der Cafés die lokalen Gebäckspezialitäten *tortas* oder *queijinhos* zu kosten (s. Azeitão).

482 Südlich von Lissabon

Wanderung 5: Azeitão – Sesimbra

Durch Landgüter und Korkeichen auf die Burg von Sesimbra
Länge: 19 km, Dauer: 5 Std., Schwierigkeit: einfach

Start ist die Bushaltestelle am Hauptplatz von Vila Nogueira de Azeitão, dem Rossio. Die Hauptstraße Richtung Sesimbra am Weingut José Maria da Fonseca vorbei und dann nach links in die Rua Helena da Conceição dos Santos e Silva **(5a)**. Durch Weinberge mit Blick bis nach Lissabon geht es 2,5 km immer geradeaus den Hauptweg entlang (in einer Linkskurve nach 2 km nicht rechts abbiegen, sondern halb links halten).

Nach einem kleinen Abstieg trifft der Weg auf eine asphaltierte Nebenstraße **(5b)**. Der Straße nach rechts bis zum Eingang des Campingplatzes Picheleiros folgen. Linker Hand am Eingang vorbei und entlang des Zaunes nach oben. Oben angekommen geht es stets auf dem Hauptweg bleibend bis zum 2 km entfernten Landgut Quinta do Ramada. Dabei durchquert man herrliche Korkeichenfelder – es ist noch gut zu erkennen, wann die Stämme das letzte Mal geschält wurden.

An der Weggabelung neben der Quinta do Ramada nicht nach rechts Richtung Quinta da Serra, sondern nach links Richtung Casais da Serra. Immer geradeaus, bis nach 1,5 km im Dorf Casais da Serra die Straße von Aldeia da Piedade nach Portinho da Arrábida erreicht ist **(5c)**. Der asphaltierten Straße etwa 250 m entlang nach links Richtung Süden folgen. Dort nach rechts in eine breite Schotterpiste Richtung des westlich gelegenen Landguts Casal do Desembargador (hier ist der Weg weiß-rot markiert).

Nun geht es etwa 4 km durch die Wiesen, Viehweiden und Felder auf dem

riesigen Großgrundbesitz des Herzogs von Palmela, vorbei an verfallenen und noch bewirtschafteten Landgütern. Im Besitz des Duque de Palmela ist auch die prächtige Quinta do Calhariz, deren Anwesen sich auf einer Anhöhe nördlich des Weges erstreckt. Im Süden kann man die Steinbrüche von Pedreiras erkennen, die sich in die Serra da Arrábida hinein gefressen haben. Die

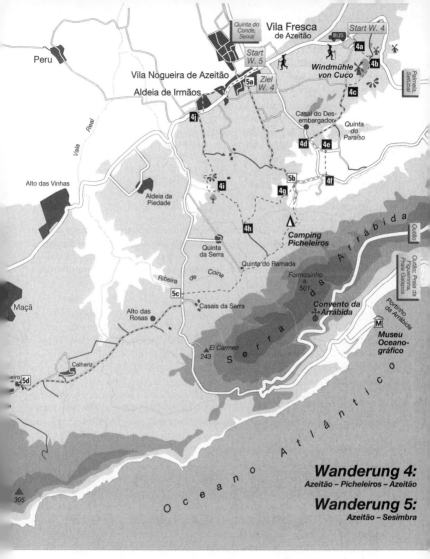

Schotterpiste endet im Dorf Boeiro, wo man der Asphaltstraße nach rechts folgt **(5d)**. Geradeaus geht es durch den sich anschließenden Ort Pedreiras, bis man an der Grundschule (*Escola Primária*) nach rechts auf die Landstraße Nr. 525 Richtung Santana abbiegt.

Nun folgt ein etwas unangenehmer Teil der Wanderung: Vor allem an Werktagen fahren hier zahlreiche Lkw zu den nahe gelegenen Steinbrüchen. Nach 1,9 km geht die Straße im Ort Sampaio in die Straße Nr. 379 aus Azeitão über **(5e)**. Nach 300 m ist an einem Kreisverkehr der nächste Ort Santana erreicht (Bushalt). Santana geradeaus Richtung Sesimbra durchqueren. An der dritten Abzweigung nach dem Kreisverkehr biegt die Straße nach Sesimbra links hinunter ab. Man hält sich hier jedoch geradeaus Richtung Cabo Espichel. 400 m weiter an der Kirche dann nach links in Richtung Castelo abbiegen.

300 m weiter nach rechts und dann immer geradeaus zur Burg nach oben. Auf den Zinnen in 241 m Höhe liegen einem das Meer und Sesimbra zu Füßen. Die Burg verlässt man durch das Nordosttor auf der gegenüberliegenden Seite des Eingangs. Hier führt ein versteckter Pfad nach Sesimbra hinunter. An der Stelle, wo es zur gegenüber der Burg liegenden Windmühle Moinho da Forca wieder nach oben geht, in den Pfad nach rechts abbiegen. Der steile, hin und wieder etwas rutschige Weg endet in Sesimbra an einer Straßenkreuzung (5f). Dort geradeaus führt die Rua Conselheiro Ramada Curto direkt ins Stadtzentrum hinunter.

Palmela (14.600 Einwohner)

Ein hübsches, verwinkeltes Städtchen auf der höchsten Erhebung des zur Serra da Arrábida gehörenden Gebirgszuges Serra do Louro. Die Bewohner leben hauptsächlich vom Weinbau; im Herbst findet hier das reizvollste Weinfest in Lissabons Nähe statt. Vom Burgberg bietet sich eine phantastische Sicht auf die Umgebung.

Das **Castelo** beherrscht Palmela – ohne die Burg wäre der Ort gar nicht denkbar. Der Aufstieg ist mühsam, lohnt angesichts des Panorama-Blicks aber allemal. Die strategische Lage nutzten bereits die Mauren, um hier eine Festung zu errichten. Im 12. Jh. wechselte die Festung mehrmals zwischen Mauren und Christen den Besitzer, bevor sie 1205 König Dom Sancho I. endgültig einnahm und dem Ritterorden von Santiago übergab. Die Rittermönche lebten bis zur Auflösung aller religiöser Orden im Jahr 1834 auf der Burg. Dann verfiel die Anlage zusehends, bis sie die Regierung 1945 renovieren und den ehemaligen Klosterbau in ein staatliches Pousada-Hotel verwandeln ließ. Kurioserweise hat man damals auch ein inzwischen still gelegtes Schwimmbad im hinteren Teil der Burg gebaut. Es will so gar nicht in die mittelalterliche Umgebung passen, fällt aber nicht weiter auf.

Vom mächtigen Eingangstor der Burg sind es nur ein paar Schritte zur **Igreja Santa Maria do Castelo** aus dem 12. Jh. Wie bei der Igreja do Carmo in Lissabon, sind auch von ihr seit dem Erdbeben von 1755 nur noch Ruinen zu sehen. Die spätgotische **Igreja de Santiago** aus dem Jahr 1480 ist dagegen gut erhalten. Das Altarbild zeigt den hl. Jakob (=Santiago), den Schutzpatron der Reconquista, im Kampf gegen die Mauren. Hinter der Kirche bietet eine etwas versteckte Aussichtsterrasse einen schönen Blick auf Setúbal und den gegenüberliegenden Bergzug der Serra dos Gaiteiros mit ihren Radio- und TV-Antennen.

Öffnungszeiten Santiago-Kirche Di–So 10–12.30 und 14–18 Uhr (im Sommer bis 20 Uhr). Mo zu. Die Burganlage ist permanent zugänglich.

Ein wahres Schmuckstück ist die von Palmen bestandene **Igreja Matriz de São Pedro** aus dem 18. Jh. im Ort. Herrliche Azulejo-Kunst bedeckt die Wände im Innern; dargestellt werden die Stationen im Leben des hl. Petrus. Diese Kirche hat der Architekt António Rodrigues entworfen, er war auch für die Igreja Santa Maria da Graça in Setúbal verantwortlich. Gegenüber fällt das Rathaus **Paços do Concelho** mit seiner eleganten, von Treppen gesäumten Säulenfassade ins Auge.

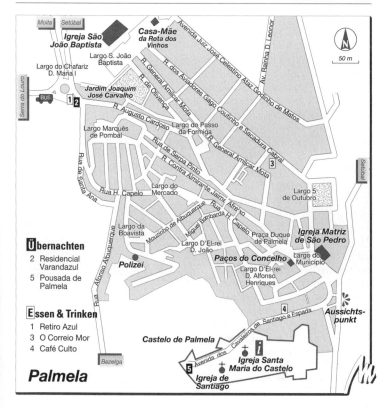

Nicht weit entfernt kann man an einem **Aussichtspunkt** unter Weinlauben weit in das Sado-Flussdelta und bis in den Alentejo blicken. Nebenan stehen ein paar alte Windmühlen, teilweise zu Radiosendern umfunktioniert. Gut zu sehen sind auch die zahlreichen Weinberge Palmelas, auf denen vor allem die portugiesische Rebsorte Castelão angebaut wird. Sie ist an die hier vorherrschenden sandigen Böden gut angepasst.

Information/Verbindungen/Diverses

- *Information* Turismo innerhalb der Burganlage, ✆ 212332122, ✉ 212333342. Geöffnet Mo–Fr 10–12.30 und 14–19 Uhr, Sa/So 10–13 und 15–19 Uhr.

- *Bus* Nach Palmela fahren Busse der Gesellschaft Setubalense. Der Busbahnhof liegt am unteren Rand der Altstadt.
Von *Lissabon*: ab Gare do Oriente (Metro Oriente) Mo–Fr stündlich, Sa/So alle 2 Stunden.
Von *Setúbal*: Busse Mo–Fr alle 30 Min. Sa/So jede Stunde. Fahrtdauer bis Palmela 20 Min.
Nach *Vila Nogueira de Azeitão*: Mo–Fr jede Stunde ein Bus, Sa/So alle 2 Std.

- *Stadtbus* Ein Kleinbus fährt vom Busbahnhof über Rossio, Rathaus Câmara Municipal, Largo 5 de Outubro und weiter. Zur Burg am Rathaus aussteigen. Mo–Fr alle 40 Min., Sa vormittags alle 45 Min., Sa nachmittags und So keine Busse.

- *Zug* Der Bahnhof von Palmela auf der Strecke Setúbal–Barreiro liegt ca. 4 km außerhalb der Stadt. Es gibt nur eine

Rathaus und Burg von Palmela

schlechte Anbindung ins Zentrum, daher sollte man besser mit dem Bus anreisen.
- *Polizei* GNR, Rua Heliodoro Salgado, ✆ 212350006.
- *Kino São João*, Largo São João Baptista. Vom Busbahnhof die Treppen neben dem Brunnen hinaufgehen. Das Gebäude ist architektonisch im Estado-Novo-Stil gehalten. Nur Sa/So Filme.
- *Weinverkauf Casa-Mãe da Rota dos Vinhos da Costa Azul*, Largo São João Baptista, ✆ 212334398. Neben der Kirche oberhalb des Busbahnhofes. Offizieller Verkauf der regionalen Weine von Palmela bis Azeitão.
- *Weinfest* Das Fest findet traditionell am ersten Wochenende im September von Donnerstag bis Dienstag statt. Sonntags wird eine symbolische Weinernte zelebriert, danach zieht man zum Kirchplatz, wo die Trauben zerstampft und während der Messe gesegnet werden. Den daraus hergestellten Wein bekommt die Kirche später als Messwein. Nachmittags findet ein Wagenzug statt, der unter einem jährlich wechselndem Motto steht. An den anderen Tagen gibt es traditionellerweise Fado- und Rock-Konzerte sowie ein Feuerwerk auf der Burg.

Übernachten (siehe Karte S. 485)

Pousada de Palmela (5), Castelo de Palmela, ✆ 212351226 und 212351395, 📧 212330440. Ein altes Klostergebäude aus dem 15. Jh. beherbergt die Pousada in exquisiter Lage auf dem Burgberg. In 238 m Höhe über dem Meer genießt man von fast allen 28 Zimmern das phantastische Panorama der Serra da Arrábida und der Mündungsbucht des Rio Sado. Der Kreuzgang dient als Frühstücksraum. Die Zimmer sind schlicht und geschmackvoll im Stil des ehemaligen Klosters eingerichtet. Telefon, Sat-TV und Radio gehören zur Ausstattung. DZ mit Frühstück je nach Saison 112–176 €.

*** Residencial Varandazul (2)**, Rua Hermenegildo Capelo, 3, ✆ 212331451, 📧 212331454. Im Ortskern gelegen. Hübsche Unterkunft, die Zimmer sind mit Sat-TV, Radio, Telefon und Klimaanlage ausgestattet. Das Haus hat eine schöne Terrasse und eine Bar. DZ mit Frühstück 55 €.

Essen & Trinken (siehe Karte S. 485)

Retiro Azul (1), Largo do Chafariz Dona Maria I, ✆ 212350021. Mi Ruhetag. Neben dem Busbahnhof. Schöne Einrichtung. Beleuchtete Glasbilder mit Motiven der Umgebung. Spezialitäten sind *tortilha à Retiro Azul* (Bratkartoffeln mit Eiern), *arroz de tamboril* (Reiseintopf mit Seeteufel) und *pato no forno com arroz* (im Ofen gebratene Ente mit Reis). Hauptgerichte ab 8,50 €.

O Correio Mor (3), Rua dos Aviadores Gago Coutinho e Sacadura Cabral, 56–58, ✆ 212332012. Auf dem Weg vom Largo São João Baptista zur Burg. Mo Ruhetag. Vorne Bar-Café mit separatem Eingang, weiter hinten ein großer Speiseraum. Hell und schlicht eingerichtet, ein Fernseher unterhält die Gäste. In der Ecke hält eine Kühltheke Nachttische und Weißweine frisch. Zahlreiche Briefmarken sind in Schaukästen ausgestellt, getreu dem Namen "Hauptpostamt". Reichhaltige Portionen der Hauptgerichte ab 7 €.

- *Cafe* **Café Culto (4)**, Av. dos Cavaleiros de Santiago e Espada, 4. Terrassencafé an der Zufahrtsstraße zur Burg in wahrhaft kultiger Lage: herrlicher Blick Richtung Lissabon und Alentejo. Di–So 15–02 Uhr, Mo zu. In der Mitte der großen, rot gepflasterten Terrasse ein windgeschütztes Glashaus. Außerdem Bänke und Tische im Freien. *Bica* 0,50 €.

Setúbal (85.000 Einwohner)

Die Distrikthauptstadt liegt etwa 50 km südlich von Lissabon am Mündungsbecken des Rio Sado, geschützt durch die vorgelagerte Halbinsel Tróia. Das Stadtbild prägen neben der hübschen Altstadt auch moderne Wohnblocks in den äußeren Stadtbezirken, einige Industrieanlagen entlang des Sado und der ausgedehnte Hafen.

Die **Altstadt** bietet mit ihren kleinen, verwinkelten Gassen ein gefälliges Bild. Mittelpunkt des Zentrums ist die belebte, gepflasterte Praça de Bocage – benannt nach der hier befindlichen Statue des Dichters und Literaturtheoretikers Bocage. Zum Verweilen in gemütlichen Straßenrestaurants lädt die Palmenallee **Avenida Luísa Todi** ein, die sich entlang des Hafens quer durch das ganze Zentrum zieht.

Setúbal ist als Fischerei- und Industriezentrum wirtschaftlich von großer Bedeutung. Viele Menschen aus dem trockenen und armen Alentejo, der unmittelbar an Setúbal grenzt, ließen sich hier nieder, um Arbeit zu finden. Nicht allen gelang dies, und so steht die Stadt heute auch für die schärfsten sozialen Probleme Portugals.

Information/Verbindungen/Diverses

- *Information* Turismo der Touristenregion Costa Azul in der Nähe der Av. Luísa Todi: Travessa Frei Gaspar, 10, ✆ 265539130, 🖥 265539127. Mo–Sa 9–18 Uhr (im Sommer bis 19 Uhr). Nur im Sommer So 9–12.30 Uhr. Infos auch zu den anderen Orten südlich von Lissabon.

Turismo der Stadt Setúbal in der Casa do Corpo Santo in der Nähe des Bahnhofs Praça do Quebedo: Rua de Santa Maria, ✆ 265534222, 🖥 265534402. Täglich 9–19 Uhr.

- *Bus* Der Busbahnhof (Terminal) der Gesellschaften Setubalense und TST liegt in der Av. 5 de Outubro. Oft wird dort auf der Anzeigetafel kein Bussteig angezeigt, dann selbst nachschauen, wo die Busse fahren, bevor sie weg sind. Die Busse nach Palmela halten auch am Bahnhof Setúbal.

Ab *Lissabon*: Schnelle Busse über die Autobahn ("via rápida") ab Praça de Espanha (Metro Praça de Espanha) und Alcântara-Terra. Mo–Fr alle 30 Min., Sa/So stündlich. Fahrtzeit 45 Min.

Weitere schnelle Busse über die Autobahn ab Gare do Oriente (Metro Oriente) Mo–Fr alle 30–60 Min., Sa stündlich und So alle 2 Std. Fahrtzeit 40 Min.

Langsamere Busse über die Landstraße ("normal") ab Praça de Espanha via Alcântara-Terra, Vila Nogueira de Azeitão und Vila Fresca de Azeitão. Jeden Tag stündlich ein Bus. Fahrzeit ca. 1 Std. Landschaftlich besonders im Abschnitt Azeitão-Setúbal die eindeutig schönste Strecke.

Preis für die Strecke Lissabon-Setúbal in allen drei Fällen 3 €. Auch Einzelfahrkarten jeweils am besten am Vorverkaufsschalter besorgen.

Nach *Cacilhas*: Langsame Busse ("normal") über Azeitão Mo–Fr stündlich, Sa/So alle 2 Std. Fahrzeit 1 Std. Zusätzlich Mo–Fr stündlich Schnellbusse ohne Stopp in Azeitão. In Cacilhas Anschluss an die Fähren nach Lissabon zum Cais do Sodré (Metro Cais do Sodré).

Nach *Alcochete* (via Montijo): Buslinie 413 der TST Mo–Fr stündlich, Sa 12-mal, So 9-mal. Dauer 1 Std.

Nach *Azeitão*: nach Vila Fresca und Vila Nogueira de Azeitão jeweils mit den langsamen Bussen ("normal") über die Landstraße Richtung Lissabon/Praça de Espanha sowie Richtung Cacilhas. Außerdem mit den Bussen nach Sesimbra. Täglich etwa alle 30 Min. Fahrtzeit 20 Min.

Nach *Palmela*: Mo–Fr alle 30 Min. Sa/So jede Stunde. Fahrtdauer 20 Min.

Zur *Praia da Figueirinha*: 8-mal täglich, im Juni und die erste September-Hälfte stündlich, Juli und August jede halbe Stunde.

Nach *Sesimbra* (über Azeitão, Aldeia da Piedade): Mo–Sa etwa 9 Busse, So etwa 7 Busse.

• *Zug* Die Stadt hat 2 Bahnhöfe: Setúbal und Praça do Quebedo. Letzterer liegt näher an der Altstadt.

Von *Lissabon* aus muss man zuerst mit der Fähre ab Terreiro do Paço/Sul e Sueste (Praça do Comércio) nach Barreiro fahren und hat dort stündlich Anschluss an die Züge der Linha do Sado nach Setúbal. Fahrtdauer Lissabon–Setúbal ca. 80 Min. Für die Strecke Barreiro–Setúbal benötigen die Züge 45 Min.

Ab dem Jahr 2004 sollen direkte Züge von Lissabon nach Setúbal über die Brücke des 25. April, Pragal (Almada) und Pinhal Novo fahren.

• *Schiff* Fähre nach *Tróia*: etwa alle 30 Min. Spät nachts jede Stunde. Fahrzeit 20 Min. Pro Person 1 €, Pkw 4,25 €. Abfahrt am Ostende der Av. Luísa Todi, unterhalb dem Bahnhof Praça do Quebedo.

• *Post* Praça de Bocage, 122 und Av. 22 de Dezembro.

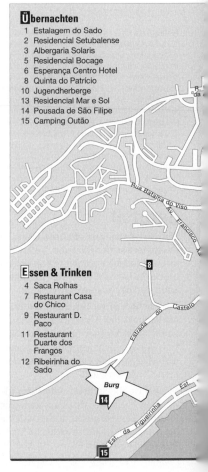

Übernachten
1 Estalagem do Sado
2 Residencial Setubalense
3 Albergaria Solaris
5 Residencial Bocage
6 Esperança Centro Hotel
8 Quinta do Patrício
10 Jugendherberge
13 Residencial Mar e Sol
14 Pousada de São Filipe
15 Camping Outão

Essen & Trinken
4 Saca Rolhas
7 Restaurant Casa do Chico
9 Restaurant D. Paco
11 Restaurant Duarte dos Frangos
12 Ribeirinha do Sado

• *Polizei* PSP, Av. Luísa Todi, 350, ✆ 265522022. Für Anzeigen bei Diebstahl oder Raub ist die GNR in der Av. Jaime Cortesão zuständig, ✆ 265522018.

• *Markt* Mercado Municipal, Av. Luísa Todi, 151–175. Die große Markthalle an der Palmenallee Luísa Todi lohnt einen Besuch. Die Händler verkaufen Obst, Gemüse, Fisch und Schnecken, eine Spezialität der Region.

• *Ereignisse* In der letzten Juli- und ersten Augustwoche wird auf der Av. Luísa Todi die *Feira de Santiago* abgehalten, ein Markt für Produkte aus Landwirtschaft, Kunsthandwerk und Industrie der Region, der mit

Setúbal 489

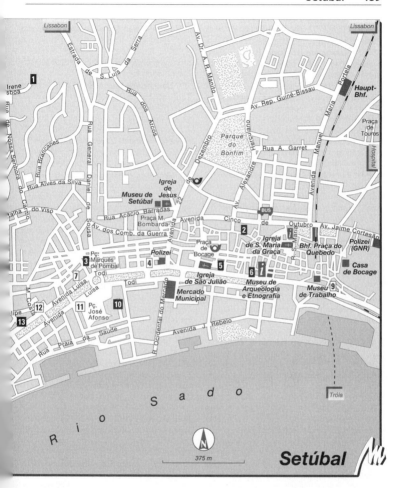

Folklore, Rock- und Pop-Konzerten sowie Rummelplatz-Attraktionen bereichert wird. Die Feira de Santiago gilt als größtes Volksfest Südportugals.

Das Stadtfest *Festas da Semana Sadina* findet in der Woche vor dem 15. September (einschließl.) statt. Geboten werden kulturelle Aktivitäten, Musik- und Sportveranstaltungen.

• *Nachtleben* Zahlreiche kleinere Bars entlang der Hafenseite der Av. Luísa Todi, auf der Höhe der Hausnummern 301–357.

• *Kino* Jumbo, Centro Comercial Jumbo, ✆ 265591590. Nördlich der Stadt an der Autobahn nach Lissabon. 4 Kinosäle.

Übernachten

Pousada de São Filipe (14), Castelo de S. Filipe, ✆ 265523844, ✆ 265532538. Herrschaftliche Herberge innerhalb der alten Burganlage von Setúbal. Keine Busverbindung ins Zentrum. Exklusive Lage und Sicht. Unserer Meinung nach mit der Pousada von Palmela das am schönsten gelegene Hotel in der Region Lissabon. Stilvolle, luxuriöse Einrichtung.

Südlich von Lissabon

Alle 14 Zimmer mit Telefon, Sat-TV, Radio, Klimaanlage. DZ mit Frühstück je nach Saison 109–176 €, mit Meerblick 121–194 €.

***** **Estalagem do Sado (1)**, Rua Irene Lisboa, 1–3, ☎ 265542800, ℻ 265542828. Auf einer Anhöhe inmitten eines Neubaugebietes im Stadtviertel Reboreda. 1,5 km oder 15 Min. zu Fuß vom Zentrum. Stadtbuslinie 9 Richtung Casal Figueiras bis zum Beginn der Rua Nossa Senhora da Arrábida. Herrschaftliches Haus, das 2001 zur Estalagem umgebaut wurde. Dabei hat man es leider nicht ganz stilecht um einen Panorama-Aufzug und ein zusätzliches Dachgeschoss ergänzt. Im alten Teil des Hauses 9 Suiten mit hohen Decken und Balkon. Im Neubau 57 geräumige Zimmer mit kleinem Balkon, Sat-TV und großen Bädern. Am besten die Zimmer ab Nummer 10 mit Blick auf Stadt und Fluss verlangen. Restaurant im 8. Stock mit umwerfendem Blick in alle Himmelsrichtungen von der Serra de São Luís über Palmela, Setúbal bis nach Tróia. Konferenzräume. DZ mit Frühstück 110–154 €.

*** **Esperança Centro Hotel (6)**, Av. Luísa Todi, 220, ☎ 265521780, ℻ 265521789. Modernes Hotel ein paar Schritte vom Altstadtkern entfernt. Die blaue Fassade kommt etwas heftig daher, innen ist die Einrichtung deutlich dezenter. 80 funktional eingerichtete Zimmer mit kleinem TV, Klimaanlage, Telefon, Tresor, Teppichböden und Schreibtisch. Moderne Badezimmer mit Badewanne. Im 4. und 5. Stock haben die Zimmer nach vorne etwas Sado-Blick. Die hinteren Gemächer sind dafür etwas leiser, da sie nicht zur Straße raus gehen. Konferenzräume. DZ 75–100 € (inkl. Frühstück).

**** **Albergaria Solaris (3)**, Praça Marquês de Pombal, 12, ☎ 265541770, ℻ 265522070. In der Altstadt Setúbals, unweit der Av. Luísa Todi. Das alte mit Azulejos verzierte Haus verfügt über 30 hübsch und modern eingerichtete Zimmer mit Telefon, Sat-TV, Radio, Minibar, Klimaanlage und Haartrockner. DZ mit Frühstück 55 €.

**** **Residencial Setubalense (2)**, Rua Major Afonso Pala, 17–1°, ☎ 265525790, ℻ 265525789. Sehr schönes, gepflegtes Haus, in einer ruhigen Altstadtgasse gelegen. 24 moderne und komfortable Zimmer mit Sat-TV, Telefon, Radio, Klimaanlage. Sehr angenehme und private Atmosphäre im Haus. DZ in der Hauptsaison inkl. Frühstück 47 €, in der Nebensaison 37 €.

**** **Residencial Bocage (5)**, Rua São Cristóvão, 14, ☎ 265543080, ℻ 265543089. Ruhige Lage im Zentrum, 2 Häuser mit 14 bzw. 24 Zimmern. Familiäres Ambiente. Stilvolle und gepflegte Einrichtung. Zimmer mit Telefon, Radio und Klimaanlage. Fernsehraum vorhanden. DZ mit Frühstück je nach Saison 32–45 €.

*** **Residencial Mar e Sol (13)**, Av. Luísa Todi, 606/608, ☎ 265534603 und 265534868, ℻ 265532036. Neubau am Rande des Stadtzentrums mit 71 Zimmern. Hell und freundlich eingerichtete Aufenthaltsräume. Die 31 kleinen, sauberen Zimmer haben Sat-TV, Telefon, Klimaanlage und einen kleinen Balkon. Blick auf den Sado von den oberen Stockwerken. Garage vorhanden. DZ mit Frühstück je nach Saison 35–50 €.

Turismo de Habitação: Quinta do Patrício (8), Estrada do Castelo de São Filipe, ☎/℻ 265233817. Kleines, rotes Haus auf einem Hügel gegenüber der Burg. Feldweg auf halbem Weg zur Burg, dann in das zweite Tor auf der rechten Seite. Auf dem ganzen Anwesen herrlicher Blick auf die Stadt und das Sado-Delta. In erster Linie lebt die Quinta von Hochzeiten, die im Festzelt im Garten stattfinden. Ansonsten herrscht hier oben aber absolute Stille. Im Haupthaus drei Zimmer mit eigenem Bad sowie der Frühstücksraum mit einer großen steinernen Tafel. Im blumenreichen Garten auch ein kleines Schwimmbad und eine Windmühle aus dem Jahr 1780. Wer Lust hat, kann in der umgebauten kreisrunden Mühle Quartier beziehen – eine recht ausgefallene Form der Unterkunft. Weiter im Angebot ein Appartement-Häuschen. Kurioserweise heißt der Hofhund "Mietzi". DZ mit Frühstück im Sommer 75 €, im Winter 85 €. Appartement und Windmühle etwas teuerer.

• *Jugendherberge* **Pousada de Juventude de Setúbal (10)**, Largo José Afonso, Edifício do IPJ, ☎ 265534431, ℻ 265532963. Zwischen Altstadt und Hafen, nur wenige Schritte von der Av. Luísa Todi entfernt an einem großen, staubigen Platz. Eingang zur Juhe auf der Rückseite des modernen, zweistöckigen Gebäudes. Rezeption 8–12 und 18–24 Uhr offen. 56 Betten in schlichten Mehrbettenzimmern mit Korkboden. Dazu 4 DZ. Die Ausstattung ist mit nur einem Aufenthaltsraum eher spärlich. Keine Küche vorhanden. Preis im Mehrbettzimmer je nach Saison zwischen 7,50 und 9,50 €. DZ 21 bis 27 € (kein Frühstück).

• *Camping* ** **Outão (15)**, Estrada da Figueirinha, ☎ 265238318, ℻ 265228098. Westlich

Zentrum der Altstadt Setúbals – die Praça de Bocage

der Stadt, zum Zentrum sind es ca. 4 Kilometer. Der Bus zur Praia da Figueirinha fährt am Platz vorbei. Direkt am Meer, für ein Bad ist die Wasserqualität hier jedoch noch recht bedenklich. Zahlreiche Caravan-Stellplätze. Für mäßigen Schatten sorgen einige Laub-Bäume und Kiefern. Das Ambiente wirkt etwas steril. Die sanitären Anlagen sind in Ordnung. Supermarkt. Ganzjährig offen. Erwachsene 2,60 €, Zelt 3,20 €, Pkw 1,80 €.

Essen & Trinken (siehe Karte S. 488/489)

In Setúbal kann man vorzügliche Fischgerichte essen, was angesichts des großen Hafens nicht verwundert. Entlang der Avenida Luísa Todi reihen sich die Restaurants wie an einer Perlenkette aneinander. Auf dem Bürgersteig braten die Kellner frischen Fisch auf Holzkohlegrills. Darunter besonders die Spezialität der Stadt: gegrillten Degenfisch *(peixe espada grelhado)*.

Saca Rolhas (4), Av. Luísa Todi, 388, ✆ 265221595. Neben der GALP-Tankstelle im Zentrum der Av. Luísa Todi. Mo Ruhetag. Am Eingang kann man die Fische vor dem Verzehr aussuchen – ein Zeichen guter Restaurants. Großer Speisesaal mit dunkler Decke und Azulejo verkleideter Wand. In der Ecke eine Kühltheke mit den Nachtischen. Zahlreiche Plätze auch auf der überdachten Terrasse. Viele gegrillte Fische, aber auch Nudel- und Reiseintöpfe. Hauptgerichte ab 6,50 €, die meisten aber deutlich teurer.

Casa do Chico (7), Av. Luísa Todi, 490, ✆ 265239502. Täglich außer Mo 12–23 Uhr. Einfaches Restaurant im Seefahrerstil mit Terrasse *(esplanada)*. Auf dem Bürgersteig werden die leckeren Fische gegrillt. Die Spezialität ist *ensopado de enguias* (Aaleintopf). Zu empfehlen auch *dourada* (Goldbarsch) und *caldeirada* (Fischeintopf), letztere nur auf Vorbestellung. Tagesgerichte ab 6,25 €.

D. Paco (9), Av. Luísa Todi, 74/76, ✆ 265234881. Im Ostteil der Av. Luísa Todi, nicht weit vom Fährhafen Richtung Tróia. Geöffnet 10–24 Uhr, Mo Ruhetag, So nur Mittagstisch. Schönes Restaurant, dessen Dekoration Stierkampfambiente vermittelt. Vor der Tür eine große Sonnen-Terrasse mit Grill. Regionale Küche. Hauptgerichte ab 6 €.

Ribeirinha do Sado (12), Av. Luísa Todi, 586, ✆ 265238465. In der Westhälfte der Av. Luísa Todi, kurz vor der Abzweigung Richtung

Burg. Mo ganztags und So abends zu. Kleiner, eng bestuhlter Speiseraum. Zur Mittagszeit kann es recht laut werden. Viel lokales Stammpublikum. Spezialität des Hauses sind Fische, die auf der Terrasse gegrillt werden, sowie *migas*, ein mit Knoblauch gewürzter Brotbrei, der mit Kartoffeln serviert wird. Salat wird als Beilage angeboten, muss aber extra bezahlt werden. Hauptgerichte ab 6 €.

Duarte dos Frangos (11), Av. Luísa Todi, 285, ✆ 265522603. Nicht weit von der Jugendherberge entfernt. Mi nur mittags, Do Ruhetag, sonst bis 22.30 Uhr geöffnet. Freundliche, helle Einrichtung. Die Wände sind mit Azulejos geschmückt – angenehme Atmosphäre. Im Angebot vor allem gegrillte Hähnchen. Hauptgerichte ab ca. 6 €.

Sehenswürdigkeiten

Castelo de São Filipe: Hoch über der Stadt thront die Burg Setúbals. Hier oben genießt man einen beeindruckenden Panorama-Blick auf die Stadt und ihre Bucht samt der Halbinsel Tróia. Philipp II., in Personalunion König von Spanien und Portugal, ließ die Festung von 1582 bis 1600 auf einem sternenförmigen Grundriss erbauen, um den Hafen von Setúbal besser verteidigen zu können. Zwei Mauerlinien sollten den Durchschlag selbst mächtigster Geschosse verhindern. Als Architekt des Bauwerks zeichnete der italienische Militäringenieur Filipe Terzi. Die kleine Burgkapelle hat der Altmeister der portugiesischen Fliesenkunst, Policarpo de Oliveira Bernardes, im Jahr 1734 komplett ausgefliest. Auf den herrlichen Azulejos sind Szenen aus dem Leben Philipps des Heiligen zu sehen.

Anfahrt 1 km außerhalb der Stadt. Von der Av. Luísa Todi über die Rua Marquês da Costa und die Estrada do Castelo de São Filipe per Fuß in ca. 20 Min. zu erreichen. Keine Busse.

Igreja de Jesus: Die kunstvoll gestaltete gotisch-manuelinische Kirche wurde 1490 samt dem dazugehörigen Klostertrakt nach einem Gelübde Justa Rodrigues Pereiras, der Amme von König Dom Manuel I., errichtet und vom berühmten Architekten Diogo de Boitaca entworfen. Er schuf damit eines der bedeutendsten manuelinischen Bauwerke Portugals, das dem ebenfalls von ihm erbauten Jerónimos-Kloster in Belém als Vorbild diente. Die Igreja de Jesus schmücken typisch manuelinische Details an Fenstern, Säulen und Portal. Im Inneren sind vor allem die in sich gedrehten Säulen beachtenswert. Dazu die Azulejos, die Chorraum und Kirchenschiff verzieren. Sehenswert sind auch der Kreuzgang und das Stadtmuseum, **Museu de Setúbal**, im ehemaligen Klostertrakt Convento de Jesus, den einst Klarissinnen bewohnten. Hier sind die 14 Gemälde aus dem 16. Jh. ausgestellt, die einst an den Wänden der Kirche hingen. Dazu sind Skulpturen, Möbel, Schmiedekunst, archäologische Fundstücke sowie Münzen und Azulejos zu sehen.

Anfahrt/Öffnungszeiten Praça Miguel Bombarda, ✆ 265537890. Di–Sa 9–12 und 13.30–17.30 Uhr. So, Mo und feiertags geschlossen. Eintritt frei.

Igreja de Santa Maria da Graça: Die älteste Kirche der Stadt und Kathedrale Setúbals steht am Largo de Santa Maria. Sie wurde 1248 im romanischen Stil erbaut und im 16. Jh. von António Rodrigues unter Verwendung klassischer Stilelemente komplett umgestaltet. Außen fallen die wuchtig wirkende Fassade und ihre beiden Seitentürme ins Auge, innen die Verzierungen mit Fresken, Schnitzarbeiten und Azulejos aus dem 18. Jh.

Igreja de São Julião: Die vermutlich aus dem 13. oder 14. Jh. stammende Kirche an der zentralen Praça de Bocage wurde in den darauf folgenden Jahrhun-

Pionier des manuelinischen Stils: Igreja de Jesus

derten mehrmals umgebaut. Neben zwei bemerkenswerten manuelinischen Portalen hat man sie mit prächtigen Azulejos und barocken Goldschmiedearbeiten ausgeschmückt.

Museu do Trabalho Michel Giacometti: In der *Fábrica Perienes*, einer 1971 geschlossenen Fischkonservenfabrik über dem Hafen Setúbals, ist das Museum der Arbeit untergebracht. Heute kann man in den ehemaligen Fabrikräumen die Sammlung des 1990 verstorbenen Michel Giacometti zur Arbeitsgeschichte in der Region Setúbal besichtigen. Schwerpunkt der Ausstellung ist die Geschichte der Konservenindustrie. Hohe Fenster lassen viel Licht in die Halle. Von der Aussichtsplattform neben dem Museum genießt man einen guten Blick auf den Hafen.

Anfahrt/Öffnungszeiten Largo Defensores da República, ✆ 265537880, ✆ 265537889. Geöffnet Di–Sa 9.30–12.30 und 14–17.30 Uhr. So/Mo und an Feiertagen zu. Eintritt frei.

Tróia

Entlang der schmalen Halbinsel gegenüber von Setúbal liegen weite Sandstrände in einem paradiesischen Umfeld: blaues Wasser, Palmen und das Panorama der Serra da Arrábida. Hier beginnt bereits die südportugiesische Region Alentejo, deren Charme auf der gesamten Südseite des Tejo gegenwärtig ist.

Zur Zeit der Römer war die Halbinsel Tróia ein wichtiges Zentrum für die Konservierung des an der Costa Azul gefangenen Fischs, der eingesalzen und dann bis nach Rom gebracht wurde. Die zu besichtigenden **Römischen Ruinen** mit ihren über 50 erhaltenen Salzbecken auf der Westseite der Halbinsel sind Zeugnis dieser Epoche.

Die kürzeste Verbindung zu den Stränden Tróias ist die Fähre

Heute ist Tróia in erster Linie ein Badeort mit langen Atlantik-Sandstränden. Leider wurde die Halbinsel von hohen, weithin sichtbaren Appartementhotels verschandelt. Tourismus genau so, wie er eigentlich nicht sein sollte. Auch wenn der offizielle Prospekt der Tourismusregion Costa Azul von *belíssimos hotéis*, also "schönsten Hotels", spricht, sind die Bauten kaum an Hässlichkeit zu überbieten. Einst staatlich, gehört die Anlage inzwischen zum privaten Mischkonzern Sonae, der sie modernisieren und teilweise abreißen soll.

Sieht man aber einmal von den Hotelanlagen ab, so eröffnet sich ein herrliches Bild aus Sand, Meer und dem Grün der dichten Pinienwälder im Süden der lang gestreckten Halbinsel. Die Strände ziehen sich von hier nahezu endlos über 60 Kilometer lang Richtung Süden.

Verbindung Einzige Verbindung ist die Fähre von Setúbal. Sie verkehrt etwa alle 30 Min., spät nachts jede Stunde. Fahrzeit 20 Min. Pro Person 1 €, Pkw 4,25 €.

Reserva Natural do Estuário do Sado

Auf der dem Meer abgewandten Seite der schmalen Halbinsel Tróia erstreckt sich das Sado-Delta. Mit seiner großen, vor Wind und Wellen gut geschützten Fläche ist es wie die Lissabonner Tejo-Bucht ideal als natürlicher Hafen geeignet. Während die Industrieanlagen von Setúbal das Nordufer besetzt halten, blieb der Südteil durch das Naturschutzgebiet der Reserva Natural do Estuário do Sado aber weitgehend naturgetreu erhalten. Hier leben die bis zu 3,60 Meter langen Sado-Delphine, Otter und etwa 100 Vogelarten, die in der weitläufigen, flachen Flussmündung gute Lebensbedingungen finden. Darunter zahlreiche weiß gefiederte Reiher, außerdem Strandläufer, Wildenten und Störche.

Informationen Reserva Natural do Estuário do Sado, Praça da República, Setúbal, ✆ 265541140, ✆ 265541155. Hier gibt es Infomaterial über Flora und Fauna, sowie einen kleinen Wanderführer.

Verlagsprogramm

Unsere Reisehandbücher im Überblick

Deutschland
- Allgäu
- Altmühltal
- Berlin & Umgebung
- Bodensee
- Franken
- Fränkische Schweiz
- Mainfranken
- *MM-City* Berlin
- Nürnberg, Fürth, Erlangen
- Oberbayerische Seen
- Ostseeküste – Holsteinische Schweiz
- Schwäbische Alb

Niederlande
- *MM-City* Amsterdam
- Niederlande
- Nordholland – Küste, IJsselmeer, Amsterdam

Nord(west)europa
- England
- Südengland
- *MM-City* London
- Schottland
- Irland
- Island
- Norwegen
- Südnorwegen
- Südschweden

Osteuropa
- Baltische Länder
- Polen
- *MM-City* Prag
- Westböhmen & Bäderdreieck
- Ungarn

Balkan
- Mittel- und Süddalmatien
- Kroatische Inseln & Küste
- Nordkroatien – Kvarner Bucht
- Slowenien & Istrien

Griechenland
- Amorgos & Kleine Ostkykladen
- Athen & Attika
- Chalkidiki
- Griechenland
- Griechische Inseln
- Karpathos
- Korfu & Ionische Inseln
- Kos
- Kreta
- Kreta – der Osten
- Kreta – der Westen
- Kreta Infokarte
- Kykladen
- Lesbos
- Naxos
- Nord- u. Mittelgriechenland
- Paros/Antiparos
- Peloponnes
- Rhodos
- Samos
- Samos, Chios, Lesbos, Ikaria
- Santorini
- Skiathos, Skopelos, Alonnisos, Skyros – Nördl. Sporaden
- Thassos, Samothraki
- Zakynthos

Türkei
- *MM-City* Istanbul
- Türkei – Mittelmeerküste
- Türkei – Südküste
- Türkei – Westküste
- Türkische Riviera – Kappadokien

Frankreich
- Bretagne
- Côte d'Azur
- Elsass
- Haute-Provence
- Korsika
- Languedoc-Roussillon
- *MM-City* Paris
- Provence & Côte d'Azur
- Provence Infokarte
- Südfrankreich
- Südwestfrankreich

Italien
- Apulien
- Chianti – Florenz, Siena
- Dolomiten – Südtirol Ost
- Elba
- Gardasee
- Golf von Neapel
- Italien
- Italienische Riviera & Cinque Terre
- Kalabrien & Basilikata
- Liparische Inseln
- Marken
- Oberitalien
- Oberitalienische Seen
- *MM-City* Rom
- Rom/Latium
- Sardinien
- Sizilien
- Südtoscana
- Toscana
- Toscana Infokarte
- Umbrien
- *MM-City* Venedig
- Venetien & Friaul

Nordafrika u. Vorderer Orient
- Sinai & Rotes Meer
- Tunesien

Spanien
- Andalusien
- Costa Brava
- Costa de la Luz
- Ibiza
- Katalonien
- Madrid & Umgebung
- Mallorca
- Mallorca Infokarte
- Nordspanien
- Spanien

Kanarische Inseln
- Gomera
- Gran Canaria
- *MM-Touring* Gran Canaria
- Lanzarote
- La Palma
- *MM-Touring* La Palma
- Teneriffa
- *MM-Touring* Teneriffa

Portugal
- Algarve
- Azoren
- Madeira
- *MM-City* Lissabon
- Lissabon & Umgebung
- Portugal

Lateinamerika
- Dominikanische Republik
- Ecuador

Österreich
- *MM-City* Wien

Schweiz
- Tessin

Malta
- Malta, Gozo, Comino

Zypern
- Zypern

Aktuelle Informationen zu allen Reiseführern finden Sie im Internet unter www.michael-mueller-verlag.de

Gerne schicken wir Ihnen auch das aktuelle Verlagsprogramm zu.

Michael Müller Verlag GmbH, Gerberei 19, 91054 Erlangen, Tel. 0 91 31 / 81 28 08-0; Fax 0 91 31 / 20 75 41; E-Mail: mmv@michael-mueller-verlag.de

Sprachführer

Unter den fünf großen Weltsprachen, Englisch, Spanisch, Französisch, Deutsch und Portugiesisch, ist das Portugiesische die Sprache mit der schwierigsten Aussprache. Besonders schwierig zu verstehen ist das portugiesische Portugiesisch, während das brasilianische für deutsche Ohren leichter verständlich ist.

Im Portugiesischen werden die unbetonten Vokale stark vernuschelt. Dazu kommen die vielen Nasal- und Zischlaute und die Angewohnheit, Wörter zusammenzubinden. Aus "*Vou para a Alemanha*" ("Ich fahre nach Deutschland") wird "*VouparAlemanha*".

Einige kurze Regeln zur **Betonung**: Prinzipiell wird die zweitletzte Silbe betont. In folgenden Fällen wird dagegen die letzte Silbe betont: Das Wort endet mit einem Konsonanten (Ausnahme -**s** und -**m**), oder die letzte Silbe enthält ein **i** oder ein **u**.

Trägt eine Silbe einen **Akzent**, wird diese Silbe betont, z.B. bei escândalo (Skandal) oder cómodo (bequem). Das gilt auch für Silben mit Tilde wie in corações (Herzen). Vokale mit Tilde, also **ã** oder **õ**, werden nasaliert, d.h. ähnlich ausgesprochen wie die französischen Laute *-in* [*matin*] und *-an* [*Sagan*]).

Die korrekte **Aussprache** ganz ausführlich darzustellen würde mehrere Seiten ausfüllen, daher etwas vereinfacht und in Kürze: Die Buchstaben **b, d, f, k, l, m, n, p, t** und **u** werden ähnlich wie im Deutschen ausgesprochen (Ausnahme: Folgt **m** oder **n** auf einen Vokal, so ist dieser zu nasalieren). **Diphthonge**, das sind zwei Vokale in einer Silbe, sind im Portugiesischen immer getrennt auszusprechen: also *E-u-ro*, statt *Eu-ro*.

Vokal	Bedingung	Aussprache
a	betont	wie deutsches **a** in <Magen>
a	unbetont	wie deutsches **ä** in <eine>
à, á	immer	wie deutsches **a** in <Magen>
â	immer	wie deutsches **a** in <Kamera>
e	betont	wie deutsches **ä** in <Säle>
e	unbetont	geschlossenes **e** wie in <Esel>
e	unbetont am Wortende	fast völlig verschluckt
es, ex	nur am Wortanfang	ähnlich wie deutsches **isch**
é	immer	wie deutsches **ä** in <Säle>
ê	immer	geschlossenes **e** wie in <See>
i	zwischen zwei Vokalen	wie deutsches **j** in <Jubel>
i	sonst	wie deutsches **i**
o	betont	offenes **o** wie in <Sonne>
o	unbetont	wie ein **u**
ó	immer	offenes **o** wie in <Sonne>
ô	immer	geschlossenes **o** wie in <Ofen>

Sprachführer

Konsonant	Bedingung	Aussprache
c	vor e oder i	stimmloses **s** wie in <Maß>
c	vor t	meist stumm (arquitecto = *arkitätu*)
c	vor a, o oder u	wie **k**
ç	immer	stimmloses **s** wie in <Maß>
ch	immer	stimmloses **sch** wie in <Fisch>
g	vor a, o und u	wie deutsches **g**
g	vor e und i	stimmhaftes **sch** wie in <Journalist>
gu	vor a, o und u	wie deutsches **gu**
gu	vor e und i	wie deutsches **g**
h	am Wortanfang	wird nicht ausgesprochen
lh	immer	wie lj
nh	immer	wie nj
j	immer	stimmhaftes **sch** wie in <Journalist>
qu	vor a und o	wie **qu** in <Qualle>
qu	vor e und i	wie **k**, das u bleibt stumm (que = *ke*)
r	zwischen zwei Vokalen	Einfaches Zungen geschlagenes **r**
r	am Anfang eines Wortes	wie deutsches Gaumen-**r**
rr	immer	wie deutsches Gaumen-**r**
s	zwischen zwei Vokalen	stimmhaftes **s** wie in <Rose>
s	vor l, m, n, r, v	stimmhaftes **sch** wie in <Journalist>
s	vor anderen Konsonanten	stimmloses **sch** wie in <Fisch>
s	am Wortende, wenn nächstes Wort mit Vokal beginnt	stimmhaftes **s** wie in <Rose>
s	am Wortende	stimmloses **sch** wie in <Fisch>
s	sonst	stimmloses **s** wie in <Maß>
v	immer	wie deutsches **w**
x	meistens	wie stimmloses **sch** wie in <Fisch>
x	ab und zu	wie stimmhaftes **s** wie in <Rose>
x	selten	wie deutsches **x**
z	am Wortende	stimmhaftes **sch** wie in <Journalist>
Z	normal	stimmhaftes **s** wie in <Rose>

Anrede

Frau *dona* oder *senhora dona*

Herr *senhor*

Wobei bei Frauen und Männern unterer Schichten der Vorname genannt wird, also z.B. *Dona Beatriz* oder *Senhor João*. Bei Frauen und Männern oberer Schichten der Nachname, also z.B. *Senhor Balsemão* oder *Senhora Dona Costa*. Jeder, der ein Studium abgeschlossen hat, besitzt in Portugal das Recht sich *Doutor* (bzw. *Doutora*) zu nennen. Ingenieure werden mit *Engenheiro/a*, Architekten mit *Arquitecto/a*, etc. bezeichnet. Wird jemand nicht mit *Senhor Doutor* oder *Senhora Doutora* angeredet, obwohl es ihm zustehen würde, so kann dies als grobe Beleidigung aufgefasst werden. Ältere Personen (niemals gleichaltrige!) sprechen junge Frauen gerne mit *Menina* (Mädchen) an, was etwas dem deutschen "Fräulein" ähnelt. Bei den unverheirateten, jungen Männern ist die Entsprechung *Menino* (Junge).

Grußformeln/Entschuldigungen

Wie geht es Ihnen?	*como está?*
Danke, sehr gut	*(muito) bem, obrigado* (als Mann)
	(muito) bem, obrigada (als Frau)
Danke	*obrigado* (als Mann)
	obrigada (als Frau)
Hallo!	*olá!*
Guten Morgen	*bom dia* (bis 12 h mittags)
Guten Tag	*boa tarde* (nachmittags ab 12 h)
Guten Abend/Gute Nacht	*boa noite* (nach Sonnenuntergang)
Auf Wiedersehen	*adeus*
Bis gleich	*até já*
Bis später	*até logo*
Ich heiße ...	*chamo-me ...*
Es tut mir sehr leid	*tenho muita pena* oder *lamento muito*
Entschuldigung (um Erlaubnis bitten)	*com licença*
Entschuldigung	*desculpe!* oder *desculpa!*
Keine Ursache	*de nada*
Ja / Nein	*sim / não*
Bitte	*faz favor* oder *por favor;* ganz höflich *se faz favor*
Ich verstehe nichts	*não entendo nada*
Sprechen Sie bitte etwas langsamer!	*fale mais devagar, por favor!*
Was bedeutet das?	*o que quer dizer isso?*
Ich bin Deutscher (Deutsche)	*sou alemão (alemã)*
Sprechen Sie Deutsch?	*fala alemão?*
... Englisch; ... Französisch	*... inglês; ... francês*
... Italienisch; ... Spanisch	*... italiano; ... espanhol*
Ich spreche ein bisschen Portugiesisch	*falo um pouco português*

Zahlen

1	*um* (männlich)		80	*oitenta*
	uma (weiblich)			
2	*dois* (männlich)		90	*noventa*
	duas (weiblich)			
3	*três*		100	*cem*
4	*quatro*		105	*cento e cinco*
5	*cinco*		200	*duzentos, duzentas*
6	*seis*		300	*trezentos, trezentas*
7	*sete*		1.000	*mil*
8	*oito*		2.000	*dois mil*

9	*nove*	1.000.000	*um milhão*
10	*dez*	2.000.000	*dois milhões*
11	*onze*	1.000.000.000	*mil milhões*
12	*doze*	erste/r	*primeiro, primeira*
13	*treze*	zweite/r	*segundo/a*
14	*catorze*	dritte/r	*terceiro/a*
15	*quinze*	vierte/r	*quarto/a*
16	*dezasseis*	fünfte/r	*quinto/a*
17	*dezassete*	sechste/r	*sexto/a*
18	*dezoito*	siebte/r	*sétimo/a*
19	*dezanove*	achte/r	*oitavo/a*
20	*vinte*	neunte/r	*nono/a*
30	*trinta*	zehnte/r	*décimo/a*
40	*quarenta*	elfter	*décimo primeiro*
50	*cinquenta*	elfte	*décima primeira*
60	*sessenta*	zwanzigste/r	*vigésimo/a*
70	*setenta*	einundzwanzigster	*vigésimo primeiro*

Zeiten

Wie spät ist es?	*que horas são?*
Es ist 7 h früh	*são sete da manhã*
Es ist 9 h abends	*são nove da noite*
Es ist 10 nach 4	*são quatro e dez*
Es ist viertel nach 6	*são seis e um quarto*
Es ist halb 7	*são seis e meia*
Es ist (zu) früh / spät	*é (muito) cedo / tarde*
Wann?	*quando?*
Um wie viel Uhr?	*a que horas?*
Der wievielte ist heute?	*a quantos estamos?*

morgens	*de manhã*	Januar	*Janeiro*
mittags	*ao meio-dia*	Februar	*Fevereiro*
nachmittags	*à tarde*	März	*Março*
abends	*à noite*	April	*Abril*
nachts	*à noite*	Mai	*Maio*
heute Abend	*esta noite*	Juni	*Junho*
heute	*hoje*	Juli	*Julho*
gestern	*ontem*	August	*Agosto*
morgen	*amanhã*	September	*Setembro*
übermorgen	*depois de amanhã*	Oktober	*Outubro*
vorgestern	*anteontem*	November	*Novembro*
morgen Abend	*amanhã à tarde*	Dezember	*Dezembro*

Jahr	ano	Montag	segunda–feira (2.ª)
Monat	mês	Dienstag	terça–feira (3.ª)
Woche	semana	Mittwoch	quarta–feira (4.ª)
Tag	dia	Donnerstag	quinta–feira (5.ª)
Stunde	hora	Freitag	sexta–feira (6.ª)
Minute	minuto	Samstag	sábado
Sekunde	segundo	Sonntag	domingo
Werktage	dias úteis	Feiertag	feriados

Hinweis: Die portugiesischen Wochentage werden beginnend mit dem Sonntag durchnummeriert! Daher ist Montag der "zweite Markttag" (*segunda-feira* oder *2.ª*).

Übernachten

Wo ist ein Campingplatz?	*onde fica um parque de campismo?*
Ich möchte ein Zimmer	*queria um quarto*
Haben Sie ein Einzelzimmer?	*tem um quarto para uma pessoa só?*
... Doppelzimmer	*... quarto duplo*
... Zimmer mit Ehebett	*... quarto com cama de casal*
... Zimmer mit zwei Betten	*... quarto com duas camas*
... Zimmer mit Bad	*... quarto com casa de banho*
... Zimmer mit Dusche	*... quarto com duche*
Wir haben ein Zimmer reserviert	*reservámos um quarto*
Kann ich das Zimmer sehen?	*posso ver o quarto?*
Es ist zu teuer	*é muito caro*
... zu laut	*... barulhento*
... schmutzig	*... sujo*
... klein	*... pequeno*
Ich möchte ein Zimmer, das nicht auf die Straße geht	*queria um quarto que não desse para a rua*
Wie viel kostet das pro Tag?	*quanto custa por dia?*
... pro Woche? / ... pro Monat?	*... por semana? / ... por mês?*
Können Sie einen Rabatt geben?	*Pode fazer um desconto?*
Frühstück inbegriffen	*com pequeno almoço incluído*
Halbpension / Vollpension	*meia pensão / pensão completa*
Ich nehme das Zimmer	*fico com este quarto*
Ich bleibe ... Tage	*vou ficar ... dias*
Ich möchte noch einen Tag bleiben	*queria ficar mais um dia*
Ich werde heute abreisen	*vou sair hoje*
Ich möchte noch eine Wolldecke	*queria mais um cobertor*
... ein Handtuch	*... uma toalha*
Der Abfluss des Waschbeckens / der Dusche funktioniert nicht	*o esgoto do lavabo / duche não funciona*

Post / Telefon

Wo ist das nächste Postamt?	*onde fica a estação dos correios mais próxima?*
Briefmarken	*selos*
Pass	*passaporte*
Personalausweis	*bilhete de identidade*
Wo kann man telefonieren?	*onde se pode telefonar?*
Kann ich Ihr Telefon benutzen?	*posso usar o seu telefone?*
Telefonkarte	*cartão telefónico*

Geld / Einkauf

Wo ist eine Bank?	*onde fica um banco?*
Ich möchte Geld wechseln	*queria cambiar dinheiro*
... eine Rechnung	*... uma factura*
... eine Quittung	*... um recibo*
Wieviel kostet das?	*quanto custa?*
das Wechselgeld	*o troco*
Bitte 500 Gramm von diesem hier	*quinhentos gramas disto, por favor*
Bitte drei Stück von jenem dort	*três daquilo, por favor*
Ich möchte gerne ein Kilo Fisch	*queria um quilo de peixe*

Notfall / Gesundheit

Hilfe!	*socorro!*
Helfen Sie mir!	*ajude-me!*
Ich fühle mich schlecht	*não me sinto bem*
Rufen Sie einen Arzt!	*por favor, chame um médico!*
Können Sie einen Arzt empfehlen?	*pode indicar-me um bom médico?*
Wo ist das nächste Krankenhaus?	*onde é o hospital mais próximo?*
Rufen sie mir einen Krankenwagen!	*chame uma ambulância!*
Was tut Ihnen weh?	*que lhe dói?*
Ich habe hier Schmerzen	*dói-me aqui*
Ich hatte einen Unfall	*tive um acidente*
Eine Schlange hat mich gebissen	*mordeu-me uma cobra*
Ich habe eine Erkältung	*apanhei uma constipação*
Ich habe Kopfschmerzen	*tenho dores de cabeça*
... Rückenschmerzen	*... dores nas costas*
... Zahnschmerzen	*... dores de dentes*
Wo ist eine Apotheke?	*onde fica uma farmácia?*

Ich möchte gerne Papiertaschentücher	queria lenços de papel
... Tampons	... tampões
... Damenbinden	... pensos higiénicos
... Kopfschmerztabletten	... comprimidos para dores de cabeça
... Kondome	... preservativos
... Toilettenpapier	... papel higiénico

Abführmittel	laxativo	Husten	tosse
Armbruch	fractura de braço	Krampf	convulsão
Beinbruch	fractura de perna	Lungenentzündung	pneumonia
Blinddarmentzündung	apendicite	Gehirnerschütterung	comoção cerebral
Nierenentzündung	nefrite	Quetschung	contusão
Blutvergiftung	septicemia	Sonnenstich	insolação
Entzündung	inflamação	Pflaster	emplasto
Fieber	febre	Verbrennung	queimadura
Geschwür	úlcera	Wunde	ferida

Weg und Richtung

Wo ist ...?	onde é ...? oder onde fica ...?
Wo sind ...?	onde são ...? oder onde ficam ...?
Gibt es hier ...?	há aqui ...?
Wie komme ich nach ...?	qual é o caminho para ...?
Wo ist eine Bäckerei?	onde fica uma padaria?
... ein Supermarkt?	... um supermercado?
... ein Fremdenverkehrsbüro?	... um posto de turismo?
... ein Reisebüro?	... uma agência de viagens?
... eine Diskothek?	... uma discoteca?

nach rechts	à direita	geradeaus	em frente
nach links	à esquerda	immer geradeaus	sempre em frente

Öffentliche Verkehrsmittel

Wo ist die nächste Bushaltestelle?	onde fica a mais próxima paragem de autocarro?
... Straßenbahnhaltestelle?	... de eléctrico?
... U-Bahnhaltestelle?	... do Metro?
Wo ist der nächste Bahnhof?	onde fica a estação de comboios mais próxima?
... Fernbusbahnhof	... a estação de camionagem mais próxima?
... Taxistand	... a praça de táxis mais próxima?
Wo ist der Flughafen?	onde fica o aeroporto?
Was kostet die Fahrt?	quanto custa a viagem?
Bitte eine Fahrkarte nach ...	queria um bilhete para ...

Rückfahrkarte	*bilhete de ida e volta*
50 % Fahrkarte	*bilhete de cinquenta por cento*
Platzreservierung	*reserva de lugar*
Ist der Zug reservierungspflichtig?	*a reserva de lugar é obrigatória neste comboio?*
Bitte reservieren sie mir einen Platz von ... nach ... !	*reserve-me um lugar de ... para ..., faz favor!*
Nichtraucher	*não-fumadores*
Raucher	*fumadores*
Gang	*corredor*
Fenster	*janela*
Wagon	*carruagem*
Liegewagen	*couchette*
Schlafwagen	*carruagem-cama*
Zuschlag	*suplemento*
Ist der Zug zuschlagspflichtig?	*é necessário pagar um suplemento para este comboio?*
Busfahrkarten im Vorverkauf	*módulos*
Bitte 10 Vorverkaufskarten	*dez módulos, por favor*
Welchen Bus nehme ich nach ...?	*qual é o autocarro que vai para ...?*
Ist das der Bus/Zug nach ...?	*este autocarro/comboio vai para ...?*
Um wie viel Uhr fährt der nächste Zug/Bus nach ...?	*a que horas sai o próximo comboio/autocarro para ...?*
... der letzte Bus nach ...?	*a que horas sai o último autocarro para ...?*
Muss ich umsteigen?	*tenho que mudar?*
An welcher Haltestelle muss ich raus?	*qual é a paragem onde tenho que sair?*
Haben Sie einen Fahrplan nach ...?	*tem um horário para ...?*

Auto

Geben sie mir 10 Liter Super bleifrei	*queria dez litros de super sem chumbo*
... Diesel	*... de gasóleo*
... Normalbenzin	*... de gasolina normal*
Kann ich ... mieten?	*posso alugar ...?*
Kann ich Kühlwasser haben?	*tem água para o radiador?*
Wir haben eine Panne	*o nosso carro está avariado*
Wo ist die nächste Werkstatt?	*onde fica a estação de serviço mais próxima?*
Es (sie) ist (sind) nicht in Ordnung	*não funciona(m) bem*
Es ist defekt	*tem um problema*

Achse	*veio*	Keilriemen	*correia*
Auspuff	*escape*	Kühlung	*refrigeração*

Deutsch	Portugiesisch	Deutsch	Portugiesisch
Batterie	*bateria*	Kupplung	*embraiagem*
Benzin	*gasolina*	Lichtmaschine	*dínamo*
bleifrei	*sem chumbo*	Ölfilter	*filtro de óleo*
bleihaltig	*com chumbo*	Ölwechsel	*mudança de óleo*
Bremsen	*travões*	Reifen	*pneu*
Druck	*pressão*	Scheinwerfer	*farol*
Ersatzteil	*peça de substituição*	Stoßdämpfer	*amortecedor*
Gangschaltung	*mudança de velocidades*	Zylinder	*cilindro*
Gas	*gás*	Zündkerze	*vela*
Getriebe	*transmissão*	Zündung	*ignição*

Einige wichtige Wörter ...

Deutsch	Portugiesisch	Deutsch	Portugiesisch
offen	*aberto*	Streichhölzer	*fósforos*
Weinkellerei	*adega*	Gemeinde	*freguesia*
Trinkwasser	*água potável*	Gasthof	*hospedaria*
Stausee	*albufeira*	Kirche	*igreja*
Dorf	*aldeia*	Pfarrkirche	*igreja matriz*
Aquädukt	*aqueduto*	Insel	*ilha*
Umgebung	*arredores*	Auskünfte	*informações*
Kunsthandwerk	*artesanato*	Garten	*jardim*
Bus	*autocarro*	Zeitung	*jornal*
Autobahn	*autoestrada*	See	*lago*
Allee	*avenida*	Platz	*largo*
Bucht	*baía*	Wäscherei	*lavandaria*
Schiff	*barco*	Aussichtspunkt	*miradouro*
Stausee	*barragem*	Berge	*montanhas*
Sackgasse	*beco*	Berg	*monte*
Friseur	*cabeleireiro*	Kloster	*mosteiro*
Kap	*cabo*	Landschaft	*paisagem*
gepflasterte Straße	*calçada*	Palast, Schloss	*palácio*
Rathaus	*câmara municipal*	Park	*parque*
Überlandbus	*camioneta*	Naturpark	*parque natural*
Kapelle	*capela*	Bügeln	*passar a ferro*
Haus	*casa*	Fischer	*pescador*
Toilette	*casa de banho*	Spaziergang	*passeio*
Burg	*castelo*	Schwimmbad	*piscina*
Friedhof	*cemitério*	Hafen	*porto*
Brunnen	*chafariz*	Stierkampfarena	*praça de touros*
Stadt	*cidade*	Platz	*praça*

Hügel	*colina*	Strand	*praia*
Zug	*comboio*	Landgut	*quinta*
Land-/Stadtkreis	*concelho*	Bach	*ribeira*
Kloster	*convento*	Fluss	*rio*
Küste	*costa*	Stadtstraße	*rua*
Sport	*desporto*	Heiligtum	*santuário*
Straßenbahn	*eléctrico*	Gebirge	*serra*
Aufzug	*elevador*	Tabakladen	*tabacaria*
geschlossen	*encerrado*	Fernseher	*televisor*
Einsiedelei	*ermida*	Turm	*torre*
Polizeistation	*esquadra de polícia*	Querstraße	*travessa*
Bahnhof	*estação de comboios*	Grabmal	*túmulo*
Landstraße	*estrada*	Touristenbüro	*turismo*
Steilküste	*falésia*	Tal	*vale*
geschlossen	*fechado*	Schnellstraße	*via rápida*
Brunnen	*fonte*	Kleinstadt	*vila*

Speiselexikon

Im Restaurant

Ist hier in der Nähe ein Restaurant?	*conhece um restaurante aqui perto?*
Ich möchte etwas essen	*queria comer alguma coisa*
Haben Sie einen freien Tisch?	*tem uma mesa livre?*
Frühstück	*pequeno almoço*
Mittagessen	*almoço*
Abendessen	*jantar (ceia = später Nachtimbiss)*
Bitte die Karte!	*a ementa, por favor!*
Bitte die Weinkarte!	*a carta dos vinhos, por favor!*
Bitte die Nachtischkarte!	*a ementa de sobremesas, por favor!*
Was empfehlen Sie?	*o que recomenda?*
Ich nehme ...	*eu tomo ...*
Guten Appetit!	*bom proveito!* oder *bom apetite!*
Auf Ihr Wohl! Prost!	*saúde!*
Ober!	*faz favor!*
Ich möchte gerne ...	*queria ...*
... mehr Brot	*... mais pão*
... noch ein Bier	*... mais uma cerveja*
Wo ist die Toilette?	*onde fica a casa de banho?*
Die Rechnung bitte	*a conta, se faz favor*
Alles zusammen	*tudo junto*

Getrennt	*separado*		
Die Rechnung stimmt nicht	*a conta está errada*		
Das Beschwerdebuch, bitte!	*traga-me o livro de reclamações, por favor!*		

Suppen (sopas)

Grünkohlsuppe	*caldo verde*	Krautsuppe	*... de nabiça*
Gemüsesuppe	*sopa de legumes*	Fischsuppe	*... de peixe*
Gemüsesuppe	*... de hortaliça*	Hühnerbrühe	*canja*
Meeresfrüchtesuppe	*... de marisco*	Kalte Gemüsesuppe	*gaspacho*

Fische und Meeresfrüchte (peixes e mariscos)

Herzmuschel	*amêijoa*	Hummer	*lavagante*
Hering	*arenque*	Seezunge	*linguado*
Thunfisch	*atum*	Kalamar	*lula*
Kabeljau, Stockfisch	*bacalhau*	Taschenmessermuschel	*lingueirão*
Merlan, Wittling	*badejo*	Miesmuschel	*mexilhão*
Meerbrasse	*besugo*	Scheidemuschel	*navalheira*
Tritonshorn	*burrié*	Austern	*ostras*
Nagelschnecke	*búzio*	Degenfisch	*peixe-espada*
Dornhai	*cação*	Seefüße	*percebes*
Garnele	*camarão*	Schellfisch	*pescada*
Krabbe	*caranguejo*	Weißling	*pescadinha*
Bastardmakrele	*carapau*	Krake	*polvo*
Makrele	*cavala*	Rochen	*raia*
Silberbarsch	*cherne*	Seebarsch	*robalo*
Sepia (Tintenfisch)	*choco*	Steinbutt	*rodovalho*
Grillenkrebs	*cigala*	Meeraal	*safio*
Meeraal	*congro*	Lachs	*salmão*
Rabenfisch	*corvina*	Meerbarbe	*salmonete*
Sackbrasse	*dourada*	Spinnenkrabbe	*santola*
Aal	*eiró, enguia*	Taschenkrebs	*sapateira*
Sprotte	*espadilha*	Makrele	*sarda*
Schwertfisch	*espadarte*	Sardinen	*sardinhas*
Franzosendorsch	*faneca*	Brassen	*sargo*
große Garnelen	*gambas*	Alse (Maifisch)	*sável*
Barsch	*garoupa*	Meeräsche	*tainha*
Languste	*lagosta*	Seeteufel	*tamboril*
kleine Langusten	*lagostins*	Forelle	*truta*
Neunauge	*lampreia*	Kammmuschel	*vieira*

Speiselexikon 507

Fleisch (carne)

Fleischknödel	*almôndegas*	Hühnerinnereien	*moelas*
Rindersteak	*bife*	Lebergericht	*iscas*
kl. Rindersteak	*bitoque*	Wildschwein	*javali*
Lamm	*borrego*	Hase	*lebre*
wild	*bravo*	Spanferkel	*leitão*
Pansen	*bucho*	Zunge	*língua*
Zicklein	*cabrito*	dünne Wurst	*linguiça*
Schnecken	*caracóis*	Lende	*lombo, lombinho*
Hammel	*carneiro*	junger Stier	*novilho*
Hackfleisch	*carne picada*	Schinkenwurst	*paio*
Schweinshaxe	*chispe*	Ente	*pato*
geräucherte Wurst	*chouriço*	Pfau	*pavão*
Wachtel	*codorniz*	Rebhuhn	*perdiz*
Kaninchen	*coelho*	Truthahn	*peru*
Kotelett	*costeletas*	Hackbraten	*picado*
Mittelrippenstück	*entrecosto*	Taube	*pombo*
Schnitzel	*escalopes*	Schwein	*porco*
Fasan	*faisão*	kl. Rinderschnitzel	*prego*
mageres Fleisch	*febras*	Räucherschinken	*presunto*
Kochschinken	*fiambre*	Würstchen	*salsichas*
Leber	*fígado*	Kutteln	*tripas*
Hähnchen	*frango*	Rind	*vaca*
Huhn	*galinha*	Kalb	*vitela*

Gemüse (legumes)

Kürbis	*abóbora*	Erbsen	*ervilhas*
Kresse	*agrião*	Spargel	*espargo*
Artischocke	*alcachofra*	Spinat	*espinafre*
grüner Salat	*alface*	dicke Bohnen	*favas*
Knoblauch	*alho*	Bohnen	*feijão*
Reis	*arroz*	Kichererbsen	*grão*
Oliven	*azeitonas*	Linsen	*lentilhas*
gekochte Kartoffeln	*batatas cozidas*	Mais	*milho*
Pommes Frites	*batatas fritas*	Kraut	*nabiça*
Auberginen	*beringelas*	Rübe	*nabo*
Kastanien	*castanhas*	Gurke	*pepino*
Zwiebel	*cebola*	Paprika	*pimento*
Karotte	*cenoura*	Lauch	*porro*
Pilze	*cogumelos*	Radieschen	*rabanetes*
Grünkohl	*couve*	gemischter Salat	*salada mista*

Rosenkohl	*couve de bruxelas*	Petersilie	*salsa*
Blumenkohl	*couve-flor*	Tomate	*tomate*
Weißkohl	*couve-lombarda*		

Gewürze (condimentos)

Zucker	*açúcar*	Majonese	*maionesa*
Rosmarin	*alecrim*	Majoran	*manjerona*
Knoblauch	*alho*	Senf	*mostarda*
Dill	*aneto*	Oregano	*orégão*
Olivenöl	*azeite*	Pfeffer	*pimenta*
Zimt	*canela*	Chili	*piri-piri*
Curry	*caril*	Salz	*sal*
grüner Koriander	*coentro*	Petersilie	*salsa*
Lorbeer	*louro*	Thymian	*tomilho*
Basilikum	*manjericão*	Essig	*vinagre*

Nachspeisen (sobremesas)

Milchreis	*arroz doce*	Sahne	*nata*
Karamel-Creme mit Nüssen	*baba de camelo*	Eiweiß-Creme mit Biskuit	*natas do céu*
Puddingberliner	*bola com creme*	Törtchen	*pastel*
Kuchen	*bolo*	Cremetörtchen	*pastel de nata*
Kekskuchen	*bolo de bolacha*	Pudding-Karamel	*pudim flan*
Schlagsahne	*chantilly*	Käse	*queijo*
Gefrorene Sahne mit Mandel-Creme	*doce da avó*	Bergkäse	*queijo da serra*
Eiscreme	*gelado*	"Armer Ritter"	*rabanadas*
Milchcreme	*leite creme*	Fruchtsalat	*salada de frutas*
Bratapfel	*maçã assada*	Torte	*tarte*
Mousse au chocolat	*mousse de chocolate*	Eigelbspeise mit Mandel	*toucinho do céu*

Obst / Nüsse (frutas / nozes)

Avocado	*abacate*	Zitrone	*limão*
Aprikose	*alperce*	Limetten	*lima*
Pflaume	*ameixa*	Apfel	*maçã*
Mandeln	*amêndoas*	Wassermelone	*melancia*
Erdnüsse	*amendoins*	Honigmelone	*melão*
Brombeere	*amora*	Erdbeere	*morango*
Ananas	*ananás*	Nektarine	*nectarina*
Haselnüsse	*avelãs*	Birne	*pêra*
Banane	*banana*	Pfirsich	*pêssego*
Kirsche	*cereja*	Dattel	*tâmara*

Feige	*figo*	Mandarine	*tangerina*
Himbeere	*framboesa*	Grapefruit	*toranja*
Orange	*laranja*	Trauben	*uvas*

Zubereitung (modo de preparação)

zugedeckt	*abafado*	geschmort	*guisado*
gebraten	*assado*	schlecht durch	*mal passado*
gut durch	*bem passado*	mittel durch	*médio*
rot	*corado*	über Holzkohle gegrillt	*na brasa*
gekocht	*cozido*	im Krug	*no púcaro*
süß	*doce*	am Bratspieß	*no espeto*
eingerollt	*enrolado*	im Ofen	*no forno*
mariniert	*de escabeche*	paniert	*panado*
geschmort	*estufado*	scharf	*picante*
frittiert	*frito*	Püree	*puré*
geräuchert	*fumado*	gefüllt	*recheado*
gegrillt	*grelhado*		

Diverse Gerichte (pratos diversos)

Brotbrei mit ...	*açorda de ...*
Herzmuscheln mit Zitronensaft	*amêijoas à Bulhão Pato*
Reiseintopf mit ...	*arroz de ...*
Bacalhau mit Pommes Frites und Eiern vermischt	*bacalhau à Brás*
Bacalhau am Stück gekocht mit Grünkohlblättern, gekochten Kartoffeln und einem hart gekochten Ei	*bacalhau de consoada* oder *... com todos*
Bacalhau in Mehl gewendet mit Spinat	*bacalhau à delícia*
Bacalhau mit gekochten Kartoffeln und Zwiebeln	*bacalhau à Gomes de Sá*
Bacalhau mit fritierten Kartoffelscheiben und Zwiebeln	*bacalhau à minhota*
Bacalhau mit Kartoffelpüree aus dem Ofen	*bacalhau à Zé do Pipo*
Rindersteak mit Sahne	*bife à café* oder *à Marrare*
Thunfischsteak (aus frischem Thunfisch)	*bife de atum*
Steak mit Zwiebeln, Knoblauch, Lorbeer, Tomaten	*bife de cebolada*
Geflügelkleinspeise (sprich Geflügelinnereien)	*cabidela*
kapverdischer Bohneneintopf	*cachupa*
Fischeintopf	*caldeirada*
Schweinefleisch mit Muscheln	*carne de porco à alentejana*
In einer Kupferpfanne gekochte und servierte Meeresfrüchte, Fleisch- oder Fischstücke	*cataplana*
In Rotwein zubereitetes Ziegenfleisch	*chanfana*
Eintopf mit Rinds-, Schweine- und Hühnerfleisch, dazu Schlachtwurst, Reis, Kartoffeln und Karotten	*cozido à portuguesa*
Rinderkutteln mit Hühnerfleisch und Bohnen	*dobrada*

Speiselexikon

Gulasch (mit Fleisch, Fisch oder Meeresfrüchten)	*ensopado de ...*
Spaghetti	*espaguete*
Spieß mit ...	*espetada de ...*
Bohneneintopf mit ...	*feijoada de ...*
Bohneneintopf mit Räucherwurst (*chouriço*), Blutwurst und Speck	*feijoada à portuguesa*
Bohneneintopf mit Kutteln	*feijoada à transmontana*
Rindfleisch mit gekochten Kartoffeln, Karotten, Erbsen und Schlachtwurst	*jardineira*
frittierte Tintenfischringe mit gekochten Kartoffeln	*lulas à francesa*
frittierte Tintenfischringe mit Reis und Salat	*lulas à sevilhana*
Tintenfische mit gemischtem Hackfleisch gefüllt	*lulas recheadas*
Nudeleintopf mit ...	*massada de ...*
Gericht aus eingeweichten Maisbrotkrumen	*migas*
Geflügelklein (Innereien)	*miúdos de frango*
gegrilltes Fleisch brasilianischer Art	*picanha*
Garnelenfrikadellen	*rissóis de camarão*
verschiedene Sorten gegrilltes Fleisch in beliebiger Menge (brasilianisch)	*rodízio de carne*
Schweinefleischstückchen mit geronnenem Schweineblut, Leber, Innereien und Kartoffeln	*rojões*
Thunfischsalat mit schwarzen Oliven, Tomaten- und grünem Salat sowie gekochten Kartoffeln	*salada de atum*
Schweineblutgericht	*sarrabulho*
Fleischbrühe mit Brot, Ei, Knoblauch und Koriander	*sopa alentejana*

Snacks (petiscos)

Schweineschnitzel im Brötchen	*bifana*	Kl. Rindersteak im Brötchen	*prego*
Pasteten aus ...	*pastéis de ...*	Gebratenes Fleisch	*carne assada*
Frikadellen aus ...	*rissóis de ...*	Hot Dog	*cachorro*
... Bacalhau	*... bacalhau*	Schnecken	*caracóis*
... Krabben	*... camarão*	Gemischter Toast	*tosta mista*
... Fleisch	*... carne*	Käsetoast	*tosta com queijo*
... mit Hühnchen	*... de galinha*	Hühnerschenkel	*coxa*
Buttertoast	*torrada*	kleine Pastete	*empada*
Schinkentoast	*tosta com fiambre*	Räucherwurstbrot	*pão com chouriço*

Eier (ovos)

Spiegeleier	*ovos estrelados*	Omelett mit Muscheln	*omeleta de berbigão*
Eier mit Speck	*ovos com toucinho*	... Krabben	*... de camarão*
Hartes Ei	*ovo cozido*	... Kochschinken	*... de fiambre*
Weiches Ei	*ovo quente*	..Räucherschinken	*... de presunto*
Rührei	*ovos mexidos*	... Käse	*... de queijo*
Omelett	*omeleta simples*	... Kartoffeln	*tortilha*

Sonstiges (diversos)

Tresen	*balcão*	Beschwerdebuch	*livro de reclamações*
Tablett	*bandeja*	Butter	*manteiga*
Löffel	*colher*	halbe Portion	*meia dose*
kleiner Löffel	*colher de sobremesa*	Tisch	*mesa*
Rechnung	*conta*	Sauce	*molho*
Bedienung	*empregado(a)*	Sahne	*nata*
Terrasse	*esplanada*	Zahnstocher	*palitos*
Messer	*faca*	Brot	*pão*
Gabel	*garfo*	Teller	*prato*
Geschäftsführer	*gerente*	Käse	*queijo*
Serviette	*guardanapo*	Frischkäse	*queijo fresco*

Getränke (bebidas)

Leitungswasser	*água da torneira*	normales Fassbier	*imperial*
Kaffee (Espresso)	*bica*	Krug	*jarro*
voller Espresso	*bica cheia*	Dose	*lata*
kleiner Espresso	*bica italiana*	Milch	*leite*
Koffeinfreier Kaffee	*café descafeinado*	Kakao	*leite com chocolate*
doppelter Espresso	*café duplo*	leicht	*leve*
		lauwarm	*morno*
großes Fassbier	*caneca de cerveja*	Kaffee halb mit Milch verdünnt	*meia de leite*
Espresso mit Wasser verdünnt	*carioca*	Flasche (klein, groß)	*garrafa (pequena, grande)*
Mineralwasser mit/ ohne Kohlensäure	*água mineral com/ sem gás*		

512 Speiselexikon

Während der Junifeiern in Lissabon wird fast die ganze Alfama ein Straßenrestaurant

Bier	*cerveja*
Tee	*chá*
Glas	*copo*
kleines Fassbier	*fino*
kalt	*fresco*
großer Milchkaffee	*galão*
kleiner Milchkaffee	*garoto*
Heißes Wasser mit Zitrone	*carioca de limão*
normal temperiert	*natural*
heiß	*quente*
trocken	*seco*
Limonade	*limonada*
Fruchtsaft aus …	*sumo natural de …*
Weißwein	*vinho branco*
Portwein	*vinho do Porto*
Rotwein	*vinho tinto*

Wir möchten Sie gern kennen lernen ...

... um unsere Reisehandbücher noch besser auf Ihre Bedürfnisse abstimmen zu können. Deshalb auf dieser Doppelseite ein kurzer Fragebogen zu Ihrer letzten Reise mit einem unserer Handbücher.

Als Belohnung winken ...

... natürlich Reisehandbücher. Jeweils zum Jahresende verlost der Michael Müller Verlag unter allen Einsendern des Fragebogens 50-mal je ein Reisehandbuch Ihrer Wahl aus unserem Programm.
(Der Rechtsweg ist ausgeschlossen)

Es bleibt natürlich alles unter uns ...

... Selbstverständlich garantieren wir absoluten Datenschutz und geben keine Adressen weiter. Versprochen!
Vielen Dank für ihre Mitarbeit und ... viel Glück!

Fragebogen

Ihre Reise

1) Mit welchem unserer Bücher waren Sie unterwegs? ....
   Und wann (Monat/Jahr)? ....
2) Mit wie vielen Personen reisten Sie? Bitte kreuzen Sie an: ....
   ☐ allein   ☐ zu zweit   ☐ drei Personen oder mehr ....
   Mit Kindern?   ☐ Nein   ☐ Ja (Alter? .... Jahre)
4) Wie lange dauerte Ihre Reise?
   ☐ bis 1 Woche ☐ bis 2 Wochen ☐ bis 3 Wochen ☐ über 3 Wochen
5) Hatten Sie Unterkunft und Anreise als Kombination bereits vorgebucht?
   ☐ Ja ☐ Nein
6) Welche/s Verkehrsmittel benutzten Sie zur Anreise? (Mehrfachnennungen möglich)
   ☐ Bahn ☐ Bus ☐ Flug ☐ Auto/Motorrad ☐ Fähre
   ☐ Sonstiges, nämlich
7) Mit welchem(n) Verkehrsmittel(n) waren Sie im Zielgebiet überwiegend unterwegs (Mehrfachnennungen möglich)?
   ☐ Bahn   ☐ Bus   ☐ eigenes Auto/Motorrad   ☐ Mietfahrzeug ☐ Fähre
   ☐ anderes Verkehrsmittel, nämlich ....
   ☐ gar nicht, blieb an einem Ort
8) Wo übernachteten Sie vorwiegend?
   ☐ Gehobene Hotels   ☐ Mittelklassehotels ☐ Landestypische Pensionen
   ☐ Privatzimmer ☐ Camping   ☐ andere Unterkunft, nämlich ....
9) War es Ihre einzige Urlaubsreise in diesem Jahr?
   ☐ Ja   ☐ Nein, ich verreise öfter mal für 1 Woche oder mehr, nämlich pro Jahr:
   ☐ 2x   ☐ 3x   ☐ 4x oder mehr;
   und dann meist ins: ☐ Inland   ☐ Ausland

Ihr Reisehandbuch vom Michael Müller Verlag

1) Sind Sie das erste Mal mit einem unserer Reisehandbücher unterwegs gewesen?
   ....
   ☐ Ja ☐ Nein, vorher schon (Titel): ....
2) Wie lernten Sie unseren Verlag kennen?
   ☐ Empfehlung vom Buchhändler ☐ Empfehlung von Bekannten
   ☐ Habe das Buch zufällig im Buchhändlerregal entdeckt
   ☐ Über eine Anzeige in .... ☐ anders, nämlich ....
3) Insgesamt gesehen, waren Sie mit diesem Reisehandbuch
   ☐ nicht zufrieden ☐ zufrieden
4) Wir würden gerne wissen, wo wir in unseren Reisehandbüchern etwas verbessern können. Bitte geben sie deshalb den einzelnen Komponenten dieses Buches "Schulnoten" von 1 bis 6 und begründen Sie bitte Ihre Benotung.

	Note	Grund
Prakt. Informationen vor der Reise		
Geschichte		
Landeskundliches		
Orte und Regionen		
Sehenswürdigkeiten		
Prakt. Informationen unterwegs		

5) Was hat Ihnen an diesem Reisehandbuch besonders gefallen?
   ☐ Nichts Spezielles ☐ Doch, und zwar ....
6) Und was hat Sie am meisten gestört?
   ☐ Nichts Spezielles ☐ Doch, und zwar ....
7) Worüber hätten Sie gern mehr erfahren?
   ☐ Über ....
   ☐ Alle Informationen waren ausreichend
8) Unser Verlagsprogramm finden Sie auf den nächsten Seiten. Welche(s) Ziel(e) innerhalb Europas und des Mittelmeerraumes fehlt bzw. fehlen Ihnen in diesem Programm?
   ☐ Kein Ziel ☐ Doch, nämlich ....
9) Welches Reisehandbuch aus unserem Programm möchten Sie gewinnen?

Nun würden wir Ihnen gerne noch einige Fragen zu Ihren persönlichen Daten stellen (Datenschutz ist selbstverständlich gewährleistet)
Alter: .... Jahre
Familienstand: ☐ ledig ☐ verheiratet ☐ Kinder
Schulabschluss: ☐ Hauptschule ☐ Realschule ☐ Abitur
                ☐ Studium ☐ Beruf: ....

Fragebogen ausschneiden und an unsere Verlagsanschrift schicken (siehe unten). Bitte vergessen Sie nicht, für die Gewinnbenachrichtigung Ihren Namen und Adresse zu notieren.

Name: ....
Straße: ....
PLZ/Ort: ....

Michael Müller Verlag GmbH, Gerberei 19, 91054 Erlangen, Fax: 09131/207541

Vielen Dank thank you merci efcharistó gracias grazie tesekkür dekuji köszönöm

Raum für Notizen

Raum für Notizen

Raum für Notizen

Hoch über dem Atlantik: Kapelle am Cabo Espichel

Sach- und Personenregister

A

25. April (Feierlichkeiten) 193
Abendessen 155
Adressen 70
Aero-Bus 120
Afonso Henriques (König) 28
Albergaria 140
Alleinreisende Frauen 76
Anreise 18
Antiquitäten 186
Antonius von Padua 194
Antunes, António Lobo (Schriftsteller) 314
Apotheken 79
Appartements 141
Aquário Vasco da Gama (Algés) 348
Aqueduto das Águas Livres 292
Araber 27
Arbeitslosenquote 67
Architektur, moderne 270
Ärzte, deutschsprachige 79
Assembleia da República (Parlament) 286
Aufenthaltsgenehmigung 71
Aufzüge 123
Auskunft, telefonische 91
Auto 130
Auto (Anreise) 23
Autoestradas 131
Autoreisezüge 23
Autos, abgeschleppte 131
Aviz (Dynastie) 30
Azulejogeschäfte 186
Azulejos 333

B

Bacalhau 156
Baden 219
Bahn (Anreise) 18
Barock 105
Bars/Kneipen 209
Behinderte 71
Beilagen 158
Benfica (Fußballclub) 319
Bibliothek (Mafra) 427
Bibliotheken 201
Bier 161
Blaue Flagge 222
Blumenmarkt 185
Boca do Inferno 378
Bodyboarden 227
Boitaca, Diogo de 304
Börse 67
Botschaften, deutsche, österr., schweiz. 72
Botschaften, portugies. 73
Bowling 223
Bragança (Dynastie) 34
Briefmarken (Markt) 185
Bücher (gebraucht) 189
Buchhandlungen 189
Buchmesse 189
Burg (Palmela) 484
Burgund (Dynastie) 28
Bus (Anreise) 22
Busbahnhof 22

C

Cabral, Pedro Álvares 32
Caetano, Marcello 46
Cais do Sodré (Metro) 275
Calatrava, Santiago 325
Câmara Municipal (Rathaus) 234
Camões, Luís de (Grab) 306
Camões, Luís Vaz de 200
Camping 143
Campo Pequeno 268

Sach- und Personenregister 521

Carris 118, 119
Cartão Jovem 73
Casa de Hóspedes 141
Casa dos Bicos 243
Casa Fernando Pessoa 289
Casino (Estoril) 358, 364
Castelo (Torres Vedras) 436
Castelo de São Filipe
  (Setúbal) 492
Castelo dos Mouros (Sintra)
  401
Castelo São Jorge (Burg) 250
CDs 191
Cemitério Alto de São João
  (Ostfriedhof) 324
Cemitério da Ajuda
  (Friedhof) 312
Cemitério dos Prazeres
  (Westfriedhof) 288
Centro Cultural de Belém 308
Cervejarias 154
Chafariz d'El Rei (Brunnen) 246
Churrasqueiras 154
Coliseu dos Recreios 238
Convento da Arrábida 475
Convento das Bernardas 287
Convento dos Capuchos
  (Sintra) 405
Couvert 155
Cristo-Rei (Statue) 457
Cruz Alta (Sintra) 402

D

Delgado, Humberto
  (General) 45
Deutsche Welle 87
Diebstahl 137
Diebstahl (Bank-Karte) 77
Diebstahl (Kreditkarte) 78
Diskotheken 215
Dormidas 141
Drogen 74

E

Eiffel, Gustav 240
Einkaufen 180
Einkaufszentren 180
Einreisebestimmungen 75
Eléctricos 121
Elektrizität 75
Erdbeben (1755) 105, 230
Ermäßigungen 118
Eroberungen 102
Espaço Monsanto 318
Essen & Trinken 153
Essenszeiten 155
Estação Santa Apolónia 243

Estádio da Luz 318
Estádio de Alvalade 322
Estado Novo 42, 109
Estalagem 140
Estoril-Open (Tennis) 366
Estufa Fria (kaltes
  Gewächshaus) 268
Estufa Quente (heißes
  Gewächshaus) 268
EU-Hilfen 68
Eukalyptus 65
Eusébio (Fußballspieler) 318
EXPO 1998 112, 325
Express-Busse 120

F

Fado 203
Fahne 58
Fähren 127
Fahrkarten (Carris) 119
Fahrrad 133
Fahrradmitnahme 22
Fátima, Wunder von 40
Feiertage 75
Feira da Ladra (Flohmarkt) 185
Feira Internacional de
  Lisboa – FIL 325
Feira Popular
  (Volksfestplatz) 271
Felsengrab von Monge
  (Serra de Sintra) 409
Ferienwohnungen 141
Fernbusse 128
Fernsehen 76
Festa da Nossa Senhora do
  Cabo (Cabo Espichel) 464
Festas da Semana Sadina
  (Setúbal) 489
Feste 193
Film, portugiesischer 199
Fisch 156
Fischauktionen (Cascais) 367
Fischfang 64
FKK 221
Fleischgerichte 155
Flohmärkte 185
Flug (Anreise) 20
Fluggesellschaften
  (Citybüros) 136
Flughafen Lissabon 21
Formel-1-Rennen (Estoril) 366
Forte de Oitavos 378
Foto 86
Franco, Francisco (span.
  Diktator) 43
Frauen 76
Fremdenfüher 137

Frühstück 155
Fundbüro 137
Funktaxis 130
Fußball 196
Fußballfanatismus 196

G

Galerien 197
Galerien, römische 234
Gama, Vasco da 32,
  (Grab) 306
Gare do Oriente
  (Hauptbahnhof) 325
Geld 77
Geldanweisungen 78
Gepäckschließfächer 137
Germanen 26
Geschichte 25
Gesellschaft 55
Gesundheit 78
Gesundheitszentren 80
Getränke 159
Gewerkschaften 68
Glockenspiel (Mafra) 427
Goethe-Institut 201
Golfen 223
Gotik 101
Großbrand (1988) 111
Grotten (Praia da Adraga) 416
Gulbenkian, Calouste Sarkis
  339
Guterres, António 53

H

Hafen Lissabon 300
Hauptbahnhof (Anreise) 20
Hauptbahnhof (Gare do
  Oriente) 325
Haustiere 81
Heinrich der Seefahrer 30
Herculano, Alexandre
  (Grab) 308
Homöopathie 80
Homosexuelle 86
Honório (Mönch) 405
Hospitäler 80
Hotels 140
House 202
Hunger, nächtlicher 218

I

Industrie 65
Informationen 81
Inlineskaten 224
Instituto Superior de
  Agronomia 300
Instituto Superior Técnico 270

Sach- und Personenregister

Integralismo Lusitano 44
Interior 59
Internet 82
Internetcafés 178
InterRail 19

J

Jardim Botânico 279
Jardim Botânico da Ajuda 312
Jardim da Estrela 284
Jardim do Cabeço das Rolas 328
Jardim do Torel 258
Jardim do Ultramar 302
Jardim Zoológico (Zoo) 315
Jardins Garcia de Orta 326
Jazz 203
Jazz-Festival (Cascais) 376
João da Silva 343
Joggen 224
Judenverfolgung 61
Jugendherbergen 142
Juni (Feste) 194

K

Kaffee 173
Karneval 193
Karneval (Torres Vedras) 434
Karten 82
Kartenvorverkauf 192
Karthager 25
Keramikgeschäfte 186
Kinder 82
Kino 198
Kirche 60
Klassik 202
Kleider-Markt (Carcavelos) 357
Kleidung 83
Klima 84
Kolonialkriege 46
Kolumbus, Christoph 32
Kondome 80
Kork 65
Korkeichen 450
Krankenhäuser 80
Krankenversicherung 78
Kreditkarten 77
Kreuzfahrten 24
Kriminalität 85
Kunsthandwerk 186
Kunsthandwerksdorf (Sobreiro) 428
Kunsthandwerksmesse (Estoril) 365

L

Landeskunde (Literatur) 69
Landflucht 59
Landwirtschaft 64
Leitungswasser 86
Lesben 86
Linhas de Torres Vedras 437
Lisnave 454
Lissabon 96
Lissabon an einem Tag 231
Literatur 200
Litoral 59
Lojas de Conveniência 182
Lusitania (römische Provinz) 26
Lusitanien 99
Lusitanier 26

M

Madredeus 201
Mãe d'Água 293
Manierismus 104
Manini, Luigi 397
Manuel I. (König) 32
Manuelinik 103
Marathon 224
Mariscos 157
Marisqueiras 154
Markthallen 184
Marmor 65
Mauren 27
Maut (Autobahngebühren) 131
Meeresfrüchte 157
Messe Lissabon 325
Metro 118
Metrostationen 271
MFA - Movimento das Forças Armadas 47
Mietwagen 132
Militärputsch 28. Mai 1926 41
Minigolf (Algés) 347
Miradouro do Calhau 317
Miradouro Nossa Senhora do Monte 253
Miradouro Santa Catarina 280
Miradouro Santa Luzia (Aussichtspunkt) 249
Miradouro São Pedro de Alcântara 275
Mittagessen 155
Mobiltelefon 92
Modegeschäfte 188
Módulos (Carris) 119
Monatskarte (Metro) 119
Monatskarten 118
Monatskarten (Carris) 119

Monteiro, Porfírio Pardal 109
Moschee 61
Mountainbike (Serra da Arrábida) 475
Mountainbike (Serra de Sintra) 406
Münzen, Markt 185
Muscheln 157
Museumscafés 178
Musik 201

N/O

Nachspeisen 158
Nachtbusse 120
Namensgebung 98
Napoleon I. (franz. Kaiser) 35
Naturkost 183
Naturschutzgebiet des Sado 494
Nelkenrevolution 47
Neuchristen 61
Neujahr 193
Notruf 80
Núcleo Arqueológico da Rua dos Correeiros 234
Oben-ohne-baden 221
Öffnungszeiten 86
Olisipónia 251
Oliveira, Manoel de 199
Oper 206
Ozeanarium 327

P

Pacheco, Duarte 109
Paços do Concelho (Rathaus) 234
Padrão dos Descobrimentos 309
Palácio Anjos (Algés) 347
Palácio das Necessidades 299
Palácio de Belém 301
Palácio de Monserrate (Sintra) 404
Palácio de Seteais (Sintra) 388
Palácio do Beau Séjour 318
Palácio do Marquês de Pombal (Oeiras) 354
Palácio dos Marqueses de Fronteira 315
Palácio Nacional da Ajuda 310
Palácio Nacional da Pena (Sintra) 402
Palácio Nacional de Mafra (Mafra) 425
Palácio Nacional de Queluz (Queluz) 384

Sach- und Personenregister 523

Delphin-Brunnen am Castelo São Jorge

Palácio Nacional de Sintra (Sintra) 396
Paläste (Cascais) 367
Pannenhilfe 24
Panteão Nacional 257
Paragliding 463
Parkeinweiser (Arrumadores) 131
Parken 131
Parks (Cascais) 367
Parque (Metro) 272
Parque da Liberdade (Sintra) 396
Parque da Pena (Sintra) 402
Parque do Monteiro-Mor 321
Parque Eduardo VII 264, 265
Parque Urbano dos Moinhos de Santana 313
Parteien 56
Passeio Público 259
Pavilhão Atlântico 326
Pavilhão dos Desportos Carlos Lopes 268
Pensionen 140
Pessoa, Fernando (Dichter) 200, 289, (Grab) 308
Phönizier 99
Photo 86
Pinto, Fernão Mendes 456
Planetário Calouste Gulbenkian 308

Politik 55
Polizei 86, 137
Pombal, Marquês de 35, 106
Ponsard, Raúl Mesnier de 240
Ponte 25 de Abril 298
Ponte Vasco da Gama (Brücke) 328
Popkonzerte 202
Popmusik 201
Portogebühren 87
Portucale (Grafschaft) 28
Portwein 160
Portweinprobierlokal 212
Post 87
Postleitzahlen 70
Pousada 140
Privatzimmer 140, 141
Programmzeitschriften 192

Q/R

Queiroz, Eça de 285
Quinta da Regaleira (Sintra) 397
Quinta Granja 319
Radio 87
Radwege 133
Rathaus (Lissabon) 234
Rathaus (Sintra) 388
Reblaus 413
Reconquista 27

Regeln (Bus und Straßenbahn) 120
Regeneração 107
Regionaler Aufbau 59
Reisegepäckversicherung 93
Reiserücktrittversicherung 93
Reiseveranstalter 18
Reisezeiten 85
Reiten 224
Reiterferien 441
Reklamationen 89
Renaissance 104
Residencial 141
Restaurants, Lissabon 162
Retornados 48, 111
R-Gespräche 91
Rockkonzerte 202
Rockmusik 201
Rodrigues, Amália 204
Rokoko 107
Rollstuhlfahrer (Busservice) 72
Romanik 101
Romantik 107
Römer 26
Rossio (Bahnhof) 236
Rundkapelle (Janas) 420

S

Salazar, Ana 189
Salazar, António de Oliveira 42
Sampaio, Jorge 53

Sandsteinklippen (Costa da Caparica) 461
Saramago, José (Schriftsteller) 262
Saudade 113
Schiff (Anreise) 24
Schmuck 186
Schnaps 161
Schnorcheln 225
Schwarzpulverfabrik 386
Schwimmbäder 222
Schwule 86
Sebastianismo 33
Second-Hand-Mode 189
Segeln 225
Segelschifffahrten (Vila Franca) 440
Seilbahn 328
Seilfabrik 301
Silva, Aníbal Cavaco 52
Silva, Maria Helena Vieira da 344
Sklaverei 32
SMS 92
Snacks 159
Soares, Mário 51
Souvenirs 186
Sport 219
Sport Lisboa e Benfica (Fußballmannschaft) 319
Sporting Clube de Portugal (Fußballclub) 322
Sprachkenntnisse 89
Sprachlehrbücher 90
Sprachschulen 90
Squash 226
Staatssicherheit PIDE 242
Stadien 197
Stadtbusse 120
Stadtfeiertag (Lissabon) 194
Stadtpläne 82
Stadtrundfahrten 129
Staus 130
Steuerkarte 71
Stierhatzen (Alcochete) 446
Stierhatzen (Arruda dos Vinhos) 437
Stierhatzen (Vila Franca de Xira) 440
Stierkampf 269
Stierkämpfe (Vila Franca de Xira) 440
Straßenbahn (Colares-Sintra) 413
Straßenbahn, historische (Sintra) 392
Straßenbahnen 121
Straßenbahnlinie 12 243
Straßenbahnlinie 28 122
Straßenkarten 82
Studentenausweis 90
Studentenfest 193
Studieren 90
Supermärkte 182
Suppen 155
Surfen 226
Surfen (Carcavelos) 356
Surfen (Ericeira) 432
Surfen (Estoril) 359
Surfschule 228

T/U

Tageskarte (Metro) 119
Tageskarten (Carris) 119
Talgo 20
Tascas 159
Tauchen 224, 225
Taxi 129
Teatro Nacional Dona Maria II 236
Teatro Romano 248
Techno 202
Tejobrücke 25 de Abril 298
Tejobrücke Vasco da Gama 328
Tejo-Flussdelta (Alcochete) 448
Telefonieren 91
Telefonladen 138
Telefonzellen 91
Telenovelas 76
Tennis 226
Teppiche 186, 187
Terreiro do Paço 232
Theater 206
Tintenfische 157
Toiletten 92
Tordesillas, Vertrag von 32
Torre de Belém 309
Torre Vasco da Gama 328
Tourismus 66
Touristikämter 81
Trampen 24
Trinkgeld 93
Trinkgeld (Taxi) 130
Turismo (Lissabon) 136
Turismo de Habitação 141
Turismo Rural 141
TwenTicket 19
Überbuchung 21
Übernachten 139

Umwelt 62
Universität, erste 101

V

Verfassung 55
Verhaltensknigge 93
Verkehrstipps Frankreich 24
Verkehrstipps Portugal 24
Verkehrstipps Spanien 24
Versicherungen 93
Viertel, unsichere 85
Vinho Verde 160
Viriatus 26
Vorortbusse 128
Vorspeisen 155

W

Waldbrände 62
Wanderkarten 82
Wanderungen in der Serra da Arrábida 475
Wanderungen in der Serra de Sintra 406
Wäschereien 138
Wassertemperaturen 220
Wein 65, 159
Wein (Carcavelos) 356
Weinanbau Colares 413
Weinfest (Palmela) 486
Weingut (Azeitão) 470
Weinläden 182
Weinprobierlokal 210
Wellenreiten 226, 227
Weltempfänger 87
Weltkrieg, erster 39
Weltmusik 203
Wildes Campen 143
Windmühlen (Lissabon) 313
Windsurfen 229
Windsurfen (Guincho) 379
Windsurfen, Lagoa de Albufeira 462
Wirtschaft 63
Wohnen 93
Wörterbücher 90

Z

Zeit 95
Zeitungen 95
Zoll 75
Zoo 315
Züge, Nahverkehr 124
Zyklon (Cascais) 368

Kirchen

Igreja de Jesus in Lissabon

Basílica da Estrela (Basilika) 284
Basilika (Mafra) 427
Capela da Gandarinha (Cascais) 378
Capela da Peninha (Sintra) 406
Capela de Santo António (Ericeira) 428
Capela de São Jerónimos (Belém) 310
Capela de São Mamede (Janas) 420
Capela de São Sebastião (Ericeira) 428
Convento dos Capuchos (Costa da Caparica) 458
Convento dos Cardais (Kirche und Kloster) 279
Ermida de Belém (Kapelle) 310
Ermida de Nossa Senhora da Saúde e São Sebastião 252
Ermida de Santo Amaro (Kapelle) 298
Igreja da Conceição Velha 234
Igreja da Encarnação 241
Igreja da Graça 254
Igreja da Memória 302
Igreja da Misericórdia (Alcochete) 445
Igreja da Nossa Senhora da Luz 320
Igreja da Nossa Senhora do Cabo (Cabo Espichel) 464
Igreja de Jesus 284
Igreja de Jesus (Setúbal) 492
Igreja de Nossa Senhora da Purificação (Bucelas) 422
Igreja de Santa Engrácia 257
Igreja de Santa Luzia 249
Igreja de Santa Maria da Graça (Setúbal) 492
Igreja de Santiago (Palmela) 484
Igreja de Santo António (Estoril) 358
Igreja de Santo António de Lisboa 248
Igreja de São Julião (Setúbal) 492
Igreja de São Pedro (Torres Vedras) 433
Igreja de São Roque 275
Igreja de Sta. Maria do Castelo (Torres Vedras) 436
Igreja do Convento de São Domingos 237
Igreja do Convento de São Domingos de Benfica 317
Igreja do Convento do Carmo 240
Igreja do Loreto 241
Igreja e Convento da Graça (Torres Vedras) 436
Igreja e Mosteiro São Vicente de Fora (Kirche und Kloster) 256
Igreja Madre de Deus 324
Igreja Matriz (Colares) 412
Igreja Matriz de São Pedro (Palmela) 484
Igreja Matriz do Espírito Santo (Montijo) 450
Igreja Nossa Senhora da Salvação (Arruda dos Vinhos) 437
Igreja Santa Maria do Castelo (Palmela) 484
Igreja Santa Maria do Castelo (Sesimbra) 466
Igreja São Lourenço (Azeitão) 470
Mosteiro dos Jerónimos (Kirche und Kloster) 304
Sé (Kathedrale) 246, 247

Museen

Casa do Fado e da Guitarra Portuguesa 337
Casa Museu Dr. Anastásio Gonçalves 337
Casa-Museu Amália Rodrigues 342
Casa-Museu Atelier Anjos Teixeira (Sintra) 400
Casa-Museu Medeiros e Almeida 340
Casa-Museu Mestre João da Silva 343
Centro de Arte Moderna 338
Espaço Memória dos Exílios (Estoril) 366
Fundação Arpad Szenes/Vieira da Silva 343
Museu Arqueológico 330
Museu Arqueológico de Odrinhas (Sintra) 400
Museu da Água da EPAL 329
Museu da Carris 334
Museu da Cerâmica (Sacavém) 442
Museu da Cidade 334
Museu da Electricidade 336
Museu da Marioneta 340
Museu da Música 341
Museu da Pólvora Negra (Barcarena) 386
Museu da República e Resistência 341
Museu das Artes Decorativas 331
Museu das Comunicações 335
Museu de Arte Moderna (Sintra) 398
Museu de Arte Popular 331
Museu de Calouste Gulbenkian 338
Museu de Ciência 335
Museu de Macau 339
Museu de Marinha 340
Museu de São Roque 275
Museu de Setúbal (Setúbal) 492
Museu do Ar (Alverca) 442
Museu do Automóvel Antigo (Paço de Arcos) 350
Museu do Benfica 319
Museu do Brinquedo (Sintra) 399
Museu do Chiado 334
Museu do Conde de Castro Guimarães (Cascais) 378
Museu do Design 335
Museu do Mar (Cascais) 377
Museu do Sporting 322
Museu do Trabalho (Setúbal) 493
Museu Geológico 337
Museu Militar 341
Museu Municipal (Alcochete) 446
Museu Municipal (Montijo) 450
Museu Municipal (Torres Vedras) 436
Museu Municipal/Núcleo de Arte Sacra (Alcochete) 445
Museu Nacional de Arqueologia 330
Museu Nacional de Arte Antiga 330
Museu Nacional de Etnologia 337
Museu Nacional do Azulejo 332
Museu Nacional do Teatro 344
Museu Nacional do Traje 344
Museu Nacional dos Coches 335
Museu Oceanográfico (Serra da Arrábida) 475
Museu Regional de Sintra (Sintra) 399
Pavilhão do Conhecimento/Ciência Viva 345

Strände

Azenhas do Mar 419
Carcavelos 356
Costa da Caparica 458
Portinho da Arrábida (Serra da Arrábida) 474
Praia da Adraga 416
Praia da Aguda 419
Praia da Azarujinha (Estoril) 359
Praia da Conceição (Cascais) 367
Praia da Cruz Quebrada 349
Praia da Duquesa (Cascais) 367
Praia da Empa (Ericeira) 432
Praia da Figueirinha (Serra da Arrábida) 474
Praia da Foz (Aldeia do Meco) 463
Praia da Foz do Lizandro (Ericeira) 432
Praia da Galé (Guincho) 380
Praia da Orelheira (Ericeira) 432
Praia da Parede (Carcavelos) 356
Praia da Poça (Estoril) 359
Praia da Rainha (Cascais) 367
Praia da Ribeira (Cascais) 367
Praia da Ribeira d'Ilhas (Ericeira) 432
Praia da Samarra 420
Praia da Torre (Oeiras) 352
Praia das Bicas (Aldeia do Meco) 463
Praia das Maçãs 419
Praia das Moitas (Estoril) 359
Praia de Algés 347
Praia de Caxias 349
Praia de Galapos (Serra da Arrábida) 474
Praia de Paço de Arcos 350
Praia de Santa Cruz (Torres Vedras) 434
Praia de Santa Marta (Cascais) 367
Praia de Santo Amaro (Oeiras) 352
Praia de São Julião (Ericeira) 432
Praia de São Lourenço (Ericeira) 433
Praia de São Pedro (Estoril) 359
Praia de São Sebastião (Ericeira) 432
Praia do Guincho (Guincho) 379

Hausstrand von Cascais: Praia da Conceição

Praia do Magoito 420
Praia do Meco (Aldeia do Meco) 463
Praia do Norte (Praia do Algodio) (Ericeira) 432
Praia do Sul (Praia da Baleia) (Ericeira) 432
Praia do Tamariz (Estoril) 358
Praia dos Coxos (Ericeira) 432
Praia dos Moinhos (Alcochete) 446
Praia dos Pescadores (Ericeira) 431
Praia Grande 417
Praia Monte Estoril (Estoril) 359
Praia Pequena 417
Serra da Arrábida 474
Sesimbra 465

Geografisches Register

A

Ajuda 310
Alameda das Linhas de Torres 320
Alcântara 295
Alcochete 445
Aldeia da Piedade 472
Aldeia de Irmãos 481
Aldeia do Meco 462
Alfama 242
Algés 347
Almada 453
Almoçageme 416
Alto das Rosas 481
Alto das Vinhas 471
Alto de São João 322
Alverca 442
Amoreiras 288
Areia 381
Arruda dos Vinhos 437
Avenida da Liberdade 258, 259
Avenidas Novas 263
Azeitão 470
Azenhas do Mar 419
Azóia 414

B

Badajoz 20
Bairro Alto 274
Bairro da Encarnação 323
Baixa 230
Baleia 432
Barcarena 386
Barcelona 20
Barreiro 128
Beco do Chão Salgado 303
Belém 301
Benfica 313
Bezelga 478
Boeiro 483
Bucelas 422

C

Cabo da Roca 414
Cabo Espichel 464
Cacilhas 453
Campo de Ourique 288
Campolide 288
Carcavelos 356
Carnide 320
Carvoeira 432
Casais da Serra 472
Casal do Desembargador 482
Cascais 367
Caxias 349
Cerbère 20

Chelas 324
Chiado 238
Codeçal 423
Colares 412
Costa da Caparica 458
Cuco 481

D-F

Doca de Santo Amaro 295
Ericeira 428
Estoril 358
Estrada de Benfica 313
Fátima 40
Fogueteiro 299
Fontanelas 419

G-J

Genf 19
Graça 252
Gradil 424
Grelhal 476
Guincho 379
Hendaye 19
Irun 19
Janas 420

L

Lagoa de Albufeira 462
Lapa 281
Laranjeiro 471
Largo do Carmo 241
Largo do Chiado 241
Loures 421
Lumiar 320

M

Madragoa 281
Madrid 20
Mafra 423
Magoito 420
Malveira da Serra 381
Monsanto 317
Monte Estoril 358
Montijo 449
Mouraria 252

O

Odivelas 421
Odrinhas 400
Oeiras 352
Oleiros 481
Olivais 322
Outão 474

P

Paço de Arcos 350
Paço do Lumiar 320
Palmela 484
Parede 356
Paz 424
Penedo 411
Penha de França 273
Picheleiros 472
Pinhal Novo 299
Pontinha 172
Portbou 19
Porto Brandão 128
Porto/Campanhã 20
Praça da Figueira (Platz) 236
Praça de Londres 270
Praça do Areeiro 270
Praça do Comércio 231
Praça do Príncipe Real 278
Praça dos Restauradores 259
Praça Marquês de Pombal 263
Praia da Adraga 416
Praia das Maçãs 419
Praia Grande 417
Praias do Sado 126

Q/R

Queluz 383
Restelo 301
Ribamar 432
Ribeiro da Mula 410
Rio de Janeiro 36
Rossio (Platz) 236
Rua Augusta 232

S

Sacavém 442
Santa Cruz 434
Santana 258, 483
São Bento 281
São Gonçalo 480
São João do Estoril 359
Seixal 127
Serra da Arrábida 473
Serra de São Francisco 480
Serra de São Luís 476
Serra de Sintra 401
Serra do Louro 479
Sesimbra 465
Setúbal 487
Sintra 388
Sobreiro 428

T-X

Torres Vedras 433
Trafaria 458
Tróia 493
Valença/Tui 20
Vigo 20
Vila Franca de Xira 439
Vila Fresca de Azeitão 470
Vila Nogueira de Azeitão 470
Xabregas 322